Das große Ravensburger

Mach es selber

Walter Diem

Das große Ravensburger

Mach es selber

Walter Diem

Ein praktisches Handbuch für alle Do-it-yourself-Techniken. Mit vielen Entwürfen für Selbstbau-Möbel

Otto Maier Verlag Ravensburg

CIP-Kurztitelaufnahme der Deutschen Bibliothek

Das große Ravensburger Mach es selber:
e. prakt.
Handbuch für alle Do-it-yourself-Techniken ; mit vielen Entwürfen für Selbstbau-Möbel / Walter Diem. [Zeichn.: Christl Claudius ; Leif Quist].
– 20. Aufl. – Ravensburg : Maier, 1984.
ISBN 3-473-42364-5

NE: Diem, Walter [Bearb.]; Mach es selber

Umschlagentwurf: Achim Köppel
Umschlagfoto: Thomas Weiß
Fotos: AEG, IMS, SCHÖNER WOHNEN
Zeichnungen: Christel Claudius, Leif Quist
Satz: acomp, Wemding
Gesamtherstellung: aprinta, Wemding
Printed in Germany

88 87 86 85 84 24 23 22 21 20

ISBN 3-473-42364-5

Inhalt

Das Werkzeug

Handwerkszeug, das in keinem Haushalt fehlen sollte

Die Reparatur eines Wasserhahns, das Tapezieren der Wände oder die Anfertigung eines Bücherregals: das sind „typische" Arbeiten, die man als Heimwerken versteht. Viel häufiger allerdings wird man Arbeiten zu verrichten haben, die weitaus weniger spektakulär sind: Ein Bild ist aufzuhängen, eine wackelnde Handtuchstange wieder festzuschrauben oder auch nur ein Nagel aus einem Brett zu ziehen.
Daraus ergibt sich die Frage: Welches Werkzeug sollte man denn als Grundausrüstung besitzen, damit man zunächst die alltäglichen Pannen beheben kann, aber auch komplizierteren Reparaturen nicht ungerüstet gegenübersteht?

Werkzeuge zum Nageln

Wenigstens ein *Hammer* sollte in jedem Haushalt vorhanden sein. Und zwar ein Gerät, das 300 g schwer ist. Hierzulande ist es üblich, daß man einen Schlosser- oder Schreinerhammer besitzt. Das heißt: einen Hammer, dessen Schlagfläche gegenüber sich eine schlanke „Finne" befindet,

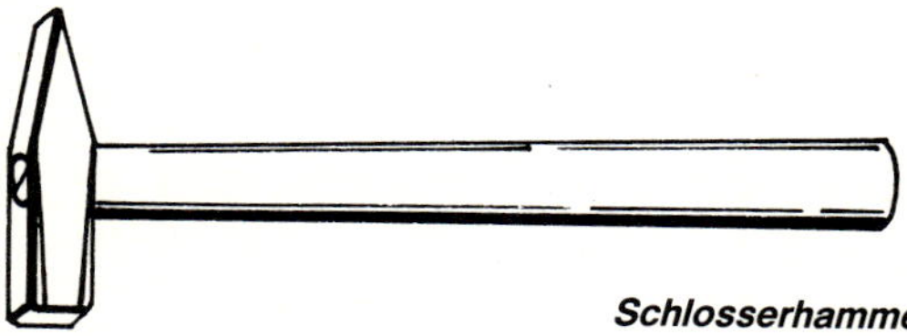

Schlosserhammer

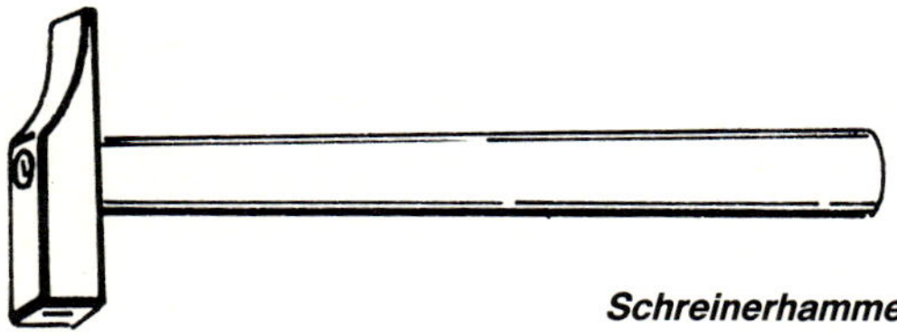

Schreinerhammer

mit der man zum Beispiel kleine Nägel anheften kann, ehe man sie mit der Schlagbahn des Hammers weiter eintreibt. In angelsächsischen Ländern nimmt man lieber einen *Klauenhammer,* der zum Einschlagen und zugleich zum Ziehen von Nägeln geeignet ist. Solche Hämmer werden auch in unseren Eisenwarengeschäften angeboten.

Ein paar Anmerkungen zur Pflege des Hammers. Die Schlagbahn sollte glatt und sauber sein, der Hammerkopf muß unbedingt fest auf dem Stiel sitzen. Der Hammerstiel sollte nicht als Hebel benutzt werden (zum Beispiel, um eine Tür auszuheben ...).
Ist der Stiel einmal abgebrochen, dann muß man den Stielrest aus dem Hammerkopf treiben oder ausbohren. Der neue Stiel wird mit einer Raspel

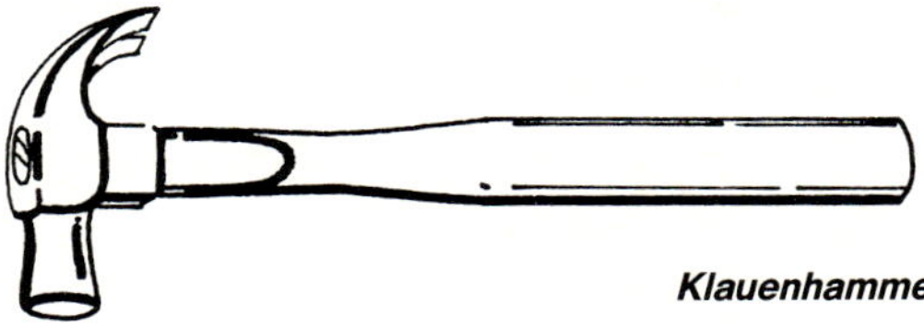

Klauenhammer

so weit bearbeitet, daß er stramm in den Hammer eingepaßt werden kann. Bevor man aber den Stiel einsetzt, sägt man ihn diagonal an: in den Schlitz wird nachher ein Keil eingetrieben. Dazu muß aber erst der Hammerkopf richtig auf dem Stiel sitzen. Man klopft entweder den Stiel mit dem Griffende auf eine feste Unterlage oder man hält den Stiel mit dem Hammerkopf nach unten und schlägt nun einige Male mit einem zweiten Hammer von oben auf das Griffende des Stiels. Wenn der Kopf richtig sitzt, wird ein Hartholzkeil (selbst zurechtgeschnitzt) mit etwas Leim in den vorher gesägten Schlitz eingesetzt und mit einigen Hammerschlägen festgetrieben. Überstehende Teile werden abgesägt und glattgefeilt.
Solche Reparaturen sind unnötig, wenn man einen Hammer mit Kunststoff- oder Stahlgriff kauft: Bei diesen Geräten wird die Verbindung zwischen Griff und Kopf kaum einmal defekt werden.
Außer dem 300 g schweren Hammer zum Nageln sollte ein *Gummihammer* ebenfalls zur Grund-

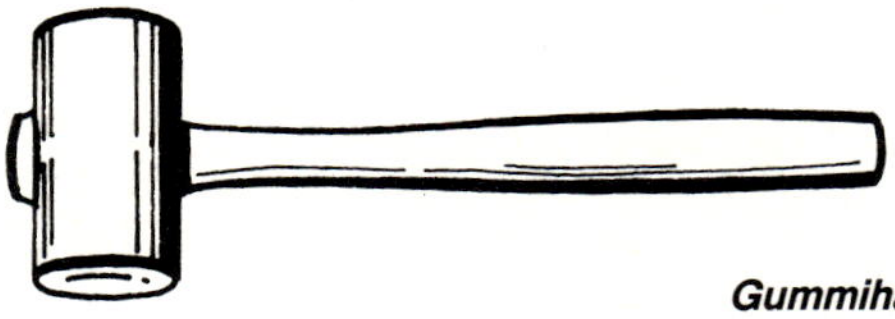

Gummihammer

ausrüstung des Haushalts gehören. Er wird da angewandt, wo die Schlagkraft der bloßen Faust nicht ausreicht – und wo ein Eisenhammer die Oberfläche des Werkstücks beschädigen kann.

Das nächste Werkzeug ist die *Kneif- oder Beißzange.* Sie wird gebraucht, wenn man Nägel zu ziehen hat. Mit ihr kann man Drähte, Nägel oder Packungsverschlüsse zerschneiden und abzwikken. Es lohnt sich, für eine gute Beißzange aus

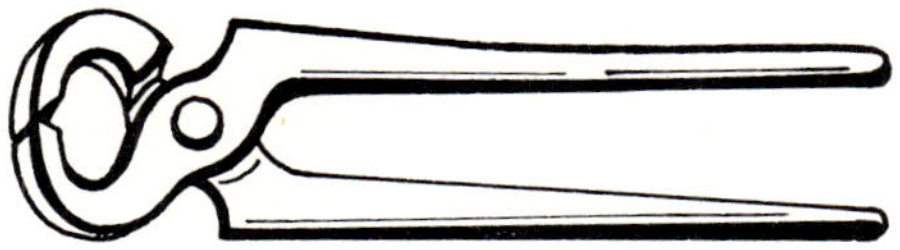

Beiß- oder Kneifzange

hochwertigem Stahl etwas mehr Geld auszugeben: sie wird dann nicht so schnell stumpf und schartig.
Zum Nageln wird außerdem ein Senkstift benötigt. Mit ihm treibt man Nägel tiefer ins Holz. Man sorge dafür, daß die Spitze immer glatt und sauber ist; auch das Schlagende sollte frei von Abnutzungserscheinungen sein.

Werkzeuge zum Schrauben
Schraubenzieher oder *Schraubendreher* sollten gleich in mehreren Ausführungen in die Grundausrüstung aufgenommen werden. Man braucht

Schraubenzieher

am häufigsten einen Schraubenzieher mit einer 8 mm breiten Klinge – und einen kleinen Schraubenzieher mit 3 mm breiter Klinge, einen sogenannten Elektroschraubenzieher. Auch eine 5 mm breite Klinge kann zuweilen gebraucht werden. Und immer häufiger trifft man heute auf Schrauben mit einem Kreuzschlitz im Kopf: für sie braucht man einen Kreuzschlitz-Schraubenzieher. Hier genügt in der Regel eine einzige Größe: Bei größeren Schraubenköpfen mit entsprechend größerem bzw. tieferem Kreuzschlitz greift der Schraubenzieher einfach nur tiefer ein.
Beim Einkauf achte man darauf, daß man Schraubenzieher mit einem Heft aus Chrom-Vanadium-Stahl und einem Griff kauft, der gut in der Hand liegt und nicht rutschen kann. Beim Gebrauch achte man darauf, daß der Schraubenzieher weder zu groß noch zu klein gewählt wird: Die Klinge muß genau in den Schlitz der Schraube passen. Die Klinge sollte nicht abrutschen, aber auch nicht den Schraubenkopf zerstören können.
Zum Schrauben braucht man auch eine *Rohrzange.* Die Zange wird vorzugsweise bei Reparaturen an Wasserinstallationen eingesetzt. Aus-

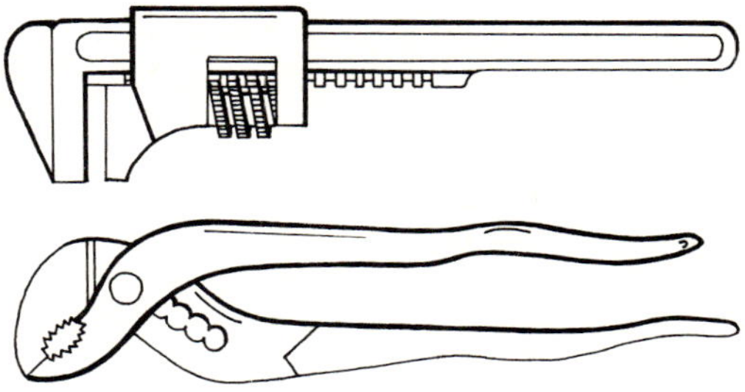

Wasserrohrzange und verstellbare Rohrzange

nahmsweise kann man sie auch als Ersatz für Schraubenschlüssel benutzen. Aber wirklich nur ausnahmsweise. Denn die Zange, deren Maul bzw. Spannweite verstellt werden kann, packt ziemlich hart zu: Da die Innenseiten des Mauls gezahnt sind, können Schrauben oder Verschlüsse beschädigt werden. Ein Schraubenschlüssel dagegen verletzt die Schraube nicht. Er gehört allerdings schon zu Spezialausrüstungen (beispielsweise zur Auto-Ausrüstung).

Werkzeuge zum Bohren
Wo geschraubt wird, muß in der Regel vorher gebohrt werden. Auch wenn in Holz eine Schraube einzudrehen ist, erleichtert man sich die Arbeit, wenn man vorher ein schlankes Loch bohrt (zugleich verhindert man dadurch, daß das Holz platzen könnte). Der einfachste Bohrer ist der sogenannte *Nagelbohrer,* den man in verschiedenen Stärken bekommen kann. Man sollte keine Scheu haben, dieses Werkzeug wegzuwerfen und durch ein neues zu ersetzen, wenn es einige Dutzend Male in Aktion gesetzt worden ist: Nagelbohrer altern rasch und verlangen zuviel Kraftaufwand, wenn sie stumpf sind.

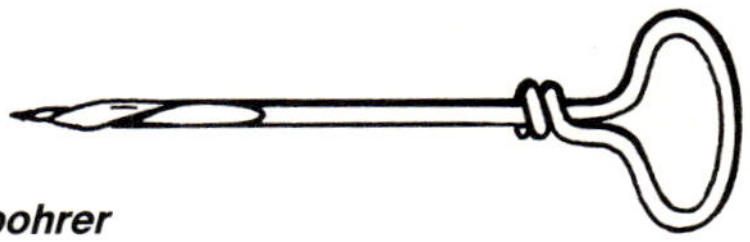

Nagelbohrer

Weiter braucht man noch *Spiralbohrer,* die man in eine Bohrmaschine mit Elektroantrieb oder in eine *Bohrwinde* oder Brustleier einspannt. Es gibt Spiralbohrer für Holz und Bohrer für Stein (sie weisen eine besonders harte Spitze auf). Man braucht von beiden Sorten mehrere Größen. Zumal bei Steinbohrern wird man vor allem Bohrer mit 5, 6 und 8 mm Durchmesser aussuchen. Bohrer werden stumpf. Ein Fachmann kann sie nachschleifen, dem Laien dagegen wird das Gefühl für die richtige Behandlung des Bohrers beim Schleifen abgehen. Man sollte daher auf eigene Versuche verzichten. Wo es möglich ist,

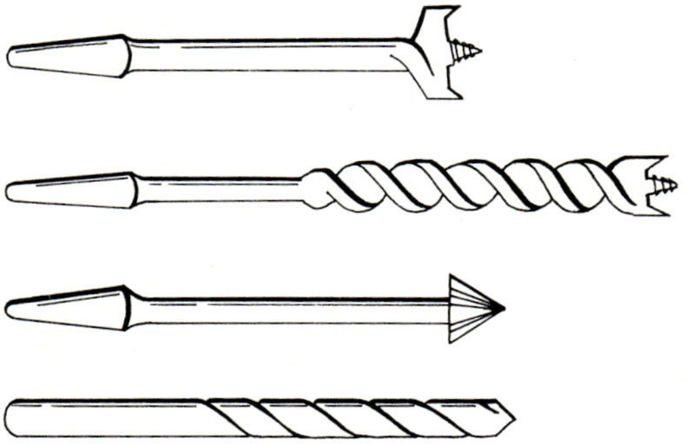

Von oben nach unten: Forstnerbohrer, Zentrumsbohrer, Krauskopf, Spiralbohrer

sollte man abgearbeitete Bohrer durch neue ersetzen. Allenfalls einen Holzbohrer könnte man von einem Tischler nachschleifen lassen (wenn er dazu bereit ist . . .).

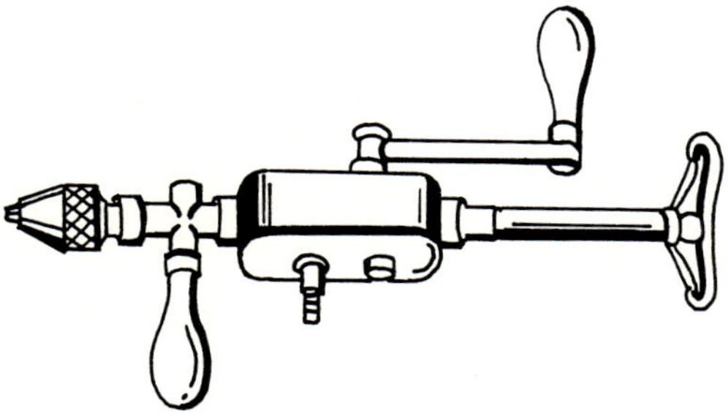

Brustleier

Kleine Bohrmaschine

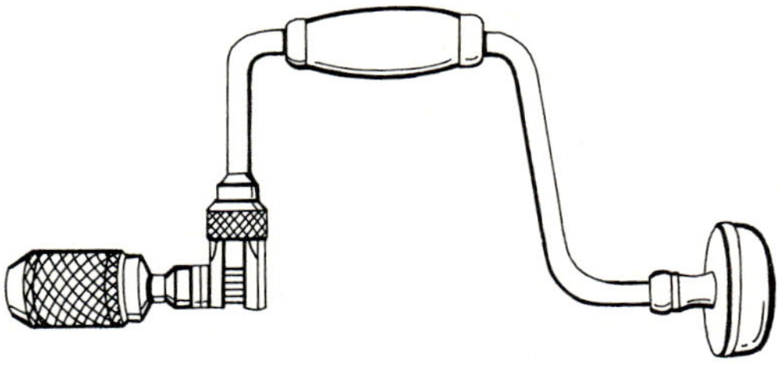

Bohrwinde

Ein anderes nützliches „Bohr"-Werkzeug ist eine *Stechahle* oder ein *Vorstecher.* Dieses Gerät mit einem birnenförmigen Griff und der langen dünnen Stahlspitze wird dazu benutzt, um anstelle eines Bleistifts eine Markierung auf einem Werkstück anzubringen. Mit ihm kann man allerdings auch bei weicheren Werkstücken kleine Löcher vor-„bohren".

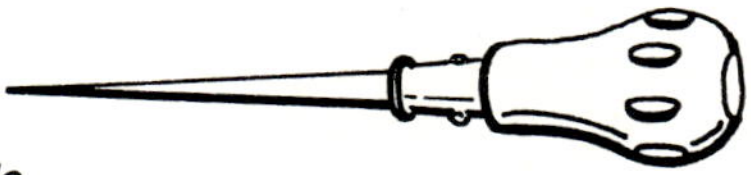

Stechahle

Werkzeuge zum Sägen

Auch in der mit einer Elektro-Kreissäge ausgerüsteten Heimwerkstatt ist die *Handsäge* unentbehrlich. Bei kleineren Arbeiten ist es sinnvoller,

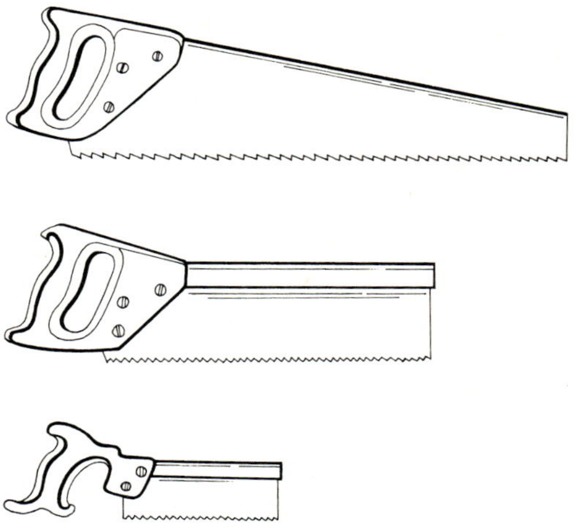

Von oben nach unten: Fuchsschwanz und zwei Feinsägen

mal eben den *Fuchsschwanz* zu benutzen, als die Kreissäge an die Bohrmaschine zu schalten und wieder abzumontieren: In dieser Zeit hat man die Latte dann mit der Hand schon abgesägt ... Der Fuchsschwanz ist das wichtigste Sägewerkzeug. In einem Normalhaushalt genügt eine mittlere Größe. Universalsägen sind nur bedingt zu empfehlen. Das häufige Auswechseln der Sägeblätter kann zur Folge haben, daß die Spannvorrichtung nicht mehr ganz fest greift. Sägen, die mit einem einzigen Blatt angeblich alles sägen können, werden nach kurzer Zeit nichts mehr richtig sägen können. Da ist es schon sinnvoller, zusätzlich eine *Metallsäge* in den Werkzeugkasten mitaufzunehmen.

Für ein Grundsortiment genügt eine kleine *Bügelsäge* mit einem schmalen, nur etwa 20 cm langen Sägeblatt. Es ist stark und scharf genug, kleinere Metallstücke zu sägen, ohne daß man unnötig viel Kraft aufbringen müßte.

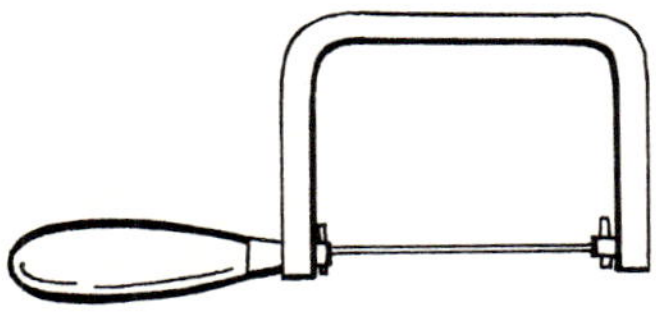

Bügelsäge

Sägen haben empfindliche Zähne: Nicht nur bei der Arbeit selbst können diese Zähne stumpf werden – sondern auch bei unsachgemäßer Lagerung. Sie sollten stets so aufbewahrt werden, daß sie durch andere Werkzeuge nicht beschädigt werden können.

Werkzeuge zum Feilen

Die Grundausrüstung sollte sowohl eine Holzfeile als auch eine Metallfeile enthalten. Die *Holzfeile* – auch *Raspel* genannt – wird zum Beispiel benötigt, wenn eine Tür oder ein Fenster nicht richtig schließt, wenn Kanten nachzuarbeiten und zu „entschärfen" sind. Eine *Metallfeile* wiederum hat beim Reparieren schlecht schließender Türen wichtige Arbeit zu leisten – und bei manch anderen unerwarteten Gelegenheiten natürlich auch. Feilen müssen immer sauber gehalten werden. Sie dürfen weder einfetten noch rosten. Sie sollten auch regelmäßig von Holzmehl oder Eisenspänen gereinigt werden.

Holzfeile

Im weitesten Sinn Feilwerkzeug ist auch das *Schleifpapier.* Auch dies gehört zur Grundausrüstung. Und zwar braucht man wenigstens zwei Bogen von den Körnungen 100, 120 und 150.

Werkzeuge zum Messen

Wer viel Geduld hat, kommt auch mit einem 15-cm-Lineal aus, wenn er eine 4 m breite Wand abmessen will. Sinnvoll dagegen ist einzig und allein ein *Gliedermaßstab* von 2 m Länge. Auch dieses Werkzeug ist sorgsam zu behandeln, damit die dünnen Holzglieder nicht brechen. Und

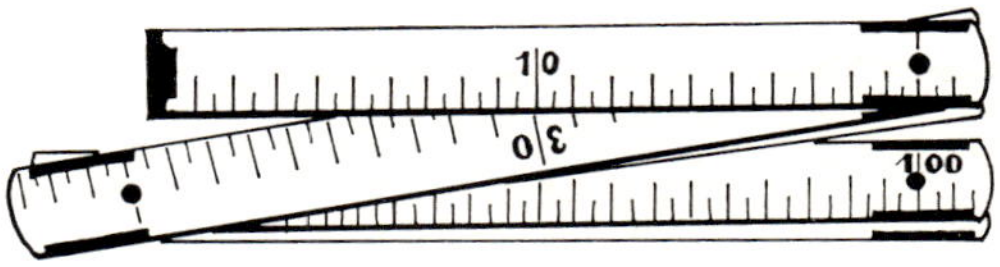

Gliedermaßstab

wenn das doch einmal passiert ist, dann gleich einen neuen Maßstab kaufen. Übrigens: Ein *Bandmaß* ist weniger gut geeignet. Denn durch die Feder wird es immer wieder ins Gehäuse gezogen; das behindert die Arbeit. Allenfalls ein arretierbares Maßband könnte empfohlen werden. Zum Maßstab braucht man natürlich auch einen *Bleistift.* Er sollte bei der Werkzeugausrüstung aufbewahrt werden, damit er im Falle des Falles wirklich zur Hand ist.

Zum Messen sollte auch ein *Winkelmaß* angeschafft werden. Denn wer genau arbeitet – und wenn es nur eine kleine Bastelei ist, die man noch nicht zum „großen Do-it-yourself" zählen will –, der kommt ohne einen solchen Winkel nicht aus.

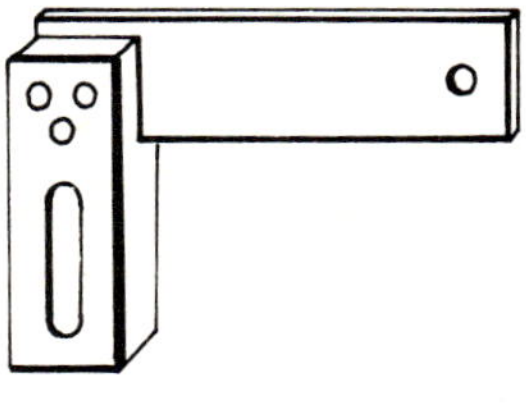

Winkelmaß

Werkzeuge für kleine Schönheitsreparaturen

Auch wer den Maler ruft, wenn die Wohnung wieder einmal gründlich restauriert werden soll (was man sich von den Lesern dieses Buches aber kaum vorstellen kann), der sollte wenigstens das

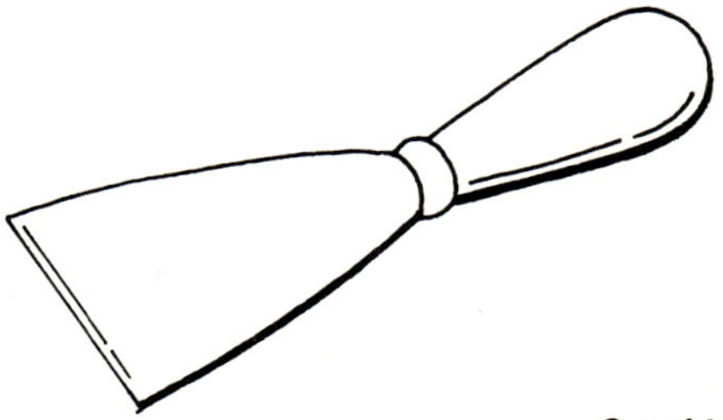

Spachtel

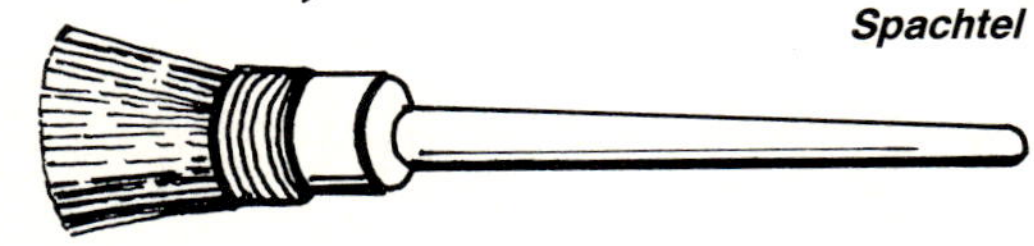

Ringpinsel

„kleine Besteck“ für Schönheitsreparaturen besitzen: einen *Gummibecher,* in dem Gips oder Zellulose-Füllmasse mit Wasser angerührt wird; dazu einen *Spachtel* und schließlich noch wenigstens einen dicken *Ringpinsel,* mit dem der frische Gips gleich nach dem Verspachteln noch feiner geglättet werden kann. Und zwar dadurch, daß der nasse Pinsel ganz leicht über die glattgespachtelte Reparaturstelle streicht.

Und wohin mit dem Werkzeug?

Wir haben nun die Werkzeuge genannt, die in jedem Haushalt für die einfachsten – aber zugleich auch wichtigsten Reparaturen vorhanden sein sollten. Die Frage taucht natürlich auf, wo und wie man diese Werkzeuge aufbewahrt.

Wer seinen Werkzeugbestand nur auf die genannten Teile beschränken wollte, hat es leichter als der, der auf Zuwachs bedacht ist: er kann sich mit einem Behälter begnügen, der ein beschränktes Volumen aufweist und der nicht erweiterungsfähig sein muß.

Es gibt verschiedene Möglichkeiten:

Da sind zunächst einmal die im Eisenwarenhandel oder Warenhaus angebotenen Blechkästen, meist mit aufklappbaren „Etagen“, in denen auch Kleinteile unterzubringen sind.

Daneben bieten sich aber eine ganze Reihe von improvisierten Lösungen an – die anzufertigen

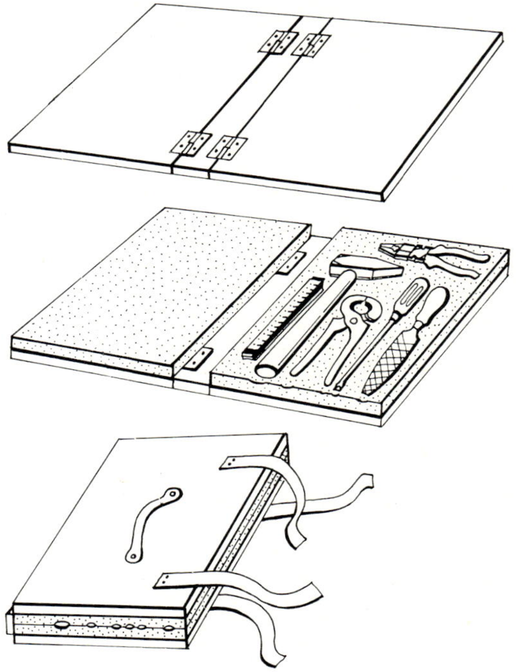

So entsteht ein „Werkzeugkoffer“ aus Spanplatten und dünnem Schaumstoff

dem Heimwerker auch schon Spaß machen müßte. Man könnte zum Beispiel einen kleinen „Koffer“ selber bauen: Man braucht dazu zwei 12 mm starke Spanplatten, etwa 50 × 70 cm groß, und dazu eine dritte Platte, 70 × 5 cm groß. Diese drei Stücke werden durch vier oder sechs Scharniere (oder durch zwei Klavierbänder) ähnlich wie der Einband eines Buches zusammengefügt. Auf die beiden „Einband-Deckel“ werden jeweils 3 cm dicke Schaumstoffplatten geklebt – so daß auch bei diesem Koffer das Werkzeug satt im Schaumstoffpolster liegt und weder herausfallen noch verrutschen und sich dadurch gegenseitig beschädigen kann. Dazu ist natürlich noch ein Verschluß notwendig. Man nagelt und klebt kräftige Stoffbänder an die „offenen“ Seiten der großen Platten: Durch Verknoten wird der Behälter verschlossen. Auf dem „Rücken“ kann ein Griff in Form eines Metallbügels (Schubladengriff) oder eines kräftigen Leder- bzw. Stoffgurtes befestigt werden.

Eine weitere Möglichkeit: Man nimmt einen ausreichend großen Korb (neu oder ausgedient) und befestigt im Innern dieses Einkaufskorbes einen Polstergurt – und zwar mit Spreizdübeln. Die Dübel werden in Abständen von 5 bis 10 cm angebracht, dazwischen bilden sich „Taschen" im Gurt, in die man die Werkzeuge stecken kann.

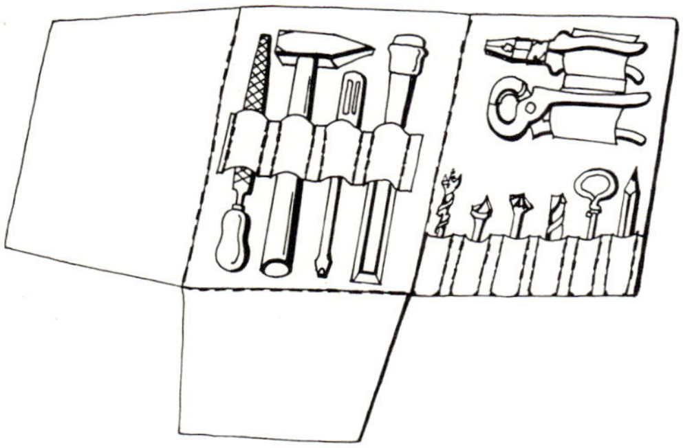

Werkzeugtasche aus kräftigem Stoff

Man könnte auch eine Werkzeugtasche nähen bzw. nähen lassen, einen Behälter also, wie man ihn von der Autoausrüstung kennt. Geeignetes Material dafür ist Segeltuch oder Markisenstoff. Wer dieses derbe Material nicht selbst nähen will oder kann, läßt sich – nach genauem Schnittmuster – die Tasche von einem Sattler oder Schuster nähen.

Meist wird man dem Werkzeug einen festen Platz im Keller oder im Abstellraum zuweisen. Hier kann als einfachste Ablage ein Brett oder eine größere Spanplatte an der Wand befestigt werden: In das Brett oder die Platte schlägt man Nägel – und zwar paarweise. Die Abstände zwischen den beiden Nägeln werden jeweils so gewählt, daß sich dazwischen ein Hammerkopf oder eine Zange oder ein Werkzeuggriff aufhängen läßt. Wenn man sich später die Ordnung und Übersicht erleichtern will, kann man die Umrisse der Werkzeuge mit Farbe auf dem Hintergrund markieren. So weiß man, wo die einzelnen Werkzeuge wieder hingehängt werden müssen, nachdem sie in Gebrauch waren.

Eine andere Werkzeugablage an der Wand: Ein Brett wird mit Kerben an der einen Längskante versehen und außerdem mehrmals mit einem 10- oder 12-mm-Bohrer angebohrt bzw. durchbohrt. Nachdem das Brett dann waagerecht mit einigen Konsolen an der Wand befestigt worden ist, kann man in die Kerben Werkzeuge hängen bzw. in die Löcher stecken.

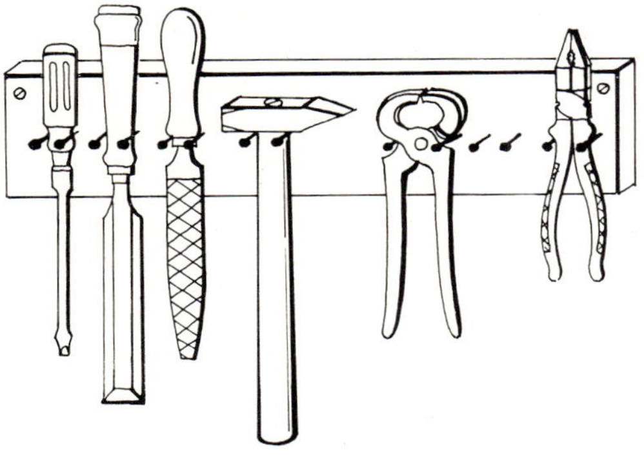

Ein Brett mit vielen Nägeln als Werkzeugablage

Spezialwerkzeuge für besondere Arbeiten

Werkzeuge für Mal- und Tapezierarbeiten

Bevor man Wände streichen, Fenster lackieren oder Tapeten an die Wände kleben kann, muß man die Untergründe vorbereiten. Und dazu braucht man folgende Werkzeuge:

Ein *Spachtelmesser* (auch *Spachtel* genannt), mit dem die Füll- und Spachtelmassen auf die auszubessernden Löcher oder Risse aufgetragen und nachher glatt verstrichen werden. Der Spachtel sollte nach beendeter Arbeit stets gründlich gereinigt, dann gut abgetrocknet und schließlich leicht eingeölt werden. So vermeidet man, daß das Werkzeug rostet – und daß es Rostflecken auf die Wand überträgt: Der Rost könnte dann durch den neuen Anstrich durchschlagen.

Die *Ziehklinge* wird für viele Ausbesserungsarbeiten an lackierten Flächen benötigt, wenn man alten, blättrigen Lack abkratzen will. Das geht mit einer scharfen Ziehklinge verhältnismäßig gut. Wenn man dagegen den alten Lack abbeizt, braucht man den eben beschriebenen Spachtel.

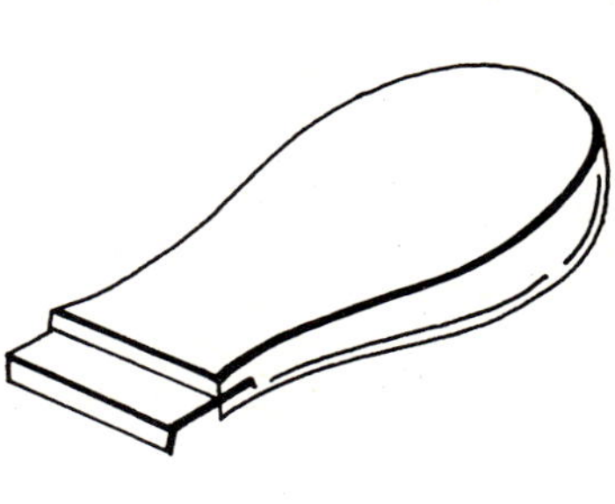

Ziehlinge

Mit dem Spachtel wird der durch das Abbeizmittel weich und blasig gewordene Lack abgeschoben.
Nächstwichtiges Vorbereitungswerkzeug ist die *Stahldrahtbürste,* mit der man sowohl blättrigen Lack wegbürsten als auch die Reste von Abbeizmittel und weichem Lack von einer Holz- oder

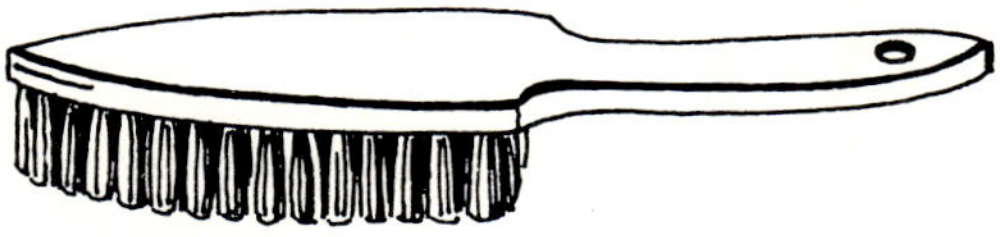

Stahlbürste

Metallfläche entfernen kann. Auch zum Entrosten ist die Drahtbürste unentbehrlich.
Als letztes „Werkzeug" bei den Vorbereitungen eines Anstrichs wird stets Schleifpapier einzusetzen sein. Man kann damit ein ausgespachteltes Loch auf der Wand vollends glätten, man kann einen Überzug von Lackspachtelmasse auf einer Spanplatte damit einebnen oder ein rostiges Metallstück blankschleifen. Schleifpapier ist unentbehrlich, und darum sollte man erstens einen größeren Vorrat an Schleifpapier in unterschiedlichen Körnungen bereithalten, zweitens mit dem Schleifpapier aber auch nicht zu geizig umgehen: Nur scharfes Schleifpapier schleift, ohne zu kratzen – nicht zuletzt deshalb, weil es auch bei wenig Druck schon wirkt. Stumpfes, „vollgesetztes" Schleifpapier dagegen strengt bei der Arbeit an, weil man mit mehr Kraft arbeiten muß, um überhaupt Wirkung zu erzielen. Und gerade dadurch kann stumpfes Schleifpapier Kratzer hervorrufen.
Die eigentlichen Streichwerkzeuge sind nun der *Ringpinsel* (manche schwören auch auf flache Pinsel) für Lackierungen, der *Heizkörperpinsel* mit abgeknicktem Stiel (der, weil der Stiel länger als bei üblichen Pinseln ist und zudem die längeren Borsten mehr Farbe aufnehmen können, auch bei Anstreicharbeiten an Wand und Decke verwendet wird) und die *Lammfellrolle* mit Abstreifgitter.
Ringpinsel und Flachpinsel werden in unterschiedlichen Stärken hergestellt. Man wählt sie natürlich im rechten Verhältnis zur Arbeitsfläche aus: Große Flächen streicht man mit einem großen, kleinere Flächen mit einem kleineren Pinsel. Je feiner die Borsten, desto sauberer wird natürlich die Arbeit ausfallen: Grobe Borsten hinterlassen deutliche Spuren. Solche Streichspuren brauchen nicht zu stören, wenn man einen Gartenzaun streicht, eine Beize oder Lasurfarbe aufträgt oder bei Wandanstrichen die Kanten und Ecken vorstreicht, bevor man mit der Rolle weiterarbeitet. Hierfür kann man also getrost einfachere und deshalb billigere Pinsel wählen. Bei Lackarbeiten, deren Oberflächenqualität man nachher stets vor Augen hat, benutzt man dagegen immer einen feineren und darum meist teureren Pinsel.
Die Rolle, mit der man Wände und Decken streicht, weist ein echtes oder imitiertes Lammfell auf, das viel Farbe aufnehmen kann, das die Farbe gleichmäßig verteilt – und eine matte, körnige Oberflächenstruktur hervorruft. Es gibt daneben auch Schaumstoffrollen mit erbsengroßen

Heizkörperpinsel

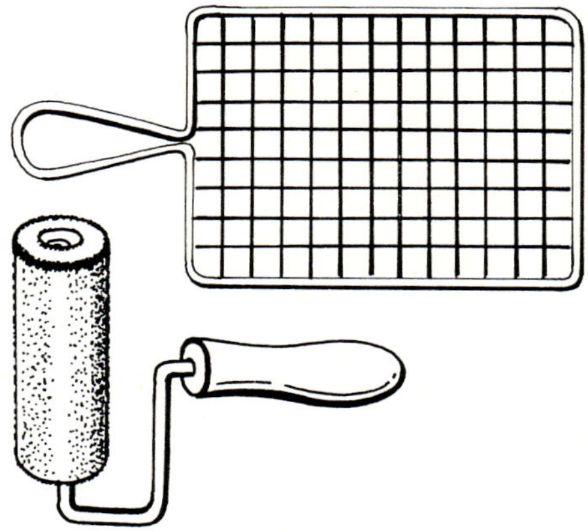

Farbroller mit Abstreifgitter

Löchern: mit ihr wird zum Beispiel Rollputz aufgetragen und verteilt, wobei die Löcher einen besonders interessanten Effekt erzeugen. Es gibt auch kleinere Schaumstoffrollen, die für Lackarbeiten gedacht sind. Mit ihnen trägt man den Lack auf eine große Fläche bequemer und rationeller als mit dem Pinsel auf. Aber: Man muß, wenn man eine glatte Lackfläche erzielen will, den gleichmäßig mit der Rolle verteilten Lack noch einmal ganz leicht mit einem Pinsel verschlichten. Wenn man die große Rolle bei Wandanstrichen einsetzt, braucht man unbedingt noch ein Abstreifgitter, das man in den Farbeimer einhängt. An dem Gitter wird die Rolle nach dem

Eintauchen in die Farbe einige Male auf- und abgerollt. So wird einerseits überschüssige Farbe abgerollt und andererseits die an der Rolle verbleibende Farbe gleichmäßiger verteilt.
Pinsel und Rollen müssen – um der eigenen Bequemlichkeit willen – nach jeder Arbeit gründlich gereinigt und sachgemäß getrocknet werden. Unterläßt man die Reinigung oder führt man sie nicht sorgfältig genug aus, dann hat man später sehr viel mehr Mühe, die angetrocknete Farbe aufzulösen und auszuwaschen.
Zur Reinigung dient entweder Wasser, das aus der Leitung kommt, oder aber zunächst ein Pinselreinigungsmittel, das den Lack verseift und dadurch wasserlöslich macht, dann kann auch ein Lackpinsel unter fließendem Wasser ausgewaschen werden.
Die Werkzeuge für Tapezierarbeiten sind zum Teil identisch mit den eben genannten: Auch vor dem Tapezieren muß unter Umständen erst einmal ausgebessert werden (und dazu benötigt man Spachtel und Schleifpapier). Oder man muß die Decke streichen, bevor man die Wände tapeziert. Ganz spezielle Tapeziergeräte sind aber: der Tapeziertisch, ein Eimer, in dem Kleister angesetzt wird, eine große Kleisterbürste, das Metermaß und die Schere (zusammen mit einem Bleistift), ein Stahllineal, eine Gummirolle und eine Tapezierbürste, mit denen man die Tapetenbahn andrückt, und schließlich ein Nahtroller.
Der *Tapeziertisch* muß nicht persönliches Eigentum sein: Die allermeisten Tapetengeschäfte, Drogerien oder Heimwerkerbedarf-Geschäfte halten sie als Leihgeräte bereit. Zuweilen kann man auch die anderen Werkzeuge ausleihen. Besser ist es allerdings, sie in den eigenen Werkzeugbestand aufzunehmen, dann hat man sie immer bereit – und dann achtet man auch darauf, daß sie immer in tadellosem Zustand sind ... Das Tapezieren ist, wie im Kapitel über das Tapezieren noch zu lesen sein wird, heute viel einfacher als noch vor ein paar Jahren. Denn Tapeten werden heute mit beschnittenen Rändern, in einer Kunststoffolie verpackt, verkauft. Das umständliche Beschneiden des Druckrandes entfällt also. Darum ist auch das Tapetenmesser entbehrlich, mit dem einst dieser Bahnenrand abgehauen wurde (was dem Anfänger nicht immer einwandfrei gelingen wollte ...).
Gummirolle und *Tapezierbürste* werden dann benötigt, wenn die einzelnen Tapetenbahnen an die Wand angelegt und glattgestrichen werden sollen: Man kann mit diesen beiden Werkzeugen

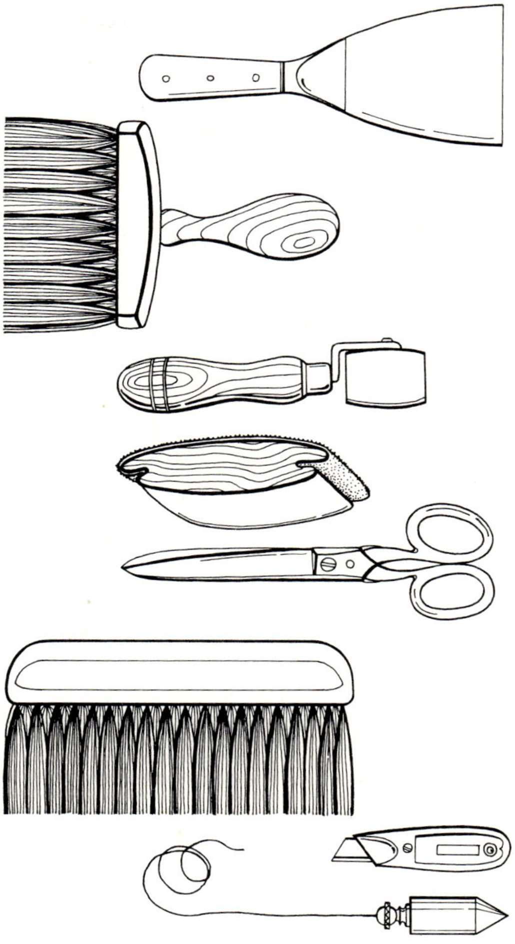

Werkzeuge für Tapezierarbeiten: Spachtel, Kleisterbürste, Nahtroller, Schleifpapier, Maßstab, Messer, Pinsel, Senkblei, Messer mit Auswechselklinge, Bürste, Schere

Falten und Blasen ausrollen und wegstreichen. Während man auf glatten Tapeten beide Werkzeuge einsetzen kann, darf man auf geprägten Tapeten nur die Bürste anwenden. Die Rolle würde nämlich die beim Einkleistern weich gewordene Prägestruktur glattdrücken – und brächte so die Tapete um ihre Wirkung. Nahtroller sehen heute anders als noch vor ein paar Jahren aus. Früher hatten die Roller Ähnlichkeit mit einem miniaturisierten Faß, mit einem „Faßreifen" genau in der Mitte, an der dicksten Stelle der Rolle. Heute benutzt man Roller, die leicht konisch geformt sind und eine völlig glatte Oberfläche aufweisen. Die Erklärung dafür ist einfach und einleuchtend.

Man ist nämlich dahintergekommen, daß der alte Nahtroller durch den leicht erhabenen Steg in der Mitte zuviel Druck auf die Naht zwischen zwei Tapetenbahnen ausgeübt hat. Dadurch wurde einerseits das Papier glattgedrückt, andererseits der Kleister hinter den beiden Tapetenbahnen von der Nahtstelle weggedrückt. Die Folge: Die Kanten der Bahnen hafteten doch nicht so gut, wie man es eigentlich erreichen wollte. Und zudem wurde eine „Gaufrage", die leichte Prägung, die die allermeisten Tapeten aufweisen, glattgedrückt, so daß sich die Bahnenkanten nachher glatt und leicht spiegelnd oder zumindest heller abzeichneten.

Werkzeuge für Reparaturen an Wasserinstallationen

Hier sind nur ganz wenige Geräte zu erwähnen: die Wasserrohrzange, die Pumpglocke und die Reinigungsspirale. Man wird zwar auch anderes Werkzeug benötigen, aber dieses Werkzeug haben wir schon als den unentbehrlichen Bestand des Haushalts beschrieben: Hammer, Zange, Schraubenzieher.

Die *Wasserrohrzange* wird hauptsächlich dazu gebraucht, Schraubverbindungen zu lösen und wieder zusammenzufügen. Man schraubt mit ihr den Wasserhahn ab, man dreht den Siphon auf und zu oder korrigiert die Einstellung eines Wassereinlaufventils im Spülkasten. Die Wasserrohr- oder Pumpenzange kann verstellt werden, so daß sie sich unterschiedlichen Durchmessern der zu greifenden Werkstücke anpassen läßt. Man sollte sie jeweils so einstellen, daß sie das Werkstück gut greift und die langen Hebelarme der Zange weder zu weit auseinanderstehen (und damit nicht mehr richtig gepackt werden können) noch zu eng stehen (und dadurch zu wenig Druck ausüben können). Man beachte bei jeder Arbeit mit der Wasserrohrzange, daß das Maul dieser Zange Zähne aufweist: Diese Zähne können das weiche Messing, aus dem die Armaturen bestehen, oder Siphonverschlüsse aus Blei oder gar Kunststoffrohre und -verbindungen verletzen oder gar zerstören. Es empfiehlt sich daher, stets ein Tuch zwischen Werkstück und Zange einzulegen.

Das zweite Gerät, das oben erwähnt wurde, ist die *Pumpglocke.* Mit ihrer Hilfe werden Verstopfungen in Wasch- und Spülbecken oder in den Abläufen von Dusch- und Badewannen gelöst. Gleichzeitig mit der Glocke, die aus einem lan-

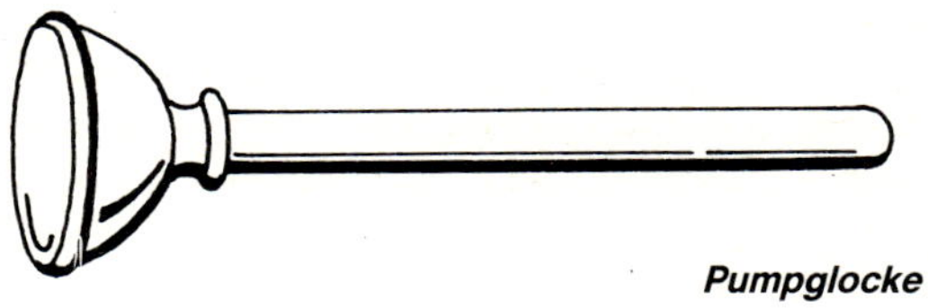

Pumpglocke

gen Holzstiel und einer Gummi-Halbkugel besteht, braucht man immer auch ein nasses, d.h. gut angefeuchtetes Tuch. Mit diesem Tuch nämlich muß man die Überlauföffnungen in den verstopften Becken oder Wannen verschließen: so kann die komprimierte Luft, die die Verstopfung aus dem Ablauf wegdrücken soll, nicht entweichen.

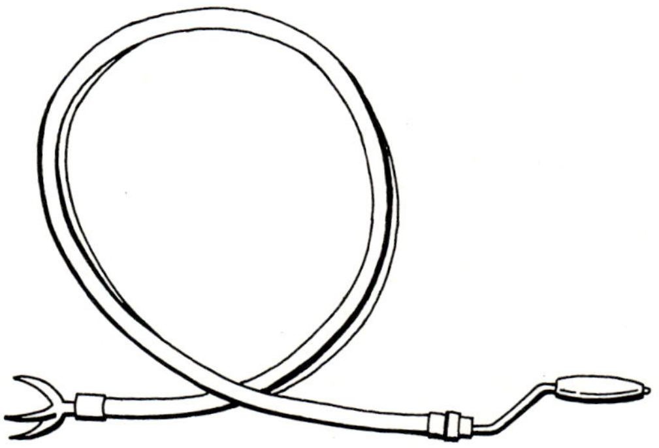

Reinigungsspirale

Die *Reinigungsspirale* wird eingesetzt, wenn aus dem WC-Becken-Abfluß eine Verstopfung zu lösen ist. Sie weist an einem Ende eine kleine Kurbel und am anderen Ende einen Dreizack auf. Die Kurbel ist mit der „Seele" in der Spirale verbunden – und diese Seele, ein Draht, bewegt den Dreizack.

Werkzeuge für Holzarbeiten

Das größte Sortiment an Werkzeug wird der benötigen, der sich auf Holzarbeiten spezialisiert, sei es, weil er Möbel reparieren, sei es, weil er Möbel anfertigen will. Vor allem beim Bau von Möbeln hat man es ja mit rohen Baumaterialien zu tun, die auf vielfältige Weise behandelt werden müssen und können, ehe ein fertiges Stück entsteht: Da müssen Längen gemessen und angerissen; da müssen bestimmte Größen zugeschnitten, das heißt gesägt werden. Da sind dann

Teile auf sehr unterschiedliche – und oftmals sehr kompliziert herzustellende – Weise zusammenzufügen. Da sind schließlich die Oberflächen weiterzubehandeln. Also braucht man auch ein großes Sortiment sehr unterschiedlicher Werkzeuge.
Einige Teile sind schon bei der Aufzählung des Grundsortiments genannt worden. Hier sollen also nur die Spezialgeräte für den Spezialisten aufgeführt werden.

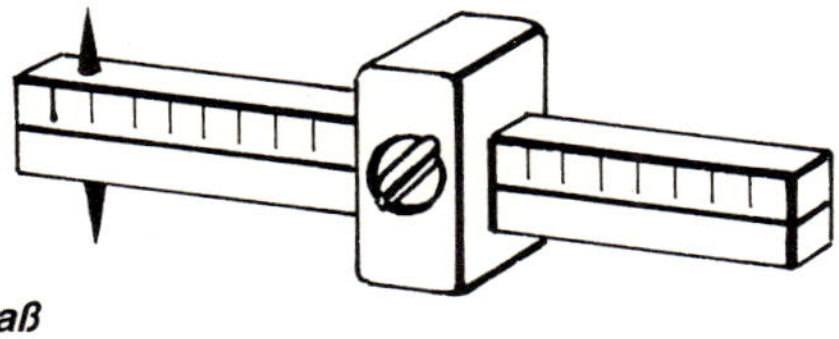

Streichmaß

Da ist das *Streichmaß* zu erwähnen. Mit ihm können Parallelen zu einer Werkstückkante angerissen werden.
Es besteht aus einem Block mit einer oder zwei verstellbaren „Zungen". In diese Zungen sind Metallstifte mit scharfen Spitzen eingelassen. Man verstellt die Zunge so, daß die Metallspitze zum Block den gewünschten Abstand einnimmt und gleitet nun mit dem Block entlang der Brett- oder Plattenkante – und reißt dabei eine Linie ins Holz.

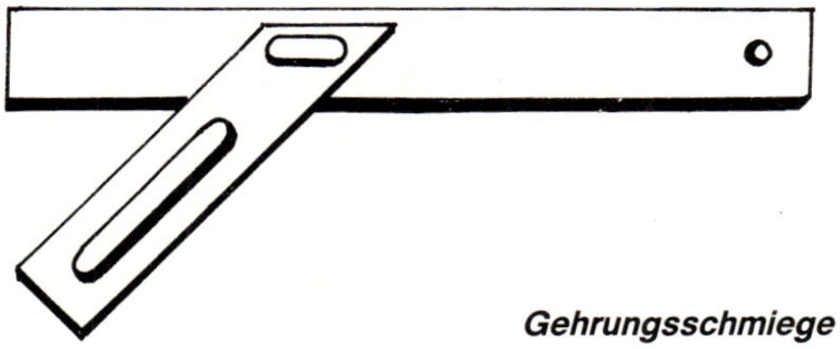

Gehrungsschmiege

Dann: die *Gehrungsschmiege*. Das ist ein Winkelmaß, das einen 45-Grad-Winkel anzeigt. Ergänzend zu der auf einen bestimmten Winkel fixierten Gehrungsschmiege gibt es außerdem die Winkelschmiege, bei der man den einen Schenkel in jedem beliebigen Winkel einstellen kann. Sie wird benötigt, wenn man einen auf einem Werkstück vorhandenen Winkel auf ein anderes Werkstück übertragen will.
Als wichtigstes unter den Winkelmaßen ist natürlich das *Winkelmaß* mit dem 90-Grad-Winkel. Dieses Winkelmaß wird in sehr unterschiedlichen Größen und Ausführungen angeboten. Man sollte es nicht zu klein kaufen: Der lange (Stahl-)-Schenkel sollte wenigstens 40 bis 50 cm lang sein. Man sollte auch nicht das billigste Gerät kaufen. Es lohnt sich schon, ein paar Mark mehr für ein Ganzstahl-Winkelmaß auszugeben, bei dem man die Gewißheit haben darf, daß es nie aus dem Winkel gerät. Ein Winkelmaß mit einem Holz- und einem Stahlschenkel dagegen kann schon einmal – vor allem bei achtloser Behandlung – aus dem Winkel geraten. Und dann kann man dieses Werkzeug nur noch wegwerfen.
Schraubzwingen werden nicht nur dann gebraucht, wenn eine Leimverbindung unter Druck gehalten wird, bis der Leim abbindet und somit die Verbindung fest geworden ist: Sie sollten beispielsweise auch beim Sägen oder Bohren benutzt werden, um das Werkstück festzuspannen. So hat man beide Hände frei für das Werkzeug

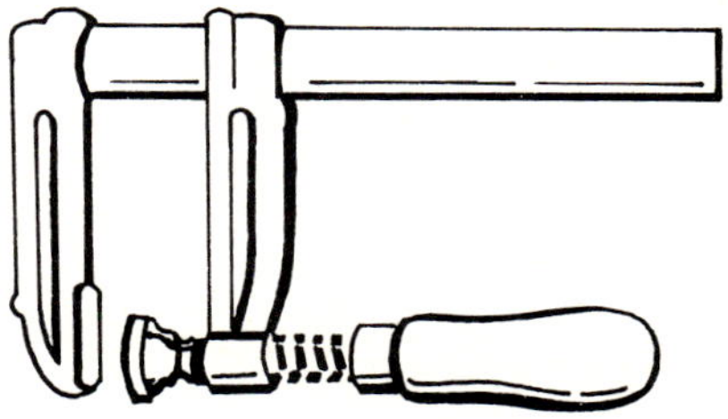

Schraubzwinge

bzw. kann sich darauf verlassen, daß sich das Werkstück nicht widerspenstig zeigt. Man sollte nicht zu wenige haben. Ein halbes Dutzend in einer mittleren Größe sollte eigentlich als Minimum angesehen werden. Wer häufiger Möbel repariert oder anfertigt und damit mehr Erfahrung hat, wird bestätigen, daß man eher noch mehr braucht. Dann sollte man einige kleinere und einige größere Schraubzwingen anschaffen.
Zum Fuchsschwanz, der als obligates Haushaltswerkzeug schon erwähnt worden ist, sollten für den auf Holzarbeiten spezialisierten Heimwerker unbedingt noch eine *Feinsäge* und auch eine *Stichsäge* dazukommen. Die Feinsäge wird beim

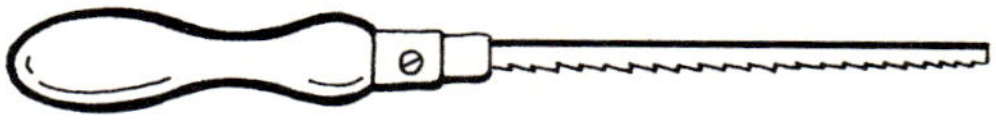

Stichsäge

Sägen von Leisten und dünneren Kanthölzern unentbehrlich sein. Auch beim Sägen von Brettern wird sie sich als nützlich erweisen. Man kaufe nicht die billigste (und deshalb auch kleinste) Feinsäge. Ein großes und vor allem hohes Sägeblatt mit einem sehr stabilen Rücken erweitert den Anwendungsbereich dieser Säge ganz beträchtlich – und hat natürlich auch zur Folge, daß man leichter und genauer sägen kann. Nicht unbedingt notwendig, aber für einen „ausgefuchsten" Heimwerker vielleicht doch sehr nützlich sind Feinsägen mit einem gekröpften und zudem verstellbaren Griff. Solche Feinsägen können bei etwas verzwickten Reparaturarbeiten oder Basteleien sehr nützlich sein. Die Stichsäge weist ein sehr schlankes und spitz zulaufendes Sägeblatt auf. Mit ihr werden solche Schnitte ausgeführt, die nicht geradlinig verlaufen: Je schlanker das Sägeblatt ist, desto beweglicher ist es natürlich. Desto enger können die Radien der Kurven sein, die man mit einer Stichsäge zu sägen vermag.

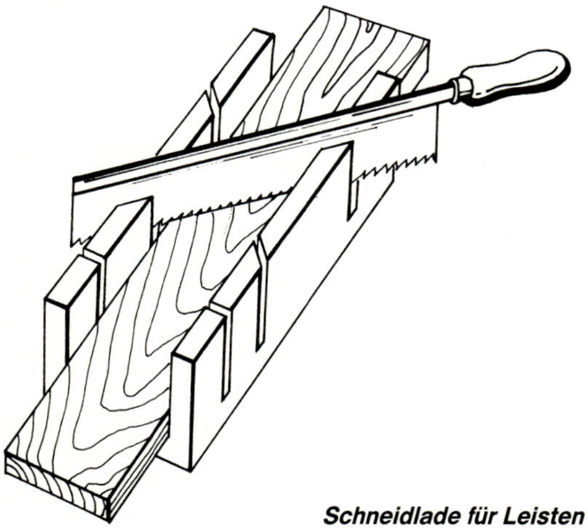

Schneidlade für Leisten

Unentbehrlich zu gewissen Sägearbeiten ist noch eine *Schneidlade.* Das ist eine Vorrichtung, in der Leisten und Latten exakt rechtwinklig oder im Winkel von 45 Grad abgesägt werden können. Beispielsweise dann, wenn man aus Profilleisten einen Bilderrahmen baut: in der Schneidlade werden die 45-Grad-Schnitte so genau, daß die Gehrungsfugen sich nachher sauber schließen. Allerdings: Da die Schneidlade aus Holz besteht, wird sie im Lauf der Zeit ebenfalls von den Zähnen der Säge angegriffen. Das hat zur Folge, daß die Führungsschlitze für die Säge breiter und ungenauer werden. Statt eines 45-Grad-Winkels sägt man dann Winkel von 44, 43 oder 42 Grad . . .

Stemmeisen wird man, so man häufiger und sehr unterschiedliche Holzarbeiten ausführen will, in größerer Zahl besitzen müssen. Man braucht breitere und schmälere Stemmeisen, weil mal breitere, mal schmälere Schlitze auszustemmen sind.

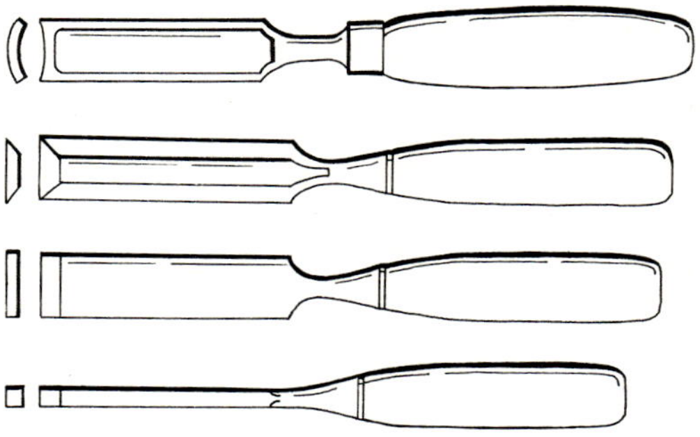

Stemmeisen mit unterschiedlichen Klingen

Stemmeisen müssen immer gut geschärft sein. Man schleift sie von Zeit zu Zeit an der Seitenfläche einer Schleifscheibe – aber so vorsichtig, daß der Winkel der schrägen Fläche nicht verändert wird. Und dann wird das Eisen noch auf einem Stein abgezogen, damit der Schleifgrat verschwindet.

Stemmeisen kann man bei leichteren Arbeiten mit dem Handballen „klopfen"; bei leichteren Arbeiten wird sowieso nur gestochen – wobei die bloße Muskelkraft genügt. Bei härterem Einsatz braucht man aber noch einen *Holz- oder Gummihammer,* um mehr Kraft ausüben zu können. Der normale Schreinerhammer ist ungeeignet, weil er zu hart schlägt und somit den Werkzeuggriff beschädigt und zerstört (was bei einem Holzhammer auch nicht ausbleibt – hier aber viel später passiert).

Das übliche Werkzeug für die feine Oberflächenbearbeitung von Holz, für das Abrunden von Kanten und das Entfernen oder Glätten überstehender Teile ist die *Holzraspelfeile.* Zu der Holzraspel in meist halbrunder Form braucht man auch eine Feile mit feinerem Hieb, mit der man die groben Spuren der Raspel entfernt. Die Raspel wird heute aber häufig von Hobeln abgelöst, deren Sohle große Ähnlichkeit mit einer Küchenraspel hat. Die

Zähne bei diesem Werkzeug sind größer als bei einer Raspel, sie nehmen also sehr viel mehr Holz weg. Der Griff ist abgewinkelt; es gibt auch *Raspelhobel* mit zwei Griffen, die sich damit sehr präzis und zugleich besser als ein „Einhandhobel" führen lassen. Ein großer Vorteil dieser Raspelhobel ist, daß sie sich nicht mit Spänen vollsetzen können. Oder wenn sie einige Zeit gearbeitet haben, kann man die Späne durch Wenden und Ausklopfen des Werkzeugs leicht entfernen. Konventionelle Raspeln und Feilen mit ihren feinen Zähnen dagegen müssen von Zeit zu Zeit mit einer Feilenbürste gereinigt werden.
Vom Feilen zum Hobeln ist es nur ein Schritt. Die Hobelraspeln machen oft den konventionellen Hobel überflüssig – allerdings nicht immer und nicht überall. Die vielen feinen Zähne der Hobelraspel erzeugen nämlich keine ganz glatte Oberfläche: sie zeichnen mehr oder weniger starke Spuren ins Holz (wenn man den Hobelraspel

Raspelhobel

schräg führt, erzeugt man einen stärkeren „Biß"; führt man ihn parallel zur Bewegungsrichtung, werden nur feine Spuren erzeugt). Man kann die mehr oder weniger feinen Rillen deutlich spüren oder sehen.
Wenn man also eine glatte und ebene Oberfläche durch Hobeln erzeugen will, braucht man doch den konventionellen Hobel, und zwar den *Putz- oder Doppelhobel.*

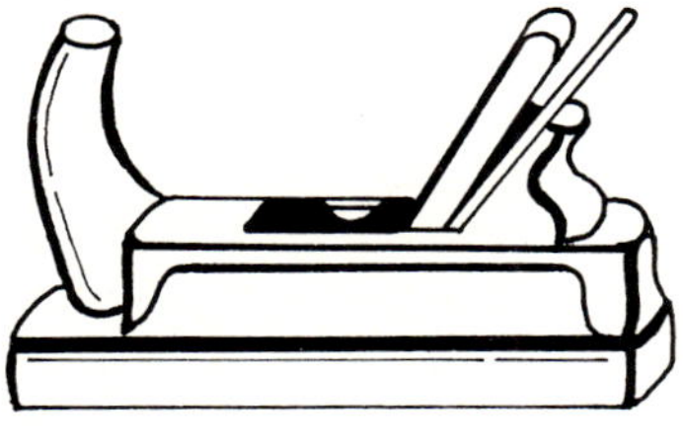

Doppelhobel

Sein Eisen muß natürlich besonders gut gepflegt werden. Es wird an einer Schleifscheibe nachgeschliffen, wenn dies notwendig sein sollte. Es muß dabei spitz bleiben, die Schneide darf in ihrem Winkel nicht verändert werden. Nachher zieht man das Eisen auf einem Ölstein ab, um die letzten Schleifspuren zu beseitigen.
Das Eisen wird so in den Hobel eingesetzt, daß es etwa einen Millimeter über die Hobelsohle hinausragt. Mit leichten Hammerschlägen wird das Eisen ausgerichtet und dann durch einen Holzkeil befestigt.

Werkzeuge für Metallarbeiten

Das allerwichtigste „Werkzeug" ist ein *stabiler Tisch.* Bei Holzarbeiten läßt sich manches improvisieren, auf einem Hocker sägen – oder das Werkstück wird bei seinem Weiterwachsen je nach Konstruktion eine Arbeitsplatte entbehrlich machen. Bei Metallarbeiten dagegen wird vieles nur mit Hilfe eines Schraubstocks zu bewerkstelligen sein. Und für den braucht man eben einen standfesten Werktisch, an dem man den Schraubstock befestigen kann.
Der Tisch muß ausreichend groß sein und er muß mit ausreichender Ausrüstung zusätzlich versorgt sein. So braucht man vor allem eine gute *Beleuchtung.* Man befestige an der Wand oder Decke über dem Werktisch eine Leuchtstoffröhre – und zusätzlich eine schwenkbare Wandleuchte an einem langen Arm. Während die Leuchtstoffröhre gutes Allgemeinlicht geben soll, braucht man die Schwenklampe, um bei feineren Arbeiten das Werkstück schattenfrei auszuleuchten.
Zusätzlich muß wenigstens eine Steckdose vorhanden sein. Der Werktisch muß außerdem mit Schubladen für Kleinmaterial und Werkzeug versehen sein.
Und nun wollen wir uns den einzelnen Werkzeugen zuwenden, die für die Metallbearbeitung benötigt werden und die man wenigstens als Grundausrüstung besitzen sollte (Spezialwerkzeug wird man später, je nach Arbeitsanfall, dazukaufen).
Da ist zunächst der *Schraubstock* vorzustellen. In ihm werden die Metallstücke eingespannt, an denen man arbeitet. Es genügt ein Parallelschraubstock aus Stahlguß mit Backen von etwa 10 cm Breite. Geschmiedete Schraubstöcke sind teurer als gegossene – sie halten dafür auch einiges mehr aus. Allerdings wird normalerweise die Belastung nicht so groß sein, daß sie nicht auch von

einem gegossenen und damit deutlich billigeren Schraubstock bewältigt werden könnte ...

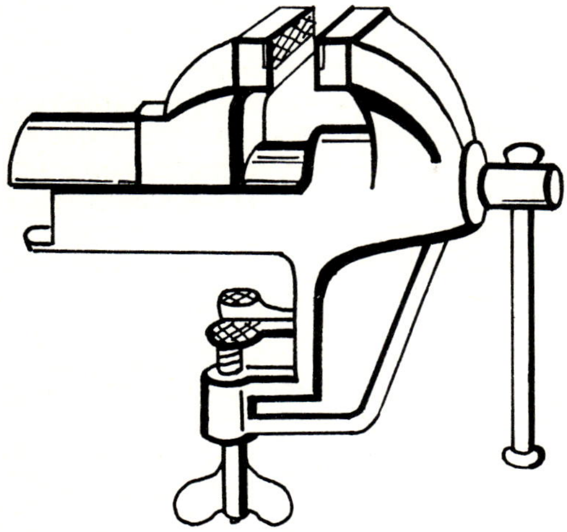

Schraubstock

Der Schraubstock muß auf dem Werktisch befestigt werden: Es gibt solche Ausführungen, die mit Hilfe einer Schraubzwinge anzubringen sind, und solche, die mit mehreren Schrauben befestigt werden müssen. Die erstere Ausführung genügt meistens für den Hausgebrauch. Der mit Schrauben befestigte Schraubstock sollte vom ambitionierten Metallwerker bevorzugt werden: er sitzt nämlich wirklich fest auf dem Tisch.
Man achte darauf, daß der Schraubstock sauber gehalten wird. Feilspäne sind zu entfernen, die Spindel ist nach dem Reinigen auch stets leicht einzuölen.
Zusätzliche Hilfsmittel können Schutzbacken aus Blei sein: sie werden in den Schraubstock eingelegt, wenn man Werkstücke aus weichem Metall oder aber Schrauben einspannen will. Die Werkstücke werden dann ohne Beschädigungen festgehalten.
Nun das Handwerkszeug für die Metallarbeiten. Zum Messen und Anreißen braucht man außer

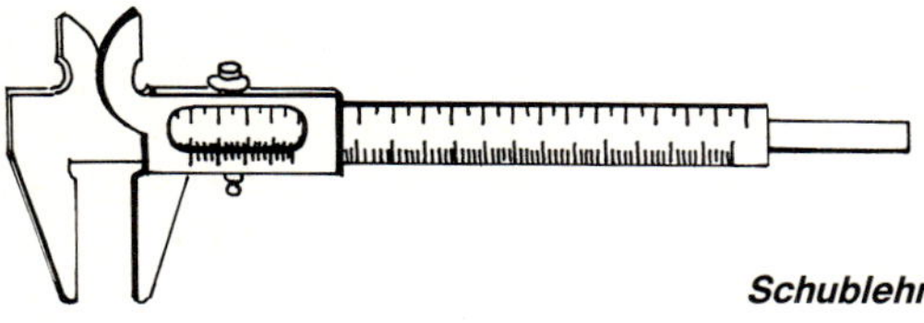

Schublehre

dem schon als Grundwerkzeug erwähnten Zollstock eine *Schublehre mit Nonius,* mit der man mit einer Genauigkeit von 0,1 mm die Außen- und Innenmaße von kleinen Werkstücken, von Stäben, Rohren, Hülsen und dergleichen messen kann.

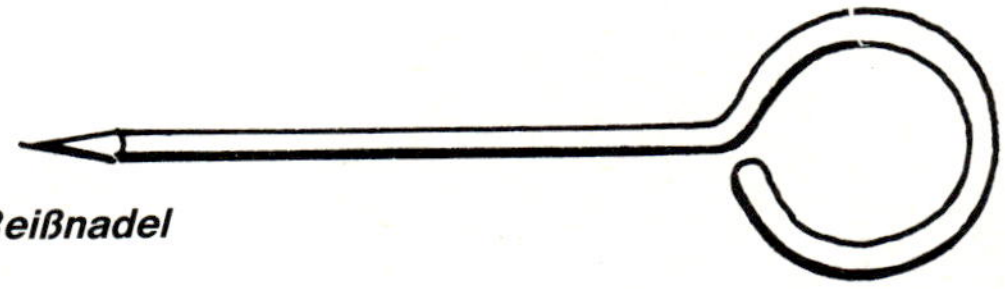

Reißnadel

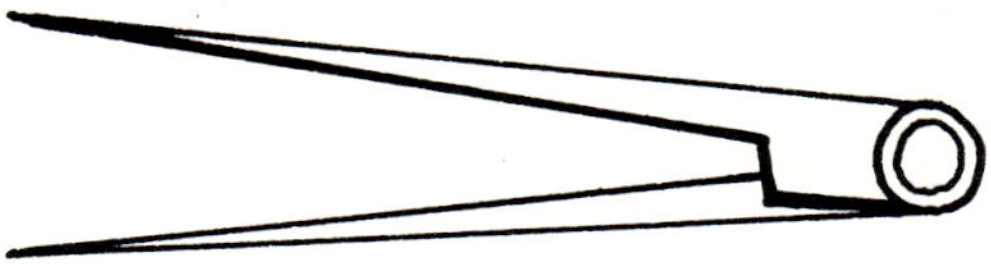

Spitzzirkel

Man braucht eine *Reißnadel,* mit der man gemessene Maße auf dem Metall anritzen kann.
Ein Spitzzirkel wird benötigt, um Maße zu greifen und zu übertragen – und natürlich auch dazu, um Kreise anzureißen.
Für das Markieren von Bohrmittelpunkten (auf denen man nachher die Spitze des Bohrers ansetzt) braucht man stets einen *Körner.* Mit ihm (und einem Hammer) wird eine leichte Delle in die Metalloberfläche geschlagen. Diese Delle verhindert, daß der Bohrer wegrutschen kann.

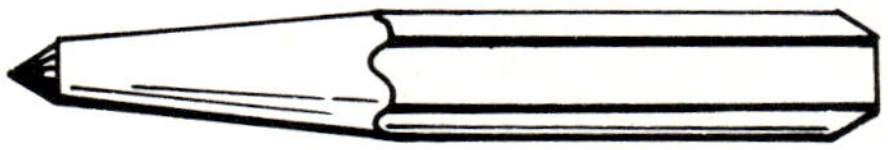

Körner

Der eben erwähnte Bohrer wird in der Heimwerkstatt nicht allein auftreten: Wie bei Holz- und Steinbohrern braucht man auch von Metallbohrern ein Sortiment verschiedener Größen. Man kann es sich je nach Bedarf nach und nach zusammenkaufen. Es kann aber auch recht nützlich sein, das Sortiment von Bohrern mit Stärken zwischen 2 und 10 mm gleich komplett anzuschaffen, dann kann man auch überraschende Einfälle ausführen und muß nicht erst warten, bis man den fehlenden Bohrer nachgekauft hat.
Zu den Bohrern sollte man gleich ein Fläschchen *Bohröl* kaufen. Das ist deshalb notwendig, weil

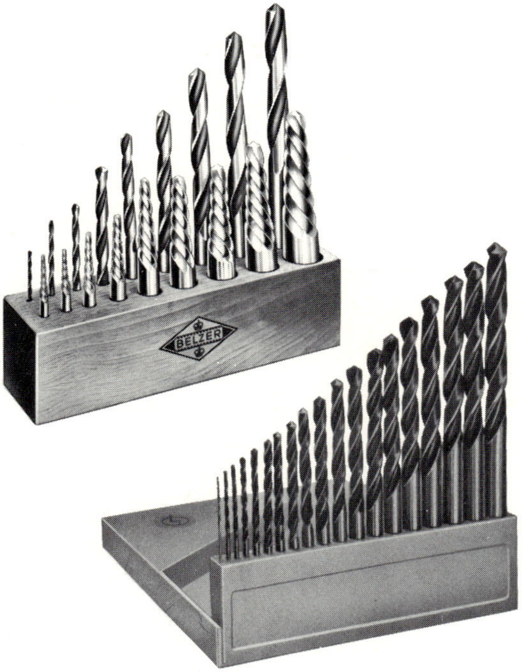

Sortimente von Holz- und Metallbohrern

man Metall nie trocken bohrt (von Messing abgesehen): Man gibt hin und wieder einen Tropfen der Bohremulsion in das Bohrloch, um die Reibung zu mindern (damit auch die Reibungswärme, die den Bohrer schneller stumpf macht) und um zu verhindern, daß die Bohrspäne sich im Bohrer festsetzen.

Damit man sich das Werkstück in der benötigten Größe herrichten kann, braucht man zum Beispiel eine *Metallsäge.* Üblich ist die Bügelsäge mit auswechselbarem Sägeblatt (von den sogenannten Universalsägen, die angeblich mit einem Sägeblatt alles sägen, haben wir schon abgeraten). Das Sägeblatt sollte in der Führung um 90 Grad nach beiden Seiten geschwenkt werden können, damit man auch längere Schnitte ausführen kann.

Zum Sägen wird das Werkstück in den Schraubstock eingespannt – und zwar so, daß die Schnittstelle knapp neben den Schraubstockbacken liegt. Die Säge wird beim Beginn leicht stoßend über die rückwärtige Werkstückkante geführt. Die Zähne der Säge sind nach vorn gerichtet: sie greifen also beim Stoßen – und können demnach anfangs beim Stoßen auch leicht von der markierten Linie abweichen.

Auch mit einer *Blechschere* läßt sich das Werkstück in der benötigten Größe herrichten. Natürlich nur, sofern es sich um ein Werkstück aus dünnem Blech handelt. Das Arbeiten mit einer solchen Blechschere ist nicht ganz leicht. Es empfiehlt sich deshalb für den Anfänger, daß er erst einmal an Abfallstücken übt (so wie man bei Holzarbeiten einen Hobel auch nicht gleich beim ersten Mal an einer edlen alten Kommode ansetzt . . .). Die Schere muß rechtwinklig zur Blechfläche geführt werden. Ein Finger muß stets zwischen den Scherengriffen gehalten werden, damit man die Schere leicht wieder öffnen kann. Die Schere darf auch nie ganz durchgedrückt werden

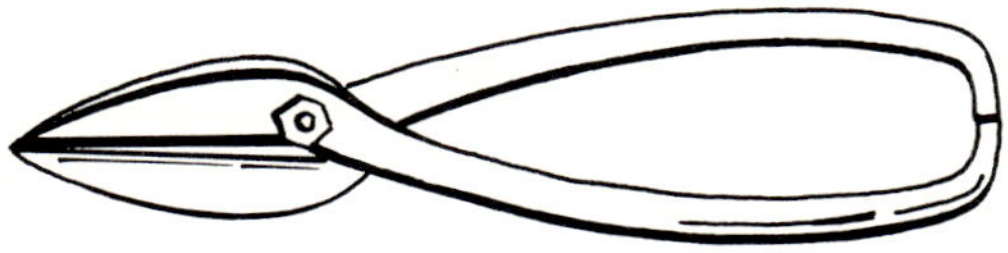

Blechzange

– der Durchgang der Scherenspitzen durch das Blech würde sich sonst sehr deutlich auf dem Blech abzeichnen.

Ungleich einfacher ist das Zurichten von Blechen übrigens, wenn man mit einer elektrischen Stichsäge mit entsprechenden Metallsägeblättern arbeiten kann. Auf diese Stichsäge kommen wir später noch zurück.

Meißel sind hier ebenfalls zu erwähnen bzw. in das Werkzeugsortiment aufzunehmen. Die Meißel werden benötigt, um ein Werkstück zu teilen oder um Teile abzutrennen. Man kann sie in unterschiedlichen Stärken und Ausführungen in das Sortiment aufnehmen – und sollte darauf achten, daß sie stets scharf und einsatzbereit sind. Wenn also ein Meißel bei einer harten Arbeit an der Schneide beschädigt worden ist, muß man ihn nachschleifen und neu härten. Ein weicher, stumpfer oder schartiger Meißel ist nämlich unbrauchbar. Man kann mit ihm zwar arbeiten, braucht aber ungleich mehr Kraft als bei einem scharfen Meißel. Und außerdem wird der schartige Meißel nur unsaubere Schnitte oder Kerben hervorrufen.

Feilen sind ganz und gar unentbehrliche Werkzeuge für den Metallwerker: Was vorher gesägt worden ist, muß anschließend mit der Feile weiterbehandelt werden. Mit Feilen glättet man die Sägeflächen, mit ihnen bringt man das Werkstück letztlich auf das genaue Maß.

Es genügt natürlich nicht, nur eine Feile für verschiedene Arbeiten zu besitzen: Man braucht ein ganzes Sortiment.
So zum Beispiel eine sogenannte *Schruppfeile.* Das ist eine Feile mit ziemlich grobem „Hieb" – mit der man die groben Arbeiten erledigt. Diese Schruppfeile ist flach und etwa 20 bis 25 cm lang. Dann braucht man *mittelfeine Feilen* in verschiedenen Formen: halbrund, rund und Vierkant. Schließlich eine *Dreikant-Schlichtfeile:* das ist eine Feile mit ganz feinem Hieb.
Sehr nützlich ist es auch, wenn man einen Satz *Schlüsselfeilen* besitzt, damit man sich einen abgebrochenen oder verlorenen Schlüssel selber aus einem Rohling zurechtfeilen kann – und damit man auch bei feinen Arbeiten an kleineren Werkstücken das richtige Werkzeug zur Verfügung hat (Schlüsselfeilen werden ja nicht nur zum Feilen von Schlüsseln verwendet . . .).
Sehr wichtige Werkzeuge sind bei allen Arbeiten die Zangen. Für den Metallwerker kommt neben den schon erwähnten Rohr- und Beißzangen

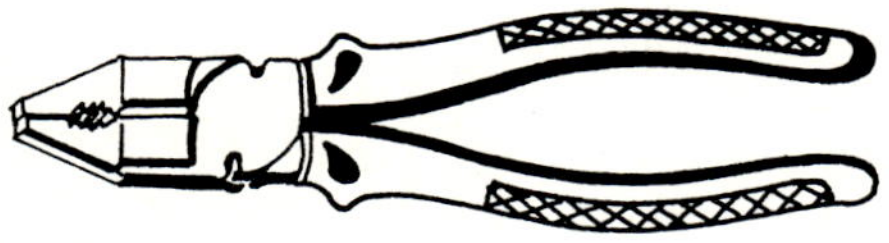

Kombizange

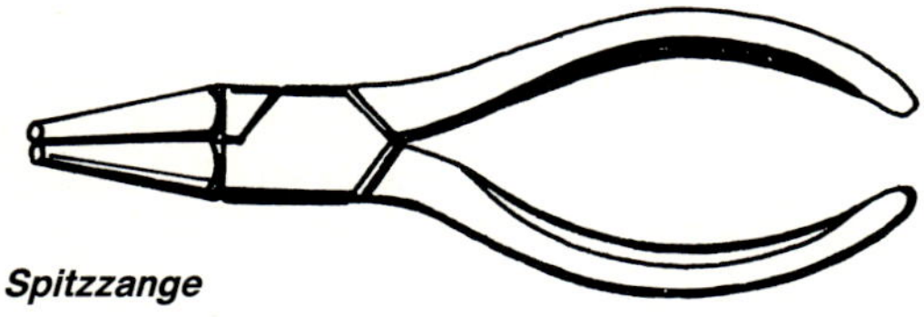

Spitzzange

noch eine *Kombi(nations-)zange* in Frage, die sich sowohl als Beißzange als auch als Rohrzange oder als Flachzange einsetzen läßt. Sie ist also ein universelles Gerät, wird dementsprechend stark abgenutzt. Die beste Kombizange ist deshalb gerade gut genug. Für Arbeiten mit Draht braucht man eine Rundzange, mit der man den Draht beispielsweise zu Ösen biegen kann.
Ein Satz *Schraubenschlüssel* oder aber ein *Rollgabelschlüssel* sind wichtiges Zubehör in der Metallwerkstatt. Man braucht sie, um Schrauben und Muttern zu lösen und festzudrehen. Die Gabelschlüssel müssen mit ihrer Maulweite genau der Größe der Mutter oder des Schraubenkopfes entsprechen: Zu kleine Schlüssel packen nicht,

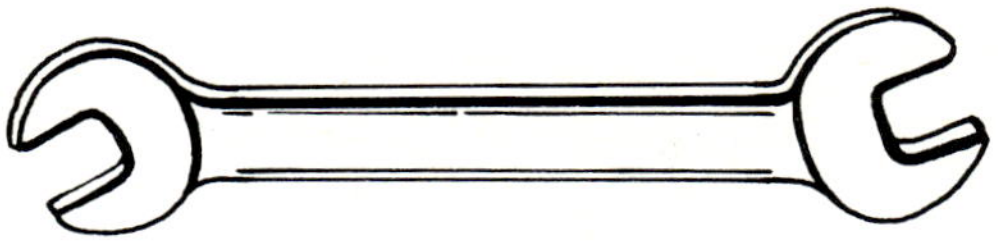

Schraubenschlüssel

zu große rutschen ab und zerstören die Mutter bzw. den Schraubenkopf. Deshalb braucht man ein Sortiment, in dem alle Maulweiten zwischen 5 und 20 mm (oder mehr) besetzt sind. Oder man braucht einen verstellbaren Schlüssel – der aber so solide konstruiert sein muß, daß er nicht schon nach kurzem Gebrauch ausgeleiert ist.
Schraubenzieher werden sowieso vorhanden sein. Sie müssen hier also nicht extra erwähnt werden. Sehr wichtig für den Metallwerker ist es, wenigstens einen *Kreuzschlitz-Schraubenzieher* zu besitzen. Denn bei sehr vielen modernen Geräten, die man hin und wieder zu reparieren oder zu pflegen hat, werden Schrauben mit Kreuzschlitz angewandt, die man mit einem normalen Schraubenzieher nicht fassen kann.

Werkzeuge zum Löten
Diese Geräte sollten in jeder, nicht nur in der Spezial-Metallwerkstatt vorhanden sein. Denn man braucht einen *Lötkolben* alltags eigentlich viel häufiger, als man meint. So zum Beispiel sollten alle Kontakte von Elektrokabeln in den Stekkern und Kupplungen verzinnt sein: Man sollte die Litzenenden nicht einfach abisolieren und dann in die Klemmen einführen. Vielmehr sollte man die Drähte durch einen Überzug mit Lötzinn fest miteinander verbinden, um den Kontakt zu verbessern und um zu bewirken, daß die Drähte nicht so leicht ausreißen oder abbrechen können.
Der Lötkolben allein tut es nicht. Vielmehr braucht man diese Gerätschaften:
Zunächst eine *Drahtbürste* (oder auch zwei: eine Stahldrahtbürste und eine Messingdrahtbürste), mit der man die Werkstücke und den Lötkolben reinigen kann.

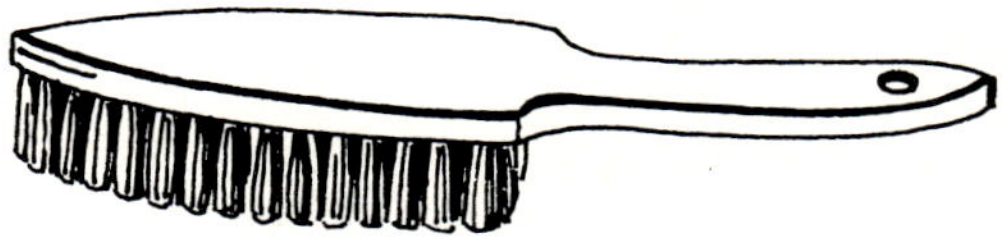

Drahtbürste

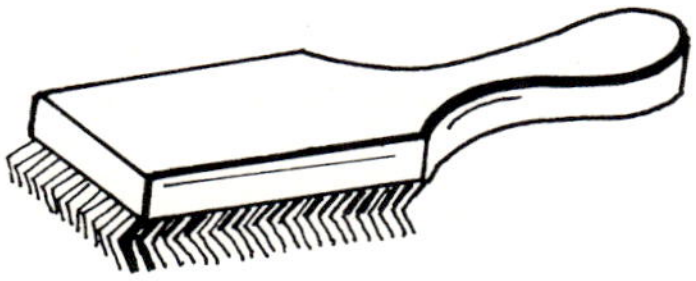

Messingdrahtbürste

Dann den *Lötkolben* selbst, den man in sehr vielen verschiedenartigen Ausführungen angeboten bekommt. Da gibt es den einfachen Kupferkolben in Hammer- oder Spitzform. Diese Kolben werden über einer Spiritus-, Gas- oder Benzinflamme erhitzt – also beispielsweise über dem Brenner eines Rechauds. Oder man legt sie in eine Holzkohlenglut.
Diese Kolben werden in verschiedenen Größen angeboten. Wenn man sich für einen solchen Kolben entscheidet, dann sollte man nicht das kleinste Modell wählen (auch wenn dieses leichter zu handhaben ist): Ein kleiner Kolben kühlt schnell ab. Bei größeren Lötstellen muß daher der Kolben in zu kurzen Abständen immer wieder aufgeheizt werden. Und das ist natürlich unpraktisch.
Sehr viel vorteilhafter sind deshalb *elektrische Lötkolben,* die man mit Heizleistungen zwischen 20 und 500 Watt bekommt. Diese Kolben werden an die Steckdose angeschlossen – sie sind deshalb gleichmäßig heiß. Und das bringt unter anderem auch den Vorteil, daß sie wegen der gleichmäßigen Temperatur nicht so stark verzundern. Der normale Kupferkolben nämlich überzieht sich wegen des häufigen Temperaturwechsels immer wieder mit einer Oxydschicht und muß deshalb auch häufiger gründlich gereinigt werden.
Nicht so der Elektrokolben. Mit ihm kann man flotter und leichter arbeiten. Und sozusagen auch maßgerecht – wenn man einen Lötkolben mit auswechselbaren Spitzen anschafft. Diese Lötkolben sind zwar etwas teurer, dann aber ist man für alle Fälle gerüstet. Denn man kann breitere oder spitzere, fahnenförmige oder stumpfe Spitzen einsetzen; es gibt auch Spezialeinsätze, mit denen man Styropor schneiden oder Holz brandbemalen kann.
Wichtiges Detail an einem Elektrolötkolben: eine Vorrichtung, damit man den Lötkolben ablegen kann, ohne daß die heiße Spitze den Werkplatz berührt. Das heißt also: eine kleine, ausschwenkbare Klammer, auf die sich der Kolben stützt, wenn man ihn weglegt.

Lötzinn gehört natürlich auch zur Lötausrüstung. Man bekommt es in Stangenform, als Lötpaste oder als Lötdraht. *Lötpaste* und *Lötdraht* enthalten bereits das Flußmittel, sind aber dadurch auch teurer als das Stangen-Lötzinn (zu dem man nun wiederum ergänzend Lötfett oder Lötwasser braucht).
Wenn man größere Flächen zu verlöten hat, kann man auch eine *Gaslötlampe* einsetzen, an der unterschiedliche Lötspitzen angebracht werden können. Eine solche Lötlampe ist nun allerdings nicht nur zum Löten einzusetzen: man kann sie auch dazu verwenden, alte Farben abzubrennen

Lötlampe

oder um hartzulöten oder um Metalle zu härten (d.h. erst zu erhitzen und dann abzuschrecken). Der Betrieb einer Gaslötlampe ist allerdings teurer als der eines Elektrolötkolbens.

Werkzeuge für Blecharbeiten

Eine reizvolle Bearbeitung von Blech ist das Treiben: Das Blech wird von einer Seite gehämmert, wodurch es sich dehnt und dabei verformt.
Für solche Arbeiten braucht man einen *Treibhammer* (oder auch gleich mehrere, unterschied-

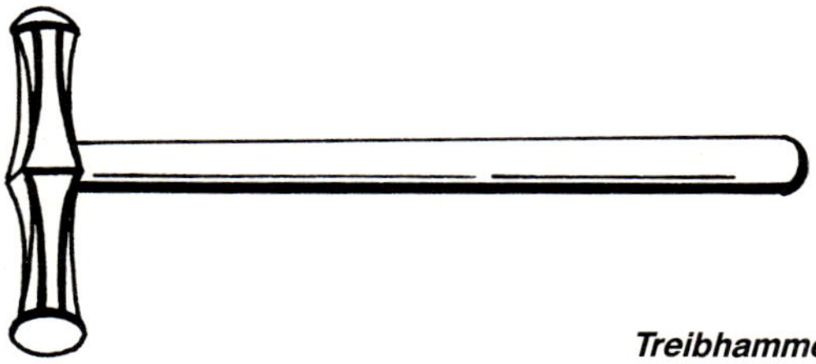

Treibhammer

lich geformte Hämmer). Der Treibhammer weist in der Regel eine flache und eine abgerundete Schlagfläche auf. Eine besondere Art des Treibens ist das Ausbeulen von Blech (in der Regel: Karosserieblech . . .). Hier wird eine Verformung des Blechs wieder rückgängig gemacht. Dazu verwendet man meistens einen Holz- oder Gummihammer mit einer möglichst großen Schlagfläche. Auf der anderen Seite des Blechs braucht man ein Metallstück: es wird gegen das Blech gehalten, damit der Schlag mit dem Hammer Widerstand findet und die Schläge im Blech selbst wirksam werden. Das Gegenstück soll natürlich auch dafür sorgen, daß die letzten Treibschläge das Blech wieder flächig machen. Bei normalen Treibarbeiten braucht man als Widerlager einen sogenannten *Polierstock,* der eine gewisse Ähnlichkeit mit einem Zahn hat: Die „Wurzel" des Polierstockes steckt in einer viereckigen Aussparung des Werktisches, auf die Oberseite dieses kleinen Ambosses legt man das Blech auf, das dann von oben mit dem Treibhammer bearbeitet werden kann.

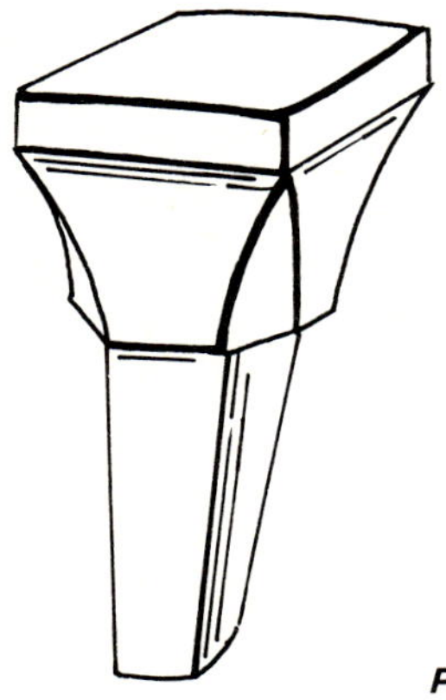

Polierstock

An anderen Stellen in diesem Buch werden noch weitere Spezialwerkzeuge vorgestellt – und zwar im Zusammenhang mit den Arbeiten, für die sie benötigt werden. Es erscheint sinnvoller, sie dort zu erwähnen und in ihrer Anwendung zu zeigen, als sie hier in die Liste des Grundsortiments an Werkzeug aufzunehmen. So werden in diesem Buch auch Werkzeuge zum Fliesen- oder Teppichverlegen angesprochen, Geräte zum Nieten oder Auswechseln von Fensterscheiben. Wer sich über diese Werkzeuge informieren und sie in das Grundsortiment aufnehmen will, kann über das Stichwortregister am Schluß des Buches zu den Seiten finden, auf denen diese Geräte erwähnt werden.

Material, das immer gebraucht wird

Dübel

Dübel gehören heute zum unentbehrlichen Rüstzeug jedes Werkzeugkastens und jeder Heimwerkstatt, denn es werden viel mehr Möbel als früher an die Wände gehängt – und es gehört ja schon beinahe zum guten Ton, daß man seine Wand- und Deckenlampen selber montiert. Und weil nicht immer Dübel und Schrauben zu diesen Einrichtungsgegenständen mitgeliefert werden, muß man ein Sortiment vorrätig haben.
Früher wurden selbstgefertigte Holzklötze in Löcher eingegipst, die man in mühseliger Arbeit in die Wände geschlagen hat. Heute verwendet man die von der Industrie in vielfältigen Formen angebotenen Dübel, für die nur noch ein kleines Loch in die Wand oder die Decke zu bohren ist. Während früher die Holzklötze lediglich einen weicheren Bohrgrund als die Wand für die Schraube darstellten, gibt heute das Mauerwerk selber der Schraube festen Halt: Die Schraube übt auf den Dübel einen Druck aus, der Dübel wird gespreizt und gibt dabei die Kraft an das Mauerwerk weiter, das die Schraube festhält. Die Art und Qualität des Mauerwerks spielt daher bei der Auswahl der Dübel eine große Rolle.

Dübel richtig auswählen
Eine Betonwand setzt dem von Schraube und Dübel ausgeübten Druck mehr Widerstand entgegen als ein Mauerwerk aus Gasbetonsteinen. In hartem Beton kann sich ein Dübel nur wenig spreizen – in weichem Material muß er sich weiter spreizen, damit die Schraube besser verankert ist. Daraus kann man also ableiten:
Dübel, die aus einer mit Spezialjute gefüllten Leichtmetallhülse bestehen, sind eher für Beton oder Ziegelmauerwerk geeignet; für weiche Materialien muß man Spreizdübel aus Kunststoff verwenden. Die für weiche Materialien bestimmten Dübel sind außerdem zumeist mit „Flossen" versehen, die verhindern sollen, daß sich der Dübel beim Eindrehen der Schraube mitdreht und sich dabei unter Umständen das Bohrloch vergrößert.

Spreizdübel

Dübel für Leichtbetonwände

Welches Material man vor sich hat, merkt man beim Bohren: Je leichter es geht, um so weicher ist das Wandmaterial.
Beim Bohren merkt man auch, wie dick die Putzschicht ist. Je dicker sie ist, um so länger muß der Dübel sein, der in das Bohrloch eingesetzt wird. Der Dübel muß sich nämlich möglichst tief unter der Wandfläche spreizen. Nur so bekommt die Schraube – und der an ihr befestigte Gegenstand – sicheren Halt, und nur so wird vermieden, daß das Loch ausplatzt und der Putz abbröckelt.

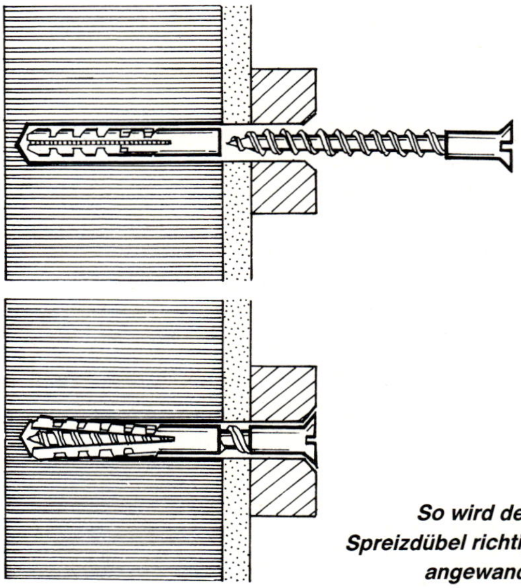

So wird der Spreizdübel richtig angewandt

Für die meisten Montagen sind Schrauben mit einem Durchmesser von 4 bis 6 mm ausreichend. Und für diese Schrauben braucht man Dübel mit Durchmessern zwischen 6 und 8 mm. Dementsprechend müssen auch die Bohrer sein, die man in die Bohrmaschine einspannt: sie müssen zwischen 6 und 8 mm stark sein.

Besondere Dübelformen

Die üblichen Dübelformen wurden schon erwähnt: das ist einmal der Dübel mit einer Leichtmetallhülse und einer Hanf- oder Faserstoffeinlage, zum anderen der Spreizdübel aus Kunststoff. Weitere, für den Heimwerker wichtige Formen sind:

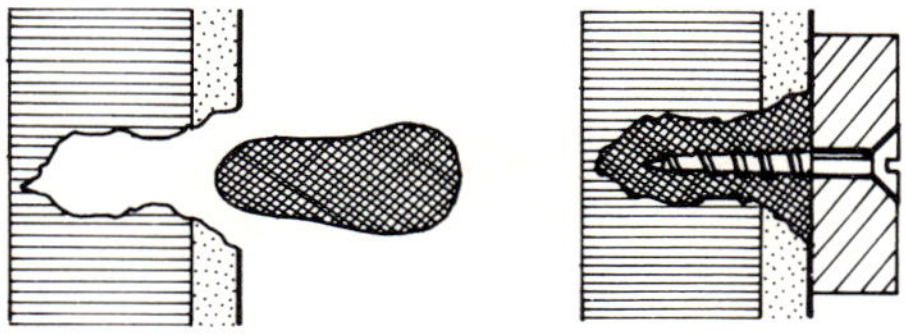

Knetdübel für ausgebrochene Bohrungen

1. Der *Knetdübel* und der *Fixdübel*. Beide sind kleinfingerdicke Zylinder, die erst ein paar Sekunden in Wasser gelegt, dann etwas schlank geknetet und schließlich in das Bohrloch eingestopft werden müssen. Sie sind voll verformbar und vor allem in zwei Situationen überaus praktisch: wenn man ein zu großes oder neben der Markierung liegendes Loch gebohrt hat und wenn man eine Schraube in sehr nachgiebigem, weichem Material eindrehen will, in dem ein Spreizdübel keinen Widerstand findet. Beide werden von Fachleuten zu Recht Katastrophendübel genannt: sie helfen auch in ganz aussichtslos scheinenden Situationen. Es gibt aber auch spezielle Kunststoffspreizdübel für Befestigungen in porösen und weichen Wänden. Sie haben eine erhöhte Spreizung und eine verstärkte Zahnung zur besseren Verankerung in der Wand.

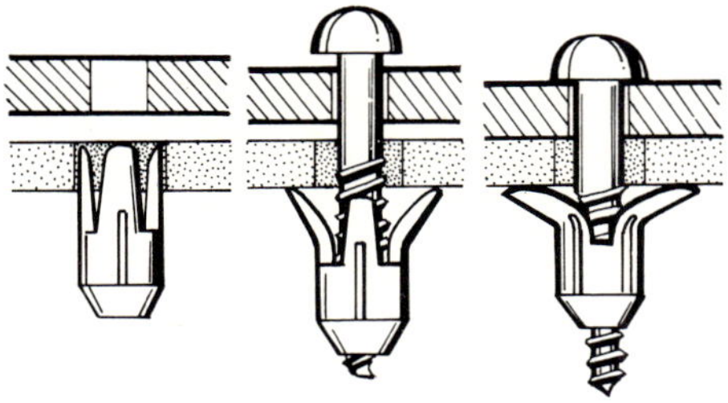

Ankerdübel für dünne Platten

2. *Anker- oder Krallendübel* für Montagen an dünnen Platten, hinter denen Hohlräume liegen. Diese Dübel werden auf die Schraube gesteckt, durch das zuvor gebohrte Loch gestoßen; durch das weitere Eindrehen der Schraube werden die Krallen auf der Rückseite der Montageplatte immer weiter gespreizt und gegen die Platte gepreßt. Eine Variante dieses Typs ist der Schirmdübel, der sich noch weiter entfalten kann, den Druck also auf eine größere Fläche verteilt – und der zudem mit einer längeren Gewindestange versehen ist, also auch bei dickeren Platten verwendet werden kann.

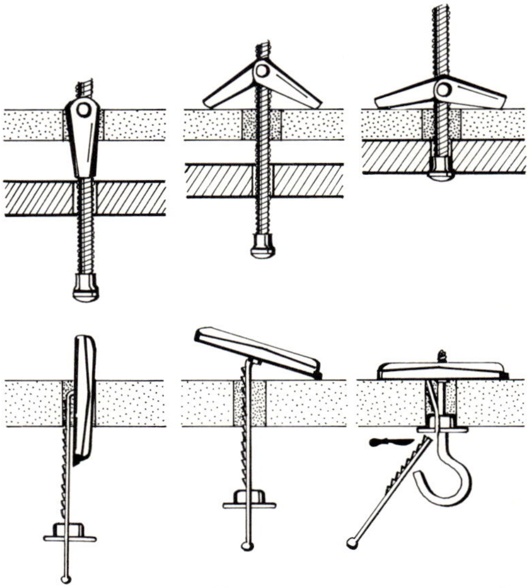

Kippdübel und Spreizdübel für Deckenmontagen

3. Die *Kippdübel*, die hauptsächlich für die Befestigung von Gegenständen an Decken benötigt werden. Bei manchen alten Deckenkonstruktionen wird die glatte, sichtbare Fläche lediglich von einem dünnen, nachgiebigen, verputzten Rohrgeflecht gebildet. Hier braucht man einen Dübel, der die Belastung auf eine sehr große Fläche ver-

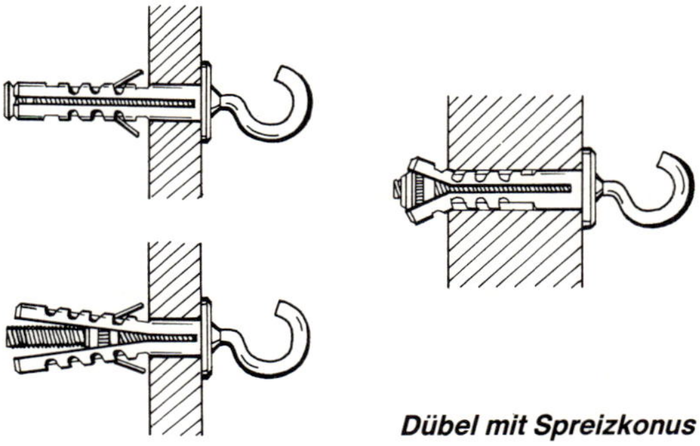

Dübel mit Spreizkonus

teilen kann – ohne daß man dazu ein großes Loch zu bohren braucht. Solche Dübel sind mit einer Gewindestange, mit einem Gewinde oder gleich mit einem Haken versehen, an dem man die Lampe aufhängen kann. Ist der Zwischenraum zwischen Deckenplatte und darüberliegenden Deckenteilen so gering, daß man einen normalen Kippdübel nicht tief genug einstecken kann, so gibt es immer noch eine gute und einfache Lösung: den Federklappdübel, der nur noch 28 mm freien Raum über der Deckenplatte benötigt.

4. *Dübel für Schwermontagen:* sie bestehen in der Regel aus Messing und sind für Gewindeschrauben bestimmt (normale Einrichtungsgegenstände werden ja mit Holzschrauben befestigt). Bei diesen Dübeln wird der Spreizdruck nicht von der Schraube direkt ausgeübt: vielmehr zieht man beim Eindrehen der Schraube einen Konus tiefer in das Dübelgehäuse, und dieser Konus spreizt den Dübel.

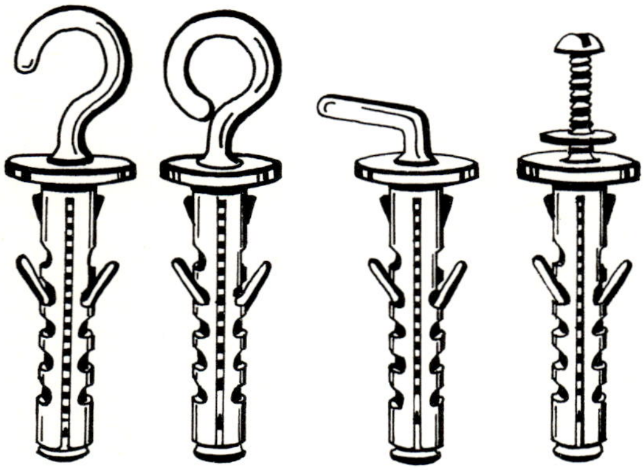

Dübelkombinationen mit Schrauben

5. Ähnlich sind die Dübel, die bereits mit einem Haken, einer Öse oder einer Schraube geliefert werden. Bei ihnen hat man also alles komplett, man muß nicht erst Schraube und Dübel zusammensuchen und aufeinander abstimmen.
Außer diesen Dübeln gibt es noch viele weitere Formen, die aber seltener benötigt werden und zumeist auch nur dem Fachmann zugängig sind. Für den Hausgebrauch genügen die hier aufgezählten Typen: mit ihnen kann man alle möglichen Montagen zuverlässig ausführen.

Richtig bohren

Das richtige Werkzeug dafür ist die elektrische Bohrmaschine, genauer: eine Schlagbohrmaschine. Bei dieser rotiert der in die Maschine eingespannte Bohrer nicht nur, er wird durch das Schlagbohrgetriebe auch immer wieder in das Loch „eingeschlagen". Durch schlagendes Bohren wird das Steinmaterial der Wand zertrümmert. Die Bohrerwindung wirkt als Transportschnecke für das gelöste Material und befördert es aus dem Bohrkanal.
Man markiert sich den Mittelpunkt des Bohrlochs sehr genau. Dann setzt man den Bohrer an, läßt die Maschine ganz langsam anlaufen – und setzt erst allmählich die volle Kraft ein. Die Bohrerspitze hat sich dann schon ein paar Millimeter in den weichen Putz vorgearbeitet – der Bohrer kann genau die gewünschte Position beibehalten.
Bei hartem Mauerwerk und in Beton ist der normale Spiralbohrer unbrauchbar. Dann muß man Steinbohrer benutzen, die eingesetzte Hartmetallschneiden haben. Solche Hartmetallbohrer werden auch mit härtesten Klinkern, mit Beton und Kacheln fertig. Zu den Werkzeugzusammenstellungen gehören serienmäßig solche Hartmetallbohrer.
Wenn man Fliesen im Bad oder in der Küche anzubohren hat, dann wird der Bohrmittelpunkt vorgekörnt: Man schlägt mit einem Nagel und dem Hammer einige Male vorsichtig auf die Glasur, genau an der gewünschten Stelle, und verletzt sie somit ein wenig. Jetzt kann die Spitze des Widiabohrers präzis ins Ziel treffen, ohne abzurutschen und dabei möglicherweise die Fliese zu zerkratzen.
Dabei gleich eine Empfehlung. Man wird solche Bohrungen in Fliesenwänden gern in die Fugen zwischen den Fliesen verlegen. Man muß dann sehr vorsichtig, d. h. ohne Druck auf die Maschine, arbeiten, damit die Fliesenränder nicht ausbrechen. Wenn man eine Fliese direkt anbohren muß, dann sollte man versuchen, möglichst weit in die Mitte der Fliese zu gelangen. Die mit Mörtel verlegten Fliesen können nämlich an den Rändern hohlliegen, d. h. es befindet sich nur in der Mitte ein mehr oder weniger großer Mörtelklecks. Trifft man die Fliese dort, wo sie hohl liegt, besteht die Gefahr, daß sie bricht.
Beim Bohren von Fliesen sollte das Schlagbohrgetriebe ausgeschaltet werden: Auch durch das Schlagen kann die Fliese zerstört werden. Und noch eine wichtige Empfehlung: Der mit der Bohrmaschine gelieferte Zusatzhandgriff sollte

zumindest beim Bohren an Fliesenwänden, zur Sicherheit aber bei allen Bohrungen an die Maschine geschraubt werden. Wenn man die Maschine am Zusatzgriff packt, hat man sie besser in der Hand, als wenn man mit der linken Hand um den Maschinenhals greift.
Die Maschine wird während des Bohrens gelegentlich auch leicht zurückgeführt, damit der Bohrstaub schneller aus dem Bohrloch transportiert wird.
Ein Tip, wie der Bohrstaub aufgefangen wird und nicht nachher vom Fußboden aufgekehrt werden muß: Man klebt einen alten Briefumschlag, eine aus Zeitungspapier gefaltete Tüte oder eine nicht mehr verwendbare Einkaufstüte dicht unter die markierte Stelle an die Wand. Je dichter das Tütchen anliegt und je näher es der Bohrstelle ist, desto zuverlässiger sammelt es den Staub . . .
Wenn man ein Loch in die Decke bohrt, dann fällt der Bohrstaub natürlich nicht nur auf den Fußboden, sondern der Staub spritzt aus dem Bohrloch auch auf den Kopf, in die Haare – unter Umständen sogar in die Augen. Ein schnell gefalteter Papierhelm schont die Frisur; konfortabler ist ein Staubfangteller, der auf den Bohrer (bis maximal 8 mm ∅) aufgesteckt wird. Bei allen Arbeiten an der Decke muß man unbedingt auf einen sicheren Stand auf dem Tisch, auf dem Stuhl oder auf der Leiter achten, damit man nicht herunterfällt, wenn man durch ein ins Auge fallendes Staubkorn erschreckt und infolge des Schreckens leicht zusammenzuckt. Auch hier muß man an die eigene Sicherheit denken. Sicheren Stand bietet nur eine Treppenleiter in einem einwandfreien Zustand, mit stabilen Holmen und Stufen, mit Gummifüßen, die nicht rutschen, mit einer soliden Spreizsicherung.
Restlicher Bohrstaub wird mit dem stillstehenden Bohrer oder einem Stückchen Draht oder einem dünnen Schraubenzieher aus dem Loch herausgeholt – erst dann kann man den Dübel einsetzen. Wenn es sich nun herausstellt, daß das Loch zu groß geraten ist, kann man auch zwei Kunststoffdübel hintereinander einsetzen: erst einen Dübel, der eine Nummer zu groß für die Schraube ist (dafür aber das Loch gut ausfüllt), dann einen kleinen, der die zu große Dübelöffnung füllt. Bei Spreizdübeln muß man darauf achten, daß der Spalt waagerecht liegt. Bei senkrecht stehendem Spalt kann die Schraube bei Belastung sehr leicht aus dem Dübel herausrutschen – dagegen bei richtiger Dübelanwendung wird sie ganz festgehalten.

Schrauben

Zu den Dübeln braucht man auch Schrauben (und nicht nur zu den Dübeln). Da man diese Kleinteile heute in Klarsicht-Selbstbedienungspackungen angeboten bekommt, wird man sich auch leichter entscheiden, ein mehr oder weniger großes Sortiment anzuschaffen (müßte man einem Verkäufer aufzählen, was man will, wäre der Kauf schon etwas schwieriger . . .).
Wenn man sich Dübel eingekauft hat, sollte man zunächst die dazu passenden Schrauben kaufen. Und passend sind die Schrauben, die ein bis zwei Millimeter schwächer als der Dübel sind (die entsprechenden Angaben sind auf den meisten Packungen zu finden).
Man sollte von den üblichen und am häufigsten benötigten Schraubenstärken zwischen 3, 4, 5, 6 und 8 mm jeweils eine Packung vorrätig halten – dann ist man für alle Fälle gerüstet. Noch besser sind je zwei Packungen, dann kann es nicht so schnell passieren, daß man von der gerade benötigten Schraubenstärke nur noch ein Exemplar hat – aber eigentlich zwei eindrehen müßte. Bei diesen Schrauben handelt es sich um sogenannte Holzschrauben, die man in Holz (ohne Dübel) oder in Dübel eindrehen kann, für die ein schlankes Loch vorgebohrt wird und die mit Senkkopf, Linsenkopf oder Halbrundkopf hergestellt werden.
Daneben gibt es auch Gewindeschrauben, die immer nur in Verbindung mit einer Mutter funktionieren (oder mit einem in das Werkstück eingeschnittenen Gewinde). Diese Schrauben werden seltener benötigt, es ist daher richtig, sie nur bei Bedarf zu kaufen. Deshalb ist es nicht nötig, an dieser Stelle eine Empfehlung für ein Vorratssortiment zu geben.
Ein paar Hinweise auf die Formen der zu diesen Schrauben gehörenden Muttern mögen aber von Nutzen sein:
Es gibt „normale“ Vierkant- oder Sechskantmuttern, zu deren Befestigung (oder Aufdrehen) man einen passenden Schraubenschlüssel benötigt. Es gibt Flügelmuttern, die unter Umständen auch ohne Werkzeug festgedreht oder gelöst werden können und die sich dort besonders eignen, wo man die Schraubverbindung häufiger lösen will oder wo eine Verbindung benötigt wird, die nicht übermäßig fest sein muß – für die also die Kraft der Finger zum Festziehen der Muttern allein schon ausreichen würde.

Nägel

Ähnlich umfangreich und verwirrend wie die Größen und Formen von Schrauben sind die Nägel. Ähnlich schwierig ist es deshalb, auch hier eine Empfehlung für die Vorratshaltung auszusprechen. Beschränken wir uns auf den Hinweis, daß man je eine oder zwei Packungen von 15 mm, 35 mm und 50 mm langen Nägeln haben sollte, daß es nicht schaden kann, darüber hinaus noch eine Packung mit 35 mm langen Stahlstiften (zum Bilderaufhängen) zu besitzen und vielleicht noch ein Paket mit sogenannten Kammzwecken, d.h. kurzen Nägeln mit flachem, breitem Kopf. Diese Kammzwecken braucht man, um dünne Materialien, die leicht ausreißen könnten, zu befestigen: Der breite Kopf verhindert, daß das Material (Pappe, Stoff, Filz oder ähnliches) ausreißt.
Wenn man einen Garten besitzt und wenn zu erwarten ist, daß man Gartenmöbel baut, an Freiluft-Bauwerken etwas zu nageln hat, dann braucht man unbedingt rostfreie Nägel, d.h. verzinkte Nägel: Sie können sich nicht durch Rost zersetzen und dabei auflösen.

Schleifpapier

Nicht nur der Heimtischler braucht dieses „Werkzeug". Es gibt nicht nur bei Holzarbeiten, sondern bei vielen anderen Arbeiten vielfältige Gelegenheit, etwas zu schleifen, zu glätten, zu polieren. Und das macht man in der Regel mit dem Schleifpapier (wie schon im vorhergehenden Kapitel deutlich genug erwähnt worden ist). Man sollte deshalb für alle solche Fälle gerüstet sein und genügend Schleifpapier in unterschiedlichen Körnungen besitzen. Also: jeweils zwei Bogen 80er-, 100er-, 120er-, 150er- und 220er-Schleifpapier.
Diese Schleifpapiere sind für das Arbeiten mit Holz gedacht. Zusammen mit diesen Papieren braucht man unbedingt einen Schleifklotz, den man entweder im Baumarkt oder Eisenwarengeschäft fertig kauft: Es ist ein Klotz aus Kork. Oder den man sich aus einem Stück Holz selber anfertigt. Man braucht ein etwa 12 cm langes, 10 cm breites und 4 cm dickes Holz, dessen Kanten gut abgerundet werden. Beim Schleifen wird das Schleifpapier um den Schleifklotz herumgelegt (nachdem man es vorher in passende Größe gerissen hat): So wird beim Schleifen der Druck gleichmäßig auf die etwa 12 × 10 cm große Fläche ausgeübt.
Für Oberflächenbehandlungen von Metall verwendet man andere Schleifmittel, die auf Leinen aufgebracht sind. Man spricht hier folgerichtig von Schleifleinen, das man ebenfalls in verschiedenen Körnungen bekommt – und zwar in sehr viel feineren Körnungen (mit höheren Kennziffern) als das Schleifpapier. Für extrem feine Oberflächen braucht man 400er- oder gar 600er-Schleifleinen, das zusammen mit Wasser eingesetzt wird. Man gibt also auf das Werkstück oder auf das Schleifleinen etwas Wasser, das die Reibung etwas mindert – zugleich aber abgeschliffene Teilchen sozusagen zu einer Schleifpaste bindet. Zusätzlich zum Schleifleinen wird dann in aller Regel noch Schleifpaste zum Abschluß eingesetzt; sie sorgt dann auf der Metall- oder Kunststofffläche für ein spiegelglattes Finish.
Für die Arbeit mit Schleifpapier und -leinen gilt immer: Nicht zu geizig arbeiten, sondern relativ häufig die Materialien wechseln. Stumpfes, abgenutztes Schleifpapier schleift nicht mehr und kostet nur unnötig Kraft.

Wie man allerlei Alltagspannen sachgemäß behebt

Unverhofft kommt oft – aber der Handwerker läßt sich länger Zeit. Es kann häufiger passieren, als einem lieb ist, daß ein kleiner Defekt an der Einrichtung und Installation auftritt.
Am besten ist es, sich die nötigen Kenntnisse anzueignen, wie man solche Pannen selbst repariert. Dann muß man nicht bei jedem Problemchen den Handwerker rufen; dann kann man auch das Haushaltsbudget spürbar entlasten ...
Auf den folgenden Seiten werden die Fälle geschildert, mit denen man rechnen muß, für die man gewappnet sein sollte – für die man also das nötige Wissen und das entsprechende Werkzeug besitzen sollte.

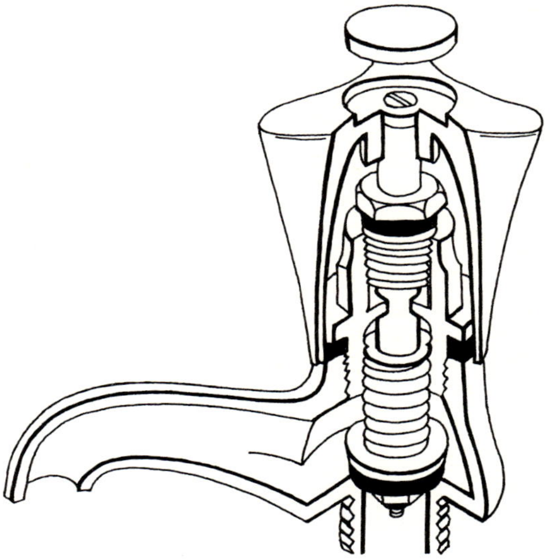

Schnitt durch ein Auslaufventil

Reparaturen an Auslaufventilen

Auslaufventil ist die fachmännisch-technisch richtige Bezeichnung für den Wasserhahn am Wasch- oder Spülbecken oder an der Badewanne. Und diese Wasserhähne müssen zuweilen repariert werden, weil sie stetig tröpfeln, weil sie nach dem Öffnen auch an falschen Stellen Wasser von sich geben. Um die Reparatur richtig auszuführen, muß man natürlich auch ein wenig mit der „Anatomie" der Wasserhähne vertraut sein.
Die Abbildung zeigt einen einfachen Wasserhahn, der aus einem Unterteil mit dem Ventilsitz und einem Oberteil besteht, in dem Spindel, Stopfbüchse und Ventilkegel befestigt sind. Dreht man mit dem Griff die Spindel nach rechts, preßt sich der Ventilkegel mit der Gummidichtung gegen den Ventilsitz und verwehrt dem Wasser den Durchlauf.
Rinnt oder tropft der Hahn, obwohl das Wasser abgestellt ist, muß man die Dichtung erneuern. Dazu ist der Wasserzulauf zum betreffenden Hahn abzustellen – entweder durch den Absperrhahn unter oder neben dem Waschbecken oder aber durch den Haupthahn im Keller (dabei darf man nicht versäumen, alle Nachbarn zu verständigen; durch das unvorhergesehene Ausbleiben des Wassers könnten nämlich in deren Wohnungen an Badeöfen oder Boilern Schäden entstehen).
Der defekte Wasserhahn wird geöffnet, damit restliches Wasser auslaufen kann. Dann wird das Oberteil des Hahnes mit einem passenden

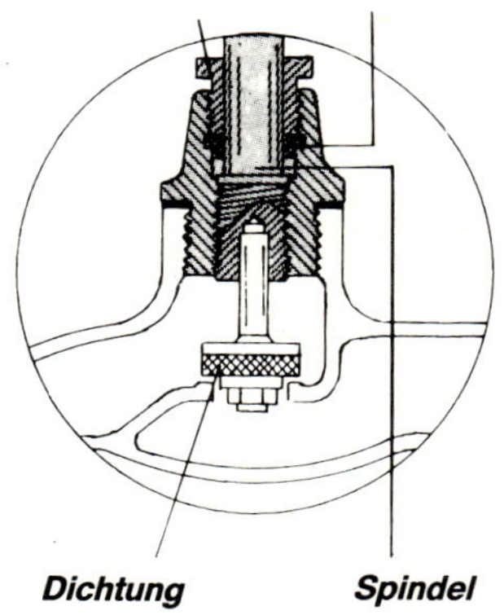

Schraubenschlüssel abgeschraubt. Dabei wird auch die Spindel mitgenommen, da sie ja mit dem Oberteil verbunden ist. Nun kann man die kleine Befestigungsmutter lösen, die die Dichtung auf dem Ventilkegel festhält (es gibt auch Wasserhähne mit halbkugelförmigen Dichtungen, die keine Haltemutter brauchen). Die Dichtung wird ausgewechselt – wobei man eine etwas zu große Dichtung sehr sorgfältig zurechtfeilen muß, aber nicht mit einem Messer in die benötigte Form schnipselt. Mit der Feile kann man genauer arbeiten – und zur Not tut es sogar eine Nagelfeile, die nachher leicht wieder zu säu-

bern ist. Man tastet mit einem Finger im Unterteil des Wasserhahns den Ventilsitz ab und entfernt alle Fremdkörper, die sich eventuell hier gesammelt haben.
Das Oberteil wird wieder aufgeschraubt, der Hahn geschlossen, und dann kann man die Wasserzufuhr wieder freigeben. Wenn die neue Dichtung richtig eingepaßt worden ist, darf nun der Hahn schon bei mäßigem Zudrehen nicht mehr tropfen. Man sollte sich von nun an angewöhnen, den Hahn nicht zu stark zuzudrehen; durch zu starken Druck, verbunden mit der Reibung beim Drehen, wird die Dichtung viel schneller abgenutzt.
Wenn der Hahn trotz neuer Dichtung immer noch tropft, dann kann der Ventilsitz porös geworden sein. Er muß dann von einem Installateur nachgefräst werden, damit die Dichtung wieder voll aufsitzt. Es kann aber auch sein, daß der Ventilsitz lediglich zu dick oder ungleichmäßig mit Kalk belagert ist. Man müßte dann den Ventilsitz mit feinem Schleifpapier (Körnung 200) säubern.
Ein anderer Defekt an einem Wasserhahn kann sein: Die Stopfbüchse, welche die Spindel im Oberteil abdichtet, kann mit der Zeit undicht werden. Dann läuft das Wasser bei geöffnetem Hahn oben an der Spindel heraus. Man versucht dann, mit einem Schraubenschlüssel oder einer Rohrzange die Sechskantmutter der Stopfbüchse etwas anzuziehen. Dadurch wird die Stopfbüchsenpackung wieder etwas stärker verdichtet.
Kann man den Schaden auf diese Weise nicht beheben, so muß man bei geschlossenem Wasserhahn die Mutter lösen (die eigentlich eine Schraube ist) und muß mit einer Häkelnadel oder einem Drahthaken die alte Dichtungsschnur herausziehen und durch eine neue von gleicher Länge ersetzen. Dichtungsschnüre bekommt man im Fachgeschäft. Die Schnur wird um die Spindel gewickelt, mit einem feinen Holzstäbchen (beispielsweise einem Streichholz) in die Höhlung gedrückt; dann schraubt man die Sechskantschraube wieder so weit ein, bis die Dichtung bei aufgedrehtem Hahn kein Wasser mehr auslaufen läßt.
Ein dritter Schadensfall: Der Dichtungsring zwischen Ober- und Unterteil des Hahns ist defekt und durchlässig geworden. Oder bei einem der heute üblichen Standventile auf einem Waschbecken kann sogar die Dichtung zwischen Bekken und Hahn wasserdurchlässig geworden sein. Auch für diese Fälle muß man neue Dichtungen kaufen bzw. mit Hilfe dauerplastischer

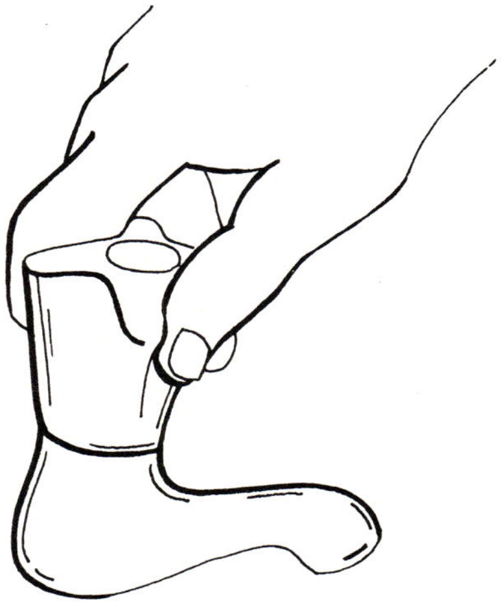

Ventilgriff abziehen

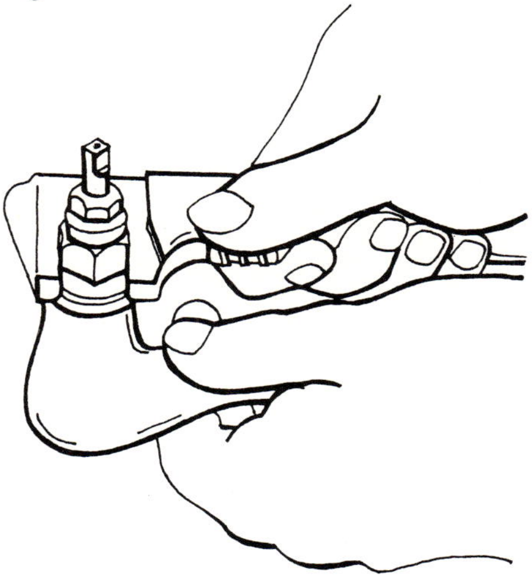

Oberteil mit Zange öffnen

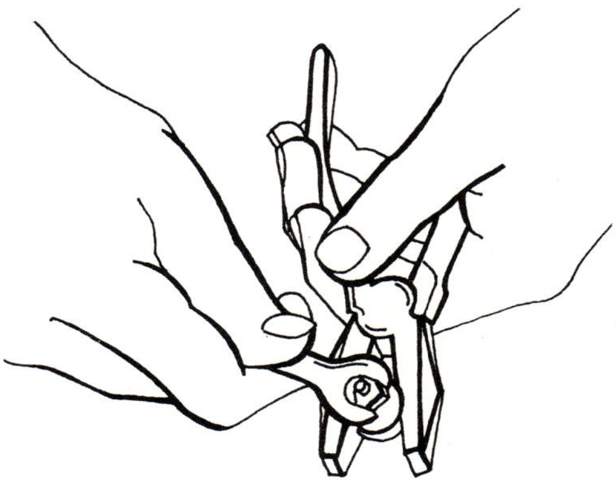

Mutter vor Dichtung aufdrehen

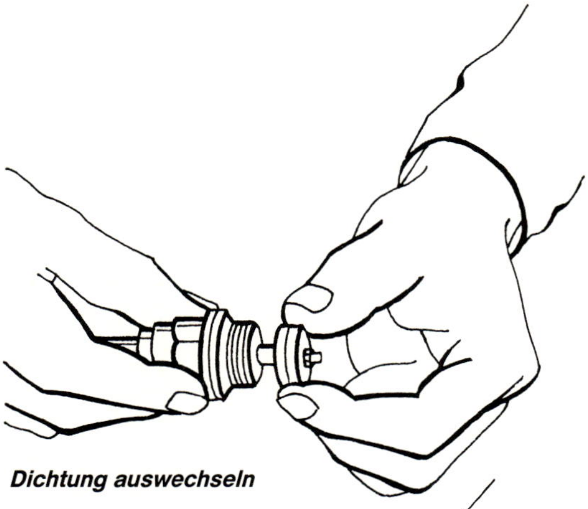

Dichtung auswechseln

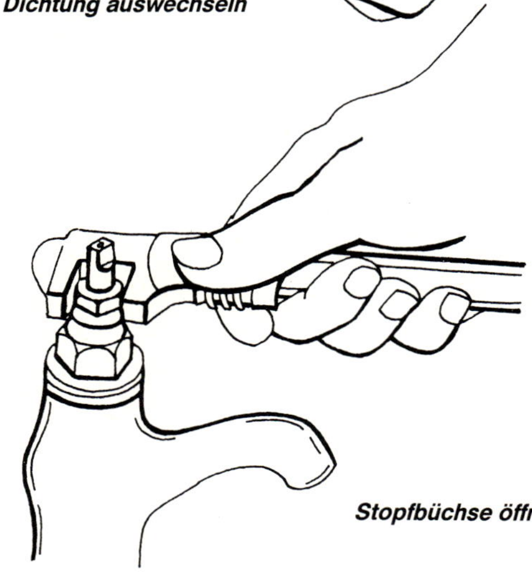

Stopfbüchse öffnen

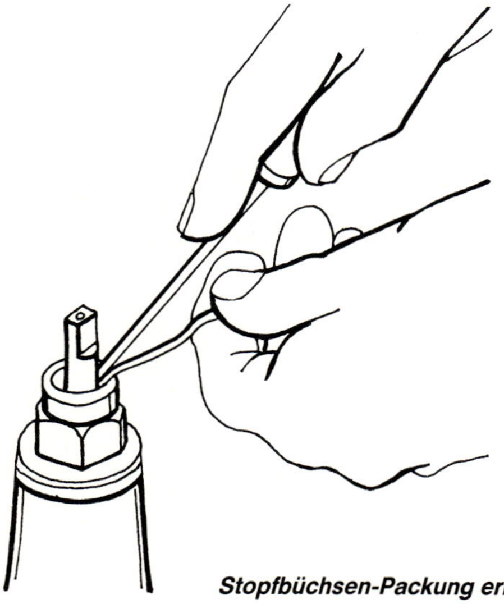

Stopfbüchsen-Packung erneuern

Fugendichtungsmasse das Wasser absperren. Mischbatterien vereinen einen Wasserhahn für kaltes und einen Wasserhahn für heißes Wasser. Ehe man an solchen Armaturen etwas zerstört, ehe man nicht ganz sicher ist, alle abgeschraubten Teile in der richtigen Reihenfolge wieder zusammenfügen zu können, sollte man doch einen Fachmann rufen. Tabu sollten für den Laien auf jeden Fall Mischbatterien sein, bei denen man durch Drehung des Griffs die Wassertemperatur auch für spätere Wasserentnahme vorwählen kann – also alle Einhandmischbatterien. Hier kann der Laie mehr Schaden anrichten als Nutzen stiften.

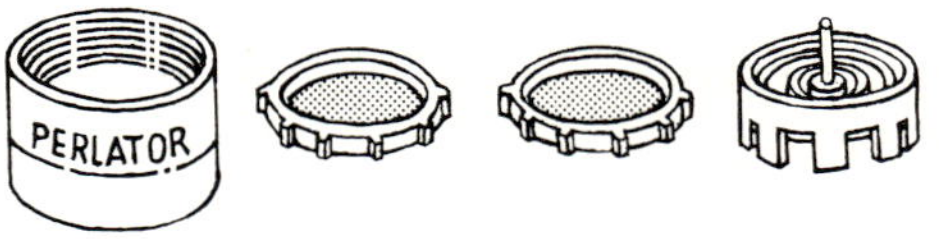

Siebeinsatz für Auslaufventil

Viele Wasserhähne sind heute mit einem Perlator ausgestattet. Das ist ein Siebeinsatz unmittelbar hinter dem Auslauf. Der Perlator mischt den Wasserstrahl mit Luft, so daß das Wasser schäumend ausfließt, aber nicht spritzt. Dieser Perlator sammelt im Lauf der Zeit allerlei Sandkörnchen, Kalkstückchen oder andere Fremdkörper; er muß also zuweilen abgeschraubt, das Sieb muß unter fließendem Wasser gereinigt werden, damit das Wasser wieder ungehindert fließen kann.
Auch an Brauseköpfen können sich nach und nach die feinen Öffnungen durch Kalkablagerungen zusetzen, so daß das Wasser entweder in unerwartete Richtungen spritzt – oder aber überhaupt nicht mehr fließt. Man muß den Brausekopf aufschrauben, muß die Siebplatte mit einem Messer ganz vorsichtig von den gröbsten Kalkablagerungen befreien – und legt dann am besten das Sieb noch für einige Zeit in heißes Essigwasser, damit sich der Kalk restlos auflöst.

Die Toilettenspülung

Die gebräuchlichen Spüleinrichtungen sind: der Spülkasten (der entweder hoch über dem WC-Becken hängt oder aber als Tiefspülkasten un-

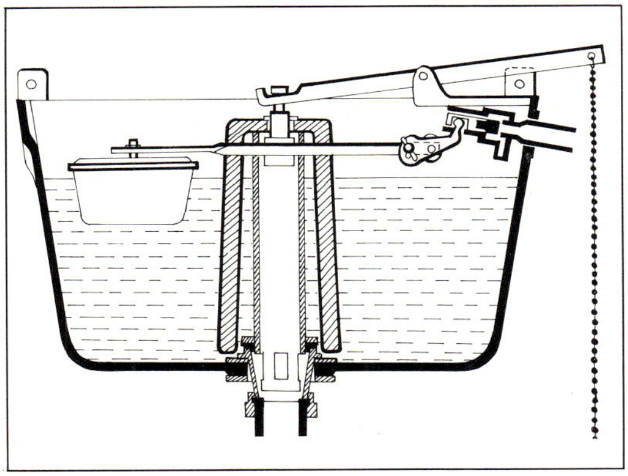

Querschnitt durch einen Spülkasten

mittelbar über dem Becken befestigt ist) und die Druckspülung.
Druckspüler können nur bei ausreichendem Wasserdruck eingebaut sein. Wenn sie nicht mehr richtig funktionieren, müssen sie vom Fachmann neu reguliert oder repariert werden: Der Laie kann hier nichts tun.
In der Abbildung ist das Prinzip eines Spülkastens in vereinfachter Form dargestellt. Beim Ziehen der Kette (oder beim Druck auf einen Knopf oder eine „Taste") wird die am Glockenhebel hängende „Glocke" mit dem damit verbundenen Standrohr etwas angehoben, so daß das Wasser im Spülkasten durch das geöffnete Bodenventil in das Spülrohr fließen kann. Läßt man die Kette los, senkt sich zwar die Glocke und wird auch das Ventil durch das Standrohr wieder geschlossen, aber nun erzeugt das im Rohr abfließende Wasser einen Sog, der im oberen Teil des Standrohrs unter der Glocke einen Unterdruck erzeugt. Der äußere Luftdruck drückt das Wasser unter die Glocke, es kann nun durch die Öffnungen im oberen Teil des Standrohrs ebenfalls abfließen, bis der Spülkasten völlig entleert ist.
Während dieser Entleerung sinkt der Schwimmer, eine luftgefüllte Kugel oder Dose aus Blech oder Kunststoff, nach unten und öffnet dabei mit seinem kurzen Hebelarm ein Ventil am Zulaufrohr: Jetzt kann frisches Wasser nachfließen, dadurch wird der Schwimmer angehoben; in höchster Stellung schließt er wieder den Wasserzulauf.
Läuft nun immer etwas Wasser aus dem Spülkasten in das WC-Becken, dann kann das mehrere Ursachen haben. Die häufigste: Das Bodenventil im Spülkasten ist nicht mehr dicht.

Um das aber genau festzustellen, muß zunächst der Hahn in der Zuleitung abgesperrt werden. Dann löst man die Verbindung zwischen Glokkenhebel und Glocke und hebt die Glocke aus dem Kasten. Die Dichtung am Fuß des Standrohrs läßt sich nun leicht abnehmen und durch eine neue ersetzen. Mit feinem Schleifpapier entfernt man Schmutz und Kalk, die sich am Ventilsitz niedergelassen haben und die ebenfalls dazu beitragen können, daß der Spülkasten Wasser ablaufen läßt.
Wenn ständig Wasser läuft, dann kann das auch dadurch verursacht worden sein, daß man zu fest an der Kette gezogen hat und daß dadurch das Standrohr aus der Führung gesprungen ist oder die Befestigung der Glocke oder des Glockenhebels sich gelöst haben. Darum soll man immer langsam ziehen; man kann im beschriebenen Schadensfall durch nochmaliges Ziehen an der Kette in der Regel das Standrohr wieder richtig auf die Führung aufsetzen.
Der Befestigungshebel des Schwimmers kann falsch eingestellt sein: Dann läuft zuviel Wasser in den Spülkasten (weil die Zuleitung zu spät abgesperrt wird), und das Wasser läuft dann durch die Öffnungen im Standrohr ab. Man muß den Schwimmerhebel etwas nach unten biegen, damit das Einlaufventil früher geschlossen wird. Zum bequemeren Einstellen ist bei den meisten Fabrikaten der Schwimmerhebel mit einer Flügelschraube versehen.

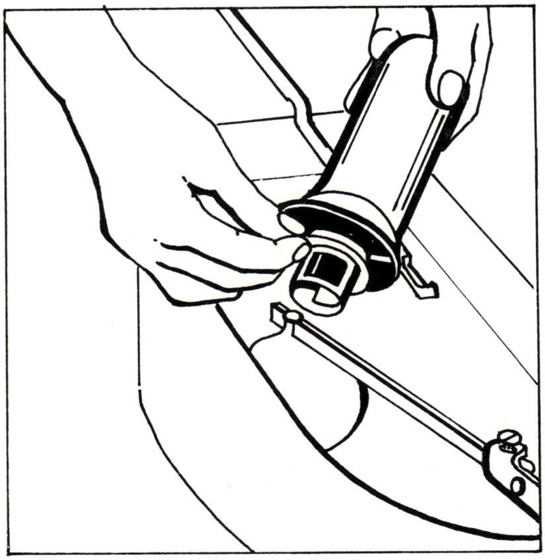

Dichtung im Auslauf auswechseln

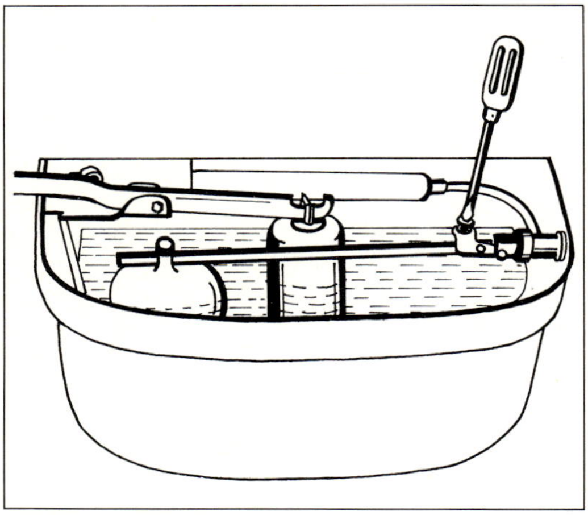

Stellschraube am Wassereinlauf regulieren

Alle diese Ursachen lassen sich verhältnismäßig leicht ermitteln und voneinander unterscheiden. Man hebt den Schwimmer an, bis kein Wasser mehr einlaufen kann. Fließt jetzt kein Wasser mehr aus dem Spülkasten ab, dann ist der Schwimmer falsch eingestellt. Fließt dennoch Wasser ab, dann liegt es am Bodenventil.

Bei dieser Probe, die bei geöffnetem Zulaufhahn ausgeführt wird, kann man auch gleich feststellen, ob das Ventil im Wasserzulauf, das Schwimmerventil, in Ordnung ist. Läßt sich der Wasserzulauf auch bei weit angehobenem Schwimmer nicht ganz abstellen, dann ist dieses Ventil nicht in Ordnung. Man untersucht, ob es am Gummi liegt oder an der Einstellung des Hebelarms. Falls man dabei nicht zurechtkommt und man den Installateur rufen muß, dann stellt man natürlich gleich den Wasserzulauf ab, damit man nicht unnötig Wasser verbraucht.

Auch bei Tiefspülkästen hat man es im Prinzip mit den gleichen möglichen Schadensquellen zu tun: Bodenventil, falsche Schwimmerstellung, in der Führung verkantetes Standrohr, undichtes Schwimmerventil. Diese Tiefspülkästen sind aber viel genauer eingestellt und müssen auch viel seltener neu reguliert werden. Man kann sich damit begnügen, von Zeit zu Zeit das Innere von den schmierigen Ablagerungen zu reinigen, vor allem die Schwimmerkugel zu putzen, damit sie auch wieder richtig Auftrieb bekommt.

In neueren Spülkästen sieht es etwas anders aus als hier dargestellt. Es empfiehlt sich, die Mechanik erst mit zwei, drei Probespülungen zu studieren, ehe man zu reparieren beginnt.

Der Abfluß ist verstopft

In den Abflußrohren mit dem gewundenen Geruchverschluß kann sich Schmutz sammeln, lagern sich Haare oder Abfälle ab, die allmählich dem Wasser den Durchfluß versperren. Bei einem Waschbecken wird der Abflußreiniger, eine Gummiglocke mit Hebel, eingesetzt. Man stellt die Glocke auf die Abflußöffnung, füllt das Waschbecken bis dicht unter die Überlauföffnung mit Wasser und verschließt die Überlauföffnung mit einem Tuch möglichst luftdicht. Jetzt pumpt man einige Male mit dem Stiel der Glocke. Dadurch wird ein Druck auf das Wasser erzeugt, der nirgendwo ausweichen kann – und der schließlich ausreicht, um die Verstopfung durch das Abflußrohr durchzupressen. Es ist also sehr wichtig, daß man den Überlauf luftdicht verschließt.

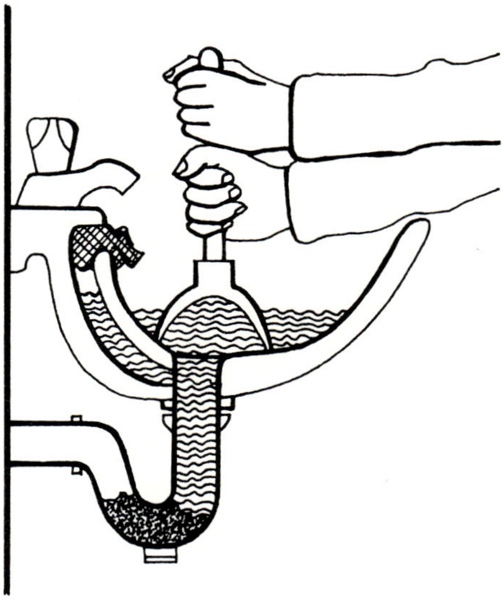

Verstopfung im Waschbecken mit Pumpglocke lösen

Waschbecken, Spülbecken und Badewannen haben im Geruchverschluß eine Reinigungsöffnung. Das ist entweder eine große Mutter an der tiefsten Stelle des Rohrknies, oder man kann die untere Hälfte dieses „Topfes“ abschrauben. Durch diese Öffnung kann man kleine Gegenstände aus dem Abfluß holen, die versehentlich in das Waschbecken gefallen sind. Man kann hier natürlich auch Schmutzablagerungen aus dem Abfluß entfernen. Wann immer man eine Verstopfung mit Hilfe des Pumpfix gelöst hat,

Siphon zur Reinigung öffnen

Siphon mit einfacher Reinigungsöffnung

sollte man den Siphon aufschrauben – nachdem man einen Eimer untergestellt hat – und sollte mit einigen Litern Wasser das Abflußrohr gut durchspülen. Unter Umständen kann man auch mit einem Stück Draht im Abflußrohr herumstochern, um auch dort noch Ablagerungen zu lösen.
Wenn beim Klosett das Wasser nicht ablaufen will, dann kann man ebenfalls mit der Gummiglocke pumpen. Hier ist aber oft die Abflußöffnung in der Muschel größer als der Durchmesser des Pumpfix; man muß also länger pumpen – weil der Druck nicht so stark ist – oder man muß dann schließlich doch mit Hilfe einer Drahtspirale, die man im Hausratgeschäft kaufen kann, die Verstopfung aus dem Abfluß herausstochern.
Es kann unter Umständen sogar erforderlich sein, restliche Verstopfungen durch die Reinigungsöffnung hinter der Muschel aus dem Abflußrohr herauszuholen. Bei solchen Reparaturen muß man natürlich den Boden rings um das Klosett besonders sorgfältig mit einer ausreichend großen Kunststoff-Folie abdecken (die Ränder der Folie anheben!).

Das Fenster schließt nicht

Läßt sich ein Fenster nicht richtig schließen, dann ist gewöhnlich das Holz des Blendrahmens oder des Fensterflügels infolge schlechten und nicht rechtzeitig erneuerten Anstrichs im Falz gequollen. Die scheuernden Stellen erkennt man an den Schleifspuren im Anstrich. Man kann aber auch einen schmalen Papierstreifen in den Falz einlegen, das Fenster schließen – und dann erkennt man genau, wo das Fenster klemmt: wo das Papier zerdrückt wird, dort gleitet der Flügel nicht einfach über das Papier hinweg. An diesen Stellen muß man mit dem Simshobel das Holz ein wenig abspänen. Die abgehobelte Stelle muß aber unbedingt wieder lackiert werden.
Bei normalen Schwenkfensterflügeln kann man sich auch damit behelfen, daß man auf die Zapfen der Bänder dünne Beilegscheiben legt (wie man es auch bei Zimmertüren machen kann). Wenn sich dabei herausstellt, daß nun der Fensterrahmen oben scheuert, dann ist dieses Verfahren natürlich nicht anzuwenden. Bei größeren Rahmen kann es passieren, daß der Rahmen nicht mehr im rechten Winkel steht und dadurch sich nicht mehr so leicht wie einst schließen läßt. Dann muß man den Rahmen vorsichtig entglasen, muß die Scheinwinkel entfernen und den Rahmen neu verleimen, wobei natürlich auf ganz exakt rechtwinklige Verleimung zu achten ist. Die Vertiefungen für die Scheinwinkel müssen etwas ausgekratzt werden, damit diese Winkel in ihren alten Positionen nicht den Rahmen wieder schiefziehen.
So mißt man übrigens bei dieser Arbeit leicht den rechten Winkel: Man mißt die Diagonalen – und wenn sie auf den Millimeter genau gleich lang

sind, dann betragen alle vier Winkel der Rahmenverbindung genau 90 Grad.
Bei dieser Gelegenheit könnten die Scheinwinkel auch ausgetauscht werden, und zwar gegen Winkel mit längeren Schenkeln. Es müßten verzinkte Winkel sein, die nicht rosten. Für neue Winkel müssen auch neue Aussparungen in das Holz gestemmt werden. Man legt einen Winkel auf, umfährt mit einer Reißnadel seinen Umriß und sticht mit dem Stemmeisen genau auf der angerissenen Umrißlinie ins Holz. Die Winkel werden mit verzinkten oder mit Messingschrauben befestigt. Eine solche Reparatur hat keinen Sinn mehr, wenn der Rahmen morsch ist, wenn er zu stark hängt und wenn er auseinanderzufallen droht. Dann sollte man sich vom Glaser einen neuen Rahmen machen lassen, in den man ja das alte Glas noch einsetzen kann. Der neue Rahmen muß sorgfältig gestrichen werden. Zunächst ist mit einem holzschützenden Grundiermittel zu streichen, dann kommt der dünne Grundierlack, der weniger stark verdünnte Voranstrich und dann der nicht verdünnte Schlußlack.

Das Fenster ist undicht

Oft zieht es durch die geschlossenen Fenster nur deshalb, weil die Verschlüsse zu viel „Luft" haben. Das Fenster läßt sich dann einige Millimeter im Blendrahmen bewegen, obwohl der Riegel geschlossen ist. Hier müßte man dann entweder – je nach Konstruktion – den Hakenkloben tiefer einschlagen, die Befestigungsschraube des Vorreibers mehr eindrehen oder das Schließblech etwas versetzen.
Ist das Holz geschwunden, so daß die Luft ungehindert und ohne Widerstand durch den Falz streichen kann, dann dichtet man am besten mit Dichtungsstreifen aus Schaumstoff oder elastischem Kunststoff ab. Man kann die Streifen in den Falz kleben; es gibt auch Dichtungsstreifen, die an der Außenseite des Blendrahmens befestigt werden. Dieses letztere Verfahren hat den Vorzug, daß der Falz nicht auch durch die Dichtungsstreifen erweitert und gewissermaßen noch luftdurchlässiger wird.
Sollte trotz all dieser Maßnahmen noch immer Luft in das Zimmer eintreten, dann ist die Verbindung zwischen Blendrahmen und Mauerwerk nicht luftdicht. Manchmal verdeckt zwar eine Tapete diese Fuge, aber das hindert die Zugluft nicht, dennoch auf die Nerven zu gehen. Auf ganz billige Weise kann man solche Undichtigkeit mit Werg ausstopfen, den man mit Hilfe eines Schraubenziehers in die Fuge einpreßt. Noch besser ist es, Zellulosefüllstoff zur restlosen Abdichtung der Fuge einzusetzen. Am allerbesten – wenn auch am teuersten – ist es, in die Fuge eine elastische Dichtungsmasse einzustreichen. Denn es ist ja nicht auszuschließen, daß die Fuge immer wieder aufplatzt: infolge mechanischer Erschütterungen oder weil das Rahmenholz schwindet. Eine elastische Fugenmasse wird den Spalt immer geschlossen halten.

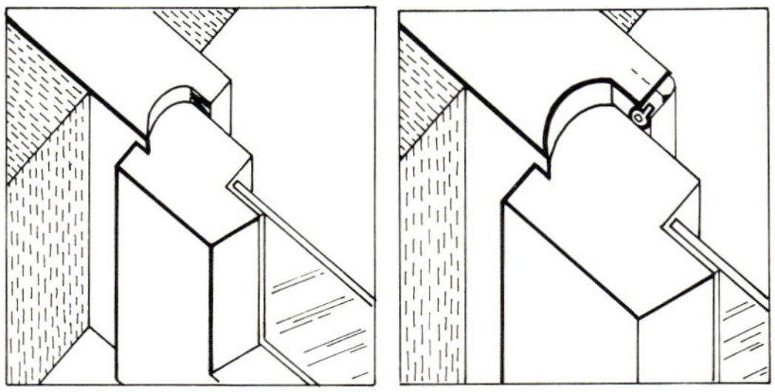

Beispiele für Winddichtungen

Eine Fensterscheibe einsetzen

Zunächst einmal das Werkzeug und das Material, das für eine solche Reparatur benötigt wird: eine Beißzange, ein altes (aber nicht zu schwaches) Messer, ein Glasschneider mit Stahlrädchen, ein Hammer, Glaserstiftchen oder Blecheckchen zum Befestigen der Scheibe, Glaserkitt – und noch eine gerade Leiste oder ein Stahllineal.
Das Fenster mit der zerbrochenen Scheibe wird auf einen Tisch gelegt, den man mit Zeitungspapier sorgfältig abgedeckt hat. Die restlichen Glasstücke werden herausgebrochen, mit dem

Glasschneider mit Metallrädchen

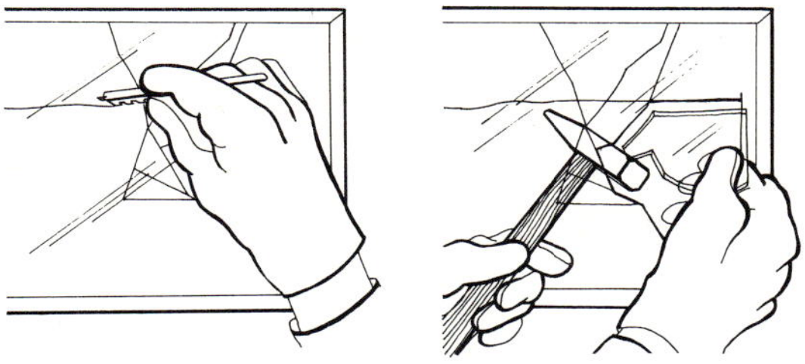

Alte Glasscheibe mit Glasschneider und Hammer restlos entfernen

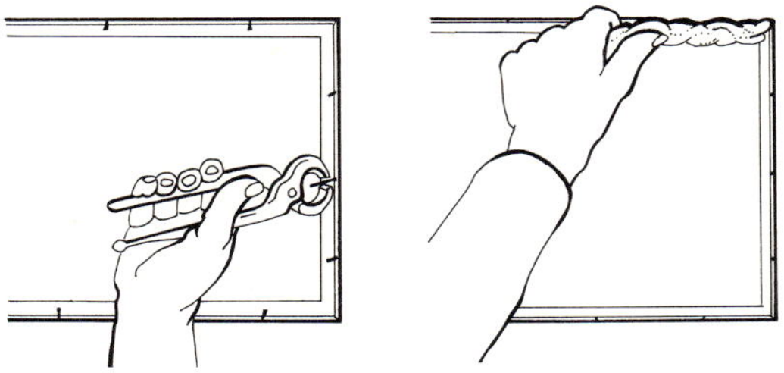

Drahtstiftchen herauslösen, neuen Kitt reichlich auftragen

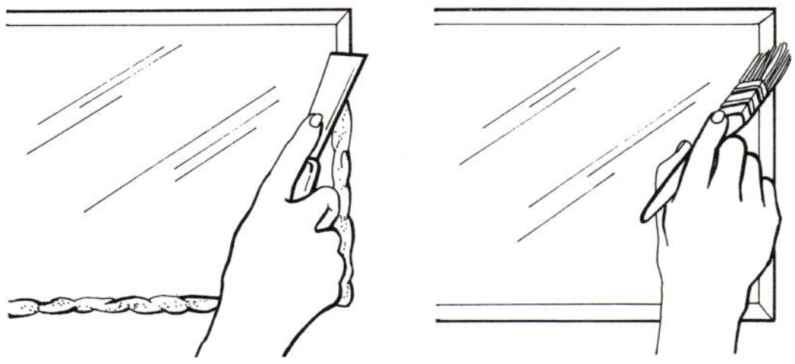

Über neuer Glasscheibe Kitt auftragen, nach Trocknen den Kitt überlackieren

Messer kratzt man den Kitt entlang verbliebener Glasreste ab und zieht dabei erscheinende Stiftchen oder Blecheckchen mit der Beißzange aus dem Holz. Nun können auch die letzten Glasstükke entfernt werden, wobei man die Hände entweder durch alte Handschuhe oder aber ein dickes Tuch schützen sollte. Man kann auch die Beißzange zu Hilfe nehmen. Der Kittfalz wird nun mit dem Messer (oder einem älteren Stemmeisen) von allen Kittresten gesäubert.
Dann kann man Länge und Breite der Scheibe ausmessen; man zieht von den ermittelten Distanzen zwischen den Kittfalzen aber noch jeweils 2 mm ab, damit die Scheibe auch wirklich in den Rahmen paßt und damit sie noch Spielraum hat.
Beim Glaser, der einem die Scheibe nach dem mitgeteilten Maß zuschneidet, kauft man mit dem Glas auch gleich den Kitt und die Stiftchen oder Blechecken zum Befestigen der neuen Scheibe. Aus dem Kitt, der unter Umständen durch Leinöl etwas geschmeidiger gemacht werden muß, werden nun lange Würstchen von etwa 6 mm Durchmesser geknetet. Diese Kittstange legt man in den Falz, drückt sie etwas an und legt nun die Fensterscheibe auf, mit der man den Kitt vollends in den Falz drückt. Die Scheibe muß also auf einem weichen Polster liegen, das ohne Lücken sein soll. Das Glas wird dann in Abständen von etwa 15 bis 20 cm mit den Stiftchen oder den Blechecken befestigt. Man braucht dazu einen kleinen Hammer, den man ganz flach auf der Glasscheibe gleiten läßt.
Glaserstifte bestehen übrigens aus einem etwa 30 cm langen Draht, der alle 15 bis 20 mm fast ganz abgezwickt ist. An diesen Stellen knickt man jeweils ein Stiftchen um 100 Grad ab, schlägt es ins Holz – und kann dann mit einigem Hin und Her die restliche Drahtlänge abbrechen. Der Kittfalz kann dann mit Kitt aufgefüllt werden, den man mit dem Messer entweder direkt vom Klumpen absticht oder aber wiederum zu Würstchen vorformt und dann mit dem Messer in den Falz drückt und glattstreicht.
Es bleibt nicht aus, daß man dabei Kittflecken auf die Glasscheibe bringt: Man läßt den Kitt entweder trocknen und schabt ihn dann mit einer Rasierklinge ab, oder man wischt ihn gleich mit etwas Schlämmkreide oder Silikon ab – ohne den Kitt im Falz mit Fingerabdrücken zu verzieren!

So wird Glas geschnitten

Die Glasscheibe wird auf eine ebene, aber nicht ganz harte Unterlage gelegt: am besten auf den Tisch, den man mit einem Stück Pappe oder einer dicken Lage Zeitungspapier abdeckt. Jedenfalls muß die Glasscheibe in ganzer Fläche aufliegen. Das Lineal wird dicht neben der abgemessenen und durch kurzes Anritzen markierten Linie angelegt, so daß das Stahlrädchen genau auf die Markierung trifft. Der Glasschneider wird senkrecht gehalten und mit mäßigem, aber gleichmäßigem Druck am Lineal entlanggeführt.

Glasscheibe mit Glasschneider gleichmäßig anritzen

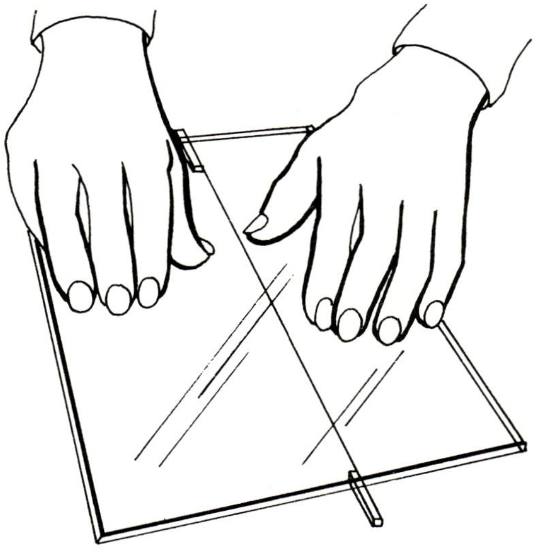

Unter die geritzte Linie dünne Hölzchen legen: auch so bricht das Glas entlang der geritzten Linie

Das Glas muß dabei singen, es darf nicht zu stark kratzen (dann wäre der Glasschneider unbrauchbar). Setzt das Geräusch zeitweise aus, dann drückt man nicht gleichmäßig. Die geritzte Linie muß gleichmäßig zu sehen sein. Dann schiebt man die Glasplatte bis zur Tischkante, bis die geritzte Linie ganz leicht übersteht, hält das auf dem Tisch liegende Stück fest – und bricht nun mit einem kräftigen Ruck den überstehenden Teil nach unten ab. Wenn man den Glasschneider sauber von einer Kante zur anderen geführt hat, dann fällt der Bruch auch sauber aus. Hat man ihn etwa am Anfang oder am Ende zu schwach aufgedrückt, dann verläßt der Bruch die Linie, und man bekommt Zacken.

Ganz schmale Streifen bricht man jeweils am Anfang und am Ende. Wenn das Glas dennoch nicht auf der Linie bricht oder wenn man sich über Zacken ärgern muß, dann versucht man, mit dem Glasschneider oder mit einer Zange die außerhalb der Schnittlinie verbliebenen Reste abzubrechen. Der Glasschneider hat zu diesem Zweck mehrere verschieden breite Nuten, mit denen man die unterschiedlichen Glasstärken fassen kann.

Hier zum Glasschneiden noch ein paar Tips: Der Glasschneider greift besser an, wenn man auf der Schnittfläche vor dem Anritzen etwas Öl oder Terpentin aufträgt.

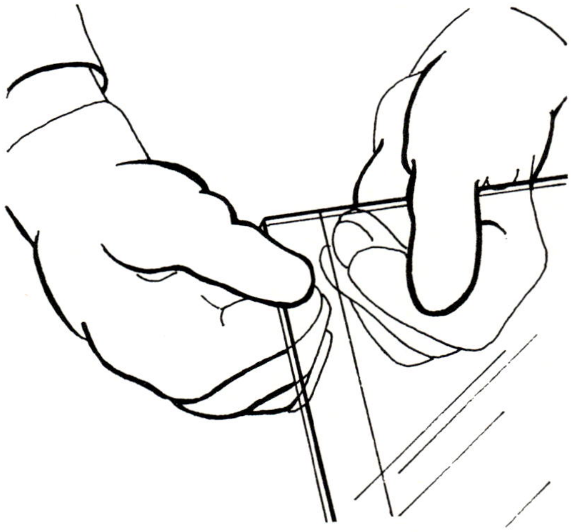

Schmale Streifen aus der Hand brechen; dabei die Hände mit Handschuhen schützen

Stahlrädchen schneiden nicht unbegrenzt. Der niedrige Preis erleichtert es einem, den nicht mehr voll tauglichen Glasschneider wegzuwerfen und einen neuen zu kaufen.

Es gibt auch Glasschneider, die mehrere Stahlrädchen haben, die sich schnell wechseln lassen.

Türen klemmen

Nach dem Aufstellen von Schränken klemmen häufig deren Türen. Bei neueren Schränken kann man dies dadurch beheben, daß man entsprechende Korrekturschrauben an den Scharnieren ein- oder herausdreht. Bei älteren Möbeln müßte man Papp- oder Furnierscheiben unter die Schrankbeine legen, um den unebenen Stand des Schrankes auszugleichen. Dabei sollte man nicht nur unter die vorderen Beine etwas unterlegen, sondern auch unter die hinteren Beine. Manchmal stellt es sich heraus, daß sich Türen von selbst öffnen oder nicht offen bleiben wollen. Im ersten Fall steht der Schrank nach vorn geneigt: Unter beide Vorderbeine muß eine gleich dicke Scheibe gelegt werden. Im zweiten Fall muß man ihn etwas nach vorn kippen, indem man hinten etwas unterlegt.
Bei Zimmertüren sind solche Reparaturen natürlich nicht auszuführen. Da muß man versuchen, die Tür anzuheben – indem man Beilegscheiben auf die Dorne der Türbänder auflegt, bis die Tür wieder einwandfrei bewegt werden kann. Wenn aber die Tür dann oben im Türstock anstößt, muß man das Türblatt unten um ein paar Millimeter abhobeln.
Wenn man das Türblatt abhobelt, dann mit äußerster Vorsicht! Man hobelt von den Außenkanten nach innen, man hobelt so vorsichtig, daß das Furnier nicht abspringt und auch sonst das Holz nicht beschädigt wird. Selbst wenn man nachher das Türblatt lackiert – es muß ja nicht sein, daß man zuvor die Schäden erst mühsam ausspachteln muß.
Auch nach dem Streichen der Tür kann man beobachten, daß das Türblatt klemmt. Man müßte dann genau untersuchen, wo das Blatt im Rahmenfalz klemmt, und muß an den betreffenden Stellen mit einem Hobel allzu dick aufgetragene Farbe oder gequollenes Holz entfernen.

Quietschende Türen

Wenn eine Tür quietscht, dann muß nicht nur geölt oder gefettet werden: Dann sollte man erst einmal die Tür aushängen, die Dorne und auch die Bandrolle so tief und so gründlich wie nur möglich reinigen. Erst dann drückt man mit einem Holzspan etwas Staufferfett oder auch Vaseline in das Bandoberteil und hängt die Tür wieder ein. Öl läuft zu leicht ab, es ist also nicht das beste Schmiermittel. Günstiger ist schon Graphitstaub, wie man ihn in kleinen Spritzkännchen an Tankstellen bekommt (um damit Autoschlösser zu „schmieren"). Man muß nur vorsichtig sein, daß das sehr „leichtflüssige" Pulver nicht aus dem Kännchen schießt und den Fußboden mit einer grauen Schicht überzieht.
Fischbänder, die durch einen Steckstift miteinander verbunden sind, lassen sich nur fetten, wenn der Stift nach oben herausgeschlagen wird. Dazu setzt man von unten einen starken Nagel oder einen entsprechenden Eisenstift an.
Das Quietschen der Tür kann aber noch eine ganz andere Ursache haben: Es kann auch sein, daß einer der Dorne schief sitzt oder daß sich ein Band gelockert hat. Man sollte also in jedem Fall die Beschläge daraufhin untersuchen und unter Umständen das Band wieder richtig festschrauben bzw. den Dorn mit einigen leichten Hammerschlägen gerade richten.
Wenn ein Beschlag sich gelockert hat, ist es vielleicht nicht damit getan, die betreffende(n) Schraube(n) fest anzuziehen: Wenn sich die Schraube nicht ganz fest anziehen läßt, muß das Loch, in dem sie sitzt, mit einem Dübelholz ausgefüttert werden.

Lockere Schraube durch Holzdübel festigen

Undichte Türen

Undichte Türen lassen sich ebenso wie zugige Fenster mit Dichtungsstreifen abdichten. Bei Türen lassen sich allerdings keine Streifen verwenden, die außerhalb des Falzes befestigt werden: die Dichtung muß unsichtbar sein – sie muß deshalb in den Falz geklebt werden.
Am unangenehmsten ist es, wenn die Tür an der Schwelle undicht ist, wenn der Abstand des Türblatts zum Bodenbelag zu groß ist. Hier kann man die Dichtung natürlich nicht an der Schwelle befestigen, und auch am Türblatt darf keine Dichtung angebracht werden, die beim Schwenken der Tür am Boden schleift. Sie würde den Bodenbelag mit der Zeit beschädigen und würde sich selber auch viel zu schnell abnutzen. Es gibt spezielle Dichtungen, die durch einen Mechanismus beim Schwenken der Tür vom Boden abgehoben werden und nur dann gegen Zugluft abdichten, wenn die Tür geschlossen ist.

Gummidichtung unter der Tür; beim Öffnen klappt ein Gegengewicht die Gummileiste hoch

Türstopper richtig anbringen

Nicht nur bei temperamentvollen Leuten sind Türstopper angebracht: Auch ein Durchzug könnte das Türblatt weit aufschwenken und gegen die Wand oder gegen ein Möbel schlagen. Damit es keine Schäden an Wand oder Möbel gibt, bringt man hinter der Tür einen Türstopper an. Er wird mit einer Holzschraube befestigt: Bei einem Holzboden dreht man die Schraube ohne weiteres ein, bei Estrichen müßte man erst einen Dübel einsetzen. Wichtig ist dabei, daß der Stopper

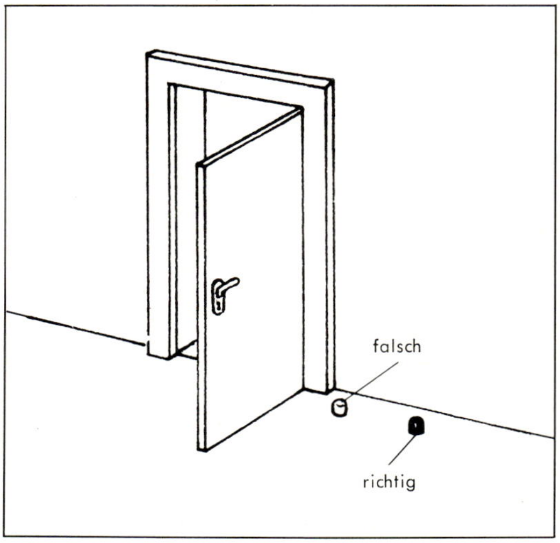

Türstopper richtig anbringen

möglichst weit vom Drehpunkt der Tür entfernt ist! Andernfalls würde die aufschlagende Tür durch den Türstopper zwar gebremst, sie würde um den Puffer aber auch „gehebelt“ werden – so würden sehr bald die Bänder aus dem Türfutter oder aus dem Türblatt herausgerissen werden.

Die Türfalle schnappt nicht ein

Hier gibt es zwei Möglichkeiten:

1. Die Falle bewegt sich zwar beim Niederdrükken der Klinke – schnappt aber nicht ins Fallenloch des Schließblechs ein. Dann hat sich die Tür gesenkt oder verzogen oder sie läßt sich nicht ganz schließen, weil im Falz Farbe oder Schmutz zu dick aufträgt. Man müßte in diesem Fall das Hindernis im Falz beseitigen und das Fallenloch im Schließblech so weit ausfeilen, daß die Falle wieder genau hineintrifft.

2. Die Falle kann durch Farbe verklebt sein, sie kann im Schloß eine Hemmung haben, oder die Feder ist gebrochen, und so wird die Falle nicht mehr herausgedrückt.

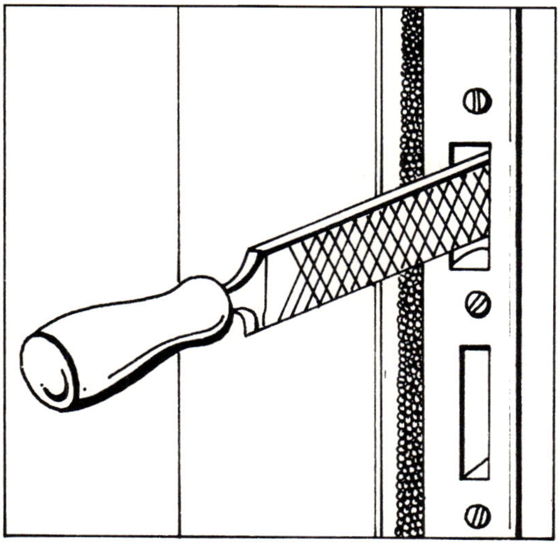

Schließblech nachfeilen

Wenn es nicht gelingt, Farbe – die beim Neuanstrich der Tür sehr leicht den Riegel und die Falle verkleben kann – mit einem Messer oder einem Stemmeisen abzukratzen und wenn die Farbe auch in das Schloß hineingelaufen ist, dann muß man das Schloß abschrauben.
Dazu ist zunächst der Stift, der die beiden Klinken zusammenhält, mit einem Senkstift oder einem Nagel von unten her aus dem Loch herauszuheben. Dann lassen sich die beiden Klinken abziehen. Man löst die Befestigungsschrauben des Schlosses und zieht auch das Schloß aus der Aussparung heraus. Schraubt man nun die Schloßdecke ab, dann liegt das Schloßinnere frei, und man kann genau untersuchen, wo die Funktionsstörung zu beheben ist. Bevor man nachher das Schloß wieder zusammenbaut, prüft man, ob alle Teile wieder funktionieren.

Das Schloß läßt sich nicht zuschließen

Läßt sich der Riegel nur bei offener Tür mit dem Schlüssel betätigen, dann stimmt die Öffnung des Schließblechs nicht mehr mit dem Riegel überein, man muß sie also ausfeilen. Man untersucht den Riegel auch auf Lackverklebungen. Hilft das alles nichts, dann muß das Schloß ausgebaut werden, und dann muß wahrscheinlich die Zuhaltefeder erneuert werden. Man untersucht dabei auch gleich, ob sich die im Schloßboden festgenieteten Dorne oder der Riegelführungsstift gelockert haben. Wenn ja, muß man das Schloß auf eine Eisen- oder Steinplatte legen und die losen Teile mit leichten Hammerschlägen wieder festnieten.
Bei billigen Möbelschlössern kann oft die Schloßdecke nicht abgeschraubt werden, weil sie aufgenietet ist. Ehe man hier eine Reparatur versucht, sollte man gleich ins Eisenwarengeschäft gehen und ein neues Schloß kaufen.

Die Tür ist zugefallen

Das ist natürlich nur dann ärgerlich, wenn man nun ohne Schlüssel vor der Tür steht. Wenn die Tür mit einem gewöhnlichen Schloß versehen ist, dann kann man den Wechsel, der die eingeschnappte Falle zurückzieht, in den meisten Fällen mit einem einfachen Sperrhaken betätigen. Der Sperrhaken läßt sich aus etwa 3 mm starkem Eisendraht biegen; sein „Bart“ sollte der Bartlänge des echten Schlüssels entsprechen. Der dünne Schaft des Sperrhakens muß mit der linken Hand im Schlüsselloch nach oben gedrückt und kann damit besser geführt werden. Mit dem Sperrhaken kann man auch Zimmertüren öffnen. Er versagt bei Hohlschlüssellöchern. Für diese Schlösser sollte man einen unbenutzten Schlüssel bereithalten, den man unter Umständen noch etwas zurechtfeilen kann. Bei Zylinderschlössern helfen solche „Dietriche“ natürlich nicht: Hier kann nur der Schlosser helfen. Oft nur dadurch daß das Schloß erneuert wird.

Der Fußboden knarrt oder quietscht

Diese Panne kennt man nur in alten Häusern und Wohnungen, in denen die Zwischendecken aus Holz konstruiert und die Fußböden aus Holzdielen oder Parkett gelegt sind: Der Boden knarrt, quietscht oder kracht an einzelnen Stellen. Die

Dielen von oben mit Schraubnägeln befestigen

Ursache: Das Holz der Konstruktion wie des Bodenbelags ist im Lauf der Zeit ausgetrocknet, dabei geschrumpft – so daß nun die Nägel oder Schrauben, mit denen Dielen oder Parketteile befestigt sind, keinen rechten Halt mehr bieten können: der Bodenbelag kann federn – und kann sich dabei aneinander- oder an den Nägeln oder Schrauben reiben. Und das macht die unangenehmen Geräusche.
Unter den Dielen laufen Balken, deren Lage man an vorhandenen Nagelreihen sehen oder aber beim Abklopfen der Dielen erhören kann. Genau in Fluchtlinie der alten Nagelreihen oder dort, wo die Mitte der Balken ist, schlägt man nun Schraubnägel ein. Diese Schraubnägel sehen Schrauben ähnlicher als Nägeln, weil sie ein steil ansteigendes Gewinde am Schaft aufweisen. Sie sind deshalb ähnlich wirksam wie Schrauben, bieten also viel besseren Halt – können aber so einfach wie Nägel eingeschlagen werden.
Schrauben sind aufwendiger und natürlich am wirksamsten. Man verwendet Senkkopfschrauben und versenkt sie auch wirklich gut ins Holz. Die Schrauben müssen natürlich ausreichend lang sein, damit sie die Dielenbretter auch wirklich fest mit der Unterkonstruktion verbinden – und nicht schon nach kurzer Zeit die Verbindung sich wieder löst.
Das gleiche gilt selbstverständlich auch für die Schraubnägel.

Holztreppen

Falls die Unterseite der Treppe zugänglich ist, löst man von hinten die Nägel, mit denen die Stoßbretter an die Trittbretter festgemacht sind. Ein Helfer muß dann von vorn mit einem Hebel die Tritte anheben – von hinten wird das Stoßbrett nach oben nachgeschoben und wieder festgenagelt. Dabei dürfen die alten Nagellöcher nicht mehr benutzt werden. So arbeitet man sich von unten nach oben bis zur letzten Stufe fort: Dann müssen alle Stufen stillgelegt sein ...
Wenn man an die Treppe von hinten nicht herankommt, muß man unter die Vorderkante der Tritte eine stützende Leiste nageln. Das heißt, man läßt wieder von einem Helfer mit einem kräftigen Hebel einen Tritt anheben – hat aber zuvor eine passend gesägte Leiste (etwa 3 x 3 cm stark) unter das Trittbrett gelegt. Diese Leiste wird dann an das Stoßbrett genagelt – so daß nun die Trittstufe eigentlich auf der Leiste aufliegt.

Ausbesserung abgelaufener Stufen

Stark abgenutzte Treppenstufen stellen eine Gefahr dar – und sie sehen auch nicht sehr schön aus. Es gibt also zwei wichtige Gründe, für die Ausbesserung solcher Tritte einiges zu investieren. Man sollte die Ausbesserung gleich mit einer Neubelegung der Stufen verbinden, genauer gesagt: Es bleibt einem gar nicht erspart.
Die Reparatur hängt natürlich von der Art der Treppe ab. Bei abgelaufenen Steinstufen müßte man an die Vorderkanten der Stufen sogenannte Reparaturwinkel befestigen. Das sind Eisenwinkel mit vorgebohrten Schraublöchern. Diese Winkel sind auf die richtige Länge zu sägen, und dann müßte man durch die Löcher hindurch die Stufen anbohren, müßte Dübel in die Löcher setzen und müßte die Winkel mit Senkkopfschrauben auf und an die Stufen schrauben. Hinter dem Winkel wird dann der abgenutzte Tritt mit Spachtelmasse bis zur Höhe des Winkels aufgefüllt.
Diese Winkel können auch aufgeklebt werden – wenn sich noch eine genügend große ebene Fläche anbietet, damit der Winkel auch wirklich haften kann.

Auch auf Holztreppen kann man solche Winkel verwenden, wobei die Montage insofern erleichtert wird, als man keine Dübel in die Tritte einsetzen muß.
Statt der Eisenwinkel kann man aber auch Holzleisten wählen. Man müßte dazu mit einer AEG-Kreissäge die Vorderkanten aller Stufen um 2 oder 3 cm beschneiden (damit man eine glatte Ansatzfläche bekommt) und müßte dann 2 oder 3 cm starke Leisten vor die Vorderkanten schrauben.
Auch hier wäre dann die durchgetretene und abgenutzte Fläche mit Spachtelmasse zu füllen und zu glätten. Wenn die Spachtelmasse trocken und fest ist, kann man die Treppe mit Linoleum, PVC oder Teppich belegen, so wie es im vorhergehenden Abschnitt beschrieben worden ist.
Bei all diesen Verfahren ist nur die Trittstufe belegt worden. Die Stoßbretter zeigen sich noch in alter Häßlichkeit. Für sie wäre nun ein Lack auszusuchen, der zur Farbe des Trittbelags paßt. Beim Lackieren muß natürlich der Belag sauber abgedeckt werden, damit er nicht gleich Lackflecken bekommt. Beim Lackieren wird – wie auch beim Belegen mit den genannten Materialien – von oben nach unten gearbeitet.

Reparaturen an Treppengeländern

Die häufigste Reparatur ist das Einsetzen von neuen Latten oder Staketen, wenn die alten gebrochen sind. In der Regel sind die Staketen in die Wangen und in die Griffleiste eingezapft, so daß zum Auswechseln die Griffleiste (der Handlauf) abgenommen werden müßte. Das ist natürlich eine sehr schwierige Arbeit. Man kann sich damit behelfen, daß man die auf die Länge der alten Stakete abgepaßte neue Stakete mit einer Laubsäge schräg oder in S-Form durchsägt, daß man die beiden Teile für sich in die Zapflöcher einleimt und daß man dann die Schnittstelle sorgfältig wieder verleimt. Wenn das ganze Geländer wackelt, müssen die Antritt- und Austrittpfosten neu gefestigt werden.
Besser ist es natürlich, solche Arbeiten dem Fachmann, also einem Zimmermann oder – bei gedrechselten Stakelten – einem Drechsler zu überlassen.

Kleine Reparaturen an Möbeln

Teakholz enthält von Natur aus sehr viele fettige Stoffe, es kann darum nicht wie andere Hölzer mattiert oder lackiert werden. Das ist auch gar nicht nötig, weil der Ölgehalt das Holz ohnehin schon gegen Wasser schützt und ihm damit auch sehr viel Standfestigkeit verleiht.
Teak wird darum auch lediglich mit Teaköl gepflegt.
Auf ähnliche Weise wird fleckig gewordenes Teak gereinigt: Man ölt das Holz, schleift dann aber sofort mit feinem Schleifpapier die Flecken und dann auch die ganze Fläche in Faserrichtung aus. Man entfernt mit einem neuen Tuch den Schleifstaub, ölt noch einmal ganz leicht nach, wischt überschüssiges Öl sofort weg – und bekommt damit wieder eine saubere, mattglänzende Fläche.
Teak darf nicht zu oft geölt werden. Es genügt, höchstens einmal in zwei Jahren leicht nachzuölen! Und man darf dabei nicht versäumen, alles Öl, das noch auf der Oberfläche stehenbleibt, mit einem sauberen Lappen wegzuwischen, damit das Holz keinen fetten, speckigen Glanz bekommt. Wichtig: Mit Teaköl getränkte Lappen können sich selbst entzünden! Man sollte sie entweder gleich unter Kontrolle verbrennen oder sollte sie in kaltes Wasser tauchen und dann gleich in die Mülltonne stecken.

Das Auffrischen alter Möbel

Das ist ein ziemlich heikles Kapitel, denn mit allgemeinen Ratschlägen kann man anstehende Probleme nur oberflächlich lösen. Jedes Stück verlangt eine genaue Untersuchung auf die Vorbehandlung; es ist auch zu prüfen, ob man es bei einer lokalen Behandlung beläßt oder ob man eine Generalreinigung und -überholung vornimmt. Ganz kritisch ist in jedem Fall die Renovierung eines Stücks mit hochglänzender Oberfläche. Hier müßte die alte Politur abgeschliffen werden – ohne daß die Holzoberfläche leidet. Man arbeitet also mit dem AEG-Schwingschleifer und einem 120er- oder 150er-Schleifpapier. Winkel und Ek-

ken müssen von Hand geschliffen werden. Wenn das Holz fleckig ist, muß es mit Kleesalz gebleicht, dann abgewaschen, dann eventuell neu gebeizt und schließlich wieder mit einem schützenden Überzug versehen werden. Dieser Überzug muß nicht in jedem Fall wieder glänzen, man kann manch altes Möbel zu neuen Ehren bringen, wenn es der glänzenden Pracht entkleidet und dafür nur mattiert oder seidenmatt lackiert wird.
Wenn man eine nur leicht glänzende oder gar matte Oberfläche vor sich hat, die man nur einmal leicht überarbeiten muß, dann genügt es in der Regel, die Fläche mit Terpentinersatz abzuwaschen, eventuell auch leicht anzuschleifen und dann mit Ballenmattierung zu überarbeiten. Wenn man einen etwas stärkeren Glanz wünscht, dann kann man statt der Ballenmattierung auch einen Mattlack aus der Sprühdose anwenden. Oder man kann die leicht abgeschliffene Fläche mit Lasurglanz behandeln.
Man kann selbstverständlich das zuerst genannte Verfahren – abschleifen und bleichen – auch bei solchen Möbeln anwenden, die einen seidenglänzenden oder matten Überzug aufweisen. Leichte Kratzer lassen sich im allgemeinen schon mit einem guten Möbelpflegemittel beseitigen. Auf keinen Fall sollte man versuchen, begrenzte Behandlungen auf einer hochglänzenden Politurfläche auszuführen. Dadurch wird man in der Regel den Schaden größer machen, als er war. In diesem Fall hilft nur eine Radikalkur, wie sie eingangs beschrieben worden ist.
Schellack- oder Wachs-Kittstangen helfen Schäden auszubessern, die bis unter die Oberflächenbehandlung – also bis ins Holz – reichen. Schellack-Kitt muß mit einem Lötkolben oder an einer Flamme erhitzt und damit aufgeweicht werden; mit einem Messer drückt man das weiche Material dann in die beschädigte Stelle. Nach kurzer Zeit ist der Schellack-Kitt so hart, daß die über die Oberfläche erhabenen Reste mit ganz feinem Schleifpapier behutsam abgeschliffen werden können. Dann wird die ausgebesserte Stelle leicht nachlackiert.
Schellack-Kitt bekommt man in mehreren Farbtönen. Auch Wachskitt wird in mehreren Holzfarben angeboten. Dieser Kitt wird zum Ausbessern von Kratzern und Löchern an mattierten Möbeln verwendet. Mit einem leicht erwärmten Messer sticht man ein Stückchen Kitt von der Stange und drückt es gut in das Holz. Nach dem Erkalten wird die Stelle mit einem sauberen Korken „abgeschliffen“: Man reibt so lange, bis die Fläche eingeebnet ist, und poliert dann mit einem Wolltuch oder einer weichen Bürste nach.

Möbel abbeizen

Alte Möbel vom Trödler oder Flohmarkt werden schon seit vielen Jahren hoch geschätzt – aber so richtig erst dann, wenn die alte Lackierung oder Politur restlos entfernt ist und das Holz sich wieder ohne jeden Überzug zeigt. Meistens werden solche alten Möbel gleich in abgebeiztem Zustand verkauft. Nicht selten muß man aber das Abbeizen selber besorgen.
Das ist – buchstäblich – eine reichlich feuchte Angelegenheit, und deshalb braucht man einen Arbeitsplatz mit Wasseranschluß und mit einer Ablaufmöglichkeit für das verbrauchte Wasser: Das Möbel muß mit sehr viel Wasser abgewaschen werden, nachdem das Abbeizmittel den alten Anstrich aufgeweicht und nachdem man diese weich gewordene Masse mit Spachtel und anderen Werkzeugen entfernt hat.
Aber beginnen wir von vorn. Man braucht ein sogenanntes Abbeizfluid oder eine Abbeizpaste. Auch konzentrierte Natronlauge ist geeignet. Paste oder Fluid sind indes vorzuziehen, weil sie nicht spritzen können (wie die Natronlauge). Dennoch sollte man einen alten Arbeitsmantel als Schutz über die Kleidung ziehen, mit Handschuhen arbeiten und nach Möglichkeit auch die Augen mit einer Arbeitsbrille schützen.
Das Abbeizmittel wird mit einem alten (oder billigen neuen) Pinsel reichlich auf den alten Anstrich aufgetragen. Nach kurzer Zeit schon kann man beobachten, daß sich der Anstrich aufbläht und kräuselt: Jetzt kann diese weiche Masse mit einem Spachtel vom Holz entfernt (und auf reichlich bereitgehaltenes Zeitungspapier abgestreift) werden.
Man trägt das Abbeizmittel immer nur stückweise auf, denn nach einiger Zeit wird der Anstrich wieder etwas fester, und dann läßt er sich erst dann wieder abschaben, wenn man neues Abbeizmittel aufgetragen hat.
Bei alten Möbeln, die Schnitzereien oder Profilleisten aufweisen, kann man nicht allein mit einem Spachtel arbeiten. Hier sollte man noch ein paar Spatel aus Hartholz bereitlegen (dafür zum Beispiel Eisstiele präparieren: eine Schmalseite be-

gradigen und etwas schärfen). Oder man arbeitet hier mit einer Messingbürste, bürstet also die weich gewordene Masse ab. Auch ein altes Messer kann helfen, das Holz restlos vom alten Anstrich zu befreien.
Mit all diesen Werkzeugen, auch mit dem auf großen Flächen einzusetzenden Spachtel, muß man vorsichtig arbeiten, damit das Holz nicht verletzt oder verschrammt wird.
Wenn nun der Anstrich, eventuell auch erst nach mehrmaligem Auftragen des Abbeizmittels, restlos entfernt ist, muß das Holz nachgewaschen werden. Man spare dabei nicht mit Wasser. Am besten arbeitet man mit dem Gartenschlauch. Dazu braucht man jetzt eine harte Wurzelbürste, mit der das Holz unter reichlich Wasserzugabe abgewaschen und abgebürstet wird, damit auch wirklich alle Rückstände des Abbeizmittels entfernt werden.
Das Holz muß danach trocknen – aber so, daß es weder in greller Sonne steht noch zu langsam das Wasser abgeben kann. Das soll heißen: Bei Kommoden werden die Schubladen getrennt vom Korpus zum Trocknen abgestellt, bei Truhen wird der Deckel geöffnet, bei Schränken werden die Türen geöffnet. Das Möbel sollte nicht direkt auf dem Boden stehen; auch unter ein Möbel, das Füße hat, sollte man unter die Füße Leisten oder dünne, kleine Holzklötze legen, damit die „Sohlen“ der Möbelfüße freiliegen und somit gelüftet werden und das Wasser schneller abgeben können.
Es wird hernach oft übertrieben und dem Holz eine neue Schutzschicht gegeben. In den gleichmäßig temperierten modernen Wohnungen ist es aber nicht nötig, das Holz gegen Feuchtigkeit, Ruß oder anderen Schmutz zu schützen. Es genügt, das abgebeizte Holz nach dem Trocknen mit feinstem Schleifpapier ganz leicht abzuschleifen (weil sich durch das Wässern viele Holzfasern aufgerichtet haben können) und einmal mit einer Mattierung leicht einzustreichen. Es kann genügen, das Holz mit einem Möbelpflegemittel ganz knapp zu behandeln. Aber man kann auch auf jegliche Behandlung verzichten und das Holz so lassen, wie es nun nach dem Abbeizen sichtbar geworden ist.
Metallbeschläge am abgebeizten Möbel sollten vorher abgenommen worden sein. Wo das nicht möglich ist, muß man sie nach dem Abbeizen besonders sorgfältig behandeln. Man entrostet sie und trägt zum Schluß einen farblosen Mattlack dünn und gleichmäßig auf.

Holz vor Schädlingen schützen

Wenn es sich um altes Holz handelt, dann heißt das meist: die im Holz arbeitenden Schädlinge vernichten und dafür sorgen, daß es zu keinem neuen Befall kommen kann. Die wichtigsten Schädlinge bei Holz im Innenausbau sind die „Holzwürmer“, die in Wirklichkeit die Larven des Pochkäfers sind.
Diese Schädlinge sind mit Sicherheit im Holz, wenn man unter dem Möbel frisches Holzmehl findet.
Das bekannteste und am weitesten verbreitete Mittel gegen den Holzwurm ist Xylamon Holzwurmtod oder Xylamon BN-hell. Beide Mittel können auch auf hellem Holz angewendet werden; andere Xylamon-Varianten färben das Holz dunkel. Man kann das Mittel nur auf blankem Holz anwenden. Lackierte Möbel müssen entwe-

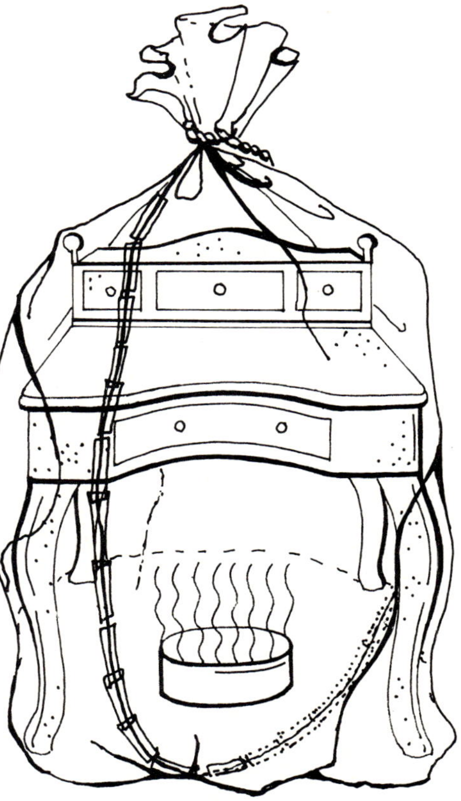

Plastikhaube für die Holzwurmbekämpfung

der von innen oder von der Rückseite oder von unten her behandelt werden – oder man spritzt das Mittel direkt in die Fraßgänge.
Man kann auf unbehandeltes Holz auch aufpinseln – und man braucht dann pro Quadratmeter zwischen 150 und etwa 300 g. Wenn man spritzt, genügt es, nur in jedes zehnte Loch zu spritzen. Man verschließt vorher die anderen Löcher mit Wachs oder mit Wachskitt – und schließt nach dem Spritzen auch die bis dahin noch offenen Löcher.
Man muß das Möbel für etwa zwei Wochen noch in eine luftdicht verschlossene Plastikhülle einpacken – was die Wirksamkeit des gespritzten Mittels erhöht. Danach muß man das Holz abwischen, weil sich wahrscheinlich ein weißlicher Belag gebildet hat. Dann wird das Holz mit einem guten Möbelpflegemittel abgerieben.
Außer diesen hellen, vor allem für Möbel geeigneten Xylamon-Varianten gibt es solche, die auch gegen andere Schädlinge wirksam werden: so zum Beispiel gegen Fäulnis- und Schimmelpilze.

Schubladen klemmen

Ein Eingriff, der nicht an der Oberfläche bleibt, ist das Herrichten von Schubladen, die klemmen. Denn dazu muß man zunächst prüfen, ob die Lade aus dem Leim gegangen ist und sich dabei verzogen hat. Notfalls also muß sie neu geleimt werden. Dazu sollte man, wo möglich, die vier Teile der Wände vorsichtig lösen und den Boden herausnehmen, alle Leimfugen vorsichtig sauberkratzen – und dann alles neu verleimen. Damit

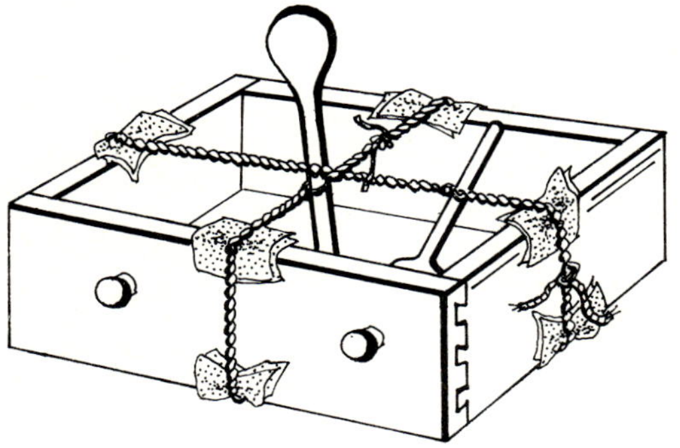

Wacklige Schublade neu verleimen

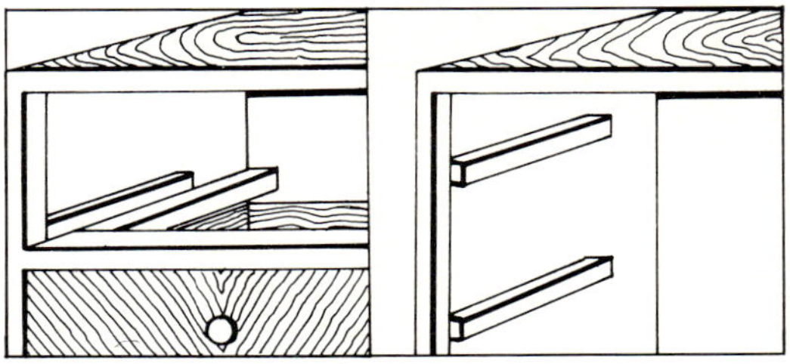

Laufleisten für Schubladen

der Leim richtig abbinden kann, muß er verspannt werden. Dazu setzt man Schnurknebel an, d.h. kräftige Schnüre, die um die Schublade verknotet und dann mit Hilfe von Kochlöffeln, Leistenstücken oder Rundhölzern (oder auch Schraubenziehern) so verzwirbelt werden, daß sie sich straff spannen und eine Spannung um die Schublade erzeugen.
Es kann oft aber auch genügen, lediglich die defekte Leimfuge etwas weiter aufzuziehen, Leimreste (soweit möglich) abzukratzen, neuen Leim (z.B. „Ponal") anzugeben – und dann wiederum den Schnurknebel anzusetzen.
Schubladen können aber auch deshalb klemmen, weil sie verkanten. Das heißt, das Holz ist trockener geworden, es ist dabei geschwunden – und nun hat die Schublade mehr Spiel in der Führung. Sie kann verkanten – und klemmt dadurch.
In diesem Fall liegt es nahe, das „Spiel" der Schublade einzuengen. Man kann dies dadurch erreichen, daß man an die Innenseiten der Öffnung im Schrank oder in der Kommode dünne Furnierstreifen klebt. Noch besser: Schmale Kunststoffstreifen (die zuzuschneiden freilich ein mühseliges Geschäft ist). Diese Kunststoffstreifen bieten nämlich den Vorteil, daß sie eine viel glattere, dichtere und weniger Reibung bietende Oberfläche aufweisen als ein Furnierstreifen.
Sie sind aus diesem Grund auch dazu geeignet, auf die Sohle der Schublade bzw. auf die Oberseite der Schubladenführung im Möbel geklebt zu werden, wenn man der Schublade einen leichteren und leiseren Lauf geben will.
Schubladen in modernen Möbeln bestehen meist aus einem Kunststoffkorpus mit einer Holz- oder Kunststoff-Front. Auch hier kann die Eckverbindung der Seitenwände „aus dem Leim gehen" – was dann aber nicht mit Leim, sondern einem geeigneten Kunststoffkleber zu reparieren ist.

Stühle wackeln

Das Wackeln kann zweierlei Ursachen haben:

1. Der Stuhl wackelt in sich. Die Leimfugen des Gestells sind also aufgesprungen und müssen neu gefestigt werden. Man verfährt wie bei der Schublade, man versucht, die Leimfugen zu lösen, ohne dabei das Holz zu beschädigen. Die alten harten Leimstückchen werden abgekratzt, ehe man frischen Leim aufträgt (z. B. „Ponal") und das Gestell des Stuhls durch Schraubzwingen oder Schnurknebel fest verspannt. Wenn das Gestell nicht zu lösen, also die offene Leimfuge nur geringfügig auseinanderzuspreizen ist, dann sollte man wenigstens dies so gut wie möglich tun, den alten Leim abkratzen und frischen Leim so großflächig wie möglich in die Fuge einbringen. Also nicht nur einen Klecks an die vordere Kante der Fuge, sondern auch tief hinten. Dazu nimmt man ein Messer oder ein ähnliches Werkzeug als „Streichinstrument" zu Hilfe.

Nach dem Leimen fest verspannen

Wackligen Stuhl neu verleimen

Wenn dadurch das Gestell in sich noch nicht ausreichend gefestigt ist, kann es notwendig werden, zusätzlich Eisenwinkel anzubringen. Entweder Flachwinkel – oder Hochwinkel, die in der Regel aber etwas auffälliger sind. Wichtig ist, daß man vorher prüft, ob diese Hochwinkel dem Winkel des Gestells entsprechen: Nicht jedes Stuhlbein ist im rechten Winkel zur Zarge befestigt . . . Dann muß man den Winkel vorher aufbiegen oder stärker krümmen, ehe man ihn festschraubt.

2. Das Wackeln des Stuhles kann auch daher rühren, daß ein Bein zu kurz ist. In diesem Fall wendet man einen alten Trick an:
Man schnitzt eine dünne Leiste zu einem flachen Keil, schiebt diesen Keil unter das zu kurze Bein (wobei der Stuhl auf einer absolut ebenen Unterlage stehen muß) – bis der Stuhl nicht mehr wakkelt. Mit spitzem Bleistift zeichnet man auf dem Keil entlang der Kante des Stuhlbeins eine Linie, sägt hier die Leiste durch – und kann nun die Hö-

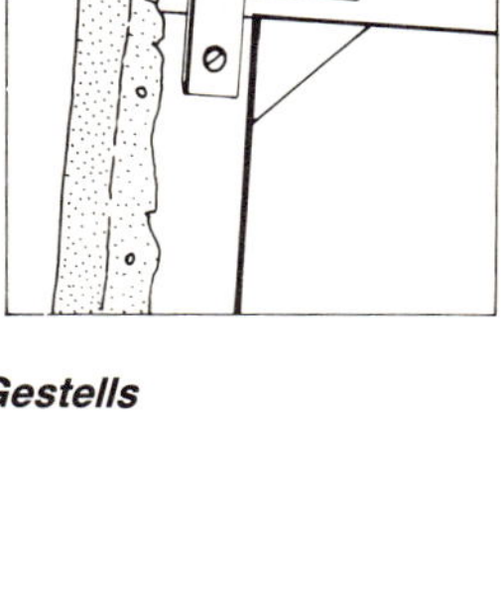

Winkel zur Festigung des Gestells

he der Schnittkante dazu benutzen, um an den anderen drei Beinen anzuzeichnen, wo diese Beine abgesägt werden müssen.
Nach dem Absägen sind unbedingt die Kanten mit Schleifpapier leicht zu brechen, damit eine zu scharfe Kante den Bodenbelag nicht beschädigen – zumindest nicht zerkratzen kann.

„Reparaturen" an der Elektro-Installation

Mit Starkstrom bezeichnet man elektrischen Strom von mehr als 42 Volt Spannung – vor allem natürlich den Netzstrom, den das Elektrizitätswerk ins Haus liefert. Dieser Netzstrom hat heute allgemein (mit ganz wenigen Ausnahmen) eine Spannung von 220 Volt. Er kann, wenn er durch den menschlichen Körper fließt, tödlich wirken. Daher sind für die Installation der Leitungen und für die Herstellung von Geräten Vorschriften erlassen, die ein zufälliges Berühren spannungsführender Leitungen ausschließen sollen.

Wie kann man sich vor Unfällen schützen?

Es kann nicht eindringlich genug vor den Gefahren gewarnt werden, die aus leichtfertigem Umgang mit Elektrogeräten oder der Elektroinstallation herrühren. Vor allen Hinweisen über Arbeiten, die ein Laie gelegentlich auszuführen hat (und die er auch selber ausführen kann), sollen hier also erst einmal einige Empfehlungen über die Verhütung von Unfällen stehen.

1. Man halte sich ständig die erwähnten Gefahren vor Augen. Man öffne nie einen Schalter, eine Steckdose, eine Lampenfassung, ohne vorher die entsprechende Sicherung ausgeschraubt oder abgeschaltet zu haben.

2. Man lege keine zusätzlichen Netzleitungen, weil das verboten ist und nur von behördlich konzessionierten Elektro-Installateuren ausgeführt werden darf. Wenn von einem Laien eine Leitung verlegt wird, dann kann das E-Werk die Stromlieferung einstellen, dann kann bei einem durch diese Leitung verursachten Brandschaden die Versicherung jegliche Haftung verweigern – von den strafrechtlichen Folgen ganz zu schweigen.

3. Eine durchgebrannte Sicherung ist wegzuwerfen! Sie darf nicht geflickt werden. Auch hier drohen andernfalls die gleichen Konsequenzen, wie unter Punkt 2 aufgeführt.

4. Man kaufe möglichst nur solche Elektrogeräte, die das Prüfzeichen des VDE, des Verbandes Deutscher Elektrotechniker, tragen, oder solche, die schutzisoliert sind. In beiden Fällen wird das Gerät vom Hersteller gekennzeichnet: entweder mit dem Dreieck und den Initialen VDE oder aber mit einem aus zwei ineinanderliegenden Quadraten bestehenden Zeichen. Schutzisolierte Geräte sind so gebaut, daß kein stromführender Teil mit dem Außenmantel in Verbindung steht.

5. Bei Geräten, die länger im Gebrauch sind, müssen hin und wieder die Kabel überprüft werden. Man vermeide Knickstellen und man wechsle Kabel mit beschädigter Isolation sofort aus.
Um die verschiedenen Gefahren auszuschließen, hat man übrigens den Schuko-Anschluß, also den Schutzkontakt, entwickelt und zur allgemeinen Vorschrift gemacht. Der Grundgedanke war, jedes elektrische Gerät mit Metallgehäuse über eine dritte Leitung „an Erde" zu legen. Setzt ein Isolationsfehler das Gehäuse unter Spannung, dann entsteht sofort ein Kurzschluß, der zum Durchbrennen der vorgeschalteten Sicherung führt und das Gerät dadurch spannungslos macht. Die Schuko-Geräteschnur hat zu diesem Zweck einen dritten Leiter (den Erdungsleiter), der am Kupplungs- und Steckerteil an je eine Erdungsfeder anzuschließen ist. Der zugehörige Gegenkontakt am Gerät ist mit dessen Metallgehäuse verbunden, der Erdungskontakt der Steckdose mit dem geerdeten Netzleiter. Ein Schuko-Anschluß hat nun allerdings nur dann einen Sinn, wenn das angeschlossene Gerät ein metallisches Gehäuse hat und für den Schukoanschluß eingerichtet ist. Gewöhnliche Netzstekker passen deshalb nicht in eine Schukodose. Schutzisolierte Geräte benötigen keinen Erdleiter. Damit der Gerätestecker eines schutzisolierten Gerätes auch in eine Schuko-Steckdose paßt, hat er eine sogenannte Schuko-Paßform.

Ursachen eines Kurzschlusses – und wie man sie beseitigt

Kurzschluß bedeutet, daß der Strom statt über den Stromverbraucher (die Glühlampe, den Heizkörper oder die Ankerwicklung in der Bohrmaschine) ohne nennenswerten Widerstand direkt von einer Zuleitung zur anderen fließt. Der Strom wächst dann blitzschnell so stark an, daß er die Netzleiter zum Glühen bringt und dadurch einen Brand hervorrufen kann. Um dies zu verhindern, ist in den einen Leiter eine Sicherung eingebaut. Sie enthält einen dünnen Silberdraht, der bei einer bestimmten, für die Leitungen noch ungefährlichen Stromstärke durchschmilzt und so einen weiteren Stromfluß unterbindet.

Flickt man eine Sicherung, dann macht man dieses Sicherheitsventil unwirksam: Das Ausbessern einer durchgebrannten Sicherung ist darum verboten.

In der Regel ist die Netzleitung einer Wohnung in mehrere Stromkreise unterteilt. Es gibt zum Beispiel einen Stromkreis für alle Stromquellen in Flur und Küche, einen zweiten für Wohn- und Schlafzimmer, einen dritten für Waschküche und Keller. Damit wird die Belastung durch die vielen Stromverbraucher auf mehrere Sicherungen verteilt: Es wird also nicht gleich in der ganzen Wohnung finster, wenn es zu einem Kurzschluß kommt.

Die Sicherungen stecken in einer Schraubkappe, die in den Sicherungssockel eingeschraubt wird. Jede Sicherungspatrone hat an der durch das Fenster in der Schraubkappe sichtbaren Unterseite ein farbiges Kennplättchen, das beim Durchschmelzen des Sicherungsdrahtes abspringt.

Zum Auswechseln einer Sicherung wird die Kappe abgeschraubt, die alte Patrone entfernt und eine neue eingeschoben. Wichtig ist dabei, daß die neue Sicherung die gleiche Stärke wie die alte hat. Die Stärke ist aufgedruckt, und sie ist, wie schon erwähnt, auch an der Farbe des Sicherungsplättchens zu erkennen:

Eine 6-Ampere-Sicherung hat ein grünes Plättchen, eine 10-Ampere-Sicherung ein rotes Kennplättchen.

Eine durchgebrannte Sicherung darf natürlich erst dann erneuert werden, wenn die Ursache des Kurzschlusses gefunden und behoben ist – denn sonst brennt ja die neue Sicherung sofort auch wieder durch.

Ist also der Kurzschluß beim Anstecken eines Gerätes an eine Steckdose entstanden, dann muß vor dem Auswechseln der Sicherung der Stecker wieder herausgezogen werden. Erfolgte der Kurzschluß beim Einschalten der Deckenbeleuchtung oder überhaupt einer Lampe, dann muß man den Schalter erst wieder ausdrehen oder kippen. Und diese defekten Geräte oder Lampen dürfen erst wieder eingeschaltet und angeschlossen werden, wenn sie auf den Fehler untersucht worden sind und wenn man den Fehler behoben hat (oder hat reparieren lassen).

Heute ist es eigentlich üblich, Sicherungsautomaten anstelle der gewöhnlichen Sicherungen zu verwenden, die den Stromkreis durch einen eingebauten elektromagnetischen Schalter unterbrechen. Bei einem Kurzschluß springt an der Stirnseite dieser Automaten ein schwarzer Knopf heraus, der, sobald der Kurzschluß beseitigt ist, wieder hineingedrückt wird. Durch Drücken eines zweiten, kleineren Knopfes kann man den Stromkreis aber auch willkürlich unterbrechen, ohne den Sicherungsautomaten erst aus dem Sicherungskasten herausschrauben zu müssen.

Daneben gibt es auch fest eingebaute Automaten, die mit einem kleinen Hebel an der Vorderseite ein- und ausgeschaltet werden.

Wie entsteht der Kurzschluß?

Sehr häufig – oder fast immer – ist eine durchgescheuerte, durch häufiges Knicken der Leitung beschädigte Isolierung in der Anschlußschnur eines Gerätes die Ursache für einen Kurzschluß. Das Durchscheuern kann dann auch dazu führen, daß ein blanker Leiter den Metallmantel des nicht schutzisolierten Gerätes berührt – dann wird das Gerät selber an die Spannung gelegt.

Kurzschlußverdächtig sind alle Kabelstellen vor einem Stecker oder einer Kupplung einer Verlängerungsschnur, verdächtig und gefährdet sind überhaupt die Übergangsstellen zwischen Kabel und Gerät. Bei älteren Geräten wird an diesen Stellen die Gummiisolierung brüchig, und dort kann sie dann abblättern. Die Folge ist, daß sich die blankgewordenen Drahtlitzen berühren kön-

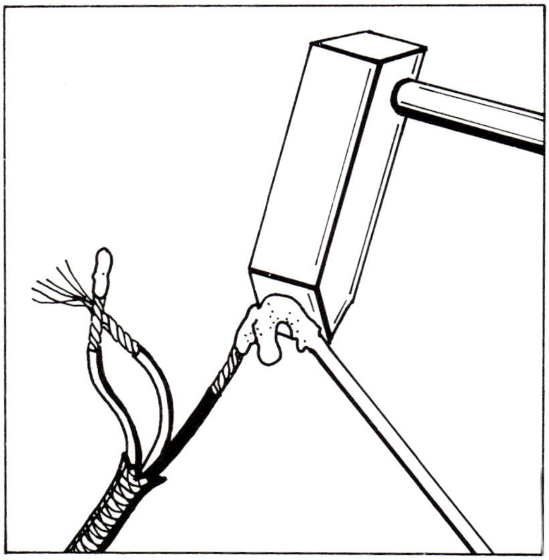

Kabellitzen unbedingt verlöten

nen. Liegt die Stelle in der Nähe eines Steckers oder einer Kupplung, dann muß man diese öffnen; man löst die Klemmschrauben des Kabels, zwickt das Kabel bis dicht hinter der Kurzschlußstelle ab und schraubt die von der Isolierung befreiten Litzen wieder am Stecker fest. Liegt die beschädigte Stelle dagegen so weit von einem Stecker entfernt, daß man das Kabel praktisch nicht mehr kürzen kann – dann gibt es nur eine Konsequenz: Es wird ein neues Kabel gekauft.
Kurzschlüsse entstehen auch dadurch, daß der Stecker falsch aus einem Gerät herausgezogen worden ist: Man hat am Kabel – statt am Stecker selber gezogen. So haben sich gleich beim ersten falschen Zug oder aber nach und nach die im Stecker festgeschraubten Litzen gelöst, sie sind aus den Klemmschrauben herausgetreten und können sich nun berühren. Jeder gute Stekker ist zwar so konstruiert, daß die Drahtenden zugentlastet sind: Durch eine Spange am Stekker wird die Geräteschnur festgeklemmt. Trotzdem kann häufiges Ziehen diese Klemmverbindung lösen – oder es kann bei einer Reparatur übersehen worden sein, daß diese Spange wieder richtig befestigt wird.
Bei starkem Stromverbrauch erwärmen sich die Steckerstifte, besonders wenn sie locker in der Steckdose sitzen. Es entstehen dann Wackelkontakte, die zu Funkenstrecken, zum Verschmoren der Kontaktflächen und schließlich ebenfalls zu einem Kurzschluß führen können. Alle Schrauben an Steckern und Kupplungen sind deshalb gut anzuziehen. In allen Fällen, wo der Anschluß eines elektrischen Gerätes an eine Steckdose einen Kurzschluß ergeben hat, schließe man das Gerät mit einer anderen Schnur an, nachdem die Sicherung ausgewechselt worden ist. Funktioniert jetzt das Gerät, dann befindet sich die Kurzschlußstelle in der alten Schnur. Brennt die Sicherung aber wieder durch, dann ist das Gerät selber schadhaft.
Wesentlich schwieriger ist ein Kurzschluß in einer Deckenbeleuchtung ausfindig zu machen, weil die Zuleitung unter Putz liegt. Aber in den seltensten Fällen liegt die Kurzschlußstelle wirklich in der festverlegten Leitung: Meistens sind schadhafte Fassungen oder unkorrekt verlegte Zuleitungen zu den Fassungen schuld am Kurzschluß. Um den kritischen Punkt zu finden, klemmt man zunächst die Anschlußdrähte an der Decke von den Lüsterklemmen ab. Brennt die Sicherung nicht durch, nachdem man nun den Schalter eingeschaltet hat, dann liegt die Kurzschlußstelle im Beleuchtungskörper. Kurzschlüsse in Fassungen, Rohren und Steckern lassen sich an rauchgeschwärzten Stellen mit Brandgeruch erkennen. Das Einziehen neuer Kabel muß hier unbedingt dem Elektriker überlassen werden.

Kurzschluß ohne „Kurzschluß"

Nicht immer setzt das Durchbrennen einer Sicherung einen echten Kurzschluß voraus. Eine 10-A-Sicherung kann eine Belastung von etwa 14 Ampere ertragen, und da die Leistung eines Stromverbrauchers gleich Spannung mal Stromstärke ist, kann dieser Stromkreis also mit maximal 220 Volt × 14 Ampere = 3080 Watt belastet werden.
Schließt man nun aber außer der Beleuchtung von zusammen 300 Watt noch einen Heizkörper mit 2000 Watt und eine Kochplatte mit 1000 Watt an, dann beträgt die Belastung schon 3300 Watt: Dieser Belastung wird die Sicherung nicht standhalten. Nach einer gewissen Zeit wird es der Sicherung zu „warm" – und sie schmilzt durch. Sie schmilzt durch, noch ehe die starke Bela-

stung des Stromkreises die Leitung selbst übermäßig erwärmen und so einen Brand auslösen kann. Für kurze Zeit kann ein Stromkreis allerdings doch auch eine höhere Belastung ertragen, erst längere Überlastung läßt die Sicherung durchbrennen.
Eine 6-A-Sicherung sollte nicht mit mehr als 1800 Watt belastet werden, 10-A-Sicherungen nicht mit mehr als 3000 Watt (bei den alten 110-V-Spannungen konnte man stärker belasten).
Für elektrische Haushaltgeräte reichen die Sicherungsstärken, die für Beleuchtung und normalen Steckdosenverbrauch gedacht waren, meistens nicht mehr aus. Solche Stromkreise werden mit 16 Ampere abgesichert (d.h. die „Steckdosen-Stromkreise"). Dann müssen allerdings auch die Querschnitte der Leitungen größer sein. Es kann also nicht willkürlich eine Leitung mit einem Querschnitt von 15 mm im Quadrat – das ist die 10-A-Leitung – mit einer 16-A-Sicherung abgesichert sein.

Die Wahl der Glühlampen

Die normale und am häufigsten eingesetzte Form der Glühlampe ist die Birnenform (weshalb man oft auch von Glühbirnen spricht). Sie hat einen glasklaren oder mattierten Kolben. Glasklare Lampen blenden; man kann sie also nur in Leuchtkörper mit Schirm einsetzen. Mit zunehmender Wattzahl wächst nicht nur die Größe der Glühlampe, sondern auch die Erwärmung beim Leuchten (der meiste Teil der verbrauchten Energie wird in Wärme umgesetzt; nur eine geringe Portion des Stroms „leuchtet" ...). Wegen der Wärme dürfen in Leuchten mit kleinen und engen Schirmen keine Glühlampen über 40 Watt eingedreht werden. Für kleine Schirme wählt man daher am besten Kerzenlampen, die dem Schirm nicht zu nahe kommen. Oder man nimmt sogenannte Kryptonlampen, die helleres Licht auch bei geringerem Stromverbrauch geben – und die einen kleineren Kolben aufweisen.
Opalglas-Glühlampen geben ein weit gestreutes, diffuses Licht ab. Opalglas schluckt aber viel Licht, und deshalb sollen solche Glühlampen nur in solche Leuchter eingesetzt werden, wo sie ohne jede Abschirmung ihr Licht abgeben können. In bestimmten Leuchten müssen auch Glühlampen mit verspiegelten Kolben eingedreht werden. Es gibt kopfverspiegelte Lampen – bei denen das Licht an der Unterseite des Kolbens austritt und somit normalerweise nicht blendet. Und es gibt „halsverspiegelte" oder Reflektorlampen, die das Licht noch stärker bündeln und die man in sogenannten Spotlights oder Strahlerlampen verwendet.
Daneben gibt es noch eine Unzahl anderer Lampenformen: Kerzen, Tropfen, Kugeln – es gibt auch winzige Glühlampen für die Nähmaschine oder als Kontrolleuchten für Elektrogeräte.
Schließlich gibt es noch eine wichtige Gruppe von Lampen: die Leuchtstoffröhren, die bei gleichem Stromverbrauch eine vierfach höhere Lichtausbeute als die Glühlampe ergeben. Wegen der großen Oberfläche dieser Röhren ist aber die Leuchtdichte pro Quadratzentimeter so niedrig, daß das Auge nicht geblendet werden kann. Eine 40-Watt-Leuchtstoffröhre entspricht einer 150-Watt-Glühlampe – und sie blendet nicht so stark. Dem geringeren Stromverbrauch, den dadurch niedrigeren Stromkosten und der längeren Lebensdauer stehen allerdings höhere Anschaffungskosten gegenüber, weil die Lampe noch einige Zusatzgeräte, wie einen Starter, braucht. Leuchtstoffröhren werden in verschiedenen Lichtfarben hergestellt. Vor dem Kauf sollte man sich (beispielsweise in den Beratungsräumen der Elektrizitätswerke) über die einzelnen Lichtfarben informieren. „Neonlicht" kann durchaus auch warm und dem Tageslicht ähnlich sein – nur wer falsch kauft, muß sich nachher über ein zu kaltes Licht beklagen.
Glühlampen und Leuchtstoffröhren sind aus Glas und darum äußerst stoßempfindlich. Man behandle sie mit Vorsicht. Es empfiehlt sich, beim Auswechseln einer ausgebrannten Glühlampe ein Tuch oder eine aus Zeitungspapier gedrehte Tüte zu Hilfe zu nehmen. Dann kann es nicht passieren, daß eine zu fest in der Fassung sitzende Glühlampe unter der Hand zerplatzt.
Noch ein Hinweis: Mit einer Glimmlampe, die so gut wie keinen Strom verbraucht, kann man nachts den Flur vor dem Kinderzimmer kostenlos beleuchten; man kann mit ihr auch beispielsweise für eine Kontrolle über die Kellerbeleuchtung sorgen. Man braucht nur eine einfache Schaltung, bei der eine ganz kleine Glimmlampe mit dem Schalter kombiniert ist: Leuchtet diese Signallampe, dann ist das Licht im Keller noch nicht ausgeschaltet. An jedem Elektroherd oder Backofen und anderen Elektrogeräten gibt es eine ähnliche Signallampe ...

Deckenlampen richtig anschließen

Das Gewicht einer Deckenlampe darf niemals an den stromführenden Litzen aufgehängt werden. Sowohl am Beleuchtungskörper selbst wie am Kabelbeginn an der Decke müssen Klemmen vorhanden sein, die an der äußeren Isolierung des Kabels festgeschraubt werden können. An der Leuchte selbst ist es meistens eine Madenschraube ganz oben im Lampenschirm, am Kabelaustritt, mit der das Kabel fest mit der Leuchte verbunden wird. Und neben dem Kabelauslaß in der Decke ist stets ein Haken vorhanden, an den das mit einer angeklemmten Öse versehene Leuchtenkabel aufgehängt werden kann. Wo ein solcher Haken nicht vorhanden ist, muß er angebracht werden. Man bohrt dicht neben dem Kabelauslaß ein 8 mm starkes Loch in die Decke und setzt einen Dübel in das Loch. Je nach Beschaffenheit der Decke braucht man dazu einen Spreizdübel (bei weichem Deckenverputz), einen normalen Hülsendübel (bei festem Beton) oder aber einen Kippdübel (bei einer nur dünnen Putzschicht, über der sich ein Hohlraum befindet). Beim Ansetzen des Bohrers muß man natürlich darauf achten, daß man nicht das in der Decke verlegte Kabel anbohrt. Weil aber Stromkabel grundsätzlich rechtwinklig zu den Wandkanten verlegt werden, kann man genau erkennen, wie das Kabel von der nächsten Verteilerdose an einer der Wände zum Kabelauslaß in der Decke geführt worden ist.

In den Dübel dreht man eine Hakenschraube ein. In den Eisenwaren- und Do-it-yourself-Geschäften kann man aber auch Dübel kaufen, die bereits mit einem Haken ausgestattet sind. Als Kabelklemme wird in der Regel eine Pappöse mit zwei Schrauben und einem Blechbügel verwendet. Das Kabel wird zwischen Pappöse und Blechbügel eingeführt und dann von den festgezogenen Schrauben eingeklemmt. Die Öse wird dann in den Haken eingehängt.

Die Verbindung zwischen dem aus der Decke austretenden und dem zum Beleuchtungskörper führenden Kabel wird durch eine sogenannte Lüsterklemme hergestellt. Die Verbindungsstelle wird dann mit einem Baldachin abgedeckt.

Es ist seit jeher üblich, den Kabelauslaß inmitten der Decke zu installieren. Das befriedigt heute nicht mehr, weil man nicht mehr wie einst inmitten des Raumes den großen Familientisch aufstellt, sondern die Sitzgruppe in eine Ecke des Zimmers rückt. Wenn man die Sitzecke mit Hängelampen beleuchten will (die aber tunlichst nicht über dem Sofatisch inmitten der Sitzgruppe aufgehängt werden sollten, sondern neben dem Sofa – also etwas außerhalb des Blickfelds angeordnet sein sollten), dann muß man das nunmehr längere Leuchtenkabel von der Deckenmitte bis zu der Stelle führen, wo die Leuchte aufgehängt werden soll. Dort muß man wiederum die Decke anbohren und einen Dübel einsetzen. In diesen Dübel dreht man dann einen sogenannten Storchenschnabel ein, der die Lampe trägt und der so konstruiert ist, daß das Kabel zwar ohne weiteres verstellt werden kann, wenn man die Leuchte höher oder tiefer haben will – der das Kabel aber dennoch so fest hält, daß es nicht von selbst verrutschen kann. Wenn man das Kabel auf diese Weise als „Affenschaukel" unter der Decke entlangführt, dann sollte es keinen allzu weit durchhängenden Bogen bilden, weil das nicht so schön aussieht – man begnüge sich damit, daß das Kabel in der Mitte nicht mehr als etwa 30 cm durchhängt.

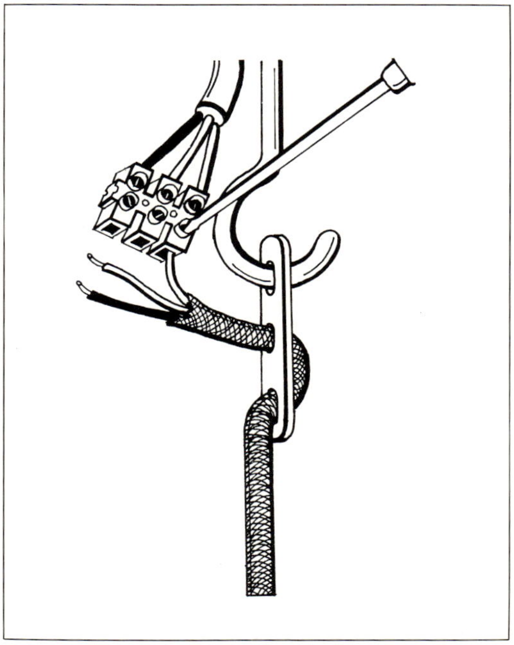

Lampen mit Lüsterklemmen anschließen

Schönheits-reparaturen und Arbeiten beim Einzug in die Wohnung

Es ist von Region zu Region unterschiedlich, ob der ausziehende oder der einziehende Mieter die Renovierungskosten übernimmt: Fest steht, daß ein Wohnungswechsel Anlaß für mancherlei Schönheitsreparaturen ist. Dafür im folgenden eine Fülle von handwerklichen Informationen.
Ähnliche Arbeiten sind dann in Abständen von drei oder fünf Jahren erforderlich (oft auch noch häufiger notwendig): Mietverträge schreiben es so vor. Statistiken weisen es aus, daß gerade solche Schönheitsreparaturen zu den häuslichen Arbeiten zählen, die vom Heimwerker ausgeführt werden – zu denen also nur in wenigen Fällen der Handwerker gerufen wird. Daß die Arbeiten zu den typischen Heimwerkerarbeiten zählen und am häufigsten von Laien ausgeführt werden, sagt indes noch nichts darüber aus, ob sie auch sachgemäß ausgeführt werden. Da Zweifel angebracht sind, soll das folgende Kapitel die Kenntnisse, die bei dem einen oder anderen Leser fehlen oder vergessen worden sind, grundlegend bringen oder wieder auffrischen.

Anstreichen

Erst den Untergrund vorbereiten

Die meisten Do-it-yourself-Anstreicher führen Erneuerungsanstriche aus: Beim Einzug oder zwei, drei Jahre nach dem Einzug wird die Wohnung neu gestrichen. Das heißt also, daß man sich um die Qualität des Putzes oder des Mauerwerks nicht kümmern muß – es sei denn, der alte Anstrich weist ganz krasse Mängel auf. Man muß sich nur darum kümmern, ob der vorhandene Anstrich abgelöst werden muß, ob er gleich überstrichen werden kann und ob man erst kleinere oder größere Schäden ausbessern muß.
Alte Anstriche müssen auf ihre Art geprüft werden: Es kann ein alter Leimanstrich, ein Dispersionsanstrich oder ein Kalkanstrich zu renovieren sein – und jeder dieser Anstriche muß anders vorbehandelt werden. Das einfachste und wirksamste Prüfmittel ist Wasser!
Alte Leimfarbe wird dunkel, wenn man sie mit Wasser benetzt; reibt man mit dem Finger über die angefeuchtete Stelle, dann löst sich die Farbe.
Alter Kalkanstrich wird gleichfalls dunkel, sobald er angefeuchtet wird. Aber es wird keine Farbe auf den Finger übertragen, wenn man die Teststelle abwischt.
Alte Dispersionsfarbe wird fast gar nicht dunkler und sie gibt auch keinen Farbstoff ab, wenn man sie mit dem nassen Finger abzuwischen versucht.
Solche Proben sind natürlich nur nach dem Einzug in eine neue Wohnung anzustellen: Nach der ersten „Schönheitsreparatur" weiß man ja, womit man Wände und Decken gestrichen hat.

Alte Leimfarbe abwaschen

Leimfarbe ist mit dem feuchten (oder gar schon mit dem trockenen) Finger leicht abzuwischen. Sie muß also entfernt werden, ehe man neue Farbe auf Wand oder Decke streicht. Dazu braucht man einen Eimer, viel Wasser und eine Deckenbürste. Man trägt das Wasser mit der Bürste auf den alten Anstrich auf, reibt ihn ab und wäscht die Bürste dann im Eimer wieder aus. Das Wasser ist häufig zu erneuern! Bei dieser Arbeit ist allein schon am Widerstand, den die Wand- oder Deckenfläche der Bürste bietet, zu spüren, wie weit der alte Anstrich abgewaschen ist: Leimfarbe schmiert und wirkt leicht klebrig. Je leichter die Bürste also auf der Fläche gleitet, desto sauberer ist der Untergrund schon geworden. An der Färbung der Fläche sieht man außerdem die Wirkung.
Es kann sein, daß Bürste und Wasser allein nicht genügen, den alten Leimanstrich vollkommen zu entfernen: Vor allem bei Deckenanstrichen macht es sich mancher gern etwas leichter und ist nicht sehr gründlich beim Vorbereiten eines Anstrichs. Die Folge ist, daß mehrere Anstrichschichten übereinander lagern können. Würde man sie nur oberflächlich waschen und würde man dann neue (Dispersions-)Farbe auftragen, dann würden dadurch die nicht abgewaschenen Anstrichschichten aufgeweicht – und durch die Oberflächenspannungen der neuen und allmählich trocknenden Farbe zum Abplatzen gebracht werden. Das heißt: Die Decke beginnt sich gewissermaßen zu schälen.
Das kann man vermeiden, indem man beim Reinigen an der Decke (oder auch an bereits mehrmals gestrichenen Wänden) außerdem einen Spachtel zu Hilfe nimmt, mit dem man die durch das Wasser aufgeweichten Anstrichschichten behutsam abschiebt. Dabei muß man vorsichtig arbeiten, damit man den Putz nicht verletzt. Denn solche Schäden müßte man nachher auch wieder erst ausbessern.

Wasserfeste Anstriche abbürsten

Alte Kalkanstriche oder alte Dispersionsfarbe lassen sich nicht abwaschen – also können sie auch von der neuen Farbe (die ja wassergelöst ist) nicht abgelöst werden. Dennoch muß man diese Anstriche an der Oberfläche reinigen: auf ihnen hat sich im Lauf der Jahre doch einiger Staub gesammelt; Fettflecken können ebenso wie Rauchfahnen die Haftung des neuen Anstrichs beeinträchtigen. Es kann also notwendig oder sinnvoll sein, auch solche Anstriche naß (mit Wasser und Deckenbürste) zu reinigen. Es genügt aber oft schon, die Oberfläche mit einer harten, trockenen Wurzelbürste zu säubern. Hartnäckigeren Flecken kann man dann noch mit einer Drahtbürste zu Leibe rücken.

Dabei müssen vor allem die Ecken gründlich bearbeitet werden: Die Winkel zwischen Wand und Decke zeigen am deutlichsten das Alter eines Anstrichs an, hier sind Staub- und Schmutzfahnen am deutlichsten zu sehen.

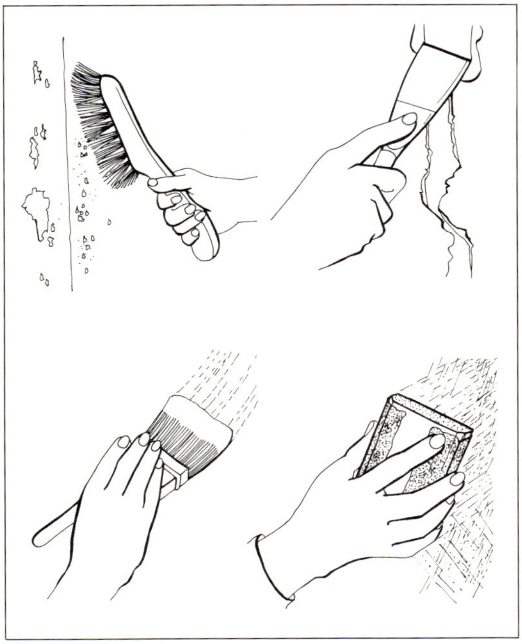

Vorarbeiten am alten, schadhaften Putz

Kleine Risse und Löcher ausbessern

Vorbeifahrende Autos können ein Haus bis in seine Fundamente erschüttern; der stetige Wechsel von Hitze und Kälte, Trockenheit und Feuchtigkeit setzt dem Mauerwerk ebenfalls zu. Bei Neubauten kommt hinzu, daß die modernen Maschinen ein rascheres „Wachstum" ermöglichen, so daß das Mauerwerk sich noch gar nicht richtig gesetzt hat, wenn es verputzt und gestrichen wird. Risse und Sprünge sind also fast in jedem Haus zu beobachten. Sie müssen natürlich ausgebessert werden, wenn man mit dem neuen Anstrich zufrieden sein will. Die meisten Risse sind, zum Glück, nur Haarrisse: Der Putz ist also nur an der Oberfläche aufgeplatzt, der Riß setzt sich nicht bis ins Mauerwerk fort. Solche Beschädigungen sind leicht auszubessern.

Früher nahm man Gips – heute arbeitet man in der Regel mit Zellulosefüllstoffen, weil diese Werkstoffe leichter zu verarbeiten sind und auch nicht die unangenehmen Eigenschaften des Gipses aufweisen. Die modernen Füllstoffe bleiben gut eine Stunde verarbeitungsfähig, es bleibt sich gleich, ob man den Füllstoff in Wasser füllt oder Wasser auf den Füllstoff schüttet. Der Untergrund muß nicht, wie bei Gips, angefeuchtet werden. Die Füllstoffe sinken nicht ein: bei Gips mußte über der ausgebesserten Stelle immer noch eine kleine Delle nach dem Trocknen aufgefüllt werden. Zudem werden die Füllstoffe sogar schon in „instant-Packungen" angeboten: sie sind dann schon verbrauchsfertig mit Wasser angesetzt und müssen nur noch aus der Tube auf die Wand oder Decke aufgetragen und verteilt werden. Das hat Vorteile, wenn man nur wenige Stellen ausbessern muß. Eine größere Packung Trocken-Füllstoff kann bis zum nächsten Anstrich in einigen Jahren durch die Luftfeuchtigkeit verderben, dann hat man die angebrochene Packung umsonst aufgehoben.

Das Werkzeug zum Ausbessern

Zellulosefüllstoffe werden (so wie man es früher auch mit Gips gemacht hat) am besten in einem Gummibecher oder in einem halbierten Ball angerührt: Hartgewordene Reste lassen sich dann aus diesem elastischen Gefäß sehr leicht herausdrücken. Oder man nimmt einen leeren Joghurtbecher, der keinen Pfennig gekostet hat und den man dann einfach wegwirft. Der Füllstoff wird mit einem sauberen Holzstäbchen mit dem Wasser verrührt und dann mit einem Spachtel auf die Wand aufgetragen.

Mit dem Spachtel kann man auch die Reparaturstelle herrichten.

Man kratzt entlang einem Riß den lockeren Putz ab oder weitet ein Loch noch ein wenig aus. So trifft die Füllmasse einerseits nur auf festhaftenden Putz – andererseits bekommt sie mehr Haftgrund und platzt dann später nicht wieder ab.

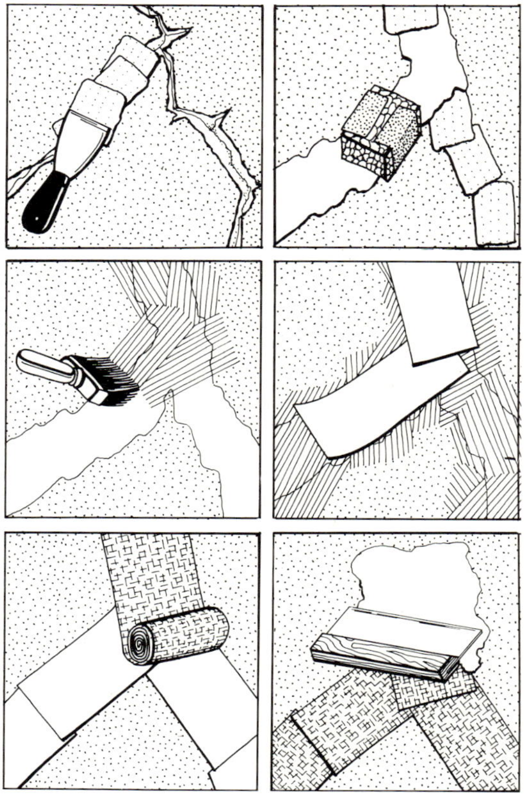

So wird eine Rißbrücke fachmännisch richtig angelegt

So wird ausgebessert

Wenn man an der Wand ausbessern muß, setzt man den Füllstoff im angegebenen Verhältnis mit Wasser an. Arbeitet man dagegen an der Decke, dann sollte der Brei noch steifer sein – dann wird also weniger Wasser dazugegeben. Der Brei wird mit dem Spachtel aufgetragen und zunächst einmal sehr gut und gründlich in die Tiefe des Loches oder Risses gedrückt. Schließlich glättet man mit dem Spachtel die Oberfläche, die bündig mit der übrigen Wandfläche gestrichen wird. Man kann etwas mehr Füllstoff auftragen – und kann die Reste nach dem Trocknen mit Schleifpapier entfernen. Man kann aber vor allem bei kleinen Ausbesserungen gleich für eine glatte und saubere Oberfläche sorgen. Manche überstreichen die Stelle daher gleich mit einem nassen Pinsel. Wer darin keine Übung hat, wischt leicht den Füllstoff wieder ab, so daß eine zwar schwache, nachher aber doch sichtbare Delle entsteht. Besser ist es schon, man läßt den Füllstoff trocknen und ebnet dann erst die Stelle mit Schleifpapier vollends ein.

Größere Schäden ausbessern

Bei stärkeren Rissen, die sich bis ins Mauerwerk fortsetzen, genügt das Ausspachteln mit Zellulosefüllstoff oder Gips allein nicht: Bei solchen Rissen besteht die Gefahr, daß sie wieder aufbrechen – und dann würden sie natürlich auch den neuen Anstrich oder die neue Tapete zerreißen. Hier muß eine Rißbrücke gebaut werden. Und zwar mit einer sogenannten Malerbinde. Das ist ein elastisches Gewebe, das imstande ist, die Bewegungen des Mauerwerks aufzufangen und auszugleichen – wenn es richtig angewendet wird!

Die Abbildungen zeigen deutlich, wie eine solche Rißbrücke gebaut wird. Man füllt zunächst den Riß mit Füllstoff, wobei man eher etwas weniger als zuviel nimmt, weil die Malerbinde ja auch noch aufträgt. Über die gut geglättete Füllung wird ein Packpapierstreifen gelegt, der an den beiden „Ufern" des Risses jeweils etwa ein bis zwei Zentimeter aufliegt. Weil Risse nur in Ausnahmefällen ganz geradlinig verlaufen, muß man in der Regel mehrere kürzere Papierstreifen verwenden. Rechts und links des Risses wird dann farbloser Binder (das Bindemittel für Binder- oder Dispersionsanstriche) auf die Wand aufgestrichen. Das ist gewissermaßen der Klebstoff für die Malerbinde, die bei unregelmäßig verlaufenden Rissen ebenfalls gestückelt werden muß. Das Gewebe wird glatt angedrückt und noch einmal leicht mit sehr dünn angesetztem Füllstoff überstrichen. Nach dem Trocknen wird leicht geschliffen.

Wichtig ist, daß es direkt über dem Riß keine feste Verbindung zwischen Wand und Malerbinde gibt: deshalb die Papierstreifen. Nur so kann die Rißbrücke die Erschütterungen abfangen und ausgleichen, ohne selber zu reißen und dadurch die ganze Arbeit hinfällig zu machen.

Grobe Putzschäden
Wenn sich größere Teile des Deckenputzes ablösen oder wenn an der Wand Ausbuchtungen und (beim Abklopfen) der hohle Klang des Putzes verraten, daß auch hier bald mit größeren Schäden zu rechnen ist, dann muß man den Putz ausbessern, ehe man einen neuen Anstrich aufbringt.
Der lockere Putz muß also entfernt werden; man klopft die Wand oder Decke ab – und hört und spürt dabei sehr genau, wo die Grenze zwischen Schaden und dem noch gut haftenden Putz verläuft. Man benutzt als Werkzeug einen Hammer und einen Meißel; man braucht außerdem eine harte Bürste, mit der man dann den Untergrund gründlich abbürstet. Mit dem Meißel kann man noch die Fugen im Mauerwerk etwas auskratzen; dann wird der Untergrund mit Wasser angefeuchtet.
Als Material für die Ausbesserung verwendet man am besten Trockenmörtel, den man heute in jeder Baustoffhandlung bekommen kann. Es handelt sich um fertige Mischungen, die man nur noch mit Wasser zu vermengen hat. Wenn man keinen Fertigmörtel bekommen kann, muß man den Mörtel selber mischen:
Man vermengt Kalkpulver (Weißkalk) und feinen Sand im Verhältnis 1:2,4, mischt zunächst trokken und gibt dann Wasser dazu, bis ein sehr dicker steifer Brei entsteht.
Aus diesem Kalkmörtel kann man Gipskalkmörtel machen, indem man unmittelbar vor der Verarbeitung dem Kalkmörtel Gipsbrei (1 kg Gips auf 1,5 l Wasser) im Verhältnis 6:1 beimischt. Auf sechs Mengenteile Kalkmörtel kommt also ein Mengenteil Gipsbrei.
Den Mörtel gibt man dann mit einer Kelle auf ein Reibebrett (das man ausleiht oder selber anfertigt; ein Kauf lohnt sich kaum). Das Brett wird mit der hinteren Kante waagerecht an die Wand angelegt – und zwar am unteren Rand der auszubessernden Stelle. Man kippt das Brett nach hinten, klatscht also den Mörtel an das Mauerwerk, und zieht das Brett nach oben. Man führt kreisende Bewegungen mit dem Brett aus, um den Mörtel gleichmäßig zu verteilen. Die aufgebrachte Schicht soll geringfügig stärker als der alte Putz sein.
Man läßt den Mörtel nun abbinden und nagelt in der Zwischenzeit ein Stück Filz auf das Reibebrett. Der Filz wird gut angefeuchtet – und nun glättet man mit diesem gepolsterten Reibebrett den Mörtel vollends: Man reibt in kreisenden Bewegungen die Putzfläche ab. Man kann auch in zwei Schichten arbeiten: Man kann erst Kalkmörtel auftragen – und zwar nur bis etwa einen halben Zentimeter unter die Putzoberfläche. Zwei oder drei Tage später wird reiner Gipsmörtel als Feinputz aufgetragen und geglättet. Übrigens kann man auch solche großen Putzschäden mit den schon erwähnten Zellulosefüllstoffen ausbessern: man setzt ihnen einfach feinen Sand zu und arbeitet wiederum schichtweise.

Putzschäden an der Decke
Decken sind nicht immer (verhältnismäßig) glatte Flächen, so wie Wände: Den Untergrund für den Putz bilden häufig Schilfrohrmatten, die auf Latten oder eine Bretterschalung genagelt sind und mit denen die Hohlräume der Deckenkonstruktion ausgeglichen werden. Es kann passieren, daß sich mit dem Putz auch dieses Gewebe gelöst hat. In diesem Fall nagelt man die gelockerten und abstehenden Mattenteile mit Krampen wieder fest. Fehlen Teile im Putzträger, muß man das Gewebe sauber ausschneiden und ein großes Stück neu einsetzen.
Der neue Mörtel wird senkrecht zur Rohrrichtung des Gewebes aufgetragen. Man setzt dem Mörtel nur wenig Wasser zu, damit ein sehr steifer Brei entsteht. Man trägt auch erst eine dünnere Schicht auf und gleicht dann nach ein paar Stunden mit Feinputz aus.

Abgesprungene Putzkanten
An Kanten springt Putz sehr leicht ab – es sei denn, die Bauhandwerker haben eine entsprechende Kantenschiene mit eingeputzt. Was einst vielleicht versäumt worden ist, kann man bei den Vorbereitungen eines neuen Anstriches nachholen.
Die Kante wird zunächst mit sehr steif angesetztem Füllstoff ausgebessert. Man glättet den Füllstoff mit dem Spachtel, der von der Kante weg zur Wand und von unten nach oben gezogen wird. In den noch weichen Füllstoff wird die Kantenschiene eingedrückt. Die beiden Schenkel dieser Schiene sind perforiert, sind also durchlässig für den Füllstoff bzw. den Putzmörtel. Die Schiene wird so weit angedrückt und ausgerichtet, daß das Eckprofil genau bündig mit den beiden Wandflächen verläuft. Die Schiene wird dann ein-

geputzt, d.h. mit Füllstoff so weit überdeckt, daß die Wandkante wieder sauber und ordentlich aussieht.

Die letzten Feinarbeiten

Bevor Wände und Decken neu gestrichen werden, sollten sie abgeschliffen werden – gleichgültig, ob man vorher Schäden ausbessern mußte oder ob man gleich auf den alten Anstrich die neue Farbe aufträgt. Genauer gesagt: Sämtliche Anstrichflächen sollten mit einem Bimssteinklotz oder einfach mit einem Hartholzklotz abgerieben werden; dort, wo mit Gips oder Füllstoff ausgebessert wurde, nimmt man außerdem einen Bogen grobes Schleifpapier (Körnung 100 oder 120).

Dieser letzte Schliff soll bewirken, daß grobe Unebenheiten im Putz, in den letzten Anstrich eingeschlossene Sandkörnchen oder Spachtelstriche über den ausgebesserten Stellen beseitigt werden – so daß die neue Farbe auf makellos glatte Flächen aufgetragen wird.

Solche Feinarbeiten empfehlen sich übrigens auch dann, wenn die Wände tapeziert werden sollen – vor allem dann, wenn eine einfarbige oder feingemusterte Tapete verwendet wird, sogar auch dann, wenn eine Rauhfasertapete angeklebt und anschließend überstrichen wird. Gerade bei den senkrecht zum Fenster stehenden Wänden werden durch den flachen Lichteinfall schon geringe Unebenheiten sehr deutlich sichtbar. Es kostet nicht viel Kraft und Zeit, sie zu beseitigen und so für eine echte Verschönerung zu sorgen.

Nach dem Abreiben oder Abschleifen muß man die bearbeiteten Flächen aber unbedingt abstauben, und zwar am besten mit einem leicht angefeuchteten Tuch.

Strapazierfähig, scheuerfest: Dispersionsfarbenanstriche

Hier handelt es sich um ein Anstrichmaterial, das stark beansprucht werden kann – und das sich dann recht einfach wieder reinigen läßt.

Dispersionsfarben setzen sich zusammen aus dem sogenannten Binder, einer Mischung aus Öl, Harz, Lack oder Kunstharz mit Wasser, und den Pigmenten. Dieser Binder ist eine dünn- bis dickflüssige Emulsion oder auch Dispersion (Emulsionen nennt man die Gemische zweier Flüssigkeiten, Dispersionen sind die Lösungen feiner fester Bindemittel in Wasser). Als Pigmente werden für Binder nicht Kreide, sondern Lithopone verwendet.

Dispersionsfarben sind gebrauchsfertig zu kaufen. Man verdünnt sie allenfalls, wenn vom Hersteller so angegeben, für einen Voranstrich. Wer für den Hauptanstrich sparen will, die Dispersion zu diesem Zweck verdünnt, zahlt meistens drauf: er muß zweimal streichen, während eine Dispersion guter Qualität schon bei einem Anstrich perfekt deckt. Dünne Farbe „steht" auch nicht auf der Wand, sondern beginnt unter Umständen herabzulaufen. Um solche „Tränenspuren" wegzubekommen, muß man oft Zeit- und mehr Farbe aufwenden . . .

Wo der Vergleich möglich ist, sollte man die Weiß-Qualitäten prüfen: Es gibt strahlendes Weiß und stumpfes Weiß – weil die Anteile der Pigmente unterschiedlich gemischt werden. Es lohnt sich, der kräftigeren Farbe den Vorzug zu geben – auch wenn sie etwas teurer sein mag. Die dichtere Farbe deckt besser – schon in einer Schicht, und ist damit letzten Endes doch die billigere Farbe . . .

Dispersionsfarbe gibt es nicht nur in Weiß gebrauchsfertig: Man bekommt heute auch farbige Dispersionen. Und zwar nicht in irgendwelchen Farben, sondern in gut aufeinander abgestimmten Farbtönen. Und diese Farben sind, beispielsweise im Caparol-System, so ausgelegt, daß sie beim Zusammenmischen mit Weiß – und zwar mit Weiß in handelsüblichen Packungsgrößen – wiederum sehr harmonisch abgestufte Nuancen ergeben. Das erleichtert es dem Heimwerker, eine individuelle Farbe zu mischen: Er sucht sich aus einem Farbenfächer einen geeigneten Farbton aus und liest die Rezeptur ab. Und diese Rezeptur ist so angelegt, daß er nicht lange rechnen muß: jeweils ganze Packungseinheiten sind miteinander zu vermischen, um die Fächerfarben zu ergeben.

Wer Spaß an eigenen Experimenten hat, kann diesen natürlich nach wie vor frönen: Es gibt Abtönpasten und Volltonfarben in vielen Nuancen, aus denen sich eine Fülle von neuen Farben mischen läßt.

Dispersionsfarbenanstrich vorbereiten

Wenn Dispersionsfarbe trocknet, dann bildet sie eine dünne Haut auf der Wand. Diese Haut ist in sich sehr fest. Man muß dafür sorgen, daß dieser Film sehr gut auf der Anstrichfläche verankert wird. Man muß den alten Anstrich restlos entfernen (sofern es sich um einen Leimfarbenanstrich gehandelt hat) und alte Dispersions- oder Latexfarben gut reinigen – wobei man Salmiakwasser verwendet, eine Mischung von einem Teil Salmiakgeist auf zehn Teile Wasser. Mit dieser Lauge wird der alte Anstrich leicht angerauht, so daß die neue Binderfarbe gut haftet. Der Untergrund muß also sauber und trocken sein. Würde man hier nachlässig arbeiten, dann würde der Dispersionsanstrich in großen Fladen abplatzen. Beim Trocknen des Anstrichs entsteht nämlich starke Spannung.

Werkzeug sofort reinigen

Wenn die Binderemulsion einmal aufgetrocknet ist, dann kann sie nicht mehr mit Wasser gelöst werden. Man muß also sofort nach Beendigung der Anstreicharbeiten sämtliche Pinsel und Farbroller und Eimer sorgfältig waschen. Bleiben auch nur geringe Reste Farbe in einem Pinsel zurück, dann taugt er für die künftigen Arbeiten nicht mehr sehr viel – wenn er nicht sogar völlig unbrauchbar geworden ist.

Es gibt zwar heute Pinselreiniger, die auch ältere, hartgewordene Binder auflösen und auswaschbar machen: Aber warum soll man dafür Geld ausgeben, wenn man nahezu kostenlos, nur mit ein paar Liter fließendem Wasser, einen sauberen Pinsel bekommen kann!

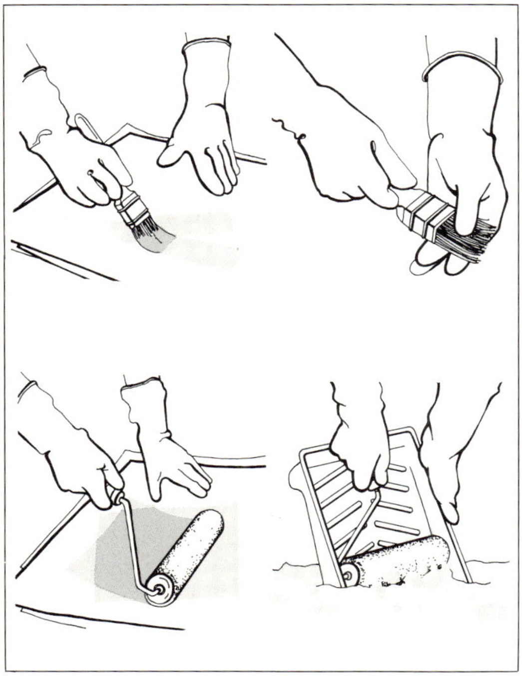

Gebrauchten Pinsel und Roller sofort nach Abschluß der Arbeit reinigen

Teuer, aber unverwüstlich: Latexfarbenanstriche

Einer der jüngsten Anstrichtypen ist der Latexfarbenanstrich. Er besteht aus einem Kunstharz (dem Bindemittel) und den weißen (oder auch bunten) Farbstoffen. Latexfarbe glänzt leicht (und unterscheidet sich auch darin von allen anderen bisher genannten Anstricharten); sie ist unverwüstlich, weil sie gewaschen, gescheuert oder gebürstet werden kann, ohne daß man der Oberfläche etwas anmerkt. Darum ist Latexfarbe vor allem für solche Flächen geeignet und sinnvoll, wo mit starken mechanischen Beanspruchungen zu rechnen ist: also vor allem im Flur, im Treppenhaus, in der Küche oder auch im Kinderzimmer. Für andere Flächen nimmt man lieber die anderen, bekannteren Anstriche – nicht zuletzt deshalb, weil Latexfarbe teurer als Dispersionsfarbe ist.

Nach Vorschrift verarbeiten

Weil Latexfarbe vielen Heimwerkern noch fremd ist, soll hier ausdrücklich darauf hingewiesen werden, daß man sich an die Vorschriften und Empfehlungen der Hersteller halte. Nur so macht man sich mit einem neuen Produkt am besten vertraut, ohne Lehrgeld zahlen zu müssen. So wird empfohlen, daß man stark saugende Untergründe erst einmal mit einem Halböl oder mit einem vom jeweiligen Hersteller genannten Grundiermittel vorbereitet. Stark saugende Flächen sind: Holz, Rauhfasertapeten, Gips und Gipsputz. Metalle, zum Beispiel also auf Putz verlegte Wasserrohre, sollten mit einem matten Rostschutzgrund vorgestrichen werden. Alte Öl- und Lack-

anstriche sollten mit Salmiakwasser abgewaschen und dabei angerauht werden. Alte Dispersions- und Latexanstriche müssen lediglich mit Wasser gereinigt werden.
Latexfarben werden in zwei Schichten aufgestrichen, wenn es sich um den ersten Anstrich auf einem neuen Putz handelt. Die erste Schicht erfolgt mit verdünnter Dispersion, die zweite Schicht wird mit der unverdünnten Farbe ausgeführt.
Wenn man einen mehr oder weniger stark getönten Anstrich haben will, muß man die weiße Latexfarbe mit Vollton- oder Abtönfarben versetzen, bis man die gewünschte Farbnuance erzielt hat. Es wurde schon darauf hingewiesen, daß man für dieses Ausmischen der Farbe ein paar weiße Papierbogen bereithalten soll. Es sei noch vermerkt, daß eine Farbe erst dann richtig beurteilt werden kann, wenn sie trocken ist.

Für besondere Fälle: Kalkanstriche

Der Heimwerker hat es nur in seltenen Fällen noch mit Kalkfarben zu tun: nämlich dann, wenn er selber ein Haus baut und wenn er die Kellerwände oder das nicht verputzte Sandsteinmauerwerk „weißen" will. Für frischen Putz oder für Fassaden verwendet man auch heute noch gern Kalkfarbenanstriche, weil sie schadlos starke Temperaturschwankungen, wechselnde Luftfeuchtigkeit oder auch Kondenswasser verkraften können. Kalkfarben sind immer nur für Erstanstriche oder als Erneuerungsanstriche für alte Kalkfarben geeignet und sinnvoll.
Das Besondere der Kalkfarbe ist, daß die weiße Körperfarbe zugleich das Bindemittel ist. Man verwendet im allgemeinen sogenannten Sumpfkalk, der wenigstens ein Jahr lang in der Kalkgrube gelagert haben muß. Dieser Sumpfkalk wird mit Wasser zu einer „Milch" verdünnt. Man rechnet normalerweise vier Gewichtsteile Kalkbrei auf sechs Gewichtsteile Wasser. Diese Kalkmilch haftet besser als eine dicke Farbe. Sie hat allerdings den Nachteil, daß sie schlecht deckt. Man muß also auf neuem Putz mindestens dreimal streichen; bei Erneuerungsanstrichen auf hellem Untergrund kommt man mit zwei Schichten aus – auf dunklem Grund muß man aber auch drei Anstriche einkalkulieren.

So wird Kalkfarbe verarbeitet

Kalkfarbe bindet nur dann gut ab, wenn sie lange genug in nassem Zustand mit der Kohlensäure in der Luft reagieren kann. Das heißt: Der Untergrund soll gut angefeuchtet sein; man soll Kalkfarbe im Freien nie bei Sonnenschein oder starker Hitze verarbeiten – trübe Tage sind besser. Kellerräume sollten nicht zu früh gelüftet werden. Man kann die Kalkmilch durch Zusätze verbessern: Man kann Magermilch zusetzen, damit der Anstrich fester wird; man kann etwas Leinölfirnis zusetzen, damit die Kalkfarbe auch auf stark saugenden Untergründen gut haftet; man kann der Kalkmilch Kreide zusetzen, damit die Farbe besser deckt. Und man kann natürlich wie bei den anderen Anstricharten die weiße Kalkmilch farbig tönen. Hier dürfen allerdings nur kalkbeständige Körperfarben zugesetzt werden – und man kann auch nur allenfalls zehn Prozent Farbstoffe zusetzen. Will man sehr dunkel getönte Kalkfarbenanstriche, muß man auch mehr Bindemittel beimischen: also beispielsweise Magermilch, Kasein oder aber Zelleim, wie er für Leimfarbenanstriche als Bindemittel verwendet wird.

Neuer Anstrich auf alter Tapete

So wie man eine neuangeklebte Rauhfasertapete überstreichen kann, so kann man natürlich auch alte, einfarbige oder gemusterte, glatte oder geprägte Tapeten überstreichen. Es sind allerdings Einschränkungen zu machen.
Die Tapete muß überall noch gut haften, sie darf keine Blasen aufweisen oder sich an den Nähten ablösen. Solche Stellen sind mit satt angesetztem Tapetenleim neu zu befestigen.
Man sollte auch die Nähte von überlappend angeklebten Tapeten abschleifen, damit nicht nachher ein Streifenmuster auf dem Anstrich sichtbar wird. Man legt ein Stück Schleifpapier um einen Schleifklotz und schleift mit senkrechten Strichen die zwei oder drei Zentimeter breiten Nahtstreifen ab.
Es empfiehlt sich, die so ausgebesserten Stellen erst einmal bei sehr flach einfallendem Licht zu prüfen, ehe man die Wand streicht. Auch wenn nur eine Tapete dem Anschein nach überall noch gut klebt und keinerlei Mängel aufweist, kann man nie ganz sicher sein, ob sie sich nach dem

Anstreichen nicht doch von der Wand löst. Die Tapete wurde ja einst mit wasserlöslichem Leim angeklebt – der Anstrich ist ebenfalls eine wäßrige Lösung von Farbstoffen und Bindemitteln. Es ist also durchaus möglich, daß das Wasser des Anstrichs den alten Tapetenkleister unter der Tapete anlöst und daß dann die im Anstrich beim Trocknen entstehende Spannung die Tapete von der Wand löst. Diese Gefahr besteht besonders bei billigen, dünnen, nicht wischfesten Tapeten – durch die das Wasser sehr schnell bis an die alte Leimschicht gelangen kann. Bei wischfesten Tapeten verhindert die Oberflächenbeschichtung, daß Wasser in oder gar unter die Tapete eindringen kann; hier kann man also einigermaßen sicher sein.
Unabhängig von diesem Risiko sollte man einer alten Tapete allenfalls zweimal einen Erneuerungsanstrich zumuten. Von der dritten Farbschicht an kann die Spannung an der Oberfläche größer als die Haftfähigkeit des Leims unter der Tapete sein. Dann wird die Leimschicht nicht durch Wassereinwirkung, sondern allein durch die mechanischen Kräfte abgelöst.

Beim Anstreichen zu beachten
Die Arbeitsvorbereitungen sollten nicht zu gering geachtet werden:
Je lückenloser das Zimmer mit alten Zeitungen, Packpapierbahnen oder Kunststoffolie ausgelegt wird, desto weniger Arbeit hat man nachher mit der Reinigung. Kleinere Papierstücke sollten durch Klebstreifen miteinander verbunden werden, damit sich nicht während der Arbeit doch noch eine Lücke öffnet.
Man beginnt zweckmäßigerweise an der Decke. Man streicht oder rollt Teilflächen von jeweils etwa einem Quadratmeter (so weit der Arm reicht . . .), man achtet darauf, daß die letzten verschlichtenden Bürstenstriche oder Rollbewegungen mit dem Lichteinfall verlaufen. Bilderhaken, Schrauben und Nägel sollten von den Wänden entfernt werden, ehe man streicht: sie bestehen ja meistens aus Eisen, können also rosten und den neuen Anstrich verfärben. Man entfernt sie vorsichtig, damit der Putz nicht beschädigt wird; steckt man an ihrer Stelle Streichhölzer in die Dübel oder in die alten Löcher, dann kann man die Aufhänger nach dem Austrocknen des neuen Anstrichs exakt an die alten Positionen bringen. Nicht vergessen: Das Werkzeug sollte sofort nach Arbeitsschluß gründlich gereinigt werden. Aber nicht nur das Werkzeug: Wenn man Dispersions- oder Latexfarben verarbeitet hat, muß man sofort auch alle Spritzer entfernen, die trotz aller Vorsicht auf den Bodenbelag, an Tür- oder Fensterrahmen gelangt sind. Wenn sie einmal trokken sind, lassen sie sich nur noch mühsam entfernen. Geübte Anstreicher legen ein angefeuchtetes Tuch bereit, mit dem sie sofort irgendwelche Spritzer und Tropfen abwischen können.

Richtige Reihenfolge beim Anstreichen

Lackieren

Lacke gehören zu den wichtigsten Werkstoffen, mit denen es der Heimwerker zu tun hat. Es lohnt sich darum, die Materialien – und auch ihre Anwendung genau kennenzulernen. Wenn man die genaue Kenntnis schon bei den Bezeichnungen der Werkstoffe beweisen will, dann müßte man zwischen Lacken und Lackfarben unterscheiden: Lacke nennt der Fachmann nur die Klarlacke, die farblosen Anstrichmittel also, während die pigmentierten Lacke Farblacke genannt werden.

Die Industrie bietet heute ein schier unübersehbares Sortiment von *Kunstharzlacken* an. Das sind universell anwendbare Anstrichmittel für die meisten Arbeiten in Innenräumen wie auch für Außenanstriche. Kunstharzlacke bilden eine sehr feste, sogar schlagfeste Oberfläche, sie trocknen schneller als Öllacke – nach etwa 4 bis 5 Stunden sind sie staubtrocken, nach etwa 24 Stunden sind sie ganz durchgehärtet.

Kunstharzlacke können auf Holz wie auf Metall angewendet werden. Sie lassen sich mit Terpentinölersatz wie mit Kunstharzverdünnung verdünnen. Und der besondere Vorzug einiger Kunstharzlacke ist: sie sind thixotrop. Das heißt: In der Dose oder im Eimer ist die Lackfarbe geleeartig, durch Schütteln, Rühren oder Streichen wird sie flüssig – und sie erstarrt wieder, wenn die mechanische Einwirkung nachläßt. Thixotrope Lacke sind also tropffest, sie bilden keine „Tränen" oder „Nasen"; auch an senkrechten Flächen lassen sich somit einwandfrei glatte und ebene Anstriche erzielen. Und es gibt keine Spritzer rings um die Arbeitsfläche. Wenn man solche thixotropen Lackfarben allerdings an einem sehr heißen Sommertag im Freien, unter praller Sonne, verarbeitet, kann man beobachten, daß die Tropffestigkeit allmählich verschwindet: dann wird aus dem Gelee auch ohne mechanische Einwirkung eine Flüssigkeit.

Wenn übrigens von Alkydharzlacken oder von Acrylharzlacken gesprochen wird: beides sind die wichtigsten Gruppen der Kunstharzlacke. Kunstharzlacke kann man pigmentiert oder auch als Klarlacke kaufen und anwenden. Auch die sogenannten Vorlacke sind Kunstharzlacke – die sich lediglich durch einen geringeren Pigmentanteil von den Hauptlacken unterscheiden. Heizkörperlacke, Fensterlacke – auch das sind Kunstharzlacke mit besonderen Zusätzen, damit sie hitzebeständig oder wetterfest werden.

Vorteilhaft: Stielverlängerung am Farbroller

Zweikomponentenlacke (DD-Lacke) werden erst unmittelbar vor dem Verarbeiten aus den beiden Komponenten Polyurethanlack und Härter gemischt. Sie zeichnen sich durch eine besondere Härte aus und werden darum vor allem als Fußbodenanstriche verwendet. Allerdings werden sie vom Laien seltener verarbeitet, weil das Mischen sehr viel Genauigkeit und Erfahrung verlangt.

Nitro- oder Zelluloselacke sind die schnellsten Lacke: sie trocknen innerhalb einer halben Stunde und bilden dann sehr harte, aber wenig elastische Oberflächen. Autolacke sind zum Beispiel Nitrolacke. Auch Zaponlack ist ein – allerdings unpigmentierter, also farbloser – Nitrolack. Nitrolacke bestehen aus Nitrozellulose und Azeton und meist auch Kunstharzen. Sie werden mit Nitroverdünnung oder Azeton verdünnt.

Chlorkautschuklacke sind Lösungen von Chlorkautschuk in Benzol, sie ergeben harte, wetterbeständige, aber wenig elastische Anstriche. Man verwendet sie vorzugsweise für den Anstrich von Schwimmbecken.

Spirituslacke sind die Lösungen von Harzen in Spiritus. Und das wichtigste Harz ist der Schellack – die Ausscheidungen der Schildläuse. Spirituslacke sind nicht wetterbeständig, man wendet sie hauptsächlich zur Oberflächenbehandlung von Möbeln an (siehe Kapitel „Holzoberflächen"). Spirituslacke werden mit Spiritus verdünnt.

Asphaltlacke sind schwarz: es sind Lösungen von Asphalt in Testbenzin oder Benzol. Man streicht damit Eisenteile, bei denen es auf Schönheit nicht ankommt – die aber perfekt wettergeschützt werden sollen. Asphaltlacke stellen einen ausgezeichneten Schutz vor Feuchtigkeit, Chemikalien oder Benzin dar.

Alle diese Lacke werden in der Regel mindestens zweimal aufgetragen, damit ein ausreichender Schutz des betreffenden Werkstückes erzielt wird. Es ist zudem notwendig oder sinnvoll, das Werkstück zu grundieren, vorzubehandeln, vorzustreichen. In allen solchen Fällen ist der Anstrichaufbau so vorzunehmen, wie er vom Hersteller des betreffenden Lacks vorgeschlagen wird. Es sollten nur die in den Gebrauchsanweisungen genannten Voranstriche verwendet werden: das ist sinnvoller, als auf eigene Faust zu experimentieren – und dabei vielleicht unangenehme Überraschungen zu erleben.

Lackanstriche auf Holz

Lackanstriche eignen sich für alle Untergründe aus Holz, sofern es sich um trockenes und staubfreies Holz handelt. Lackfarben sind (von Spirituslack abgesehen) wetterbeständig und wasserunlöslich – darum bietet der Anstrich im Freien guten Schutz gegen Holzfäulnis. In der Wohnung gibt man dem Werkstück mit dem Lack eine glatte, widerstandsfähige und farbige Oberfläche. Voraussetzung wiederum: daß der Anstrich sachgemäß aufgebaut, daß das Werkstück richtig präpariert worden ist. Und das verlangt zuweilen mehr Sorgfalt (und in der Regel auch viel mehr Zeit), als für nötig erachtet wird.

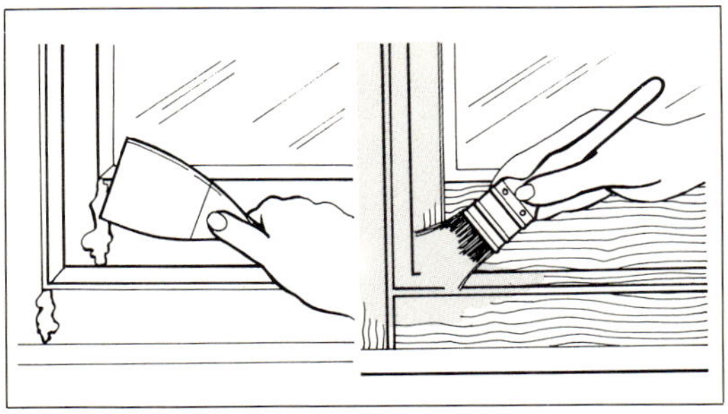

Fensteranstrich: Vorarbeiten sind wichtig

Den Untergrund vorbereiten

Die wichtigste Voraussetzung für gute Haftung und Haltbarkeit eines Anstrichs auf Holz ist, daß das Holz trocken sein muß, das heißt: es darf nicht mehr als 15 Prozent Wasser enthalten. Man muß sich nicht unbedingt einen Feuchtigkeitsmesser kaufen. Es genügt zu wissen:

Alles Holz im Freien sollte man erst dann lackieren, wenn es mindestens eine Woche nicht geregnet hat, wenn in dieser Zeit außerdem die Sonne geschienen hat. Dann kann man ziemlich sicher sein, daß das Holz genügend ausgetrocknet ist. Werkstücke, die sich in der Wohnung befinden oder die man aus solchem Holz angefertigt hat, das schon lange trocken gelagert worden ist – solche Werkstücke kann man unbedenklich lackieren. Holz, das im Keller, im Trockenraum für Wäsche oder auf einem feuchten Dachboden gelegen hat, sollte man erst noch austrocknen lassen.

Bei Anstrichen auf neuem Holz müssen alle harzigen Stellen und Äste in der Holzfläche isoliert werden. Das Harz wird abgeschliffen oder mit einem Messer entfernt und zusätzlich mit Terpentin ausgewaschen. Harz kann die Haftfähigkeit des Anstrichs beeinträchtigen. Darum muß man schon einige Mühe aufwenden. Es kann bei größeren Harzstellen sogar notwendig sein, das Harz abzubrennen (mit einer kleinen Lötlampe), die Stelle nachher noch auszuschleifen und dann auszukitten. Bei Ästen ist es gut, einen neutralen Holzpfropfen einzusetzen: Man löst mit Hilfe eines Astlochbohrers einen dicken Zapfen aus dem Holz und setzt ein neues, gleich großes Stück Holz ein.

Auskitten und Spachteln

Vertiefungen in einer Holzfläche müssen entweder ausgefüllt werden: Dazu verwendet man Holzkitt – das ist feinstes Holzmehl, das in Azeton zu einem dicken Brei angesetzt ist. Oder man muß die Dellen und Kratzer wieder hochdämpfen: Hier sind die Holzfasern durch einen Schlag, durch Druck oder sonstige mechanische Einwirkung zusammengepreßt worden. Träufelt man einige Tropfen Wasser darauf, dann saugen sich die Fasern voll, die Holzzellen quellen auf – die Vertiefung ist kaum noch zu sehen.

Eine Fläche, die auf diese Weise von den gröbsten Unebenheiten befreit worden ist, muß noch abgeschliffen werden. Die abgeschliffene Fläche wird dann gründlich abgestaubt. Dazu nimmt man ein Tuch, besser noch: einen Handbesen. Am besten: eine Wurzelbürste, mit der man auch aus den Holzporen den Schleifstaub herausholen kann. Je sorgfältiger dabei gearbeitet wird, um so besser haftet nachher der Anstrich!

Die Fläche wird dann grundiert. Man streicht sie

also mit einem Grundierlack – oder man verwendet dazu einen leicht verdünnten Hauptlack (zum Verdünnen nimmt man das vom Hersteller empfohlene bzw. vorgeschriebene Verdünnungsmittel!). Dieser Grundieranstrich wird sofort in die Poren eindringen – und einen nur sehr dünnen Film auf der Holzoberfläche erzeugen. Es soll jetzt nämlich nur erreicht werden, daß die Holzporen geschlossen werden, daß die ganze Lakkierung mit dieser ersten Schicht sozusagen Wurzeln im Holz schlägt.

Der Grundieranstrich muß gut durchtrocknen, das dauert einen halben bis einen ganzen Tag. Danach wird es sich als notwendig erweisen, die ganze Fläche zu spachteln. Dazu kauft man eine Tube oder eine Dose oder mehrere Tuben Lackspachtel und einen sogenannten Japanspachtel, ein rechteckiges Stahlblatt, mit dessen Hilfe die teigige, zähflüssige Spachtelmasse gleichmäßig auf die Fläche verteilt wird.

Der Fachmann macht es so, daß er den Spachtel in zügigen Bewegungen in Serpentinen über die Fläche führt – daß er dabei den Spachtel zieht und im Winkel zwischen Spachtel und Holzfläche einen Wulst Spachtelmasse mitzieht, die immer weniger wird. Das ist keine leichte Arbeit, und man darf nicht erwarten, gleich beim ersten Mal eine sauber gespachtelte Fläche zu erzielen. Man trage nicht zu dick auf, sei aber andererseits auch nicht zu geizig. Zwischen den einzelnen Spachtelstrichen können schmale, dünne Wülste stehenbleiben: sie werden nachher abgeschliffen. Man muß die Spachtelmasse mindestens einen Tag durchtrocknen lassen, damit sie richtig hart werden kann. Dann wird die Fläche wieder abgeschliffen.

Man übe keinen Druck aus, damit wirklich nur Unebenheiten und Arbeitsspuren entfernt werden – aber nicht die ganze Spachtelschicht.

Die Fläche wird nachher gut abgestaubt. Und nun kann lackiert werden (so wie es nachher noch beschrieben wird). Der Lack muß wiederum einen Tag trocknen. Es kann sein, daß die Lackierung nicht so glatt und sauber ausgefallen ist, wie man das erwartet hat. Es ist möglich (und sicher auch empfehlenswert), die Fläche noch einmal leicht zu spachteln, danach wieder leicht zu schleifen und noch einmal zu lackieren. Es kann auch sein, daß es genügt, die Lackschicht ganz leicht anzuschleifen. Man verlasse sich jedenfalls nicht zu sehr darauf, daß die Schlußlackierung alle kleinen Unebenheiten gnädig zudecken wird.

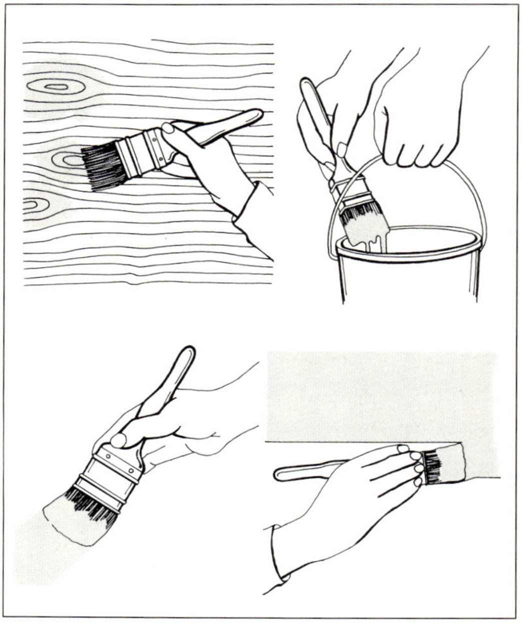

Grundieranstrich und Schlußlackierung

Alten Anstrich überholen

Sind alte Ölfarb- oder Lackanstriche noch gut erhalten und ohne Risse, so brauchen sie vor dem Neuanstrich nicht entfernt zu werden. Es ist lediglich wichtig, daß die alte Farbe durch Anschleifen mit 150er- oder 180er-Schleifpapier leicht aufgerauht wird. Man kann auch mit Salmiakwasser (zehn Teile Wasser, ein Teil Salmiakgeist) den alten Anstrich anlaugen. Dabei besteht jedoch die Gefahr, daß das Wasser durch feine Haarrisse im alten Anstrich in das Holz eindringt und dann den alten wie den neuen Anstrich zum Abplatzen bringt. Schleifen ist darum weniger riskant.

Alte Farbe mit Lötlampe entfernen

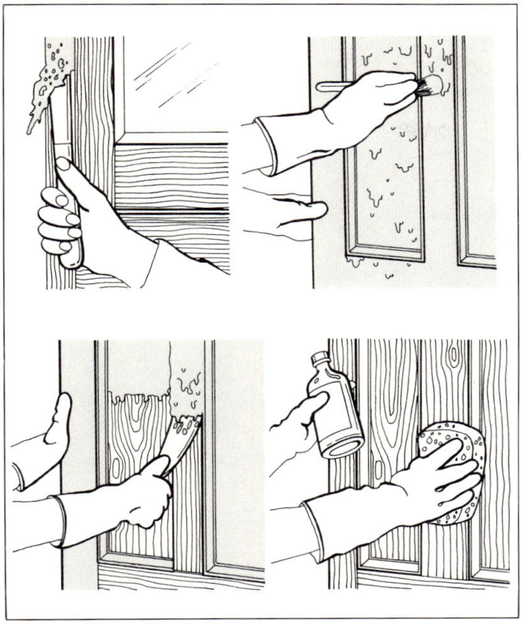

Alte Farbe abbeizen

Stark rissige oder verwitterte Anstriche müssen dagegen vor dem Neuanstrich entfernt werden. Man kann den alten Anstrich abbrennen: mit einer Lötlampe, mit einem Lötbrenner, der mit Gaskartuschen gespeist wird. Die Flamme weicht die Farbe auf – mit einem normalen Spachtel schiebt man die weiche Schicht vom Untergrund ab. Dabei muß man aber darauf achten, daß – wenn die Farbe zu brennen beginnt – das Holz nicht verkohlt: Auf verkohlten Stellen haftet der neue Anstrich nicht! Nach dem Abbrennen wird die Fläche sauber geschliffen.
Wenn man nicht abbrennen will, dann beizt man den alten Anstrich ab.

Mit dem Schwingschleifer arbeiten

Früher schliff man mit Schleifpapier, das um einen Klotz aus Holz oder Kork gewickelt wurde. Heute arbeitet man mit dem Schwingschleifer – und spart damit Zeit und viel Kraft. Mit diesem Instrument muß man aber richtig arbeiten, damit das Ergebnis auch wirklich perfekt ist.
Bei farblosen oder Lasieranstrichen wird der Schwingschleifer mit sehr geringem Druck nur in Richtung der Holzfasern geführt. Man setzt Strich neben Strich – ohne querzuschleifen. Soll das Holz deckend lackiert werden, kann man auch querschleifen. Man beginnt mit einem gröberen Papier (Körnung 60 oder 80) – so zum Beispiel, wenn man eine Holzfläche zum ersten Mal schleift. Will man dann eine gespachtelte Fläche (nach dem Grundieranstrich) säubern, dann nimmt man feineres Schleifpapier (das man entweder in paßgerechten Bogengrößen kauft oder aber passend zum Schwingschleifer aus einem größeren Bogen heraustrennt).
Das Schleifpapier sollte nicht zu lange benutzt werden. Stumpfes Schleifpapier schneidet nicht mehr die Holzfasern durch: anstatt eine Fläche zu glätten, „bügelt“ es nur noch die Holzfasern. Wenn eine geschliffene Holzfläche spiegelt und glänzt, dann ist sie mit zu altem, zu stumpfem Schleifpapier bearbeitet worden. Richtig ist eine matte, feine Holzfläche.
Man kann eine bereits grundierte oder vorlackierte Fläche auch naß schleifen. Dazu nimmt man aber wasserfestes Schleifpapier (es ist auf der Rückseite des Bogens entsprechend gekennzeichnet). Man spritzt etwas Wasser auf die zu schleifende Fläche und schleift nun wiederum nur in einer Richtung, mit mäßigem Druck und ohne das Gerät zu verkanten. Der entstandene Schleifschlamm wird restlos entfernt.

So wird lackiert

Wie schon erwähnt, soll der Untergrund für eine Lackierung vollkommen eben und glatt sein. Vor dem Lackieren muß das Werkstück sorgfältig entstaubt werden, denn der Staub ist ein Todfeind des frischen Lacks. Das heißt natürlich auch, daß man in einem staubfreien Raum arbeitet, daß die Kleidung staubfrei sein soll – und daß man sich nicht gerade den stürmischsten Tag auswählt, wenn man etwas im Freien zu lackieren hat und wenn dieser Anstrich wirklich befriedigend ausfallen soll.
Damit sich der Lack auf dem Untergrund dünn und gleichmäßig verarbeiten läßt, soll der Arbeitsraum mäßig warm sein. Zu kalter Lack ist zäh; er wird Pinselstreifen aufweisen. Man lege die zu lackierenden Holzflächen nach Möglichkeit waagerecht. Wenn man senkrechte Flächen zu streichen hat, dann sollte man einen thixotropen, also nichttropfenden Lack verwenden.
Der Lack wird mit einem rund 5 cm breiten Flachpinsel aufgetragen. Man streiche vor Arbeitsbe-

ginn mehrere Male mit den Fingern durch die Borsten, damit alle losen Borsten herausfallen – und nicht erst nachher im nassen Lack kleben bleiben. Der Pinsel muß selbstverständlich sauber sein; er darf kein Wasser und keine Reste von Verdünnungs- oder Reinigungsmitteln enthalten, weil dann zumindest die ersten Pinselstriche ganz unsauber ausfallen. Generell gilt, daß man den Lack eher zu dünn als zu dick auftragen soll. Es ist besser, drei dünne als zwei dicke Schichten aufzustreichen: Eine solche Lackierung ist fachmännisch richtig und wird besser haften.

Man nehme daher auch den Pinsel nie zu voll: Er wird nur bis etwa zur Hälfte der Borstenlänge in den Farbtopf getaucht, am Rand der Dose abgestreift; dann trägt man den Lack nach dem auf der vorigen Seite gezeigten Schema auf. Man gewöhne sich gleichmäßige Bewegungen an, dann wird man den Lack gleichmäßig verteilen. Es führt nur zu unsauberem Ergebnis, wenn da der Lack dicker, dort dünner aufgetragen wird und wenn man dann versucht, für einen Ausgleich zu sorgen. Wird der Lack von Anfang an ordentlich aufgetragen und gleichmäßig verschlichtet, dann spart man Zeit – und erzielt bessere Ergebnisse.

Im allgemeinen rechnet man mit einem Lackverbrauch von 100 bis 120 g je Quadratmeter. Es kann auch mehr sein, je nachdem, wie dick man zu arbeiten gewohnt ist.

Lack enthält in der Regel leicht brennbare Lösungsmittel: Der Arbeitsraum sollte gut gelüftet sein, mit offenem Feuer ist vorsichtig zu hantieren. Das heißt aber auch, daß man die Dose nach Arbeitsschluß sorgfältig schließen muß, damit das Lösungsmittel nicht verdunsten kann und nur noch eine zähe oder gar harte Masse vorgefunden wird, wenn man nach einigen Wochen oder Monaten wieder lackieren will. Man sollte die Dose auch auf den Kopf stellen, damit sich keine Haut bilden kann (obgleich die meisten Lackqualitäten so angesetzt sind, daß eine Hautbildung ausgeschlossen ist). Zwar steht es auf je-

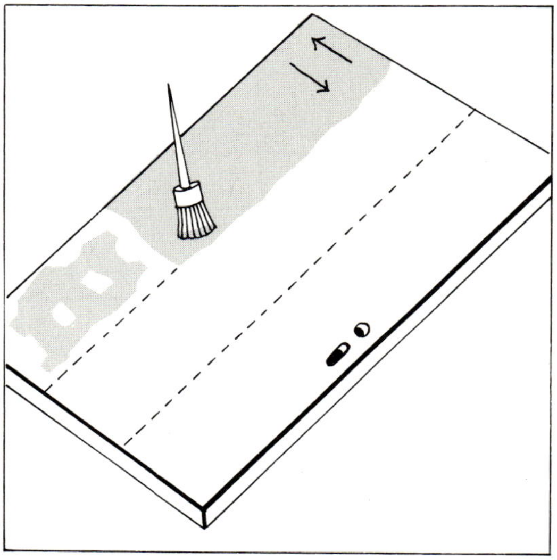

Lack sorgfältig verschlichten

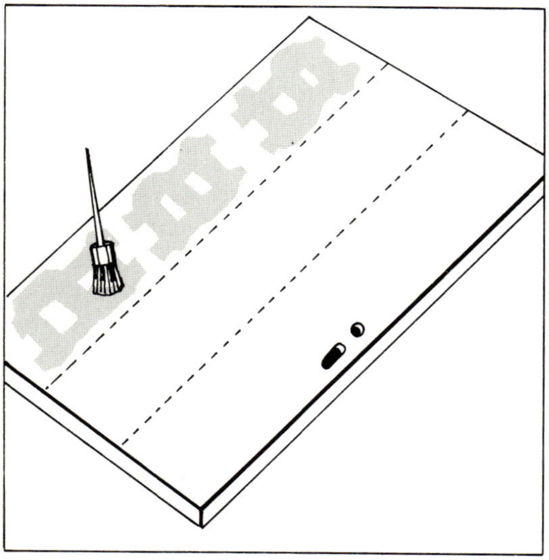

Lack auftragen

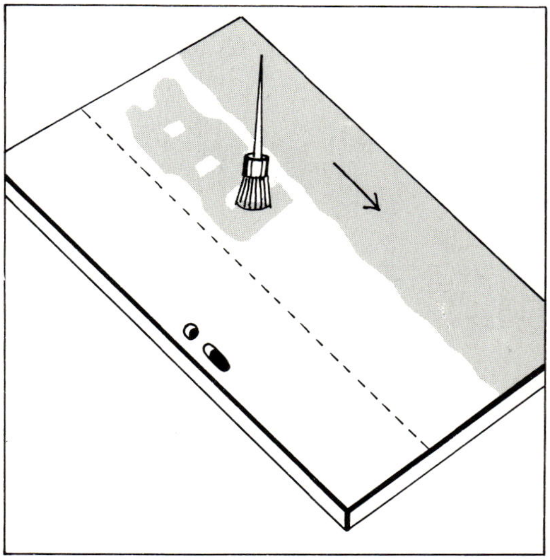

Nächste Teilfläche auftragen

der Lackdose, doch soll auch hier noch darauf hingewiesen werden: Jede Dose muß gründlich geschüttelt werden, ehe man sie öffnet. Durch das mehr oder weniger lange Stehen lagern sich in der Dose die schweren Pigmente unten ab, darüber schwimmt das Lösungsmittel. Der Lack muß also wieder gut vermischt werden. Nach dem Schütteln warte man eine Minute, ehe man den Deckel öffnet: er hat dann den meisten Lack wieder abtropfen lassen. Dennoch muß ein Stück Papier bereitliegen, auf dem Dose und Deckel abgestellt werden können. Thixotrope Lacke brauchen nicht geschüttelt zu werden.

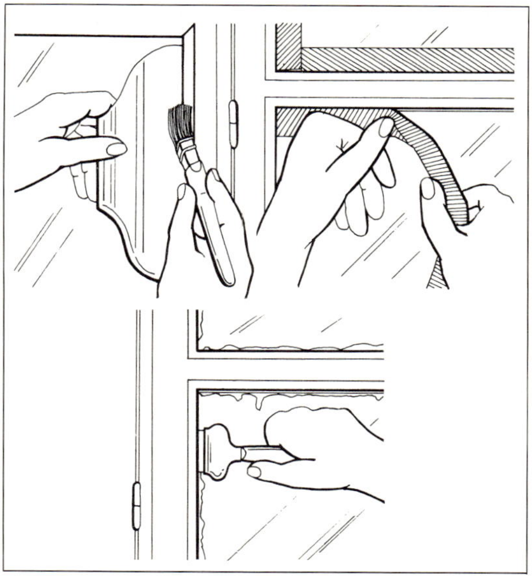

Farbkanten mit Schablone oder Klebeband abdecken

Außenanstriche

Holz im Freien ist ungleich stärker gefährdet als Möbelholz unter Dach und Fach. Also muß man solches Holz besonders sorgfältig vorbehandeln und lackieren.

Außenanstriche auf neuem Holz:

Harzstellen und Äste müssen isoliert, ausgebrannt oder sogar ausgebohrt werden. Nach gründlichem Abstauben mit Holzschutzgrund vorstreichen, dann verkitten, dann abschleifen und abstauben (natürlich mit entsprechenden Trockenzeiten). Dann wird ein Grundieranstrich mit sogenanntem Ventilationsgrund und schließlich der Schlußlack aufgetragen. Man kann zweimal mit Ventilationsgrund vorstreichen; bei farbigen Lackierungen kann man beim zweiten Mal den Ventilationsgrund im gewünschten Farbton mit etwas Buntlack abtönen. Man kann aber auch nur einmal grundieren und dann zweimal hauptlackieren.

Außenanstrich auf altem Anstrich:

Abblätternder Lack muß restlos entfernt werden, die Übergänge müssen abgeschliffen werden. Gut erhaltener Lack ist lediglich anzuschleifen und damit anzurauhen. Dann folgt zunächst der Ventilationsgrund und schließlich der Deckanstrich.

Trotz solch sorgfältiger Ausführung bleibt ein Außenanstrich mit Lack, mit einem filmbildenden Anstrichmittel also, problematisch. Holz ist ja nicht tot: es dehnt sich oder schrumpft selbst dann, wenn es durch eine Lackierung eigentlich wasserdicht eingeschlossen ist. Da Lack nur in beschränktem Maße elastisch ist, muß der Film irgendwann einmal reißen. Selbst durch feinste Haarrisse kann nun also Wasser in das Holz eindringen. Die Folge ist: Die Holzfasern quellen, sie sprengen den Lackfilm ab – es entsteht eine weiße oder gräuliche Schicht zwischen Holz und Lack. Diese Flecken werden immer größer – das Holz ist in immer stärkerem Maße der Feuchtigkeit ausgesetzt. Bei einem Erneuerungsanstrich muß man gründlich abschleifen, damit die Flecken restlos verschwinden.

Offenporige Anstriche

Man gibt darum den sogenannten offenporigen Anstrichen meistens den Vorzug. Das sind Anstrichmittel, die tief in die Poren eindringen, dort für wirksamen Schutz sorgen – aber keinen Film, keine Haut auf dem Holz bilden. Die Maserung bleibt sichtbar. Solche Schutzanstriche sind in vielen Farbtönungen erhältlich, in „natürlichen" wie auch in eigentlich unnatürlichen Tönungen, mit denen man dem Holz eine ganz neue Farbe verleihen, mit denen man ganz interessante Effekte erzielen kann. Auch solche Lasuranstriche müssen erneuert werden – aber man hat dann nichts weiter zu tun, als das Holz wieder einmal zu streichen. Es ist nicht notwendig, den alten Anstrich ab- oder anzuschleifen. Freilich kann das auf solche Weise behandelte (Weich-)Holz

eher Feuchtigkeit aufnehmen als ein lackiertes Holz. Es kann darum leichter Risse bekommen – ohne jedoch Schaden zu nehmen, wenn man mit der Lasur nicht zu geizig war. Die Feuchtigkeit kann jedoch auch leichter aus dem Holz entweichen, ohne daß sie eine Lackschicht mitreißt. Solche Anstriche können darum auch auf ein Holz aufgetragen werden, das vielleicht noch nicht ganz ausgetrocknet ist.
Diese Imprägnier- und Lasuranstriche enthalten Stoffe, die Pilzwuchs unterbinden und Insekten töten sollen – und die auch für den Menschen gesundheitsschädlich werden können. Zwar haben einige der bedeutenden Hersteller die für den Hobbysektor angebotenen Holzschutzmittel „entschärft". Trotzdem ist Vorsicht geboten beim Umgang mit Holzschutzmitteln. Durch geeignete Kleidung und Handschuhe sollte man verhüten, daß Spritzer auf die Haut gelangen. Die Holzschutzmittel sollten nur im Freien angewandt und – beispielsweise bei Beeteinfassungen – nicht mit Gemüsepflanzen in Berührung kommen können.
Besonders sorgfältig muß man Lasuranstriche auswählen, wenn man damit Holzverkleidungen in Räumen streichen will. Das Anstrichmittel darf kein „PCP" (die Abkürzung für Pentachlorphenol) enthalten, denn bei der Herstellung dieses Mittels entstehen auch Dioxine und Dibenzofurane, hochgiftige Stoffe, die schon in geringsten Mengen gesundheitsschädlich wirken – und die über viele Jahre aus dem damit behandelten Holz austreten.
Es ist viel sinnvoller, Holzverkleidungen im Haus gar nicht zu behandeln, als sie mit Stoffen zu streichen, die eine unberechenbare Langzeitwirkung haben.

Noch einige Tips

Das Streichinstrument, der Pinsel, sollte sofort nach Gebrauch gründlich gereinigt werden. Man sollte stets mindestens eine Flasche Pinselreiniger vorrätig haben. Die Flüssigkeit wird kräftig in die Pinselborsten einmassiert, dann wäscht man den Pinsel unter fließendem Wasser aus. Mit dem gleichen Mittel kann man – nach vorsichtiger Probe – übrigens auch Lackspritzer aus der Kleidung entfernen. Allerdings erst dann, nachdem man sich davon überzeugt hat, daß die Kleiderfaser und auch die Farbe der Kleidung den Pinselreiniger verträgt ...

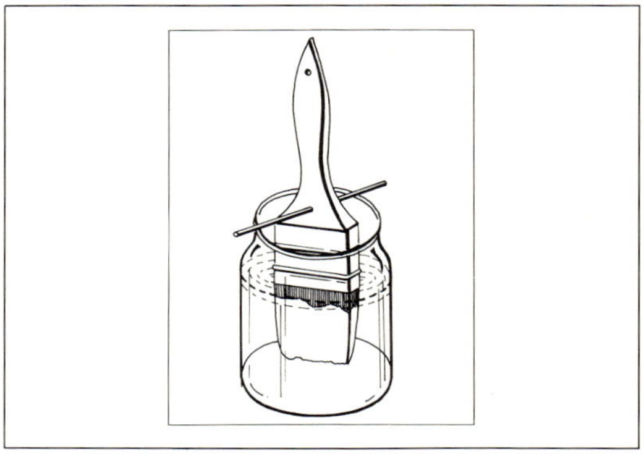

Den Pinsel nie auf die Borsten stellen

Der Pinsel wird nach dem Waschen ausgeschleudert und dann zum Trocknen aufgehängt. Er darf nicht stehen, er darf vor allem nicht auf einem Heizkörper getrocknet werden. Dann wäre er schon sehr bald unbrauchbar.
Es sollte zur Gewohnheit werden, daß der Pinsel immer hängt: man bohrt ein Loch durch den Stiel (wenn es nicht schon vorhanden ist), zieht eine Schnur hindurch, bildet eine Schlaufe – und sorgt nun auch für einen Nagel an der Wand im Keller oder im Hobbyraum, an den man den Pinsel hängen kann.
Wenn man den Anstrich der Fenster erneuert, dann darf man nicht nur die Außenseite der Rahmen renovieren, man muß auch die Innenseite lackieren. Sonst könnte vom Raum her Feuchtigkeit bzw. Dampf in das Holz eindringen und schon nach kurzer Zeit den neuen Lack von der Außenseite absprengen.

Lackanstriche auf Metall

Lackanstriche auf Metall – das bedeutet: Tore, Zäune, Gitter, Dachrinnen, Rohre, Pfosten oder Scharniere und andere Baubestandteile vor Rost schützen und das Metall zugleich ansehnlicher machen. Das bedeutet in der Regel aber auch, daß man das Metall (meistens handelt es sich um Eisen) erst einmal von Rost befreien muß, ehe es lackiert werden kann.
Die Werkzeuge für das Entrosten sind: eine AEG Bohrmaschine zusammen mit einer Stahldraht-Topfbürste; zusätzlich vielleicht noch eine „handbetriebene" Drahtbürste und außerdem Schleif-

papier. Auch der AEG Schwingschleifer leistet mit dem passend gewählten Schleifpapier gute Dienste, wenn es darum geht, Roststellen auf Metall gründlich zu entfernen.

Vorbereiten des Untergrunds

Eisenteile müssen sehr sorgfältig entrostet werden, damit der neue Anstrich haftet – und damit nicht das Eisen unter dem Anstrich weiterrosten kann.

Am leichtesten geht diese Arbeit vonstatten, wenn man eine Stahldraht-Topfbürste mit der Bohrmaschine einsetzen kann, denn dabei hat man nicht viel mehr Kraft aufzuwenden, als eben zum Halten der Maschine notwendig ist. Die Bohrmaschine sollte mit dem zweiten, anschraubbaren Handgriff versehen werden, damit sie noch leichter und genauer geführt werden kann. Die Topfbürste wird in möglichst gleichmäßigen Strichen über die verrosteten Flächen geführt, damit man in kurzer Zeit die Arbeit beenden kann.

Kleinere Vertiefungen, Winkel und Ecken müssen mit der Drahtbürste gereinigt werden: dorthin gelangt man mit der Topfbürste nicht mehr. Auch das (grobe) Schleifpapier wird zuweilen eingesetzt werden müssen. Es lohnt sich manchmal, eine Schleiffeile anzufertigen, d. h. schmale Streifen Schleifpapier auf schmale, dünne Holzleisten zu kleben und mit diesem Werkzeug verstecktere Rostpartien zu bearbeiten.

Dünne Rostschichten und Flecken kann man auch mit einem chemischen Kaltentroster oder Rostumwandler entfernen. Diese Rostumwandler greifen allerdings bestehende Anstriche an. Entrostete Stellen werden noch einmal abgewischt, damit das Rostpulver von der Eisenoberfläche verschwindet. Rostumwandler müssen meistens noch einmal mit klarem Wasser abgewaschen werden. Dann kann man sofort mit einem Antirostgrund vorstreichen. Früher verwendete man vorzugsweise Mennige, heute sind es andere Mittel, die ebenso wirksam sind. Antirostgrund, eine rotbraune Flüssigkeit, trocknet sehr schnell; man muß das Mittel dünn und gleichmäßig auftragen.

Am nächsten Tag kann man mit der Vorlackierung beginnen. Hierfür verdünnt man den Kunstharzlack mit Terpentinersatz (es ist übrigens der gleiche Kunstharzlack, der auch für Holz verwendet werden kann).

Zink und Zinkblech muß wie Eisen vor der allmählichen Zerstörung geschützt werden. Allerdings ist es nicht ganz so leicht zu behandeln. Der Anstrich haftet nur, wenn die Fläche vorher gut entfettet und abgesäuert worden ist. Man verwendet dazu eine Lösung von 1 Teil Salzsäure und 8 Teilen Wasser. Diese mit Vorsicht zu verwendende Lösung wird auf das Zink aufgestrichen; man läßt sie einige Zeit einwirken, und dann wäscht man das Zink mit reichlich klarem Wasser nach. Schließlich wird mit Testbenzin die letzte Spur von Fett entfernt. Dann muß man gleich lackieren – ohne aber Fingerabdrücke auf das Zink zu bringen.

Aluminium muß ebenfalls abgesäuert und entfettet werden – so wie es für Zink beschrieben worden ist. Dieses Verfahren ist aber nicht anzuwenden, wenn es sich um eloxiertes Aluminium handelt, wie es beispielsweise für Fensterrahmen oder für Fenster- und Türbeschläge verwendet wird. Die Eloxierung stellt bereits eine schützende Haut auf dem Aluminium dar, sie darf weder durch Säure noch durch scharfe, scheuernde Reinigungsmittel verletzt werden.

Beide Metalle, Aluminium wie Zink, können auch mit sogenannten Wash-Primern vorbereitet werden. Die jeweils richtige Anwendung der einzelnen Fabrikate lasse man sich im Farbengeschäft oder im Autozubehörgeschäft genau erklären.

Kupfer- und Messinggegenstände werden – wenn überhaupt – mit einem farblosen Lack gestrichen. Und zwar mit Zaponlack. Dieser Nitrolack trocknet sehr schnell auf, er muß deshalb rasch verarbeitet werden, damit eine glatte und gleichmäßige Oberfläche erzielt wird. Zuvor aber muß man Kupfer oder Messing sehr sorgfältig reinigen, denn es soll unter dem Zaponlack ja all seine Schönheit zeigen. Man muß das Metall also mit Metallputzmitteln oder mit feinster Stahlwolle (Nummer 000 = Dreimalnull) bearbeiten, man kann es schließlich auch noch mit Wiener Kalk behandeln. Es soll jedenfalls restlos blank sein. Dann aber muß es auch noch entfettet werden. Entweder mit Testbenzin oder mit Nitroverdünnung. Dazu darf das Metall nicht mehr direkt mit den Fingern berührt werden: Man faßt es mit Hilfe frisch ausgekochter Tücher oder mit alten, ebenfalls gereinigten Stoffhandschuhen an. Der Zaponlack wird zweimal aufgetragen, damit man des vollkommenen Schutzes für das Metall sicher sein kann. Denn ob der Lack wirklich restlos die ganze Oberfläche deckt ist kaum auszumachen: der Lack ist ja farblos.

So wird lackiert

Die obigen Hinweise galten solchen Metallen, die den ersten Anstrich bekommen sollten – oder bei denen der vorhandene Anstrich so stark beschädigt war, daß auch das Metall angegriffen war.

Bei gut erhaltenen Metallanstrichen genügt es, diesen Untergrund von Staub, Schmutz und Fett zu befreien. Auch das kann mit der Stahldraht-Topfbürste geschehen. Hie und da wird man mit feinem Schleifpapier nachhelfen müssen – vor allem dort, wo Lackpartien abgeplatzt sind und wo nun ein glatter Übergang herzustellen ist.

Auch bei Metallanstrichen gilt, was schon beim Holz geschrieben wurde: Dünne Anstrichschichten sind besser als dicke, sie haften besser und sind zudem elastischer.

Die Farbe ist gleichmäßig aufzutragen und sorgfältig zu verschlichten. Wenn man eine sehr ebenmäßige Oberfläche erzielen will, dann wendet man Zwischenschliffe an. Man läßt die erste Lackschicht ein bis zwei Tage gut durchtrocknen, schleift dann mit Naßschleifpapier und Wasser die Fläche leicht ab, säubert sie, lackiert noch einmal; diese zweite Schicht muß wieder ein, zwei Tage trocknen (und vor allem durchhärten), ehe auch sie mit feinem Schleifpapier noch einmal ganz zart und behutsam übergeschliffen wird. Jetzt wird noch ein dritter Lackanstrich aufgebracht – der nach dem Trocknen eine perfekte, glatte Oberfläche bilden müßte, wenn man vorher mit äußerster Genauigkeit gearbeitet hat.

Für große Flächen: Spritzlackieren

In Industrie und Handwerk werden Lackfarben schon seit langem auf das Werkstück gespritzt statt gestrichen. Da es nun auch für den Hausgebrauch preiswerte Spritzpistolen gibt, kann auch der Heimwerker diese Technik anwenden. Das Schwierigste bei dieser Technik ist, die Farbe spritzfähig einzustellen. Das heißt: Für die Spritzpistole braucht man eine sehr viel dünnere, dünnflüssigere Farbe als für die Arbeit mit dem Pinsel. Wie stark aber verdünnt werden muß, das eben läßt sich nicht genau und verbindlich für alle Lack- oder Farbarten angeben. Denn man kann sowohl Nitrolacke wie Binderfarben, Leimfarben wie Kunstharzlacke spritzen. Und es gibt Spritzgeräte mit unterschiedlicher Leistung. Die Hersteller geben aber in der Gebrauchsanweisung einigermaßen genaue Empfehlungen für den jeweiligen Typ, an die man sich auch halten soll.

Normalerweise spritzt man Kunstharzlacke oder Nitrolacke. Kunstharzlacke werden mit normaler Verdünnung, das ist Terpentinersatz, verdünnt; für Nitrolacke nimmt man einen speziellen Nitroverdünner.

Der Verdünner wird in die Farbe geschüttet und gleichmäßig durchgerührt. Die Farbe soll etwa so dünnflüssig wie Wasser sein – dann ist sie meistens richtig verdünnt. Es empfiehlt sich, die Farbe durch ein feines Sieb in den Farbbehälter des Spritzgerätes zu gießen, damit Verunreinigungen von vornherein ausgeschieden werden, die das in das Spritzgerät eingebaute Sieb verstopfen und den Betrieb behindern könnten.

Der Anfänger wird vielleicht noch nicht auf Anhieb die richtige Viskosität der Farbe getroffen haben. Gibt das Spritzgerät überhaupt nichts von sich – oder spuckt es nur dicke, schwere Tropfen, dann muß die Farbe noch mehr verdünnt werden. Die Viskosität ist richtig eingestellt, wenn die Farbe als feiner Farbnebel versprüht, wenn die winzigen Farbtröpfchen auf der zu spritzenden Fläche sich gleich als gleichmäßiger Farbfilm verteilen – ohne daß die Farbe läuft. Zu stark verdünnte Farbe läuft immer. Es ist besser, die Farbe zunächst noch ein wenig zu verdünnen und notfalls immer noch etwas Verdünner dazuzugeben, als gleich eine sehr dünnflüssige Farbe herzustellen. Und man sollte nur die Menge Farbe verdünnen, die voraussichtlich benötigt wird.

Die richtige Viskosität kann übrigens mit Hilfe eines Viskosimeters, eines Meßbechers, festgestellt werden. Der Becher weist im Boden ein Loch auf, mit Hilfe einer Stoppuhr oder eines großen Sekundenzeigers wird gemessen, wie schnell der Inhalt des Meßbechers durch diese Öffnung ausläuft – und ob die Durchlaufzeit mit der vom Hersteller genannten Zeit übereinstimmt.

Beim Spritzen zu beachten

Die zum Verdünnen von Lacken verwendeten Flüssigkeiten sind brennbar, durch die Vernebelung entsteht ein höchst feuergefährliches, ja sogar explosives Gasgemisch. Dieses Gasgemisch ist zudem gesundheitsschädlich. Beim Spritzen – und schon beim Vorbereiten des

Spritzlacks – wird nicht geraucht, und man darf nach Beendigung der Arbeit erst wieder rauchen, nachdem der Arbeitsraum gut durchgelüftet worden ist! Im Raum dürfen auch sonst keine offenen Feuer brennen. Es sollte auch das Knipsen von Lichtschaltern vermieden werden.

Wenn man sehr viel zu spritzen hat, dann sollte eine Atemmaske getragen werden. Denn während des Spritzens darf man den Raum nicht zu stark belüften, weil sonst Staub aufgewirbelt wird und weil dadurch das Arbeitsergebnis gefährdet wird.

Normalerweise wird in der Garage, in der Waschküche oder einem anderen Kellerraum gespritzt – in solchen Räumen also, die meist nur einen Zementestrich als Bodenbelag aufweisen. Dieser Boden ist staubig. Man sollte vor der Arbeit den Fußboden naßspritzen, damit der Staub gebunden wird.

Man muß dafür sorgen, daß alle Flächen, die keine Farbe bekommen sollen, gut abgedeckt werden. Das heißt, daß auch die in der Nähe des Werkstücks stehenden Möbel sicherheitshalber mit ein paar Zeitungen bedeckt werden sollen. Der beim Spritzen entstehende Luftzug kann die Farbpartikelchen nämlich auch dorthin tragen, wo die Spritzpistole nicht hinweist.

Die zu spritzenden Werkflächen sollen, zum Unterschied vom Lackieren mit dem Pinsel, nach Möglichkeit senkrecht stehen. Sie werden von oben nach unten gespritzt – und zwar im Kreuzgang. Man spritzt ein paar Bahnen waagerecht, dann die gleichen Stellen noch einmal senkrecht. Es sollte aber noch nicht voll deckend gespritzt werden, da sonst die Farbe unweigerlich läuft und Tränen bildet. Erst wenn die Farbe schon etwas angezogen hat, kann man noch einmal im Kreuzgang über diese Fläche spritzen. Der zweite Spritzgang trifft auf eine nicht mehr flüssige, aber noch klebende Fläche – dadurch wird die Farbe gewissermaßen festgehalten.

Die Spritzpistole sollte nicht zu nah an das Werkstück gehalten werden: Man rechnet mit einer Entfernung von etwa 25 cm. Dieser Abstand soll immer beibehalten werden. Man schwenkt darum die Spritzpistole nicht aus dem Handgelenk, sondern bewegt den ganzen Arm, wenn man die Pistole gleichmäßig hin- und herschwenkt. Nur so wird die Farbe gleichmäßig aufgetragen und verteilt. Man schaltet die Spritzpistole ein, wenn die Hand sich noch außerhalb der Werkstückfläche befindet; die Schwenkbewegung sollte auch über den Flächenrand hinaus geführt werden.

Damit man bequem arbeiten kann, stellt man das Werkstück in die Mitte des Raumes: So kann es von allen Seiten erreicht werden. Oder man stellt es auf einen Stuhl vor eine Wand und dreht es dann entsprechend, wenn alle Seiten erreicht werden sollen. Dann muß die Wand selber aber durch Zeitungen oder altes Packpapier geschützt werden.

Wenn man mehrere kleinere Objekte zu spritzen hat, dann lohnt es sich, eine sogenannte Spritzkabine zu bauen. Das heißt, man fertigt aus steifem Material (Pappe, Styropor- oder Hartfaserplatten oder ähnlichem) eine Art Paravent mit drei Teilen, der hinter dem Arbeitsplatz aufgestellt wird. Die Vorderseite der drei Wände wird mit zwei Lagen Zeitungspapier belegt, ebenso der Boden der so entstandenen Kabine. Über der Kabine wird noch eine Decke angebracht: Dann hat man eine sehr effiziente Vorrichtung, die Ausbreitung des Sprühnebels einzugrenzen.

Je nach Größe der Objekte kann man aber auch Packkartons von ausreichender Größe nehmen, die nicht einmal innen ausgekleidet werden müssen, wenn sowieso vorgesehen war, sie zum Müll zu geben.

Man kann ein Werkstück auch zweifarbig spritzen. Hierbei muß die erste Farbschicht aber vollkommen durchgetrocknet sein, und sie muß mit genügend dichtem Papier abgedeckt werden, ehe man die zweite Farbe aufspritzt. Das Papier wird mit Klebestreifen festgehalten.

Die zum Spritzen erforderliche Verdünnung des Lacks beeinflußt auch seine Trockenzeit. Man soll auch bei schnell trocknenden, schnell staubtrokkenen Lacken die gespritzten Flächen frühestens nach einem Tag berühren, wenn man häßliche Fingerabdrücke vermeiden will. Einen kleineren Gegenstand zu spritzen, lohnt sich kaum, weil die Vorbereitungen und das Reinigen der Spritzpistole mehr Zeit benötigen als das Anstreichen mit einem Pinsel. Bei größeren Flächen jedoch, auch bei Heizkörpern, lohnt es sich, mit der Spritzpistole zu arbeiten – vor allem dann, wenn man sehr gleichmäßig glatt und spiegelblanke Flächen erzielen will. Nach der Arbeit muß sofort die Spritzpistole gründlich gereinigt werden. Man reinigt zunächst den Farbbehälter (übriggebliebene Farbe wird in den großen Farbtopf zurückgeschüttet); dann füllt man etwa 2 cm Verdünnung in den Behälter – und spritzt diese Verdünnung so lange gegen einen großen Bogen Zeitungspapier, bis der Niederschlag keine Farbe mehr anzeigt. Bei farblosem Lack kann man den Niederschlag mit dem Finger prüfen: solange er klebrig ist, enthält er noch Lackreste. Wenn genügend Farbe im Vorratsbehälter ist, fällt es nicht auf: Farbspritzpistolen neigen zum Spucken, wenn das Druckrohr nicht in der Farbe steht. Was aber passiert, wenn man nur noch einen Rest Farbe hat, mit dem eine Roststelle überspritzt werden soll? Nicht gleich zum Pinsel greifen! Der Trick: In den Vorratsbecher wird noch ein zweiter, kleinerer gesetzt. Man nehme z. B. eine Salbendose, befestige an ihrem oberen Rand einen Draht, dessen Ende zu einem Öhr gebogen ist. So kann man das Becherchen durch die Öffnung des Vorratsbehälters bekommen, ohne etwas zu verschütten, und es anschließend wieder herausfischen. Solange das Druckrohr im Becherchen ist, kann es nicht umfallen.

Tapezieren

Nach dem Anstreichen gehört das Tapezieren zu den von Laien am häufigsten ausgeführten Arbeiten. Man will die Handwerkerlöhne für den doch relativ häufig ausgeführten Tapetenwechsel sparen und man meint, das Tapezieren sei eine doch recht einfache Arbeit. Nicht immer bestätigt allerdings das Arbeitsergebnis diese Vermutung oder Hoffnung. Dieses Kapitel soll darum lehren, wie man richtig tapeziert, damit das Ergebnis auch wirklich „fachgerecht" wird.

Das beste „Tapezierwetter"

So merkwürdig es klingt: Nicht jedes Wetter ist ideal fürs Tapezieren. Oder anders: Man muß sich das Klima in dem Zimmer, in dem man arbeitet, so einrichten, daß es das Arbeitsergebnis nicht ungünstig beeinflußt.
Tapetenkleister darf nicht zu schnell trocknen; auch die Tapete selbst muß langsam abtrocknen. Trocknet das Papier zu schnell, dann strafft es sich, noch ehe der Kleister für eine feste Verbindung mit der Wand gesorgt hat. Die Folge ist, daß sich die Tapete wieder von der Wand löst.
Also sollte man nicht an einem sehr heißen Tag tapezieren. Darum sollte man im Winter den Arbeitsraum nicht zu stark heizen. Eine leichte „Treibhausluft" mit hoher Luftfeuchtigkeit bei niedriger Temperatur von etwa 18 Grad Celsius bekommt den neuen Tapeten besser als eine zu trockene und zu warme Luft. Die Fenster sollten geschlossen bleiben, weil die Zugluft ebenfalls die Tapeten zu rasch abtrocknet.

Den Untergrund vorbereiten

Die Regel ist, daß man einen mindestens schon einmal gestrichenen Putz vorfindet, wenn man tapezieren will.
Alte Kalk-, Binder-, Dispersions- und Latexfarbenanstriche können ohne große Vorbereitungen übertapeziert werden, wenn sie nicht abblättern, wenn sie keine Risse oder Löcher aufweisen, wenn weder Fett- noch Tintenstiftflecken zu sehen sind – und wenn der Putz überall noch gut haftet. Alte Leimfarben müssen abgewaschen werden, weil sie sich durch das Wasser im Tapetenkleister auflösen und so der Tapete keinen Halt bieten können.
Alte Ölfarben- oder Lackflächen mit Salmiakwasser (1 Teil Salmiakgeist, 10 Teile Wasser) anlaugen und mit klarem Wasser nachspülen.
Wenn man eine alte Tapete übertapezieren will, ist auf folgendes zu achten:
1. Sie muß noch tadellos haften, sie darf sich nicht ablösen und darf nicht abzuziehen sein;
2. Nur glatte (und fest haftende) Tapeten können übertapeziert werden. Geprägte Tapeten müssen abgelöst werden.
3. Ganz alte Tapeten können mit Anilinfarben bedruckt worden sein. Solche Farben bluten durch die neue Tapete hindurch, die alte Tapete muß also entfernt werden.
Im allgemeinen tut man also besser daran, eine alte Tapete abzulösen.

Tapeten ablösen

Diese früher mühselige Arbeit wird heute durch sogenannte Tapetenablöser erleichtert. Man verwendet also nicht mehr – wie einst – blankes Wasser, sondern setzt ihm ein Mittel zu, das dafür sorgt, daß das Wasser die Tapete durchdringt und daß dann der alte Leim schneller aufgeweicht wird (z. B. „dufix-Tapetenablöser").
Dieses Mittel versagt allerdings dann, wenn man eine waschfeste Tapete abzulösen hat. In diesem Fall muß man erst die wasserdichte Oberfläche verletzen, damit das Wasser in die Tapete eindringen kann. Dazu nimmt man entweder eine Stahldrahtbürste oder einen Schwingschleifer.

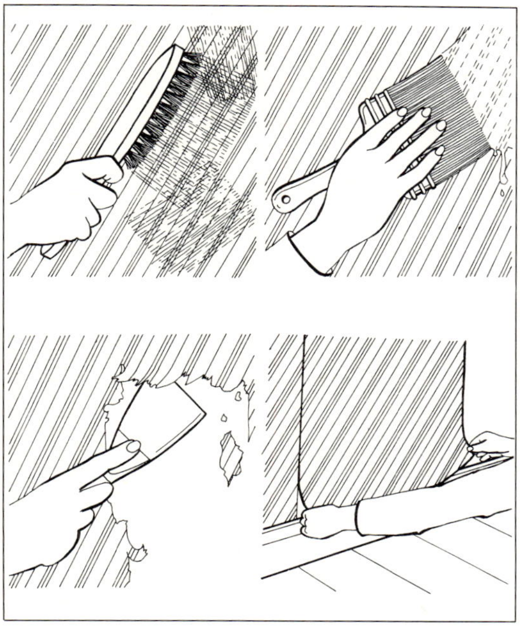

Alte Tapeten mit Tapetenablöser entfernen

Es gibt für solche Zwecke auch Nadelwalzen – aber die kann man kaum ausleihen. Und die Anschaffung lohnt sich nicht.
Oftmals muß man die Tapeten mehrmals mit dem Ablösewasser einstreichen, damit das Papier gut durchtränkt wird und eine ausreichende Menge Wasser bis an die Leimschicht gelangt und den alten Kleister auflöst.

Tapeten-Wechselgrund

Das Ablösen wird wesentlich erleichtert (allerdings erst beim nächsten Tapetenwechsel), wenn man einen modernen „strip-Grund" anbringt. Dies ist ein Anstrich, der – ähnlich wie früher die Makulatur – auf die Wand aufgestrichen wird, ehe man tapeziert. Er trocknet zu einem hauchdünnen Film auf, an dem der Tapetenkleister nachher zwar haftet (und dies auch jahrelang), aber nicht so fest, daß er nur mühsam zu lösen wäre. Denn der Kleister kann in diesen neuen Film nicht eindringen und sich deshalb auch nicht „verwurzeln".
Das bedeutet: Wenn man von einem solchen Grund eine alte Tapete lösen will, dann braucht man sie nur an der Unterkante zu packen – und schräg nach oben von der Wand wegzuziehen. Man braucht kein Wasser, kein Werkzeug – man muß den Grund auch nicht reinigen, ehe man die neue Tapete anbringt.

Schäden im Untergrund ausbessern

Auch wenn die Tapete eine neue „Haut" auf der Wand bildet – also jedenfalls eine dickere „Beschichtung" im Vergleich zu einem Anstrich darstellt, können sich nicht ausgebesserte Risse oder Löcher auf der Tapete abzeichnen. Diese Schäden müssen also ausgebessert werden, so wie es im Kapitel „Anstriche für Wände und Decken" schon beschrieben worden ist.
Soll eine Tapete übertapeziert werden, so muß man auch die Stoßkanten zwischen den Bahnen, wo das Papier doppelt liegt, vorbehandeln: Man fährt einmal langsam mit dem AEG-Schwingschleifer von oben nach unten über diese Nähte und schleift so wenigstens eine Papierschicht ab. Diese Streifen werden nachher abgebürstet – und dann ist genau zu prüfen, ob man nicht noch etwas beispachteln muß, d.h. ob man nicht zu viel abgeschliffen hat und mit einer dünnen Schicht Zellulosefüllmasse für einen Ausgleich sorgen muß.

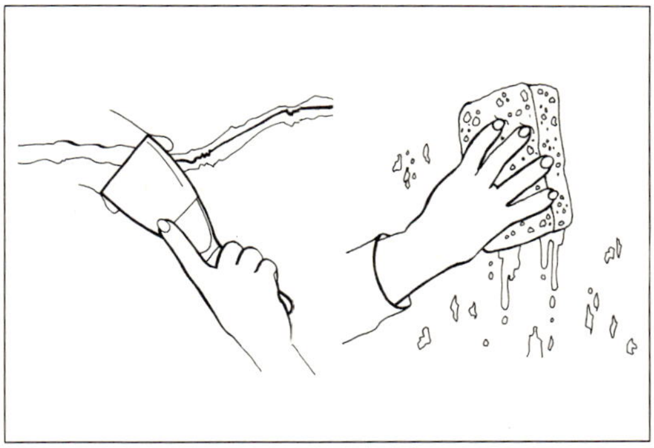

Putzschäden ausbessern und glätten

Schalter, Steckdosen abschrauben

Vor dem Tapezieren muß man sämtliche Abdeckplatten von Schaltern und Steckdosen abschrauben. Die Schräubchen müssen sorgfältig aufbewahrt werden. Und es empfiehlt sich, ein Schutzpapier über die nun offene Einputzdose zu kleben:
Man streicht einen etwa zwei Zentimeter breiten

Ring Tapetenkleister rings um die Öffnung und klebt darauf ein rundgeschnittenes, dünnes Papier. So vermeidet man, daß nachher beim Tapezieren Feuchtigkeit an die Elektroinstallation gelangen kann.
Verteilerdosen werden heute mit Deckeln aus Kunststoff abgedeckt, früher gab es auch Metalldeckel. Wo noch alte Deckel zu sehen sind, sollte man sie durch Plastikdeckel ersetzen.

Der richtige Tapetenkleister
Man bekommt den Kleister als Pulver, das nur noch im angegebenen Verhältnis mit Wasser angesetzt werden muß („Metylan"). Außer dem Zellulosekleister gibt es noch Spezialkleister, die mit Kunstharz „angereichert" sind. Diese Kleister entwickeln eine höhere Klebekraft, sie sind darum vor allem für schwere Tapeten geeignet und notwendig. Es empfiehlt sich, solche Spezialkleister auch bei der Verarbeitung von Rauhfasertapeten zu verwenden.
Kleister soll nicht in Blecheimern angesetzt werden, weil er die Rostbildung fördert. Der Rost verfärbt den Kleister – und dann auch die Tapete.
Man muß sauberes Wasser verwenden; verunreinigtes Wasser oder unsaubere Gefäße können den Kleister verderben.
Von den Herstellern werden folgende Mischungsverhältnisse empfohlen:
Zum Vorkleistern der Wand – 10 l Wasser auf ein 125-g-Päckchen;
für leichte Tapeten – 8,5 l Wasser auf ein Päckchen Kleister;
für normale Tapeten – 7,5 l Wasser auf ein Päckchen;
für schwere Tapeten – 6 l Wasser auf ein 125-g-Päckchen Kleister.
Der Spezialkleister wird mit weniger Wasser angesetzt: Für ein 200-g-Päckchen braucht man nur 3 bis 4 l Wasser.
Man sollte stets etwas zuwenig als zuviel Wasser nehmen. Zu dünner Kleister weicht eine Tapete zu stark ein: sie kann reißen und sie kann auf der Wand zu schlecht verschoben werden, wenn man sie noch korrigieren muß. Lieber also den Kleister zu dick ansetzen und dann erst auf die richtige Konsistenz verdünnen. Ungenügend gequollener Kleister klebt nicht: man setzt ihn darum am besten am Tag vor dem geplanten Tapetenwechsel an. Über Nacht kann er richtig aufquellen.

Man kann übrigens selber Spezialkleister herstellen: Man nimmt normalen Zellulosekleister und setzt ihm etwas farblosen Kunstharzbinder hinzu.

Untertapeten verbessern die Wärmedämmung
Solche Untertapeten bestehen entweder aus aufgeschäumtem Polystyrol – es sind also ganz dünne Styroporbahnen – oder aus Wollpappfilz mit Noppen auf der einen und Vertiefungen auf der anderen Seite. Beide Materialien bewirken das gleiche: Sie stellen zwischen Wand und Tapete ein Luftpolster her. Und dieses Luftpolster sorgt dafür, daß die Kälte nicht zu schnell eindringen, daß Wärme nicht zu rasch aus dem Raum abwandern kann. Sie können bis zu einem gewissen Grad auch Unebenheiten ausgleichen. Allerdings ist diese ziemlich weiche Dämmschicht druckempfindlich: Man kann die Tapete also leicht mit einem Finger eindrücken.
Wenn man Untertapeten verklebt, dann bestreicht man die Wand – und nicht die zugeschnittenen Bahnen – mit Kleister und drückt dann die einzelnen Bahnen in den nassen Kleister. Die Bahnen werden auf Stoß verklebt. Sie dürfen sich nicht überlappen.
Untertapeten müssen mindestens einen Tag durchtrocknen, ehe man – nach eventuell notwendigen Ausbesserungen von Unebenheiten an den Nahtstellen zwischen den Bahnen – die Schmucktapeten auf die Wände klebt.

Berechnen der benötigten Rollenzahl
Ehe man ins Geschäft geht und eine Tapete kauft, muß man zu Hause errechnen, wieviel Tapetenrollen überhaupt benötigt werden. Diese Rechnung wird dadurch erleichtert, daß Länge und Breite der meisten Tapetenrollen genormt sind – und daß diese Maße sehr günstige Rechenfaktoren darstellen. Die meisten Tapetenhersteller haben sich auf die sogenannte Europa-Rolle geeinigt, und diese Rolle ist 10,05 m lang und 53 cm breit. Bei der Rechnung kann man also die Länge einer Rolle mit 10 m ansetzen und die Breite mit einem halben Meter. Da man ohnehin nur ganze Rollen kaufen kann und das Rechenergebnis immer nach oben aufgerundet werden muß, spielen die wenigen Zentimeter Differenz keine Rolle.
Man mißt in dem zu tapezierenden Raum die

Breite der Wand – oder den Gesamtumfang des Raumes. Man mißt dabei auch die Tiefe von Nischen oder Vorsprüngen mit. Fenster und Türen können mit halber Breite mitgerechnet werden (ganz großzügig gesagt: Was man für die Türfläche oder das Fenster selber spart, braucht man über oder unter diesen Flächen. Deshalb also die Gesamtbreite nur zur Hälfte in der Rechnung ansetzen).

Die ermittelte Meterzahl wird mit 2 multipliziert: Die neue Zahl gibt an, wieviel Tapeten*bahnen* an die Wände geklebt werden müssen (weil eine Bahn ja einen halben Meter breit ist . . .).

Multipliziert man dieses Ergebnis mit der Raumhöhe, dann hat man die Gesamtlänge aller Tapetenbahnen.

Teilt man dieses Ergebnis nun noch durch 10: dann weiß man schließlich, wieviel Tapeten*rollen* gekauft werden müssen.

Wer gar nicht rechnen will, kann aus der folgenden Tabelle ablesen, wie viele Tapetenrollen er einkaufen muß.

Die Tabelle wurde so errechnet, als gäbe es auf den Wänden keine Türen und keine Fenster: es wurde also jeweils die volle Wand mit Tapete beklebt. Man wird also immer mehr oder weniger Tapete zuviel kaufen und nachher übrig haben. Das ist gut und richtig so: Bei der Arbeit kann eine eingeweichte Bahn beschädigt werden, bei großrapportigen Tapeten muß man mit Verschnitt rechnen, man will einen Rest für Ausbesserungen behalten.

Raumhöhe	2,25 m	2,50 m	2,75 m	3,00 m	3,25 m
Wandbreite (= Raumumfang)					
4 m	2	2	3	3	3 Rollen
6 m	3	4	4	4	4 Rollen
8 m	4	5	5	5	6 Rollen
10 m	5	6	6	6	7 Rollen
12 m	6	7	7	8	8 Rollen
14 m	7	8	8	9	10 Rollen
16 m	8	9	9	10	11 Rollen
18 m	9	10	11	11	12 Rollen
20 m	10	11	12	12	13 Rollen
22 m	11	12	13	14	15 Rollen
24 m	12	13	14	15	16 Rollen
26 m	13	14	15	16	17 Rollen
28 m	14	15	16	17	19 Rollen
30 m	14	16	17	18	20 Rollen

Man sollte nicht geizen: eher noch ein, zwei Rollen mehr kaufen, damit man für unvorhersehbare Fälle gerüstet ist. Kauft man nach, dann kann die zusätzliche Rolle aus einer anderen Produktion stammen – und das macht sich dann durch Farbabweichungen doch bemerkbar.

Was man beim Einkaufen beachten muß

Die meisten Tapeten werden heute von Laien verklebt. Die Industrie nimmt darauf Rücksicht und erleichtert die Verarbeitung: Es gibt Tapeten, bei denen der unbedruckte oder nur mit Herstellerangaben versehene Rand bereits in der Fabrik abgeschnitten worden ist. Die Tapeten sind in Folie verpackt, damit der saubere Rand nicht mehr beschädigt wird.

Anfänger tun sich mit dem Anpassen des Rapports, des Musters, von einer Bahn zur anderen schwer: Sie wählen deshalb besser Tapeten mit rapportlosen Mustern – mit solchen Mustern also, die praktisch unendlich und ohne erkennbaren Ansatz weiterlaufen. Wer noch wenig – oder gar keine – praktische Erfahrung im Tapezieren gesammelt hat, sollte sich von großgemusterten Tapeten nicht in Versuchung führen lassen, so gut solche Muster auch gefallen mögen. Rapportlose oder sehr kleine Streumuster sind viel leichter zu verarbeiten; das Risiko, daß durch eine fehlerhaft geklebte Tapete eine Wand schief wirkt, ist hier ganz ausgeschaltet.

Es gibt Tapetenmuster, die rechts und links auf der Bahn einen ungemusterten, farbigen Rand lassen. Bei solchen Tapeten ist es ebenfalls leicht, die Bahnen aneinanderzusetzen. Hier muß man nur den Rapport in der Höhe angleichen – die Schwierigkeiten beim seitlichen Anpassen der Bahnen bleiben aus.

Schließlich sei noch darauf hingewiesen, daß Rauhfasertapeten nicht nur in 10 m langen, sondern auch in 33 m langen Großrollen geliefert werden. Für diese Rollen stimmt natürlich unsere Tabelle nicht mehr.

Die Bahnen zuschneiden und einkleistern

Man schneidet die Bahnen fortlaufend von der Rolle – und zerschneidet eine Rolle nach der anderen. Es ist falsch, von mehreren Rollen gleichzeitig zu schneiden (es sei denn, man verarbeitet Rauhfasertapeten: Hier ist es natürlich ganz gleichgültig), Pfeile oder ähnliche Markierungen auf dem Rand zeigen an, wo ein Muster beginnt, d.h. wo sich der Rapport wiederholt. Das obere

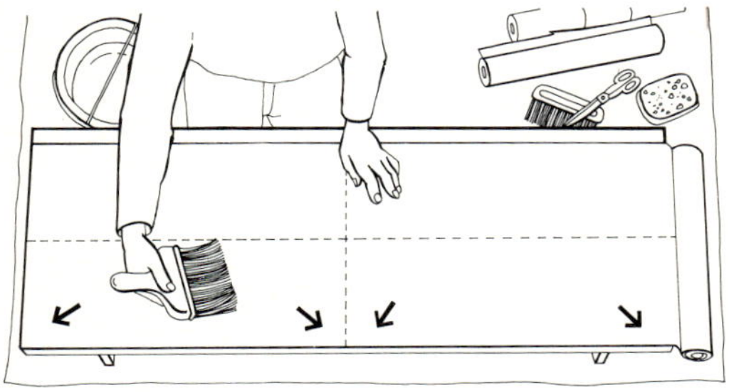

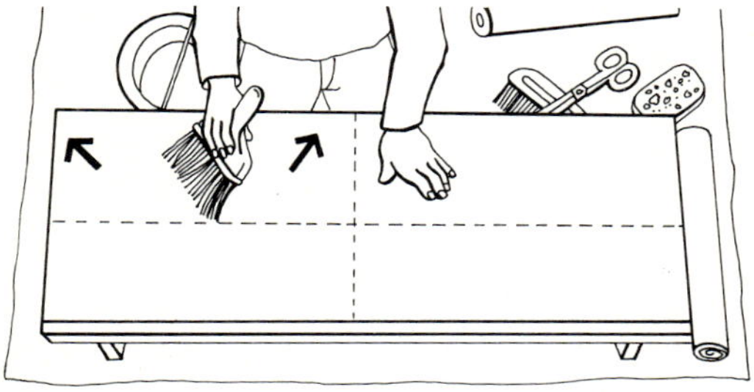

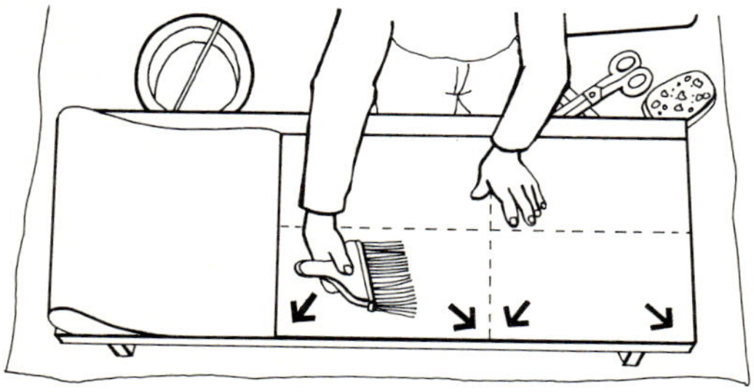

Tapetenbahn immer von innen nach außen einkleistern. Sorgfältig zusammenlegen zum Einweichen

Bahnende der ersten Bahn soll mit dem Rapportbeginn übereinstimmen. Schneidet man die zweite Bahn ab, muß man erst die Markierung nebeneinanderlegen, so daß auch bei der zweiten Bahn der Musteranfang oben an der Decke zu finden ist.

Bei rapportlosen Tapeten kann man die Bahnen einfach in der benötigten Länge zuschneiden, ohne daß man sich um solche Anpassungen zu kümmern braucht.

Eine Tapetenbahn soll jeweils 5 bis 10 cm länger sein, als die Wand hoch ist: Das oberste Stück einer Bahn wird immer umgefaltet und genau an die Decke angepaßt – wie bei den Hinweisen auf das richtige Ankleben noch zu lesen sein wird.

Wenn man eine größere Zahl von Bahnen zugeschnitten hat, wendet man diese Bahnen, so daß sie jetzt mit der Rückseite nach oben auf dem Tapeziertisch liegen. Die oberste Bahn wird an die hintere Tischkante geschoben, so daß sie sogar noch ein paar Millimeter über diese Kante hinausragt. Nun streicht man den Kleister mit der großen Bürste gleichmäßig auf die hintere Hälfte der Tapetenbahn. Dann zieht man die Bahn nach vorn, bis sie die Vorderkante des Tisches um ein paar Millimeter überragt. Jetzt wird die andere Bahnenhälfte eingekleistert. Wendet man immer dieses Verfahren an, dann bleibt der Tisch sauber.

Die Tapete muß gleichmäßig – und nicht zu geizig – mit Kleister versehen werden. Es dürfen keine Kleisterklumpen auftreten. Es sollen aber auch keine Kleisterflecken auf die Vorderseiten gelangen. Die Kleisterbürste wird mit flotten Bewegungen geführt, sie soll immer reichlich Kleister führen.

Die Tapete muß einweichen

Die mit Kleister bestrichene Bahn wird nun rasch zusammengelegt – und zwar so, wie es in der Zeichnung unten zu sehen ist.

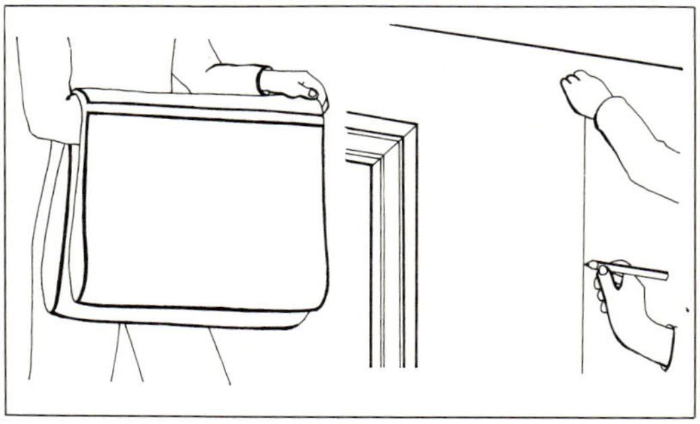

So wird die Bahn zum Einweichen zusammengelegt. Rechts: Kante der ersten Bahn mit Lot anzeichnen

Wie lange muß die Tapete einweichen? Dafür gibt es keine allgemeingültige Regel. Oder allenfalls diese: Eine dünne Tapete muß nur so lange weichen, wie man braucht, um die nächste einzukleistern (bzw. die vorige Bahn an die Wand zu bringen); dickere (auch Rauhfaser-)Tapeten müssen länger einweichen. Wenn sich die Tapete von außen kühl und etwas feucht anfühlt, ist sie lange genug eingeweicht.

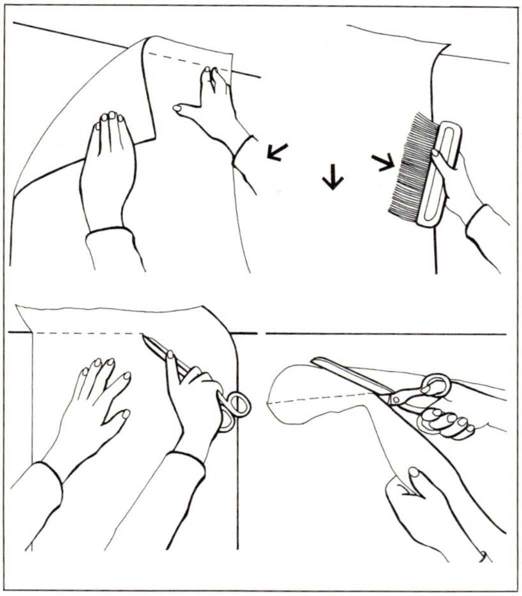

Sauberen Anschluß zur Decke herstellen

Das Ankleben der Tapete
Bei überlappt geklebten Tapeten beginnt man mit der ersten Bahn am Fenster, damit das Licht gegen die Überlappungen der zweiten, dritten und der weiteren Bahnen fällt. So werden die Nähte nicht durch schmale Schattenstreifen betont. Die Tapetenbahn muß senkrecht hängen; weil man sich auf die Kanten der Wände nie so recht verlassen kann, sollte man stets ein Lot als Richtschnur zu Hilfe nehmen. Man prüft also, ob die erste Tapetenkante genau senkrecht verläuft.
Die obere Schnittkante einer Bahn wird 5 oder 10 cm nach hinten umgeschlagen und auch so angeklebt. Erst wenn die Bahn richtig klebt, wird dieser Überschlag genau im Winkel zwischen Wand und Decke abgeschnitten. Man macht diese „Verschwendung“, damit man keine Kleisterflecken auf die Decke bekommt (die in der Regel ja schon frisch gestrichen ist). Der Überschlag ist entbehrlich bei Rauhfasertapeten: Hier wird ja erst nach dem Tapezieren gestrichen.
Man faßt nun also die erste Bahn, indem man den längeren Einschlag öffnet. Der untere Teil der Bahn fällt jetzt an der Wand herunter. Dabei sollte man den Fall mildern, indem man die Bahn mit einem Fuß auffängt oder indem man die Bahn auf dem Boden öffnet und dann erst auf die Leiter steigt.

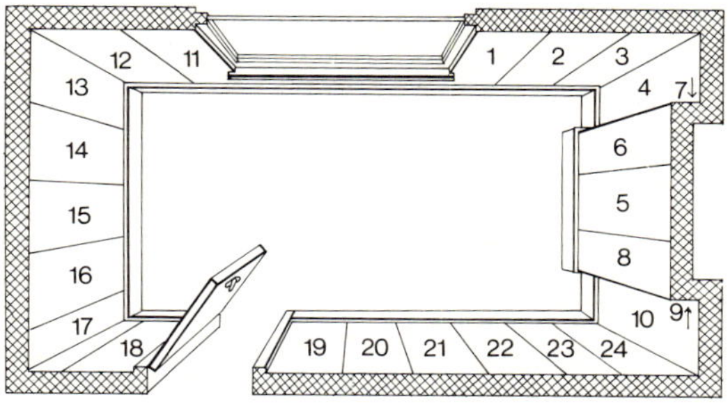

In dieser Reihenfolge sollten die Bahnen angeklebt werden

Die Bahn wird oben an der Decke angelegt, man prüft, ob die Seitenkanten genau senkrecht verlaufen; die Bahn wird mit einer Bürste oder einem weichen, sauberen Tuch an die Wand gestrichen. Man streicht erst in der Mitte der Bahn nach unten oder dann von der Mitte ausgehend schräg nach außen und unten. Die Tapete muß faltenfrei anliegen, Luftblasen müssen vorsichtig ausgestrichen werden.
Hängt die Bahn nicht genau senkrecht oder zei-

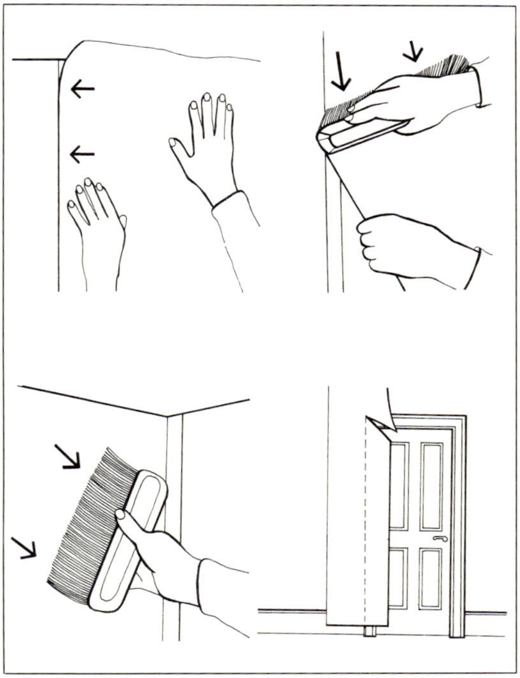

Saubere Anschlüsse zwischen den Bahnen, in den Ecken und an Türen herstellen

gen sich Falten und Knicke, dann muß man die Bahn wieder ablösen.
An der oberen Kante markiert man entweder mit dem Rücken der Schere oder mit einem Bleistift (nicht Tintenstift und auch nicht Kugelschreiber verwenden!) den Knick zwischen Wand und Dekke, zieht dann die Bahn leicht von der Wand, schneidet entlang der markierten Linie die Bahn ab, entfernt den auf der Tapetenrückseite klebenden Reststreifen – und drückt nun die Bahn wieder an die Wand.
Dann steigt man von der Leiter, öffnet den unteren Teil der Tapetenbahn, legt ihn genau und streicht ihn ebenfalls mit Bürste oder Tuch sauber an die Wand. Die zweite – und jede weitere – Bahn wird so an die vorige angelegt, daß sie entweder ganz dicht an deren Seitenkante anstößt (das heißt man auf Stoß kleben) oder daß sie deren Rand 2 oder 3 cm überlappt. Je sauberer die Kanten beschnitten sind, desto besser gelingen die Nähte. Die Bahnenkanten müssen sehr gut angedrückt werden; am besten ist es, einen Nahtroller zu Hilfe zu nehmen. Bei einem solchen Roller besteht keine Gefahr, daß die weichen Tapetenränder einreißen.
Bei dunklen Tapeten auf heller Wand können bei Stoßklebung nach dem Trocknen der Tapeten helle Streifen sichtbar werden, wenn die Bahnen leicht geschrumpft sind. Man kann dem vorbeugen, indem man vor dem Tapezieren unter den Nahtstellen dunkle Farben auf die Wand streicht.
Je dicker ein Kleister eingestellt ist und je kürzer die Tapete weicht, um so geringer ist gerade bei Rauhfasertapeten die Gefahr, daß sich die Stoßkanten öffnen und daß man hier mit Spachtelmasse ausbessern muß (oder daß man übermäßig dick Farbe auftragen muß).

Kanten und Ecken tapezieren

Bei Ecken und Wandvorsprüngen darf die Tapete niemals gespannt werden. Man schneidet die Bahn so zu, daß sie etwa 2 cm über den Winkel hinausreicht. Es empfiehlt sich, die Bahn auch mehrmals quer einzuschneiden, damit auch bei nicht exakt senkrecht stehenden oder ungerade verlaufenden Kanten und Winkeln die Tapete nicht spannt oder gar einreißt. Bei Ecken wird der zweite Teil der Bahn direkt in der Ecke lotrecht angesetzt; bei Kanten rückt man den Bahnenrand einige Millimeter ab. Bei Türrahmen drückt man die Bahn vorsichtig mit dem Scherenrücken

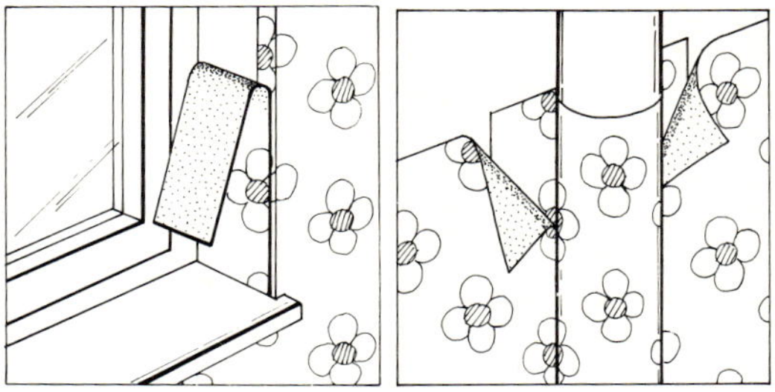

So meistert man Fensternischen und Rohre

in den Winkel zwischen Wand und Holz, markiert dadurch die Schnittkante, zieht die Bahn wieder leicht ab und schneidet nun entlang der angeknickten Linie die Bahn sauber ab.
Liegen Rohre und Leitungen auf der Wand, muß man beim Tapezieren ebenfalls darauf achten, daß die Spannungen beim Trocknen keine Schäden verursachen. Man tapeziert das Rohr mit einem schmalen Streifen und setzt dann von rechts und links ganze Tapetenbahnen an.

Die Decke tapezieren

Wenn man schon die Decke tapezieren will, dann darf man nur kleingemusterte, flächig gemusterte oder einfarbige Tapeten verwenden. In der Regel klebt man aber eine Rauhfasertapete an die Dekke und überstreicht sie dann. Die Decke muß sehr gründlich gereinigt werden. Vor allem Leimfarbe muß restlos abgewaschen werden. Die Fläche muß mit verdünntem Kleister (etwa 10 l Wasser auf ein Paket Zellulosekleister) vorgestrichen werden, der auf die Tapeten zu streichende Kleister muß sehr dick eingestellt werden (etwa 6,5 l Wasser auf ein 125-g-Paket Kleister), und man

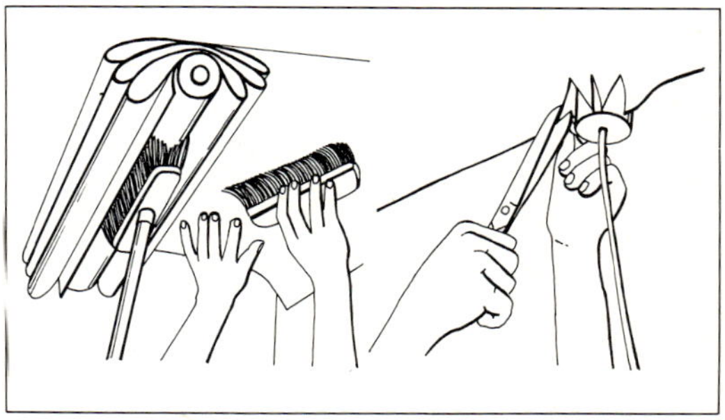

Tricks für Tapezierarbeiten an der Decke

darf die Tapete nur kurz weichen lassen: Das Papier reißt sonst zu leicht während der etwas schwierigen Arbeit. Wichtig ist, daß man sich eine sichere Arbeitsbühne schafft: Man legt sich also mindestens eine dicke Bohle (oder mehrere aufeinandergelegte Bretter) über zwei Böcke oder zwei Stühle.
Die Tapeten sollten auf Stoß geklebt und außerdem in Richtung des Lichteinfalls angeordnet werden: Überlappende Kanten würden als Schattenstreifen auffallen. Bei extrem schmalen und langen Räumen werden die Bahnen quer angeordnet: Man arbeitet mit 3 m langen Bahnen selbstverständlich leichter als mit 8 m langen Tapetenstücken. Wenn man die Länge der Bahnen ausmißt, muß man bedenken, daß nicht jeder Raum unbedingt exakt rechtwinklig ist. Man messe also sicherheitshalber jede Wand und schneide dann die Bahnen nach dem längsten Maß zu.
Während man an der Wand getrost und ohne Schwierigkeiten allein tapezieren kann, braucht man an der Decke einen Helfer:
Die eine Person hält die noch gefaltete Hälfte einer Tapetenbahn, während die andere den Bahnenanfang an die Decke anklebt. Man kann auch anders an der Decke tapezieren: Man feuchtet die zugeschnittenen Bahnen auf der Rückseite an und rollt sie zusammen, und zwar mit der Rückseite nach außen. Dann wird die Decke bahnenbreit eingekleistert – und dann rollt man die Tapetenbahn an die Decke. Zweckmäßigerweise zeichnet man die erste Stoßnaht als Orientierungslinie mit Bleistift an die Decke.

Was man noch beachten muß
Die vorher schon mit einem Papierrest abgedeckten Schalter und Steckdosen werden einfach übertapeziert. Erst dann, wenn die Tapezierarbeiten abgeschlossen sind (oder wenn der Anstrich auf der Rauhfaser schon trocken ist), schneidet man mit der Schere oder mit einen spitzen, scharfen Messer kreuzförmig in die Tapete, klappt die vier Zipfel hoch und schneidet dann eine kreisförmige Öffnung in die Tapete. Das Loch muß natürlich kleiner als die Abdeckplatte des Schalters oder der Steckdose sein.
Der Stromanschluß in der Decke wird ähnlich behandelt. Man arbeitet sich bis zum Kabelaustritt vor, schneidet dann die Tapete kreuzförmig ein, zieht die Tapete vorsichtig über die Kabel und drückt dann auch die Zipfel fest an die Decke.
Bei diesen Arbeiten sollte es selbstverständlich sein, daß man vorher den Strom abschaltet. Man sollte überhaupt während der Tapezierarbeiten die Sicherungen herausdrehen!
Die Übergänge zwischen Steinwand und Holzflächen (z. B. auch den Türrahmen) dürfen nie ohne Vorbereitung übertapeziert werden: Holz arbeitet – die Tapete reißt dann früher oder später. Eine Rißbrücke mit Hilfe einer Malerbinde kann den gewünschten und erforderlichen Ausgleich herstellen.
Überhaupt kann man nur „ruhige" Flächen tapezieren: also Putzflächen, Gipsbauplatten oder aber Platten aus Holzwerkstoffen (Span- oder Tischlerplatten). Verbretterungen dagegen kann man nicht übertapezieren: Schon nach kurzer Zeit wäre die Tapete in mehr oder weniger regelmäßige Streifen zerrissen, weil das Holz arbeitet.
Luftblasen in einer Tapete werden während der Arbeit herausgerieben. Zeigen sich aber die Blasen erst, nachdem man schon einige Bahnen weiter arbeitet, dann kann man nicht mehr reiben oder die betreffende Bahn ablösen, dann muß man die Blase anstechen, die Luft entweichen lassen und die Tapete an dieser Stelle noch einmal gut anreiben.

Schäden ausbessern
Wenn eine Tapete während der Arbeit oder auch später einreißt, ein Loch bekommt oder einen unauslöslichen Flecken aufweist, muß man das beschädigte Stück ablösen und ein gleich großes Stück Tapete neu einsetzen (für solche Zwecke hebt man sich Reste auf!)
Für das Ausbessern gibt es unterschiedliche Methoden.
Wenn der Fehler sich in einem sehr deutlich begrenzten Teil des Musters befindet, dann schneidet man dieses Musterdetail entlang dem Umriß aus und schneidet aus dem Ersatz das gleiche Musterdetail aus, das dann die Lücke füllt.
Man kann dabei auch so verfahren, daß man alte Tapete und neues Ersatzstück gleich in einem Arbeitsgang schneidet: Man legt die neue Tapete auf, hält darauf ein Papprechteck – an dessen Kanten man das Messer führt, mit dem man alte und neue Tapete durchschneidet. Das Messer muß scharf sein, damit es schneidet und nicht etwa reißt.
Man kann dem Flicken aber auch ganz willkürliche Form geben. Dabei muß aber stets der Er-

satz aufgelegt und in einem Schnitt mit der alten Fehlerquelle eingepaßt werden.
Die Ränder solcher Ersatzstücke muß man sehr gut andrücken. Herausquellender Leim ist sofort vorsichtig abzuwischen, damit es auf der Tapete keine glänzenden Flecken gibt.
Diese Reparaturen sollten aber nur an einer verhältnismäßig neuen Tapete ausgeführt werden. Bei älteren Tapeten gibt es doch zu starke Farb- und Helligkeitsunterschiede. Dann stört der Ersatz mehr als der Fleck, den man ersetzen wollte.

Textiltapeten

Eine besonders interessante und verhältnismäßig junge Kategorie von Wandbelägen stellen Textiltapeten dar. Das sind starke Papierbahnen, die mit Garnen oder Geweben beklebt sind. Diese Wandverkleidungen stellen also ein Mittelding zwischen Tapete und Stoffverkleidung dar – und sie haben von beiden sehr wichtige Vorteile.
Von der Tapete, daß sie sehr einfach anzubringen sind: Sie werden nämlich wie eine Tapete an die Wand geklebt (mit dem Unterschied, daß ein Spezialkleister verwendet werden muß und daß die Wand – und nicht die Tapete eingekleistert wird).
Von der Stoffverkleidung haben die Textiltapeten das ruhig-elegante Aussehen und die eher behagliche Wirkung.
Man bekommt Textiltapeten von sehr unterschiedlichem Aussehen. Es gibt solche, deren Oberfläche aus parallel angeordneten, in Bahnenrichtung verlaufenden dicken Garnen besteht. Andere sind mit einem einfarbigen Gewebe beschichtet, durch das der naturfarbene oder kolorierte Papieruntergrund zu sehen ist.
Ein besonderer Vorzug der Textiltapeten ist, daß sie schalldämmend sind. Ihre Textil-Oberfläche schluckt beträchtliche Mengen des im betreffenden Raum entstehenden Schalls, so daß die Raumatmosphäre sehr viel angenehmer ist als in einem Raum, der lediglich gestrichene Wände aufweist.
Textiltapeten sind teurer als normale Tapeten. Man wird deshalb bei ihrer Verarbeitung noch mehr Sorgfalt walten lassen als bei einer einfacheren Tapete. Das bedeutet auch, daß man schon einige Erfahrung haben sollte, bevor man eine Textiltapete verarbeitet oder, anders gesagt: Man sollte nicht gerade an einer solchen Tapete das Tapezieren erlernen wollen.
Textiltapeten werden auf Stoß geklebt. Deshalb sind sie ab Werk besonders gut verpackt, so daß die maschinengeschnittenen Kanten exakte Stöße ergeben. Sollte eine Kante einmal nicht mehr ganz glatt und faltenlos sein, müßte man die betreffende Bahn doch beschneiden. Das geschieht so, daß man die beiden benachbarten Bahnen zunächst mit einer schmalen Überlappung anklebt und daß man sie dann mit scharfem Messer entlang einem Lineal durchtrennt. Die abgeschnittenen Randstreifen werden abgelöst, es wird eventuell neuer Kleister auf die Wand aufgetragen, ehe die Bahnenkanten wieder angedrückt werden. Überquellender Kleister muß sofort mit einem mäßig feuchten Tuch oder Schwamm abgewischt werden, damit die Tapete nachher keine glänzenden Flecken an den betreffenden Stellen bekommt. Man sollte dabei (wie bei jeder Art von Fleckenentfernung) nur tupfen und ganz leicht wischen, damit die Flecken nicht noch weiter ausgebreitet werden.

Neue Fensterdekoration: Raffvorhang

Beim Einzug in eine neue Wohnung muß man sich nicht nur um die Erneuerung des Wandanstrichs oder der Tapete kümmern: Oft brauchen auch die Fenster ein völlig neues „Kleid“. Man ist vielleicht der alten Vorhänge überdrüssig geworden, oder man will ein neues Vorhangmuster, das besser zu Farbe und Dessin der neuen Tapete, des neuen Wandanstrichs paßt. Oft ist der Grund für eine neue Fensterdekoration aber schlicht der, daß die neuen Fenster anders dimensioniert sind als die in der verlassenen Wohnung und daß die Vorhänge nicht angepaßt werden können.
Es wird sich erübrigen, ausführlicher zu beschreiben, wie ein konventioneller, gekräuselter Vorhang genäht werden muß. Denn das ist sicher den allermeisten Hausfrauen – die sich ja wohl mit dieser Arbeit befassen werden – geläufig.
Weniger bekannt ist aber vielleicht, wie man einen Raffvorhang anfertigt, wie er im Foto rechts zu sehen ist.
Darum dafür ein paar Informationen und praktische Anweisungen.
Zunächst ein Hinweis, der die Entscheidung, ob man die Fenster in der neuen Wohnung mit sol-

chen Raffvorhängen versehen will (oder ob man dem konventionellen Vorhang treu bleiben soll) sehr stark beeinflussen kann:
Für einen Raffvorhang braucht man deutlich weniger Stoff als für den in Falten hängenden Vorhang. Denn hier wird ja nur so viel Stoff gebraucht, daß die Fensterfläche verdeckt werden kann, während man bei einem konventionellen Vorhang mit einer Stoffläche rechnet, die wenigstens doppelt so breit ist wie das Fenster, damit der Vorhang auch in schöne Falten gelegt werden kann. Man kann also mit einem Raffvorhang (wie auch mit dem Rollo, das noch beschrieben wird) ziemlich viel Geld sparen.
Auch die Zugmechanik ist einfacher und damit deutlich billiger als das Kräuselband für den konventionellen Vorhang. Denn der Raffvorhang wird von Schnüren bewegt, die in einfachen Ring- oder Wolkenstorebändern geführt werden.

Fensterfläche in schmale Raffvorhänge aufteilen

Moderne Fenster sind deutlich breiter als eine Stoffbahn (die üblicherweise 120 oder 140 cm mißt). Man sollte nun aber nicht mehrere Stoffbahnen zusammennähen, bis man die Fensterbreite erreicht hat: Raffvorhänge sehen eigentlich am besten aus, wenn sie höchstens so breit wie eine Stoffbahn sind. Man könnte sogar so weit gehen, daß man jeweils eine halbe Stoffbahn (also 70 cm für einen Raffvorhang) nimmt. Aber die Entscheidung wird immer vor Ort fallen. Man sucht natürlich einerseits die Bahnenbreite des Stoffs voll auszunutzen, damit man wenig Näharbeit hat; andererseits soll die Fensterfläche mit mehreren gleichbreiten Raffvorhängen ausgestattet werden. Man wird also die günstigste Lösung errechnen müssen.
Raffvorhänge werden dicht nebeneinander montiert; zwischen ihnen bleiben nur ganz schmale „Lichtkanten".

Ringbänder aufnähen

Wenn der Stoff ausgemessen und zugeschnitten ist, wird er an den Seiten gesäumt, sowie auch an den Schnittkanten oben und unten umgenäht. Dann näht man die Ring- oder Wolkenstorebänder auf. Sie werden in Abständen von etwa 40 bis 50 cm angebracht – und zwar so, daß sich die Ringe jeweils genau auf gleicher Höhe befinden.
Bei einem 140 cm breiten Stoff braucht man vier Bänder, bei einem 70 cm breiten Raffvorhang aber immerhin auch drei Bänder.
Die Bänder werden üblicherweise auf der linken Seite des Stoffs angebracht; man könnte sie aber auch auf der rechten, d.h. dem Raum zugewandten Seite befestigen, wie es im Foto Seite 83 zu sehen ist. Eine solche Lösung sollte aber eher einfarbigen Stoffen vorbehalten bleiben, bei denen man die Ringbänder wie ein Ornament sehen kann (während sie bei gemusterten Stoffen das vorhandene Muster stören; deshalb bringt man sie auf der Rückseite an).

Den Raffvorhang montieren

In den Saum an der Unterkante des Stoffs wird eine Tapetenleiste eingelegt. Die obere Kante des Stoffs tackert man an eine etwa 4 × 2 cm starke Leiste. Durch diese Leiste hindurch schraubt man den Raffvorhang an die Vorhangschiene, an die Zimmerdecke oder in den Fenstersturz.
Am rechten oder linken Ende der Leiste wird noch eine Ringschraube angebracht.
Dann werden Schnüre durch die Ringbänder gezogen und an den jeweils untersten Ringen verknotet. Sämtliche Schnüre führt man durch die Ringschraube und läßt sie nach unten hängen. Etwa in Höhe der Unterkante des Raffvorhangs werden die Schnüre miteinander verknotet.
Ein Probezug zeigt, ob die Schnüre richtig zusammengeführt worden sind, d.h. ob sich der Stoff gleichmäßig hochziehen läßt und in schöne gleichmäßige Falten legt.
Man muß nun nur noch in die Wand eine Schraube eindrehen, um die man die Schnüre mehrmals schlingt, wenn man den hochgezogenen Raffvorhang arretieren will.

Modern und praktisch: Rollos

Eine andere Lösung für ein neues, unkonventionelles Fensterkleid ist das Springrollo, für das ähnliche Vorteile wie für den Raffvorhang sprechen.
Auch für ein Springrollo braucht man gerade so

viel Stoff, daß das Fenster verdeckt wird. Das Rollo ist ziemlich leicht anzufertigen. Denn die einzige Naht ist an der Unterseite des Stoffs zu machen (die Seitenkanten bleiben ungesäumt), die Verbindung zwischen Stoff und Federstab ist einfach zu bewerkstelligen und zur Montage des fertigen Rollos muß man nur bohren können.
Nun aber der Reihe nach.
Die erforderlichen Rollostäbe (Federstäbe) bekommt man heute in den meisten Baumärkten und Eisenwarengeschäften. Sie werden in unterschiedlichen Längen angeboten. Und wenn man zum Einkaufen geht, weiß man natürlich das Breitenmaß des Fensters und kann deshalb das richtige Längenmaß aussuchen. Wenn nun das pro Rollostab benötigte Maß unter dem fertig angebotenen Standardmaß liegt, ist es kein Problem, den Rollostab zu kürzen.

Die richtige Rollobreite
Rollos werden, wenn sie ein einzelnes schmales Fenster verhängen sollen, so gewählt, daß sie etwas breiter als die Fensterleibung sind. Nur in Ausnahmefällen wird man ein Rollo in der Leibung befestigen können: Dann nämlich, wenn das Öffnen des Fensters durch das Rollo nicht behindert wird. Denn ein aufgerolltes Rollo beansprucht immerhin rund 10 cm, das ist mehr, als der Blendrahmen über dem Fenster breit ist.
Wenn man Rollos an einem sehr breiten Fenster anbringen will, dann kann man zwischen zwei Lösungen wählen:
1. Man kauft einen ausreichend breiten Rollostab, deckt also das Fenster mit einem einzigen Rollo ab.
In diesem Fall kann man allerdings nicht zwei oder mehr Stoffbahnen nebeneinander am Rollostab befestigen:
Ein Rollo darf keine senkrechte Naht im Stoff aufweisen. Im Bereich der Naht würde sich der Stoff doppelt dick aufrollen (weil er hier ja auch doppelt liegt). Und das bedeutet, daß das Rollo sich ganz ungleichmäßig aufrollt. Die beiden Stoffbahnen müssen also um 90 Grad gedreht werden (und entsprechend zugeschnitten werden). Das Rollo weist dann eine waagerechte Naht auf – und die stört nicht.
Eine solche Lösung funktioniert aber nur bei Stoffen, die einfarbig sind oder ein kleines Streumuster aufweisen, das nicht eindeutig in Längsrichtung verläuft.

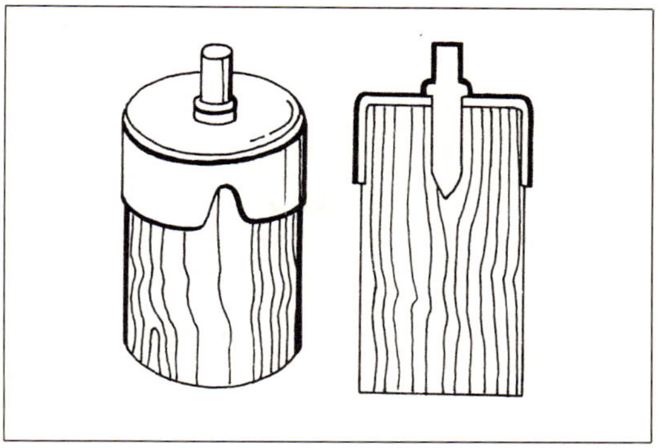

Mitnahmedorn mit Metallkappe im Federstab

2. An der Fensterfläche werden zwei oder mehr schmalere Rollos nebeneinander angebracht.
Diese Rollos können unabhängig voneinander auf- und zugezogen werden.
Unter Umständen hat man bei dieser Lösung allerdings etwas mehr Stoffverschnitt.

Rollostab kürzen
Auch die Rollostäbe müssen bei der zweiten Lösung (oder auch dann, wenn nur ein einzelnes Rollo vor einem Hochformat-Fenster hängt) unter Umständen gekürzt werden. Das ist kein großes Problem:
Der Mitlaufdorn im Federstab wird herausgezogen, die von ihm festgehaltene Metallkappe abgezogen. Dann kann man den Holzstab absägen – die Kappe wieder aufsetzen und den Dorn mit einem Hammer in das Holz eintreiben.

Stoff zuschneiden
Es wurde schon darauf verwiesen, daß ein Springrollo keine senkrechten Nähte aufweisen darf. Das heißt auch, daß die Seitenkanten nicht in der üblichen Weise gesäumt werden dürfen, weil das ja auch eine Stoffverdoppelung bedeutet:
Der Stoff wird seitlich mit einer Zickzackschere geschnitten und der Zickzackrand bleibt dann auch erhalten. Oder man schneidet den Stoff mit einer normalen Stoffschere und streicht auf die Stoffränder eine hauchdünne Spur verdünnten Klebstoff, um zu verhindern, daß der Stoff ausfranst.

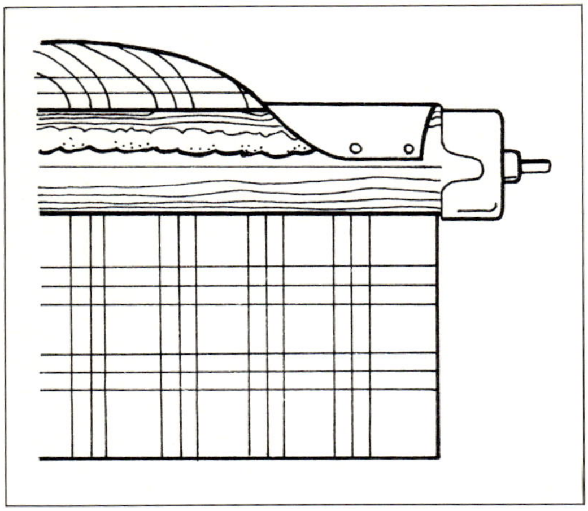

Federstab genau rechtwinklig zur Laufrichtung des Rollos mit dem Stoff verbinden

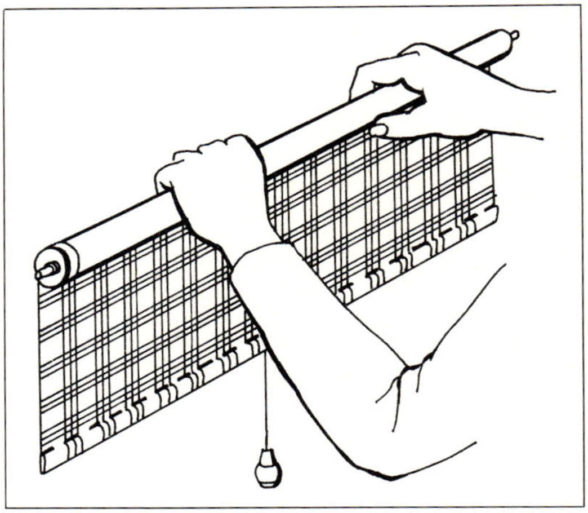

Nachspannen des Federmechanismus: Rollo etwa zur Hälfte neu aufwickeln

Bei einem Gewebe aus Kunstfasern könnte man den Stoff auch ganz vorsichtig an einer Kerzenflamme vorbeiführen und dadurch die angeschnittenen Fasern ganz leicht anschmelzen. Auch das würde das Ausfransen verhindern.

Stoff am Rollostab befestigen

Der Rollostab ist aus Holz. Der Stoff kann daran entweder mit (meist mitgelieferten) Nägelchen von höchstens 4 mm Länge befestigt werden. Oder man tackert den Stoff fest. Man kann ihn auch ankleben oder, was vielleicht die einfachste Lösung ist, ihn mit doppelseitig klebendem Band befestigen. In den unteren Stoffsaum legt man eine Tapetenleiste ein, eventuell kann man noch eine kurze Zugschnur anbringen – dann ist das Rollo fertig.

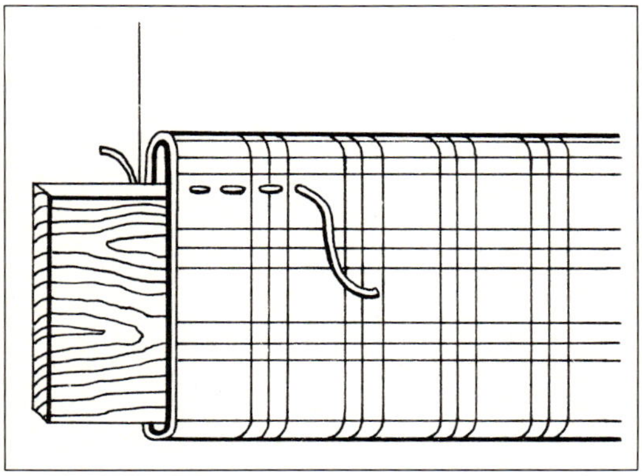

Tapetenleiste in den unteren Saum einlegen

Rollo an der Wand oder an der Decke montieren

Die Beschläge für Rollos sind so geformt, daß sie sowohl an der Wand als auch an der Decke angebracht werden können. Der Beschlag, in den der Zapfen des Federmechanismus eingehängt wird, weist zwei im Winkel versetzte Schlitze auf; sie erlauben es daher, den Montagewinkel sowohl waagerecht (also an der Wand) als auch senkrecht (also an der Decke) zu befestigen.

Federmechanik „aufdrehen“

Die Feder eines im Geschäft gekauften Federstabs ist schon richtig gespannt. Bei der Befestigung des Stoffes wie bei der Montage des fertigen Rollos sollte man daher vorsichtig hantieren, damit sich nicht die Federspannung löst.
Sollte es dennoch geschehen oder will man ein Rollo nach längerem Gebrauch nachspannen, dann zieht man einfach das Rollo zur Hälfte herunter, nimmt es aus den Halterungen und wickelt nun den Stoff vollends auf den Stab auf. Durch diese simple Prozedur wird die Feder wieder „aufgedreht“, also neu gespannt.

Renovieren und Sanieren

Die Jahre, in denen dem Bau von neuen Wohnungen fast ausschließlich alle Aufmerksamkeit gewidmet worden ist, sind vorbei. Heute denkt man auch wieder daran, daß betagte Häuser und Wohnungen es wert sind, daß man ihre Substanz erhält: daß man versucht, Alterserscheinungen durch sachgemäße Reparaturen zu beheben und dabei zeitgemäßen Komfort in die Wohnungen einzubauen.

Viele der dabei notwendigen Arbeiten müssen dem Fachmann vorbehalten sein, der das bessere Wissen und die geeigneten Geräte hat, um einen alten Bau sachgemäß zu renovieren. Nur wenig bleibt dem Heimwerker zu tun.

Im folgenden Kapitel sollen die Arbeiten, die einem geschickten Heimwerker möglich sind, beschrieben werden. Wer nach Lektüre der Hinweise meint, daß auch für diese Arbeiten der Fachmann gerufen werden sollte, hat dieses Kapitel nicht umsonst studiert: er weiß dann wenigstens, worauf es ankommt – und kann somit den Auftrag an den Handwerker viel präziser und mit mehr Sachkenntnis erteilen.

Wandverkleidungen aus Stoff

Zunächst wäre zu klären: Welche Stoffe kann man überhaupt verwenden?

Als bekanntestes Gewebe ist der Rupfen zu nennen, den man in vielen verschiedenen Farben bekommen kann. Seine grobmaschige Struktur paßt allerdings nicht in jeden Raum. Feiner gewebt ist der Nessel, ein einfacher Baumwollstoff, den es allerdings nur naturfarben bzw. gebleicht gibt. Dafür hat Nessel einen anderen Vorzug. Weil er sehr viel für Schaufenster- oder Theaterdekorationen benötigt wird, kann man Nessel auch in sehr breiten Bahnen kaufen. Man kann also eine Wand mit einem einzigen Stück Stoff, ohne störende Naht, verkleiden.

Auch Filz wird in sehr breiten Bahnen hergestellt (genauer gesagt: der Dekorationsfilz, nicht der Modefilz). Außerdem kann man Filz in vielen Farben bekommen.

Daneben eignen sich natürlich auch andere Dekorationsstoffe (Vorhangstoffe), sofern sie nicht zu dünn und durchsichtig sind. Man kann Leinen ebenso wie Seide als Wandverkleidung verwenden. Gewebe aus Kunstfasern sind vorteilhafter, weil sie leichter zu reinigen sind. Glatte, ungemusterte Stoffe kann man länger ertragen als auffällige, allzu modische Muster. Aber all das ist Geschmackssache; Hauptsache, der Stoff paßt in Charakter, Struktur und Farbe zur Einrichtung des Raumes.

Der Stoff kann aufgeklebt werden

Dazu verwendet man Zellkleister, wie er auch für Tapeten verwendet wird. Er darf allerdings nicht zu dünn angesetzt werden. Besser geeignet sind Spezialkleister für schwere oder geprägte Tapeten (z.B. „Metylan-Spezial").

Prüfen Sie, welchen Anstrich die Wand trägt: Ölfarbe muß angeschliffen oder angelaugt werden, Leimfarbe ist abzuwaschen, Dispersions- oder Kalkfarbenanstriche sind lediglich zu reinigen und ganz leicht anzuschleifen. Löcher und Risse sind selbstverständlich sauber auszuspachteln und noch einmal zu überschleifen: Weil der Stoff ganz dicht anliegt, zeichnen sich alle Unebenheiten nur zu genau auf dem Gewebe ab. Wie glatt die Wand ist, läßt sich übrigens am besten dadurch feststellen, daß man am Abend eine Lampe ganz dicht vor die Wand hält: je flacher das Licht über die Wand streicht, desto eher wird es alle Erhebungen entlarven.

Die trockene, saubere, ebene Wand wird von links mit dem satt angesetzten Kleister eingestrichen. Man kleistert vorerst nur eine etwa einen Meter breite Fläche ein. Das Gewebe wird in der linken oberen Ecke dieser Kleisterfläche zuerst angelegt, dann drückt man die ganze linke Kante an. Es ist besser, wenn der Stoff hierbei ein paar Zentimeter übersteht; nachher kann man ihn immer noch beschneiden – aber nicht anstückeln, wenn er sich verzogen haben sollte. Nun drückt man einen Teil der oberen Webkante an die Wand und streicht von hier aus den Stoff nach rechts und nach unten. Es dürfen sich dabei keine Falten bilden, und der Stoff darf nicht schief gezogen werden. Entlang der Oberkante kann man den Stoff mit einigen kleinen Kammzwecken zusätzlich anheften. Auf jeden Fall sollte er nun aber von einer Hilfsperson gehalten werden, damit man die Wand weiter mit Kleister bestreichen kann. Jetzt können es schon breitere Streifen sein, die satt, aber nicht zu stark, vor allem aber gleichmäßig mit Kleister bestrichen werden. Der Stoff wird nachfolgend angelegt und mit der flachen Hand angedrückt.

Die rechte und linke Wandkante müssen noch versäubert werden, wenn der Stoff in ganzer Länge angeklebt worden ist. Man zieht das Gewebe wieder leicht von der Wand und schneidet mit der Schere oder einer Rasierklinge vorsichtig die überstehenden Ränder ab und drückt den Stoff wieder an die Wand. Dann kann man die Scheuerleiste wieder befestigen. Und außerdem nagelt man auf die obere Webkante und entlang den beiden seitlichen Kanten 5 x 20 oder 5 x 25 mm starke Leisten auf die Stoffränder. Die Leisten sollten passend zum Stoff lackiert oder auch gebeizt sein; man verwendet Nägelchen mit kleinen Köpfen und treibt sie mit einem Senkstift oder einem stärkeren Nagel noch etwas tiefer ins Holz. Die Nagelköpfchen kann man noch etwas überlackieren.

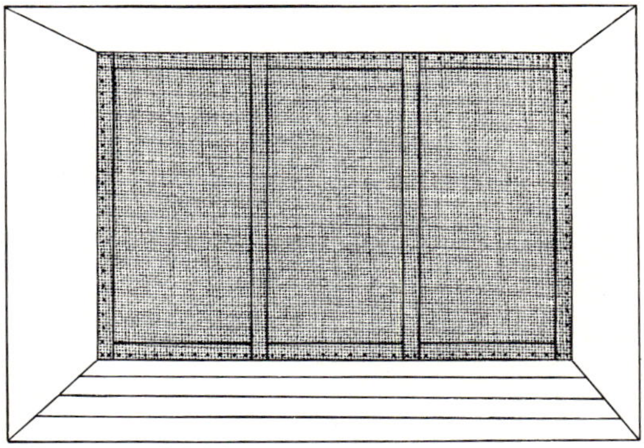

Eine ganzflächige Stoffverkleidung, auf ein Lattengerüst zu nageln

Der Stoff wird aufgenagelt

Er wird nicht direkt auf die Wand genagelt (weil hier zuviel Putz abspringen würde). Vielmehr befestigt man erst Leisten auf der Wand und nagelt nun in diese Hölzer.

Man verwendet 4 x 2 cm starke Latten, die am Fuß der Wand, an den Seitenkanten und an der Oberkante der Wand sowie an den Nahtstellen zwischen den Stoffbahnen mit Dübeln und Schrauben befestigt werden. Beim Befestigen dieser Latten ist es am vernünftigsten, Holz und Wand in einem Arbeitsgang zu durchbohren: Man läßt die Latte in der richtigen Position an die Wand halten und durchbohrt die Latte nun in Abständen von etwa 80 bis 100 cm. Man bohrt so tief, daß man 35 bis 40 mm lange Dübel in die Wandlöcher stecken und die Leisten mit 50 bis 55 mm langen Senkkopfschrauben befestigen kann.

Die Felder zwischen den Latten kann man mit 2 cm starken Styroporplatten füllen. Man verbessert damit die Wärmedämmung; man sorgt auf diese Weise auch für eine bessere Akustik im Raum, und schließlich erreicht man damit, daß der Stoff nicht „hohl“ liegt.

Der Stoff wird nun bahnenweise oder als eine große, aus Bahnen zusammengenähte Fläche (oder als Filz- bzw. Nesseltuch von ausreichender Größe) auf die Latten genagelt, und zwar mit kleinen Kammzwecken, kleinen breitköpfigen Nägeln also. Man arbeitet dabei stets von der Mitte einer Bahn oder der gesamten Stofffläche aus: Man schlägt zuerst oben in der Mitte einen Nagel ein, dann genau darunter einen Nagel am Fuß der Wand. Aber ehe man diesen einschlägt, prüft man, ob der Kettfaden des Stoffes genau senkrecht verläuft (was bei Filz natürlich überflüssig ist). Dann nagelt man an den Eckpunkten der Oberkante den Stoff fest – wobei man ihn leicht (aber wirklich nur leicht) spannt. Es folgen die unteren Eckpunkte. Natürlich ist dabei stets der genaue Fadenverlauf zu kontrollieren und eventuell zu korrigieren (indem man einen der Heftnägel wieder löst). Jetzt kann man an der Oberkante den Stoff endgültig festnageln. Man beginnt in der Mitte und arbeitet abwechselnd nach rechts und nach links. Danach folgt die Unterkante, und schließlich sind die Seitenkanten dran – bei denen man allerdings keine Spannung in den Stoff bringen darf, weil er sich sonst hoffnungslos verzieht. Wichtig ist auch, daß man die Nägel schön sauber in Reih und Glied einschlägt, und zwar möglichst dicht an den Außenkanten bzw. genau in der Mitte der Zwischenleisten. Arbeitet man ordentlich, dann genügen nachher ziemlich schmale Leisten, um die Nagelreihen zu überdecken. (Man nimmt Tapetenleisten, deren Farbe dem Stoff angepaßt werden sollte: Durch Lack oder aber einem Anstrich mit farblich passender Abtönfarbe – was billiger ist.)

Die Styroporplatten werden übrigens mit ein paar Nägeln nur ganz leicht an die Wand geheftet: sie werden nachher ja auch vom Stoff festgehalten. Bei Stoffverkleidungen aus einem Stück (Nessel oder Filz) sollte man die senkrechten Zwischenlatten so anbringen, daß man dazwischen genau eine oder zwei Styroporplatten einsetzen kann: dann hat man weniger Arbeit mit dem Einpassen.

Der Stoff wird auf wandhohe Hartfaser- oder Spanplatten gespannt

Und dann werden diese Platten an der Wand befestigt. Die Spanplatten sind 10 mm stark, Hartfaserplatten gibt es nur in 3,2 mm Stärke.

Bei diesem Verfahren muß man natürlich vor allem darauf achten, daß die Wand in gleichmäßig breite Felder unterteilt wird – und daß man mit möglichst wenig Stoff auskommt. Der Stoff wird nach hinten um die Platte herumgeschlagen und auf der Rückseite mit Kammzwecken oder aber mit Heftklammern befestigt. Dieser Umschlag sollte mindestens 10 cm betragen. Im günstigsten Fall verwendet man 1 m breite Platten, um die dann eine 120 cm breite Stoffbahn jeweils knapp 10 cm herumgeschlagen wird. Weil man aber die Wand gleichmäßig unterteilen will, kann es auch einmal passieren, daß man nur 70 oder 80 cm breite Tafeln verwenden kann.

Man hat hier übrigens die Möglichkeit, mit den Fugen zwischen den Platten zu „spielen". Normalerweise legt man zwischen den Platten 1 bis 2 cm breite Schattenfugen an. Man kann den Zwischenraum aber auch auf 5 oder 8 cm verbreitern, wenn man dadurch eine rationellere und wirtschaftlichere Teilung der Wandfläche erzielt.

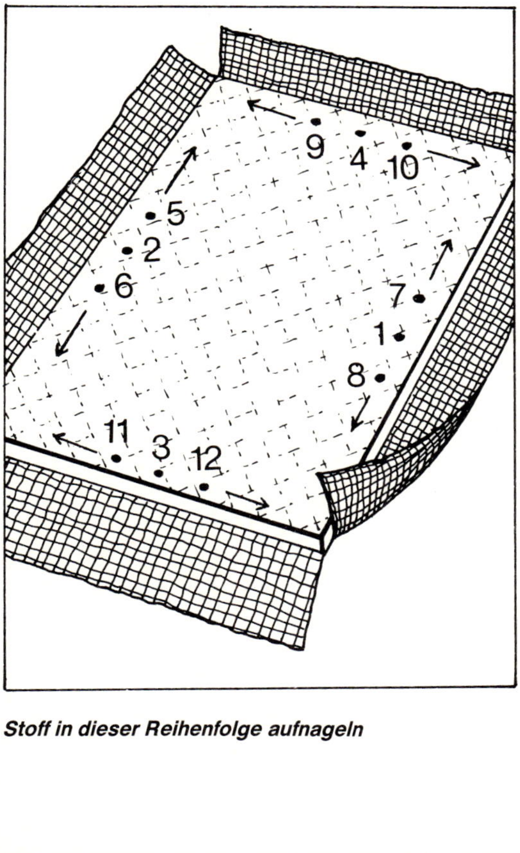

Stoff in dieser Reihenfolge aufnageln

In diesem Fall müßte dann aber die Unterkonstruktion etwas abgewandelt werden. Während man im allgemeinen 5 × 2 cm starke Latten entlang den Wandaußenkanten und unter den Plattenstößen an die Wand schraubt, müßte man bei breiteren Fugen entsprechend breite Bretter verwenden. Man würde also am Fuß und am oberen Abschluß der Wand zwar 5 × 2 cm starke Latten befestigen, an den Seitenkanten und unter den Plattenfugen breitere Bretter montieren.

Der Stoff wird so zugeschnitten, daß jede Bahn 20 cm länger als die Raumhöhe ist, denn auch an den Schmalseiten der Platten wird der Stoff umgeschlagen. Und die Platten selbst sollten nicht ganz raumhoch sein: Man läßt an der Oberkante der Wand genausoviel Abstand zur Decke, wie man als Schattenfuge zwischen den Platten ausgerechnet hat – also 1 bis 2 cm (aber nicht mehr als 5 cm, auch wenn man 5 bis 8 cm breite Fugen annimmt!). Die Platten stoßen auf die Scheuerleiste am Fuß der Wand – der Abstand zum Fußboden muß sein, weil der Stoff sonst zu früh vom Besen oder Staubsauger beschmutzt oder gar beschädigt wird.

Man legt eine Platte auf den (sauberen) Fußboden oder auf einen Tisch, breitet eine Bahn darüber aus und richtet nun den Stoff so aus, daß die Kettfäden parallel zu den Längskanten und die Schußfäden parallel zu den Schmalseiten der Platte verlaufen. Nun heftet man den Stoff mit einigen Nägeln an den Schnittkanten der Platte an (etwa alle 20 cm) – und wendet dann die Platte zusammen mit einem Helfer so vorsichtig, daß die Nägel nicht durch die Stoffspannung herausgezogen oder der Stoff durch die sich leicht verbiegende Platte gar zerrissen wird. Die Umschläge an den Längskanten werden nun zuerst auf der Plattenrückseite angenagelt. Man muß den Stoff wieder ein bißchen zurechtziehen, ohne ihn aber falsch zu spannen. Man setzt die Nägel oder Klammern in Abständen von etwa 5 cm. Man könnte übrigens auch doppelseitig klebendes Band verwenden, das man in Teppichgeschäften oder in den Teppichabteilungen der Kaufhäuser bekommt. Wenn man nun die Schmalseiten befestigt, muß man den Umschlag besonders in den Ecken sehr sorgfältig spannen: hier liegt der Stoff dreifach!

Wenn die Umschläge festgenagelt sind, kann man die Heftnägel an den Kanten vorsichtig wieder herausziehen. Dann schlägt man für jede stoffbezogene Tafel einen Nagel in die Wand: er soll genau über der Scheuerleiste eingeschlagen

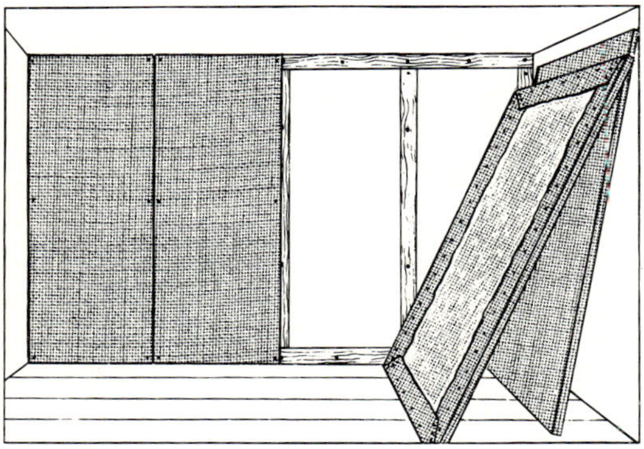

Stoffbespannte Platten werden auf ein Lattengerüst genagelt oder geschraubt

werden und bei der Montage eine Hilfe bedeuten. Auf dem Nagel kann man die Platte absetzen, wenn man sie festschraubt oder annagelt. Es versteht sich, daß alle Nägel in gleicher Höhe sitzen müssen (weshalb man sie auch ganz dicht über der Scheuerleiste einschlägt). Die wandhohen Platten werden mit jeweils 6 Schrauben oder Nägeln befestigt: je zwei oben, unten und in der Mitte. Wenn man schraubt, dann verwendet man Schrauben mit Zierkappe oder Zierkopf; Nägel dagegen sollten nur einen kleinen Stauchkopf haben, denn sie werden mit einem Senkstift vorsichtig unter dem Stoff versenkt. Verreibt man das kleine Loch im Gewebe, dann ist von der Befestigung gar nichts mehr zu sehen. Diesem Vorteil der Nägel steht der Nachteil gegenüber, daß man die Platten nicht so leicht wieder abnehmen kann; geschraubte Platten dagegen können sehr leicht entfernt werden (wenn man beispielsweise den Stoff reinigen oder aber durch eine andere Farbe, ein anderes Material ersetzen will).

Ein Keil erleichtert, die Platten höhengleich zu montieren

Den Stoff mit Klettverschlüssen befestigen

Das sind jeweils zwei Bänder mit unterschiedlichen Oberflächen. Das eine Band ist mit lauter kleinen, dicht beieinander stehenden Haken ausgestattet, beim anderen Band ist die Oberfläche mit einer flauschigen Schicht versehen. Drückt man beide Bänder aufeinander, dann verhakt sich das Hakenband im Flauschband so sehr, daß man schon einige Kraft aufwenden muß, wenn man die Verbindung lösen will. Es ist aber möglich, die Bänder zu lösen – und zwar beliebig oft, ohne daß die Haftung nachläßt. Das heißt also: Das ist das ideale Verfahren, wenn man eine stark strapazierte Wandverkleidung häufiger abnehmen und reinigen will (oder muß . . .).

Das eine (etwa 3 cm breite) Band wird auf die Wand geklebt oder genagelt, das andere Band muß auf die Rückseite des Stoffes genäht werden. Man kann den Stoff direkt auf der Wand befestigen, man kann aber auch hier zunächst ein Lattengerüst anschrauben, auf dieses das Flauschband nageln, klammern oder kleben – und die Zwischenfelder wiederum mit Styropor ausfüllen. Man kann die ganze Wand mit einer einzigen zusammenhängenden Stofffläche füllen (und dazu nur entlang den Außenkanten der Wand Klettverschlüsse verwenden); man kann den Stoff bahnenweise befestigen, wobei dann die Webkanten jeweils auch durch einen Klettverschluß festgehalten werden. Für diese „Nähte" zwischen den Bahnen kann man unterschiedlich breite Bänder verwenden: Das Flauschband auf der Wand (oder auf den Latten) ist doppelt so breit wie die beiden Hakenbänder, die man auf die Webkanten der beiden Bahnen näht. Es empfiehlt sich, zusammen mit den Klettverschlüssen auch gleich Bordüren auf die Vorderseite des Stoffes zu nähen – damit die Nähte und Säume etwas schöner aussehen. Die Bänder können übrigens gewaschen und mild gereinigt werden.

Die Wand mit Holz verkleiden

Holz ist das andere „klassische" Material, mit dem man eine Wand verschönern kann. Es wird heute mehr denn je in heimwerkergerechten Formen angeboten: Man bekommt Bretter und Paneele und dazu auch Befestigungsmittel, die es selbst dem weniger geübten Hausherrn verhält-

nismäßig leichtmachen, eine Wand schön und neu zu gestalten.
Wenn man Paneele verwendet, dann ist die ganze Arbeit ziemlich schnell getan: Schon wenige der 50, 60 cm oder gar 1 m breiten Tafeln füllen eine ganze Wand.

Wie werden Bretter angebracht?
Die Bretter können waagerecht oder auch senkrecht verlaufen: Im ersten Fall wird die Wand breiter und etwas niedriger, im zweiten Fall wird sie schmäler und höher erscheinen. Das sollte bei der Planung bedacht werden. Es sollte auch eine Rolle spielen, daß man mit möglichst wenig Verschnitt auskommt. Wenn eine Wand 3,90 m breit ist und die handelsübliche Brettlänge 4,00 m, dann wird man natürlich daran denken, die Bretter waagerecht zu verlegen. Wenn die Wand breiter ist als die längste Brettlänge, müßte man anstücken – was nicht unbedingt gut aussieht (vor allem dann nicht, wenn man nicht mit größter Sorgfalt arbeitet). Hier wäre es besser, 2,50 m lange Bretter zu kaufen und diese senkrecht an der Wand zu befestigen.
Wenn die Bretter waagerecht verlaufen, müssen die Latten der Unterkonstruktion senkrecht angebracht werden. Bei einer Verschalung mit senkrechten Fugen verlaufen die Latten waagerecht. Man verwendet Dachlatten, die in Abständen von 60 bis 80 cm auf die Wand geschraubt werden. Bei waagerecht verlaufenden Latten empfiehlt es sich, in Abständen von etwa 50 cm Kerben in die Latten einzusägen oder aber Löcher einzubohren: Diese „Öffnungen" sorgen dafür, daß die Luft hinter der Verschalung zirkulieren kann. Das ist vor allem bei Wänden an der Wetterseite des Hauses und bei Verschalungen im Badezimmer oder in der Küche wichtig.
Auf den Latten können nun die Bretter mit folgenden Hilfsmitteln befestigt werden:
1. In die Nuten werden kleine Nägel schräg eingeschlagen. Sie müssen mit einem Senkstift im Holz versenkt werden, damit die nächste Feder weit genug aufgeschoben werden kann.
2. Die Bretter werden mit speziellen „Krallen" befestigt. Diese Krallen werden in die Nut eingeschoben, dann nagelt man den Haken neben dem Brett auf die Latte. Diese Methode ist besser als die erste, weil hier keine Gefahr besteht, daß man die Nuten der Bretter mit den Nägeln aufreißen könnte.

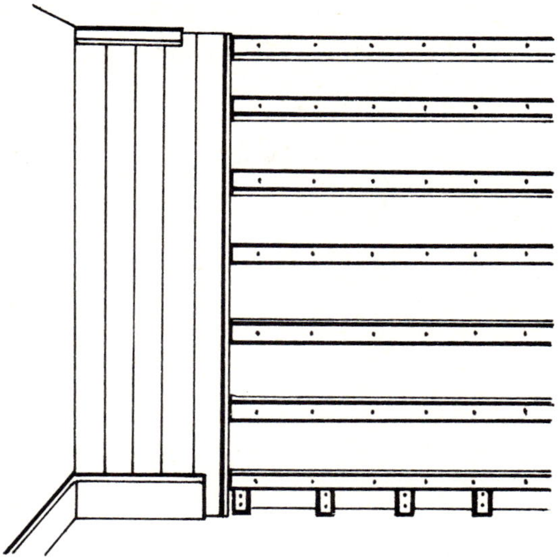

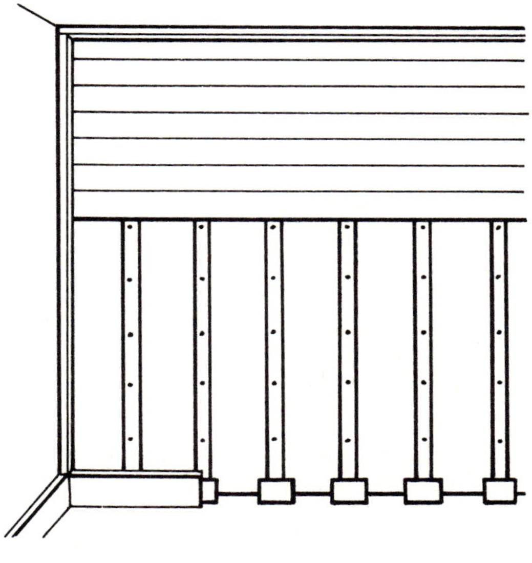

Der Aufbau senkrechter und waagerechter Bretter-Montage an der Wand

3. Die Bretter können auch angeklebt werden, und zwar nach der „Bostik-Pad-Klebemethode". Auf die Rückseite der Bretter werden kleine Schaumstoffpolster geklebt. Auf die Latten der Unterkonstruktion wird ein Streifen des Spezialklebstoffs aufgetragen; auch auf die Pads auf den Brettern streicht man noch einmal Klebstoff. Nach 5 oder 10 Minuten schiebt man das Brett in die Nut des vorher befestigten Bretts und drückt es fest auf die Klebstelle.

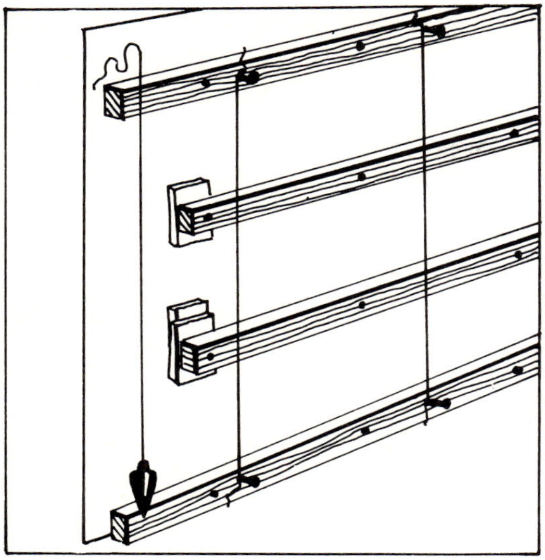

Die Vorderkanten der Unterlatten müssen genau gefluchtet werden

Brettverkleidung mit Vilin-Haken: Montage mit Wasserwaage überprüfen

Dieses Verfahren kann übrigens auch angewendet werden, ohne daß vorher Latten an die Wand geschraubt worden sind. Voraussetzung ist allerdings, daß die Wand glatt und eben ist. Kleine Unebenheiten werden noch durch die Schaumstoffpolster bzw. durch den geringfügigen Abstand der Bretter von der Wand ausgeglichen. Bei starken Unebenheiten, bei Rohren und Leitungen, die auf dem Putz verlegt sind, sollte man in jedem Fall erst eine Unterkonstruktion anbringen.

Und noch einmal der Hinweis, daß man bei Holzverkleidungen in Badezimmern und in der Küche für eine gute Hinterlüftung sorgen muß. Deshalb kann dort die Holzverkleidung nicht direkt angeklebt werden.

Was bei der Montage zu beachten ist

Nur in Ausnahmefällen wird Wandhöhe oder -breite mit der Brettlänge übereinstimmen. Man muß die Bretter also noch ablängen. Man beachte, daß die Verbretterung nur bis auf die Scheuerleiste herabreichen soll und daß auch am oberen Abschluß der Wand die Verkleidung nur bis einen oder zwei Zentimeter unter die Decke reichen soll. Diese dünne Fuge dient der Luftzirkulation hinter den Brettern, sie gleicht auch Unregelmäßigkeiten des Putzes aus: man muß also nicht die Bretter nacharbeiten, wenn der Deckenputz nicht ebenmäßig ist.

Man säge immer ein Paket von 10 oder auch mehr Brettern. Man füge sie mit Schraubzwingen zusammen, damit man für alle Bretter die gleiche Länge bekommt.

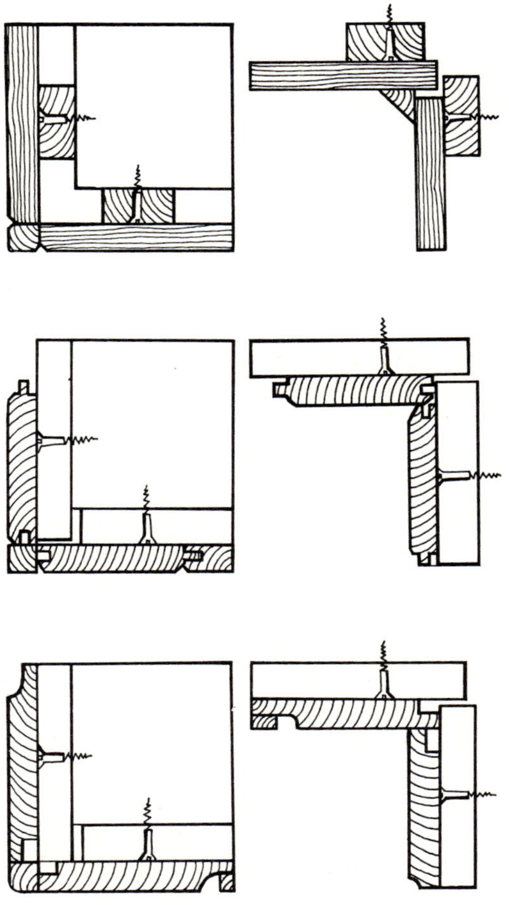

Ausbildung von Ecken und Vorsprüngen bei Paneelen (oben) und Brettern

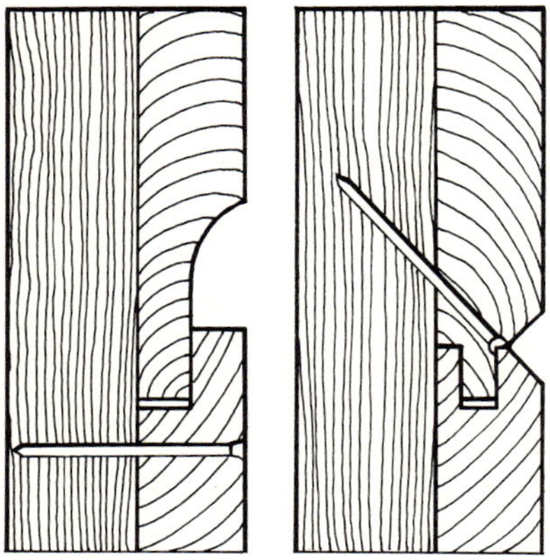

Sichtbare und unsichtbare Nagelung

Die Fugen zwischen den Brettern müssen absolut waagerecht oder senkrecht verlaufen. Schon geringe Abweichungen lassen die Wand schief erscheinen. Bei der Montage arbeite man also mit einem Schnurlot oder einer Wasserwaage. Oder man mache vor Arbeitsbeginn auf der Lattenkonstruktion mehrere Bleistiftstriche, mit deren Hilfe die genaue Montage der Bretter überprüft werden kann. Die Markierungen sollten etwa 50 cm voneinander entfernt sein, sie müssen mit Hilfe von Wasserwaage und Richtscheit oder einem Schnurlot exakt waagerecht oder vertikal angeordnet sein.
Befindet sich eine Tür in der mit Brettern zu verkleidenden Wand, so stoßen die Bretter bis an den Türrahmen. Dünne Leisten bilden nachher einen sauberen Anschluß. Umkleidet man ein Fenster, so kann man die Bretter ebenfalls bis zur Kante der Leibung heranführen und dann in die Leibung eine etwa 4 x 2 cm starke Leiste einsetzen. Man kann aber auch die Leibung mit Brettern auskleiden. Die Vorderkanten dieser Bretter würden die Wandbretter um einen oder zwei Millimeter überragen.
Man beachte, daß Steckdosen und Schalter versetzt werden müssen: Man muß die Unterputzdosen aus der Wand holen und so in die neue Verkleidung einsetzen, daß die Abdeckung paßt.

Die Wand mit Paneelen verkleiden

Paneele sind dünne Sperrholztafeln, die mit einem Edelholzfurnier belegt sind. Es gibt Paneele mit glatten Kanten und glatten Fronten: Sie bilden eine völlig ebene Wandverkleidung mit kaum sichtbaren Fugen zwischen den einzelnen Platten. Es gibt aber auch Paneele, bei denen Zierfiguren eingefräst sind, so daß der Eindruck entsteht, die Wand sei mit Brettern verschalt.
Die Paneele werden im Prinzip wie Bretter befestigt: Man kann sie direkt auf die Wand kleben (wiederum mit den Bostik-Pads) oder auf ein Lattengerüst nageln oder auch kleben. Es gibt Paneele, zu denen Kunststoffschienen geliefert werden, mit deren Hilfe man die Platten befestigt. Eine recht interessante Methode sei hier noch genannt und gezeigt: Man kann die Paneele auch einfach an die Wand hängen! An die Wand werden waagerecht drei gefälzte Latten geschraubt, auf die Paneelrückseiten schraubt man ebenfalls gefälzte Latten – nur befindet sich hier der Falz an der Unterkante (bei den Wandlatten sitzt er oben). Die beiden Fälze greifen also ineinander: Man hängt die Paneele ein – man kann sie auch wieder aushängen.

Oberflächenbehandlung für die Wandverkleidung aus Holz

Holz ist von Natur aus empfindlich gegen Feuchtigkeit und damit auch gegen Staub: Auch wenn das Holz nur gering durchfeuchtet ist (die Luftfeuchtigkeit an einem schwülen Sommertag genügt da schon), bindet es den Staub. Auch die

Paneelplatten können, wie hier gezeigt, auf Falzleisten aufgehängt werden

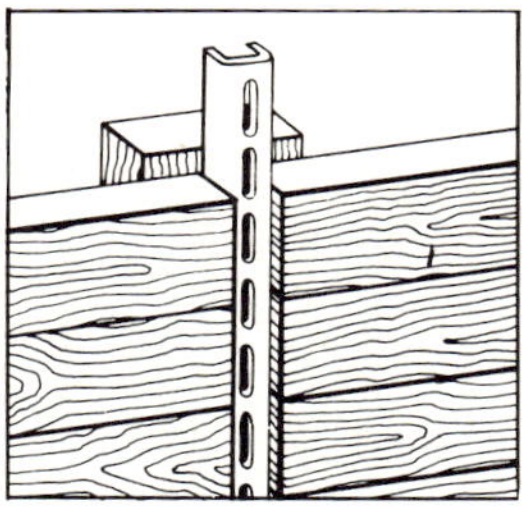

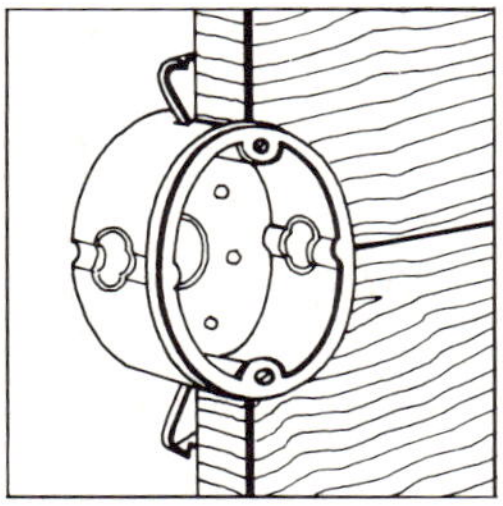

Regalschiene, Schalter und Steckdosen werden in die Verkleidung eingepaßt

geringen Verschmutzungen, die durch Berührung entstehen, werden vom Holz sehr leicht angenommen. Man muß also das Holz schützen. Das geschieht durch farblose Lackierungen, durch Mattierung, durch farblose Imprägnieranstriche oder durch Wachse. Man kann das Holz aber auch färben – durch Beizen, Farblasuren oder Farbwachse. Man kann das Holz auch lakkieren: dann verdeckt man zwar die Holzfarbe und -struktur, aber die Fugen und Fasen bleiben sichtbar. Am häufigsten werden die Farblasuren oder Farbwachse angewandt. Sie tönen oder färben das Holz mehr oder weniger stark, lassen aber die Struktur und Zeichnung noch sichtbar; außerdem können sie sehr leicht aufgetragen werden. Sie bleiben matt, während Lacke einen unnatürlichen Glanz auf das Holz bringen.
Alle diese Materialien bekommt man in den Geschäften, in denen man das Holz kauft.

Wandbeläge aus PVC

Es gibt PVC-Folien, die auf eine Trägerschicht aus Papier oder dünnem Baumwollgewebe aufkaschiert sind;
schließlich kennt man die PVC-Schaumfolien von 2 bis 3 mm Dicke. Allen ist gemeinsam, daß sie eine sehr strapazierfähige Oberfläche haben, daß sie leicht zu reinigen sind – und daß sie nicht ganz einfach zu verarbeiten sind. Wegen ihrer Strapazierfähigkeit wird man sie also vor allem dort verwenden, wo die Wände einiges auszuhalten haben. Die Oberflächen sind absolut wasserfest und auch unempfindlich gegenüber den im Haushalt verwendeten Reinigungsmitteln. Auch stärkere Verschmutzung kann daher leicht entfernt werden.

Der Untergrund ist gut vorzubereiten
PVC-Folien sind wasserundurchlässig, deshalb kann man sie nicht im Keller (in der Kellerbar ...) verwenden, wo mit Schwitzwasser oder aber mit aufsteigender Grundfeuchtigkeit zu rechnen ist. Dort könnten dann die Wände nicht mehr atmen, sie würden die Feuchtigkeit speichern – und allmähliche Zerstörung wäre die Folge.
Von dieser Ausnahme abgesehen, kann man die PVC-Folien aber auf jeglichen Untergrund kleben – auf dem man auch tapezieren könnte: auf Putz, auf Span- und Tischlerplatten, auf Gipskarton, Hartfaserplatten oder auf Beton.
Freilich muß der Untergrund trocken sein. In einem Neubau, den man kurz nach der Fertigstellung bezogen hat, sollte man die Folien vorerst nicht an die Wände kleben. Denn der Putz bzw. der Sichtbeton muß nicht nur trocken sein, der Untergrund muß auch richtig abgebunden haben. Und es ist besser, ein halbes Jahr zu warten und dann erst die Folien anzukleben.
Alle wasserlöslichen Altanstriche (Leimfarbenanstriche) müssen natürlich abgewaschen werden; Ölfarbe sollte wegen der rauhen Oberfläche ebenfalls entfernt werden. Auch alte Tapeten müssen von der Wand genommen werden.
Der Untergrund muß sauber sein. Das bedeutet, daß man Putz, Sichtbeton und Dispersionsfarben-Untergründe wenigstens abwischen sollte.
Der Untergrund muß eben sein. Alle rauhen Putzflächen sind daher abzuschleifen oder mit Spachtelmasse einzuebnen (z. B. mit Dufix). Alle Löcher und Risse müssen zugespachtelt und nachgeschliffen werden.
Der Untergrund soll fest – aber saugfähig sein. Bei allen Gipsputzen oder Gipskartonplatten sollte darum vorher eine Tiefengrundierung aufgetragen werden. Geeignet sind ausschließlich lösungsmittelhaltige Grundierungen, die tief in die Wand eindringen und auch in der Tiefe den mageren oder gar rieselnden Putz festigen können. – Auch alle Holzplatten sollten grundiert werden, damit die Oberfläche durch das im später verwendeten Klebstoff enthaltene Wasser nicht aufgequollen wird und dann uneben wird.

PVC-Folien mit Trägerschicht ankleben
Die papierkaschierten Folien sind 53 bis 90 cm breit. Sie werden wie normale Tapeten zugeschnitten. Als Kleister verwendet man Tapeten-Spezialkleister (z. B. „Metylan-Spezial"), der im

Verhältnis 1:15 bis 1:20 mit Wasser angesetzt wird. Normaler Tapetenkleister darf auf keinen Fall verwendet werden, weil sein Wassergehalt viel zu hoch ist (selbst dann, wenn man ihn dicker ansetzt). Die Nässe würde die Bahnen zu stark einweichen, und dann würden sich die Folien doch verziehen.

Der Kleister wird – wie bei normalen Tapeten – auf die Rückseite der Bahnen gleichmäßig dick aufgestrichen. Die eingekleisterten Bahnen werden ebenfalls zusammengefaltet, wie man das von Papiertapeten kennt (und wie es im Kapitel über das Tapezieren nachgelesen werden kann). Dann rollt man die Bahnen zusammen. In den nächsten zehn bis 15 Minuten soll das Papier einweichen, ohne daß unterdessen die Kanten der Papierflächen schon zu trocknen beginnen. Das ergäbe schlechte Nähte zwischen den Bahnen.

Die Folien werden auf Stoß geklebt. Sie sind in der Einweichzeit so geschmeidig geworden, daß man die Bahnen an der Wand gut schieben kann – so daß man die Nähte sehr dicht schließen kann. Die Bahnen müssen fest angerieben werden. Man nimmt dazu am besten eine Tapezierwalze, weil man damit die Luft hinter den Folien mit mehr Druck als mit einer Bürste herausstreichen kann.

Die textilkaschierten Folien sind im allgemeinen breiter: man bekommt bis zu 130 cm breite Rollen. Sie müssen unbedingt akklimatisiert werden. Dazu schneidet man die benötigten Bahnen (plus etwa 6 bis 10 cm Zugabe) schon einen Tag vor der geplanten Klebearbeit zu und läßt sie ganz locker gerollt im Raum liegen. Es empfiehlt sich, die einzelnen Bahnen fortlaufend zu numerieren und außerdem auch jeweils die Oberkante zu markieren, damit man die Bahnen unter Umständen auch gestürzt kleben kann, was zuweilen einen besseren Farbanschluß ergibt, weil nun ja immer die rechten Kanten neben den rechten Kanten und die linken Kanten neben den linken Kanten angeordnet werden.

Als Klebstoff wird Dispersionskleber verwendet, dem man rund 20% Tapeten-Spezialkleister zusetzen kann, wenn man bei längeren Bahnen oder bei hoher Raumtemperatur erreichen will, daß die „offene Zeit" verlängert wird: Mit diesem Zusatz trocknet der Kleber nicht so schnell, und man hat dann mehr Zeit, die Bahnen zu korrigieren, eventuell auch wieder etwas von der Wand abzuziehen, wenn man Luftblasen oder Falten entfernen will.

Der Kleber wird nicht auf die Folienrückseite, sondern auf die Wand aufgestrichen – und zwar jeweils in bahnenbreiten Flächen. Die Bahnen werden dann sofort in den feuchten Klebstoffauftrag eingelegt und mit einem Kunststoffschaber bzw. -Spachtel dicht angepreßt. Alle Luftblasen müssen entfernt werden, da sich die Folien nicht mehr zusammenziehen und man sich also nicht – wie bei normalen Papiertapeten – darauf verlassen kann, daß die Blasen von selbst über Nacht verschwinden werden.

Man sollte die Bahnen so anlegen, daß sie genau bis zur Decke reichen – und nur am unteren Ende über die Scheuerleiste ragen. Bei einem unsauberen Verlauf der Deckenkante wird man natürlich die Bahnen etwas höher ziehen – und dann den überstehenden Rand mit einer Schere oder einem Spezialmesser abschneiden. Im allgemeinen genügt es aber, daß man nur den unteren Rand beschneidet. Danach muß man sich um die 3 bis 6 cm überlappenden Seitenkanten kümmern. Sie werden mit dem Spezialmesser, das unter der Klinge einen Gleitfuß aufweist, sauber beschnitten. Die abgetrennten Randstreifen werden entfernt, und dann werden die Kanten der beiden Bahnen mit einem Nahtroller noch einmal besonders fest an die Wand gedrückt. Die überlappende Bahn hat einen schmalen Klebstoffstreifen auf der anderen Bahn hinterlassen, er muß sofort mit einem nassen Schwamm abgerieben werden. Wenn er einmal eingetrocknet ist, läßt er sich nicht mehr entfernen, dann zeichnet sich ein glänzender Streifen auf der Folie ab. Alle Wandkanten und Ecken werden anders als bei Papiertapeten geklebt: Man zieht die Folien über die Ecken hinweg und drückt sie mit dem Schaber fest an die Wand (bei Papiertapeten werden ja immer nur rund 2 cm breite Streifen um die Ekke oder Kante herumgezogen). Bei dieser Arbeit soll die Folie aber nicht gespannt werden, sie soll nur fest in die Ecke gedrückt oder dicht an die Kante gepreßt werden.

PVC-Schaumfolien werden angeklebt

Diese Beläge sind mehrere Millimeter dick, weil der Kunststoff aufgeschäumt ist. Das Ergebnis dieses Herstellungsprozesses sind weiche, nachgiebige Folien mit einem nicht unerheblichen Wärmedämmwert (die Luft in den aufgeschäumten Zellen sorgt dafür). Zudem sind diese Folien unempfindlicher gegen Stöße und Kratzer

– eben weil das Material so nachgiebig ist. Diese Folien gibt es mit Muster oder auch mit genarbter, reliefartig geprägter Oberfläche. Man kann darum darauf verzichten, den Untergrund so perfekt zu glätten und auszuspachteln, wie das für die anderen Folienarten unbedingt erforderlich ist, die Stärke der Folien und ihre weiche Struktur überdecken kleinere Unebenheiten.

Die Bahnen werden wechselweise gestürzt angeklebt. Jede zweite Bahn ist also „kopfunter" anzukleben. Das zu beachten, fällt bei den meisten Fabrikaten aber leicht: sie weisen entsprechende Markierungen auf der Rückseite auf. So gibt es ein Fabrikat, das auf einer Seite einen dunklen Streifen aufweist. Hier muß man also darauf achten, daß jeweils eine dunkle Kante neben einer dunklen und ein heller Rand neben einem hellen Rand an die Wand zu bringen ist. Man kann sich die Ordnung aber schon dadurch erleichtern, daß man die Rolle beim Zuschneiden nach jeder Bahn in anderer Richtung aufrollt: mal nach rechts – und dann wieder nach links. Wenn man dann die zugeschnittenen Bahnen so aufeinander liegen läßt, wie es sich durch die Arbeit ergibt, können keine Fehler entstehen. Als Klebstoff kann man spachtelfähigen Dispersionskleber oder Fliesenkleber (wie z.B. Saxit) verwenden, denn dieses Material weist eine hohe Anfangshaftung auf, die das Ankleben erleichtert.

Der Klebstoff wird auf die Rückseite der Bahnen aufgetragen – und zwar mit einem feingezahnten Spachtel. Man kann aber auch eine Lammfellrolle dafür verwenden. Allerdings muß man ziemlich flott arbeiten, damit der Fliesenkleber nicht schon zu trocknen beginnt, während die Bahn noch auf dem Tapeziertisch liegt. Man sollte beim Auftragen des Klebstoffes an Ober- und Unterkante der Bahnen jeweils 10 cm breite Streifen frei lassen: Beim Anlegen der Bahnen an die Wand wird auf diese Weise vermieden, daß Decke oder Fußboden (bzw. Scheuerleiste) mit Klebstoff beschmiert werden. Auch die Bahnen, die direkt an Türverkleidungen oder an die Seitenkanten der Wand stoßen, sollten dementsprechend bestrichen werden. Der Klebstoff wird dafür direkt auf die Wand aufgetragen, unmittelbar bevor die Bahn angelegt wird.

Wie beim normalen Tapezieren muß man für die erste Bahn eine lotrechte Linie an die Wand zeichnen. Die erste Bahn wird an dieser Linie ausgerichtet. Man legt sie so an, daß sie über den Deckenwinkel hinausragt; der etwa 5 cm breite Streifen wird nachher mit einem Messer sauber abgeschnitten.

Man drückt die Bahn mit einem möglichst breiten Kunststoffschaber oder Spachtel an die Wand, um Luftblasen herauszuquetschen. Es ist dabei aber darauf zu achten, daß das Material nicht gedehnt wird.

Die zweite Bahn wird überlappend angeklebt: sie überlappt die erste Bahn um etwa 3 bis 5 cm, und sie muß – wie das schon bei den anderen Folien beschrieben worden ist – mit einem scharfen Spezialmesser beschnitten werden, so daß sich dann eine nahezu unsichtbare Naht ergibt. Bei einigen Fabrikaten wird allerdings auch empfohlen, daß die zweite und alle folgenden Bahnen nur knapp einen Millimeter überlappen und daß die Naht dann durch leichtes Stauchen der überlappenden Bahn ganz dicht geschlossen wird.

Um Ecken und Kanten müssen die Bahnen mindestens 10 cm weit herumgezogen werden. Dabei sind Blasen und Falten zu vermeiden. Unebenheiten und nicht exakt lotrecht verlaufende Wandkanten werden durch die Nachgiebigkeit des Materials ausgeglichen.

Alle Klebstoffflecken, vor allem an den Nahtstellen zwischen den einzelnen Bahnen, müssen sofort mit einem Schwamm und mit klarem Wasser abgewaschen werden.

Wenn man Schaumstoffolien mit Streifenmuster verarbeitet, sollte man bei jeder zweiten Bahn eine senkrechte Markierung ausloten und die Bahn an dieser Markierung ausrichten. Denn es ist leicht möglich, daß die Folie beim Anstreichen trotz aller Vorsicht leicht gedehnt wird und dann die Bahnenkanten nicht zur Orientierung dienen.

Es sei zum Schluß noch einmal darauf hingewiesen, daß man für das Ankleben der PVC-Folien nicht irgendeinen x-beliebigen Klebstoff verwenden soll. Bei Anwendung eines ungeeigneten Klebers kann es zu einer sogenannten „Weichmacher-Wanderung" kommen, d.h. bestimmte Substanzen im PVC-Material wandern an die Oberfläche und rufen dann unschöne Verfärbungen hervor. Beim Einkauf ist also auf die Angaben der Hersteller, d.h. auf die genauen Beschriftungen der Packungen zu achten. Aus den Angaben kann man auch den Materialverbrauch ableiten: Für einen Quadratmeter Wand bzw. Folie werden ungefähr 250 bis 275 Gramm Klebstoff benötigt. Es ist immer besser, eine größere Menge einzukaufen – als die Arbeit unterbrechen und nachkaufen zu müssen.

Die Wände mit Fliesen belegen

Die außerordentliche Festigkeit und die völlige Unempfindlichkeit gegenüber Feuchtigkeit lassen Fliesen natürlich zuallererst für die Naßräume in der Wohnung geeignet erscheinen – also für die Küche und das Bad. In den letzten Jahren sieht man Fliesen aber auch immer häufiger an den Wänden von Wohnräumen.

Die Fliesen mit Mörtel oder mit Klebstoff befestigen?

Früher wurden Fliesen fast ausschließlich mit Mörtel an der Wand befestigt. Das war ein ziemlich umständliches und auch reichlich schmutziges Verfahren, weil man erst einmal den Mörtel anrühren mußte und weil der Mörtel dann auch verhältnismäßig dick aufgetragen worden ist (und dazu brauchte man dann bei größeren Flächen schon beträchtliche Mengen von Mörtel). Heute wird Mörtel eigentlich nur noch in Ausnahmefällen angewendet:

So zum Beispiel, wenn Fliesen in unmittelbarer Nähe sehr stark erhitzter Wandflächen angeklebt werden sollen. Direkt neben einem Ofen wird also auch heute noch Mörtel verwendet. Günstig ist Mörtel auch dort, wo die Wand stärkere Unebenheiten aufweist und wo man diese Buckel der Einbuchtungen nicht erst einebnen möchte. Das etwa 1 cm dicke Mörtelbett kann solche Unebenheiten ausgleichen.

Und wenn man Mörtel verwenden muß, dann wird einem die Arbeit durch vorgefertigte Mörtelmischungen erleichtert. Man kann Trockenmörtel kaufen, der aus Sand und Bindemittel (Kalk oder/und Zement) besteht und den man dann nur noch im angegebenen Verhältnis mit Wasser zu vermischen hat.

Das modernere und heute häufiger angewandte Verfahren ist es, die Fliesen anzukleben. Man spricht vom Dünnbettverfahren und meint damit, daß der Klebstoff in einer sehr dünnen Schicht aufgetragen wird (während Mörtel in dicken Klecksen auf die Fliesen aufgesetzt wird). Fliesenkleber wird mit einem gezahnten Spachtel auf die Wand gestrichen, so daß das „dünne Bett" eigentlich nur aus schmalen, parallel verlaufenden Klebstoffstreifen besteht. Aber diese Streifen entwickeln eine vollkommen ausreichende Haftfähigkeit. Man kommt also mit weniger „Bindemittel" aus als beim Mörtel (je nach Untergrund und Fliesenart werden 300 bis 800 Gramm je Quadratmeter benötigt), man kann mit Klebstoff schneller arbeiten als mit Mörtel – und der Fliesenkleber ist immer schon gebrauchsfertig. Zudem ist Klebstoff dauerelastisch. Das bedeutet, daß die dünne Klebstoffschicht imstande ist, Temperaturschwankungen der Wandfläche aufzufangen – ohne daß die Fliesen durch die entstehenden Bewegungen des Mauerwerks, bzw. des Untergrunds, beschädigt werden. Auch statisch bedingte Bewegungen des Untergrunds können durch den Klebstoff weitgehend aufgefangen und „unschädlich" gemacht werden. Für den Anfänger ist eine weitere Eigenschaft des Fliesenklebers sehr wichtig: Der Klebstoff bringt eine ziemlich hohe Anfangshaftung, er hält die Fliesen also ziemlich gut fest, so daß sie nicht von der Wand herabrutschen können (was bei Mörtel häufiger passieren kann). Dennoch lassen sich die Fliesen zur Korrektur noch gut hin- und herschieben.

Schließlich kann man Klebstoff auch auf Untergründen aus Holz bzw. Holzwerkstoffen (wie zum Beispiel Span- und Tischlerplatten) anwenden, ohne das Quellen der Holzfasern fürchten zu müssen (wie das bei dem mit Wasser angesetzten Mörtel ganz zwangsläufig der Fall ist).

Welches Werkzeug wird benötigt?

Ein ganz wichtiges Werkzeug ist die Wasserwaage und dazu ein Senkblei; sie stellen sicher, daß man exakt waagerechte und senkrechte Linien an die Wand zeichnen kann – Orientierungsmarken für eine sauber auszuführende Arbeit. Dazu gehört natürlich ein Bleistift.

Wenn man mit Klebstoff arbeitet, dann braucht man einen gezahnten Spachtel – am besten einen Spachtel, der an seinen Kanten unterschiedlich weit eingestellte Zahnungen aufweist. Dann ist man für alle Fälle gerüstet:

Für die üblichen Keramikfliesen braucht man einen grob gezahnten Spachtel, bei allen Kunststofffliesen sollte man den Klebstoff mit feinen, dicht nebeneinander liegenden Rillen auftragen – hier braucht man also einen feingezahnten Spachtel. Für die Vorbereitung des Untergrunds werden benötigt:

Spachtelmasse – und dazu ein glattes Spachtelmesser;

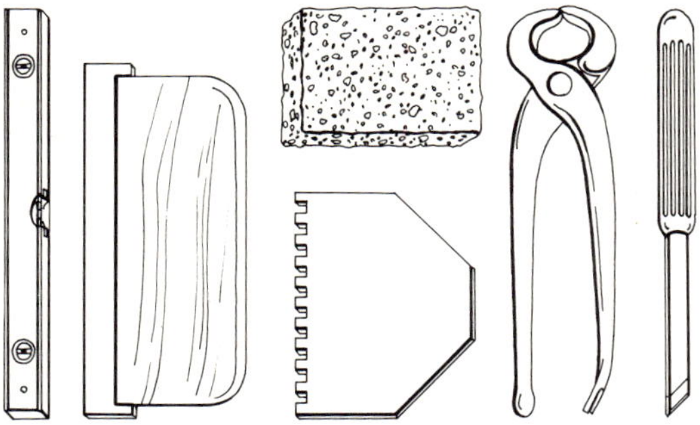

Die wichtigsten Werkzeuge für das Verlegen von Fliesen

Schleifpapier mit einem Schleifklotz;
ein Gummibecher, in dem die Spachtelmasse angerührt wird.
Wenn man Keramikfliesen verarbeitet, braucht man einen Glasschneider – nicht einen reichlich benutzten, sondern einen noch neuen, unverbrauchten.
Falls auch runde Ausschnitte in die Fliesen zu schneiden sind, braucht man außerdem eine Beißzange. Mit ihr kann man eine mit dem Glasschneider vorgeritzte Rundung ganz ausbrechen. Größere Löcher (z.B. für Steckdosen) sollte man erst vorbohren und dann ausknabbern. Dann gibt es keinen Bruch . . .
Wenn man keine Fliesen mit angeformten Abstandhaltern verwendet, sollte man als ganz wichtige Hilfsmittel ein paar Schachteln Streichhölzer bereithalten: Die Hölzchen werden in die Fugen zwischen die Fliesen gesteckt und sorgen dafür, daß man gleichmäßig knapp 2 mm breite Fugen zwischen die Platten bekommt.
Für die Abschlußarbeiten braucht man noch einen Gummispachtel, dazu auch Fugenweiß-Zement. Diese weiße Fugenmasse wird in einem Gummibecher mit Wasser angemischt. Außerdem sollte noch ein Eimer mit Wasser und ein Schwamm bereitgehalten werden, damit ganz zum Schluß die frisch geflieste Fläche von den Resten der Fugenmasse gereinigt werden kann. Ein sauberes Tuch schließlich sorgt dafür, daß man die Fliesen auf Hochglanz bringen kann.

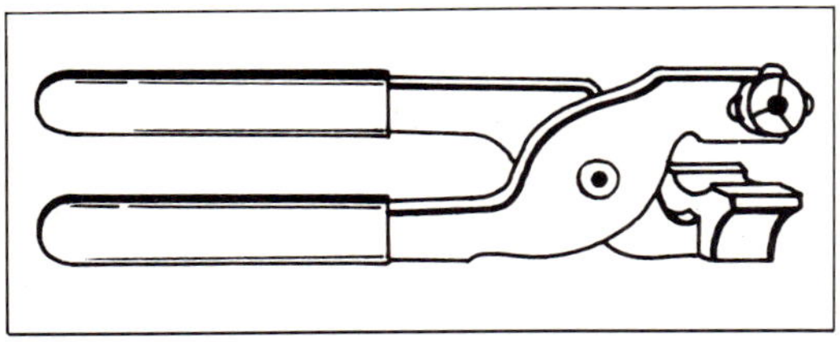

Spezialzange zum sauberen Teilen von Fliesen

Wie muß der Untergrund beschaffen sein?
Geeignet ist jeder feste Untergrund: Beton, Mauerwerk, Putzflächen mit Öl- oder Dispersionsfarbenanstrich, auch alte Fliesenflächen, Gipskarton-, Span- oder Tischlerplatten.
Steinerne Wandflächen sollten eben sein; wenn sie es nicht sind, kann man wählen: Entweder klebt man die Fliesen mit Mörtel an – oder man spachtelt die Unebenheiten der Wand ein und verwendet dann Klebstoff im Dünnbettverfahren. Tapeten und Leimfarben müssen abgewaschen werden, Dispersionsfarben sollten mit Schleifpapier angerauht, Ölfarben mit Salmiakwasser angelaugt werden. Gipskarton- und Holzplatten sollten grundiert werden, damit die Haftfähigkeit erhöht wird und das Material auch gegen Feuchtigkeit geschützt wird. Alte Fliesen müssen lediglich gründlich gereinigt werden.
Es empfiehlt sich, auf der gereinigten und eventuell noch ausgespachtelten Wand dann die Außenkanten der geplanten Fliesenfläche anzuzeichnen – zumindest also die Oberkante der obersten Fliesenreihe und darin mögliche Aussparungen für einen Spiegel oder die neben dem Spiegel befestigte(n) Lampe(n). Wenn man dazu die Mittellinie des Waschbeckens anzeichnet und als Lotrechte nach oben bis zur waagerechten Linie verlängert, dann hat man schon den Punkt gefunden, an dem nachher die Arbeit beginnen könnte. Wenn man nämlich eine in der Höhe begrenzte Fläche verfliest – und dabei mit Klebstoff arbeitet, dann sollte man (vor allem als wenig geübter Heimwerker) mit der obersten

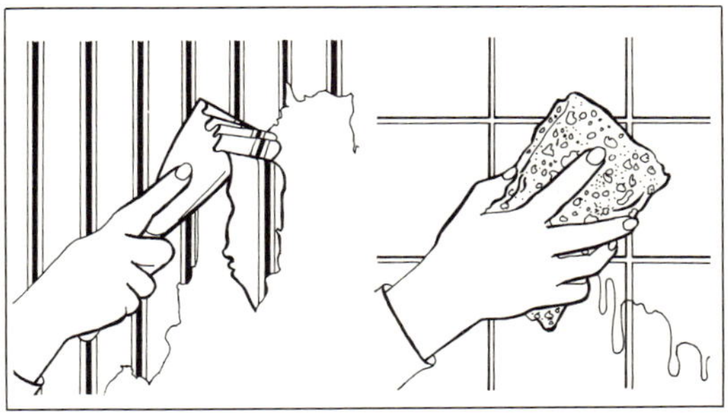

Alte Tapeten ablösen, Fliesen gründlich reinigen

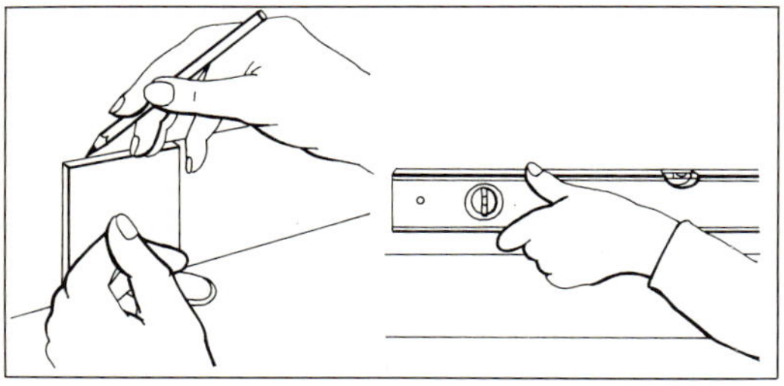

Erste Fliesenkante anzeichnen, mit Wasserwaage verlängern

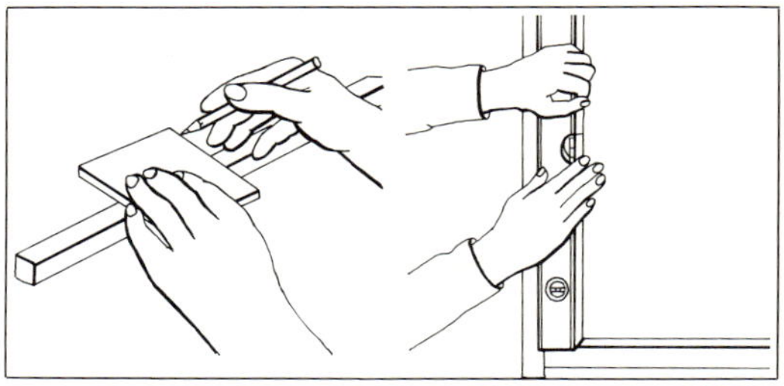

Seitlichen Abschluß anzeichnen, durch angeheftete Leiste markieren

Fliesenreihe beginnen und dann nach unten weiterarbeiten. So kann man nämlich auch sicher sein, daß die Oberkante ganz exakt waagerecht verläuft und daß alle Fliesen in gleicher Höhe liegen. Wenn man am Fuß der Wand beginnt, können sich geringfügige Abweichungen in den (an sich gleichmäßigen) Fugenbreiten summieren, und dann müßte man zwischen vorletzter und letzter Fugenreihe unter Umständen sehr unregelmäßige Fugen vorsehen, um die Oberkanten aller Fliesen auszurichten. Zudem bietet dieser Anfang die Chance, eine kürzer geschnittene Fugenreihe ganz unten am Fuß der Wand anzubringen, wo sie nicht so sehr auffällt wie weiter oben in Augenhöhe. Aber das gilt nur für die Fälle, wo man ein Höhenmaß einhalten muß, das nicht mit dem Vielfachen des Fliesenmaßes übereinstimmt. Im allgemeinen wird man die Fliesen so anwenden, daß man in der Höhe immer nur ganze Platten verlegt und allenfalls an den Seitenkanten dann Platten verschneidet.

Wenn man die Fliesen mit Mörtel an die Wand bringt, dann fängt man am besten doch ganz unten an – genauer: mit der ersten Reihe, wenn man in der Höhe nur ganze Platten verwendet, und mit der zweiten Reihe, wenn eine Fliesenreihe gekürzt werden muß. Mörtel bietet keine so hohe Anfangshaftung wie der Kleber, und darum können bei diesem Verfahren die Fliesen leicht nach unten abrutschen – wenn sie sich nicht auf die darunter angebrachte(n) Fliesenreihe(n) stützen können.

Es wurde oben darauf hingewiesen, daß die Mittellinie eines Waschbeckens eine Bezugslinie sein kann, an der man mit der Arbeit beginnt bzw. von wo aus die Fliesenfläche vor Arbeitsbeginn eingeteilt wird. Das setzt voraus, daß das Waschbecken genau in der Mitte der Wand befestigt ist, daß die äußersten Fliesenreihen unter Umständen gleichmäßig beschnitten werden müssen. Bei Wandflächen ohne Waschbecken rechnet man von der Mittellinie aus nach einer Seite, wie man mit den Fliesen auskommt und wie die äußerste Fliesenreihe beschnitten werden muß. Wenn man ausrechnet, daß es an den Außenkanten der Wand nur noch für ganz schmale Fliesenstreifen reicht, dann muß man die Verlegung anders beginnen:

Dann wird auf die Mittellinie nicht die Fuge zwischen zwei Platten gelegt, sondern dann liegt eine Fliese genau über der Mittellinie. Dann wird nämlich für die äußersten Fliesenreihen rechts und links jeweils eine halbe Fliesenbreite dazugewonnen, dann sind die Randfliesen also etwas breiter. Das sieht schöner aus – und mit den breiteren Fliesen kann auch ein unregelmäßiger Kantenverlauf besser getarnt werden. Wenn man die Fliesen um eine (vorspringende) Wandkante herum verlegen will oder wenn man an einer solchen Kante beginnen will, dann wird stets eine ganze Fliese an die Kante gelegt (weil man hier Fliesen mit einer abgerundeten Kante verwendet).

Wie werden die Fliesen angeklebt?

Der Klebstoff wird mit dem gezahnten Spachtel auf die Wand aufgestrichen. Es sollte jeweils eine Fläche bestrichen werden, die innerhalb einer Viertelstunde mit Fliesen beklebt werden kann. Man soll sich über die Geschwindigkeit, mit der man arbeitet, nicht täuschen – und deshalb lieber zuwenig als zuviel Klebstoff auftragen. Weil man die Fliesen ausrichten muß, weil man Streichhölzchen als Abstandhalter einstecken muß, sollte man zunächst nur damit rechnen, daß man in 15 Minuten etwa sechs bis acht Fliesen ankleben kann (man braucht ja auch Zeit dafür, den Kleb-

Kleber mit Zahnspachtel auftragen und verstreichen, Fliesen anlegen

stoff gleichmäßig zu verteilen). Wenn man im Sommer bzw. in einem warmen Raum arbeitet oder wenn der Untergrund sehr saugfähiger Putz ist, dann sollte man eher weniger Klebstoff auftragen.

Die erste Fliese wird an der vorher markierten Stelle angelegt und fest angedrückt. Man muß sehr genau darauf achten, daß die Fliesenkanten den angezeichneten waagerechten und senkrechten Linien entsprechen. Die nächsten Fliesen werden zunächst waagerecht daneben angeklebt: man klebt die Fliesen also in horizontalen Reihen an. Wenn man keine Fliesen mit angeformten Abstandhaltern anklebt, steckt man jeweils zwischen zwei Platten zwei Streichhölzchen. Wenn man Kleinmosaik in vorgefertigten

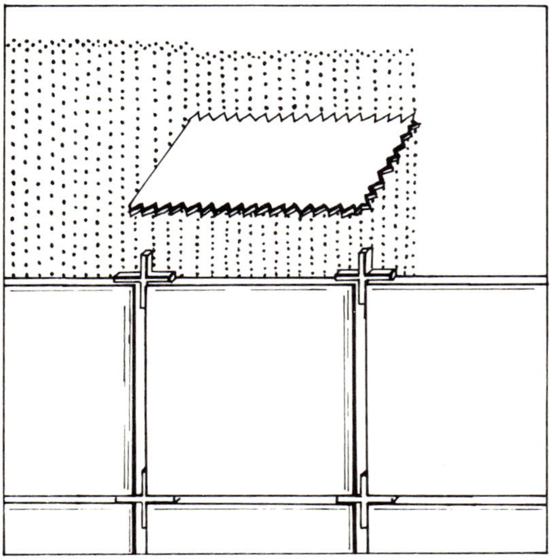

Solche Fliesenkreuze sorgen für gleichmäßig breite Fugen zwischen den Fliesen

Plattenelementen verarbeitet, muß man vorher nachmessen, in welchen Abständen die kleinen Mosaikplättchen auf dem Träger angebracht sind; es kann sein, daß hier größere Abstände gewählt sind – und dann muß man natürlich auch zwischen den einzelnen Platten entsprechend größere oder kleinere Fugen vorsehen.

In Baumärkten und Heimwerkergeschäften werden sogenannte Fugenkreuze aus Kunststoff angeboten. Diese Kreuze bleiben stecken, werden nachher also mitverfugt.

Bei der Arbeit kann Klebstoff auf die Fliesenvorderseite geraten. Er muß sofort mit einem feuchten Schwamm entfernt werden. Falls man es versäumt hat, einen Klebstoffflecken gleich abzuwischen (wenn er also schon angetrocknet ist, ehe man ihn entdeckt), dann muß man ihn mit feinster Stahlwolle (Nr. 000) abreiben.

Arbeitet man mit Mörtel, dann wird dieser „Klebstoff" nicht auf die Wand, sondern auf die Rückseiten der Fliesen aufgetragen. Und zwar mit einer kleinen Kelle, mit der man kleine Kleckse aus dem Eimer herausholt und auf die Fliesen aufsetzt. Für die Arbeit mit Mörtel müssen die Fliesen vorher auch gewässert werden. Man braucht also ein entsprechend großes Gefäß (z.B. eine große flache Schüssel oder einen Eimer), in das man Wasser füllt und dann die Fliesen einlegt. Sie sollen sich richtig voll Wasser saugen. Nach ein paar Minuten nimmt man sie heraus und stellt sie in Reichweite ab. Durch das Wässern erreicht man, daß das Mörtelwasser nicht zu rasch von dem keramischen Material aufgesaugt wird. In diesem Fall würde der Mörtel direkt an der Fliesenrückseite sehr rasch abbinden – zu rasch, als daß es zu einer festen Verbindung zwischen Mörtel und Fliese kommt.

Die Fliesen werden bei der Arbeit mit Mörtel jeweils mit dem Griffende der Kelle ganz leicht festgeklopft, zugleich aber mit der linken Hand festgehalten und in die richtige Position gebracht. Das Anklopfen soll vorsichtig geschehen, damit nicht die Fliese zerstört wird; es soll aber doch so stark sein, daß der Mörtelklecks in der Mitte der Fliese breiter gequetscht wird – möglichst so breit, daß er nun die ganze Fläche der Fliese ausfüllt.

Bei größeren Fliesenformaten oder bei den großflächigen Platten- bzw. Mosaikelementen wird nicht nur ein Mörtelklecks aufgetragen: Hier ist es richtig, fünf oder mehr kleinere Kleckse auf die Fliese aufzusetzen und die Fliese dann mit zügigem Schwung an die Wand heranzulegen, damit

der Mörtel nicht herabrutscht. Selbstverständlich muß man dafür sorgen, daß alle Fliesen etwa gleich viel Mörtel bekommen, damit das Ausrichten nicht zuviel Mühe bereitet.
Während man bei der Arbeit im Dünnbettverfahren die Fliesen in der Regel nur in der Fläche auszurichten hat (man muß sie nach oben oder unten, nach rechts oder links verschieben oder leicht verdrehen), müssen die mit Mörtel angebrachten Fliesen mit etwas mehr Aufwand – und Sorgfalt – ausgerichtet werden. Es kann unter Umständen notwendig werden, die Fliese noch einmal von der Wand zu nehmen und etwas mehr Mörtel aufzutragen oder aber von dem zuviel aufgetragenen Mörtel wieder etwas wegzunehmen. Bei alledem muß mit der Wasserwaage ständig kontrolliert werden, ob die Vorderseiten der Fliesenreihen auch wirklich im Lot ansteigen, ob die einzelnen Fliesen nicht kippen. Man muß dabei also immer auch die Wasserwaage zur Hand haben.
Mit anderen Worten: Die Arbeit mit Mörtel ist nicht unkompliziert – während mit Klebstoff im Dünnbettverfahren die Fliesen sich ziemlich leicht und flott ankleben lassen.

Wie werden Fliesen beschnitten?
Im Baumarkt oder Fliesenfachgeschäft kann man oft einen Fliesenschneider ausleihen (wenn man eine größere Menge Fliesen gekauft hat ...).
Wo diese Möglichkeit nicht besteht, müßte man eine Fliesenzange kaufen (sofern es sich aus der zu erwartenden Zahl von angeschnittenen Fliesen zu lohnen scheint). Mit diesen Werkzeugen kann man relativ mühelos und ohne daß es viel Bruch gibt, die Fliesen schneiden.
Ein billigeres und vielleicht sogar im Haus vorrätiges Werkzeug ist der Glasschneider: Auch damit

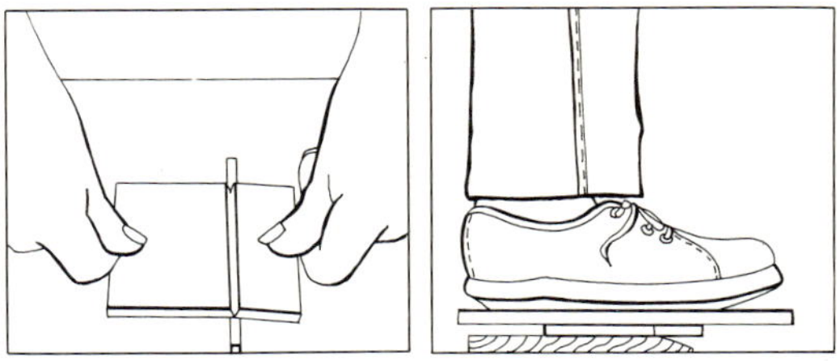

... und genau über der geritzten Linie energisch abgebrochen

kann man Fliesen schneiden. Man muß allerdings ziemlich viel Kraft aufwenden, um mit dem Werkzeug die Fliesenoberfläche deutlich anzuritzen, und es passiert nicht selten, daß die Fliese dennoch neben der angeritzten Linie bricht ...
Keramische Fliesen werden auf der Vorderseite mit dem Glasschneider angeritzt. Dabei wird dieses Werkzeug an einer zweiten Fliese, die man als Anschlag benutzt, entlanggeführt. Dann legt man die Fliese auf einen Tisch, die geritzte Linie genau auf der Kante, und bricht sie mit einem kräftigen Ruck nach unten ab. Man kann die Platte aber auch auf einen dicken Nagel oder auf einen Bleistift legen (die geritzte Linie genau über dem Nagel); dann drückt man rechts und links fest auf die Fliese und bricht sie so ab.
Solche geradlinigen Trennungen sind noch einfach auszuführen. Komplizierter wird es, wenn man für Rohre oder auch für Lichtschalter und Steckdosen kreisrunde Aussparungen in den Fliesen anzubringen hat.
Wenn die Aussparung am Rand sitzt, dann ritzt man mit dem Glasschneider den Umfang dieser Aussparung an – und bricht mit einer Beißzange kleine Stücke von der Fliese ab. Je kleiner die Bruchstücke sind, um so geringer ist die Gefahr, daß die ganze Fliese zerbricht. Man arbeite sich also ganz geduldig an die geritzte Linie heran.

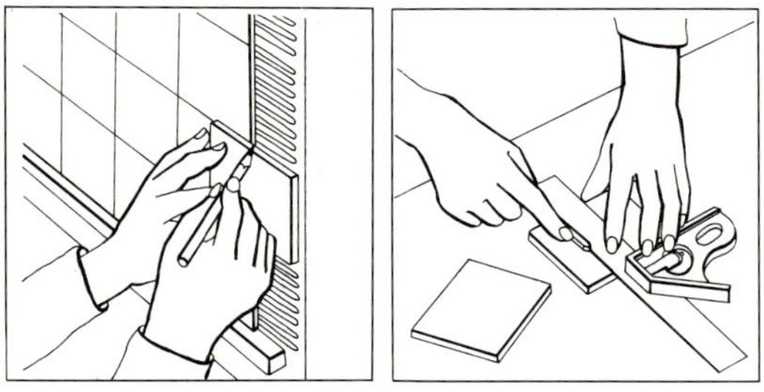

Hier werden Randfliesen mit einem scharfen Glasschneider geritzt ...

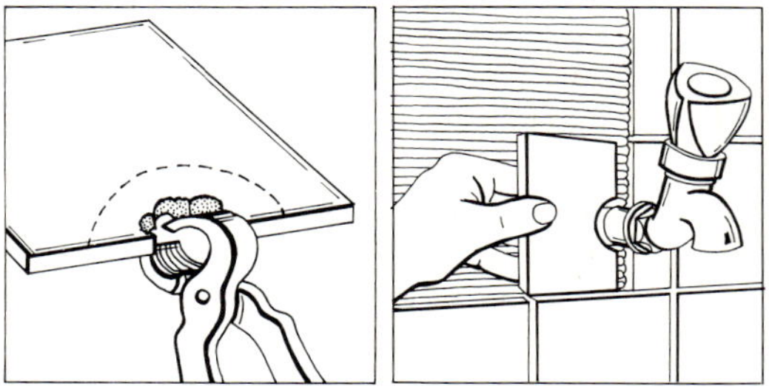

Für Rohrdurchgänge die Fliese mit der Beißzange „anknabbern"

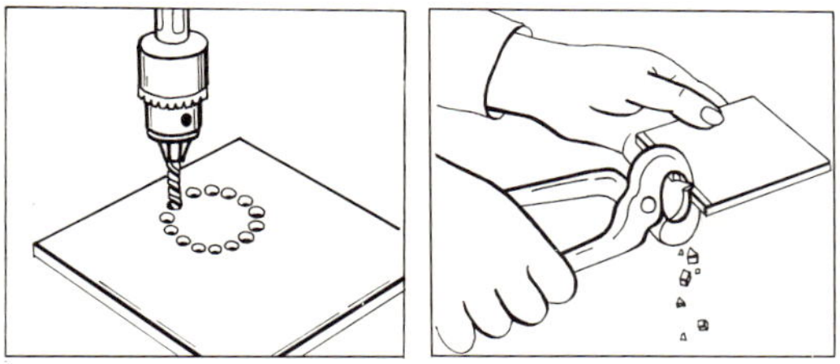

Zwei weitere Tips für Durchbrüche und Abkürzen

Statt der Beißzange kann man auch eine Kombizange oder aber eine passende Kerbe im Glasschneider einsetzen.
Wenn die Aussparung aber mitten in der Fliese anzubringen ist, dann muß man anders vorgehen. In diesem Fall bohrt man zunächst von der Rückseite her ein Loch in die Fliese (zur Not kann man dazu auch einen kräftigen Schraubenzieher verwenden) und erweitert dieses Loch mit einem noch kräftigeren Schraubenzieher oder mit einem Dreikantschaber, d.h. einer alten Dreikantfeile. Den Rest besorgt man dann wieder mit der Zange oder mit dem Glasschneider. Solche Fliesen, die erst noch bearbeitet werden müssen, sollen beim Ankleben zunächst ausgespart werden. Man vermeide auch, an diesen Stellen den Klebstoff zu dick aufzutragen. Die mit einer Aussparung oder einem Loch versehenen Fliesen werden erst zum Schluß eingesetzt. Dazu wird ganz dünn neuer Klebstoff auf die Wand aufgestrichen.
Bei nichtkeramischen Fliesen werden die Aussparungen mit der Schere oder dem Messer geschnitten – oder aber mit einer feinen Stichsäge gesägt. Platten aus Vinylasbest sollten zuvor an einem Heißluftgerät erwärmt werden, damit sie sich leichter schneiden lassen und nicht ausbrechen.
Wenn man in einem Mosaikelement eine Aussparung anzubringen hat, dann nimmt man die entsprechende Zahl von Steinchen aus dem Verbund; um eine Rundung herzustellen, werden die entsprechenden Steinchen mit einer Beißzange „angeknabbert", bis die gewünschte Linienführung in der Bruchkante entstanden ist. Soll ein solches Element schmäler gemacht werden, dann wird eben die entsprechende Zahl von Steinchenreihen vom Trägermaterial abgetrennt und eventuell eine weitere Reihe mit der Beißzange halbiert bzw. so bearbeitet, bis das Mosaikelement perfekt paßt.

Wie werden die Fliesen verfugt?

Zum Ausfugen nimmt man weißen Fugenzement. Man kann den Fugenzement aber auch mit einer Abtönpaste, wie sie für Dispersionsfarbenanstriche verwendet wird, färben – so daß die Fugen dann im Farbton der Fliesen erscheinen – oder aber einen farbigen Kontrast zur Fläche darstellen. Da die Fliesenhersteller und die Anbieter der sogenannten Objekte (also die Hersteller von Wannen und Wasch- und WC-Becken) sich auf einige Standardfarben geeinigt haben, bekommt man inzwischen auch den Fugenzement in diesen, auf Fliesen und Objekte perfekt abgestimmten Tönen.
Als Werkzeug nimmt man einen Gummispachtel oder aber einen Schwamm.
Die Fugenmasse wird zu einer pastösen Konsistenz (zähflüssig) angerührt und dann mit dem Spachtel oder dem Schwamm in die Fugen eingedrückt.
Mit dem Verfugen beginnt man frühestens einen Tag nach dem Ankleben der Fliesen! Wenn man neue Fliesen auf alte Fliesen geklebt hat, dann sollte man sogar drei Tage warten, weil in diesem Fall der Klebstoff langsamer abbindet. Und dann ist es gut, wenn die Fugen zunächst noch offen bleiben.
Wenn die Fugenmasse zu trocknen beginnt (was man daran erkennt, daß die Farbe immer heller wird), dann reibt man mit einem angefeuchteten Schwamm noch einmal leicht über die ganze Fläche. Man sorgt so dafür, daß die Fugen randvoll glatt werden. Zugleich wischt man überschüssige Masse von der Oberfläche. Man kann aber auch mit einem runden Holzstäbchen (z.B. auch mit dem stumpfen Ende eines Bleistiftes) die Fugen glätten.
Danach werden die Fliesen mit einem sauberen und trockenen Tuch abgewischt, so daß der leichte Zementschleier verschwindet. Dabei sol-

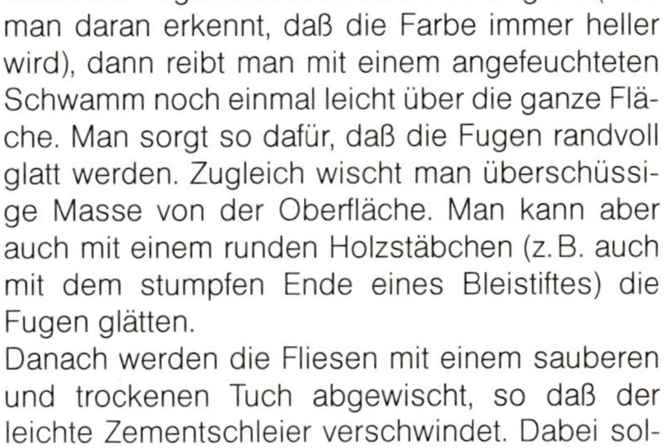

Fugenzement mit Gummispachtel auftragen, danach Fliesen reinigen

len aber nicht die Fugen ausgerieben werden. Man kann die Arbeit nach ein paar Stunden wiederholen und dann den Fliesen endgültig Hochglanz verleihen.
Die Anschlußfugen zwischen Fliesen und Badewanne, Waschbecken oder der Arbeitsplatte von Küchenmöbeln sowie die Anschlüsse an Fensterrahmen oder Türfutter sollten nicht mit dem Fugenzement ausgefüllt werden: Hier verwendet man eine dauerelastische Fugenmasse! An diesen Stellen kommt es nämlich immer zu Spannungen zwischen den ungleichen Materialien. Der übliche Fugenzement würde bald platzen – und dann kann Feuchtigkeit eindringen, kann es zu Verfärbungen kommen. Dauerelastisches Material fängt die Spannungen auf und hält die Fugen immer geschlossen. Das sieht dann immer sauber aus.
Man bekommt diesen Fugenkitt in Tuben, deren Verschluß eine Tülle darstellt: Man schneidet den Verschluß so auf, daß dann ein mehr oder weniger breiter Strang des Kitts ausfließen kann. Die Fliesenfuge muß sauber und trocken sein, wenn man die Fugenmasse aufstreicht. Man drückt den Kittstrang unmittelbar über der Fuge aus der Tube und streicht den Kitt dann mit einem nassen Finger in die Fuge und glättet zugleich dessen Oberfläche. Noch günstiger ist es, den Finger mit einem Tropfen Spülmittel zu benetzen und somit die Haftung zwischen Finger und Kitt noch weiter herabzusetzen. Um so glatter wird dann die Ausfugung und um so schneller kommt man mit der Arbeit voran.
Die dauerelastische Fugendichtung kann dann am nächsten Tag mit einem in der Farbe zu den Fliesen passenden Kunstharzlack und einem feinen Pinsel ganz vorsichtig lackiert werden. Man muß dann bei späteren Reinigungen die Fuge aber behutsam behandeln: Das Material ist ja nachgiebig, und es kann deshalb sehr leicht passieren, daß man die sprödere Lackschicht bricht. Und dann sieht die Ausfugung nicht mehr schön aus, denn dann kann sich an den Bruchstellen Schmutz festsetzen.
Für größere Arbeiten bekommt man die Fugendichtungsmasse übrigens auch in größeren Patronen, die in eine entsprechende Handpresse eingesetzt werden, so daß man den Kitt mit größerem Druck in die Fuge einpressen kann. Auch hier braucht man zunächst ein wenig Übung, bis man einen gleichmäßig dicken und nicht abreißenden Kittstrang erzielt.

Abgehängte Decken

Man muß zwischen zwei Arten von Zwischendekken unterscheiden: Da gibt es die Zwischendekken, die etwas tragen sollen – die also den Boden eines Abstellfaches darstellen, beispielsweise im Flur; zum anderen gibt es die Decken, mit denen man eine übermäßige Raumhöhe kaschieren will, damit der Raum erträglichere, günstigere Proportionen bekommt.

Zwischendecke als „Kofferboden"
Für den Laien gibt es nur wenige Gelegenheiten (und auch Notwendigkeiten), eine belastbare Zwischendecke anzufertigen. Anders gesagt: Man beschränkt sich im allgemeinen darauf, beispielsweise im Flur einen Abstellraum für Koffer, Skiausrüstungen oder sperrige Dinge zu konstruieren – wenn die Höhe des Flurs eine solche Konstruktion zuläßt.
Die Konstruktion eines solchen Zwischenbodens ist nicht übermäßig schwer. Die Decke wird in zweischaliger Bauweise konstruiert: Man braucht eine genügend große Tischlerplatte, unter die quer hochkantgestellte Dachlatten geschraubt werden. Diese Latten verhindern, daß sich die Zwischendecke bei Belastung durchbiegt. Sie werden schließlich an der Unterseite mit einer dünnen Hartfaserplatte verkleidet. Diese Hartfaserplatte kann tapeziert oder gestrichen werden – sie sollte so wie die Wände oder die Decke behandelt werden.
Als Stützen für diese Zwischendecke dienen ebenfalls Dachlatten, die man an den gegenüberliegenden Flurwänden sowie an der Stirnwand alle 40 bis 50 cm an den Wänden befestigt. Die Unterkante dieser Latten liegt rund 4 mm über der gewünschten Deckenhöhe: Mit der Hartfaserplatte werden auch diese Latten verkleidet.
Man geht bei der Anfertigung so vor: Zunächst werden die Wandlatten befestigt. Unmittelbar über den Latten kann man jetzt die genaue Größe der Tischlerplatte von Wand zu Wand ausmessen. Auch die lichte Weite zwischen den parallel verlaufenden Latten wird gemessen: nach diesem Maß sägt man die Latten, die nun unter die Tischlerplatte geschraubt werden. Man sägt die Latten sogar jeweils einen Zentimeter kürzer, damit das Einpassen des Bodens keine Schwierigkeiten bereitet. Zum Schluß wird die Hartfaser-

platte untergeschraubt – der Zwischenboden ist fertig.
Man muß noch für eine Tür oder eine andere Art von Verschluß sorgen. Wenn man eine Tür befestigen will, dann müßte man unmittelbar über den Vorderkanten der Zwischendecke an den Seitenwänden jeweils eine Latte anschrauben, an der man die Scharniere befestigen kann. Und es müßte an der Decke eine Leiste montiert werden, die einen Anschlag für die Tür darstellt. Die Tür selbst wäre sehr leicht zu konstruieren. Es genügte, einen Rahmen aus Dachlatten mit Hartfaserplatte zu verkleiden. Es genügte auch, die Tür mit zwei Magnetschnäppern festzuhalten.
Wenn man einen Vorhang oder eine Jalousie oder ein Rollo befestigen will, empfiehlt es sich als seitliche Einfassung ebenfalls Leisten an die Wände zu schrauben. Diese Leisten müßten (mit Hilfe von Winkeln oder Leisten) mit ihrer Schmalkante an der Wand befestigt sein: Sie ragen also in die Öffnung und bilden so einen sauberen Abschluß für den Stoff oder die Jalousie. Eine hochkant stehende Latte an der Decke wird notwendig sein, um die Mechanik des Vorhangs oder der Jalousie zu verdecken und für eine gleichmäßig saubere Ausbildung des Kofferbodens zu sorgen.

Zwischendecke zur Raumkorrektur

In Altbauwohnungen scheint es zuweilen sinnvoll und wünschenswert, die übermäßige und „unmoderne" Höhe der Räume zu mildern – also eine Zwischendecke einzuziehen. Diese Zwischendecke kann eine echte Korrektur bedeuten: dann nämlich, wenn es sich um eine geschlossene Deckenfläche handelt. Sie kann aber auch nur scheinbar eine Korrektur bewerkstelligen: Die Decke kann auch nur ein Gitter, ein Rost parallel befestigter Bretter – also in Wirklichkeit gar keine Decke sein ...
Die Zwischendecke, die als Kofferboden im Flur oder in der Küche oder im Badezimmer dienen soll, muß etwas tragen können. Die Zwischendecke, mit der man lediglich eine Raumkorrektur erreichen will, braucht nichts zu tragen: Sie kann daher so leicht wie möglich sein – schon aus dem Grund, damit man sich mit einfachen Konstruktionen begnügen kann. Das erleichtert die Anfertigung und verringert die Kosten, nicht zuletzt dann, wenn man einen großen Raum mit einer Zwischendecke überspannen will.

Empfehlenswerte Konstruktionen für den Flur sind:

1. Man spannt in Abständen von etwa 1 bis 1,5 m quer zwischen den Längswänden dünne Kupferdrähte oder Nylonschnüre – und legt nun in Längsrichtung des Flurs eine lange Stoffbahn über diese Schnüre, aber so, daß der Stoff zwischen den Schnüren leicht durchhängt. Dazu wird am besten naturfarbener Nessel verwendet, den man in ausreichender Breite bekommt. Der Stoff wird vor dem Aufhängen in Abständen von 1,10 bis 1,60 m an den Außenkanten mit Nadeln abgesteckt, d.h. markiert: Hier muß er auf den Drähten aufliegen, hier muß man auch mit ein paar Stichen den Stoff an den Drähten befestigen. Man gibt also jeweils 10 cm mehr, als der Abstand zwischen den Stegen wirklich ausmacht. Dabei muß man aber berücksichtigen, daß der Stoff an den Stirnwänden hinter Leisten von 4 x 2 cm Stärke geklemmt und mit diesen Leisten an der Wand festgeschraubt wird.
2. Man fertigt sich Rahmen aus 8 x 3 cm starken Latten und bespannt diese Rahmen ebenfalls mit Nessel oder einer transparenten, aber nicht durchsichtigen Kunststoffolie. Die Rahmen sind nicht so breit wie der Flur: An den Längswänden werden in der gewünschten Höhe (das ist in der Regel knapp über Türrahmenhöhe) Dachlatten befestigt – und die lichte Weite zwischen den Latten ist das Breitenmaß der Rahmen für die Dekke. Wenn der Rahmen mit dem Stoff oder der Folie bespannt wird (wobei die Bespannung sich an der Unterseite des Rahmens befindet, über die Seiten hochgezogen und dann auf der Innenseite des Rahmens mit Klebeband oder mit Blauköpfen befestigt wird), dann befestigt man an den Oberkanten der Rahmenaußenseiten entweder Vierkantleisten oder man schraubt auf die Außenseiten kurze Flacheisen: Mit diesen Leisten oder Flacheisen liegt der Rahmen auf den Wandplatten auf.
3. An den Längswänden des Flurs werden wiederum gehobelte Latten befestigt – die vorher aber in Abständen von 20 bis 30 cm an den Oberkanten ausgeklinkt werden müssen: Man setzt Aussparungen von etwa 2 cm Tiefe, die so stark sind wie die 10 bis 20 cm breiten Bretter, die nachher hochkant zwischen die Wandlatten eingespannt werden. An den Stirnkanten der Bretter sind entsprechende Zapfen anzubringen, so daß die Bretter auf den Wandlatten aufliegen und durch die Aussparungen nicht verrutschen oder kippen können.

In allen drei Fällen bleibt die abgehängte Decke lichtdurchlässig – die dritte Konstruktion ist sogar durchsichtig. Man kann also Beleuchtungskörper über den Decken anbringen, wobei einfache Glühlampen genügen, und so für eine sehr weiche, diffuse Allgemeinbeleuchtung sorgen. Bei dem Lattenrost müßte man allerdings die Decke und die Wandstreifen oberhalb des Rostes dunkel streichen. In allen Fällen müßten die Glühlampen so angeordnet werden, daß sie genau in der Mitte zwischen den Rahmenkanten oder den Drahtstegen oder den Brettern hängen.

Für die Wohnräume und die Küche sind diese Konstruktionen natürlich auch verwendbar. Man müßte sie allerdings etwas abändern:

1. Statt einer Stoffbahn kann man mehrere Bahnen nebeneinander aufhängen. Man kann auch die Drähte in Abständen von nur 50 bis 75 cm spannen – wobei dann die Bahnen wechselweise nur auf jedem zweiten Draht aufliegen. Das ergibt dann eine sehr bewegt wirkende Decke. Die Bahnen müssen sehr sorgfältig mit den straff gespannten Drähten vernäht werden.

2. Für einen größeren Raum muß man unter Umständen vier Rahmen in der Raummitte zusammenstoßen lassen. Wenn die Spannweite für die Bahnen zu groß wird, werden entweder Querstege auf den Oberkanten der Rahmen befestigt (die auch aus stärkerem Holz zu bauen sind), um zu vermeiden, daß die Stoffspannung die Rechteckform verdirbt. Oder man muß die ganze Deckenfläche in vier gleich große Felder unterteilen, genau in Zimmermitte einen kräftigen Hakendübel in die Decke schrauben und an diesem Haken dann mit starkem Draht drei der vier Rahmen aufhängen. Der vierte Rahmen liegt dann mit einigen über den Rahmen hinausragenden Flacheisen (oder Winkeleisen) auf den benachbarten Rahmen auf. Entlang den Wänden sind natürlich wieder Dachlatten zu befestigen, auf denen die Außenkanten der Rahmen aufliegen.

3. Lange Bretter verziehen sich leicht. Wenn man für den Gitterrost eine große Spannweite braucht und dazu nicht gleich stärkere Bretter verwenden will, dann kann man durch ein oder zwei Querstege die gewünschte und notwendige Versteifung herstellen. Bretter und Querstege sind überschoben: In die Oberkante der Bretter und die Unterkante sind brettstarke Schlitze einzustemmen, die halb so tief wie die Bretthöhe sind. Dann liegen Unter- und Oberkanten der Bretter und Stege bündig.

Eine echte abgehängte Decke wird vom Fachmann so konstruiert:

An der vorhandenen Decke werden in regelmäßigen Abständen spezielle Blechstreifen befestigt. An den Blechstreifen werden in gewünschtem Abstand Schienen oder Leichtmetallprofile angehängt – und an diesen Profilen werden dann die Leichtbau- oder Akustikplatten befestigt, die die Verkleidung der Decke darstellen. Zubehör und Werkzeug sind im allgemeinen dem Laien nicht zugänglich, deshalb wollen wir es bei dieser allgemeinen Beschreibung der abgehängten Decke belassen.

Wärmedämmung

Wer mit dem Heimwerken Geld sparen will (das er sonst für den Handwerker oder für teurere, fertig gekaufte Einrichtungsgegenstände ausgeben müßte), der kann zum Stichwort „Wärmedämmung" einiges in dieser Absicht erreichen: Denn gute Wärmedämmung an den Außenwänden heißt Heizenergie einsparen. Und Heizenergie ist teuer geworden.

Freilich sind alle wärmedämmenden Maßnahmen auch von der Wissenschaft und von den Technikern noch nicht bis ins letzte erforscht und mit exakten Meßdaten belegt; wenn es allerdings noch Unklarheiten gibt, dann allenfalls über die Prozentwerte, die man durch diese oder jene Maßnahme an Heizkosten einsparen kann. Daß man durch entsprechende Vorkehrungen die Wärmedämmwerte verbessern (oder den Wärmedurchlaßwert mindern) kann und soll, bleibt indessen unbestritten.

Für den Heimwerker gibt es einige Möglichkeiten; auf sie soll im folgenden hingewiesen werden.

Schwachstelle Heizkörpernische

Heizkörper haben ihren besten Platz unterm Fenster, also da, wo die Außenkälte am stärksten in den Raum einzudringen versucht – und wo sie sofort erwärmt werden muß, damit der Raum nicht abkühlt. Damit das Fenster noch in vernünftigem Maß benutzt werden kann, hat man früher die dicken, platzraubenden Radiatoren in eine Nische eingebaut, was bedeutet, daß diese Nische nur dadurch gewonnen werden konnte, indem

man die Außenwand etwas dünner gemacht hat. Damit war eine Schwachstelle geschaffen, durch die relativ viel Wärme abgegeben wird. Was liegt näher, als hier zuerst einmal mit wärmedämmendem Material eine Verbesserung herbeizuführen.
Einfachste und oft empfohlene Maßnahme: An die Wand hinter dem Heizkörper wird eine Metallfolie mit spiegelnder Oberfläche geklebt (also zum Beispiel eine normale Haushalt-Alufolie). Damit kann die Wärmeabstrahlung ins Mauerwerk schon deutlich reduziert werden.
Noch wirksamer aber ist es, eine möglichst dicke Wärmedämmschicht anzubringen, also etwa eine Hartschaumplatte. Damit kann der Wärmeverlust an der Wand hinter dem Heizkörper um etwa zwei Drittel gesenkt werden (bezogen auf die gesamten Heizkosten ist das natürlich deutlich weniger). Es spielt dann übrigens keine sehr große Rolle mehr, ob man auf der Hartschaumplatte noch eine Metallfolie anbringt.
Ehe man allerdings eine solche Dämmplatte anbringt, sollte man nachmessen, welchen Abstand der Heizkörper zur Wand hat. Es sollte auch nach Einbau der Wärmedämmplatte ein Abstand von etwa 5 cm bleiben. Entsprechend dünn (oder dick) ist die Stärke der Wärmedämmplatte auszuwählen.

Fenster besser abdichten

Eine zweite Schwachstelle sind die Fenster. Zum einen die Fensterfläche selbst (auch wenn es sich um sogenannte Isolierfenster handelt, also um Systeme mit einer Luftschicht zwischen zwei Glasscheiben): Bei der heute beliebten Bauweise mit großen Fensterflächen kann auch eine Thermoscheibe relativ viel Wärme durchlassen. In älteren Häusern findet man kleinere Fenster vor. Hier kann durch eine Doppelverglasung schon viel erreicht werden. Es kann sich auszahlen, die vorhandene Einfachverglasung abzulösen durch eine Verbundscheibe; es kann auch – bei geringerem finanziellen Einsatz – auch schon sinnvoll sein, auf den vorhandenen Fensterflügel einen zweiten, dünnen Rahmen mit einer Fensterscheibe zu montieren und beide Holzrahmen möglichst gut gegeneinander abzudichten. So entsteht zwischen den beiden Glasscheiben eine unbewegte Luftschicht, die den Wärmeaustausch zwischen drinnen und draußen mindern kann.
In einem frühen Kapitel (siehe Seite 38) wurde schon darauf verwiesen, daß man die Fugen zwischen den Fensterrahmen und den beweglichen Fensterflügeln auf ihre Dichtigkeit bzw. Winddurchlässigkeit untersuchen soll. Denn durch solche offenen Spalten kann ja die kalte Luft sehr direkt ins Zimmer eindringen (und die Heizölrechnung hochtreiben).
Schaumstoffstreifen mit Klebeschicht gibt es in allen Baumärkten und Eisenwarengeschäften in unterschiedlichen Breiten und Stärken zu kaufen. Man denke aber nicht, daß der dickste und breiteste Streifen in jedem Fall der bestgeeignete ist. Denn ein undichtes Fenster weist ja nicht überall einen gleich breiten Spalt zwischen Blendrahmen und Fensterflügel auf: Weil das Holz sich verzogen hat, wird der Spalt an der Verschlußseite größer als an der Scharnierseite sein. Klebt man einen zu dicken Streifen in den Spalt, dann kann das zur Folge haben, daß nun auch an den anderen Seiten des Fensterflügels ein Spalt klafft, weil der Schaumstoffstreifen wie ein Keil wirkt.
Es kann angemessen, wenn nicht wirkungsvoller sein, den Schaumstoffstreifen nicht ringsum einzukleben – oder sogar Streifen von unterschiedlicher Stärke zu verwenden, um so den unterschiedlich stark aufklaffenden Luftspalt auszugleichen.

Dichtung für den Blendrahmen

Bei sehr alten Häusern (leider viel zu oft aber auch bei Häusern neuerer Bauart . . .) kann der Blendrahmen nicht mehr dicht zum Mauerwerk abschließen. Das Holz ist im Lauf der Zeit geschrumpft, oder die mit dem gewachsenen Verkehr verbundenen Erschütterungen haben hier undichte Stellen geschaffen.
Man braucht nicht einmal von innen einen klaffenden Spalt zu erkennen: Innenputz, Tapete und Anstriche können von der Innenseite des Fensters bzw. des Mauerwerks durchaus verbergen, daß hier eine Kältebrücke entstanden ist. Eine Untersuchung von der Außenseite kann aber offenbaren, ob hier etwas repariert werden muß.
Die Reparatur geschieht am wirkungsvollsten mit einem dauerelastischen Material, denn das Holz wird weiter arbeiten, Erschütterungen werden weiterhin der Nahtstelle zwischen zwei unterschiedlichen Materialien zusetzen. Man kratzt zunächst den alten Mörtel so gut wie möglich aus der Fuge, fegt dann mit einer harten Bürste oder mit einem Pinsel alle losen Teile heraus – ehe

nun ein dauerelastischer Fugenfüller mit dem Spachtel aufgetragen oder aber direkt aus der Dose in den Spalt gespritzt bzw. gedrückt und dann an der Oberfläche geglättet wird. In Baumärkten und Fachgeschäften gibt es heute ein relativ großes Angebot an Spachtelmassen oder auch schäumenden Mitteln; Preis und Ergiebigkeit werden den Ausschlag für die individuelle Auswahl geben.

Wärmedämmung an den Wänden – nur ein Kompromiß

Wer die Wärmedämmung in einer Wohnung oder einem Haus verbessern will, wird sich nach den vorher beschriebenen Punkten nun die Wände selbst vornehmen wollen, denn schließlich sind sie die großen Flächen, durch die etwa bei einem freistehenden Haus bis zu 18 Prozent der Wärme verlorengehen.
Jede Wärmedämmung auf der Innenseite einer Außenwand stellt freilich nur einen Kompromiß oder gar nur einen Notbehelf dar. Denn die wirksame Dämmung kann nur an der Außenseite einer Wand angebracht sein. Nur so wird verhindert, daß die Wand abkühlt und daß sie damit auch mehr Feuchtigkeit aufnehmen kann. Eine Wärmedämmung an der Innenseite verhindert zwar, daß zuviel Wärme ins Mauerwerk abfließen kann. Damit aber wird zugleich die Mauer kälter (weil sie ja von innen weniger Wärme bekommt); zugleich wandert damit der sogenannte Taupunkt nach innen.
Aber: Ein Kompromiß ist besser als gar keine Lösung. Und so kann es sich langfristig schon auszahlen, den Wärmeschutz an den Außenwänden zu verbessern.
Etwa durch eine Holzverkleidung, wie sie schon an anderer Stelle beschrieben worden ist (siehe Seite 92 ff.).
Oder aber durch das Anbringen von Gipsplatten mit aufgebrachter Dämmschicht. Solche Gipskarton-Bauplatten haben mancherlei Vorzüge. Zum einen natürlich den vor allem gesuchten Vorteil, daß sie schlechte Wärmeleiter sind. Dann können sie schadlos Luftfeuchtigkeit aufnehmen und wieder abgeben; sie regulieren also bis zu einem gewissen Grad das Raumklima. Diese Platten können, das wird der Heimwerker vor allem schätzen, ziemlich leicht verarbeitet werden. Sie lassen sich mit einfachen Werkzeugen ver- und bearbeiten: Ein einfacher Fuchsschwanz genügt zum Zuschneiden und eine Kelle und ein Spachtel dann zum Aufbringen des Mörtels und der Fugendichtung. Man spricht von „Trockenbauweise“, weil tatsächlich nur wenige Kleckse Mörtel genügen, eine Gipskartonplatte mit der Wand dahinter zu verbinden.
Gipskartonplatten gibt es in unterschiedlichen Dimensionen und Ausführungen bzw. Qualitäten. Für den Heimwerker dürfte die 9,5 mm starke

Trocken aufgebauter Wandvorbau

Dämmschichten mit Mörtel befestigt

Platte am besten geeignet sein. Sie wird in 60 cm Breite und 2 oder 2,60 m Länge angeboten: Solche Platten können auch mit Hilfe des Dachgepäckträgers auf dem Auto relativ leicht transportiert und dann natürlich auch leicht verarbeitet werden.

Daneben gibt es aber auch dickere und breitere (und damit aber auch schwerere) Platten. Wer die etwas größere Mühe bei der Verarbeitung gegen den höheren Gewinn an Wärmedämmung aufrechnet, wird vielleicht eher zu solch stärkeren „Kalibern" greifen.

Wichtig ist, daß man für Bad und Küche sogenannte Feuchtraumplatten (mit grüner Kennzeichnung) verwendet – oder aber andere Platten aus Hartschaum, die kein oder deutlich weniger Wasser aufnehmen als die normalen Gipskartonplatten.

Wenn man Gipskartonplatten kürzer oder schmäler schneiden muß, dann genügt ein starkes Klingenmesser als Werkzeug (das an einem Lineal entlanggeführt werden sollte) oder ein feinzahniger Fuchsschwanz. Müssen Aussparungen für Schalter oder Steckdosen angebracht werden, dann arbeitet man entweder mit einer Lochsäge in der Bohrmaschine oder mit einer schlanken Stichsäge bzw. mit einem sogenannten Stichling. Die Platten sollten übrigens etwa 2 bis 3 cm kürzer als Raumhöhe zugeschnitten werden: Sie werden dann so angebracht, daß unten ein etwa 2 cm breiter und oben ein etwa 5 mm schmaler Luftspalt offen bleibt. So wird der Hohlraum zwischen Platte und Wand belüftet, so kann der Gipsmörtel, mit dem man die Platten anbringt, problemlos ablüften. Tapete und Scheuerleiste verdecken nachher diese schmalen Spalten.

Der Gipsmörtel wird in Streifen oder punktförmig aufgebracht, solange die zugeschnittene Platte am Boden liegt. Mit Schwung wird die Platte aufgerichtet und an die Wand gedrückt und dort mit Wasserwaage und Richtscheit ausgerichtet.

Die Fugen zwischen den Platten werden sauber zugespachtelt (und eventuell nachgeschliffen), ehe dann tapeziert oder ein dünner Ornamentputz aufgebracht wird.

Holzverkleidung mit Wärmedämmung

Hinter einer Holzverkleidung kann man auch weiches Dämmaterial verarbeiten (wer tapeziert, braucht die Gipskartonplatte als harten, glatten Untergrund). Hier kann also auch eine Styropor-Platte (die ja sehr druckempfindlich ist) oder mineralisches Material in Platten oder von der Rolle verarbeitet werden.

Man fügt die Mineralfaserdämmplatten oder das Rollenmaterial in das „Fachwerk" ein, auf dem die Holzverkleidung befestigt wird. Es empfiehlt sich, das Dämmaterial etwas dünner als die Unterkonstruktion aus Latten zu wählen. So entsteht dann eine dünne offene Luftschicht bzw. so kann Luft zwischen Untergrund und Verkleidung zirkulieren.

Wärmedämmung beim Dachausbau

Beim Ausbau eines bislang ungenutzten Dachraumes muß die sogenannte Dachhaut nicht nur aus dekorativen Gründen verkleidet werden. Dringend wichtig ist es, daß eine Wärmedämmung angebracht, die einerseits das Eindringen

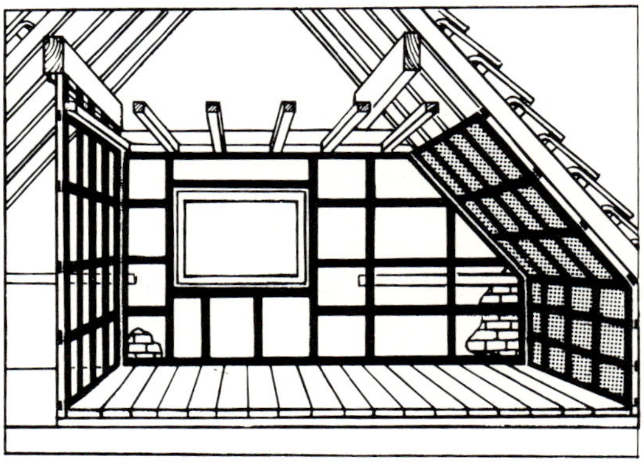

Lattenuntergerüst für Plattenverkleidung

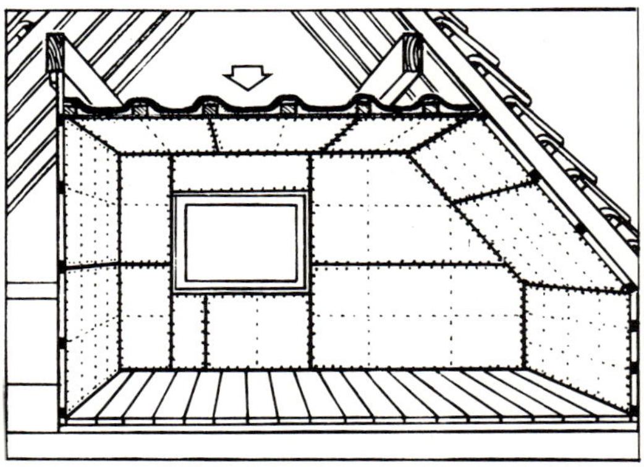

Verkleidung mit Gipskartonplatten

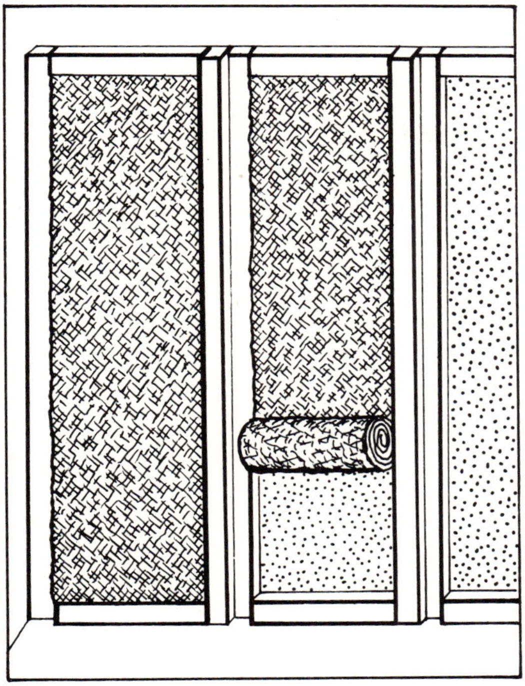

„Fachwerk" mit genau passenden Dämmatten

von Kälte im Winter, andererseits aber auch das Eindringen von Sonnenwärme im Sommer eindämmen muß. Denn ein ungenügend isoliertes Dach kann im Sommer nicht minder unangenehm sein als im Winter.

Zwischen die Dachsparren ist also vor allen anderen (dekorativen) Maßnahmen eine Dämmschicht einzubringen. Und hier verwendet man meistens Mineralwolle von der Rolle, ein relativ einfach zu verarbeitendes Material (wenn man davon absieht, daß die feinsten Fasern, die bei der Verarbeitung frei werden, auf der Haut und im Hals recht lästig werden).

Mineralwolle gibt es in verschiedenen Stärken und Breiten. Die benötigte Breite kann man am Abstand der Sparren abmessen; für die gewünschte oder notwendige Stärke sollte der Geldbeutel nicht den letzten Ausschlag geben. Denn wer hier spart, wird es nachher mit einem unangenehmen Klima oder mit einer höheren Heizmaterialrechnung bezahlen müssen. Auf die Mineralwolle ist einseitig eine Metallfolie kaschiert, die an den Rändern einen etwa 7 cm breiten, umgeschlagenen Streifen aufweist. Diese Streifen werden ausgeklappt, durch diese Streifen hindurch schlägt man die Nägel oder Klammern in die Dachsparren. Weil nun die beiden Streifen zweier benachbarter Dämmbahnen aufeinanderliegen, wird ein ziemlich wirksamer Windabschluß erzielt.

Diese Isolierung schließt mit der Unterseite der Dachsparren ab. Jetzt kann entweder direkt auf den Sparren die eigentliche Verkleidung angebracht werden: etwa eine Verkleidung mit Bret-

Dämmaterial zwischen den Sparren . . .

. . . und unter den Sparren montiert

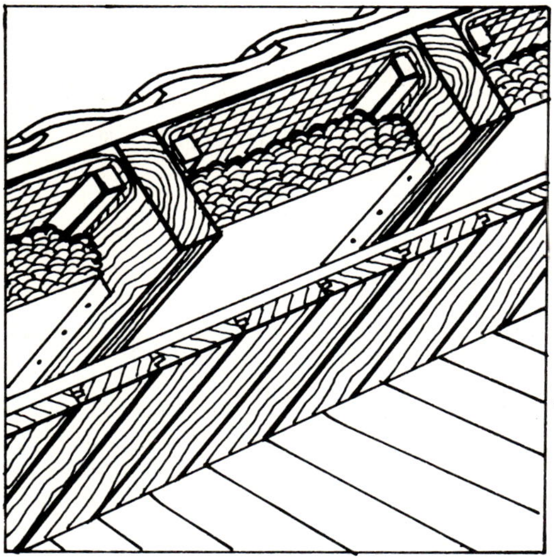

Eine fertige Dachverkleidung, hier mit vertikal angeordneten Brettern

tern oder Paneelen oder auch mit Gipskartonplatten (die dann noch übertapeziert werden). Oder man bringt unter den Sparren erst noch eine Holzlattung an, unter der dann erst die eigentliche Verkleidung montiert wird. Man schafft so wieder eine trennende Luftschicht zwischen der Wärmedämmung in der Dachhaut und der Verkleidung und trägt auch so zur Verbesserung des Raumklimas bei. Freilich geht dadurch auch etwas an Raum verloren.

Fußböden in der Altbauwohnung reparieren und erneuern

Erneuerung eines Riemenbodens

In der Regel ist das nur partielle Ausbessern eines uneben gewordenen und ausgetretenen Bretterfußbodens nicht lohnend. Das Abhobeln erhabener Stellen (Äste) hilft nur vorübergehend und ergibt sowenig eine ebene Fläche wie das Auswechseln einzelner Bretter. Die anschließenden Bretter liegen dann selten in gleicher Ebene, sie federn stärker als das neue Brett – es ist meistens zweckmäßiger, den ganzen Boden neu zu legen, zumal der Arbeitsaufwand kaum größer ist.

Zunächst muß das Zimmer genau ausgemessen werden, damit man eine exakte Holzbestellung aufgeben kann. Nischen müssen dabei mitgemessen werden. Man macht sich nach den ermittelten Maßen einen Grundriß, in den auch die Lage der Balken eingetragen wird. Wo die Balken liegen, das kann man an den Nagelreihen auf den alten Brettern ablesen. Auch diese Angabe ist wichtig, weil es sein kann, daß die Bretter der Länge nach auf Stoß zusammenzufügen sind – und daß handelsübliche Brettlängen nicht immer mit den Abständen der Balken so übereinstimmen, daß die Stöße ohne jeglichen Verschnitt genau auf Balkenmitte treffen: Hier müßte der Verschnitt also von vornherein einkalkuliert werden.
Fußbodenriemen kann man in verschiedenen Holzarten und verschiedenen Qualitäten kaufen. Sie sind stets mit Nut und Feder verlegefertig, und man hat dann nur noch die einzelnen Bretter mit der Kreissäge abzulängen.
Nach dem Ausräumen der Möbel werden zunächst einmal die alten Fußboden- oder Scheuerleisten mit einem alten Stecheisen, einem Schraubenzieher oder einem „Kuhfuß" entfernt. Man zieht auch gleich die Nägel aus den Leisten, so daß es keine Verletzungen geben kann, wenn man während der Arbeit in eine vielleicht nicht ganz ordentlich aufgeräumte Leiste tritt.
Und nun löst man mit dem Kuhfuß die Dielen. Auch aus den alten Dielen werden die Nägel entfernt.
Der Zimmerboden bietet jetzt ein ganz ungewohntes Bild, da nur die Tragbalken und dazwischen die Auffüllung aus Koks, Schlacke oder Sand zu sehen sind. Vorsicht: Treten Sie nur auf die Balken, nicht aber in die Füllungen! Die Balken werden abgefegt, dann überzeugt man sich, daß sie sich noch in gesundem Zustand befinden (andernfalls erst noch der Hausbock oder Holzwurm zu bekämpfen ist). Mit einer breiten Meßlatte und einer Wasserwaage wird geprüft, ob die Balken noch sauber in der Waage liegen. Man legt die Meßlatte hochkant über die ganze Zimmerbreite auf die beiden äußeren Balken und prüft, ob einzelne Balken sich gesenkt haben. Gegen das gleichmäßige Absenken wie auch gegen das Absenken einzelner Balken gibt es das gleiche Mittel:
Man lattet die betreffenden Balken auf, indem man auf beiden Seiten 6 bis 8 cm breite und etwa 25 mm starke Latten hochkant gegen die Balken nagelt oder mit Schraubnägeln befestigt. Die Oberkanten der Latten liegen auf gleicher Höhe –

nämlich auf der Höhe, die nach der Kontrolle mit Hilfe des Meßscheits und der Wasserwaage der Balken einnehmen müßte.

Werkzeug und Arbeitsvorgang

An Werkzeug braucht man: eine Kreissäge, zwei Hämmer, eine Beißzange, zwei Bauklammern, vier Hartholzkeile von etwa 40 cm Länge und 25 mm Stärke sowie einen Senkstift – und eine ausreichende Menge von gestauchten Vierkantnägeln.

Zunächst sind alle Dielen auf Länge zu sägen – was man im Flur oder in einem anderen, noch größeren Raum macht oder einfach vor der Tür des betreffenden Zimmers. Die abgelängten Dielen werden dann lose im Raum ausgelegt, und zwar mit der geschliffenen Seite nach oben. Man nagelt nun einen Riemen als erstes Richtbrett an einer Wand auf die Balken. Die Feder muß zur Wand zeigen. Soll verdeckt genagelt werden, so darf nur die allererste Nagelreihe dicht vor der Wand direkt von oben durch das Brett in die Balken eingeschlagen werden. Dieser Nagel wird nachher von der Scheuerleiste verdeckt. Alle weiteren Nägel (mit Ausnahme der allerletzten Nagelreihe) werden schräg in die Nut eingeschlagen und nachher mit dem Senkstift versenkt. Dabei muß man sorgfältig nageln, damit die Holzkanten nicht beschädigt werden oder die Nut ausreißt.

Nun wird das zweite Brett herangeschoben. Die Feder wird in die Nut eingeschoben. Dann schlägt man die beiden Bauklammern in zwei Balken ein, und zwar so, daß zwischen den Bauklammern und der letzten Diele die beiden Holzkeile eingeschoben werden können. Die Keile werden mit den beiden Hämmern gegeneinandergetrieben, sie pressen dadurch die Bretter gegen das zuerst befestigte Brett und drücken die Fugen ganz dicht zusammen, bevor man nun die Nägel einschlägt.

Wenn man beispielsweise am zweiten und vierten Auflagebalken verkeilt hat, kann man jetzt schon am ersten und dritten Balken die Nägelchen einschlagen. Danach kann man die Keile lösen und das Brett auch am zweiten und vierten Balken festnageln.

Wenn man offen, also senkrecht von oben nageln will, dann kann man mit den Bauklammern und Keilen auch jeweils zwei oder drei Bretter zusammenfassen.

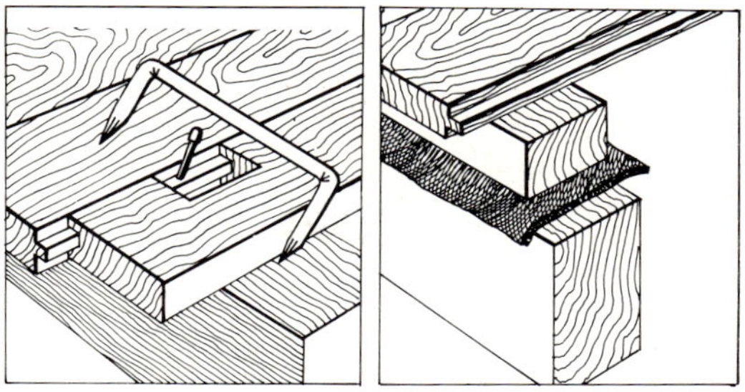

Dielen eng zusammenspannen; Dämmstreifen gegen den Trittschall (rechts)

So reiht sich dann Brett an Brett. Und wenn man Glück hat, dann paßt das letzte Brett genau in den Spalt zwischen Wand und vorletzter Diele. Meistens aber muß man das letzte Brett mit einer Kreissäge schlanker sägen. Sägen Sie nicht zuwenig ab, damit Sie nicht das Brett einquetschen müssen und dabei möglicherweise die Nut oder die Feder verletzen. Wenn das Brett nicht ganz dicht an die Wand anschließt: Der Spalt wird nachher ja von der Scheuerleiste überdeckt. Auch beim letzten Brett kann man die Nägel nur von oben einschlagen – die Nagelreihe sitzt wieder dicht vor der Wand und wird nachher ebenfalls von der Scheuerleiste getarnt.

Jetzt kann man den Raum sauber ausfegen, die Scheuerleisten wieder befestigen und den neuen Fußboden mit einem Schwingschleifer sauber schleifen. Der Boden wird danach noch einmal abgekehrt und dann zweimal mit gutem Bodenwachs behandelt – wenn man ihn nicht lackieren oder versiegeln (lassen) will, um einen perfekten Schutz zu bekommen.

Parkettafeln selber verlegen

Einen Parkettfußboden verlegen ist heute einfacher, als Riemen zu verlegen. Die Industrie liefert nämlich vorgefertigte Parkettafeln, die auch von einem Laien leicht verarbeitet werden können. Es sind quadratische, mit Nut und Feder ausgestattete Bauteile, so daß sie leicht und sicher aneinanderzufügen sind. Diese Lamellenquadrate sind etwa 13 mm stark, sie sind dreifach quer abgeleimt, sie verziehen sich nicht, werden weder genagelt noch geleimt (weil sie durch die Nut-und-Feder-Verbindung ausreichenden Halt haben) – und sie haben einen weiteren Vorteil: sie sind schon oberflächenversiegelt!

Vorbereitung des Untergrunds

Der Untergrund muß trocken und eben sein. Diese Voraussetzungen sollen nicht zu gering eingeschätzt werden. Ein feuchter Unterboden kann die Parkettquadrate verderben, kann den Boden mit der Zeit wellig machen. Wenn man der Sache nicht ganz sicher ist, wenn man die Feuchtigkeit nicht mit den im Fachhandel erhältlichen Feuchtigkeitsprüfern (das sind runde, besonders präparierte Papierscheiben, die in die Fugen des alten Dielenbodens gesteckt oder auf einen Estrich gelegt und mit Pappe abgedeckt werden müssen) gemessen hat, dann muß man für Entlüftung sorgen: Man versieht die Scheuerleiste, die zum Schluß montiert wird, mit Lüftungslöchern oder -schlitzen; dann kann Restfeuchtigkeit aus dem Untergrund nach oben entweichen, ohne durch das Holz selbst wandern zu müssen.

Der Untergrund muß selbstverständlich auch eben sein. Vertiefungen oder erhabene Stellen zeichnen sich auf der Oberfläche ab oder werfen die Fugen auf. Man muß daher Unebenheiten eines Estrichs auffüllen (mit Zementausgleichsmasse) oder abschleifen. Man muß hervorstehende Äste abhobeln, Nägel tiefer in das Holz eintreiben. Man braucht beim Ausgleichen von Unebenheiten jedoch nicht allzu pingelig sein: Geringere Unregelmäßigkeiten werden noch ausgeglichen durch die bituminierte Dämmplatte oder den Bitumenfilz, mit denen man den Unterbeton abdecken sollte, um die Wärmeisolierung und die Schalldämmung zu verbessern. Man kann auch eine Hartschaumplatte einlegen – es kann aber auch notwendig sein, eine Lage Spanplatten von 8 bis 12 mm Stärke zu verlegen.

Wenn ein alter Dielenboden gar zu wellig ist und wenn man gar zuviel ausgleichen oder abschleifen müßte, dann ist es besser, die ganze Fläche mit Spanplatten zu überdecken. Zuvor sind aber die Dielen, die federn und knarren, noch einmal festzuschrauben. Beim Verlegen der Spanplatten ist darauf zu achten, daß die Fugen versetzt sind: Es darf also immer nur T-förmige, aber niemals kreuzförmige Fugenstöße geben. Die Spanplatten sind festzuschrauben oder mit Schraubnägeln auf den alten Lagerhölzern zu befestigen. Schraubnägel werden mit dem Hammer eingeschlagen – sie bieten aber gerade bei Spanplatten gegenüber normalen Nägeln sechsmal mehr Festigkeit.

Um nun die günstigste Einteilung der Parkettquadrate zu ermitteln, muß man vor Arbeitsbeginn den Raum genau ausmessen (was auch schon wegen der Ermittlung der benötigten Quadrate getan werden muß). Dabei ist vor allem folgendes zu beachten:

Stellt man beim Messen fest, daß am Ende, an der letzten Reihe, die Lamellen um mehr als die Hälfte abgeschnitten werden müßten, dann beginnt man die erste Reihe ebenfalls mit einem schmalen Streifen: Der „Abfall" aus der ersten Reihe kann am Ende wieder verwendet werden, man hat also weniger Verschnitt. Braucht man für die letzte Reihe Lamellstreifen von mehr als halber Quadratbreite, dann ist es doch günstiger, die erste Reihe mit ganzen Platten zu beginnen.

So wird das Parkett verlegt

Da die Lamellenquadrate sauber im Winkel von 90 Grad beschnitten sind und jeweils an zwei Kanten Nuten und Federn aufweisen, müssen sie genau rechtwinklig verlegt werden. Schon geringe Abweichungen verderben die ganze Arbeit, und man müßte von vorn beginnen.

Man zeichnet sich daher in der Ecke, in der man beginnt, einen rechten Winkel auf den Unterboden und verlängert dessen Schenkel bis in die anderen Wandecken. Oder man nimmt zwei Richtbretter mit Nuten, die zur Parkettfeder passen, und nagelt diese Bretter genau rechtwinklig auf den Boden.

Dieser Richtwinkel wird so angelegt, daß er von den beiden Wänden eine Lamellenbreite plus eine 5 bis 10 mm Dehnfuge entfernt ist. Damit sich die Richtbretter nicht durchbiegen oder verschieben, werden Distanzklötze etwa im Abstand von einem Meter zwischen Wand und Richtbrett auf den Boden geheftet.

Das Verlegen beginnt also mit der zweiten Reihe. Die Quadrate werden mit Hilfe von Hartholzklötzen ineinandergeschlagen. Das letzte Stück wird mit einer Kreissäge passend gesägt und gegen die Wand verkeilt. Die Fugen zu den anderen Platten werden mit weißem Holzleim verleimt. Herausquellender Leim ist sofort abzuwischen. Während der Arbeit ist immer wieder darauf zu achten, daß sich die Fugen zwischen den Platten ganz dicht schließen; die Platten sind nahtlos zu verlegen. Klafft eine Fuge unregelmäßig (d. h. keilförmig), dann ist das ein fast sicheres Zeichen dafür, daß der ganze Verband nicht mehr im rechten Winkel liegt. Dann müßte man noch einmal von vorn beginnen, wenn man ein sauberes Ergebnis erzielen will.

Wenn die letzten Platten verlegt und mit Keilchen gegen die beiden Wände verspannt sind, entfernt man die Richtbretter und setzt die letzten Reihen ein. Nach ungefähr einer Stunde ist der Leim so weit fest geworden, daß man alle Keile an den Wänden entfernen und durch Korkstückchen ersetzen kann. Die Korkstückchen mindern die Trittschallübertragung auf die Wände: Der Boden „schwimmt", hat also keinerlei feste Verbindung mit dem angrenzenden Mauerwerk.

Das Parkett versiegeln

Die Lamellen sind zwar im Werk schon einmal versiegelt worden. Es empfiehlt sich aber, noch eine schützende Schicht aufzutragen. Versiegeln heißt, den Fußboden mit einem chemisch härtenden Lackanstrich versehen, der ihm eine harte, fugenlose und darum schmutzunempfindliche sowie leicht zu säubernde Oberfläche gibt. Dazu wird Zweikomponentenlack verwendet, der besonders hart wird.

Dem Laien kann nur das Versiegeln neuer Parkettböden empfohlen werden. Denn hier ist die Holzoberfläche noch so sauber, daß sie ohne große Vorbereitungen versiegelt werden kann. Das Versiegeln alter Fußböden überläßt man dem Fachmann, denn hier muß ja erst einmal die alte Versiegelung, der alte Schmutz gründlich abgeschliffen werden, bis wieder das blanke, saubere Holz zutage tritt.

Versiegeln setzt einen absolut staubfreien Boden voraus. Man muß den frisch verlegten Parkettboden also erst einmal von allen Arbeitsresten befreien und muß ihn dann gründlich und bei geschlossenen Fenstern abstauben. Der Boden muß trocken sein, d.h. die Holzfeuchtigkeit darf nicht über 10 bis 12% liegen. In normal temperierten Wohnungen darf man sicher sein, daß diese Werte nicht überschritten werden. Wenn man seiner Sache aber nicht ganz sicher ist, muß man doch noch einmal mit den schon erwähnten Feuchtigkeits-Prüfpapieren den Wassergehalt des Holzes messen. Der Versiegelungslack wird, wie ein anderer Lack auch, mit einem Flächenstreicher oder einem großen Ringpinsel aufgetragen. DD-Lacke setzen sich aus zwei Komponenten zusammen, deren Mischungsverhältnis genau beachtet werden muß. Hier muß der mit solchen Lacken meist unerfahrene Laie die Vorschriften der Hersteller sehr genau beachten. Außerdem muß man beachten, daß die DD-Lacke gasbildend und darum feuergefährlich sind. Offenes Feuer ist unbedingt vom Arbeitsraum fernzuhalten, so wie die Vorschrift zu beachten ist, daß man bei offenem Fenster, d.h. guter Lüftung zu arbeiten hat.

Fußbodenbeläge

Während bei früher angewandten Baukonstruktionen die Dielenbretter eher einen konstruktiv wichtigen als ästhetisch angenehmen Fußbodenbelag darstellten, unterscheidet man heute zwischen der Fußbodenkonstruktion bzw. dem Untergrund und dem eigentlichen Belag, dem die dekorative Funktion zukommt. So neigt man daher auch mehr und mehr dazu, alte Dielenbretter lediglich als Untergrund für einen weiteren Bodenbelag anzusehen. Man will einen weiteren Bodenbelag, der unempfindlicher gegen Fette, Öle oder Säuren sein soll – oder man will einen weicheren und leiseren Boden oder man wünscht mehr Fußwärme.

Vorbereitung des Unterbodens

Nicht nur die Qualität des Bodenbelags und die Art der Verlegung entscheiden darüber, wie sich dieser Belag bewährt. Ein ganz wichtiger Faktor ist vielmehr auch die Beschaffenheit des Unterbodens und dessen Oberfläche. Man unterscheidet diese vier wichtigsten Arten von Unterböden (die zum Teil ja selber auch Bodenbeläge darstellen ...):

1. Estriche: Zement- und zementgebundene Estriche, Gips- und Anhydritestriche, Gußasphaltestriche sowie Magnesia-(Steinholz-)Estriche.
2. Holzböden: Riemenböden, Parkett, Spanplatten oder Hartfaserplatten.
3. Stein- oder Kunststeinböden: Plattenböden verschiedener Art, Terrazzo, Mosaikböden, begehbare Steinholzböden.
4. Vorverlegte Böden: Linoleum-, Plastik-, Gummibeläge, Asphaltfliesen, Vinyl-Asbest-Platten oder Spachtelböden.

Alle Unterböden müssen grundsätzlich trocken, fest, eben, rissefrei, formbeständig und staubfrei sein und bleiben, wenn man einen Belag ordnungsgemäß verlegen will und wenn er dauerhaft halten soll. Ein Bodenbelag ist nur so gut und schön, wie der Unterboden es zuläßt.

Der Unterboden muß trocken sein

Auf feuchten oder gar nassen Unterböden haften Bodenbeläge nicht: Der Klebstoff wird aufgelöst oder gar nicht angenommen, der Belag beult, löst sich ab oder wird sogar zerstört.

Alle Böden, die nicht unterkellert oder bauseitig nicht isoliert sind, können gefährlich werden – auch wenn sie noch so trocken aussehen. Eine nachträgliche Isolierung ist nicht hundertprozentig möglich. Lediglich ein Gußasphalt-Estrich stellt eine zuverlässige Sperrschicht dar. Nicht unterkellerte Holzböden dürfen auf keinen Fall mit einem Belag abgedeckt werden, auch nicht mit einem Teppich oder mit Teppichfliesen: sie sind dann mehr oder weniger luftdicht abgesperrt, und dann faulen sie in kürzester Zeit.

Der Unterboden muß fest sein

Wenn der Unterboden nicht in sich eine feste, unnachgiebige Schicht darstellt, dann wird er bei Belastung durchgedrückt, und das zeichnet sich im Belag nur allzu deutlich ab. Auch in horizontaler Richtung muß der Boden fest sein: er darf nicht absanden, d.h. auch nicht abblättern. Denn dann haftet kein Klebstoff, oder er haftet kurze Zeit und löst sich dann vom Unterboden.

Unterböden muß man deshalb durch kräftiges Abklopfen auf ihre Festigkeit prüfen. Weiche, mürbe oder absandende Estriche sind zum Belegen ungeeignet. Ihre Oberfläche muß vom Fachmann verfestigt werden – wenn nicht ein ganz neuer Estrich eingebracht werden muß. Abstaubende Unterböden können mit verdünntem Klebstoff oder mit Haftbrücken behandelt werden.

Lose Holzdielen werden mit Hilfe von Schraubnägeln neu gefestigt. Federnde Bretter werden mit leicht schräg eingeführten Nägeln vernagelt.

Ein nicht genügend fester Unterboden kann aber auch in voller Fläche mit 8 bis 10 mm starker Spanplatte abgedeckt werden. Dabei ist natürlich dafür zu sorgen, daß die Spanplatten selbst fest liegen und sich nicht vom Unterboden lösen können.

Der Unterboden muß eben sein

Ein unebener Unterboden zeichnet nicht nur Buckel oder Wannen in den Bodenbelag, an den erhabenen Stellen wird der Belag auch viel schneller verschlissen.

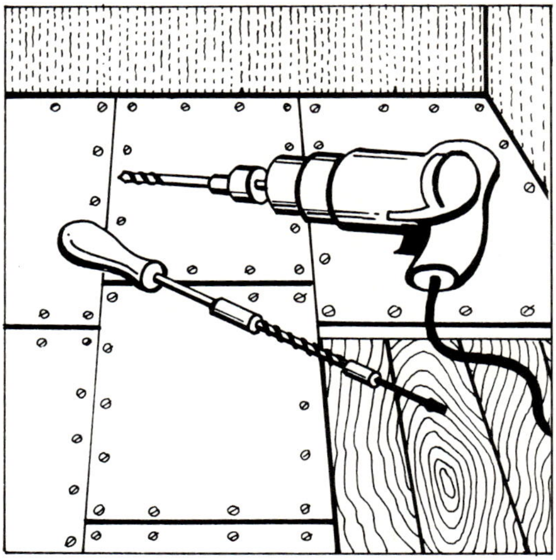

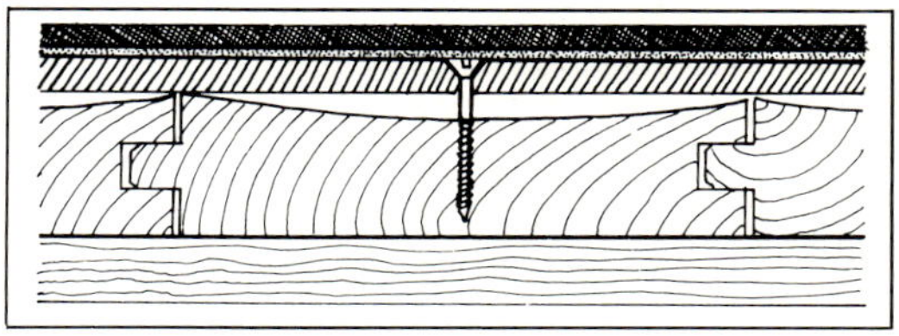

Auf sehr unebene Holzböden montiert man zum Ausgleich Spanplatten

Bei Holzböden werden grobe Unebenheiten abgehobelt oder abgeschliffen; man kann Bretter ersetzen – wobei man die Nägel sorgfältig versenken muß.

Bei sehr schlechten Estrichen oder Asphalt- oder Steinplatten empfiehlt es sich, den Boden mit Spachtelmasse auszugleichen.

Auch hier gilt: Als letzte Rettung kann oft eine Lage Spanplatten eingebracht werden. Und wenn man die schon öfter erwähnten Schraubnägel nicht bekommt, dann kann man die Platten auch festschrauben. Die Schraubenköpfe müssen aber gut ins Holz versenkt werden – und sie müssen, ebenso wie die Plattenstöße, gut verspachtelt werden, so daß sich eine wirklich homogene, ebene Fläche ergibt.

Zudem sollte man bei Holzuntergrund unter dem eigentlichen Belag erst noch dünne Filzpappe verkleben. Diese Schicht fängt die Bewegungen des Holzes auf und verhindert ziemlich sicher, daß sich in einem festen Belag Risse bilden können.

Der Untergrund muß rißfrei sein

Risse in einem Estrich deuten darauf hin, daß der Unterboden entweder nicht fest genug ist, daß er aus falsch zusammengesetztem Material besteht oder daß er zu schnell ausgetrocknet ist – oder zu früh begangen worden ist.
Bodenbeläge, die auf einem solchen Estrich verlegt werden, können ebenfalls brechen. Daher müssen grobe Risse durch den Fachmann beseitigt werden (und das wird nicht immer eine billige Angelegenheit werden). Kleinere Haarrisse können mit Ausgleichsmasse überspachtelt werden, wenn der Unterboden sonst noch fest ist.

Das Verlegen der Bahnenbeläge

Bahnenbeläge werden im allgemeinen so angeordnet, daß die Nähte auf die Hauptfensterfront des Raumes zulaufen. Bei der Einteilung ist darauf zu achten, daß an Türen oder in der Nähe von Waschbecken – also an allen häufiger begangenen Stellen – keine Nähte verlaufen. Türschwellen oder Wandnischen können mit Streifen oder Belagresten belegt werden.
Bahnenware sollte immer stehend aufbewahrt werden. Wenn man also eine Rolle eingekauft und auch nur einen Tag aufzubewahren hat, dann darf man sie niemals legen. Man sollte auch nur bei einer Raumtemperatur von mindestens 15 °C arbeiten. Kalte, ungenügend akklimatisierte Bahnen schmiegen sich dem Unterboden nicht genügend an. Der Raum sollte also im Winter geheizt sein – und man lasse das Linoleum oder den PVC-Belag mindestens einen Tag in diesem geheizten Raum stehen, ehe man verlegt.

Auslegen der Bahnen

Bevor man die Bahnen ausrollt, wird der Boden sauber abgefegt, dabei wird aber auf keinen Fall feucht gewischt! Die Bahnenabschnitte sollen etwa 5 bis 10 cm länger sein, als man sie wirklich benötigt. Man sollte auch nicht unbedingt die Bahnen Stoß an Stoß auslegen: Die Kanten können immer ein wenig beschädigt sein, und dann bekommt man von vornherein Fehler in den Bodenbelag. Man überlappt sie vielmehr auf 2 bis 3 cm.

Die Bahnen dürfen nicht gestürzt werden, das heißt, sie müssen immer in gleicher Laufrichtung von der Rolle abgewickelt werden.
Nun kann man den Belag entlang den Wänden einpassen. Profile an Türen und den Abschluß an der Tür schneidet man später ein.

Schneiden der Nähte

Für diese Arbeit braucht man ein Messer mit auswechselbarer Klinge – und diese Klinge muß scharf sein! Das Messer wird entlang einem Stahllineal geführt – und man schneidet von oben die beiden übereinanderliegenden Bahnen in einem Schnitt durch. Ausnahme: Wenn eine der beiden Kanten wirklich makellos und ohne jegliche Verletzung ist, kann man sich damit be-

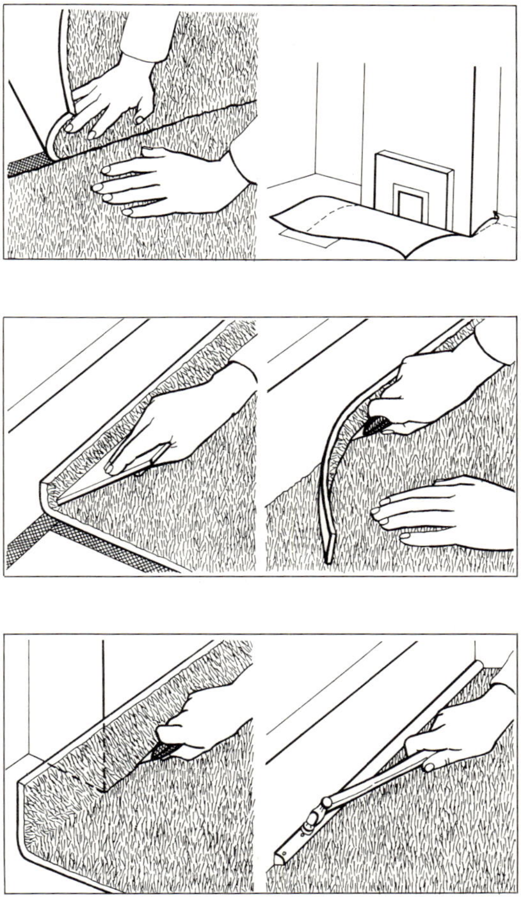

Wichtige Arbeitsphasen beim Verlegen von Teppichböden

gnügen, entlang dieser „guten“ Kante das Messer zu führen und nur die unten liegende Kante zu besäumen.

Das Aufkleben der Bahnen

Hierzu werden Neopren- bzw. Teppich-Spezialkleber verwendet. Man schlägt die erste der lose nebeneinander liegenden Bahnen der Länge nach etwa zur Hälfte zurück – und trägt auf dem nun freiliegenden Unterboden den Klebstoff auf, je nach Klebertyp mit einem glatten oder einem gezahnten Spachtel. Man trägt ihn gleichmäßig auf, nicht zu dick und nicht zu dünn. Wann nun der Belag wieder auf das Klebstoffbett zurückgeschlagen werden kann, das hängt von dem verwendeten Kleber ab:

Bei Kunstharz-Schnellbindern oder hellen Kunstharzklebern wird der Belag sofort in das eben eingestrichene Klebstoffbett eingerollt. Bei Neoprenklebern, die sowohl auf den Unterboden wie auf die Rückseite des Belags zu streichen sind, muß eine Wartezeit von etwa 10 bis 20 Minuten eingehalten werden. Was jeweils richtig ist, steht auch auf der Klebstoffverpackung.

Das Zurückrollen der Bahn muß sehr sorgfältig geschehen, denn die bereits zugeschnittene Bahn sollte nicht mehr verrutschen. Das gilt besonders für die zweite und alle weiteren Bahnen. Nach dem Einlegen der ersten Bahnenhälfte muß der Belag intensiv angerieben werden. Dazu nimmt man entweder ein altes Handtuch oder, noch besser, einen kleinen Sandsack zu Hilfe. Luft unter hohlliegenden Stellen muß gewissenhaft herausgerieben werden. Je sorgfältiger man diese Arbeit ausführt, um so besser liegt dann der Bodenbelag. Es kann auch notwendig sein, die Ränder mit Sandsäcken zu beschweren, damit die Kanten gut am Unterboden haften.

Die zweite Bahnenhälfte ist dann an der Reihe,

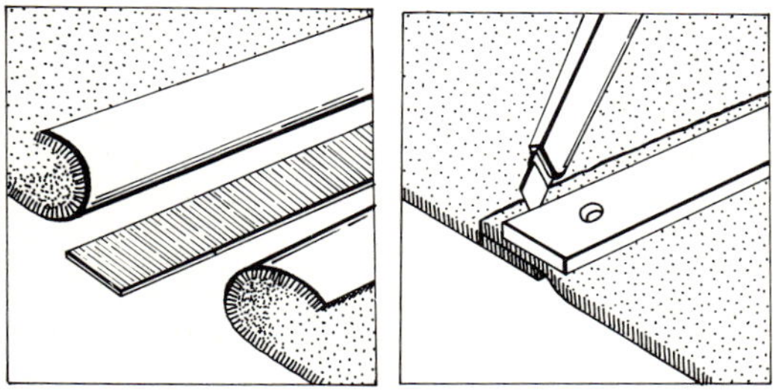

Aneinanderstoßende Bahnen werden mit einem Schnitt angepaßt

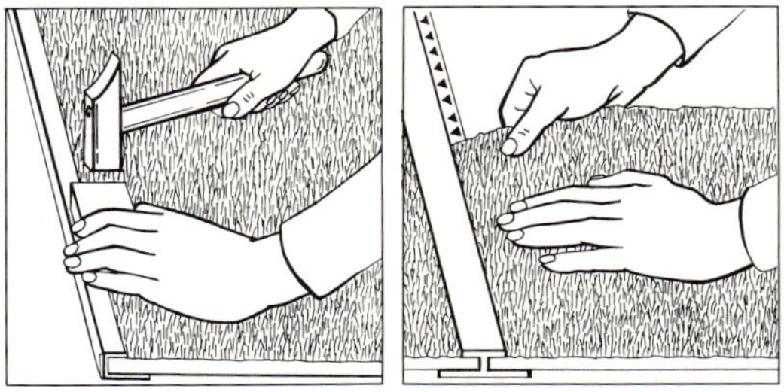

Spezialleisten sichern Teppichkanten an Rändern und Schwellen

und sie wird ebenso genau eingerollt. Noch sorgfältiger ist die zweite und jede nächste Bahn einzulegen. Es empfiehlt sich, die Bahnen durch Sandsäcke oder andere Gewichte gegen ein Verrutschen zu beschweren – und außerdem mit einem Helfer zu arbeiten.

Zum Abschluß der Arbeit werden die Stellen beschnitten und in das Kleberbett eingedrückt, die man zunächst noch ausgespart hatte: die Türrahmen und -schwellen, Fensternischen, Heizkörperanschlüsse und ähnliche Stellen, an denen man sehr behutsam mit einem scharfen Messer arbeiten muß. Dem Anfänger kann es leicht passieren, daß er einen Ausschnitt zu groß anlegt. Der Fachmann schützt sich dagegen, indem er immer nur schmale Streifen oder halbmondförmige bzw. sichelförmige Stückchen bei Rohranschlüssen abschneidet und so allmählich den richtigen Ausschnitt anfertigt.

Das Verlegen von Teppichfliesen

Auch Fliesen müssen akklimatisiert werden. Man breitet sie am besten mindestens einen Tag vor dem vorgesehenen Arbeitstermin möglichst lokker im Raum aus – der aber auf jeden Fall 15 °C aufweisen soll. Kommen die Fliesen direkt aus dem Geschäft oder aus dem kalten Kofferraum des Autos auf den Boden, dann kann es später Enttäuschungen geben.

Wenn man einen Raum mit Fliesen auslegen will, dann ist es noch wichtiger als bei Bahnenbelägen, daß der Unterboden völlig eben ist: Hier gibt es ja noch viel mehr Fugen und Nähte, die sehr deutlich jegliche Unebenheit anzeigen.

Die Parallelverlegung
Die Fliesen sollen parallel zu den Wänden verlegt werden. Dazu wird zunächst parallel zur Hauptwand des Raumes eine Linie auf dem Boden angezeichnet. Diese Linie soll genau zwei, drei oder mehr Plattenreihen von der Hauptwand entfernt sein. An dieser Linie wird die erste Plattenreihe angelegt. Aber erst muß noch der Anfangspunkt bestimmt werden: Die Fliesen sollen so liegen, daß an den besonders ins Auge fallenden Stellen – zum Beispiel bei der Tür – nur volle Fliesen, aber keine angeschnittenen Formate liegen.

Die Diagonalverlegung
Der Raum ist zunächst symmetrisch aufzuteilen: Man bestimmt den Mittelpunkt, markiert mit Schnurschlägen das Raumachsenkreuz (Parallelen zu allen vier Wänden – wenn der Raum exakt rechtwinklig ist), bestimmt dazu die Winkelhalbierenden – und legt nun erst einmal die Fliesen trocken von diesem Mittelpunkt aus in Richtung Tür. Ergeben sich dort unschöne Zwickel, dann dreht man das ganze Raumkreuz ein wenig bzw. man verlegt den Anfangspunkt vom Raummittelpunkt so weit, daß an der Tür (oder an der Hauptwand) die Fliesenformate günstiger ausfallen.

Die Fliesen werden verlegt
Die Fliesen werden nicht in voller Fläche auf den Boden gelegt, sondern man kippt sie förmlich ein: Man legt sie zunächst mit einer Kante an die Kante der zuvor verlegten oder der benachbarten Fliese ganz dicht an und rollt sie dann ab. Die Platten müssen ganz dicht aneinanderstoßen, sonst sieht der Bodenbelag unschön aus; Fehler am Anfang können sich multiplizieren!

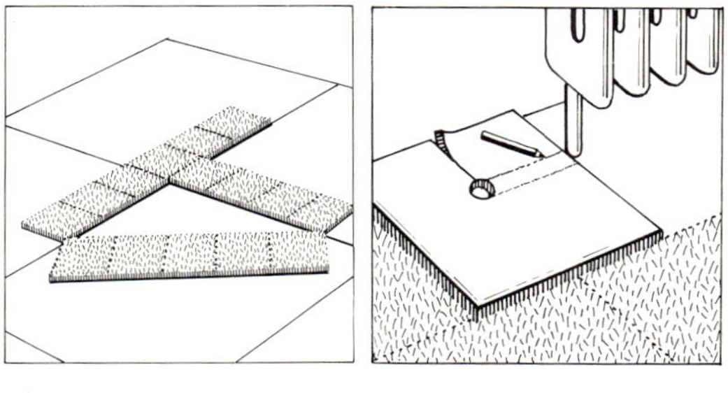

Rechten Winkel bestimmen und Maß nehmen für Rohrausschnitte

Jede einzelne Fliese ist vollflächig, besonders aber an den Rändern gut anzureiben. Randfliesen, die beschnitten werden müssen, kann man so ganz genau ablängen:
Man legt die als Randfliese vorgesehene Platte auf die letzte volle Fliese, legt eine weitere Platte darauf – und läßt diese an die Wand anstoßen. Die parallel zur Wand verlaufende Kante dieser Platte ist nun der Anschlag für das Messer, mit dem man die eigentliche Randfliese abschneidet.

Teppichbelag auf Treppen verlegen

Auch wenn es für den Heimwerker eine reichlich komplizierte Arbeit ist: Der Teppichbelag auf einer Treppe bringt zusätzlichen Wohnkomfort und mindert den Trittschall, macht das Wohnen also auch dadurch etwas angenehmer.
Bei Treppen, die nur aus Trittstufen bestehen (deshalb „durchsichtig" sind, weil die senkrechten Setzstufen fehlen), ist das Verlegen eines Teppichbelags noch am einfachsten. Denn hier können natürlich nur die vorhandenen Stufen belegt werden. Man schneidet die einzelnen Stücke aus einer entsprechend breit gewählten Teppichbahn zu und klebt sie mit Teppichkleber auf. Dabei muß vor allem die Vorderkante sehr gut angeklebt werden, sonst bekommt man hier eine nicht ungefährliche Stolperfalle.
Bei geschlossenen Treppen wird der Teppichbelag von oben nach unten durchgezogen (oder von unten nach oben). Verlegt man unter dem Teppich noch einen Filz, dann genügt es, diesen lediglich auf den Trittstufen zu verlegen. Man zieht den Filz allenfalls noch um die Vorderkante der Trittstufe bis an die Oberkante der Setzstufe.
Relativ leicht ist diese Arbeit dann, wenn man eine geradläufige Treppe belegen will. Denn hier braucht man nur eine entsprechend breite Teppichbahn zu wählen, bzw., die Teppichbahn einmal seitlich bis auf die gewünschte Breite zu beschneiden.
Bei einer gewendelten Treppe mit verzogenen Stufen ist die Arbeit etwas komplizierter. Denn bei einer offenen Treppe müßte man erst Schnittmuster aus Papier für den Zuschnitt der einzelnen Stufenbeläge anfertigen und dann (aber seitenrichtig!) auf den Teppich übertragen. Bei einer geschlossenen Treppe muß die Bahn an der In-

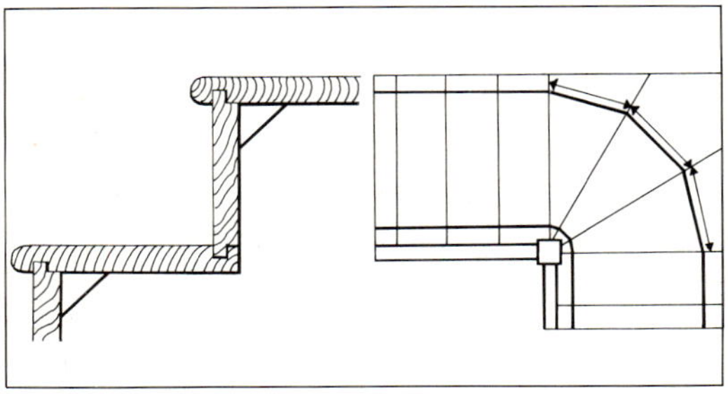

Für den Teppichbelag auf Treppen genau Maß nehmen für die Errechnung des benötigten Materials: Höhe der Setzstufen plus Tiefe der Trittstufen. Bei gewendelten Treppen an der Außenseite messen

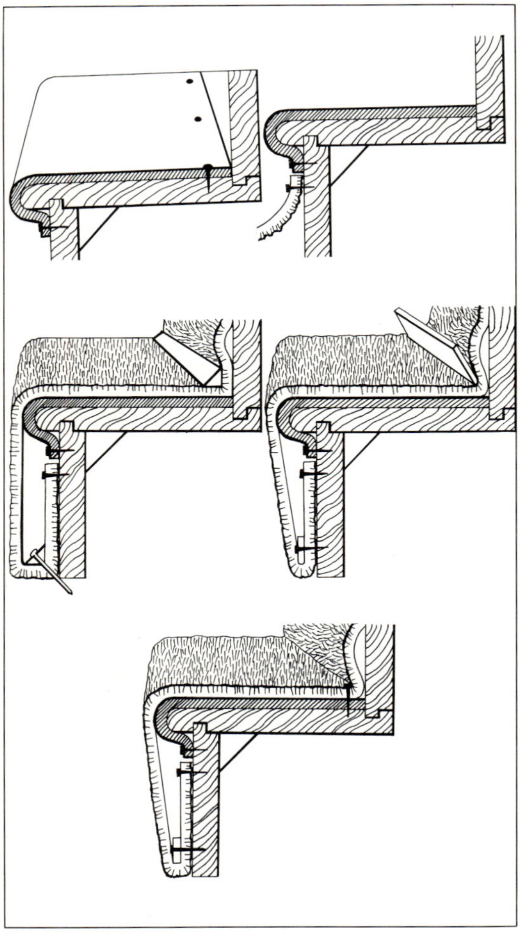

Auf die Trittstufen immer erst Filz zur Dämmung des Trittschalls verlegen. Für die Befestigung des von unten nach oben geführten Bahnenbelags sind hier unterschiedliche Details angeboten

nenseite der verzogenen Stufen eingeschlagen werden, so daß der Materialverbrauch für die Breitseite der Auftrittfläche ausgeglichen wird. Beim Abmessen der benötigten Länge für die Teppichbahn muß man natürlich die größere Breite der verzogenen Stufen berücksichtigen.

Beim Belegen einer solchen gewendelten Treppe arbeitet man am besten von unten nach oben – auch wenn es etwas umständlicher ist, das noch nicht verlegte Material vor sich zu haben und auch mehrmals umheben zu müssen. Aber: Bei diesem Vorgehen lassen sich die Einschläge an der Innenseite der verzogenen Stufen am saubersten einarbeiten.

Hier muß man natürlich auch besonders sorgfältig die Einschläge befestigen, damit später beim Betreten der Treppe der Teppichbelag hier nicht wegrutscht – und man selbst eine Rutschpartie auf der Treppe macht.

Bei Holztreppen wird übrigens der Teppichbelag am besten festgenagelt. Bei Stein- bzw. Betontreppen wird er verklebt.

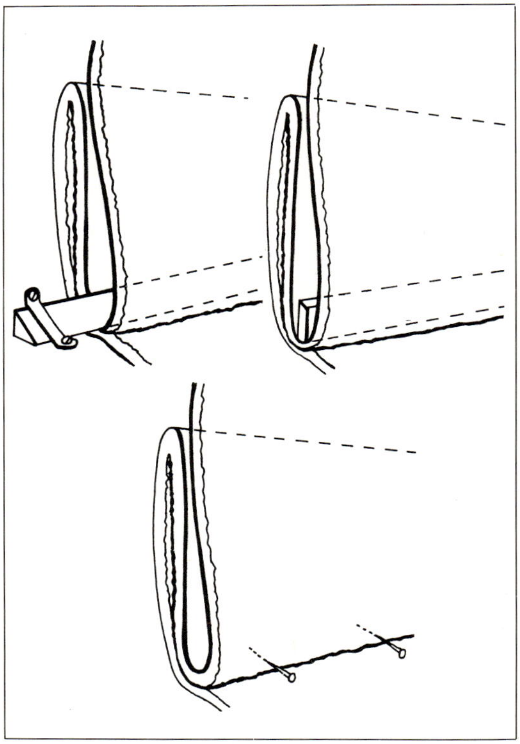

Der Einschlag an der Innenseite von gewendelten Treppen muß sehr sicher befestigt werden. Die Zeichnungen bieten drei unterschiedliche Möglichkeiten an

Bodenfliesen verlegen

Wer schon einige handwerkliche Erfahrung gesammelt hat (und dabei unter anderem die wichtige Erkenntnis gewonnen hat, daß ein Großteil des Erfolgs schlicht daher kommt, daß man geduldig – und damit ganz von selbst genau – arbeitet), der kann sich auch an diese Arbeit heranwagen. Wer allenfalls im Anstreichen sich schon als Heimwerker betätigt hat, sollte lieber die Finger davon lassen, oder aber mit einem erfahrenen Bekannten zusammenarbeiten und dem bei der Arbeit möglichst oft über die Schulter schauen. Denn Bodenfliesen liegen ja doch für eine sehr lange Zeit und werden nicht so einfach erneuert; ungenaue Arbeit bleibt also lange sichtbar – bleiben damit ein Ärgernis, wenn die Arbeit nicht so recht gelungen ist. Eine zweite Einschränkung wird gleich zu Beginn gemacht: Der Heimwerker sollte Bodenfliesen nur auf einem Glattstrich verlegen. Wenn, zum Beispiel, im Neubau des eigenen Hauses, erst der normale Dekkenbeton vorhanden ist, dann sollte man es dem versierten Handwerker überlassen, auf diesen Rauhbeton den glatten Estrich (samt der darunter verborgenen Dämmschicht) aufzubringen. Denn der Estrich sollte ja immer als sogenannter „schwimmender Estrich" verlegt werden. Zwischen dem Rauhbeton bzw. der eigentlichen Etagendecke sowie den Wänden ringsum und dem etwa 2 cm dicken Feinestrich gibt es dann keine feste Verbindung. Vielmehr ist eine dünne Lage weichen, elastischen Materials (in der Regel nimmt man Glaswollmatten) eingebracht, die die Übertragung von Trittschall nach unten deutlich dämpft.
Einen solchen schwimmenden Estrich zu verlegen verlangt handwerkliche Erfahrung. Wer sie nicht hat, bringt nur ein unbefriedigendes Ergebnis zustande.

Den Untergrund vorbereiten

Man hat, wenn der Estrich gut verlegt worden ist, keine großen Vorbereitungen zu treffen. In aller Regel kann man sich damit begnügen, den Raum sauber auszufegen. Zuweilen kann es vorkommen, daß der Estrich kleine „Betonbeulen" aufweist. Man kann diese mehr oder weniger großen „Krümel" einfach dadurch beseitigen, daß man den ganzen Boden mit einem Kalksandstein abreibt. Danach muß der Untergrund wieder sauber ausgefegt werden.

Einfarbigen Belag oder ein Muster verlegen?

In aller Regel verlegt man zwar jeweils nur eine Fliesenfarbe. Aber es kann natürlich auch sehr schön wirken, wenn man Fliesen in zwei unterschiedlichen Farben zu einem Muster zusammenfügt.
Das bekannteste Muster ist natürlich ein Schachbrettmuster, etwa aus weißen und dunklen Fliesen, wie es früher in Küchen oder Badezimmern beliebt war. Ein anderes, freilich weniger auffälliges Muster besteht darin, daß man eine Fliesenfläche (die einfarbig ist) mit einer Reihe Fliesen in einer anderen Farbe säumt.
Weil manche Fliesenhersteller bestimmte Fliesen in zwei oder drei verschiedenen Formaten anbieten (bei gleicher Qualität und Farbe), kann man auch einfarbige Muster allein durch die Kombination unterschiedlicher – aber aufeinander abgestimmter – Fliesenformate bilden. Und kann natürlich sowohl unterschiedliche Fliesengrößen als nun auch noch -farben kombinieren.
Bevor man aber solche Entscheidungen trifft, sollte man erst einmal einen maßstabsgerechten Grundriß des betreffenden Raumes anfertigen und darauf nun die Möglichkeiten zeichnerisch ausprobieren.

Das Werkzeug

Ein wichtiges Werkzeug ist der Zahnspachtel, mit dem man den Fliesenkleber aufträgt. Dazu braucht man noch einen Gummispachtel, mit dem später der Fugenzement aufgestrichen wird. Außerdem braucht man einen Hammer, mit dem die Fliesen ausgerichtet werden. Dazu eine Wasserwaage und ein Richtscheit, also eine möglichst lange, absolut gerade Latte mit genau parallel verlaufenden Längskanten.
Wenn man den Fliesenbelag vorher in einer maßstabsgerechten Zeichnung entworfen hat, weiß man auch, ob man im Baumarkt, wo man die Fliesen kauft, auch einen Fliesenschneider ausleihen muß – oder ob Bodenmaß und Fliesenmaß so gut zusammenpassen, daß keine Fliese angeschnitten werden muß.
Wichtige Hilfsmittel sind wiederum Abstandhalter.

Fliesen im Dünnbett verlegen

Wie bei den Wandfliesen wird auch hier im sogenannten Dünnbett verlegt. Das heißt, man arbeitet mit einem Klebstoff und nicht, wie früher, mit einem Mörtel. Das setzt freilich einen absolut ebenen Untergrund voraus. Drum wird vor Arbeitsbeginn mit dem Richtscheit gründlich geprüft, ob der Estrich eben ist, oder ob er Senken oder Buckel aufweist. Dazu braucht man natürlich auch ein ausreichend langes Richtscheit: Es sollte so lang wie die kurze Wand im Raum sein. So kann man genau und zuverlässig Auskunft über die Qualität des Bodens bekommen.

Mit Kreide sollte man tiefer oder höher liegende Stellen kennzeichnen (durch Einkreisen und Plus- und Minuszeichen): Dann weiß man nachher, wo man weniger oder mehr Kleber auftragen muß.

So wird verlegt

Die Verlegearbeit beginnt immer an der hinteren bzw. am weitesten von der Tür entfernten Kante. Man arbeitet also aus dem Raum heraus und vermeidet so unnötiges Betreten der frisch verlegten Fliesen.

Man überzeugt sich, daß die Wände im rechten Winkel zueinander stehen, und markiert nun mit einer gespannten Schnur die Anlegekante für die erste Fliesenreihe. Putz ist nicht immer absolut gerade, deshalb verlasse man sich lieber nicht darauf, daß man die erste Fliesenreihe einfach nur an die Wandkante anzulegen braucht. Wenn man einen einfarbigen (oder auch gemusterten) Belag ohne Randstreifen verlegt, liegt die erste Fliesenkante ganz dicht vor der Wand. Wenn man einen andersfarbigen Randstreifen verlegen will, muß man entsprechend weit von der Wand abrücken.

Man streicht mit dem Zahnspachtel Fliesenkleber auf den Boden auf, und zwar ganz gleichmäßig (es sei denn, Kreidezeichen signalisieren, daß Bodenunebenheiten ausgeglichen werden müssen). Man streicht zunächst für eine Fliesenreihe auf und verlegt jetzt erst die erste Fliesenreihe. Gleich danach wird mit dem Richtscheit und der Wasserwaage geprüft, ob alle Fliesen in der Höhe ausgerichtet sind oder ob da oder dort eine Fliese mit dem Hammerstiel noch etwas nach unten geklopft werden muß.

Erst wenn die erste Reihe richtig liegt, kann man weiter arbeiten. Also neuen Fliesenkleber für eine nun schon etwas größere Teilfläche gleichmäßig auftragen und darin die Fliesen verlegen (dabei Abstandhalter verwenden!) und mit Wasserwaage und Richtscheit ausrichten. Dabei muß man aber auch die Querrichtung überprüfen, also in Richtung Tür bzw. letzter Fliesenreihe mit dem

Fliesenfläche immer wieder mit dem Richtscheit in Längs- und Querrichtung überprüfen und ausrichten

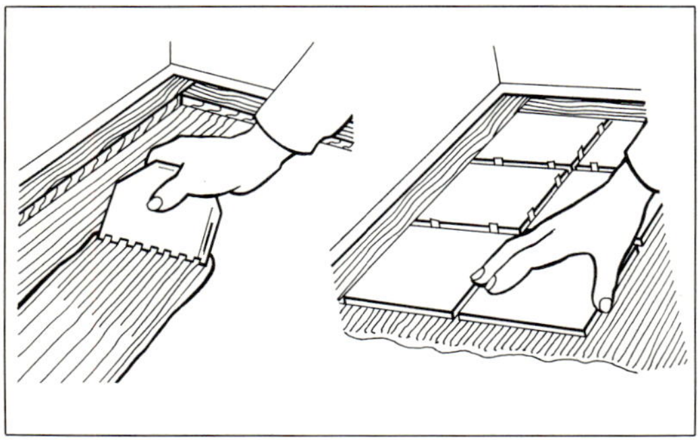

Kleber mit Zahnspachtel gleichmäßig auftragen und Fliesen mit Abstandhaltern in das Kleberbett einlegen

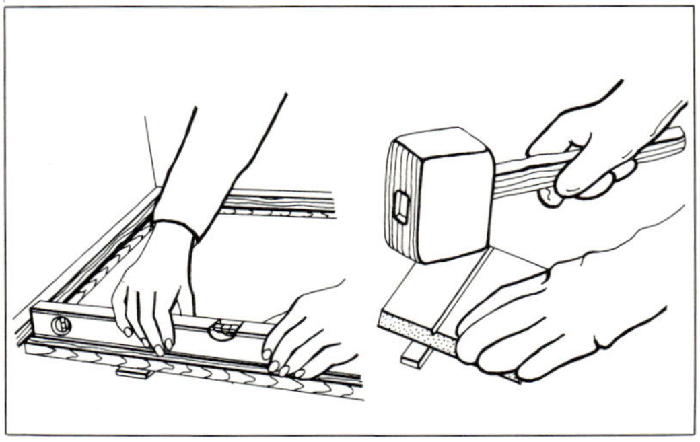

Randfliesen (wenn nötig) schmäler schneiden, Kleber auftragen und verteilen und Fliesen dann einpassen

Richtscheit kontrollieren, ob der ganze Fliesenbelag dann in der zuletzt zu verlegenden Reihe auch in der richtigen Höhe ankommen wird.
Um dies sicherzustellen, kann man nach der ersten Fliesenreihe rechts oder links im rechten Winkel eine Reihe Fliesen zur Tür hin verlegen (natürlich auch wieder sehr gewissenhaft mit Richtscheit und Wasserwaage ausgerichtet). So hat man diese Reihe beim Anlegen weiterer Fliesenreihen immer als Bezugshöhe bei der Anlage des Richtscheits.

Bei der Arbeit den Boden sauberhalten
Wenn zwischendurch Fliesen mit dem Fliesenschneider geschnitten oder gar mit einer Zange angeknabbert werden müssen (Fensternische, Heizungsrohre . . .), dann sollten die entstehenden Fliesensplitter gleich beseitigt werden – oder sie sollten gar nicht erst auf den Boden gelangen. Beim Fliesenschneiden also am besten eine große Zeitung oder ein Stück Pappe bereitlegen. Damit ist gewährleistet, daß der Estrich nach wie vor eben bleibt und die Splitter nicht das Auftragen des Klebers behindern.

Randfliesen zum Schluß einlegen
Wenn man eine Randreihe in anderer Farbe vorgesehen hat, dann hat man, wie beschrieben, mit entsprechendem Abstand zu den Wänden begonnen: Die Randreihen werden zum Schluß eingelegt. Dazu muß neu Kleber aufgetragen und eventuell mit einem improvisierten Zahnspachtel verstrichen werden: Wenn die Fliesenreihe schmäler als der Zahnspachtel ist, sollte man aus starker Pappe ein Behelfswerkzeug zuschneiden. Es bringt nämlich nichts, den Zahnspachtel schräg in der Randreihe zu führen: Dann haben die Klebstoffstreifen nicht genügend Abstand voneinander, dann wird hier die Kleberschicht zu dick.

Zum Schluß: Fugen säubern und verfugen
Wenn die Fliesen ausgelegt sind, wird man erst einmal tief durchatmen und den Rücken strekken. Dann kann man sich gleich daran machen, die restlichen Abstandhalter herauszuziehen (sofern man nicht Fugenkreuze verwendet hat, die dann überfugt werden können). Während der Verlegerei mußten ja nicht für sämtliche Fugen

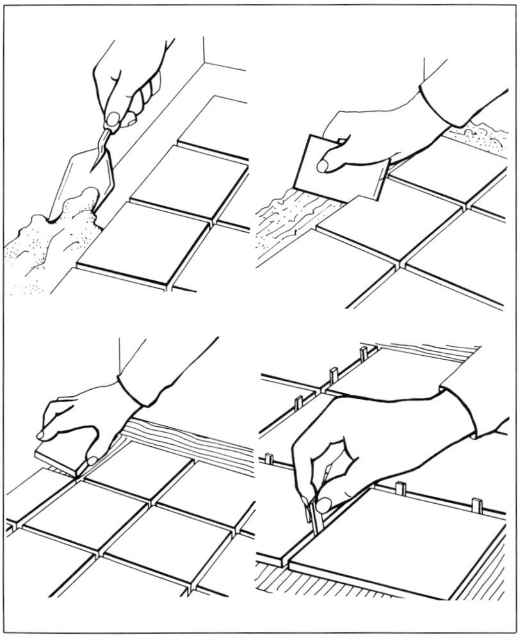

Abstandhalter entfernen, herausquellenden Kleber mit Fugenkelle entfernen, bevor Fugenzement aufgetragen wird

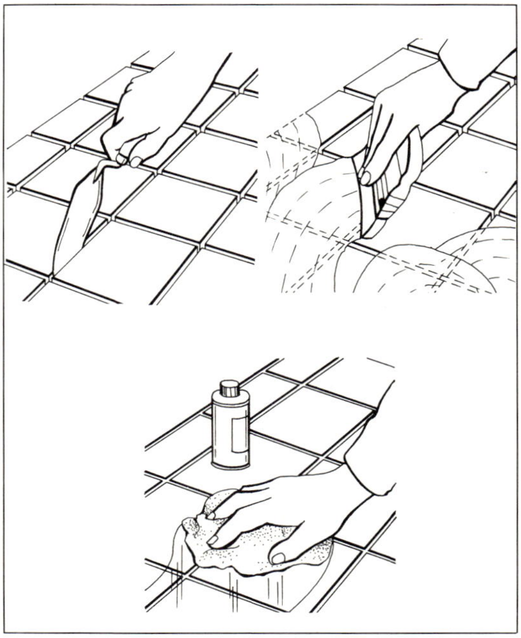

Fugenzement mit Gummispachtel großzügig auftragen und in die Fugen quetschen. Zum Schluß Fläche gründlich reinigen

Abstandhalter bereitgehalten werden: Man braucht nur eine kleine Menge, wenn man sie immer wieder verwendet. Wenn also die dritte Fliesenreihe verlegt ist, kann man die Abstandhalter zwischen erster und zweiter Reihe wieder herausziehen und in der Fuge zwischen dritter und vierter Reihe verwenden.

Wenn man alle Fugen kontrolliert, muß man darauf achten, ob es irgendwo Klebstoff hochgequetscht hat. Er müßte mit einem Messer oder einer schlanken Fugenkelle entfernt werden. Zum Verfugen nimmt man, wie bei Wandfliesen, einen farblich passenden – oder auch kontrastierenden Fugenzement. Wobei dezente, also in der Farbe gleiche oder sehr ähnliche Fugen wohl immer am besten wirken.

Der Fugenzement wird mit einem Gummispachtel satt in die Fugen eingestrichen. Dabei verfährt man so, daß man die Masse aus dem Behälter auf den Boden ausschüttet und daß man dann mit dem Gummispachtel in großen Schwüngen über die Fliesen-Oberfläche streicht. Dadurch gelangt der Fugenzement in die Fugen; was zuviel ist, wird vom Werkzeug mitgenommen und in die nächsten Fugen gedrückt.

Nicht allzu lange nach dem Verfugen wird dann die Fliesenoberfläche gereinigt. Man wischt die Fläche zunächst mit einem sauberen und trockenen Tuch ab und arbeitet dann mit einem Steinreiniger nach (bzw. mit einem Mittel, das in der Baustoffhandlung für diese Arbeit empfohlen worden ist), um den leichten Zementschleier zu entfernen und den Fliesen ihren ursprünglichen Glanz wieder zu geben.

Dachausbau

Zunächst auch hier eine einschränkende Bemerkung (wie im vorhergehenden Abschnitt über das Verlegen von Bodenfliesen):

Ein Dach auszubauen kann ein sehr komplexer Vorgang mit sehr vielen unterschiedlichen, zum Teil handwerklich sehr anspruchsvollen Tätigkeiten sein. Es ließe sich darüber ein eigenes Buch füllen.

Wenn diesem Thema hier nur ein paar Seiten gewidmet werden, dann kann natürlich nicht die ganze Problematik behandelt werden. Andererseits wird man an anderer Stelle dieses Buches eine Menge Informationen für die anstehenden Arbeiten bekommen: So etwa im Abschnitt „Wärmedämmung“ (Seite 109ff.) oder über die Verkleidung von Wänden (ab Seite 88) oder das Verlegen von Bodenbelägen (ab Seite 117).

In jedem Dach, das ausgebaut werden soll, sieht es anders aus. Mal wird es sich um ein steiles Dach in einem Altbau handeln, mit einem Bretterboden auf einer Balkenlage; mal soll ein Dach im Neubau ausgebaut werden, wobei der Boden schon mit einem Estrich versehen ist. Mal will man den Dachraum als einen Raum nutzen, in einem anderen Fall denkt man vielleicht daran, den Raum zu unterteilen. Es kann notwendig sein, in die Dachhaut zuvor noch ein Fenster einsetzen zu lassen oder Wasserzulauf und -ablauf verlegen zu lassen. Auf all diese Themen hier einzugehen, würde den Rahmen dieses Buches sprengen. Und deshalb soll hier nur einiges über die „Standard-Situation“ vorgelegt werden:

Das Dach im eigenen Haus soll, ein paar Jahre nach Baufertigstellung (und nach einer gewissen finanziellen Erholung ...), nun als Kinderzimmer oder als Gästezimmer fertig gebaut werden.

Ein kluger Bauherr hat diese Situation von den Bauhandwerkern seinerzeit wenigstens so weit vorbereiten lassen, daß ein Feinestrich auf die Zwischendecke aufgebracht worden ist und daß ein Wasseranschluß zumindest bis über diese Zwischendecke herausgeführt worden ist. Auch ein Heizungsanschluß sollte vorbereitet worden sein.

Bei solcher Vorbereitung geht es also vor allem darum, die Dachhaut zu verkleiden (und zu isolieren), damit für saubere Wände und Decke zu sorgen, einen wohnlichen Bodenbelag zu verlegen – und dazu aber auch von den entsprechend zuständigen Handwerkern Heizungs-, Wasser- und Elektroanschlüsse komplettieren zu lassen.

Die Dachhaut abdichten

Wenn die Unterseite des Dachs ohne jegliche Verkleidung ist, muß hier zunächst einmal damit begonnen werden, daß man das Dach winddicht macht.

An die Unterseite der Dachlatten wird eine kräftige Kunststoffolie genagelt oder getackert. Die Bahnenstücke werden ähnlich wie Dachziegel angebracht: Das heißt, sie sollen sich etwa 15 bis 20 cm überlappen. Dabei liegt die obere Bahn über der unteren, man arbeitet also von oben nach unten.

Die Überlappungen zwischen den Bahnen müs-

sen nicht hermetisch abgedichtet sein. Sie sind winddicht genug, wenn die Bahnen dicht aufeinander liegen – und bleiben dabei aber noch durchlässig für Wasserdampf aus dem Dachraum.
So kann Raumfeuchtigkeit entweichen; man vermeidet dadurch die Bildung von Kondenswasser im Dachraum.

Wärmedämmung als nächstes Problem
Auf den Seiten 109ff. sind schon eine Menge Hinweise darauf gegeben worden, welche Bedeutung eine sachgemäß ausgeführte und auch ausreichende Wärmedämmung für das Raumklima unterm Dach (aber auch für die Heizkostenrechnung) haben kann.
Es mag den Geldbeutel belasten, wenn man beim Dachausbau ziemlich viel Geld für viel Dämm-Material ausgibt. Das Haushaltbudget wird dafür aber auf Jahrzehnte hinaus bei den Heizkosten entlastet, wenn man jetzt nicht knausert, sondern sachgemäß arbeitet und investiert.
Zwischen den Sparren wird also als nächstes die Wärmedämmung angebracht. Man hat die Wahl zwischen Glaswollplatten oder -bahnen und starren Styroporplatten. Die Entscheidung wird von den Kosten abhängen, ein bißchen kann natürlich auch die Technik der Verarbeitung mitentscheiden. Wenn ein Material in einer Platten- oder Rollenbreite angeboten wird, die genau zwischen die Sparren paßt, dann bringt das natürlich Vorteile – während man bei breiterem oder schmälerem Material immer etwas Aufwand für das Zurichten mitrechnen muß, eventuell sogar Materialverlust.

Details des Ausbaus rechtzeitig planen
Spätestens dann, wenn die Wärmeisolierung angebracht worden ist, muß die weitere Arbeit geplant werden. Denn jetzt braucht man auch die Handwerker. So etwa den Elektriker, der Leitungen verlegen muß, ehe das Dach verkleidet wird. Oder den Installateur, der Rohranschlüsse ebenfalls bis dahin verlegen muß, wo sie durch die spätere Verkleidung hindurchtreten. Und auch die Heizung muß angeschlossen werden. Und dafür muß man wissen, wo denn die jeweiligen Anschlüsse zu montieren sind.

Auch die eigene Arbeit verlangt Vorausplanung. So wird etwa der untere Teil der Dachschräge abgefangen: Durch eine Holzkonstruktion, die später verkleidet werden kann – die zugleich aber die Vorderseite eines Einbauschrankes sein kann. Man könnte in diesem Rahmenwerk aber auch einen oder zwei Stempel aussparen, so daß eine breite Öffnung entstehen kann. In dieser Öffnung kann man ein rollendes Bett „parken". Es kann tagsüber eine normalbreite Liege sein, kann sich am Abend oder dann, wenn das Dachzimmer von Gästen bewohnt wird, als ein 1,40 oder gar 2 m breites Bett herausrollen lassen.
Hinter diesem halbhohen Wandstück kann auch das Überlaufgefäß für die Heizung verborgen werden. All solche Überlegungen sind rechtzeitig anzustellen, nicht nur, damit man den Materialbedarf für den Ausbau richtig ausrechnen kann, sondern damit die Reihenfolge aller Arbeiten von vornherein bekannt ist und man nicht zu spät erkennt, daß ein Arbeitsgang versäumt worden ist und daß man vielleicht die Holzverkleidung wieder teilweise abnehmen müßte.

Dachverkleidung aus Holz
Als attraktivste Verkleidung für den Dachraum gilt wohl Holz, sei es in Form von Nut-und-Feder-Brettern, sei es in Form von Paneelplatten. Meistens werden die Bretter oder Platten waagerecht angebracht, weil man dann die Montagenägel direkt in die Dachsparren eintreiben kann (in den Giebelseiten muß man erst noch eine senkrecht angeordnete Lattenunterkonstruktion am Mauerwerk befestigen).
Für Details, die bei dieser Arbeit zu beachten sind, gibt es in einem anderen Abschnitt (ab Seite 92) viele Hinweise. Besonders sollte auch das Thema Holzschutz bedacht werden. Dachräume lassen sich wegen der meist kleinen Fenster schlechter lüften als andere Räume im Haus, deshalb muß man besonders harmlose Holzschutzmittel auswählen (die keinerlei Stoffe enthalten, die noch über einen langen Zeitraum auch für den Menschen schädliche Gase abgeben).

Trennwände im Dachraum
Solche Trennwände unterscheiden sich prinzipiell nicht von den Leichtbauwänden, die man in anderen Räumen entweder mauern oder als

Rahmenkonstruktion mit beidseitiger Verkleidung errichten kann. Was die Arbeit im Dach aber erschwert, ist die Tatsache, daß zwischen den Dachsparren waagerechte Riegel eingesetzt werden müssen, damit man für das Rahmenwerk der Trennwand brauchbare Anschlüsse herstellen kann.
Statt dünner Trennwände in Schalenbauweise wäre es aber viel sinnvoller, den ohnehin knappen Raum gleich dadurch zu nutzen, daß man Schränke zur Trennung von Räumen aufstellt. Dazu bieten sich sowohl handelsübliche Schrankwandsysteme an, die auch mit Dachschrägen zurechtkommen, als auch eine Eigenkonstruktion, wie sie ab Seite 258 erklärt wird.

Worauf sonst zu achten ist

Dachräume darf man ohne baupolizeiliche Genehmigung ausbauen, sofern die Außenansicht des Dachs nicht verändert wird. Sobald man aber ein größeres Dachfenster will, kann es notwendig sein, daß dazu eine Genehmigung eingeholt werden muß. Natürlich braucht man eine Genehmigung, wenn man eine Dachgaube bauen oder ein neues oder größeres Giebelfenster ins Mauerwerk setzen (lassen) will.
Beim Ausbau ist zu beachten, daß an Kamine nichts montiert werden darf, daß Holzteile mindestens 5 cm Abstand halten müssen. Wenn also eine Dachverkleidung über den Schornstein hinweggezogen werden soll, dann muß ein entsprechend großer Abstand vorgesehen werden. Der entstehende Zwischenraum ist entweder mit Mörtel auszuputzen oder mit „Eternit" auszukleiden. Wenn man es ganz genau und den örtlichen Vorschriften gemäß machen will, informiert man sich am besten vor dem Ausbau beim zuständigen Bezirksschornsteinfegermeister, was denn alles zu beachten ist. Dieser Fachmann wird auch sagen, wie man den Zugang zum Dach, d. h. zum Schornstein für die Schornstein-Reinigung freizuhalten hat.

Materialien für den Möbelbau

Holz und Holzwerkstoffe

Für den Laien kommt Massivholz als Werkmaterial eigentlich nur dann in Frage, wenn es fertig ausgehobelt beim Händler gekauft wurde. Daher ist die Auswahl der zu empfehlenden Holzsorten beschränkt. Grundsätzlich müssen zwei Arten von Hölzern unterschieden werden:
Nadelhölzer erkennt man an ihrem geringen Gewicht, außerdem sind die Jahresringe deutlich markiert. Weichholz ist meist sehr harzreich, hat jedoch keinen Gerbsäuregehalt. Die wichtigsten Weichhölzer sind: Fichte, Tanne, Kiefer, Oregon- und Pitch-Pine, Lärche, Redwood.
Laubhölzer sind schwerer, weil sie mehr Holzsubstanz enthalten. Die Jahresringe sind nicht so deutlich wie bei den Nadelhölzern zu erkennen. Hartholz ist harzarm – aber reich an Gerbsäure. Hartholz arbeitet mehr als Weichholz: es dehnt sich stärker, schrumpft mehr, es kann sich mehr werfen – und das muß man bei allen Konstruktionen mit Harthölzern einkalkulieren.

Holz „arbeitet“

Ein Brett wirft sich in Richtung der Jahresringe am stärksten – so, als wolle es die Krümmung der Ringe aufheben. Das kommt daher, daß die Zellen im Splintholz größer sind als die im Kernholz; sie können demnach mehr Wasser aufnehmen – und schrumpfen dann eben auch mehr, wenn sie nach dem Fällen und Weiterverarbeiten das Wasser wieder abgeben.
Seitenbretter, die nicht direkt aus der Mitte des Stammes geschnitten sind, werfen sich am stärksten. Sie wölben sich beim Trocknen dermaßen, daß die rechte Seite – die der Stammmitte zugewandte Seite – rund und die linke Seite hohl wird. Das Herzbrett wirft sich nicht, aber es schrumpft an den beiden Splintholzseiten, wird dort also dünner. Das muß man bedenken, wenn man Bretter aneinanderleimt. Jeder Tischler und Schreiner verwendet deshalb möglichst gut und gleichmäßig getrocknetes Holz, er schneidet bei Mittelbrettern das Kernholz heraus und unterbindet im übrigen das Werfen durch querlaufende Gratleisten oder durch genutete Brettverbindungen an den Brettenden. Vor allem aber kann er die nach dem Lagern oder Verleimen gewölbten oder welligen Bretter auf der Hobelmaschine wieder vollkommen eben hobeln.

Möglichst trockenes Holz kaufen

Dem Laien fehlen meistens solche Möglichkeiten. Man kann darum beim Einkaufen nur darauf achten, daß man gut trockenes und astfreies Holz bekommt. Bretter dürfen keine Risse aufweisen und sie sollen natürlich noch schön eben sein. Ein windschiefes Brett wird man nie wieder gerade bekommen, es wird sich immer wieder verziehen, weil es von einem drehwüchsigen Baum stammt und so „von Natur aus belastet ist“.
Wenn ein Fachmann von Hirn- oder Längsholz spricht, dann meint er nicht etwa verschiedene Holzarten, sondern er meint unterschiedliche Partien ein und desselben Holzes. Hirnholz ist das quer zur Stammachse gesägte Holz – die Enden eines Brettes sind die Hirnflächen oder das Hirnholz. Das längs zur Stammachse gesägte Holz ist das Lang- oder Längsholz.
Im übrigen bekommt man Massivholz in verschiedenen Abmessungen, die alle zunächst nach Zoll berechnet werden (das Zeichen dafür ist ″). Man rechnet dabei die Rohstärke. Es gibt 1 Zoll, ¾ Zoll und ½ Zoll starkes Holz – das sind 24, 18 oder 12 mm. Man erspart sich viel Arbeit, wenn man das Holz beim Einkaufen gleich abrichten, d. h. auf die benötigte Stärke hobeln und auch gleich auf die erforderliche Länge sägen läßt. In vielen Holzhandlungen und Do-it-yourself-Geschäften kauft man heute aber auch fertig gehobeltes Holz, dessen Breite zwischen 10 und 30 cm schwankt. Noch breitere Bretter sind aus schmäleren zusammengeleimt.
Solche Bretter stehen als Regalbauteile in gehobelter Ausführung zur Verfügung, in verschiedenen Längen und Breiten. Meistens ist allerdings eine Längskante leicht gerundet. Diese Bretter sind aus Weichholz, auch für viele Leisten, die meisten Latten und Kanthölzer wird Weichholz genommen. Hartholz begegnet den meisten Heimwerkern eigentlich nur als Dübelholz.
Selbstverständlich sind auch alle Formteile, die man für den Bau von Möbeln benötigt, aus Hartholz: Möbelbeine, Knöpfe, Griffe.

Unentbehrlich: Sperrholz und Tischlerplatten

Leimt man zwei Bretter mit den rechten oder auch den linken Seiten aufeinander, dann können sie sich nicht werfen, weil sich die Zug- und Druckkräfte aufheben. Noch günstiger wird das Verhalten des Holzes, wenn die Faserrichtungen senkrecht zueinander verlaufen. Genau diese Beobachtung hat schließlich zur Erfindung des Sperrholzes geführt. Man leimt unter Druck eine ungerade Zahl von dünnen Holzplatten zusammen, dreht dabei von Schicht zu Schicht die Faserrichtung um 90 Grad – und bekommt einen Werkstoff, der sehr flächenstabil ist. Allerdings nur dann, wenn bei der Weiterverarbeitung darauf geachtet wird, daß auf beiden Oberflächen wieder gleiche Kräfte wirksam werden. Wenn man Sperrholz furniert, dann muß man es auf beiden Seiten furnieren – und zwar mit dem gleichen Holz, in gleicher Stärke. Außerdem soll die Richtung des Furniers auf beiden Seiten der Platte senkrecht zur äußeren Holzrichtung der Platte aufgeleimt werden, damit das Werfen vollständig unterbunden wird.

Gut – aber teuer: Tischlerplatten

Sperrholz gibt es in verschiedenen Stärken. Braucht man allerdings dickere Platten, dann nimmt man nicht mehr Sperrholz, sondern Tischlerplatten. Dieser Werkstoff besteht aus einer stärkeren Mittelschicht, aus Kiefern-, Fichten- oder Tannenleisten, die quer zu ihrer Holzrichtung mit 2 mm starkem Absperrfurnier abgeleimt sind.

Man unterscheidet zwischen blockverleimter und stäbchenverleimter Tischlerplatte. Die blockverleimte Tischlerplatte weist weniger günstige Eigenschaften auf, weil bei ihr die etwa 2 cm breiten, gleich starken Leisten beim Querableimen nur aneinandergelegt sind. Die Mittellage der stäbchenverleimten Tischlerplatte ist dagegen aus ausgewählten, 6 mm breiten und gleich starken Leisten mit stehenden Jahresringen hergestellt. Die Folge:

Bei der blockverleimten Platte kann die Oberfläche allmählich uneben werden, wenn die Leisten im Innern der Platte arbeiten: sie ist daher für feine Arbeiten, die eine Hochglanz-Oberflächenbehandlung erfordern, ungeeignet. Die Stäbchenplatte dagegen behält eine absolut glatte Oberfläche. Sie kann daher auch mit Kunststoffplatten belegt oder für Furnierarbeiten mit Hochglanzoberfläche verwendet werden.

Tischlerplatten sind in 13, 16, 19, 22, 25, 28 und 32 mm Stärke erhältlich.

Die Furnierplatte, der Sperrholzplatte verwandt, besteht aus 3, 5, 7 oder mehr Furnierschichten, die quer aneinandergeleimt sind. Es können keine Stärketoleranzen auftreten, und sie kann wie die Stäbchenplatte verarbeitet werden. Allerdings sollte die Furnierplatte nicht für großflächige Arbeiten verwendet werden, weil sie sich mit der Zeit doch verziehen kann. Furnierplatten gibt es von 3 mm bis 12 mm Stärke, jeweils um einen Millimeter steigend. Man bekommt sie wie die Tischlerplatten auch in Spezialausführungen, z. B. kochfest verleimt.

Wenn man eine Sperrholz- oder Tischlerplatte für eine Arbeit verwenden will, die eine furnierte Oberfläche bekommen soll, dann kann man sich die Arbeit des Furnierens sparen: Es gibt nämlich auch Platten, die nicht mit dem üblichen Limbafurnier, sondern auch mit einem Edelholzfurnier belegt sind (die zweite Seite ist allerdings ebenfalls mit einem billigeren Furnier belegt). Die Edelfurniere sind die gängigen Furniere, also beispielsweise Ahorn, Eiche, Esche, Nußbaum, Rüster oder Teak. Bei solchen Platten – die es bis zu einer Größe von maximal 2,50 × 1,25 m gibt – spart man sich also das Furnieren der Oberflächen. Weil man aber die große Platte teilen muß, gibt es Kanten, die das Innere der Platte zeigen. Hier muß man doch furnieren. Und dafür kann man in der Holzhandlung gleich Furnierstreifen in der jeweils benötigten Holzart kaufen.

Hartfaserplatten und Spanplatten

Ein fast idealer Werkstoff für Bastler und Heimwerker sind die Hartfaser- und Spanplatten, die aus maschinell zerkleinerten Holzfasern und -spänen bestehen und die bei hoher Temperatur und unter Zugabe von Kunstharzleim mit hohem Druck verpreßt worden sind. Diese Platten können sich weder werfen noch verziehen, sie quellen und schrumpfen nicht (es sei denn, man setzt sie direkt und ständig dem Einfluß von Wasser – also nicht nur Luftfeuchtigkeit – aus). Nur: Man kann die Platten nicht hobeln, und die Oberfläche sieht nicht sonderlich attraktiv aus. Spanplatten sind ab 6 mm Stärke erhältlich, sie sind billiger als Sperrholz – sind allerdings auch schwerer.

Hartfaserplatten sind in Stärken von 3,2 bis 6 mm erhältlich, sie sind auf einer Seite glatt, und auf der anderen Seite zeigen sie ein Gittermuster. Die glatte Seite ist gegen Kratzer ziemlich unempfindlich und läßt sich leicht polieren. Für konstruktiv wichtige Möbelteile kann man Hartfaserplatten nicht verwenden: Als Rückwände oder Füllungen sind sie aber ein wichtiges Baumaterial. Man bekommt die elastischen, aber nicht sehr bruchfesten Platten auch mit Dekoroberfläche, mit geriffelter, fliesenartig gemusterter oder lederartig geprägter Fläche. Man bekommt sie in vielen Farben – und auch gelocht, zusammen mit speziellen Haken; man bekommt Lochplatten auch als Material für Akustikverkleidungen. Beim Sägen dieser Platten muß man darauf achten, daß die glatte Seite oben liegt, damit sie an den Schnittkanten nicht von den Zähnen des Sägeblattes aufgerissen wird. Außerdem muß man wissen, daß an der glatten Seite noch Trennmittel aus der Preßform haften können und daß diese wachsartigen Substanzen die Haftung von Anstrichen herabsetzen. Man tut darum gut daran, vor einer Lackierung die Fläche mit etwas Testbenzin abzuwaschen und so zu entfetten.

Eine weitere Art von Holzfaserplatten ist die Dämmplatte. Sie hat ein lockeres Gefüge und nur äußerst geringe Festigkeit: ist also praktisch eine nur ganz geringfügig gepreßte Faserplatte. Sie wird – wie ihr Name schon sagt – für schalldämmende und wärmeisolierende Verkleidung an Wänden und Decken gebraucht. Man kann sie aber auch sehr gut als Pinnwand benutzen: Sie wird in ihrer natürlichen Farbe oder aber mit Stoff bespannt an die Wand gehängt, damit man an ihr mit kleinen Stecknadeln Notizen oder Dekorationen anpinnen kann. Dämmplatten sind ab 10 mm Stärke erhältlich; sie sind billig und außerordentlich leicht – aber auch sehr zerbrechlich. Sie müssen mit äußerster Vorsicht zerteilt werden: mit einer feinen Säge oder aber mit einem scharfen Messer.

Leisten und Stäbe

In Holzhandlungen und Bastlergeschäften bekommt man eine große Vielfalt von Leisten und Latten angeboten: in allen Stärken und auch in verschiedenen Profilen – als Rundstäbe, Winkel-, Halbrund-, Dreieck-, Viertelrund- oder Tapezier- und Abdeckleisten. Man bekommt Kanthölzer für stärkere Konstruktionsteile. Man bekommt Dübelhölzer bis zur Stärke eines Besenstiels. Wenn man aber doch keine vorgefertigte Leiste in der benötigten Stärke vorfindet, dann kann man immer noch die benötigte Leistenstärke anfertigen lassen.

Die meisten Leisten sind aus Ramin gefertigt, einem glatten, harten Holz fast ohne Zeichnung. Weil diese Massenware ziemlich frisch verarbeitet wird, arbeiten Raminleisten sehr stark auch schon in der Zeit, in der sie in der Holzhandlung oder im Baumarkt stehen: Sie verziehen sich zum Teil ganz beträchtlich. Wenn eine solche Raminleiste so verarbeitet werden soll, daß absolut schnurgerader Verlauf des Holzes erforderlich ist, dann sollte man die Leisten sorgfältig auswählen: Dann sollte man immer über die Längskanten peilen, ob man ein brauchbares oder zu stark verwundenes Stück vor sich hat.

Furniere

Furniere sind dünne Blätter, etwa 0,5 bis 1 mm stark; wo früher noch das Holz meist massiv verwendet werden konnte, muß man sich heute nun schon längst damit begnügen, einen Kern aus minderwertigerem und billigerem Holz mit nur dünnen Schichten edlen Holzes abzudecken. Furnier wird nur aus den gesündesten und in ihrer Struktur besten Holzsorten gewonnen. Es ist sehr empfindlich, und der Umgang mit diesen dünnen Blättern setzt einige Erfahrung voraus (die man sich getrost erwerben sollte).

Zumindest für den Laien ist der Umgang mit Furnier durch die selbstklebenden Furniere erleichtert worden. Es handelt sich dabei um echtes Holz, das allerdings noch viel dünner geschnitten ist als das übliche Furnier. Solches selbstklebendes Furnier wird in Rollen und schmalen Streifen gehandelt.

Ein interessantes Angebot ist auch selbstklebendes Furnier, dessen Klebstoff ein sogenannter thermoplastischer Kunststoff ist. Dieses Furnier wird buchstäblich aufgebügelt: Durch die Hitze des Bügeleisens wird der Kunststoff weich, er dringt in die Poren des Holzes ein und verankert so das dünne Furnier sehr fest mit der Trägerplatte.

Fertigteile und Beschläge

Wer Möbel baut, wer Möbel oder auch Fenster und Türen reparieren will oder muß, der braucht dazu Beschläge und muß über ihre Funktion Bescheid wissen. Beschläge sind unentbehrliche Vorrichtungen zum Verschließen, Bewegen und Festhalten von Fenstern und Türen. Im folgenden werden einige der wichtigsten Beschlagtypen und ihre Funktionen sowie natürlich ihre Montage erläutert.

Bänder und Scharniere

Bänder bestehen aus dem Drehgelenk (das der Fachmann Gewerbe nennt) und den beiden, voneinander trennbaren Befestigungsschenkeln, die als breite Lappen zum Einlassen ausgebildet oder als Gewindestifte zum Einbohren erhältlich sind. Für Türen und Fenster verwendet man die folgenden Bänder:

1. Fischbänder – bei denen der untere Teil mit dem Stift am tragenden Element (am Türfutter, an der Zarge oder am Türstock) und der obere Teil an dem beweglichen Element (also am Türblatt oder am Fensterflügel) unsichtbar mit einem sogenannten Fischbandeisen eingelassen werden. Für den Laien ist das eine ziemlich schwierige Arbeit; sie erfordert äußerst präzises Einpassen – und gelingt darum nur mit einiger Übung.
2. Einbohrbänder dienen dem gleichen Zweck. Anstelle der Lappen aber haben sie Gewindestifte. Sie können mit Hilfe einer mitgelieferten Einbohrschablone in das Holz eingesetzt werden; die Gewindestifte müssen dabei so stramm in das Bohrloch passen, daß das Gewinde sich

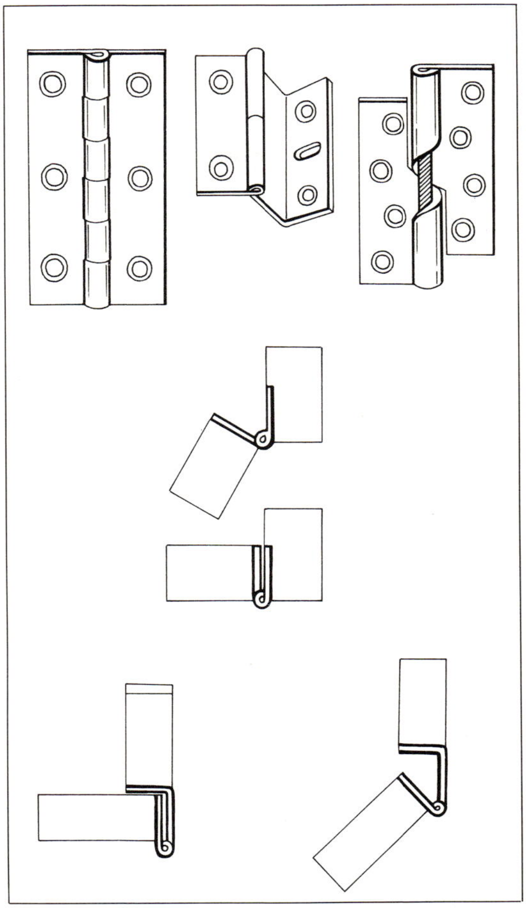

Scharniere für Möbeltüren

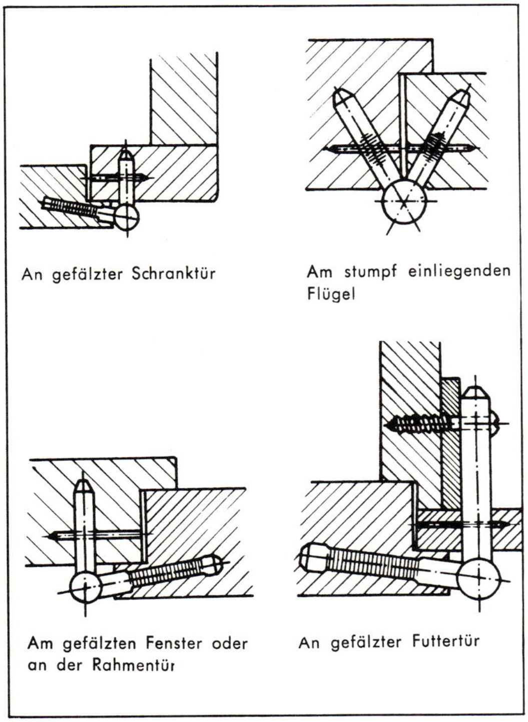

Anwendung eines Einbohrbandes

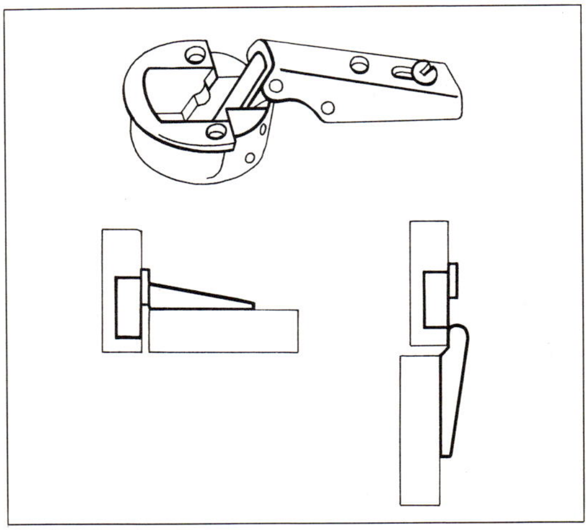

Klappscharnier mit zwei Drehpunkten

beim Eindrehen in die Holzwandungen der Bohrung einschneidet. Einbohrbänder können vom Heimwerker verhältnismäßig leicht montiert werden.
3. Aufsatzbänder werden für Türen verwendet; sie werden – wie die Fischbänder – eingelassen. Auch hier muß angegeben werden, ob es sich um eine Rechts- oder Linkstür handelt.
4. Scharniere und Stangenscharniere (die man auch Klavierbänder nennt) unterscheiden sich von den Bändern dadurch, daß die beiden um das Gewerbe beweglichen Teile nicht voneinander gelöst werden können: Beide Befestigungslappen sind im Gewerbe fest zusammenmontiert. Wenn man ein Scharnier kauft, ist es darum nicht erforderlich, die Seite des Anschlags anzugeben; Scharniere können beidseitig angewendet und deshalb nicht falsch montiert werden.
Betrachten Sie die Scharniere an Möbeltüren: sie sind stets mit beiden Teilen um Lappenstärke eingelassen.
5. Klappscharniere mit zwei und mehr Drehpunkten sind heute am häufigsten anzutreffen. Es sind von außen unsichtbare Scharniere für stumpfaufschlagende Türen. Dieses Scharnier kann rechts oder links angeschlagen werden; es gibt Ausführungen, die sich bis zu 170 Grad öffnen.

Einlassen von Bändern und Scharnieren

Das Drehgelenk von Bändern und Scharnieren muß genau parallel zu den Türkanten liegen. Um diese Genauigkeit zu erreichen, zeichnet man die erforderliche Lappenbreite und -stärke mit dem Streichmaß zuerst an der Tür an und reißt dann die Länge des Lappens mit Winkel und Reißnadel an. Dabei geht man immer von der Mitte des Bandes aus, da dies der festgelegte Punkt für die Bandhöhe ist.

Dieser Punkt wird bei Möbeln immer jeweils 1/7 der Gesamthöhe von den Ober- und Unterkanten entfernt sein. Bei Möbeltüren von über 1,20 m Höhe wird genau in Mitte der Tür ein drittes Band angesetzt. Das gilt auch für schwere Hauseingangstüren. Dort allerdings wird das mittlere Band etwa 20 cm über der Mitte der Tür angesetzt, und auch das obere Band sitzt rund 6 cm höher als üblich.

Nach dem Anzeichnen wird das Holz bei Bändern genau um Lappenstärke, bei Scharnieren um halbe Drehgelenkstärke mit dem Stecheisen ausgestemmt. So man hat, wird dabei ein Grundhobel verwendet. Der Lappen wird dann mit passenden Senkkopfschrauben befestigt. Jetzt wird die Tür in die Öffnung gehalten, und nun zeichnet man die Bandhöhen am Türrahmen an. Es versteht sich von selbst, daß hierbei das Türblatt genau angehalten werden muß, daß man sich von einer zweiten Person helfen läßt und daß man am besten zusätzlich Keile unter das Türblatt schiebt, um es auch längere Zeit exakt auf der erforderlichen Höhe festhalten zu können. Danach wird wieder Breite und Höhe des Lappens angerissen, das Holz wird ausgestemmt, und dann kann man das Türblatt einsetzen. Arbeitet man ungenau, dann hängt die Tür schief – was bedeutet, daß sie sich entweder nicht schließen läßt oder daß sie nicht offen bleibt; es kann auch bedeuten, daß die Tür nur auf einem Band aufsitzt – das bald überstrapaziert ist.

Anders verfährt man mit dem unter 5. genannten Klappscharnier. Der runde Topf wird an der Tür befestigt. Dazu muß man mit einem Forstnerbohrer im AEG-Bohrständer mit Tiefenanschlag ein Loch von 35 mm Durchmesser in das Türblatt bohren. Der sogenannte Topfabstand, der Abstand des Lochrandes zur Türkante, beträgt in der Regel 3 mm; der Bohrmittelpunkt ist also 18 mm von der Türkante entfernt. Der andere Schenkel des Scharniers, ein Lappen mit Stellschrauben, wird nur stumpf gegen die Schrankseite geschraubt.

Alle Bänder, die ausgehängt werden können, müssen auf der Buchsenseite mit Staufferfett eingefettet werden. Man trägt natürlich nicht zuviel Fett auf. Öl wird zwar häufiger verwendet; es hat jedoch den Nachteil, daß es sehr schnell abläuft – und daß die Tür dann wieder quietscht. Vorteilhaft ist auch Graphitstaub, den man in kleinen Spritzflaschen an Tankstellen oder im Autozubehörhandel bekommt. Der Staub ist ein ausgezeichnetes Schmiermittel, nur muß man mit dem Spritzfläschchen vorsichtig hantieren, weil der Inhalt sehr leicht herauspudert ...

Riegel und Schlösser

Schubriegel sind die einfachsten Festhaltemittel für Türen und Fenster. Je nach der Anbringung greift der Riegel in ein Schließblech (siehe Abbildung unten) oder in einen Schließkloben. Es gibt gerade und gekröpfte Riegel, Flachstahlriegel und runde Riegelstifte.

An Fenstern älterer Art findet man noch Vorrei-

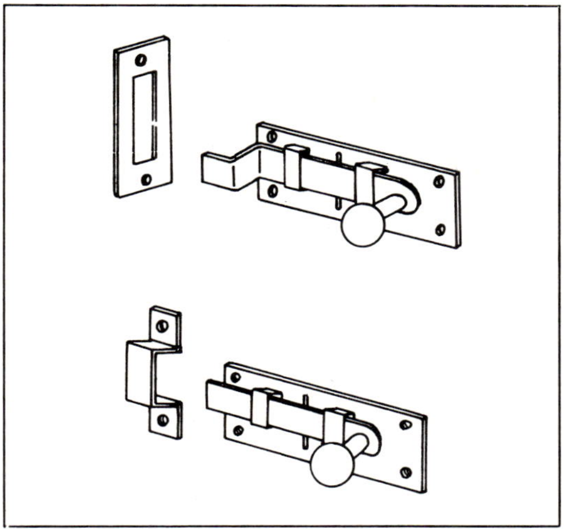

Einfache Schubriegel

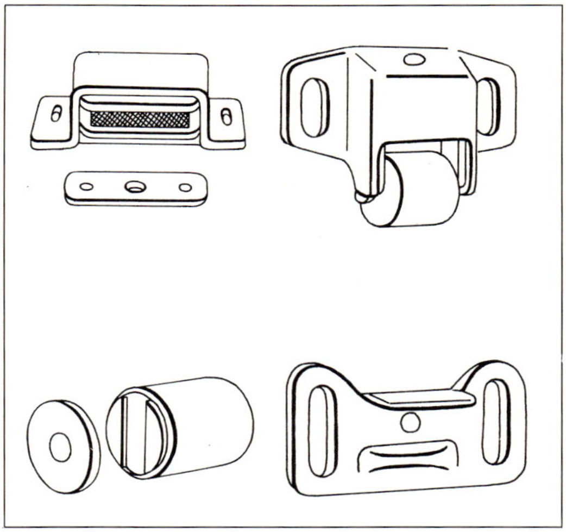

Magnetschnäpper und Rollverschluß

berschrauben zum Festhalten – die aber oft schon ausgeleiert sind und damit anzeigen, daß dies sehr primitive Haltungen sind. Bei neueren Fenstern werden Einreiber mit Hebelverschluß eingebaut, die schon zuverlässigere Beschläge darstellen. Bei zweiflügeligen Fenstern mit Mittelpfosten ist ein Doppelreiber oder ein Fensterruder mit Schließhaken üblich. Alle anderen Verschlüsse sind zu kompliziert, als daß sie von der Mehrzahl der Laien befriedigend montiert werden könnten.

Zu den einfacheren Verschlüssen für kleine Türen an Möbeln gehören die Kugel- oder Rollenschnäpper, die heute allerdings mehr und mehr von Magnetschnäppern abgelöst werden. Letztere werden nicht eingelassen, sondern stumpf angeschraubt. Sie müssen in Querrichtung nicht genau sitzen, da sowohl der Magnet wie das Gegenstück ausreichend groß sind. Allerdings muß der Abstand des Magnets bzw. der Eisenplatte zur Türinnenseite richtig gewählt werden, sonst schließt die Tür entweder nicht oder der Magnet kann die Tür nicht festhalten. Das genaue Gegenteil von diesen leichteren Haftmitteln wären die Klappenhalter – die eine Klappe offenhalten sollen und dafür zu sorgen haben, daß sie über ein bestimmtes Maß hinaus nicht geöffnet werden kann. Es gibt also Deckelstützen – die eine nach oben aufschlagende Klappe festhalten; und es gibt die Halter für nach unten aufschlagende Klappen. Für beide werden natürlich zusätzlich Klappscharniere oder Klavierbänder benötigt, mit denen die Klappe am Möbelkorpus angeschlagen wird.

Schlösser für Türen

Während man sich heute bei Möbeln mit einfachen Schnapp- oder Magnetverschlüssen begnügt und allenfalls in die Klappe eines Schreibfaches ein Schloß einbaut, werden Wohnungs- und Zimmertüren immer mit Schlössern versehen.

Es gibt nun eine so große Zahl von Schloßarten, daß hier nur die Hauptformen behandelt werden können.

Die Abbildung S. 136 zeigt ein einfaches Schloß mit Falle. Der obere keilförmige Riegel, die Falle, wird beim Herunterdrücken der Türklinke oder beim Drehen des Türknopfes ins Schloßinnere zurückgezogen. Wenn die Tür geschlossen wird, dann läßt die schräge Fläche des Riegels diesen Verschluß in eine entsprechende Öffnung des Schließbleches gleiten. Diese Falle kann bei bestimmten Wohnungstüren auch durch den Schlüssel betätigt werden, und zwar mit Hilfe eines Hebels, der Wechsel genannt wird. Der Riegel, der beim Zusperren in den unteren Schlitz des Schließblechs im Türrahmen gleitet, hat verschiedene Aussparungen. In die oberen Aussparungen, die sogenannten Rasten, drückt eine Gesperrfeder im Ruhezustand den Haken einer schwenkbar gehaltenen Riegelsperre fest. Wird

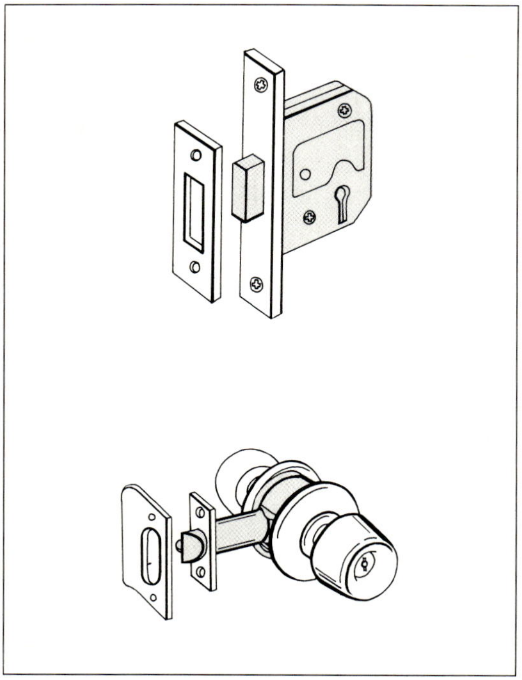

Einsteckschloß (oben) und modernes Schloß mit Drehknopf

der eingeführte Schlüssel gedreht, dann greift sein Bart in die unteren Aussparungen des Riegels und hebt dabei die Sperre und auch deren Haken aus den Rasten. Der Bart kann nun den Riegel bewegen, bis der Bart aus der Aussparung herausgleitet. In diesem Augenblick befindet sich die nächste Raste unter dem Haken. Die Sperre wird nicht mehr angehoben, die Feder kann also den Haken in die Raste eindrücken und den Riegel wieder festhalten. Man kann den Schlüssel noch einmal drehen und dadurch den Riegel eine Raste weiterrücken.
Der verschieden geschweiften Form des Schlüsselbartes entspricht die Form des Schlüssellochs im Schloßboden und in der Schloßdecke, so daß ein anders geformter Schlüssel gar nicht eingesteckt werden kann. Mit einem einfachen Sperrhaken, einem sogenannten Dietrich, läßt sich allerdings dieses Schloß öffnen.
Es gibt auch kompliziertere Schlösser, die mit dem Dietrich nicht zu öffnen sind. So gibt es zum Beispiel vervielfachte Zuhaltungen und Reifenbesatzung. Bei der Reifenbesatzung sind am Schloßboden Reifen befestigt, die das Drehen des Schlüsselbartes verhindern, wenn dieser nicht eine passende Nut aufweist. Bei nur einseitig zu öffnenden Schlössern – z.B. an Schubkästen, Läden und Koffern – wird das Einführen des Sperrhakens oft durch einen Dorn verhindert, der am Schloßboden festgenietet ist. Der dazu passende Schlüssel ist am Ende hohl.
An Wohnungs-, Zimmer- und Schranktüren ist heute das Einsteckschloß das übliche Schloß, für das in das Türblatt ein Schlitz von entsprechender Größe gestemmt werden muß. Früher versah man die Türen mit Kastenschlössern, die auf das Türblatt aufgeschraubt worden sind.

Am sichersten: das Zylinderschloß

Ein Mittelding zwischen dem sichtbaren Kastenschloß und dem unsichtbaren, in die Tür eingelassenen Einsteckschloß ist das Einlaßschloß, das hauptsächlich für Schubladen und Schranktüren verwendet wird.
Das Zylinderschloß bietet – trotz seiner kleinen Ausmaße – noch größere Sicherheit. Sein Aufbau geht aus der Abbildung oben hervor. In dem Außenzylinder liegt ein drehbarer Kern, der sogenannte Innenzylinder, mit einigen Querbohrungen, in denen sich verschieden lange Stifte befinden. Genau in der Fortsetzung dieser Bohrungen hat auch der Außenzylinder Kanäle mit Sperrstiften, welche durch Federn abwärts gedrückt werden. Wenn kein Schlüssel in das Schloß eingeführt ist, drücken die Sperrstifte die Zylinderstifte nach unten, schieben sich also zum Teil in den Innenzylinder und verhindern so, daß dieser sich drehen kann. Führt man den richtigen Schlüssel ein, so heben dessen Zacken die Zylinderstifte gerade so weit, daß die Sperrstifte aus dem Innenzylinder gedrängt werden. Der Kern

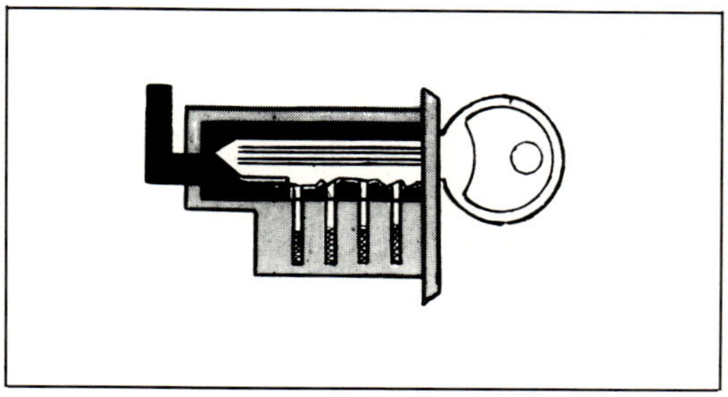

Schnitt durch ein Zylinderschloß

läßt sich nun drehen, und die daran befestigte Nocke transportiert den Schloßriegel in der bekannten Weise.

Ein Schlüssel, der nicht genau die gleiche, d.h. passende Zackenform hat, drängt zwar manche Zylinderstifte in den Außenzylinder oder läßt Sperrstifte in den Innenzylinder gleiten: Die Stifte werden letztlich aber doch die Drehung des Kerns verhindern – so daß sich das Schloß doch nicht öffnen läßt.

Zylinderschlösser gibt es mit ein-, zwei- oder auch vierseitigen Schlüsselbärten (Kreuzbärten), welche die größte Sicherheit bieten. Sie sind als Kasten- und Einsteckschloß mit und ohne Falle erhältlich. Jedes Schloß enthält eine Einbauanleitung – so wie sich aus den Maßen eines Einsteckschlosses auch ableiten läßt, wie groß der Schlitz sein muß, den man in das Türblatt zu stemmen hat.

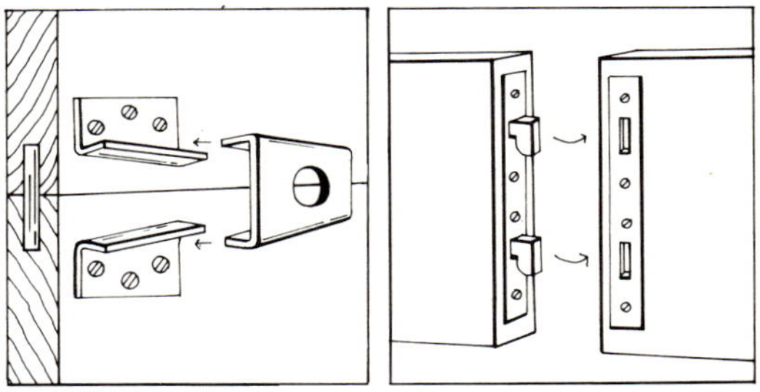

Keilverschluß (links) und Bettbeschlag

Riegelverschluß für Schränke

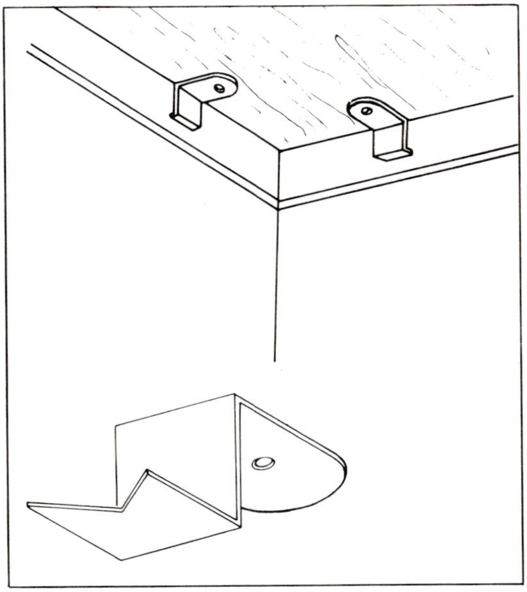

Klammer für einfache Tischkonstruktionen oder Stuhlsitz-Verbindungen

Weitere Möbelverschlüsse

Man kann sie in etwa als Verwandte der Schlösser bezeichnen: die Beschläge, mit denen Möbelteile so verbunden werden, daß sie auch wieder – ohne Beschädigung – gelöst werden können.

Die Abb. oben zeigt einen einfachen Keilverschluß. Die Verbindung der beiden Teile löst sich, wenn man die Klammer – die zwei Winkel zusammenspannt – in Pfeilrichtung mit einem Hammer herausschlägt. Der Riegelverschluß in der Abbildung Mitte wird mit einem Vierkantschlüssel oder auch mit einem Schraubenzieher gelöst oder geschlossen. Die Abbildung unten rechts zeigt eine Klammer, die bei der Befestigung von Tischplatten und Stuhlsitzen an den Zargen verwendet wird. Die Klammer wird zuerst mit den Spitzen in die Zarge eingeschlagen, und dann befestigt man die Platte mit je einer Schraube. Ein wichtiges Element sind auch die Bettbeschläge.

Zu den Patentverschlüssen wären auch die sogenannten Rampamuffen und die Einschlagmuffen zu rechnen. Es sind Eisen-, Stahl- oder Kunststoffmuffen mit einem Innengewinde. Sie werden in den inneren Möbelteilen eingesetzt, wozu zuvor eine Bohrung entsprechender Größe anzubringen ist; von außen wird dann eine passende Gewindeschraube eingedreht.

Es gibt daneben noch weitaus mehr Verschlüsse, vornehmlich auch Exzenterverschlüsse. Die meisten dieser Verschlüsse werden jedoch exklusiv für ein bestimmtes Möbelprogramm entworfen und sind daher dem Laien kaum zugänglich. Es lohnt sich dennoch, vor dem Bau eines Möbelstücks in der nächsten großen Eisenwarenhandlung nach solchen Patentverschlüssen zu suchen. Wer weiß, ob nicht auch das festgefügte Möbel eines Tages doch zerlegt werden muß – dann wäre es gut, das ginge ohne Beschädigung vonstatten.

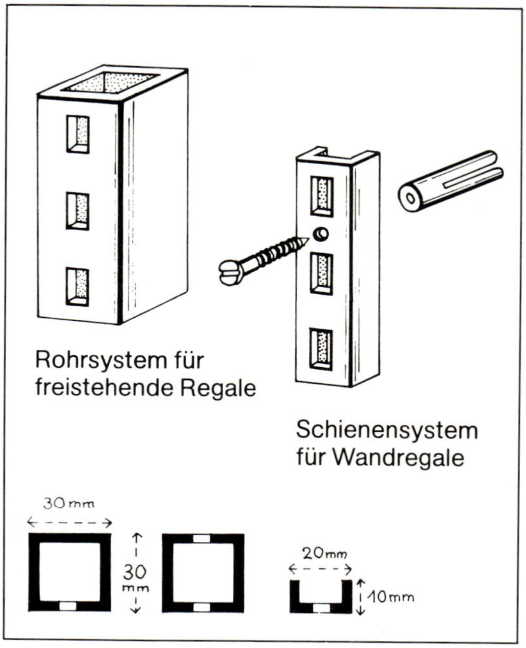

Handelsübliche Rohrsysteme

Fertigteile für den Möbelbau

Die bislang beschriebenen Möbelbauteile sind sozusagen „klassische" Bauteile: sie sind den Fachleuten längst bekannt und vertraut – und werden nun eben auch vom Heimwerker angewandt. Anders verhält es sich bei einigen der im folgenden beschriebenen Materialien: Diese sind speziell für den Heimwerker entwickelt – und werden im „klassischen Möbelbau" so gut wie nicht verwendet.

Da sind z. B. die Vierkantrohrsysteme zu nennen. Sie bestehen aus Vierkantrohren, die meistens verchromt angeboten werden, und Eckverbindern mit zwei, drei, vier, fünf oder sechs Armen. Aus diesen Elementen lassen sich Gestelle für sehr unterschiedliche Möbeltypen bauen, indem man die Rohre auf die gewünschte Länge absägt und durch die Eckstücke mit weiteren Rohren verbindet. Es lassen sich dadurch Regale bauen; das System kann aber ebenso für Tisch- oder Bettgestelle, Flurgarderoben oder Schrankgestelle verwendet werden. Die Rohre werden nämlich auch mit einseitig oder zweiseitig angeformten Flanschen geliefert – und an diesen Flanschen lassen sich Platten befestigen.

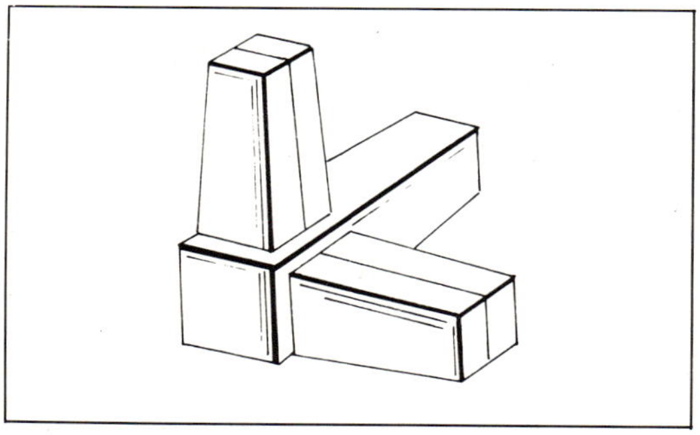

Eckverbinder für Rohrbausystem

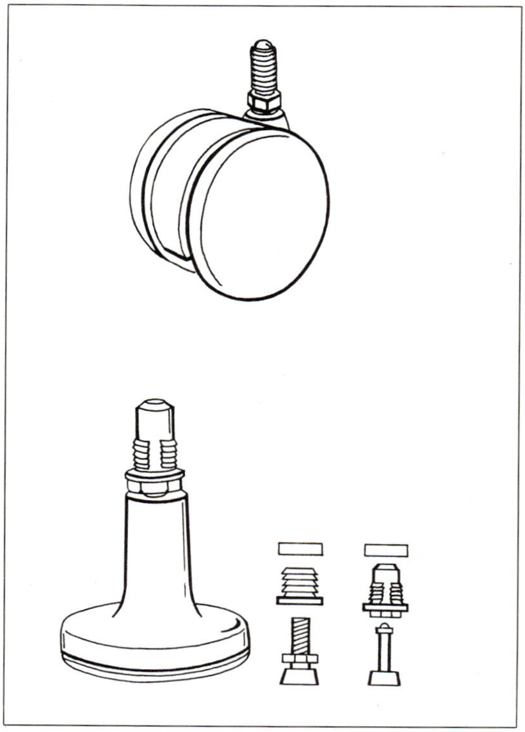

Möbelrolle, verstellbarer Möbelfuß

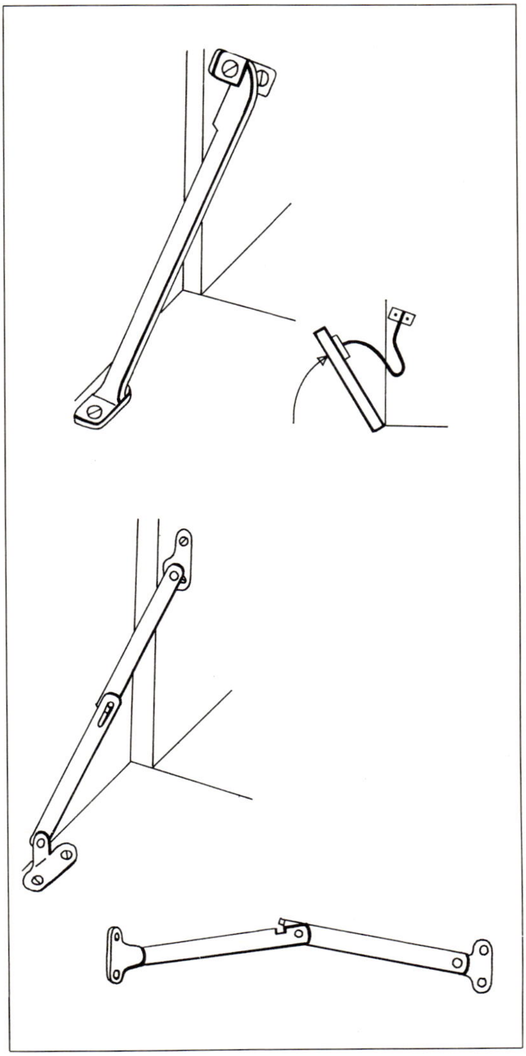

Klappscharniere

Schienen für Wandregale

Angeboten werden Vierkantrohre und Schienen, die in regelmäßigen Abständen Schlitze aufweisen und in die spezielle Träger einzustecken sind: Mit Hilfe dieser Elemente lassen sich Regale bauen (für die man noch Böden aus Tischlerplatten oder beschichteten Spanplatten einkaufen muß). Die Vierkantrohre werden mit Spannvorrichtungen angeboten, so daß man sie freistehend zwischen Fußboden und Decke einspannen kann; die U-förmigen Schienen dagegen sind für die Wandmontage gedacht.

Die Träger zu diesen Rohr- und Schienensystemen werden in unterschiedlichen Längen angeboten, so daß man Regale mit 20, 25, 30 oder auch 50 cm Tiefe bauen kann. Die 50 cm tiefen Böden können dann sogar auch für den Kleiderschrank verwendet werden, dessen Konstruktionsprinzip auf Seite 258 ff. erklärt wird.

Und noch einmal Möbelbauteile aus Rohren: Vierkanttischbeine. Diese Bauteile werden in den meisten Eisenwarenhandlungen in wenigstens zwei Längen angeboten: passend für niedrige Beistelltische oder für hohe Eßtische. Die damit zu bauenden Tische bestehen also einfach aus einer Platte, um die man einen kräftigen Umleimer montiert (damit der Tisch etwas stabiler und kräftiger aussieht) und in deren Ecken noch verstärkende Klötzchen angeklebt werden: so finden die Befestigungsschrauben für die Beine ausreichend Halt.

Rollen machen Möbel mobil

Möbelrollen sind Bauteile, die ein Möbel erst richtig mobil machen (und das Wort Möbel ist mit dem Begriff „mobil", d.h. beweglich, direkt verwandt). Es gibt nicht lenkbare Bockrollen in unterschiedlichen Größen, die dann sinnvoll sind, wenn das zu rollende Möbel sich immer nur in einer Richtung zu bewegen hat oder wenn ein Paar Bockrollen mit einem Paar lenkbarer Rollen kombiniert ist. Für die meisten Möbel, die man beweglich machen will, ist es indes sinnvoller, gleich vier bewegliche Rollen zu verwenden. Es sieht schöner aus, und man hat kein Problem, daß die Rollen die gleiche Bauhöhe aufweisen.

Möbelrollen werden heute in vielen verschiedenartigen Ausführungen angeboten. Man bekommt schwere und leichte, hohe und niedrige, farbig lackierte oder verchromte. Wichtig ist, daß alle oder wenigstens die meisten dem Heimwerker zugänglichen Möbelrollen mit unterschiedlichen Befestigungsmöglichkeiten angeboten werden. Es gibt Rollen, die oben eine quadratische Platte mit vier Bohrungen aufweisen: diese Rollen werden angeschraubt. Andere Rollen weisen ein Gewinde und eine Mutter auf: sie können unter dünnere Platten geschraubt werden. Und schließlich gibt es Rollen mit Steckhülsen, die speziell für die Kombination mit den vorher erwähnten Vierkantrohren gedacht sind: man kann sie sowohl in die Möbelbeine aus Vierkantrohr als auch in die Bausysteme mit den Eckverbindern einstecken.

Klammer für Eigenbau-Werkböcke

Es seien noch die vielen Bauteile erwähnt, die für den Innenausbau eines Schrankes nützlich sind: Bordträger unterschiedlicher Art (der eine oder andere Holzhändler führt vielleicht auch noch Zahnstangen, die man früher verwendet hat und die natürlich auch heute noch in Schränken eingebaut werden können); Schubkasten aus Kunststoff in unterschiedlichen Größen; Kunststoffprofile, aus denen man – mit den dazugehörenden Eckverbindern – Schubkasten nach Maß bauen kann; Kleiderstangen oder Schienen mit passenden Gleitern; Drahtkörbe und Tablare in unterschiedlichen Größen mit den dazu passenden Führungsschienen; Haken, Griffe, Griffleisten; Kontaktschalter für Innenbeleuchtungen, die sich beim Öffnen der Tür ein-, beim Schließen der Tür wieder ausschalten.

Besonders interessante Bauteile sind Lamellentüren in verschiedenen Höhen und Breiten, die man mit einfachen Scharnieren vor selbstgebauten Schränken befestigen kann. Zu solchen Lamellentüren gibt es aber auch Falttürbeschläge: Dabei werden zunächst jeweils zwei Türen durch Scharniere miteinander verbunden, ehe man an einer Außenkante eines solchen Türdoppels Zapfenbeschläge und an der Oberseite der anderen Außenkante einen Gleitzapfen einläßt. Dieser Gleitzapfen wird in einer Deckenschiene geführt – und ansonsten wird das Türpaar nur noch durch die beiden Zapfenbeschläge mit Fußboden und Decke verbunden. Der Eigenbauschrank braucht am Boden keine weitere Führung für die Falttüren.

Auf Seite 262 wird auch auf Schiebetüren hingewiesen, mit denen man auf ähnlich einfache Weise einen selbstgebauten Schrank verschließen kann.

Es könnte noch eine Fülle von Möglichkeiten angeführt werden – die in diesem Buch schließlich keinen Platz für andere Informationen ließen. Der interessierte Heimwerker wird beim Besuch einer Eisenwarenhandlung, im Baumarkt oder beim Do-it-yourself-Händler noch zahlreiche Anregungen bekommen. Und wer die Beziehungen zu seinem Stammhändler ausbaut und pflegt, wird sicher auch einmal die Gelegenheit geboten bekommen, in den Katalogen der großen Beschlaglieferanten zu blättern und darin entweder Lösungen für bestimmte Probleme zu finden – oder von der Fülle an Beschlagteilen und Konstruktionshilfen angeregt werden, Anwendungen für das eine oder andere Teil auszutüfteln und zu bauen.

Techniken, die man kennen muß

Holzverbindungen

Das Nageln

Das Nageln ist die einfachste Art der Holzverbindung. Um eine sichere Verbindung zu erhalten, soll der Nagel mit etwa zwei Dritteln seiner Schaftlänge in das untere Holz eindringen. Er darf jedoch nicht zu dick sein, weil er sonst das Holz sprengt. Diese Gefahr wird dadurch gemindert oder ganz gebannt, wenn man den Nagel mit dem Kopf auf eine harte Unterlage stellt und dann die Nagelspitze durch einige leichte Hammerschläge staucht. Außerdem kann man für den Nagel ein dünnes Loch vorbohren. Aber in der Regel genügt es, den Nagel zu stauchen; dann wirkt die Spitze nicht mehr wie ein Keil, die das Holz auseinandertreibt, sondern dann werden die Holzfasern richtig geschnitten.

Soll der Nagelkopf nicht sichtbar bleiben, dann schlägt man ihn mit einem Senkstift (Durchschlag) etwas unter die Holzoberfläche und verkittet dann die etwa 2 bis 3 mm tiefe Vertiefung mit Holzkitt. Für solche Fälle nimmt man auch andere Nägel, nämlich solche mit Stauchkopf, der kleiner als der Kopf von normalen Schreinerstiften ist und der darum auch kleinere Löcher und Ausbesserungsstellen hervorruft.

Jede Nagelverbindung wird haltbarer, wenn man den Nagel nicht genau senkrecht ins Holz treibt, sondern schräg. Wenn man eine Reihe von Nägeln einzuschlagen hat, werden die Nägel wechselweise nach links und nach rechts versetzt.

Sollen zwei Bretter rechtwinklig zusammengenagelt werden, dann reißt man zunächst auf dem Deckbrett die Nagellinie mit Bleistift an und legt die beiden Bretter in der richtigen Position aufeinander. An den Außenkanten werden nun zunächst zwei Heftnägel eingeschlagen. Sie werden nur etwa zu zwei Dritteln eingeschlagen – und zwar senkrecht! Dann schlägt man alle Zwischennägel versetzt schräg ein und zieht dann die Heftnägel wieder heraus. Wo es möglich ist, sollte man durchnageln. Das ist, wenn man es richtig macht, nämlich eine besonders feste und nahezu unlösbare Verbindung. Dazu müssen die Nägel so lang gewählt werden, daß sie auf der Rückseite zum Umschlagen genügend weit herausstehen. Man legt an die Nägel einen Schraubenzieher oder ein anderes Hilfsmittel an, damit man die obere Hälfte der Nagelspitze rechtwinklig umschlagen kann. Dann wird der Nagel weiter umgeschlagen, bis die Spitze ganz im Holz verschwunden ist.

Wenn man Nägel aus einem Werkstück herausziehen muß, darf man nicht vergessen, ein Stückchen Holz, Pappe oder Blech unter die Zange zu legen, damit die Zange keine häßlichen Druckstellen auf der Holzfläche hervorrufen kann.

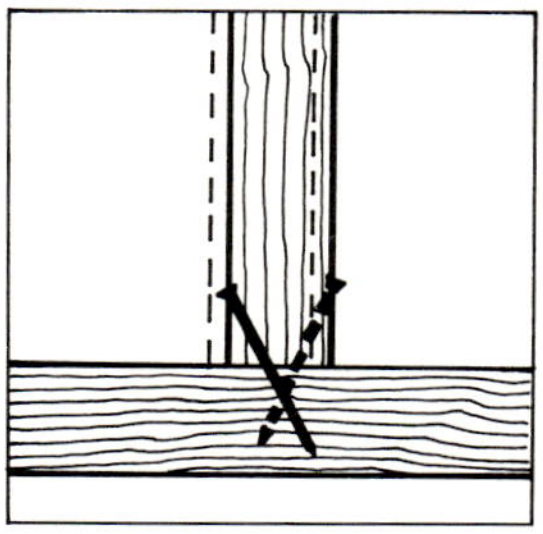

Beinageln, eine einfache Brettverbindung

Eine besondere Nagelverbindung ist das Beinageln. Es ist keine besonders haltbare Verbindung, beim Ansetzen von Füßen oder beim Fixieren eines Fußes auf einer waagerechten Holzfläche kann diese Verbindung zuweilen aber ausreichen, kann sie ein Einzapfen ersparen. Die Abbildung oben zeigt das Beinageln, zu dem man am besten vierkantige Nägel verwendet.

Das Schrauben

Das Schrauben ist haltbarer als das Nageln. Diese Verbindung hat zudem den Vorteil, daß man sie später wieder lösen kann.

Damit eine Schraube das Holz nicht sprengt, soll man vorbohren. Dadurch wird auch das Eindrehen der Schraube erleichtert.

Im oberen, aufzuschraubenden Werkstück soll beim Vorbohren der Durchmesser etwa ½ mm größer sein als der Durchmesser der Schraube. Nur so hat man die Sicherheit, daß die beiden Werkstücke stramm aufeinanderliegen.

Wenn man Langholz auf Hirnholz schrauben will, dann kann man damit rechnen, daß dies eine etwas riskante Verbindung ist. Man muß dabei sehr lange Schrauben wählen, und wenn man vorbohrt, dann nur mit geringem Durchmesser. Die Abbildung nächste Seite oben zeigt eine Vorbohrung, die zu groß gemacht worden ist. Die Vorbohrung in der Abbildung darunter verspricht eine haltbarere Verbindung.

In Weichholz ist es bei schwächeren Schrauben nicht nötig, die Bohrung für den Schaft zu erweitern. Es genügt eine einfache Bohrung von etwa

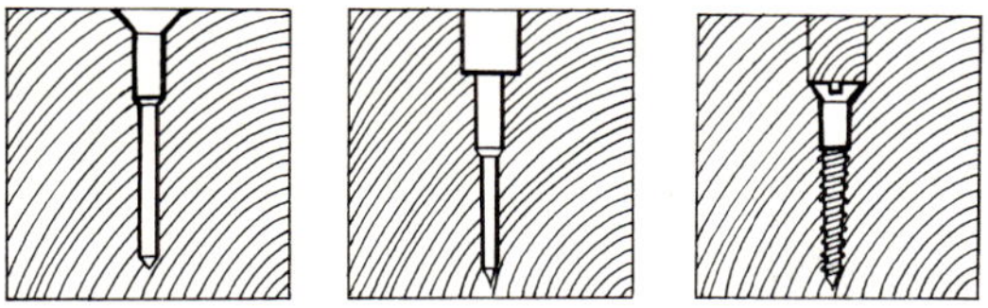

Versenkte Holzschraube mit Vorbohrung

zwei Dritteln Schaftdurchmesser und zwei Dritteln Schraubenlänge. Bei kleinen Schrauben genügt das Vorstechen mit einer Ahle.
In weichem Holz preßt sich der Kopf von Rundkopfschrauben leicht ins Metall ein, was man durch eine Beilegscheibe verhindern kann. Bei Senkkopfschrauben wird die Vorbohrung mit einem Krauskopf (Ausreiber) so weit ausgerieben, daß die Schraubenkopffläche nach dem Eindrehen der Schraube in der Ebene der Holzfläche liegt. Zu tiefes Ausreiben gibt eine häßliche Mulde, die man auskitten muß. Man sollte eher zuwenig als zuviel ausreiben. Im Handel sind runde Holzplättchen erhältlich, mit denen sich die versenkten Schraubenköpfe abdecken lassen. Für diese Plättchen muß man mit einem Astlochbohrer ein flaches Loch herstellen, das keinesfalls tiefer sein darf, als das Plättchen dick ist. Eher bohrt man etwas weniger. Das Plättchen leimt man so ein, daß seine Faserrichtung mit der des übrigen Holzes übereinstimmt. Nach sauberem Abschleifen kann das Plättchen auch gebeizt und poliert werden. Zum Eindrehen einer Schlitzschraube ist ein Schraubenzieher nötig, der der Größe der Schraube entspricht. Er muß außerdem richtig geschliffen sein. Ein zu kleiner Schraubenzieher beschädigt den Schlitz und leidet selber, ein zu großer kann die Schraube ebenfalls nicht richtig fassen.
Manchmal ist der Schlitz einer Schraube, die man lösen will, so zerschunden, daß der Schraubenzieher keinen Halt mehr findet. Bei Rundkopfschrauben kann man versuchen, mit einer Metallsäge oder mit einer ganz dünnen Schlüsselfeile den Schlitz nachzuarbeiten, damit er nachher von einem größeren Schraubenzieher wieder richtig gefaßt werden kann.
Bei Senkkopfschrauben muß man versuchen, die Schraube mit Hilfe eines Senkstiftes und eines Hammers zu lösen.
Befinden sich am Schraubenkopf Farb- und Kittreste, dann muß man diese erst entfernen, ehe man den Schraubenzieher ansetzt. Im übrigen lassen sich festsitzende Schrauben zuweilen auf ganz verblüffende Weise lösen: Man dreht sie zunächst noch ein wenig weiter – und dreht sie dann heraus.
Ein Schraubenzieher läßt sich nachschleifen. Man achte darauf, daß die Klinge nicht zu spitz und damit zu dünn wird, weil sie sich sonst leicht wieder verbiegt. Nach dem Schleifen muß gehärtet werden. Mehr darüber im Kapitel über Metallarbeiten.

Das Leimen

Das Verleimen von Holzteilen ergibt eine wesentlich festere Verbindung als Nageln und Schrauben – und es ist überdies eine unsichtbare Verbindung. Man kann das Leimen auch mit dem Nageln kombinieren: dann übernehmen die Nägel das erforderliche Zusammenpressen der zu verbindenden Teile bis zum Trocknen des Leims.
Man verwendet heute im allgemeinen Weißleim, den man in kleinen Tuben, Spritzflaschen oder auch in größeren Mengen wie Dosen und Eimern kaufen kann. Holzleim (z.B. „Ponal") ist eine Kunstharzdispersion. Der früher übliche Tischlerleim, ein Haut- oder Knochenleim, wird heute kaum noch angewandt.
Bei kleinen Flächen trägt man den Leim mit einem Pinsel auf. Man muß darauf achten, daß der Pinsel keine Metallteile aufweist – sonst kann es auf gerbsäurehaltigen Hölzern zu unangenehmen Verfärbungen kommen. Bei größeren Flächen nimmt man einen Zahnspachtel, um den Leim gleichmäßig zu verteilen. Man muß nur auf eine der beiden Flächen, die verbunden werden sollen, den Leim auftragen. Bei Hirnholz sowie bei Schrägholz (bei Schäftungen und Gehrungen) sollte man aber beide Teile dünn und gleichmäßig bestreichen. Danach werden die beiden Werkstücke gleich aufeinandergedrückt – und zwar mit Schraubzwingen. Man sollte den Druck der Schraubzwingen – unter die man übrigens noch kleine Unterlagen zum Schutz des Holzes vor Druckstellen schiebt – allmählich steigern und die Zwingen nicht gleich ganz fest anziehen. Wenn man langsam anzieht, gibt man dem Leim Gelegenheit, in die Holzporen einzudringen. Dreht man zu schnell, wird der meiste Leim nur seitlich aus der Leimfuge herausgequetscht. Bei kleinen Werkstücken kann es genügen, mit der Hand für eine feste Verbindung zu sorgen: Man drückt das obere Werkstück ein paar Minuten

fest auf. Man kann es aber auch mit einem dünnen Heftnagel fixieren, den man nachher herauszieht und dessen Loch man überkittet. Man kann aber auch mit Hilfe eines Klebestreifens das kleine Teil festhalten, bis der Leim fest ist.
Leim, der aus der Fuge heraustritt, soll sofort mit einem feuchten Tuch abgewischt werden.
Die Abbindezeit des Leims richtet sich nach der Raumtemperatur, nach der Holzfeuchtigkeit und nach der Menge, die man aufgetragen hat. Bei einer Raumtemperatur von 20 °C muß man die Schraubzwingen mindestens 30 Minuten am Werkstück lassen. Es gibt aber auch schnell abbindenden Holzleim (z.B. „Ponal express"), der schon nach fünf Minuten abbindet. Auch wenn man die Schraubzwingen lösen kann: Das heißt noch nicht, daß man die Leimverbindung schon bearbeiten oder sonstwie mechanisch beanspruchen kann. Man sollte ein Werkstück immer einen Tag ruhen lassen, ehe man es unter Beanspruchung der Leimfuge weiterbearbeitet.

Das Kleben
Eine wichtige Ergänzung zum Weißleim ist der Kontaktkleber (z.B. „Pattex"). Ihn kann man anwenden, wenn man Holz mit Holz verbinden will – er muß angewendet werden, wenn man Holz mit anderen Werkstoffen zu verbinden hat. Kunststoffplatten, Filz, Metall und andere Materialien werden mit Kontaktklebern auf Holz aufgeklebt. Kontaktkleber geben sehr feste Verbindungen. Man kann es sich ersparen, die Verbindung mit Schraubzwingen oder anderen Hilfsmitteln zu fixieren, weil sofort eine feste, unlösbare Verbindung hergestellt wird. Es genügt ein kurzes, aber kräftiges Andrücken; je höher der Druck ist, um so größer wird die Festigkeit der Verbindung. Man verwendet dazu am besten eine Gummiwalze, mit der man das obere Material fest auf die Trägerplatte drückt. Kontaktkleber wird auf beide Werkstücke aufgetragen. Bei kleinen Flächen nimmt man wieder den Pinsel, bei größeren den Zahnspachtel. Beide Werkzeuge müssen sofort mit dem entsprechenden Reinigungsmittel gesäubert werden. Läßt man den Klebstoff hart werden, ist das Werkzeug unbrauchbar geworden.
Die beiden eingestrichenen Flächen müssen nun ablüften, d.h. das Lösungsmittel muß verdunsten. Das dauert etwa 15 bis 20 Minuten – jedenfalls so lange, bis sich der Kleber trocken anfühlt und bis er beim Drüberstreichen leicht „pfeift".

Kontaktkleber haftet sofort
Nach dem Ablüften werden die beiden Teile aufeinandergelegt. Weil der Klebstoff sofort einen unlösbaren Kontakt herstellt, muß das Auflegen mit äußerster Sorgfalt geschehen: Die beiden Teile müssen ja genau aufeinanderpassen. Bei größeren Stücken kann man sich die Arbeit dadurch erleichtern, daß man auf die Trägerplatte einige Leisten auflegt, wenn der Klebstoff abgelüftet ist. Darauf legt man das zweite Werkstück, das nun genau ausgerichtet werden kann. Liegt dieses richtig, zieht man vorsichtig die mittlere Leiste heraus, drückt die obere Platte an – und zieht dann auch die weiteren Leisten heraus.
Es gibt heute noch eine andere Möglichkeit. Es gibt nämlich ein Spezialpapier, auf dem der Kontaktkleber nicht haftet. Dieses Papier wird so von der Rolle geschnitten, daß man – bis auf einen etwa 5 mm breiten Randstreifen – eine Kleberfläche bedecken kann. Man legt dann das zweite Werkstück auf, das in aller Ruhe ausgerichtet werden kann. Wenn es richtig liegt, stellt man an dem unbedeckten Randstreifen eine feste Verbindung zwischen beiden Werkstücken her, zieht das Papier nach und nach heraus und preßt in gleichem Maße beide Werkstücke aufeinander.

Verbinden von Brettern

Wenn Bretter nicht die erforderliche Breite haben, muß man die gewünschte Fläche durch Aneinanderleimen mehrerer Bretter herstellen. Dabei verwendet man natürlich gleich starke Bretter. Die zu verleimenden Kanten müssen genau zusammenpassen: Man hält die beiden Bretter aneinander und prüft nun gegen das Licht, ob sich die Fuge ganz dicht schließt – oder ob sich eine Hohl- bzw. eine Spitzfuge zeigt. Im letzteren Fall müßte nachgehobelt werden. Man markiert sich dabei aber die Kanten, die man bearbeitet, damit sie nachher auch richtig zusammengefügt werden. Die passenden Kanten werden dann mit weißem Holzleim bestrichen und mit Schraubzwingen zusammengespannt. Man zieht die Zwingen zunächst nur leicht an, damit sich die Bretter nicht verziehen. Gegen das Hochwölben wird eine Leiste quer über die Bretter gespannt – und erst dann sollte man die Schraubzwingen fester anziehen.
Wenn man keine genügend langen Schraubzwingen besitzt, kann man sich mit einer Ein-

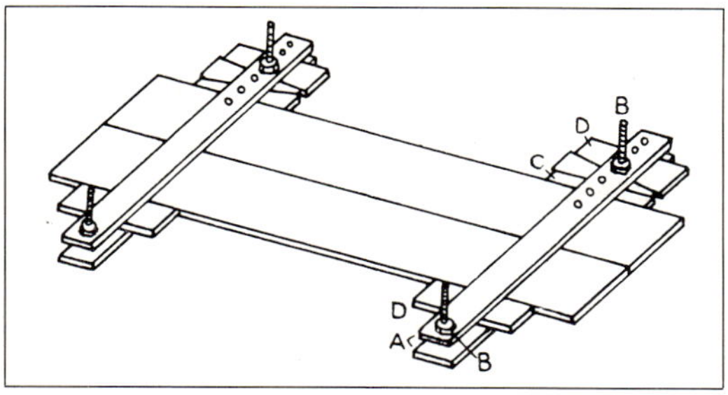

Einfache, selbstgebaute Spannvorrichtung für das Verleimen von Brettern

spannvorrichtung behelfen, wie sie hier in der Abbildung gezeigt wird. Genauer gesagt: Diese Vorrichtung hält die Bretter eher noch besser fest. Man braucht dafür vier 6 × 2,5 bis 8 × 3 cm starke Latten von etwa 60 bis 80 cm Länge oder auch mehr – je nachdem, wie breit die zusammenzuspannende Fläche ist; man braucht ferner vier 10 cm lange und 10 mm starke Gewindeschrauben mit Muttern, Zulagebrettchen und vier Hartholzkeile.

Die Latten A bekommen jeweils an einem Ende eine 12 mm starke Bohrung, am anderen Ende dagegen bohrt man mehrere Löcher in Abständen von jeweils 5 cm in die Latten. Die Löcher werden zumindest für ein Lattenpaar immer gemeinsam gebohrt, weil sie sich genau gegenüberliegen müssen. Die Keile kann man sich mit der Kreissäge selber herstellen, indem man einfach ein 20 mm starkes und etwa 12 × 20 cm großes Hartholzbrett in vier keilförmige Teile zerlegt (dabei mit dem Schiebestock an der Kreissäge arbeiten!). Die Zulagebrettchen aus Fichtenholz sollte man in verschiedenen Breiten anfertigen: beispielsweise 12 × 3, 12 × 4 und 12 × 5 cm. Dann kann man die Spannweite des Gerätes feinstufiger verändern.

Wichtig ist, daß sich die eingespannten Bretter durch den Druck nicht wölben können, wenn sie schwächer als die Keile und die Zulagebretter sind. Man kann das verhindern, indem man auch zwischen die Latten und die zu leimenden Bretter noch dünne Keilchen einschiebt.

Holzkonstruktionen

Auf einige Verbindungen wurde schon hingewiesen, weitere sollen auf den folgenden Seiten folgen. Wenn in diesem Abschnitt weniger Hinweise zu finden sind als in anderen Veröffentlichungen, so hat das einen guten Grund: Span- und Tischlerplatten sind Materialien, die heute von Heimwerkern weitaus mehr verwendet werden als das Massivholz. Viele Holzverbindungen sind aber auf die Eigenarten des Massivholzes abgestellt: sie sollen das Reißen und Werfen verhindern. Wer mit den modernen Holzwerkstoffen arbeitet, braucht darum jene Konstruktionen nicht – er kann sie oft auch gar nicht anwenden, weil beispielsweise die Struktur der Spanplatte das gar nicht zuläßt.

Hier sollen also lediglich die Verbindungen erklärt werden, die für den Heimwerker wirkliche Bedeutung haben und die man auch mit den Elektrogeräten und dem Handwerkszeug ausführen kann.

Eckverbindungen

Stumpf zusammennageln.

Die einfachste Eckverbindung ist es, Holz über Eck zu vernageln und dabei an die Fuge zugleich Leim zu geben. Diese Verbindung kann oft genügen – sie ist vor allem bei Spanplatten die einzige Möglichkeit, weil hier Nuten und Fingerzapfen nicht gefräst werden können.

Aber sehr viel Halt bietet diese Verbindung letzten Endes doch nicht.

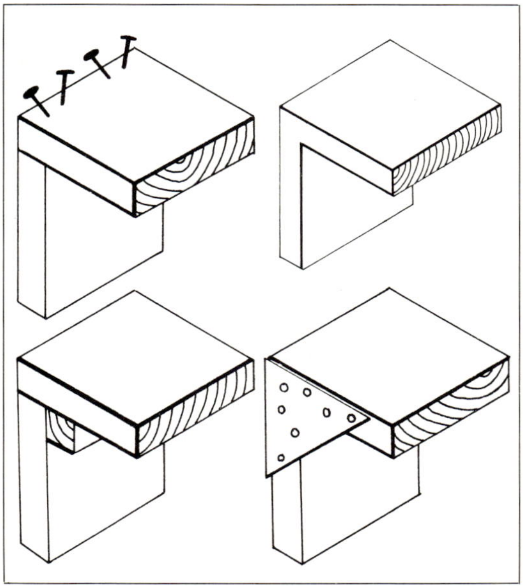

Stumpfe Eckverbindungen

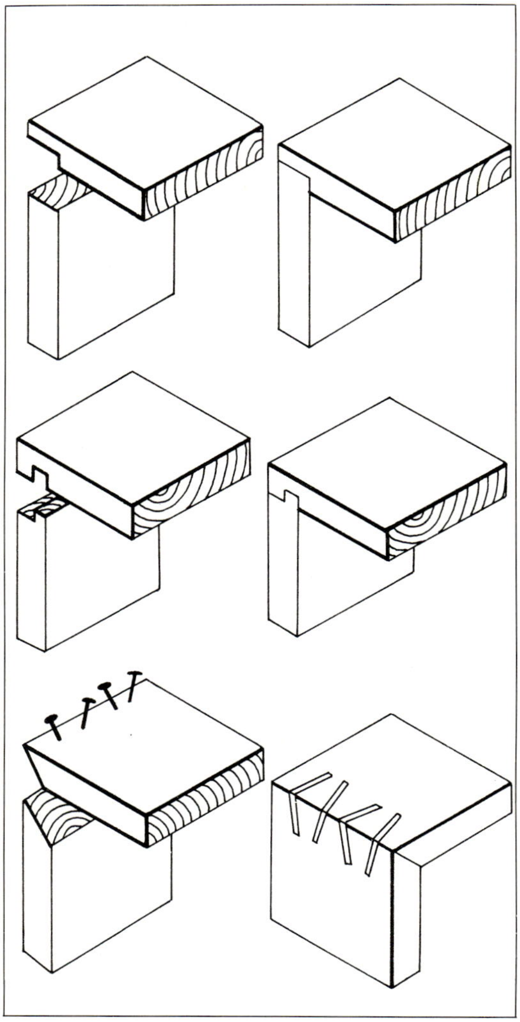

Stabilere Eckverbindungen

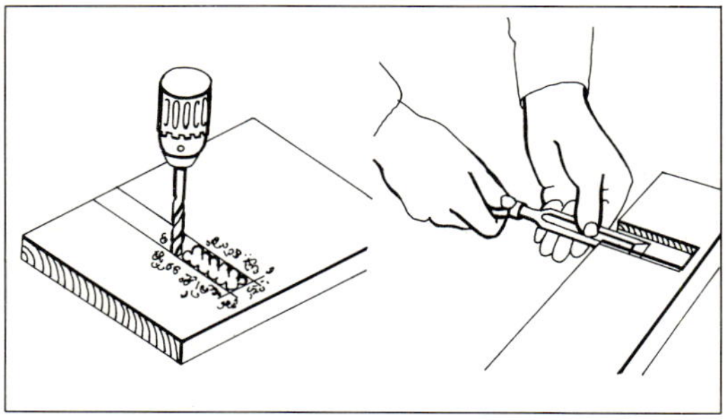

Ausführen einer versteckten Nut mit Bohrer und Stemmeisen

Stumpf zusammenfedern

Die Eckverbindung wird haltbarer, wenn man das eine Teil mit einer Nut und das andere mit einer Feder versieht – so wie es im Kapitel vorher schon beschrieben worden ist.

Diese Verbindung kann nur mit Massivholz und Tischlerplatten ausgeführt werden, für Spanplatten ist sie nicht geeignet, weil dabei sowohl die Feder als auch die Nut ausreißt.

Auf Gehrung federn

Für Rahmen wird diese Verbindung hauptsächlich angewandt. Gehrung nennt man die Verbindung von zwei gleich breiten Hölzern, die im Winkel von 90 Grad aneinandergefügt sind – wobei die Leimfuge selbst im Winkel von 45 Grad zu den Holzkanten steht.

Der Gehrungswinkel wird am besten mit Hilfe der Tischkreissäge und dem auf 45 Grad eingestellten Winkelanschlag ausgeführt. Damit dieser Winkel beim Durchgang des Werkstücks durch das Sägeblatt auch genau gehalten wird, sollte man das Werkstück jeweils mit einer Schraubzwinge am Winkelanschlag festklemmen.

Vor dem Zusammenfügen müssen die Gehrungsfugen geputzt, d.h. gehobelt und geschliffen werden. Und wenn man einen Bilderrahmen anfertigt, dann muß man auf der Rückseite der vier Leisten noch einen etwa 8 × 8 mm starken Falz einfräsen.

Das Zusammensetzen einer Gehrungsverbindung erfordert einige Sorgfalt. Man kann dabei Gehrungsverleimklammern an den Verbindungsstellen ansetzen – wozu man allerdings auch die entsprechende Spannzange haben muß. Es gibt auch ein Spannband, das mit Hilfe einer Knarre fest angezogen wird, nachdem es um den Rahmen gelegt und alle Winkel darauf geprüft worden sind, ob sie auch wirklich 90 Grad betragen. Man prüft das, indem man die Diagonalen mißt: Sind sie gleich lang, betragen alle Winkel 90 Grad (hier ist natürlich auf den Millimeter genau zu messen).

Man kann eine einfache Spannvorrichtung auch selber anfertigen:

Man legt einfach um den Rahmen eine Schnur und knotet sie zu einer Schlinge, die nicht fest anliegen soll – sondern es gestatten soll, daß man an jeder Rahmenseite noch zwei kleine Holzklötze zwischen Rahmen und Schnur einschieben kann. Je weiter die Klötzchen von den Mitten aus

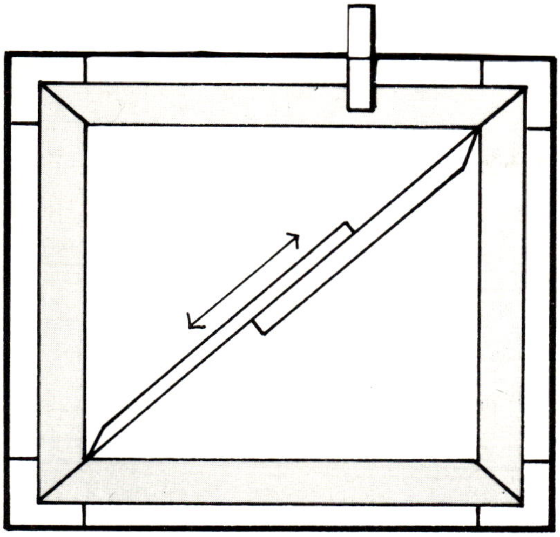

Gleich lange Diagonalen = 90-Grad-Winkel

auf die Ecken zugeschoben werden, desto stärker spannt sich die Schnur. Sie darf nur nicht ins Holz schneiden! Man legt die Schlaufe deshalb entweder so groß an, daß beim Anspannen mit den Klötzchen sich die Schnur ganz von den Ecken abhebt, oder man unterlegt die Schnur in den Ecken mit dünnen Sperrholz- oder Kartonstückchen.

Präzise Arbeit mit der Gehrungsklammer

Auch bei der Arbeit mit den Gehrungsklammern kann man das Holz schützen (die Spitzen der Klammern drücken sich ja sehr leicht ins Holz). Man legt also Hartfaser- oder Sperrholzstückchen unter, ehe man die Klammern ansetzt. Diese Zulagen verrutschen aber – wenn man sie nicht mit Hilfe von Schraubzwingen festhält.

Die Gehrungsfuge allein kann zumal bei schweren Bildern die Belastung kaum aushalten. Man muß sie darum entlasten:

Man leimt und nagelt hinter den Rahmen in die Ecken noch kleine Sperrholzdreiecke.

Bei stärkerer Belastung (Fensterrahmen, Rahmen für eine Möbeltür) muß man die Ecken zusätzlich durch eine eingefräste Feder absichern. Dazu braucht man wieder die Tischkreissäge.

Man stellt die Wanknuteinrichtung auf ein Drittel der Rahmenbreite ein. Und den Sägetisch reguliert man in der Höhe so, daß die Schnittiefe nicht größer ist, als die Rahmenhölzer breit sind.

Zum Nutenfräsen braucht man nun aber ein Hilfsmittel. Man nagelt auf ein Abfallbrett zwei Leisten, die untereinander im Winkel von 90 Grad stehen – zur Grundkante aber jeweils einen Winkel von 45 Grad aufweisen.

In diesen 90-Grad-Winkel legt man den Rahmen ein, wenn der Leim fest geworden ist; man verstellt den Parallelanschlag der Tischkreissäge so, daß der Schlitz genau in die Mitte der Rahmenstärke gesägt werden kann. In die ausgefräste Nut leimt man nachher ein passendes Stück wasserfestes Sperrholz, das schließlich noch beigehobelt und geschliffen werden muß.

Das Überplatten

Diese Verbindung ermöglicht es, Latten, Stäbe und Pfosten in einer Ebene zu kreuzen. Zugleich wird dadurch die Leimfuge zwischen den beiden Teilen vergrößert.

Bei beiden Werkstücken wird die Hälfte der Dikke mit der Säge weggenommen. Arbeitet man mit der Kreissäge, dann ist jedes Teil einmal hochkant und einmal flach – bei jeweils veränderter Schnittiefe – durch die Säge zu führen. Ähnlich wie das Überplatten ist das in der Abbildung unten rechts gezeigte Überschieben: Hier werden die Teile nicht an den Enden miteinander verbunden, sondern sie kreuzen sich im Längsholz. Für die Anfertigung dieser Verbindung müßte man entweder im benötigten Abstand zwei Sägeschnitte im Holz anbringen und müßte dann mit dem Stemmeisen das dazwischenliegende Holz herausnehmen oder man benutzt dazu wieder die Tischkreissäge, stellt das Sägeblatt auf größten Wankausschlag und fräst so die erforderliche Menge Holz aus. Beim Ausklinken werden ungleich starke Teile miteinander verbunden: Der schwächere Teil wird in einen entsprechend breiten und tiefen Ausschnitt des stärkeren Teils eingesetzt.

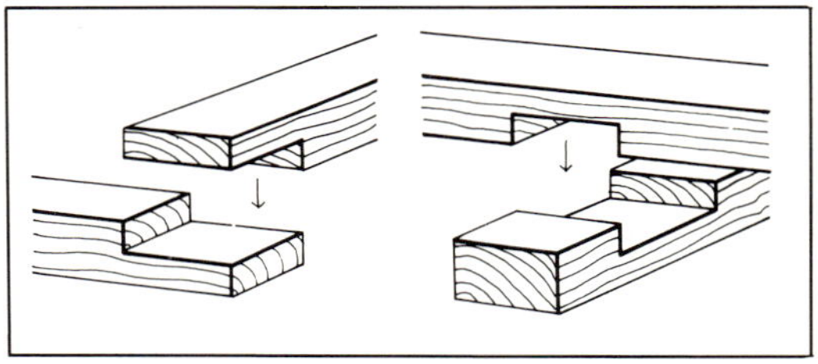

Überplattete und überschobene Latten

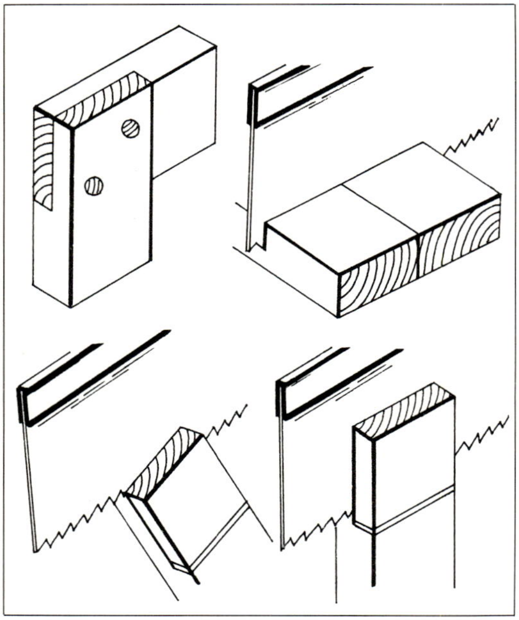

Sichtbare Dübelung (links oben) und versteckte Dübelung (rechts oben). Die Mittelpunkte für die Dübellöcher werden mit Hilfe von Nägelchen bestimmt

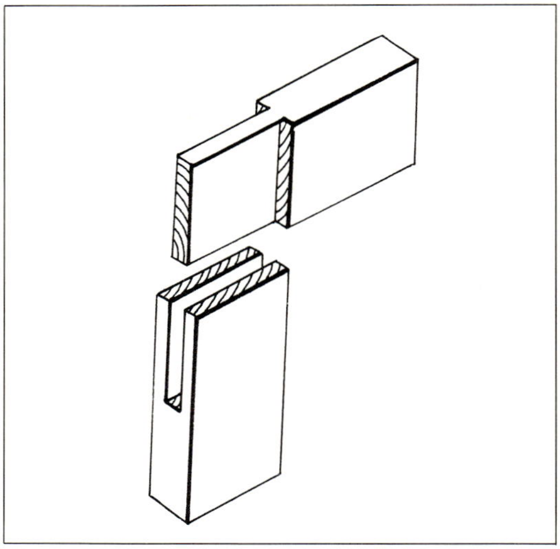

Fachgerechte Holzverbindung mit Fingerzapfen-Zinken

Schlitz und Zapfen

Die Überplattung stellt bereits eine sehr haltbare Holzverbindung beim Bau von flachen Rahmen dar. Noch haltbarer wird die Verbindung durch Schlitz und Zapfen, wie sie der Fachmann sehr häufig anwendet. Wichtig ist dabei, daß man die Sägeschnitte mit Hilfe eines Streichmaßes und eines spitzen Bleistiftes sehr genau anreißt und daß man ein entsprechend schmales Stemmeisen benutzt, wenn man den Schlitz aushebt. Die Sägeschnitte werden so geführt, daß man die Bleistiftlinien auf dem stehengebliebenen Holz gerade noch sieht. Die zusammengesteckten Teile müssen sehr stramm zusammenpassen.

Die Zeichnungen zeigen verschiedene Ausführungen dieser Konstruktion – die sehr häufig zur Verbindung von Füßen und Zarge an Tischen und Stühlen angewendet wird. Man sieht, daß der Zapfen durchgehend ausgeführt werden kann – und auch so, daß er von außen unsichtbar bleibt. Alle diese Konstruktionen sind nicht einfach. Sie erfordern sehr viel Erfahrung – was einen zünftigen Heimwerker anspornen sollte, diese eben durch häufige Übung an Abfallstücken zu erwerben und zu verfeinern.

Das Dübeln

Man unterscheidet zwei Methoden:

Das Durchdübeln – bei dem man den oder die Dübel von außen sieht. Hier werden die beiden Werkstücke in der richtigen Position zusammengepreßt oder durch Heftnägel miteinander verbunden, und dann bohrt man die Dübellöcher mit einem Spiral- oder Forstnerbohrer von außen in beide Werkstücke.

Das versteckte Dübeln – hier müssen die Löcher für die Dübel in jedem Werkstück einzeln gebohrt werden. Dazu zeichnet man an einem Werkstück die Bohr-(und Dübel-)Mittelpunkte an, schlägt kleine Nägel in diese Markierungen, zwickt die Nagelköpfe ab und preßt nun das zweite Werkstück in der richtigen Lage auf das erste. Die Nägelchen drücken sich auch in das zweite Holz und markieren so die Bohrmittelpunkte. Man zieht die Nägelchen und bohrt nun die Löcher.

In beiden Fällen muß die Bohrerstärke genau der Dübelstärke entsprechen. Die Lochtiefe wird auf die Dübellänge begrenzt. Das ist vor allem beim versteckten Dübeln wichtig. Wer ein Dübeleisen besitzt, sollte es benutzen. Damit werden in die „Haut" des Dübels Rillen eingeschnitten: so wird die Leimfläche vergrößert. Beim versteckten Dübeln müssen die Dübel eher etwas zu kurz sein, beim offenen Durchdübeln müssen sie zu lang sein: Die Dübel werden dann mit Hobel, Raspel und Schleifpapier eingeebnet.

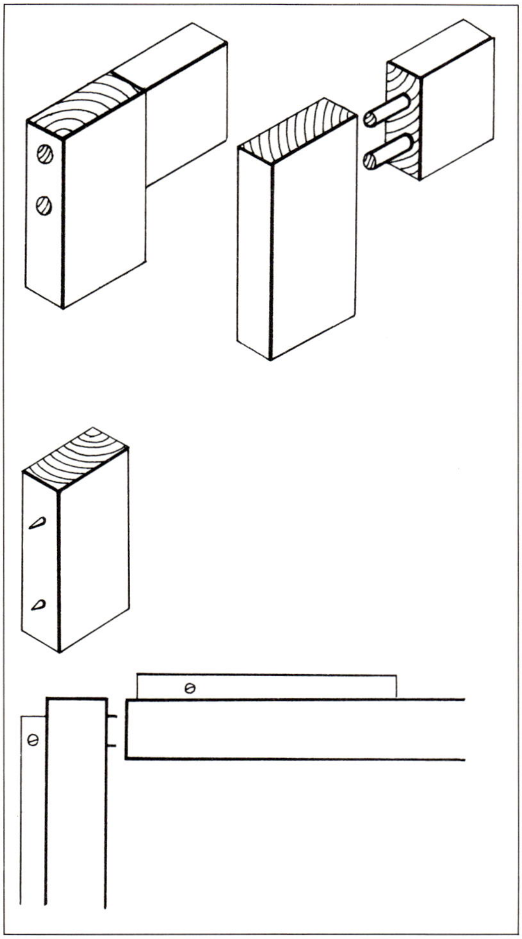

Eine Überplattung, die zusätzlich gedübelt worden ist

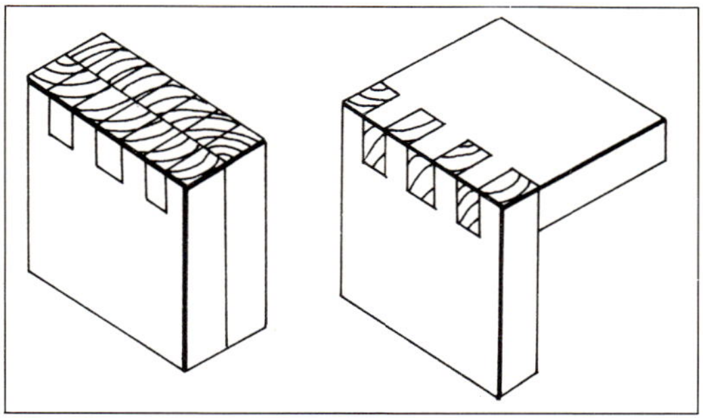

Schlitz-und-Zapfen – eine fachgerechte Lattenverbindung

Das Fingerzapfenzinken

Diese Technik wird auf den Seiten 317 ff noch beschrieben werden. Das einzige Problem entsteht für den, der eine exakte Zinkung mit sauberer Teilung anfertigen will: Er muß nämlich die Brett- oder Plattenbreite in eine ungerade Zahl gleicher Strecken teilen und muß dann auch die Wanknuteinrichtung des Kreissägeblatts entsprechend einstellen. Da man die Einstellung dieser Einrichtung erst überprüfen muß, ehe man ans Werkstück herangeht, muß man damit rechnen, daß man wenigstens ein Abfallbrett bereithält, an dem man die Schnittbreite überprüfen und nach dem Korrigieren wieder überprüfen kann, bis die gewünschte Zinkenbreite erreicht ist.

Das Schwalbenschwanzzinken

Die schönste und zugleich schwierigste Art, zwei Bretter im rechten Winkel miteinander zu verbinden, ist die Schwalbenschwanz-Zinkung. Sie muß, im Gegensatz zur eben beschriebenen Verbindung, von Hand ausgeführt werden: mit Feinsäge, Stemmeisen und Holzhammer. Und: mit außerordentlicher Genauigkeit und Geduld. Man wird nicht auf Anhieb eine saubere Zinkung erzielen, die sich sehen lassen kann (und sichtbar sollte diese Verbindung immer bleiben!). Es lohnt sich, das Zinken zu üben und immer wieder zu üben. Auch ein Tischler muß schließlich eine drei Jahre währende Lehre machen . . .

Die Schwierigkeiten beginnen bei der gleichmäßigen Teilung der Brettbreite. Als Faustregel mag gelten: Man teilt die Breite des Brettes in eine ungerade Zahl, also in 7, 9 oder 11 Teile. Diese Teilung wird auf die Hirnkante des Brettes gezeichnet, dann mißt man an einer Kante abwechselnd nach rechts und nach links 3 bis 4 mm – und verbindet diese Punkte mit den gegenüberliegenden Endpunkten der vorher ermittelten Teilung. Es entsteht eine Zeichnung von wechselweise nach rechts und links geneigten Linien. Die schmäleren Teile zwischen diesen Strichen sind die Zinken, die breiteren Abschnitte müssen ausgesägt werden, damit hier nachher die Schwalbenschwänze im zweiten Brett Platz haben. Man muß nun aber noch auf dem Langholz die Stärke des Gegenbretts anreißen, dann kann man die Aussparungen ansägen. Nachdem die Linien gesägt sind, beginnt die Arbeit mit dem Stemmeisen: man sticht Holz aus, das wegfallen soll.

Bei sauberer Arbeit bleiben nur die Zinken stehen, und die Aussparungen zwischen ihnen sind exakt gleich tief.

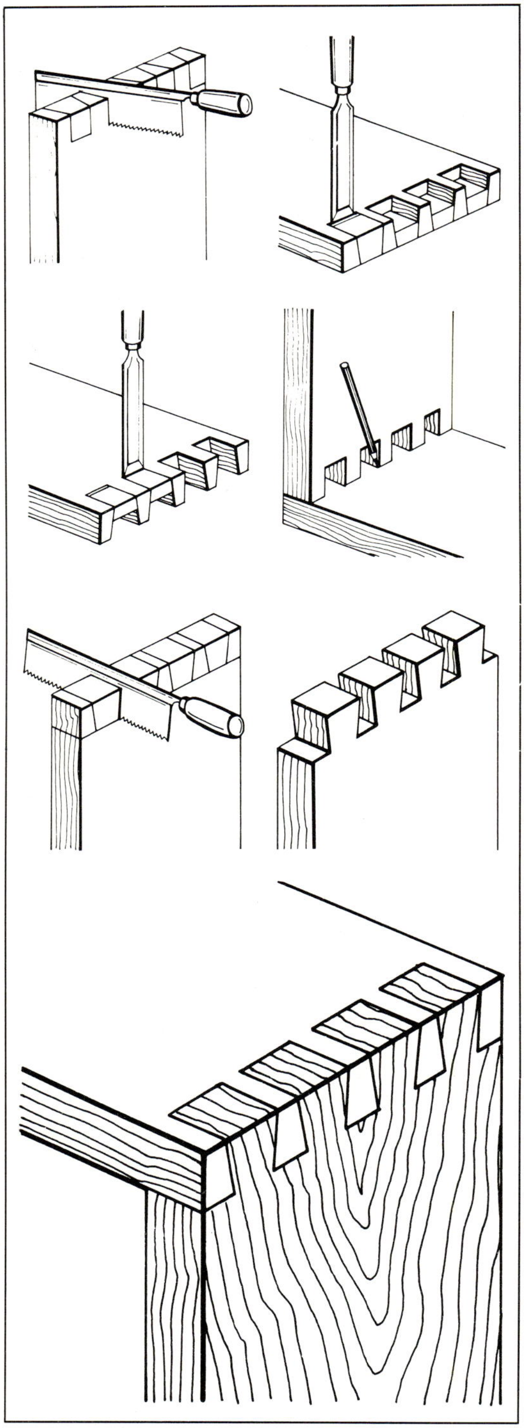

Werdegang einer Schwalbenschwanz-Zinkung

Man stellt nun dieses Brett auf das Gegenbrett, und zwar so, daß die schmäleren Flanken der Zinken an der Außenkante stehen. Man zeichnet mit einer Reißnadel ihre Umrisse exakt an – und sägt nun auf diesem zweiten Brett wiederum dicht neben den Reißlinien ins Holz. Natürlich nur so tief, als das erste Brett stark ist. Danach tritt wieder das Stemmeisen in Aktion: es sticht die schlanken Aussparungen ab, die den Zinken im ersten Brett entsprechen.
Es entstehen so die Schwalbenschwänze. Wenn alle Aussparungen gestochen sind, kann man die erste Probe machen: Passen die beiden Bretter gut zusammen? Muß man nur noch etwas Holz abfeilen (was ein Zeichen guter Arbeit wäre) – oder haben Zinken und Schwalbenschwänze so viel Luft, daß eine nur wacklige Verbindung zustande kommt (was ungenaues Arbeiten erkennen läßt)? Dem Anfänger wird es nur sehr selten auf Anhieb gelingen, eine Zinkung herzustellen, die zwischen den beiden Brettern gerade noch Platz für eine dünne Leimschicht läßt.

Auf den folgenden Seiten sind eine Reihe von Holzverbindungen zu sehen, die nicht nur für einen Heimwerker ungewöhnlich sein mögen: Auch der Handwerker wird heute nur noch in seltenen Fällen Gelegenheiten haben, diese zum Teil recht kompliziert auszuführenden Verbindungen anzuwenden.
Die gezeigten Verbindungen waren notwendig oder sinnvoll, als Möbel und Einrichtungsteile ausschließlich aus massivem Holz konstruiert worden sind und man demzufolge Konstruktionen anwenden mußte, die das Arbeiten des Holzes unterbunden haben. Zum anderen blieben bei massivem Holz die Verbindungen vielfach sichtbar und es mußten deshalb auch schön wirkende, fast ornamentale Konstruktionen eingesetzt werden.
Für den Heimwerker mit entsprechenden Ausrüstungen – wie einer Tischkreissäge mit Wanknuteinrichtung, einem Bohrständer, einer Oberfräse und einem Tischhobel – mag es eine Versuchung sein, solche Verbindungen wenigstens einmal an kleineren Werkstücken auszuprobieren und dabei handwerkliche Geschicklichkeit und Präzision zu üben (oder sich selbst zu bestätigen).

Brett-Brett-Konstruktionen

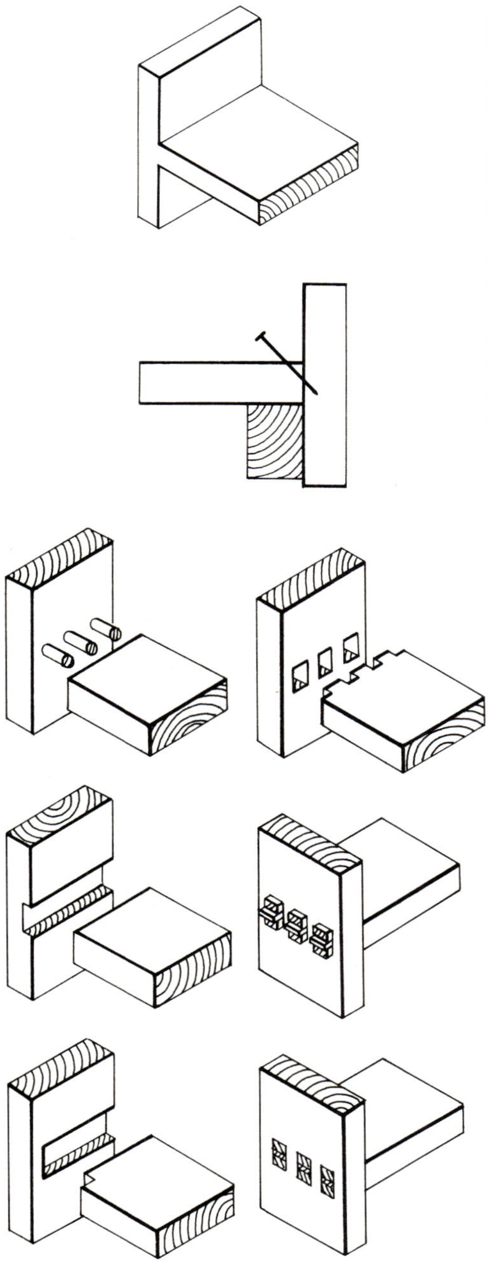

Die Zeichnungen oben stellen Konstruktionen dar, wie man sie für die Verbindung zweier Bretter anwenden kann – also etwa für den Bau von Regalen

Brett-Leiste-Verbindungen

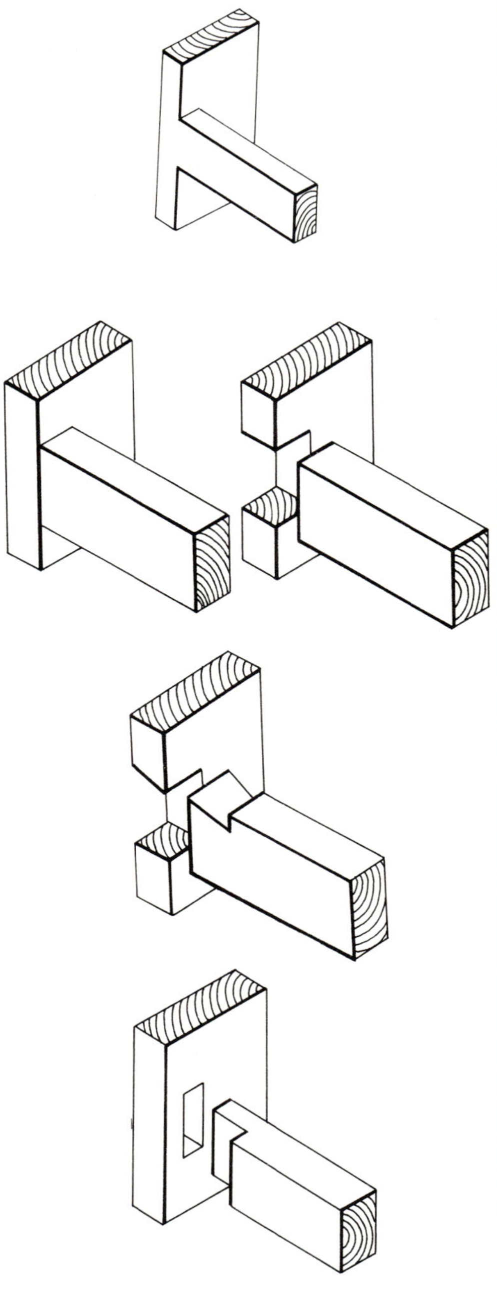

Hier sind Verbindungen zwischen einem senkrechten Brett und einer waagerecht laufenden Leiste zu sehen – also etwa für eine Querstrebe in einem Regal

Eckverbindungen zwischen zwei Leisten

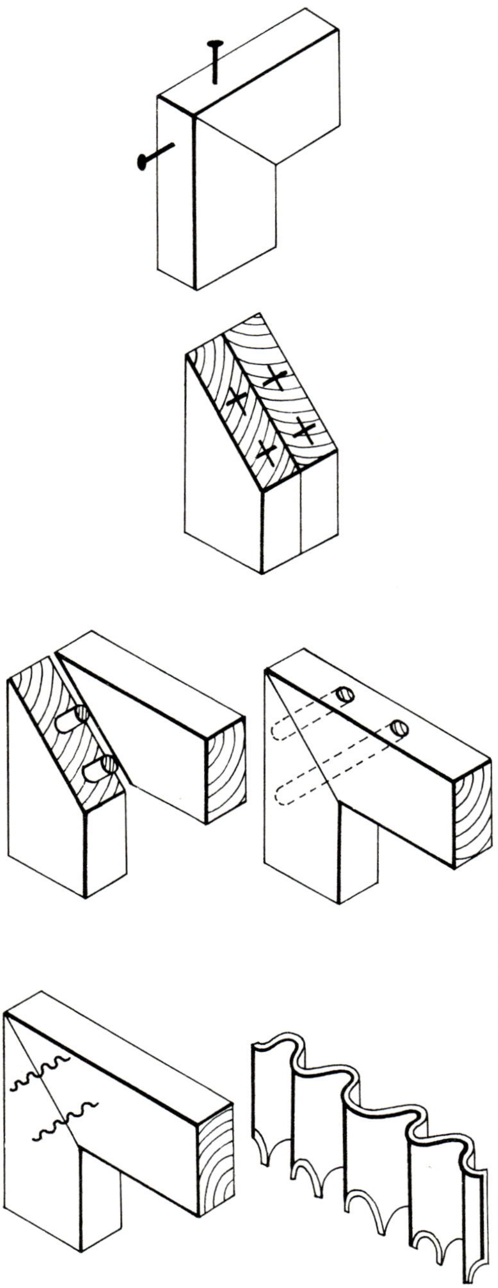

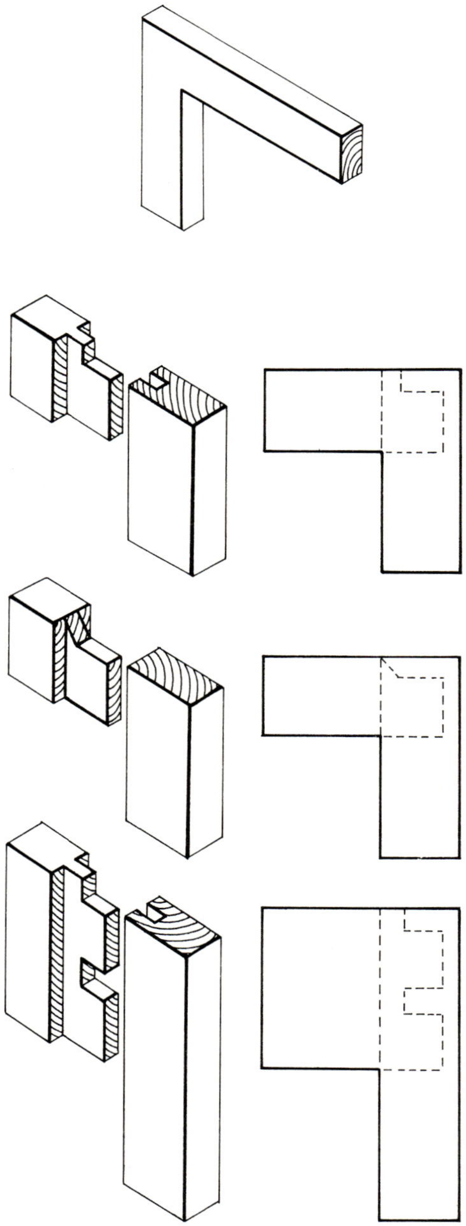

Die Zeichnungen zeigen, wie eine Gehrung zwischen zwei Leisten durch versteckte Dübel oder ein Wellenband haltbarer gemacht werden kann. Die Zeichnungen in der rechten Spalte stellen Schlitz-und-Zapfen-Verbindungen dar, bei denen die Leimfuge durch Verkröpfungen größer gemacht worden ist. Dies sind schon außerordentlich komplizierte Konstruktionen

Leiste-Leiste-Verbindung

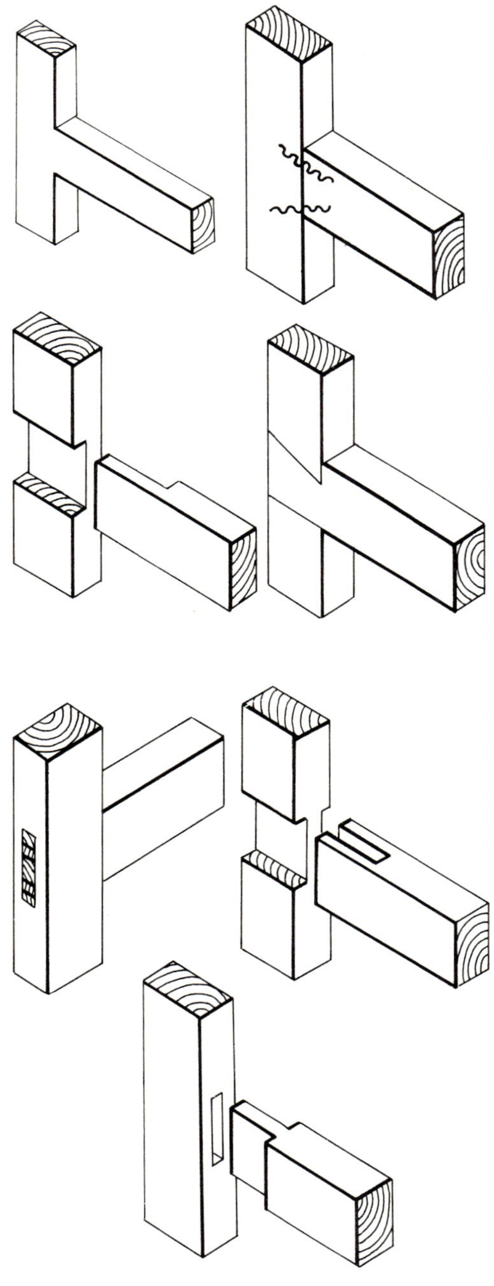

Unterschiedlich komplizierte (und haltbare) Verbindung zweier Leisten durch Überschieben, Zapfen, Verkeilen

Leiste-Leiste-Kreuzverbindung

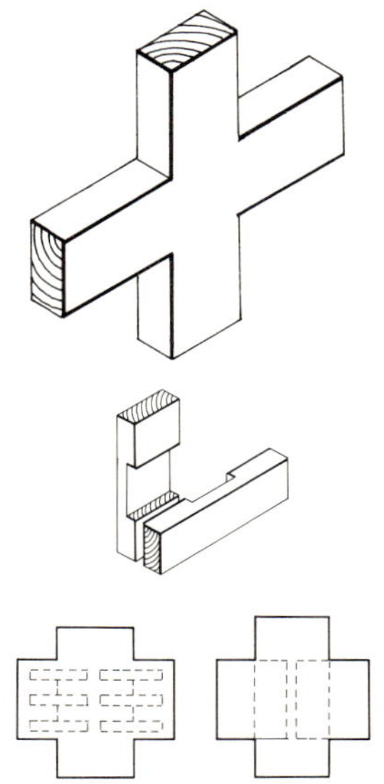

Überplatten (Mitte), versteckt Dübeln (links unten) und Zapfen (rechts unten)

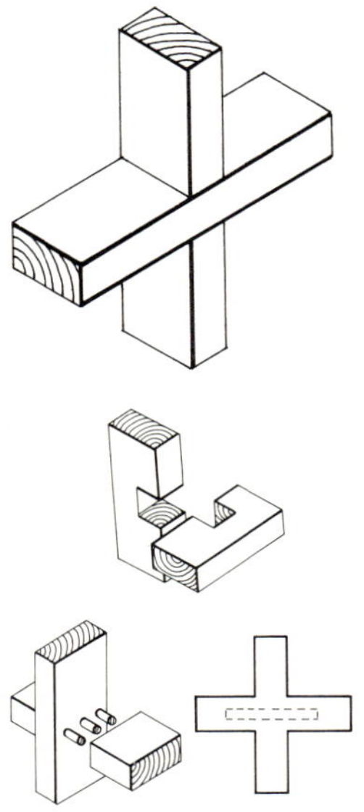

Diese Zeichnungen sind Varianten der oben gezeigten Verbindungen – hier mit liegendem Holzprofil der Leisten oder Latten

Tischgestell-Konstruktionen

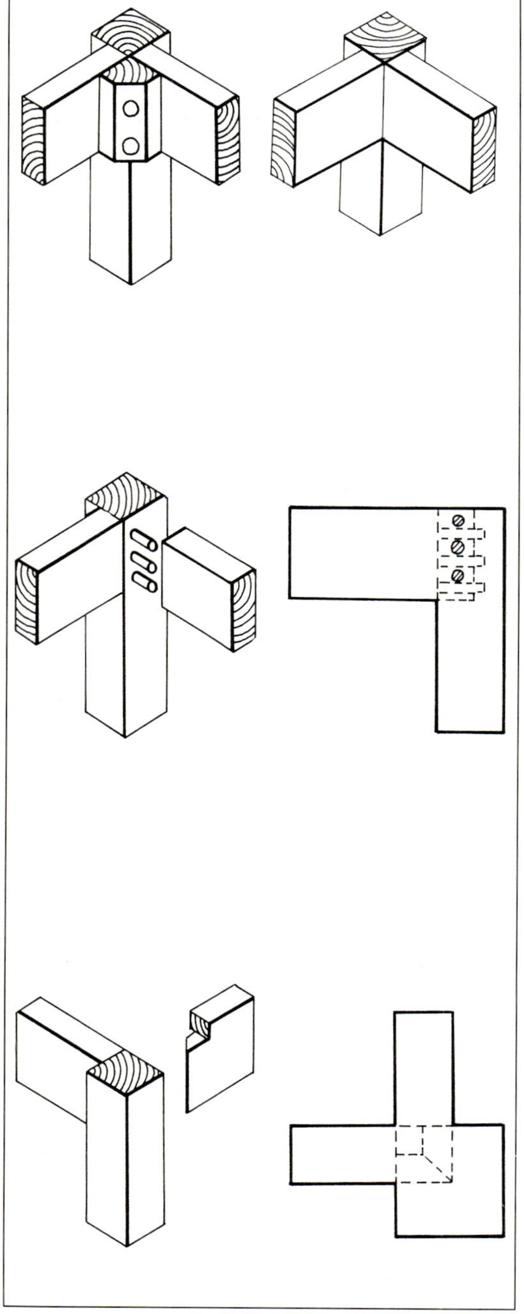

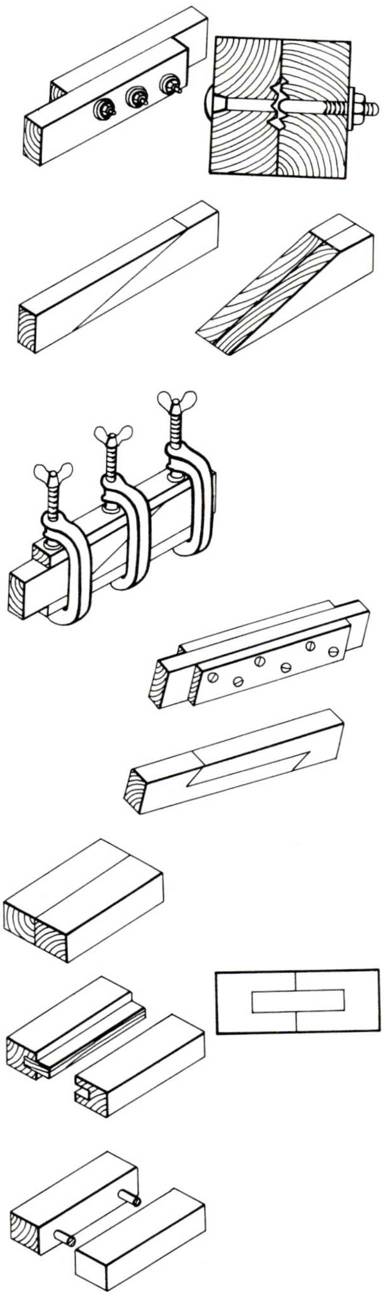

Hier sind verschiedene Beispiele dafür angegeben, wie Tischbein und Zarge miteinander verbunden werden können: etwa durch versteckte Dübel oder Schlitz-und-Zapfen

Beispiele für das Schäften von Leisten, also einer Verlängerung, und für das Aneinanderfügen, also einer Verbreiterung einer Leisten- oder Brettfläche

Oberflächenbehandlung des Holzes

Das Furnieren

Da Massivholz – wie beschrieben – stark arbeitet und außerdem recht teuer ist, verwendet der Heimwerker heute meistens Span- oder Tischlerplatten. Diese Platten haben eine nicht sonderlich schöne Oberfläche: sie müssen also noch furniert werden. Das ist für den Fachmann kein Problem, weil er zum einen die Technik in seiner Lehrzeit gründlich kennengelernt hat und weil er andererseits auch die entsprechenden Zusatzgeräte besitzt, die ein einwandfreies Ergebnis des Furnierens erst ermöglichen.
Für den Laien ist das Furnieren keine einfache Sache. Am schwierigsten ist dabei das Zusammensetzen der Furnierblätter. Man bekommt Furnier ja nur als 20 bis 40 cm breite Blätter (bei teuren Exotenhölzern bekommt man zuweilen auch breitere Stücke). Bei größeren Möbelflächen müßte also angesetzt werden – und das ist eine sehr schwierige Angelegenheit, bei der schon manches Möbel verdorben worden ist. Man sollte sich damit begnügen, nur solche Flächen zu furnieren, die nicht breiter als das angebotene Furniermaß sind. Das heißt also in der Regel, daß man beispielsweise nur Regalbretter oder kleinere Kästen selber furnieren soll, weil diese Teile von einem Furnierblatt noch gedeckt werden.
Man schneidet das Furnierblatt zunächst so zu, daß es etwa 1 cm an allen Kanten größer ist als die zu furnierende Fläche. Man schneidet es mit einem scharfen Vielzweckmesser und mit Hilfe eines Richtscheits zu – wobei man darauf achten muß, daß das sehr dünne Holz nicht bricht oder ausreißt.
Zum Aufbringen wird Kontaktkleber verwendet, d.h. man bestreicht sowohl die Grundfläche wie auch die Rückseite des Furniers, läßt das Lösungsmittel verdunsten und bringt dann beide Teile in der richtigen Position aufeinander.
Die überstehenden Ränder werden mit einem scharfen Messer abgeschnitten. Man schneidet dabei das Furnier so, daß man in Richtung der aus der Fläche herauslaufenden Jahresringe schneidet. Dann kann es nicht passieren, daß man zu tief in das Holz schneidet und das eben erst aufgebrachte Furnier schon wieder verletzt und das Werkstück damit fast wertlos macht.
Man bekommt übrigens heute auch Funiere mit Schmelzkleber-Beschichtung.

Gegenfurnier ist unerläßlich

Wenn man Regalbretter furniert, dann muß man beide Seiten mit dem gleichen Holz oder zumindest mit Furnier gleicher Stärke furnieren. Nur dann wird das Brett seine Form behalten: Einseitig furnierte Flächen verziehen sich unter dem ungleichen Zug, den das Furnier ausübt. Ein Gegenfurnier gleicht die Kräfte aus.
Bei einem Kasten ist das an sich nicht erforderlich, weil oft die Konstruktion schon für Halt sorgt. Aber auch hier wird man beide Seiten furnieren, schon um dem Möbel ein besseres Aussehen zu verleihen. Zumindest die Innenseiten sollten dann schon vor dem Zusammenbau der Teile furniert werden.
Auch die Kanten von Span- und Tischlerplatten müssen furniert werden. Hierfür bekommt man entweder schmale Furnierstreifen der gleichen Holzart oder man schneidet sich die Streifen aus Abfällen bzw. aus zusätzlich gekauften Furnierblättern selber zu. Auch hier wird größer, d.h. breiter zugeschnitten, als wirklich nötig ist. Der Rest wird nach dem Aufkleben verputzt.
Das Furnier wird nachher in Faserrichtung mit dem AEG-Schwingschleifer leicht abgeschliffen – wobei es sich empfiehlt, das Holz einen Tag vorher (aber in jedem Fall erst nach dem Aufkleben) leicht zu wässern, damit man dann die Holzfasern besser abschleift und die Fläche wirklich glatt wird. Was dann mit dem Furnier geschieht, kann in den folgenden Absätzen nachgelesen werden. Dort werden alle Arten der Oberflächenbehandlung dargestellt.

Schutz für das Holz, Betonung der Holzstruktur

Holz ist ein sehr empfindliches Material: es nimmt begierig Feuchtigkeit auf, es nimmt darum auch leicht jeglichen Schmutz an. Fett kann ihm zusetzen. Es kann durch Kratzer verletzt werden. Es braucht also einen Schutz.
Wenn man nun Holz an seiner Oberfläche bearbeitet, dann kann das auch andere Gründe haben: Man will die Schönheit der Holzstruktur betonen, die matte Oberfläche mit einem glänzenden Überzug versehen, die natürliche Farbe des Holzes verstärken oder aber ganz verändern.
Für all diese Notwendigkeiten stehen einem viele Möglichkeiten offen. Man kann das Holz
1. beizen – wobei die Maserung mehr oder weniger deutlich erhalten bleibt und lediglich der Farbton des Holzes verändert wird;

2. mattieren – wobei dem Holz ein zuverlässiger Schutz gegen Feuchtigkeit und Schmutz verliehen wird, wobei das Holz aber auch einen leichten Glanz bekommt;
3. polieren – wobei die Oberfläche geschlossen wird, so daß sie wie eine glatte, glänzende Spiegelfläche wirkt;
4. lackieren – wobei ein sehr zuverlässiger Schutz erzielt wird, der allerdings nur bei Holz, das im Haus und in der Wohnung sich befindet, wirklich zuverlässig ist.

Vorbereitung des Holzes

Man bearbeitet die zu behandelnden Flächen mit dem Schwingschleifer, in den man ein 150er-Papier gespannt hat. Man achtet darauf, daß nur in Faserrichtung geschliffen wird.

Schleifen allein genügt nicht immer. Das Holz kann während der Arbeit beschädigt worden sein, es kann Kratzer und Flecken aufweisen. Darum muß man einiges mehr tun.

Ausbessern von Fehlstellen

Hammerschläge, ein ausrutschender Schraubenzieher oder andere harte Gegenstände können eine Holzfläche sehr leicht derart verletzen, daß eine mehr oder weniger tiefe Delle entsteht. Eine solche Delle kann auf zweierlei Weise ausgebessert werden:

1. Man dämpft sie hoch. Eine Delle ist ja oft nichts anderes als eine Stelle, an der die Holzfasern durch Druckeinwirkung zusammengedrückt sind. Wenn man nun heißes Wasser auf die Holzfasern träufelt, dann quellen sie auf, und die Oberfläche wird wieder völlig eben. Man kann die Prozedur wiederholen, bis die Fläche wieder ganz makellos ist.
2. Man füllt die Delle auf. Das ist dann notwendig, wenn das Dämpfen nicht den gewünschten Erfolg zeitigt – oder wenn der Schaden im Holz tiefer geht. Dazu verwendet man Holzkitt, den es in jeder Holzfarbe zu kaufen gibt. Mit Holzkitt werden auch Nagellöcher, ausgebrochene Teile oder ähnliche Fehlstellen repariert.

Die auszubessernden Stellen müssen vollkommen trocken und sauber sein und sollten kurz vor Anwendung des Holzkitts mit etwas Nitro-Verdünnung angefeuchtet werden. Der Holzkitt – es ist ein Brei, der aus feinstem Holzmehl und einem Lösungsmittel und einem Bindemittel besteht – wird mit einem Spachtel, einem Messer oder einem Stemmeisen fest auf die Schadenstelle gedrückt. Größere und tiefere Fehlstellen werden in mehreren Etappen ausgekittet, wobei man jede Schicht erst einige Stunden trocknen lassen muß.

Die ausgebesserte Stelle wird nachher mit feinem Schleifpapier noch einmal leicht überarbeitet.

Wässern und Säubern des Holzes

In Holzhandlungen und Do-it-yourself-Geschäften kann man Holzseife in kleinen Päckchen kaufen. Man löst dieses Pulver im angegebenen Mischungsverhältnis in warmem Wasser auf und trägt dann diese Seifenlösung mit einem Schwamm oder einem Pinsel satt auf die zu reinigende Holzfläche auf. Man läßt die Lösung etwas anziehen und bearbeitet dann das Holz mit einer Wurzelbürste. Man arbeitet also die Lösung in die Holzporen ein – wobei man stets in Faserrichtung bürsten soll. Mit klarem Wasser wird dann nach einiger Zeit nachgewaschen.

Die Seifenlösung bewirkt zweierlei:

1. Das Holz wird von sämtlichen Fingerabdrükken, von Schmutz- und Fettrückständen sowie auch von sämtlichen Leim- und Klebstoffrückständen befreit;
2. Das Holz kann nachher besser geschliffen werden. Das Wasser läßt alle an der Oberfläche liegenden, bei den vorhergegangenen Schleifvorgängen oft nur niedergedrückten Holzfasern aufquellen. Sie richten sich auf – und dann bekommt das Holz eine sehr rauh wirkende Oberfläche.

Man läßt das Holz gründlich durchtrocknen. Am nächsten Tag wird dann die Fläche mit feinem Schleifpapier (Körnung 150 bis 180) und mit nur ganz schwachem Druck in Faserrichtung abgeschliffen. Dazu darf kein eisenhaltiges Schleifpapier verwendet werden. Dazu darf auch kein stumpfes Schleifpapier genommen werden – wie man auch während der Arbeit das Papier häufig wechseln soll. Die Fasern sollen nun wirklich abgeschnitten und nicht wieder nur heruntergebügelt werden.

Wenn man ein absolut sauberes Werkstück beizen oder lackieren und darum vorher abschleifen will, dann braucht man nicht unbedingt die hier erwähnte Prozedur mit Seifenlösung anzuwen-

Abseifen einer Holzfläche

den. Es genügt auch, das Holz mit blankem warmem Wasser gut zu befeuchten und dann trocknen zu lassen. Auch dann werden sich die Holzfasern aufrichten.
Ein ganz wichtiger Vorgang ist das gründliche Säubern der Holzfläche nach dem Schleifen. Der feine Schleifstaub muß mit einem sauberen Besen, einem sauberen Pinsel oder einem trockenen, sauberen Fensterleder vom Holz entfernt werden. Man muß wirklich alle Poren reinigen, damit nicht nachher beim Mattieren oder Lackieren auf dem Holz Schlieren und Flecken entstehen, die durch Schleifstaub verursacht werden.

Das Holz wird gebeizt
Das ist die bekannteste Art der Holzkosmetik. Das Holz wird hierbei gefärbt – aber nicht (wie beim Anstreichen) durch einen Überzug, sondern durch das Tränken der Holzfasern an der Oberfläche. Dem Laien sind folgende Beizarten zugänglich und möglich:
Wasserbeizen
Es sind Pulver in vielen verschiedenen Farbtönen, sowohl in den gängigen Holzfarben wie auch anderen Tönen. Die Pulver werden in heißem Wasser aufgelöst – wie noch beschrieben wird. Wasserbeizen sind licht- und luftecht, und sie lassen sich leicht anwenden.
Spiritusbeizen
Diese Pulver werden – wie der Name sagt – in Spiritus aufgelöst. Sie eignen sich zum Anfärben von Mattierungen. Sie sind aber nicht lichtecht.
Kratzfeste Beizen
Diese Holzkosmetika enthalten Zusätze, die das Holz an der Oberfläche festigen, so daß es gegen Kratzer weniger empfindlich ist. Zugleich dringen diese Beizen sehr tief in das Holz ein, damit ein Kratzer nicht gleich ungefärbtes Holz bloßlegt.

Die Beizlösung ansetzen – und Probebeizen
Grundregel: Es darf zum Ansetzen einer Beizlösung kein Metallgefäß verwendet werden! Man nimmt ein sauberes Einmachglas oder aber ein Kunststoffgefäß. Ein Beutel Wasserbeizen-Pulver wird in einem Viertelliter heißem Wasser aufgelöst. Man läßt das Wasser erkalten – dann kann die Beize auf das Holz aufgetragen werden.
Wenn der Farbton heller oder dunkler gewünscht wird, dann kann man das Pulver in mehr oder in weniger Wasser ansetzen bzw. man gibt in die Lösung noch etwas mehr Pulver. Man kann die Wasserbeizen auch untereinander mischen und bekommt dann völlig neue Töne. Spiritusbeizen werden nicht direkt auf das Holz aufgestrichen. Vielmehr wird mit ihnen die Mattierung gefärbt – die dann auf das Holz aufgetragen wird. Man löst das Pulver in heißem Spiritus, der in einem Wasserbad erhitzt wird. Das ist allerdings eine ziemlich feuergefährliche Angelegenheit!
Kratzfeste Beizen sind gebrauchsfertig angesetzt, sie können also gleich verarbeitet werden. Aber ehe man eine Beize auf das Werkstück aufträgt, sollte man unbedingt erst eine Probebeizung ausführen. Vor allem der ungeübte Laie kann nicht abschätzen, wie sich der Farbton der Flüssigkeit im Weckglas nachher auf dem Holz verändert. Und der unterschiedliche Gerbstoffgehalt der Hölzer läßt diese unterschiedlich auf die Beizfarbe reagieren. Von jeder Arbeit wird man ein paar Abfallstückchen übrig haben, auf denen man ein wenig Beize oder gefärbte Mattierung aufträgt. Man kann die Färbung aber erst nach dem Trocknen der Beize beurteilen. Und auch dann muß man berücksichtigen, daß eine Beize ja nur der Untergrund ist, auf dem dann noch grundiert, mattiert oder auch lackiert wird.

So wird gebeizt
Auf das gründlich gereinigte Holz wird die Beizlösung mit einem Schwamm oder einem Pinsel recht satt und naß in Richtung der Holzstruktur

aufgetragen. Nachdem die ganze Fläche benetzt ist, wird mit dem nassen Pinsel oder Schwamm noch einmal quer durchgearbeitet. Nach kurzer Zeit kann man überschüssige Beize mit dem ausgedrückten Pinsel oder Schwamm wieder vom Holz herunterholen.

Aufrecht stehende Flächen müssen stets von unten nach oben gebeizt werden. Beginnt man oben, dann werden die herablaufenden „Tropfnasen" Schleier und Streifen hervorrufen. Es macht hingegen nichts, wenn Beize in eine schon gebeizte Fläche hineinläuft. Hirnholzkanten kann man mit klarem Wasser vorwässern, damit sie nicht so viel Beize aufnehmen und nicht so viel dunkler als die übrigen Flächen werden.

Das gebeizte Holz muß nun gut trocknen, am besten über Nacht. Am nächsten Tag wird die Fläche mit einer sauberen Roßhaarbürste in Faserrichtung abgebürstet.

Ein sehr dezenter Seidenglanz wird erzielt, wenn man die gründlich durchgetrocknete letzte Lackschicht mit feinster Stahlwolle (Nr. Dreimalnull) in Faserrichtung Strich neben Strich leicht durcharbeitet. Der vorhandene Glanz wird dabei leicht gebrochen.

Ausziehlack eignet sich vor allem für das Lackieren von Profilen, von Leisten und Schnitzereien. Um diesen Teilen einen schönen Glanz zu geben, grundiert man sie mit Nitrostreichlack.

Nach der Trocknung (über Nacht) wird fein geschliffen. Auch hierfür ist Stahlwolle geeignet. Und dann entfernt man den Schleifstaub und trägt den Ausziehlack mit einem feinen Haarpinsel oder einem Wattebausch auf.

Das Holz wird poliert

Das ist eine äußerst mühselige Behandlungsart – aber sie sollte gerade deswegen den Heimwerker reizen.

Als Poliermittel diente früher in Spiritus gelöster Schellack. Heute wird meistens Nitrozellulose-Politur verwendet. Das Verfahren wird in drei Stufen abgewickelt:

1. Die Fläche wird grundpoliert – damit die Holzporen geschlossen werden.
2. Die Fläche wird deckpoliert. Dabei wird das Poliermittel in mehreren Arbeitsgängen in filmartigen, glasklaren Schichten aufgetragen.
3. Das Auspolieren, das den letzten Hochglanz erzeugt.

Das Grundpolieren setzt eine vollkommen glattgeschliffene, von allen Unebenheiten und Fehlern freie Holzfläche voraus. Zum Auftragen der Grundpoliturlösung dient ein mit Wollresten gefüllter Leinenballen. Die Fläche wird zuvor mit etwas Porenfüller – das ist feinstgemahlenes Bimssteinmehl – bestreut. Darauf trägt man die Grundpolitur in kreisenden Bewegungen auf und verreibt sie mit dem Bimsmehl in den Holzporen. Nach dem Trocknen, das 10 bis 12 Stunden dauern muß, wird der Vorgang wiederholt, falls die Oberfläche noch offene Poren aufweist. Zum Deckpolieren wird verdünnte Politur verwendet. Die Fläche wird vorher auch mit etwas Polieröl benetzt. Man verhindert dadurch, daß der Ballen kleben bleibt. Der Ballen muß hier auch eine Umhüllung aus feinerem Leinen haben, damit er die bereits aufgetragenen Schichten nicht wieder aufreißt.

Man trägt zwei oder drei Schichten auf, je nachdem, welchen Glanz man sich wünscht. Aber zwischen den Schichten müssen wieder lange Trockenzeiten eingelegt werden (dazu die Zeitangaben der Hersteller beachten).

Beobachtet man, daß der Leinenballen durchgescheuert ist, muß man ihn erneuern. Denn die Unebenheit des Ballens reißt auch die Polierdekke auf. Zum Schluß werden die Ölreste mit einem Wollappen abgerieben.

Lasurglanz und Lackmattine

Lasurglanz ist eine eingefärbte Lackmattine, die man zum Tönen neuer Werkstücke – besser aber noch zum Auffrischen gebrauchter Möbel verwenden kann. Man bekommt dieses Material in verschiedenen Farbtönen, die man untereinander mischen kann. Die Farben sind allerdings nicht so intensiv wie die einer normal gelösten Wasser- oder Spiritusbeize. Man kann damit also eher einen vorhandenen Holzton beleben, als ein Holz richtig färben. Die aufzuarbeitenden Möbel müssen von oberflächlichen Verschmutzungen und von Wachs- oder Pflegemittelresten gründlich gereinigt werden. Man reibt das Holz mit einem angefeuchteten, d.h. ausgewrungenen Ledertuch ab oder reinigt es sogar mit Terpentinersatz. Die noch unsauberen Stellen können nach Einziehen des Terpentins mit feinem Schleifpapier gesäubert werden. Schleifstaub muß sorgfältig entfernt werden.

Der Lasurglanz wird dann mit einem weichen Pinsel aufgetragen. Man muß zügig arbeiten, weil die

Mattine schnell eintrocknet. Nach zwei Stunden ist das Möbelstück wieder gebrauchsfertig; es zeigt einen leicht glänzenden, wasserfesten und widerstandsfähigen Überzug.
Pinsel und Schalen können mit Nitro-Verdünnung gereinigt werden.

Die Verarbeitung von Kunststoffplatten

Kunststoffbeschichtete Hartfaser- und Spanplatten können wie normale Spanplatten mit der Kreis- oder Stichsäge gesägt werden. Das Sägeblatt soll so eingestellt werden, daß es möglichst hoch über den Sägetisch hinausragt (während es sonst das Werkstück nur ganz knapp überragen soll). Die hohe Einstellung bewirkt, daß die Sägezähne sehr steil auf die oben liegende Dekorschicht einschlagen und daß sie damit so gut wie nichts aus der obersten Schicht ausbrechen können.
Bei Schichtstoffplatten soll man die vorgesehene Schnittlinie noch mit UHU-film überziehen – nach dem Sägen diesen nunmehr zweigeteilten Filmstreifen aber nicht zu heftig vom Material abreißen, weil man dann die Dekorschicht doch wieder verletzen kann. Außerdem kann man ein Abfallstück Holz mitsägen. Man kann die Kunststoffplatten auch mit einer Feinsäge sägen. Man führt die Säge an einem Anschlag, weil sie sonst zumindest beim Ansägen auf dem glatten, spröden Material leicht von der markierten Linie rutscht.
Weil normale Sägen durch das harte Material sehr stark beansprucht werden, werden sie auch ziemlich rasch stumpf. Man sollte darum in die Kreissäge ein Spezialblatt einspannen – wenn man nicht statt dessen die Platten anritzen und dann brechen will.
Dazu wird die Platte mit der Dekorseite nach unten auf eine saubere, nicht kratzende Fläche gelegt, und dann wird die Platte mit einem Stemmeisen entlang einem Richtscheit bis etwa zu einem Drittel ihrer Stärke eingeritzt. Das Stemmeisen wird schräg gehalten, so daß es nur mit einer Ecke ritzt.
Das freie Stück der Platte wird mit beiden Händen gefaßt und scharf am Richtscheit nach oben gerissen.
Beim Zuschneiden ist zu berücksichtigen, daß die Schichtstoffplatten ringsherum etwa einen halben oder einen ganzen Zentimeter größer als die Trägerplatte sein sollten, damit man noch immer eine Reserve hat, falls die Platte beim Aufkleben etwas verrutschen sollte.

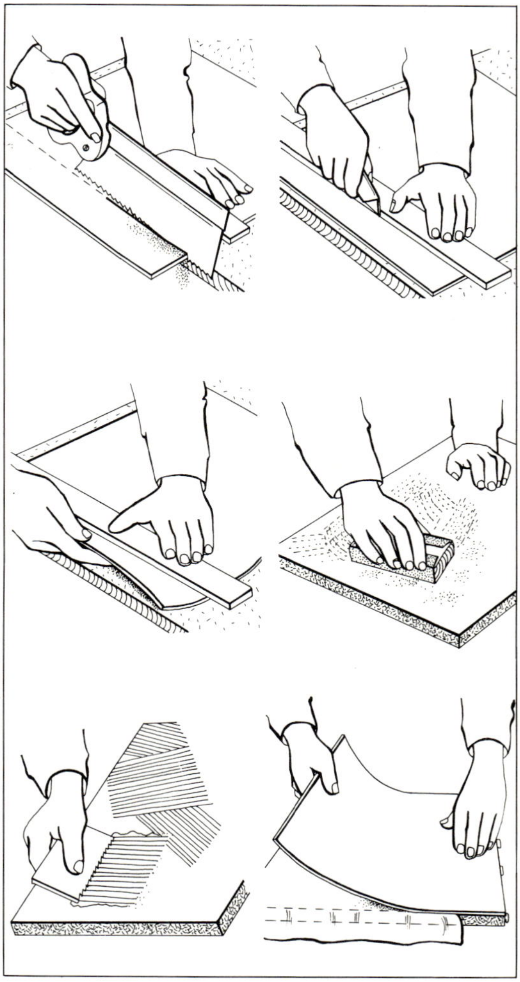

Arbeitsgänge bei der Verarbeitung und dem Aufkleben von Kunststoffplatten auf einer Trägerplatte

Das Aufkleben
Darüber wurden schon im vorhergehenden Kapitel einige wichtige Hinweise gegeben. Es ist bekannt, daß man am besten mit Kontaktkleber (z. B. „Pattex") arbeitet, der auf die Unterseite der Schichtstoffplatte wie auf die Oberseite der Trägerplatte aufzutragen ist. Man beachte die Ablüftzeit und man sorge dann dafür, daß die beiden

Platten kurz, aber kräftig aufeinandergepreßt werden.
Hierzu noch einige Ergänzungen. Wenn eine größere Fläche mit einer Kunststoffplatte belegt werden soll, dann muß man auch die (manchmal sogar unsichtbare) Rückseite belegen, damit sich die Fläche nicht verzieht. Man kann für die Rückseite eine billigere Qualität auswählen, man sollte aber darauf achten, daß die Arbeitsrichtung der beiden Kunststoffplatten in die gleiche Richtung weist.
Bei fest eingebauten Teilen kann man allerdings in der Regel auf die Rückenbeschichtung verzichten. Es genügt dann, einen luftdichten Anstrich aufzubringen, der Feuchtigkeit von der Trägerplatte fernhält.
Wichtig ist bei all solchen Arbeiten natürlich, daß die Trägerplatte völlig eben und sauber ist. Das ist vor allem dann zu beachten, wenn man beispielsweise einen alten Küchentisch oder eine ausgebesserte Fensterbank mit Kunststoff belegen will. Hier müssen alle Reste von Lack, Linoleum oder was immer an altem Belag noch vorhanden sein mag, restlos entfernt werden. Die Fläche wird dann noch mit dem AEG-Schwingschleifer abgeschliffen und gründlich abgestaubt. Wenn man eine Tür mit Rahmen und Füllung belegen will, dann muß man tieferliegende Teile auffüttern oder aber Erhebungen abtragen und glattschleifen. Es geht beispielsweise nicht, eine Kunststoffplatte bei einer solchen Tür nur auf die schmalen Rahmen aufzukleben und darauf zu vertrauen, daß die Platte steif genug ist, die tieferliegenden Füllungen makellos zu überbrücken: Die Füllungen werden sich dennoch ganz deutlich abheben! Man muß also mit dünnen Sperrholzplatten auffüllen, muß unter Umständen die ganze Tür noch einmal mit einem dünnen Sperrholzblatt abdecken, und erst dann kann man die Kunststoffplatte aufkleben.
Die Platte wird stets so aufgeklebt, daß sie einige Millimeter über den Rand hinausragt. Sie wird anschließend mit dem Spezialhobel beigehobelt und mit Schleifpapier geglättet. Die Kanten kann man dann mit Kunststoffstreifen bekleben – oder man lackiert sie.

Der Kantenschutz

Die Kanten der mit Kunststoff beleimten Flächen werden durch einen PVC-Umleimer geschützt. Umleimer sind in vielen Farben und Formen im

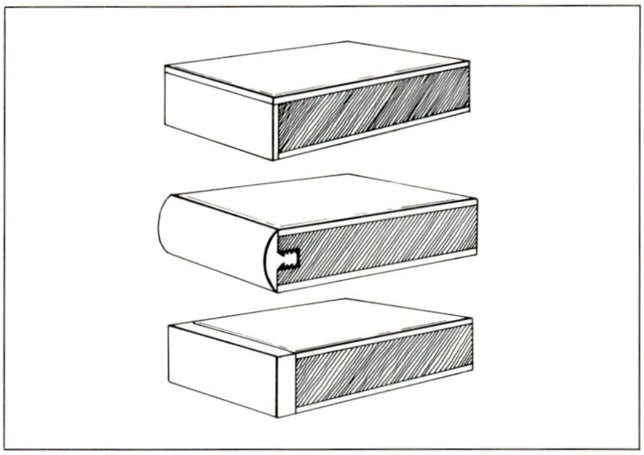

Umleimer in verschiedenen Formen

Fachhandel erhältlich und werden mit Kontaktkleber geklebt. PVC-Umleimer sind thermoplastisch, d.h. in erhitztem Zustand (ca. 80 °C) gummiweich und in kaltem Zustand hart.
Für PVC-Umleimer mit Steg (Feder) muß die Platte rundherum eine Nut erhalten. Sie muß so breit und tief sein, daß der Steg sich lose einfügen läßt, da durch den Kontaktkleber das Einfügen eines etwas stramm in die Nut passenden Stegs nicht möglich ist. Hinzu kommt, daß der Umleimer nach dem Kleberauftrag im Backofen auf etwa 80 °C erhitzt werden muß, um einen sauberen Sitz zu gewährleisten. Dadurch ist natürlich der Steg des Umleimers zu weich und läßt sich noch schwerer in eine enge Nut einfügen. Der auf richtige Länge gesägte Umleimer und die zu umleimenden Kanten werden mit Kontaktkleber bestrichen, der Steg des Umleimers und die Nuten der Platten möglichst nicht. Dann wird der Umleimer, wie vorher erwähnt, erhitzt und mit einem Lappen stramm gegen die Kante gerieben. Das Erwärmen ist unbedingt erforderlich, da ein kalter und somit harter Umleimer sich nicht an die Kanten anschmiegt und es daher zu keiner festen Verklebung kommt. Die eventuell überstehenden Kanten des Umleimers werden erst am nächsten Tag mit einem Stecheisen oder mit einer Feile bündig gearbeitet, da das Material des Umleimers durch Auskühlung noch etwas zusammengeht.
Beim Rundumleimen, zum Beispiel bei Tischplatten, erhält der Umleimer vor der Verklebung eine Stoßfuge, die verschweißt werden muß. Das geschieht mit einem Lötkolben, in den ein PVC-Schweißmesser eingesetzt wird. Die beiden Enden des Umleimers werden so lange gegen das Schweißmesser gehalten, bis das Material flüs-

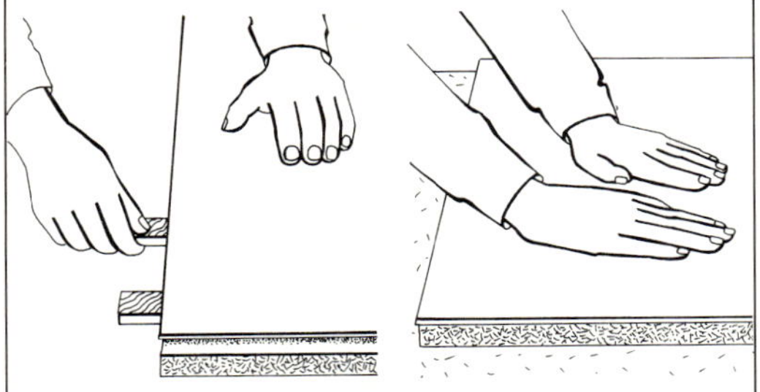

Zwischengelegte Leisten erlauben, eine Kunststoffplatte auszurichten, ehe sie fest aufgepreßt wird

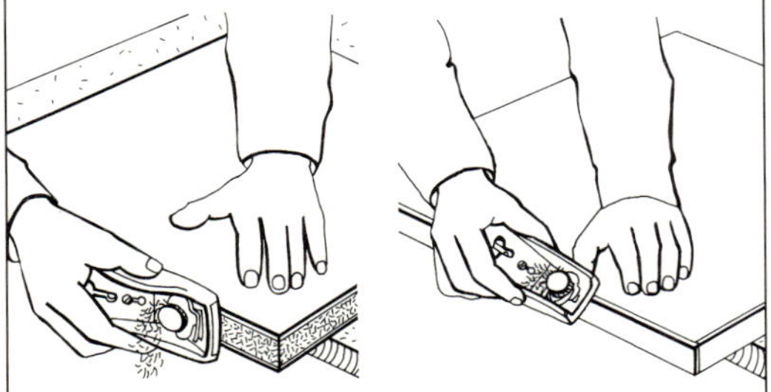

Kanten mit einem kleinen Surformhobel säubern bzw. eine leichte Fase an die Kante hobeln

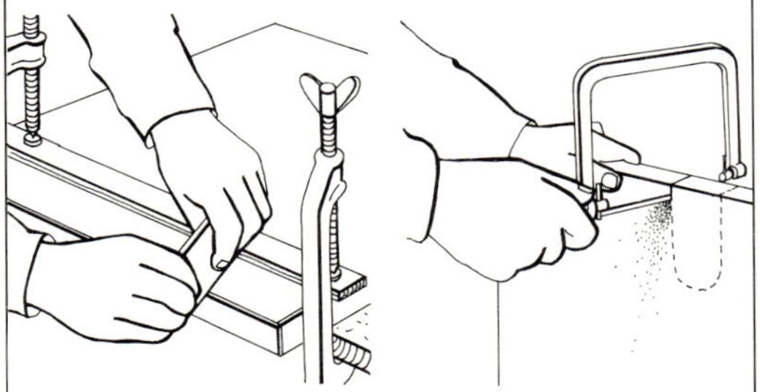

Die Fase kann auch mit der Ziehklinge gebrochen werden. Rechts: Ausschnitte mit einer Bügelsäge sägen

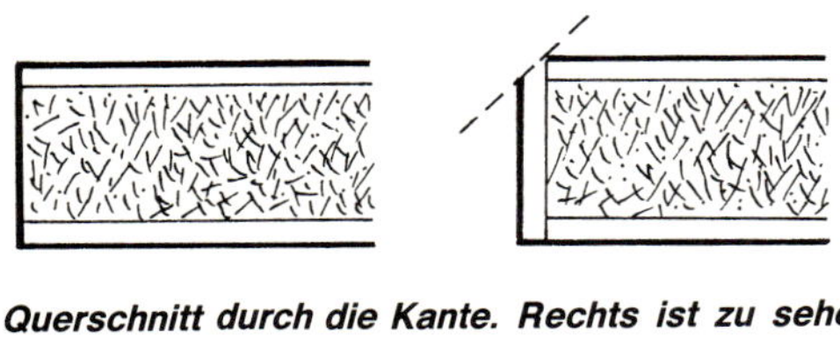

Querschnitt durch die Kante. Rechts ist zu sehen, wie der Umleimer mit einer Fase versehen wird

sig wird und die Enden ineinander verschmelzen. Nach dem Erkalten wird die Feder mit einem Stecheisen sauber nachgeschnitten, während die Außenkante erst nach dem Einleimen verputzt wird.

Umleimer mit Schmelzkleber

Außerordentlich praktisch sind die heute in allen Fachgeschäften für Do-it-yourself-Bedarf und in den Baumärkten erhältlichen Umleimer mit Schmelzkleberbeschichtung. Diese Umleimer werden regelrecht angebügelt: Mit einem auf Temperaturstufe „Wolle“ oder „Seide“ eingestellten Bügeleisen fährt man über den an die Plattenkante angelegten Umleimerstreifen und bringt dadurch den auf der Rückseite angebrachten Klebstoff zum Schmelzen. Der Umleimer wird erst nach dem Ankleben abgelängt, indem man einfach den Streifen am Ende umknickt.
Solche Umleimer gibt es natürlich in verschiedenen Breiten, außerdem in Weiß und verschiedenen Holzmusterungen. Die Breite liegt immer knapp über dem Stärkenmaß von Spanplatten bzw. Tischlerplatten. Nach dem Ankleben werden dann die überstehenden Randstreifen mit einer feinen Feile beigeschliffen und abschließend mit feinstem Schleifpapier versäubert.

So werden Polster angefertigt

Das Anfertigen einfacher Polster ist heute gar nicht mehr so schwierig, da die benötigten Materialien fast überall zu bekommen sind: Schaumstoff oder Schaumgummi und die als Abdeckung benötigte Polsterwatte, ein feines Vliesmaterial. Selbst der Fachmann wendet nur noch selten die konventionellen Füllstoffe an, er arbeitet mit geschäumten Kunststoffen.

Schaumstoff und Schaumgummi

Schaumstoff gibt es in Platten bis zu 1 × 2 m Größe (also auch in Matratzengröße) – und zwar in folgenden Stärken: 2, 3, 4, 5, 6, 8, 10, 12, 15, 20, 25, 30, 35, 40, 50, 60 und 100 mm. Schaumstoff gibt es außerdem in verschiedenen Härtegraden.

Für Matratzen oder Sitzpolster nimmt man in der Regel die 10 cm starken Platten mit ziemlich hoher Festigkeit, damit das Polster unter der Belastung nicht ganz durchsinkt und man dann auf der harten Unterlage sitzt oder liegt. Für Rückenpolster oder für Kissen werden dünnere und weichere Qualitäten genommen.

Schaumgummi gibt es ebenfalls in Platten bis zu 1 × 2 m Größe, in Stärken von 10, 12, 15, 20, 25, 30 usw. bis 100 mm. Die dickeren Platten haben an der Unterseite Aussparungen, Schaumgummi ist schwerer als Schaumstoff, er ist teurer – und zudem lichtempfindlich. Die UV-Strahlen können allmählich den Schaumgummi zerstören, und deshalb ist es wichtig, daß dieses Polstermaterial stets in lichtdichte Bezugsstoffe gehüllt wird. Man sollte sogar so sorgfältig polstern, daß man erst einen Nesselbezug über das Polster spannt und dann den eigentlichen Bezugsstoff.

Polsterwatte zwischen Schaumgummi und Bezugsstoff einbringen

Beide Materialien zeigen einen hohen Reibungswiderstand, wenn man mit der Hand über die Oberflächen streicht. Sie setzen auch dem Bezugsstoff einen beträchtlichen Widerstand entgegen: Der Stoff kann nicht gleiten, sondern er hakt sich förmlich fest. Das bedeutet: Wenn ein Schaumgummi- oder Schaumstoffpolster belastet wird, dann wird der Bezugsstoff da zusammengezogen, wo das Polster am stärksten eingedrückt wird. Wird die Belastung vom Polster genommen, kann der Stoff nicht wieder in die ursprüngliche Lage zurück: Es bilden sich Falten. Das sieht natürlich nicht schön aus. Man kann diese Erscheinung aber vermeiden. Schaumstoff und Schaumgummi müssen stets in Polsterwatte oder Abdeckvlies eingehüllt werden. Diese dünnen und weichen Vliese machen nun das Polster an der Oberfläche etwas weicher und gefälliger – sie wirken vor allem aber als „Gleitschicht" zwischen Polsterkern und Bezugsstoff. Diese Vliese werden einfach um den Polsterkern herumgelegt und dann mit ganz groben Stichen zu einer geschlossenen Hülle zusammengenäht. Man kann das Vlies mehrmals um den Kern schlingen und bekommt dann ganz weiche und abgerundete Polsterformen (während üblicherweise die Schaumstoff- oder Schaumgummiplatten ganz kantig und streng wirken).

Wenn man Schaumstoff- oder Schaumgummipolsterteile zuschneiden will, muß man erst die gewünschte Form mit einem Kugelschreiber auf die Oberfläche aufzeichnen. Dann schneidet man mit einer Rasierklinge oder mit einem scharfen (nicht gezahnten) Messer die Form aus. Eine Schere ist ungünstig, weil sie das Material zusammendrückt – und weil so Gefahr besteht, daß man von der angezeichneten Linie abweicht.

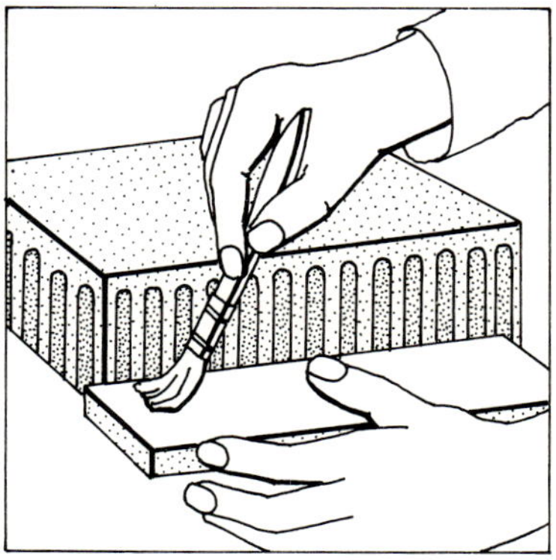

Schaumgummi mit glatter Kante versehen

Kante mit Klebstoff bestreichen

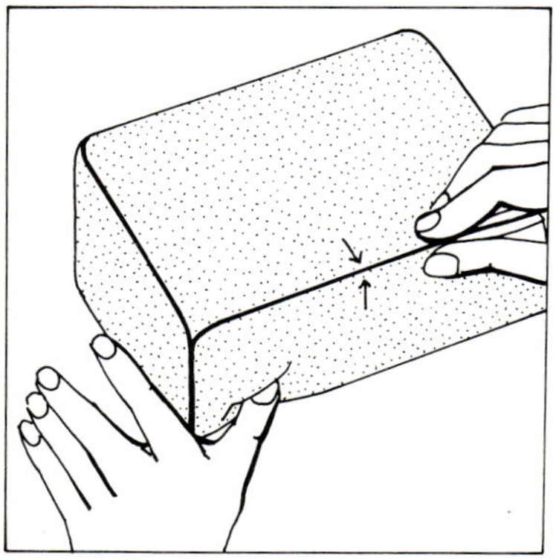

So wird die Kante abgerundet

Werdegang einer Polsterplatte mit abgerundeten Kanten

Lose Polster mit runden Kanten
Durch einen ganz einfachen Trick kann man aus einer scharfkantigen Platte ein Kissen mit runden, gefälligen Kanten machen. Man bestreicht die Außenkanten mit Klebstoff (z.B. „Pattex") und knickt dann die Kanten genau auf der Mittellinie nach innen ein. Dazu nimmt man am besten eine alte Stricknadel oder ein dünnes Holz zu Hilfe. Man klebt dabei also die in sich eingeknickten Kanten zusammen – rundet somit das Polster ab.

Schnitt durch den klassischen Polsteraufbau für einen Stuhl

Flachpolster anfertigen
Hier sind Polster gemeint, die fest auf einem Gestell angebracht sind – also Polster für Stühle, Bänke, Hocker oder auch einfache Sessel. Als Unterlage für das Polster können entweder Polstergurte dienen, die man bei einem Polsterer oder Raumausstatter besorgt; oder man bringt das Polster auf einer Sperrholz- oder Tischlerplatte, also direkt auf einer Bank oder einem Hocker, an.

Polstergurte spannen
Dazu fertigt man sich einen Gurtspanner an. Das ist ein etwa 8 x 8 cm großes und 2,5 cm dickes Holzstück. Zwei gegenüberliegende Kanten werden abgerundet, und in eine der Rundungen schlägt man drei oder vier Nägel ein, die man noch rund 1,5 cm herausstehen läßt. Man zwickt die Nagelköpfe ab, feilt die Nagelstümpfe spitz. Mit diesen Spitzen greift man in den Polstergurt, rollt den Gurtspanner dann an der Gestellkante ab – und schlägt nun (ohne die Spannung nachzulassen) die Befestigungsnägel für den Gurt in das Gestell. Man nagelt dabei zunächst die in einer Richtung verlaufenden Gurte an einer Kante an – ganz dicht oder mit Abstand, je nachdem, wie die Gestellbreite mit den Gurtbreiten übereinstimmt. Ein Gurt nach dem anderen wird gespannt und an der gegenüberliegenden Kante angenagelt. Die Spannung der Gurte soll natürlich gleichmäßig sein. Bei kleinen Flächen, also bei Stühlen und Hockern, kommt man mit weniger Spannung aus; bei großen Flächen dagegen muß man die Gurte stärker spannen, damit das Polster nicht zu stark durchsinkt.
Nun werden die querlaufenden Bänder wiederum erst an einer Kante nebeneinander festgenagelt. Dann wird ein Gurt nach dem anderen durch die zuerst befestigten Gurte geflochten, an der gegenüberliegenden Kante gespannt und festgenagelt. Überstehende Gurtenden werden abgeschnitten. Dann kann man das Polster aufbringen.
Bei solchen Flachpolstern verwendet man normalerweise nur 3 bis 5 cm dicke Schaumstoffplatten, dickere Platten braucht man nicht, weil die Polstergurte ja etwas nachgeben und so zur Weichheit des Polsters beitragen.
Die Außenkanten der Schaumstoffplatte werden mit einem Rasiermesser oder mit der Schere etwas abgeflacht. Auf den Schaumstoff legt man ein oder zwei Schichten Abdeckvlies oder Polsterwatte. Und darauf kann man noch ein Stück Nessel legen, das an den Oberseiten des Gestells mit einigen Blaustiften angeheftet wird. Man kann aber auch gleich den Bezug aufbringen, der an der Unterseite des Gestells mit Blaustiften befestigt wird. Man kann zusätzlich an den Vorderkanten noch dichte Reihen von Polsternägeln anbringen, die man in mehreren Farben bekommt, so daß man sie auf den Bezug abstimmen kann.
Es gibt nun einige Variationen dieses normalen Polsteraufbaus:
Man kann z.B. in der Mitte der Polsterfläche zunächst eine kleinere Schaumstoffplatte mit abge-

flachten Kanten einlegen, kann darüber die große Platte legen. Das Polster wird dann dicker und bequemer – ohne daß man die Kanten der Polsterung umständlich abrunden müßte, wie das bei Verwendung einer einzigen, aber dicken Schaumstoffplatte notwendig wäre.
Man kann das Flachpolster, wie schon erwähnt, auch auf einer Sperrholz- oder Tischlerplatte aufbauen. In diesem Fall müßte man in diese Platte einige große Löcher bohren, damit die Polsterung luftdurchlässig wird und sich das bei Belastung zusammengepreßte (und nahezu luftleer gewordene) Polster nach der Entlastung schnell wieder aufbläht und in die alte Form zurückkehrt.

Verbindung zwischen Polster und Gestellrahmen

Auch dafür gibt es Variationen:
Man kann die Sitzplatte in den Rahmen einlegen, läßt sie also nicht bis an den Rand reichen. Auch das Polster reicht dann nicht bis an die Außenkanten. Und der Bezugsstoff wird so eingeschlagen und mit Polsternägeln befestigt, daß ringsum ein etwa 1,5 bis 2 cm freier Holzrand bleibt. Hierbei muß man natürlich sehr sauber und sorgfältig arbeiten, damit die vier Kanten des Bezugsstoffes geradlinig verlaufen.
Man kann schließlich die Stuhlkante mitpolstern und die Ziernägel an der Vorderseite der Zargen anbringen. Hierzu muß man die Oberkanten des Gestellrahmens abrunden, damit das Polstermaterial nicht durchgescheuert wird.

Bezüge für Matratzen

Bei den 1 × 2 m großen Matratzen wird in der Regel nur die Oberseite mit den Kanten mit dem guten Stoff bezogen; für die nicht sichtbare Unterseite verwendet man einen einfarbigen, billigen Cretonne oder Drell. Für den Oberbezug braucht man eine 140 × 240 cm große Stofffläche, für den Unterbezug braucht man 195 × 95 cm Stoff (wenn man eine 1 × 2 m große Matratze anfertigt).
Man näht zunächst links und wendet erst dann, wenn man den Unterbezug ansetzt. Man legt den Stoff mit der Musterseite oder der rechten Webseite nach oben auf dem Fußboden oder auf einem genügend großen Schneidertisch aus, legt die Matratze – eine 10 cm dicke, zweimal mit Polsterabdeckvlies umhüllte Schaumstoffplatte – so darauf, daß die Stoffränder ringsum gleich breit sind. Dann schlägt man die vier Stoffkanten auf die Matratze und faltet eine Ecke nach der anderen. In den vier Ecken werden dann die beiden zusammenschlagenden Stoffteile ganz dicht abgenäht. Man wählt doppelte Steppstiche und folgt dabei der Matratzenkante und näht den Stoff auf der Oberseite „auf Gehrung" zusammen. Etwa 2 cm hinter der Naht schneidet man dann die Falten ab. Wenn alle vier Ecken genäht sind, nimmt man die Matratze heraus, wendet den Stoff, steckt die Matratze wieder hinein – so daß jetzt die Musterseite außen liegt.
Man kann nun einige Abheftungen anbringen, um Matratze und Bezug fester miteinander zu verbinden und das Verrutschen des Stoffes ganz zu unterbinden. Man zieht dazu in gleichmäßigen Abständen einen kräftigen Faden ganz durch die Schaumstoffplatte, fädelt auf der Oberseite des Bezugs einen breitflächigen Knopf (der am besten mit dem Bezugsstoff bespannt ist) in den Faden und zieht den Faden nun wieder bis zur Unterseite durch. Dort wird ein ebenfalls breiter – aber billigerer – Knopf eingefädelt; der Faden wird etwas zusammengezogen, so daß die Matratze leicht gepreßt wird. Dann knotet man den Faden ab.
Nun ist der Bezugsstoff für die Unterseite zu säumen und mit überwendlichen Stichen an den Oberbezug anzuheften: Die Matratze ist fertig. Auf die gleiche Weise kann man natürlich auch kleinere Polster anfertigen und beziehen.

Neue Bezüge für alte Polster

Wenn man alte – oder „ältere" – Polstermöbel neu beziehen will, dann lohnt sich das natürlich nur dann, wenn die Federung und Polsterung noch in Ordnung sind – so daß man den alten Bezug unter Umständen gar nicht erst abnehmen muß. Das heißt: Man könnte in diesen Fällen ganz einfach den Stoff für den neuen Bezug nach einer Papierschablone zuschneiden. Und diese Papierschablone entsteht so, daß man Zeitungspapier auf die einzelnen Polsterflächen auflegt, daß man mit einem Kugelschreiber den Verlauf der Nähte – also die Begrenzung der einzelnen Stoffflächen – exakt anzeichnet, daß man dann jeweils 2 cm für die Nähte zugibt. Man heftet das Papier mit einigen Stecknadeln an, damit es während des Anzeichnens nicht verrutschen kann und man dann völlig falsche Stoffstücke zu-

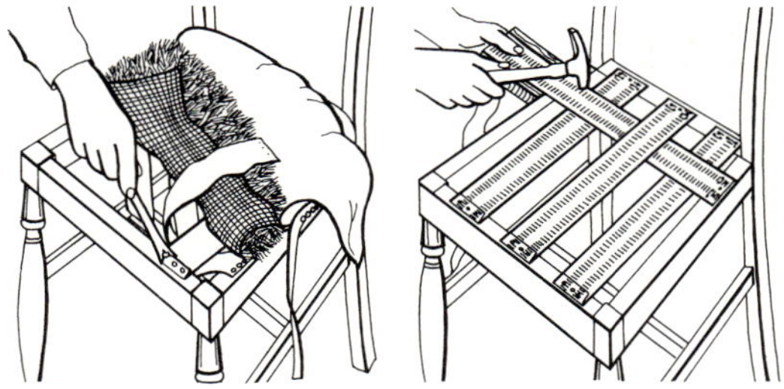

1 Ein Stuhlpolster wird erneuert: Erst die alte Polsterung entfernen und neue Gurte spannen

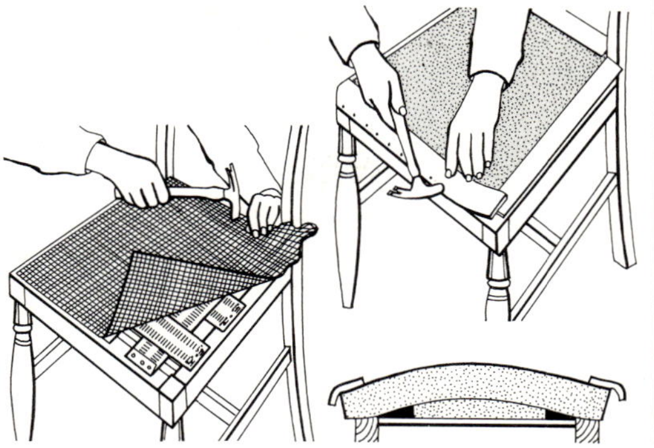

2 Über die Gurte Rupfen aufbringen. Die Polsterung (unten Schnitt) mit Randeinfassung versehen

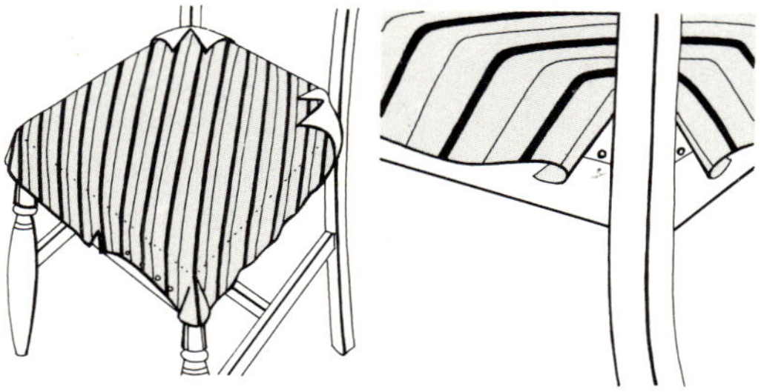

3 Reichlich zugeschnittenen Bezug auflegen und zunächst an den hinteren Kanten sauber spannen

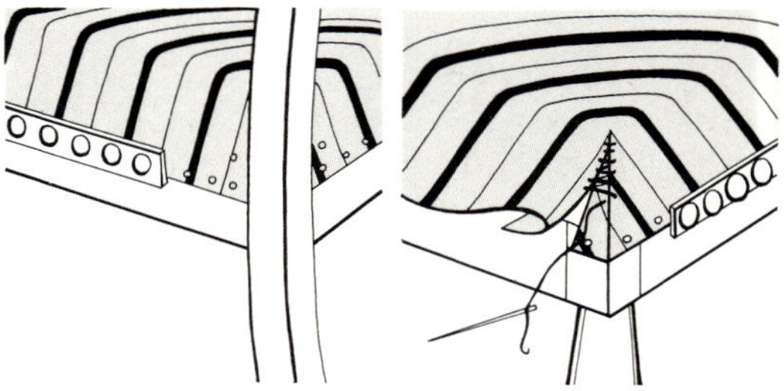

4 Bezug mit kleinen Blauköpfen am Gestell befestigen, dann mit Polsternägeln und Litzenbändern einfassen

schneidet. Wichtig ist auch, daß man auf der Schablone den Fadenverlauf entsprechend dem alten Bezug anzeichnet, damit der neue Bezug richtig sitzt.

Bei einem Sessel wird der neue Bezug – falls erforderlich – zusammengenäht. Dann beginnt man an der Oberkante der Rückenlehne und befestigt dort den Stoff entweder mit Ziernägeln oder mit einfachen Blaustiften. Im letzteren Fall wird diese Nagelreihe dann durch den auf der Rückseite der Lehne angenähten Stoff verborgen. Der Stoff wird an allen Kanten um die Polsterung herumgezogen und ebenfalls sichtbar (mit Polsternägeln) oder unsichtbar (mit später verdeckten Blaustiften) angeheftet.

Man kann bei einfachen Polsterformen den Stoff auch direkt auf dem Möbel zuschneiden und anheften. Man legt den Stoff mit richtigem Fadenverlauf so auf, daß ringsum gut 3 cm Zugabe vorhanden sind. Man spannt den Stoff um die Seitenkanten der Polsterung, nagelt ihn fest, nachdem man überstehende Teile abgeschnitten hat, und folgt nun dem Polsterverlauf bis zur Vorderkante, d.h. schlägt den Stoff um die Unterkante der vorderen Zarge und nagelt ihn dort mit Blaustiften fest. Man nagelt ihn auch seitlich, jeweils an den Unterkanten der Rahmenteile, mit Blaustiften fest und bringt nachher an den sichtbaren Kanten die zusätzlichen Polsternägel an. Als letztes bezieht man die Rückseite der Rükkenlehne. Der Stoff dafür wird, wie schon beschrieben, erst gesäumt und dann mit Überwendlingsstichen dicht an den Kanten angeheftet. Zusätzlich kann man Polsternägel, eventuell mit einem unterlegten Litzenband in passender Farbe einschlagen.

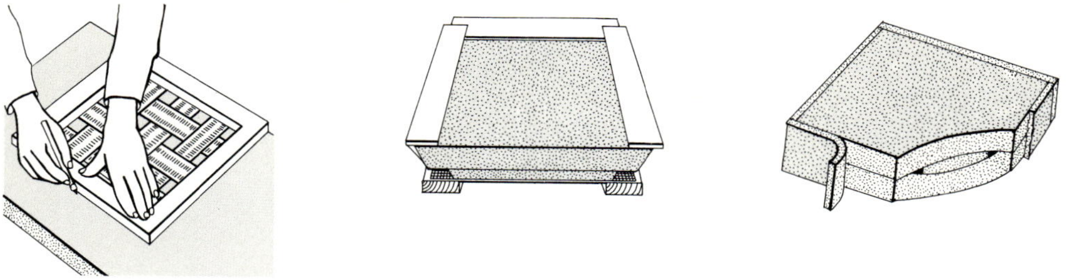

Reparatur eines losen Polstersitzes: Nach dem Maß des Rahmens neue Polsterplatte zuschneiden, durch Kerneinlage leichte Wölbung bilden, Kanten mit Schaumstoffstreifen einfassen

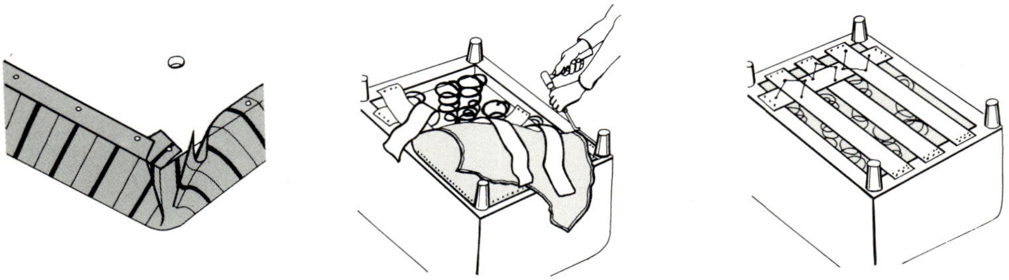

Bezug in den Ecken sehr sauber verarbeiten (links). Komplizierter ist der Aufbau einer solchen Polsterung mit Sprungfedern: dies bleibt meist dem Fachmann überlassen

Reparieren alter Polster

Für den Laien ist es in der Regel zu schwierig, defekte Polsterungen, gebrochene Sprungfedern oder auch wackelige Polstergestelle zu reparieren. Man sollte diese Arbeiten dem Fachmann überlassen. Von Fall zu Fall wäre natürlich zu überlegen, ob man beispielsweise einen defekten Polsterunterbau – d.h. überdehnte Polstergurte und gebrochene Sprungfedern – völlig entfernt und dafür eine passende Sperrholzplatte in den Rahmen einlegt. Oder ob man die alten Gurte durch ganz neue ersetzt, die in der geschilderten Weise einzuspannen sind. Solche Reparaturen haben nur dann Sinn, wenn das Sesselgestell noch in Ordnung ist. Wenn dagegen die Leimfugen wackeln, dann wäre die Erneuerung des Polsters nur halbe Arbeit. Früher oder später müßte der Sessel dann doch zu einem Tischler gebracht werden, der die Leimfugen mit Dampf löst und das Gestell neu verleimt. Erst dann kann man entscheiden, ob es sich lohnt, eine neue Polsterung einzusetzen.

Metallarbeiten

Im Rahmen der handwerklichen Selbsthilfe, wie sie die einzelnen Abschnitte dieses Buches behandeln, werden Sie öfter gezwungen sein, auch Metall zu bearbeiten. Sie müssen Blech schneiden, biegen und verlöten, Metallteile bohren und befeilen. Dem geübten Bastler mag dies keinerlei Schwierigkeiten bereiten. Der Laie wird indessen schon einer einfachen Nietverbindung oder der Notwendigkeit, ein Rohr zu biegen, ratlos gegenüberstehen. All diese Techniken sind im Grunde genommen recht einfach, wenn man weiß, welche Werkzeuge nötig und wie sie anzuwenden sind. Wer Metall zu bearbeiten versteht, dem eröffnen sich zahllose weitere Möglichkeiten der praktischen Selbsthilfe und darüber hinaus auch viele andere Arbeitsgebiete, die dem nur in Holzarbeiten bewanderten Bastler verschlossen bleiben. Metall ist durchaus nicht so „hart“, wie es dem Laien meist scheint. Dies sollten die folgenden Ausführungen zeigen, die neben der praktischen Nutzanwendung auch zahlreiche Hinweise geben, wie sich manches Problem mit einfachen Mitteln lösen läßt.

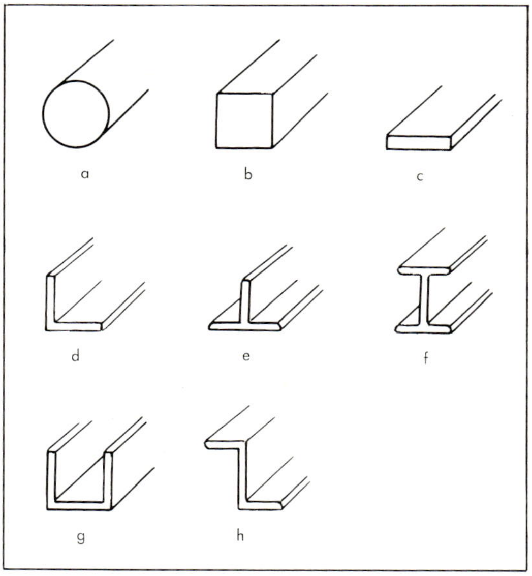

Handelsübliche Metallprofile

Das Material

Für den Heimwerker kommen an metallischen Werkstoffen in der Regel nur Stahl, Messing, Kupfer, Aluminium, Zink und Blei in Betracht. Für die richtige Anwendung dieser Werkstoffe ist es notwendig, nicht nur ihre Eigenschaften zu kennen, sondern auch die Formen, in denen sie im Handel erhältlich sind. Das Wichtigste darüber enthält die folgende Übersicht.

Stahl ist wegen seiner Festigkeit und Billigkeit der am häufigsten gebrauchte Werkstoff. An manchen Stellen dieses Buches wurde dafür – zur Unterscheidung von Nichteisenmetallen wie Messing usw. – noch die Bezeichnung Eisen verwendet. Nach der Deutschen Industrie-Normung (DIN) wird jedoch als Eisen nur noch reines, kohlenstofffreies Eisen, Roheisen und Gußeisen bezeichnet, während alles schmiedbare Eisen Stahl genannt wird. Nach dieser Begriffsbestimmung sind daher nicht nur die in verschiedenen Profilen erhältlichen Stab- und Formeisen (Fig. a bis h), sondern auch alle Eisenbleche, -rohre, -schrauben, -nieten, -nägel, -stifte und -drähte als Stahl zu bezeichnen.

Stab- und Profilstähle aus Baustahl (unter 0,5% Kohlenstoffgehalt) sind in Längen von 3 bis 6 m im Handel, lassen sich gut bearbeiten und bei geringen Querschnitten auch kalt biegen, aber nicht härten. Rundstahl (a) und Vierkantstahl (b) gibt es ab 5 mm Dicke in sehr vielen Dimensionen, darunter auch als Draht, Flachstahl (c) ab 2 mm Dicke und 6 mm Breite, als Bandstahl noch wesentlich schwächer. L-Stahl (d) ist ab 2 mm Dicke und 10 mm Schenkelbreite, auch ungleichschenkelig in vielen Formen erhältlich, ebenso T-Stahl (e), I-Stahl (f), U-Stahl (g) und Z-Stahl (h). Härtbare Stähle zur Herstellung von Werkzeugen (Kohlenstoffgehalt meist 1%) sind in den Profilen a bis c gleichfalls im Handel. Stahlrohre gibt es nahtlos oder geschweißt ab 2 mm Wandstärke und 10 mm Durchmesser. Alle ungehärteten Stähle lassen sich schweißen und weichlöten.

Kupfer ist ein sehr dehnbares, weiches Metall, das durch Hämmern hart, durch Ausglühen aber wieder weich wird. Es läßt sich hart- und weichlöten und ist etwa sechsmal teurer als Stahl. Es ist als Rund- oder Flachkupfer in Stangen erhältlich, als Rohr ab 1 mm Wandstärke und 4 mm Durchmesser, als Blech schon ab 0,1 mm Stärke und als Draht blank und isoliert sogar ab 0,05 mm Durchmesser. Für den Heimwerker kommt Kupfer meist nur als Blech für kunstgewerbliche Arbeiten (treiben, emaillieren, ätzen usw.) sowie als Draht und Rohr für den Modell- und Apparatebau in Betracht.

Messing, eine Legierung aus Kupfer und Zink, ist in vielen Formen in den Profilen a bis e und g im Handel, zum Teil auch geriffelt, sechskantig und in verschiedenen Zierleistenprofilen. Wie Kupfer läßt es sich gut bearbeiten, hart- und weichlöten und hat etwa den gleichen Preis. Messingrohr gibt es schon ab 0,2 mm Wandstärke und 3 mm Durchmesser, zum Teil auch mit quadratischem und rechteckigem Querschnitt.

Aluminium, das weichste der bisher genannten Metalle, ist am leichtesten zu bearbeiten. Hart – meist etwas legiert – ist es in den Profilen a, c, d und e erhältlich, ebenso als Rohr, Draht und Blech. Durch Erhitzen auf 400° C wird es weich, doch muß dies mit Vorsicht geschehen, weil der Schmelzpunkt bei 650° C liegt. Da sich Aluminium an der Luft mit einer schützenden Oxydschicht überzieht, ist es ziemlich wetterfest, vor allem die unter dem Namen „Anticorodal" in den Handel gebrachte Legierung. Der Preis beträgt pro Kilogramm etwa das Siebenfache von Stahl, volumenmäßig wegen des geringen Gewichtes aber nicht viel mehr als das Doppelte.

Blei, noch wesentlich weicher als Aluminium, kommt nur als Blech, Rohr und in Barren in den Handel. Wegen des niedrigen Schmelzpunktes 327° C ist es für den Bastler das geeignetste Material zum Gießen. Bleiplatten dienen auch als Unterlagen beim Lochen, Punzieren und Ziselieren. Blei und seine Verbindungen sind giftig, daher Hände waschen nach längerer Bearbeitung von Werkstücken aus Blei!

Zink, ein sprödes, aber gut zu bearbeitendes Metall, kommt als Werkstoff vor allem in Blechform in Betracht. Es läßt sich leicht schneiden, bohren und weichlöten und ist besonders wetterbeständig. Wegen seines niedrigen Schmelzpunktes (415° C) ist es auch zum Gießen in einfachen Gipsformen geeignet. Der Kilopreis beträgt etwa das Dreifache von Stahl.

Der Werktisch

Ebenso wie für die Holzarbeiten benötigen Sie auch für die Metallbearbeitung einen standfesten Werktisch mit einer kräftigen und ebenen Tischplatte. Besondere Standfestigkeit erreichen Sie, wenn Sie die Tischplattenkante an der Wand verankern können, zum Beispiel durch Festschrauben an kräftigen, in die Mauer geschlagenen Halteeisen.

Eine Werktischleuchte mit schwenkbarem Arm,

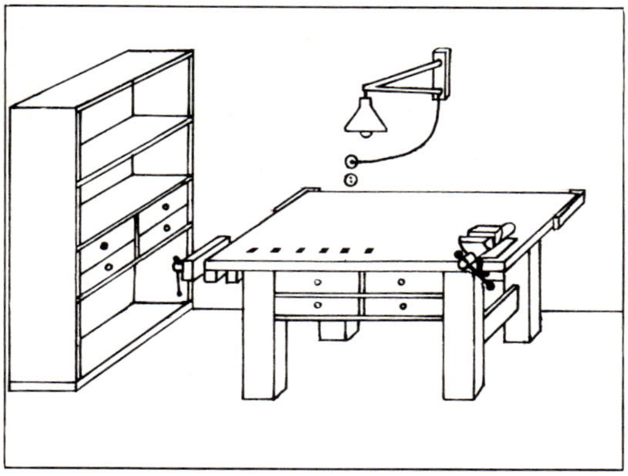

Arbeitsplatz für Metallarbeiten

die an der Wand (nicht auf dem Tisch!) in etwa 70 cm Höhe über der Tischplatte befestigt wird, verschafft Ihnen gutes Licht zu jeder Tageszeit. Für die Beleuchtung und den Anschluß eines elektrischen Lötkolbens oder eines anderen Arbeitsgerätes ist die Nähe einer Steckdose wichtig.

Unter dem Werktisch ist viel Platz, um eine oder mehrere Schubladen einzubauen. Diese sind in verschiedenen Größen und Formen aus Kunststoff in Eisenwarenfachgeschäften erhältlich. Passende Führungsschienen, die mitgeliefert werden, erleichtern den Einbau.

In den Schubkästen lassen sich Blechabfälle, Flach- und Winkelstähle, Rohrstücke und vieles mehr unterbringen. Um die vielerlei Kleinteile gut sortiert und übersichtlich zu ordnen, empfiehlt sich ein Klarsichtmagazin mit verstellbarer Facheinrichtung.

Meist werden Sie für das Material noch einen Schrank oder ein Regal benötigen. Ein 65 bis 75 cm hohes und wenigstens 1,20 m langes Regal ist praktischer als ein Schrank; denn es ergibt eine Abstellmöglichkeit und zusätzliche Arbeitsfläche, z. B. für den AEG Heimwerker.

Die Werkzeuge

Unumgänglich notwendig ist ein guter Schraubstock, in den Sie die Werkstücke zum Sägen, Feilen und Bohren, zum Biegen usw. einspannen können. Darauf haben wir schon im ersten Kapitel hingewiesen. Es gibt viele unterschiedliche Ausführungen. Modelle zum Festschrauben mit

Holz- oder durchgehenden Gewindeschrauben sind solchen mit Schraubzwinge vorzuziehen, weil sie sich beim Biegen eines Werkstückes nicht drehen können. Von Zeit zu Zeit sollte die Spindel etwas geölt und von eingedrungenen Feilspänen gesäubert werden.

Kleine Werkstücke werden in der Mitte eingespannt, sonst liegen die Spannflächen nicht parallel, und das Werkstück wird nicht genügend festgehalten. Außerdem besteht für die Backen Bruchgefahr. Wo ein seitliches Einspannen nicht zu umgehen ist, spannen Sie zum Ausgleich gegenüber ein Metallstück von der gleichen Stärke ein. Runde Werkstücke (Bolzen usw.) sollen waagerecht eingespannt werden, damit sie besseren Halt finden. Zum Einspannen von Werkstücken aus weichem Metall oder von Schraubenspindeln sind Schutzbacken aus Blei oder Aluminiumblech notwendig, die Sie aus 3 mm starkem Blech selbst anfertigen können.

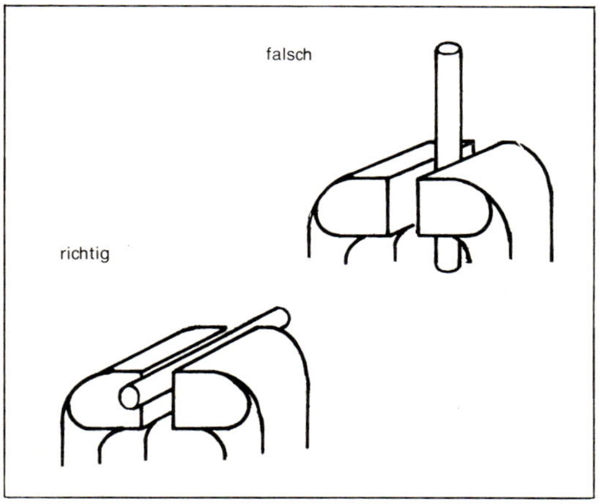

Werkstücke richtig einspannen

Das Biegen von Stäben

Flachstahl bis zu 5 mm Stärke läßt sich in kaltem Zustand beliebig, auch scharfkantig biegen. Erst bei größerem Querschnitt besteht die Gefahr, daß der Stahl an der äußeren Biegekante reißt und daher bricht. Das gleiche gilt für weiche Kupfer-, Messing- und Aluminiumstäbe. Hartes Kupfer, Messing und Aluminium brechen und müssen daher vor dem Biegen ausgeglüht werden.

Zum scharfkantigen, rechtwinkligen Abbiegen spannen Sie das Werkstück zwischen zwei Winkelstahlstücke kräftig ein. Die Hammerschläge müssen das Werkstück direkt an der Biegekante treffen, sonst federt es und biegt sich durch. Sollen nur ganz kurze Stücke abgebogen werden, dann schlagen Sie auf ein angesetztes Stück Flachstahl, damit Biegebacken und Schraubstock nicht verbeult werden.

Biegekanten sollen nur mit Bleistift angezeichnet werden, weil das Material an der angerissenen Linie sonst reißen kann. Die Rißlinie muß um die

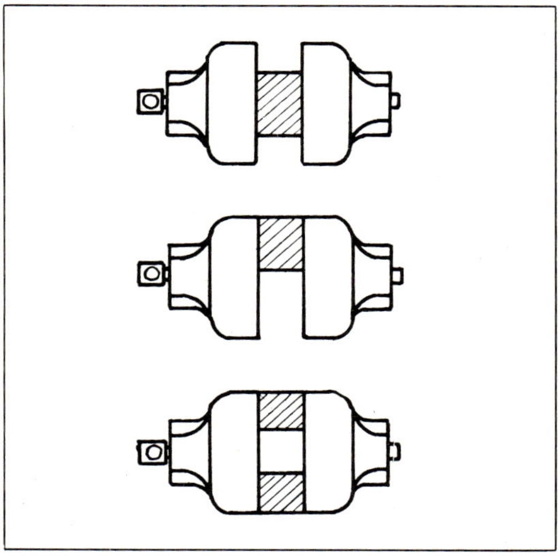

Schraubstock mittig, nicht einseitig belasten

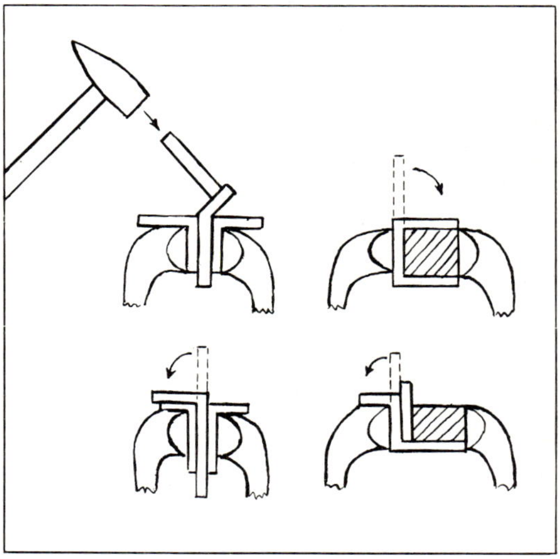

Hilfsmittel beim Abwinkeln

Materialstärke über den Einspannbacken liegen, damit sich nach dem Biegen die erwünschten Maße ergeben.

Das Biegen von Rohren
erfordert besondere Maßnahmen, damit das Rohr an der Biegestelle nicht knickt. Dies verhindert z.B. eine etwas eingefettete oder geölte Stahldrahtspirale, die Sie vor dem Biegen in das Rohr einziehen. Der Durchmesser der Spirale muß der lichten Weite des Rohres entsprechen. Nach dem Biegen läßt sich die Spirale durch Rechtsdrehen – wenn sie links herum gewickelt ist – wieder herausziehen.

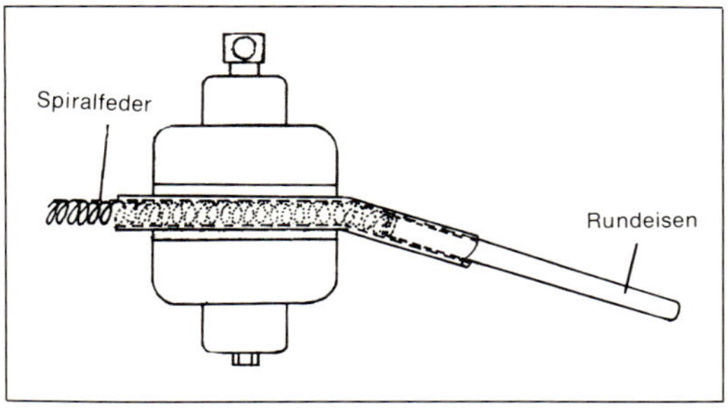

Hilfsmittel beim Biegen von Rohren

Eine andere Methode besteht darin, das zu biegende Rohr mit geschmolzenem Kolophonium zu füllen. Nach Erstarren desselben wird das Rohr gebogen, worauf das Kolophonium durch Erhitzen wieder entfernt wird. Schließlich kann man das Rohr auch mit Salz füllen, mit Holzpfropfen fest verschließen und dann biegen.
Damit das Rohr nicht zerkratzt wird, spannen Sie es zwischen Schutzbacken aus Blech oder zwischen Hartholzzulagen ein und schieben bei engen Bögen ein Stück Rundstahl zur Versteifung des abzubiegenden Schenkels ein.
Das Biegen wird wesentlich erleichtert, wenn das Rohr an der Biegestelle vorher durch Ausglühen weich gemacht wurde. Stahlrohre und Rohre aus Buntmetall von mehr als 15 mm Durchmesser erfordern eigene Biegevorrichtungen, deren Anschaffung sich kaum lohnt. In solchen Fällen überlassen Sie das Biegen dem Schlosser.

Sägen
Das dafür erforderliche Werkzeug ist eine Metall-Bügelsäge. Eine Besonderheit der Metallsäge macht dem Ungeübten zunächst einige Schwierigkeiten: Im Gegensatz zur Laubsäge sind die Zähne beim Sägen nach vorne gerichtet. Daher wird die Säge nur beim Vorwärtsstoßen niedergedrückt. Die rechte Hand hält den Griff, die linke das Bügelende.

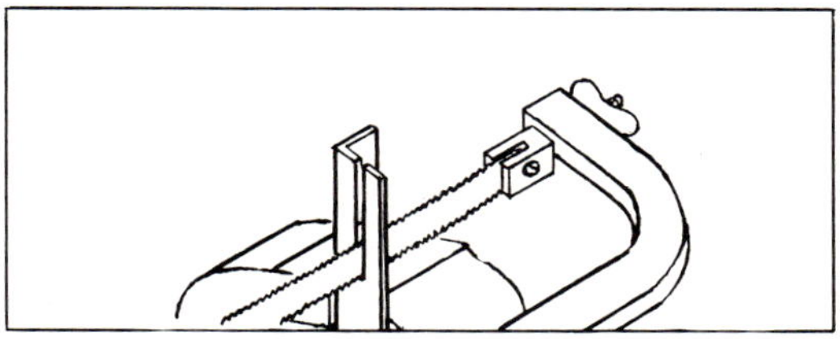

Sägen mit der Metallsäge

Das Werkstück soll so eingespannt werden, daß die Schnittstelle knapp neben den Schraubstockbacken liegt. Zum Ansägen wird die Säge leicht über die rückwärtige Werkstückkante geführt. Spannen Sie die Werkstücke nie hochkant ein, wenn dies nicht unbedingt erforderlich ist. Rohre soll man nicht in einem Schnitt durchsägen, weil die Zähne an der hinteren Kante haken und leicht brechen, und weil der auf diese Weise schwer kontrollierbare Schnitt schräg ausfallen kann. Sägen Sie unter mehrmaligem Drehen des Rohres (Umspannen) absatzweise der Rißlinie entlang.

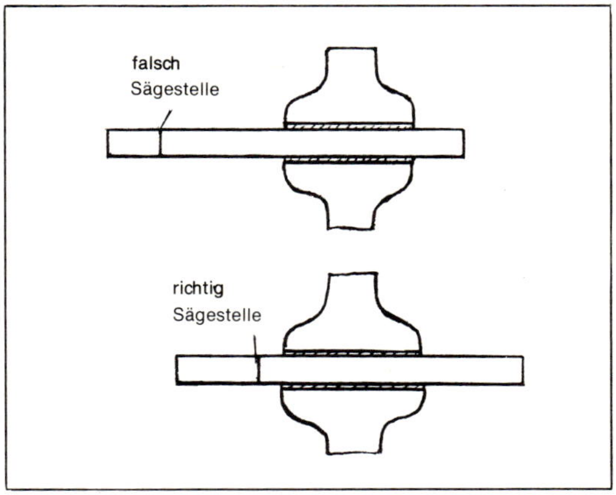

Möglichst nahe am Schraubstock sägen

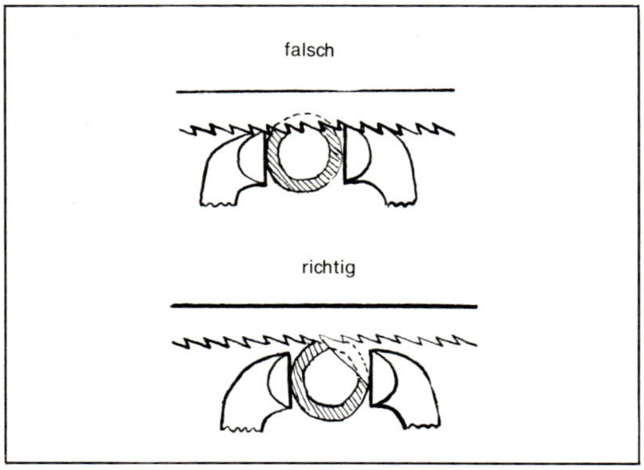

Rohre einwandfrei sägen

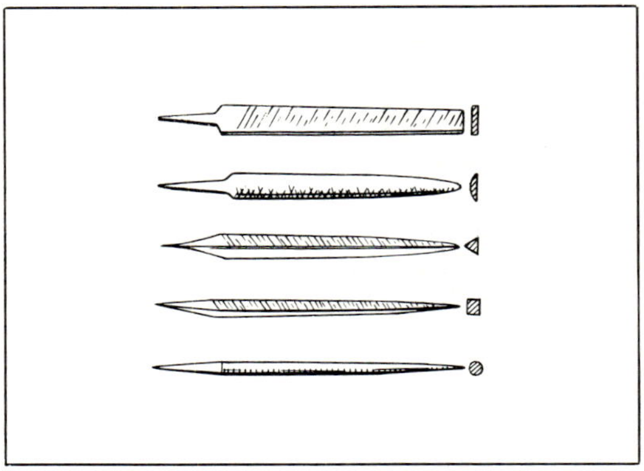

Verschiedene Feilenformen

In dünnwandige Rohre schieben Sie an der Sägestelle einen passenden Holzkern ein, damit das Rohr durch das Einspannen nicht gequetscht wird und die Sägezähne nicht haken; Rohre unter 1 mm Wandstärke sägen Sie besser mit der Laubsäge (Metallsägeblätter!), sonst entsteht ein starker Grat.
Weichmetall sägen Sie allerdings viel müheloser mit der AEG Stichsäge. Diese kann man sowohl als Handsäge benutzen, also an große Werkstükke mit der Säge herangehen, oder man spannt die Stichsäge an den Werktisch und geht mit kleinen Werkstücken an die Säge heran. Der Stichsäge liegen verschiedene Sägeblätter für die Holz- und Weichmetallbearbeitung bei. Auch mit einer Trennscheibe kann man Metall bequem und schnell „sägen".

Feilen

Die mit der Säge nur in rohen Umrissen auf die gewünschte Form gebrachten Werkstücke müssen Sie in der Regel durch Befeilen auf die genauen Maße bringen oder an den Schnittflächen sauber bearbeiten. Die Abbildung oben zeigt die wichtigsten Feilenformen, die ihrem „Hieb" nach als grobe oder Schruppfeilen, mittelfeine oder Bastardfeilen und feine oder Schlichtfeilen bezeichnet werden. Sie sollten von jeder Form wenigstens eine besitzen, dazu 1 Satz Schlüsselfeilen für feine Arbeiten. Auch soll eine Weichmetallfeile vorhanden sein. Die Feilen sollen mit einem Heft versehen werden, in dem sie gerade und fest sitzen. Das Heft muß daher eine passende Vorbohrung erhalten, in welche der Feilenangel möglichst tief eingetrieben wird. Der Feilkloben dient zum Halten kleiner Werkstücke beim Befeilen und auch zum Zusammenspannen von Blechen und anderen flachen Werkstücken beim Bohren, Nieten und Löten. Wie beim Sägen muß das Werkstück so im Schraubstock eingespannt werden, daß die zu befeilende Stelle knapp über den Backen liegt, sonst federt das Werkstück. Die rechte Hand führt das Heft, die linke Hand drückt das Feilenende nieder. Dem Feilenhieb entsprechend führt man die Feile abwechselnd mit einer gleichzeitigen Parallelverschiebung nach rechts und links über das Werkstück, wobei beim Zurückziehen kein Druck ausgeübt werden darf. Bei Flachfeilen ist die eine Schmalseite meist unbehauen, also glatt. Beim Befeilen einer Winkelkante ergibt dies den in der Abbildung rechts angedeuteten Vorteil: Die glatte Seite kann zur Führung an einer Kante oder an den Schraubstockbacken anliegen, ohne daß diese angefeilt werden. Schützen Sie die Backen des Schraub-

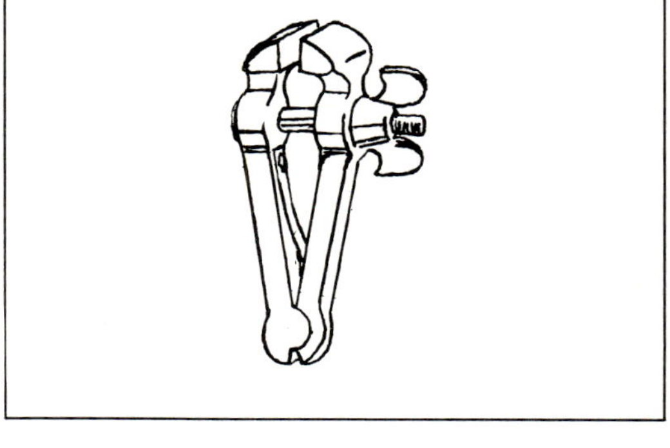

Feilkloben

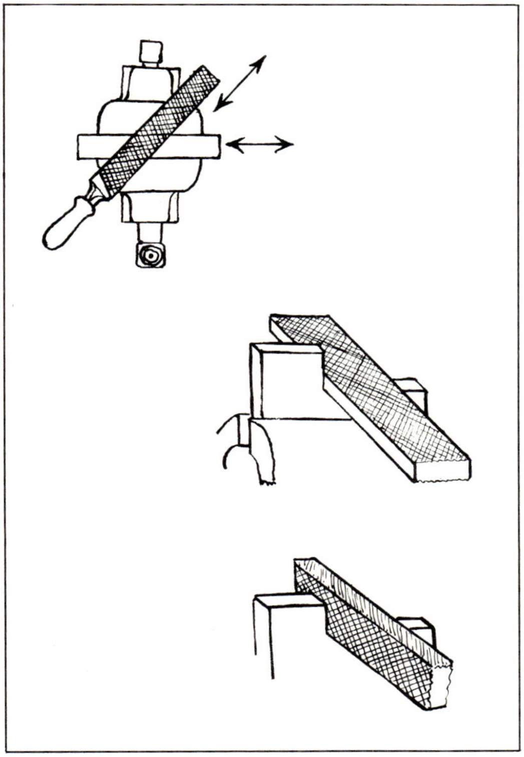

Führung der Flachfeile beim Feilen

stocks beim Feilen durch Schutzbleche. Die Halbrundfeile brauchen Sie zum Ausfeilen einer Rundung, die Dreikantfeile zum Anbringen von Kerben und Ausfeilen von Ecken. Gleichzeitig dient sie zum Schlichten der mit Schrupp- und Bastardfeilen vorgefeilten ebenen Flächen. Mit der Rundfeile feilen Sie Löcher und halbrunde Aussparungen aus, für welche die Halbrundfeile zu groß ist. Die Vierkantfeile dient zum Ausfeilen quadratischer Löcher.

In der Zahnung der Feilen setzen sich beim Gebrauch Späne fest. Die Feile greift dann nicht mehr. Dagegen kann man sich wirksam schützen, indem man die Feile mit Kreide einreibt. Diese verhindert das Festsetzen der Feilspäne weitgehend. Haben sich trotzdem einmal Späne festgesetzt, so entfernt man sie mit einer Feilenbürste. Feilen dürfen nicht geölt werden. Sie sollen hängend aufbewahrt werden und keinesfalls aufeinanderliegen, sonst werden sie stumpf.

Während die Schlosserfeilen sehr robust sind, ist beim Gebrauch der feinen Schlüsselfeilen Vorsicht notwendig. Dies gilt besonders für die dünnen Flach- und Rundfeilen (Nadelfeilen), die beim Ausfeilen eines Schlitzes bzw. Loches leicht abbrechen. Gehärteter Stahl läßt sich nicht feilen. Er macht jede Feile sofort stumpf.

Bohren

Zum Bohren von Metall dienen Spiralbohrer, die im Bohrfutter einer Bohrmaschine eingespannt werden. Es empfiehlt sich die Anschaffung von Bohrersätzen bis zu einem Durchmesser von 10 mm. Größere Bohrer benötigen beim Bohren kleinere Drehzahlen als kleine Bohrer, da sie sonst zu heiß und dadurch weich und stumpf werden.

Am bequemsten ist das Bohren, wenn die Bohrmaschine in einen Bohrständer, z. B. in den AEG Tischbohrständer BST 717, eingespannt wird, weil durch den Druckhebel das Aufdrücken leichter ist und die Bohrung immer genau senkrecht zur Werkstückfläche ausfällt. Da sich die Handbohrmaschinen des AEG Heimwerker-Systems mit ein paar Handgriffen in den Bohrständer ein- und ausspannen lassen, finden Sie hier eine praktische Kombination.

Der im Bohrfutter fest eingespannte Bohrer muß senkrecht auf die zu bohrende Werkstückfläche aufgesetzt werden. Damit der Bohrer nicht verläuft, schlagen Sie zuvor an der durch ein Kreuz eingerissenen Bohrstelle mit dem Körner eine kleine Vertiefung. Größere Löcher bohren Sie immer etwas mit einem kleineren Bohrer vor. Dadurch erhält der größere Bohrer eine sichere Führung, und der Kraftbedarf ist geringer.

Soweit es möglich ist, spannen Sie die zu bohrenden Werkstücke im Schraubstock ein, damit sie beim Haken des Bohrers nicht herumgeschleudert werden. Bohrer oder Bohrstelle müssen während des Bohrens von Zeit zu Zeit einen Tropfen Bohröl (Rüböl oder Bohremulsion) zugeführt erhalten, damit die Schneiden nicht stumpf werden. Beim Bohren von Kupfer, Aluminium und Blei verhindert das Öl auch, daß die Bohrspäne sich in den Spiralnuten festsetzen. Nur Messing kann trocken gebohrt werden.

Während des Bohrens darf die Richtung des Bohrers nicht geändert werden, sonst kann der Bohrer abbrechen. Dünne Bohrer brechen besonders leicht bei zu starkem Drücken und wenn sie nicht zentrisch eingespannt sind. Gefährdet ist der Bohrer ferner in dem Augenblick, wo die

Bohrerspitze bei durchgehenden Bohrungen an der Rückseite des Werkstücks austritt; denn der Bohrer hakt in den entstandenen Grat leicht ein und verliert überdies beim Durchbrechen des Grates die Stütze. Der Druck muß daher schon vor diesem Durchbrechen vermindert werden. Den an der Austrittstelle entstehenden Grat entfernen Sie mit einem entsprechend größeren Spiralbohrer oder Fräser.

Zum Versenken von Senkschrauben und Senknieten dient ein Spitzsenker oder Krauskopf. Zur Not genügt auch ein Spiralbohrer, dessen Durchmesser dem des Schrauben- oder Nietenkopfes entspricht. Dabei ist etwas Gefühl notwendig, damit man nicht zu wenig und nicht zu tief bohrt. Im letzteren Fall besteht nämlich die Gefahr, daß der Schraubenkopf bei dünner Materialstärke und größerer Belastung durchreißt.

Bei tieferen Bohrungen soll der Bohrer öfter herausgezogen und von den in den Bohrernuten festsitzenden Bohrspänen befreit werden. Bricht ein Bohrer ab und ragt der abgebrochene Teil noch aus dem Werkstück, dann muß man versuchen, ihn mit einer Beißzange herauszuholen. Dabei darf der Bohrer nicht zu fest gefaßt werden – sonst bricht er neuerlich – und muß unter leichtem Ziehen vorsichtig links herum gedreht werden. Gelingt das nicht und ist der Bohrer auf der Unterseite des Werkstückes schon durchgedrungen, kann man versuchen, den Stumpf an der Schleifscheibe abzuschleifen, das Werkstück auf den Schraubstock zu setzen und mit einem Durchschlag- oder Stahlstift den Bohrerrest durchzuschlagen. Greift ein Bohrer nicht mehr richtig, dann muß er auf der Schleifscheibe nachgeschliffen werden. Auch abgebrochene Bohrer können so wieder gebrauchsfähig gemacht werden, sofern der Bohrer nicht knapp am Schaft abgebrochen ist. Gehärteter Stahl, z.B. eine Stahlfeder, muß vor dem Bohren ausgeglüht werden. Nach dem Bohren wird das Stück wieder gehärtet.

Mit dem Spiralbohrer lassen sich nicht nur Metall, sondern auch Holz, Kunststoffe, Asbestzement usw. bohren. Asbestzement (Eternit) macht allerdings die Bohrer schnell stumpf.

Schrauben

Schraubenverbindungen haben gegenüber dem Nieten und Löten den Vorteil, daß sie lösbar sind. Die Gewindeschrauben, von denen hier die Rede ist, können nicht nur zur Verbindung von metallischen, sondern auch bei allen anderen Werkstoffen verwendet werden. Die üblichen Schlitzschraubenformen, die mit dem Schraubenzieher festgeschraubt werden, dürfen sicher als bekannt vorausgesetzt werden.

Die Abbildungen zeigen noch eine Rändelschraube und eine Flügelschraube, die mit der Hand festgezogen werden. Die Schlüsselschrauben werden mit einem Schraubenschlüssel angezogen. Die zugehörigen Muttern haben in der Regel Sechskantform. Für Schraubenverbindungen, die ein Gelenk bilden sollen, verwendet man häufig Flügelmuttern, die man jederzeit und leicht nachziehen kann.

Von den vielen Spezialschrauben und -muttern seien hier noch die Maden- oder Stiftschraube und die geschlitzte Mutter erwähnt. Erstere hat keinen Kopf und bedarf daher eines Schraubenziehers, dessen Schneide nicht breiter als der Schraubenkern selbst ist. Sie finden sie an Skalenköpfen, Birnenfassungen, an Stellringen sowie an Riemenscheiben und anderen an einer Welle befestigten Teilen. Schlitzmuttern finden Sie sehr häufig dort, wo die Mutter versenkt ist, z.B. an Schaltern. Um sie zu lösen oder abzuschrauben, ist eine mit einer Aussparung versehene Schraubenzieherschneide nötig.

Die meisten Schraubenformen sind aus Stahl und Messing, manche Schlitzschrauben auch aus Aluminium. Wo es auf große Festigkeit ankommt, wählen Sie Stahlschrauben, die auch am billigsten sind. Schraube und Mutter bzw. Muttergewinde sollen aus dem gleichen Material sein, sonst reißt beim festen Anziehen das härtere Gewinde das weichere aus.

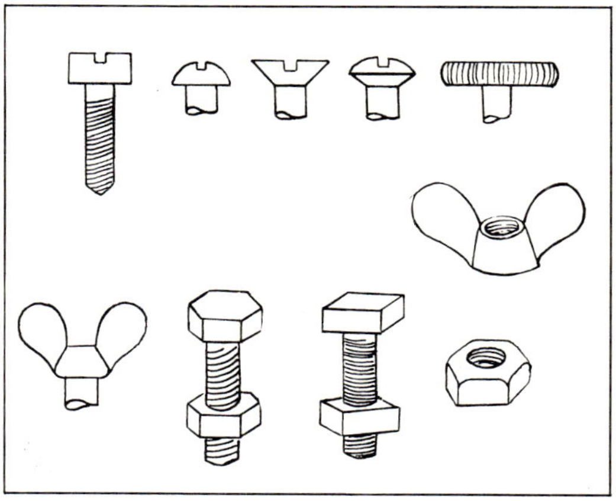

Handelsübliche Schraubenformen

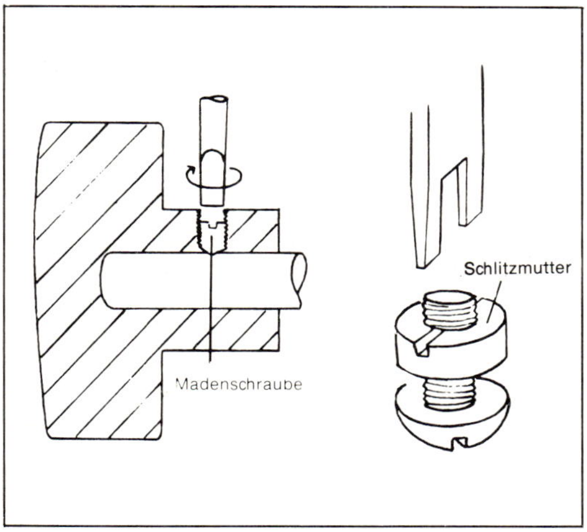

Madenschraube (links) und Schlitzmutter

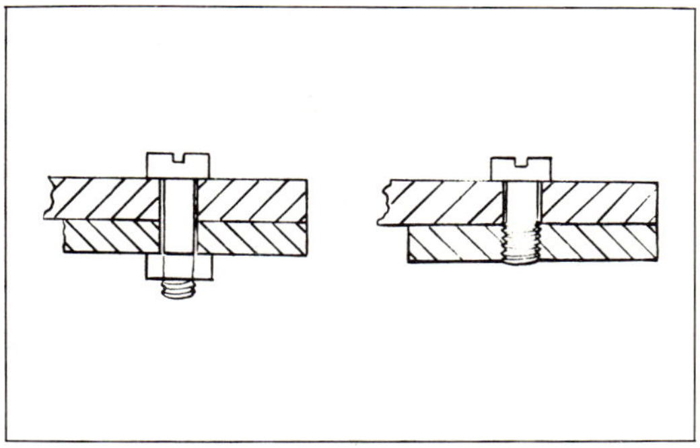

Zwei verschiedene Schraubverbindungen

Gewindearten

Am gebräuchlichsten sind das metrische oder Millimetergewinde (Bolzendurchmesser in Millimeter angegeben) und das Withworth-Gewinde (Bolzendurchmesser in Zoll angegeben). Sie unterscheiden sich durch die Anzahl der Gewindegänge pro Zentimeter und den Winkel, den die Gewindeflanken bilden.

Zwei Schrauben können also den gleichen Durchmesser haben und trotzdem nicht das gleiche Gewinde. Ob das Gewinde das gleiche ist, kann man feststellen, wenn man die Schraubenbolzen aneinanderlegt und gegen das Licht betrachtet. Die beiden Gewindegänge müssen dann über die ganze Länge einander gegenüberstehen. Millimeter-Gewindeschrauben werden durch ein M mit dem nachgesetzten Gewindedurchmesser bezeichnet. M 8 bedeutet also eine Millimeter-Gewindeschraube von 8 mm Bolzendurchmesser. Eine ¼″-Schraube ist eine Zollgewindeschraube von 6,35 mm Gewindedurchmesser, da ein Zoll 25,4 mm ist.

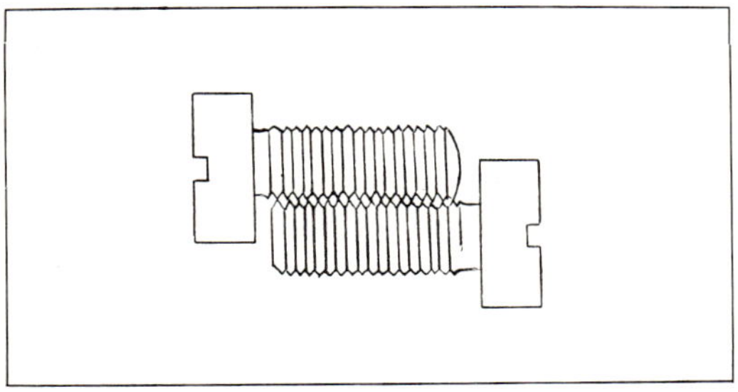

Die Gewindegänge passen zusammen

Schraubverbindungen

Zwei Werkstücke lassen sich auf zweierlei Art durch Schrauben verbinden. In der Abbildung oben werden sie durch Schraubenkopf und Mutter zusammengepreßt. Beide Werkstücke müssen also eine durchgehende Bohrung (Durchgangsloch) erhalten, deren Durchmesser nur wenig größer ist als der des Schraubenbolzens. Durch eine aufgeschraubte zweite Mutter (Gegenmutter) kann man diese Verbindung noch sichern. In der Abbildung oben rechts ist nur die Bohrung im oberen Werkstück ein Durchgangsloch. Das untere Schraubenloch hat ein Muttergewinde, in das die Schraube eingeschraubt ist.

Gewinde schneiden

Um ein Muttergewinde zu schneiden, braucht man dem Schraubengewinde entsprechende Gewindebohrer, die in Sätzen zu 3 Stück erhältlich sind und in ein Windeisen eingespannt werden. Vor dem Gewindebohren muß das Werkstück eine Vorbohrung erhalten, deren Durchmesser etwas größer ist als der Kern der Gewindeschraube. Dieser Kernloch-Bohrer-Durchmesser für die wichtigsten Millimeter- und Zollgewinde ist der nachstehenden Tabelle zu entnehmen.

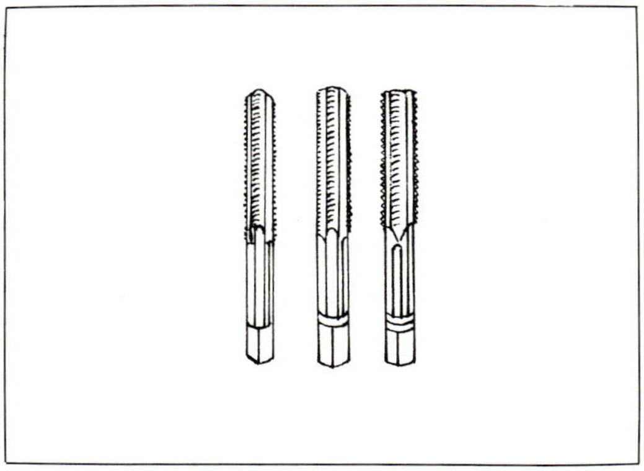

Gewindeschneider

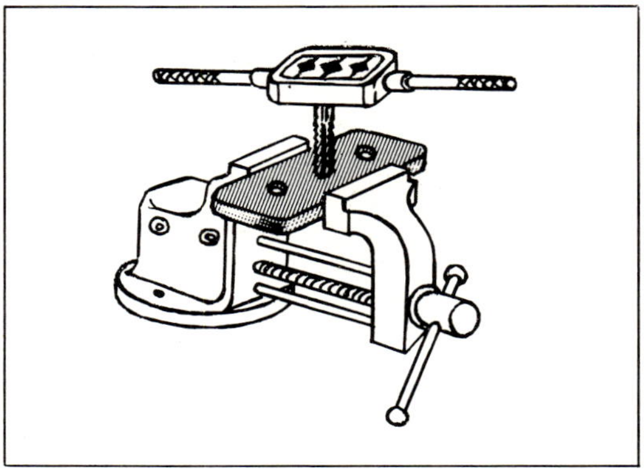

Ein Muttergewinde wird geschnitten

Gewindedurchmesser		Kernloch-Bohrer Durchmesser in mm
Metrisches Gewinde in mm	Zollgewinde in Zoll	
3		2,5
	⅛	2,5
3,5		2,9
	5/32	3,3
4		3,3
	3/16	3,7
5		4,2
6		5
	¼	5
8		6,7
	⅜	8
10		8,4
12		10
	½	10,5

Um ein Gewinde zu bohren, muß vorher das Kernloch genau im Durchmesser des dazugehörigen Gewindebolzens entstehen. Da dieses schwer zu messen ist, empfehlen wir, nach grober Faustregel vorzugehen. Diese lautet:

$$\frac{\text{Gewindedurchmesser} \times 8}{10}$$

Für eine 6-mm-Schraube muß das Kernloch demnach mit einem 5-mm-Bohrer gebohrt werden. Dann wird zunächst der nur mit einem Ring bezeichnete Gewindebohrer (Vorschneider) senkrecht auf das Loch aufgesetzt und unter mäßigem Druck und gleichzeitigem Rechtsdrehen in das Loch eingedreht. Dabei ist reichlich mit Bohröl zu schmieren. Nur in Messing kann man Gewinde trocken schneiden. Beim Eindrehen des Gewindebohrers darf keine Gewalt angewendet werden, weil der Bohrer sonst brechen kann. Er soll nicht in einem Zug, sondern nur jeweils eine halbe Drehung weit eingetrieben und immer wieder zurückgedreht werden, sobald man starken Widerstand spürt. Bei tiefen Gewindelöchern dreht man den Bohrer von Zeit zu Zeit ganz heraus und reinigt ihn von Spänen. Ebenso verfährt man mit dem Mittelschneider (zwei Ringe am Schaft) und dem Nachschneider (drei Ringe am Schaft), der das Gewinde fertigschneidet. Bricht ein Gewindebohrer ab, dann ist es meist sehr schwer, ihn aus dem Bohrloch zu bekommen. Man kann nur das gleiche versuchen wie bei einem abgebrochenen Spiralbohrer.
Muttergewinde finden Sie an vielen Haushaltsgeräten, und häufig sitzt eine Schraube locker, weil das Gewinde „ausgeleiert" bzw. ausgerissen ist. Dies läßt sich wieder in Ordnung bringen, wenn Sie die alte Schraube durch eine größere ersetzen und ein dementsprechend größeres Muttergewinde bohren. War die alte Schraube zum Beispiel eine 5-mm-Schraube, dann bohren Sie das Loch mit einem 5-mm-Bohrer aus und schneiden in dieses erweiterte Kernloch ein 6-mm-Gewinde. Die neue 6-mm-Schraube muß dann die gleiche Länge haben wie die alte Schraube.

Bolzengewinde
Wollen Sie auf das Ende einer runden Metallstange oder eines Bolzens ein Bolzengewinde schneiden, dann geschieht dies mit einem Schneideisen, das in einen Schneideisenhalter

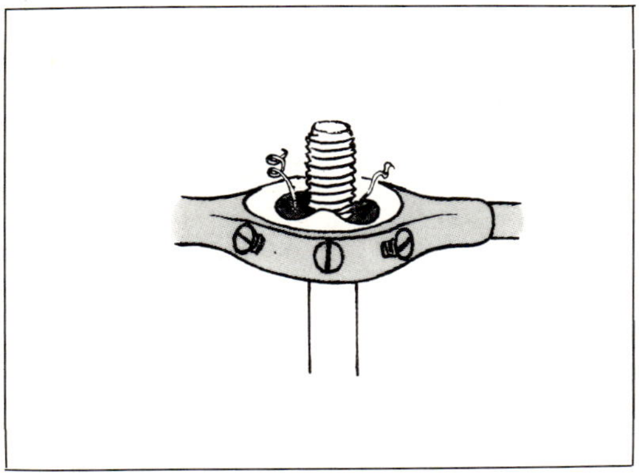

Ein Bolzengewinde wird geschnitten

eingespannt wird. Diese Schneideisen schneiden das Gewinde in einem Arbeitsgang fertig. Das Gewinde, das auf einen Bolzen geschnitten werden soll, muß im Durchmesser dem Bolzendurchmesser entsprechen. Auch hier muß das Schneideisen genau senkrecht auf dem Bolzen aufgesetzt und reichlich geölt werden. Damit es gut angreift, feilen Sie das Bolzenende etwas konisch zu. Nach jeder Umdrehung drehen Sie das Schneideisen etwas zurück, damit die Späne abfallen und nicht die Gewindegänge verlegen.

Rohrgewinde

Außer diesen Schraubengewinden gibt es noch Rohrgewinde, wie Sie sie an den Gas- und Wasserrohren sowie an Fassungen und Rohren von elektrischen Beleuchtungskörpern finden. Dem Mutter- und Bolzengewinde entsprechend spricht man hier von Innengewinde (Gewinde in der Rohrinnenwand) und Außengewinde (Gewinde auf der Rohraußenwand). Schneidkluppen für Gasgewinde sind sehr teuer, so daß sich ihre Anschaffung nicht lohnt. Die wenigen Gewinde, die Sie eventuell zur Herstellung einer Wasserleitung brauchen, lassen Sie sich vom Installateur schneiden. Nur für denjenigen, der sich etwa mit der Selbstherstellung von elektrischen Beleuchtungskörpern befaßt und der es dabei im wesentlichen mit nur einer Rolerstärke (nämlich von ⅛″-Rohren) zu tun hat, ist die Anschaffung eines Bohrersatzes für ⅛″-Rohrgewinde zum Schneiden von Innengewinden, und eines zweiten Satzes zum Schneiden von außengewinden, zu empfehlen.

Schrauben

Schrauben haben ihre Tücken, wenn man sie an einer schwer zugänglichen Stelle einschrauben muß. Es gibt zwar magnetische Schraubenzieher, deren Schneide den Kopf von Stahlschrauben festhalten, bei Messing- und Aluminiumschrauben versagen sie aber. Die Abbildung unten zeigt ein einfaches, für alle Schlitzschrauben anwendbares Hilfsmittel. Dieser Schraubenhalter läßt sich aus einem etwa 25 cm langen Stück Aluminiumband (etwa 2 × 10 mm) biegen. In das abgebogene, mit einem Schlitz versehene Ende wird die Schraube eingehängt. Sobald die ersten Gewindegänge gepackt haben, zieht man den Halter zurück. Zweckmäßiger ist allerdings ein Festhalte-Schraubenzieher. Klinge und Schaft sind zweiteilig hergestellt und werden durch eine übergleitende Hülse nach dem Ansetzen im Schraubenschlitz gespreizt. Dabei klemmt sich die Schraubenzieherklinge so stramm in den Schlitz, daß die Schraube sich nicht von der Klinge löst. Diese Schraubenzieher müssen in ihrer Größe den Schraubenschlitzen angepaßt, die Schlitze müssen scharfkantig und sauber sein.

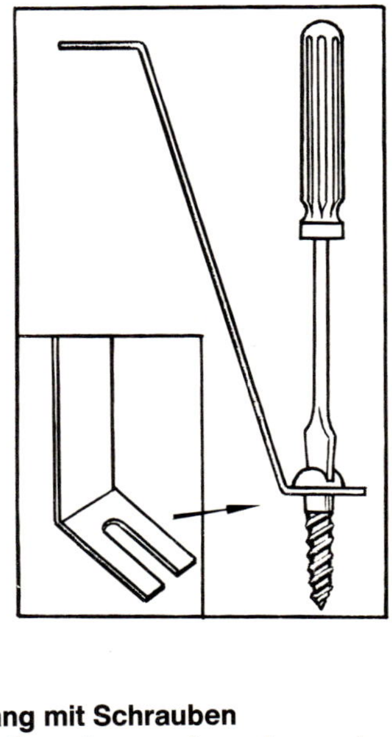

Feine Schräubchen beim Eindrehen festhalten

Kniffe beim Umgang mit Schrauben

Bei allzu großer Gewaltanwendung kann der Schraubenkopf beim Festziehen abgedreht oder das Gewinde ausgerissen werden. Im ersten Fall feilen Sie das Schaftende absolut eben, körnen das Mittel an und bohren ein Loch, dessen Durchmesser etwas kleiner als der Kerndurchmesser der Schraube ist. Dann wird ein Schrau-

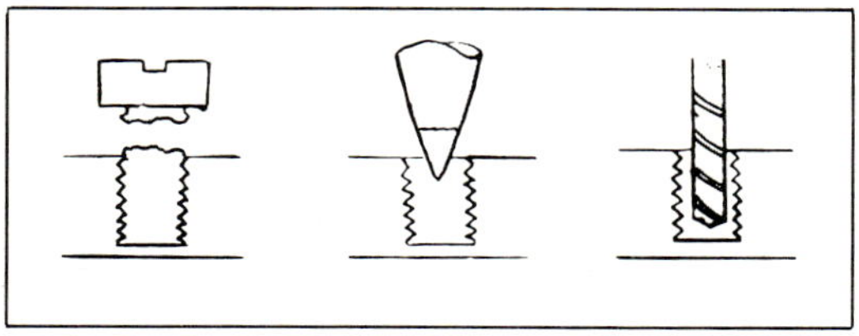

Eine abgebrochene Schraube ausbohren

benausdreher auf die Bohrung gesetzt und durch Linksdrehungen festgezogen. Dabei löst sich der Schraubenrest und wird durch weiteres Drehen herausgeholt.

Wo weiches Material, zum Beispiel Holz, durch Schrauben zusammengehalten werden soll, müssen Unterlagscheiben unter Kopf und Mutter gelegt werden. Auch das richtige Festklemmen von Drähten erfordert eine Unterlagscheibe, damit die Drahtöse nicht herausgewürgt wird.

Nicht selten werden Sie eine Schraube kürzen müssen, wenn sie zu lang ist. Dies geschieht durch Absägen: durch Abzwicken oder gar Abmeißeln würden die letzten Gewindegänge zerstört. Schwächere Schrauben sägen Sie mit der Laubsäge (Metallsägeblätter!), starke Schrauben und solche mit grobem Gewinde mit der Bügelsäge ab.

Damit die Gewindegänge nicht zerquetscht werden, muß der Schraubenschaft zwischen Schutzbacken aus Hartholz oder Aluminium im Schraubstock eingespannt werden. Ist das abzusägende Stück länger als 1 cm, kann der Schraubenschaft nach der Abbildung unten eingespannt werden. Durch das Sägen wird der letzte verbleibende Gewindegang verdrückt, und es ist dann schwer, die Schraube ins Muttergewinde zu bekommen. Lassen Sie vor dem Absägen eine Mutter auf der Schraube und schrauben Sie diese nach dem Sägen ab. Sie bringt den letzten Gewindegang in die richtige Form, ein Kniff, der Ihnen viel Ärger erspart.

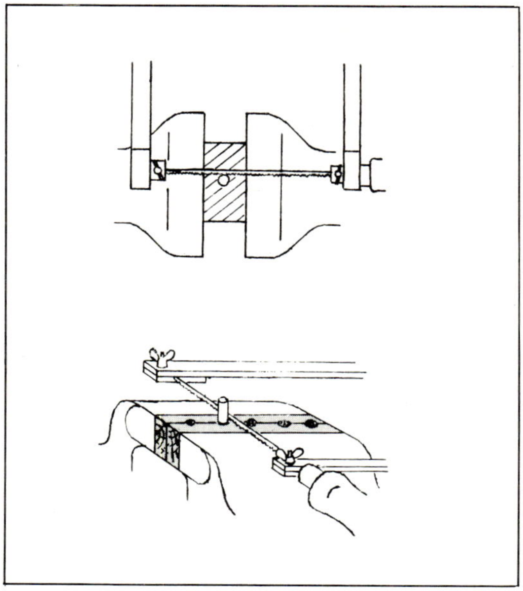

Schrauben beim Kürzen einspannen

Praktisch ist eine Einspannvorrichtung. In ein etwa 15 × 20 mm starkes und etwa 10 cm langes Hartholzklötzchen sind hier eine Reihe von durchgehenden Löchern mit unterschiedlichem Durchmesser gebohrt. Das Klötzchen wird dann in Längsrichtung in der Mitte auseinandergesägt, so daß sich verschieden starke Schraubenbolzen einspannen lassen. Auch zum Einspannen dünnwandiger Rohre ist diese Vorrichtung zu verwenden.

Nach dem Absägen der Schraube wird sie mit einer kleinen Schlichtfeile etwas angespitzt. Achten Sie, daß das Gewinde nicht beschädigt wird.

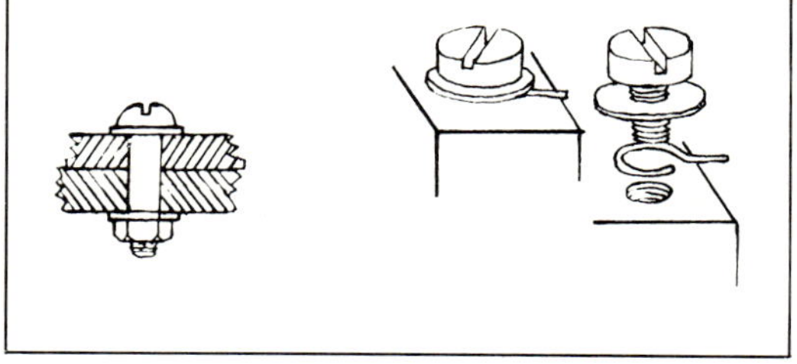

Schrauben und Muttern zusätzlich festigen

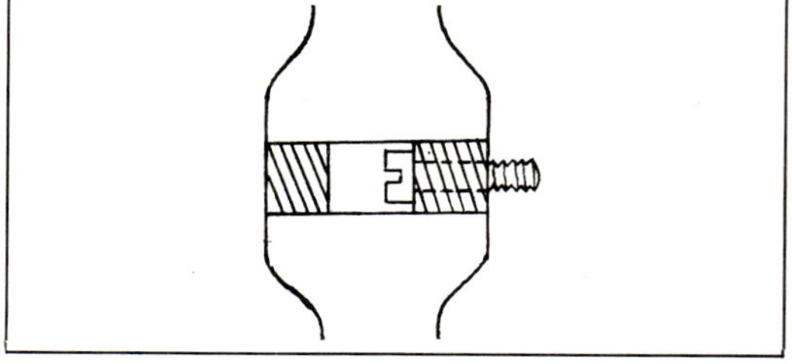

Gewindegänge im Schraubstock schützen

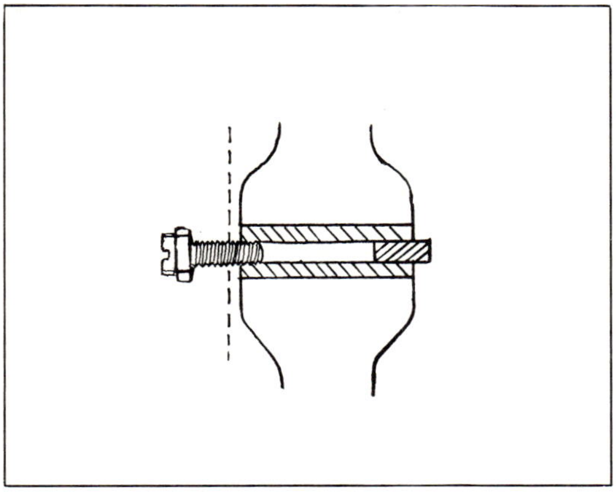

Schraube mit Abfallende einspannen

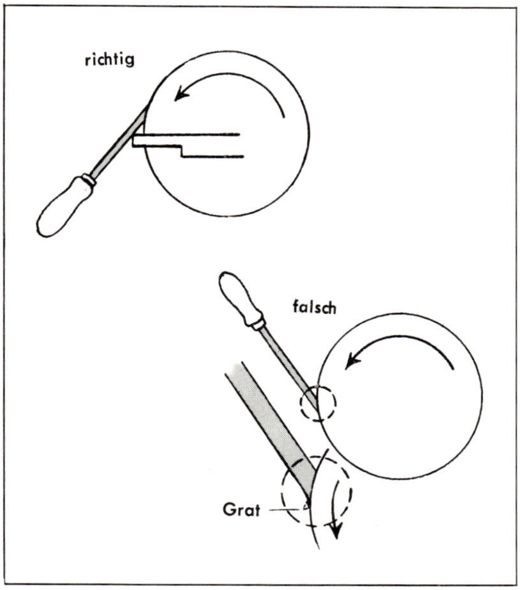

Werkzeug auf der Schleifscheibe

Schleifen und Polieren
Werkzeuge mit Schneiden werden mit der Zeit stumpf und müssen wieder geschärft werden. Dazu brauchen Sie eine Schleifmaschine und einen Abziehstein (Ölstein). Hierzu verwenden Sie die Doppelschleifmaschinen ESM 150 bzw. ESM 175 oder die kleine Schleifscheibe, die mit einem Aufspanndorn in die Bohrmaschine eingespannt wird Schmirgelscheiben von 100 mm Durchmesser und 10 mm Breite sind in Werkzeughandlungen in verschiedener Härte und Korngröße erhältlich. Sie wählen am besten eine mittelharte Scheibe, Korngröße etwa 46.

Schleifen von Werkzeugschneiden
Zum Schleifen einer Stemmeisen- oder Meißelschneide wird diese mit der „Fase", also der abgeschrägten Fläche, an den Umfang der rotierenden Schleifscheibe gedrückt. Die Schneide muß gegen die Drehrichtung hin liegen, weil sonst am Schneidenende ein Grat aufgeworfen wird. Damit die Schleifscheibe nicht ungleichmäßig abgenutzt wird und keine Rillen in die Schneidenflächen geschliffen werden, führen Sie am Scheibenumfang die Schneide hin und her. Dabei darf der Winkel nicht geändert werden, sonst wird die Schneidenfläche gebrochen oder rund. Der Andruck an die Scheibe soll nur gering sein und nicht zu lange dauern, damit sich der Stahl nicht zu stark erhitzt und dadurch seine Härte verliert. Zur Abkühlung tauchen Sie die Schneide sofort nach dem Absetzen in kaltes Wasser.

Abziehen
Die richtige Schärfe erhält die Schneide anschließend auf dem Abziehstein, dessen glatte Fläche mit Wasser oder einer Mischung aus Öl und Petroleum befeuchtet wird. Durch Vor- und Rückwärtsziehen oder kreisende Bewegungen auf der glatten Steinfläche wird der feine Grat an der Schneidenkante abgeschliffen. Dabei müssen die Schneidenflächen genau parallel zur Schleiffläche aufgesetzt werden, sonst wird der Schneidenwinkel stumpfer geschliffen und die Schärfe wieder genommen. Wurde mit Wasser geschliffen, ist die Schneide schließlich mit einem Wollappen gut trocken zu reiben. Übrigens wäre es falsch, jede stumpf gewordene Werkzeugschneide gleich auf der Schmirgelscheibe abzuschleifen, weil dabei zuviel von dem wertvollen Werkzeugstahl verlorengeht. Meist genügt es, die Schneide auf dem Ölstein abzuziehen. Bei Scheren geschieht dies an den abgeschrägten Schneidenflächen.
Nichteisenmetalle sollen auf der Schmirgelscheibe nicht abgeschliffen werden, weil der weiche Werkstoff sich zwischen den Körnern festsetzt und die Poren verschmiert. Für uneben gewordene Schmirgelscheiben gibt es einen Richtstein, mit dem die Scheibe wieder einwandfrei abgerichtet wird.

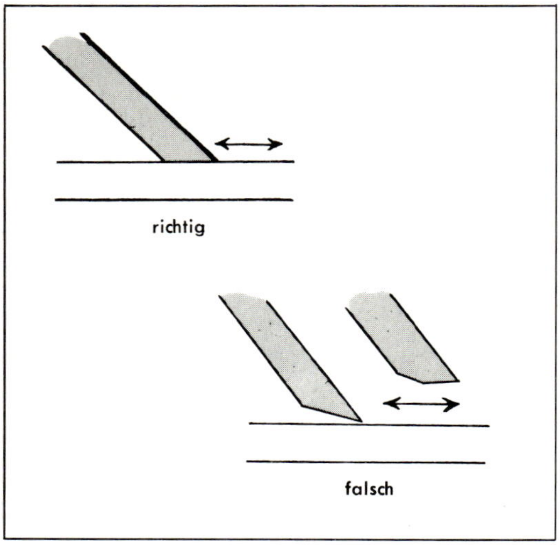

Beim Abziehen richtigen Winkel einhalten

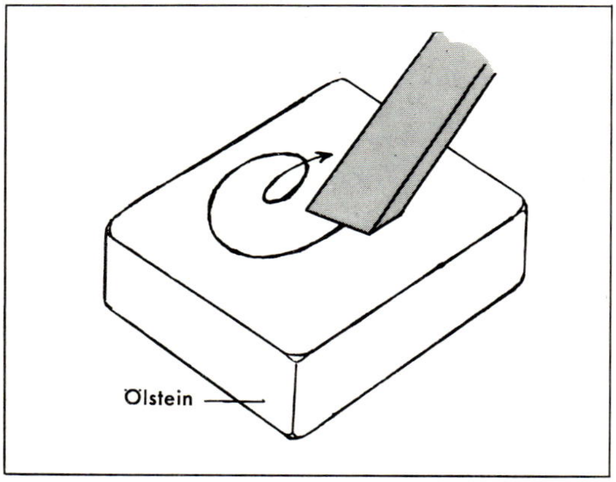

Werkzeug kreisend auf dem Stein bewegen

Polieren

Um die Oberfläche eines Werkstückes glatt und glänzend zu bekommen, muß sie zunächst mit immer feinerem Schmirgelpapier oder -leinen geschliffen und schließlich mit Polierpapier oder festen oder flüssigen Poliermitteln auf Hochglanz poliert werden. Die käuflichen Polierpasten streichen Sie dünn auf die Metallflächen und reiben mit einem Flanell- oder Filztuch so lange über die Fläche, bis der erwünschte Glanz erzielt ist. Auch Wiener Kalk in Pulverform, mit Öl zu einem Brei verrührt, ist ein gutes und billiges Poliermittel. (Polierstrichrichtung wechseln!)

Viel müheloser lassen sich Metalle mit einer schnell rotierenden Polierscheibe aus Filz und anschließend auf einer Schwabbelscheibe auf Hochglanz polieren. Dazu brauchen Sie einen Schleifbock, wie er bereits beschrieben wurde und Filzscheiben, ebenso Poliermittel, zum Beispiel in fester, wachsähnlicher Form. Diese drükken Sie von Zeit zu Zeit an die rotierende Filzscheibe, wodurch sie infolge der Reibungswärme schmelzen und am Filz in geringen Mengen haften bleiben. Der zu polierende Metallgegenstand wird nun mit allen Stellen seiner Oberfläche an die Filzscheibe gedrückt, wobei er immer wieder gewendet wird, um die Polierstrichrichtung zu wechseln.

Ist die Metalloberfläche genügend glänzend geworden, wird die Filzscheibe gegen eine Schwabbelscheibe ausgewechselt und an dieser auf Hochglanz poliert. Aus etwa 15 kreisrund geschnittenen Flanellscheiben von 10 bis 12 cm Durchmesser, die zusammengelegt und vernäht werden, können Sie die Schwabbelscheibe selbst herstellen. Im Mittelpunkt wird ein Loch von der Größe des Wellendurchmessers gemacht, damit sich die Scheibe auf den Aufspanndorn spannen läßt.

Weichlöten

Beim Weichlöten dient als Lot Lötzinn, eine leicht schmelzbare Legierung aus Blei und Zinn. Mit dem Lötkolben wird das Lötzinn geschmolzen und so auf die zu verlötenden Werkstücke gebracht, daß es diese nach dem Erstarren fest verbindet. Dazu ist zunächst notwendig, daß die zu verbindenden Metallteile an den Lötstellen mit Schmirgelpapier, Schaber oder Feile vollkommen blankgeputzt und fettfrei gemacht werden, sonst kann das Lötzinn nicht haften. Die Lötflächen müssen ferner mit einem Flußmittel bestrichen sein, das den Luftzutritt und damit die neuerliche Oxydation verhindert. Für die Haltbarkeit einer Lötverbindung ist schließlich wichtig, daß die zu verbindenden Werkstückflächen genügend groß sind und bis zum völligen Erstarren des Lötzinns erschütterungsfrei aneinanderliegen. Enthält das Flußmittel Säure, muß diese nachher durch Abspülen entfernt werden, da die Säurereste die Lötstelle sonst mit der Zeit zerstören können. Daraus ergeben sich fünf wichtige Grundregeln und Arbeitsfolgen beim Löten:

1. Blankmachen der zu verbindenden Werkstückflächen.
2. Bestreichen mit Flußmittel (entfällt bei Verwendung von Lötpaste oder Lötdraht).
3. Verläßliche Verbindung der beiden Werkstükke, damit sich diese während des Lötvorganges nicht verschieben können.
4. Aufbringen des am Lötkolben bereits geschmolzenen Lotes auf die Lötstelle oder Erhitzen des Lotes auf der Lötstelle mit elektrischem Lötkolben oder Lötlampe, bis es geschmolzen und in alle Fugen geflossen ist.
5. Erschütterungsfreies Erstarrenlassen und anschließendes Reinigen der Lötstelle bei säurehaltigen Flußmitteln.

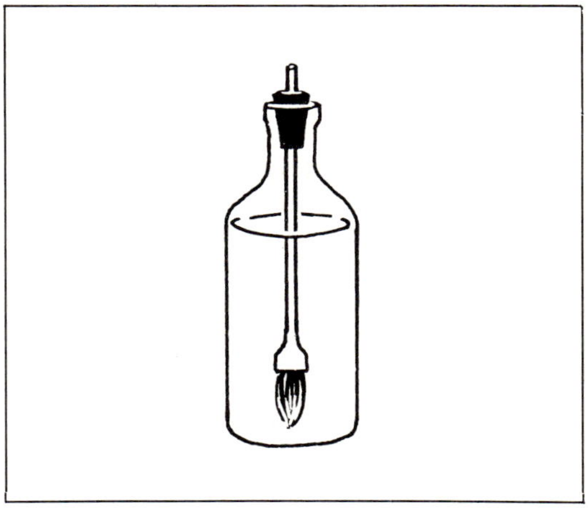

Pinselhalter in Flußmittel-Flasche

Lötzinn
ist in Stangen, als Lötpaste und als Lötdraht erhältlich. Die Lötpaste enthält gleichzeitig das Flußmittel. Sie wird auf die Lötstelle gestrichen und erhitzt, bis das Zinn unter Verdampfen des Flußmittels schmilzt. Auch der Lötdraht enthält in seinem Innern ein Lötmittel, bedarf also keines weiteren Flußmittels. Man drückt das Lötdrahtende auf die Lötstelle und bringt es mit dem Lötkolben zum Schmelzen. Lötdraht und Lötpaste sind nur für kleine Lötstellen zweckmäßig, weil sie teurer sind als reines Stangenzinn. Stangenzinn ist mit 40, 50 und 60% Zinngehalt (Schmelzpunkt 235°, 210°, 190 °C) erhältlich.

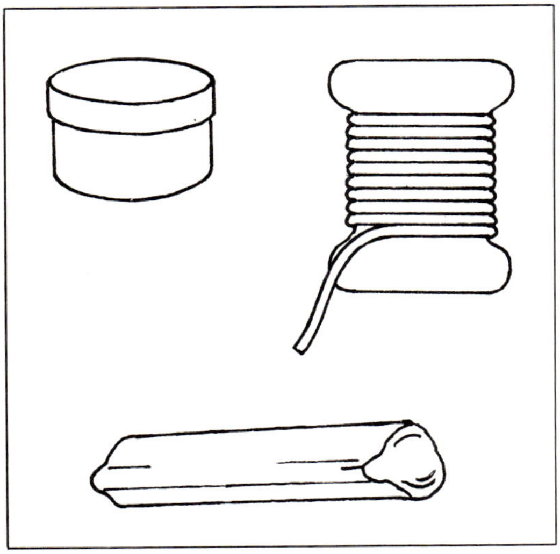

Handelsübliche Formen von Lötzinn

Flußmittel
Für Weißblech, Messing und Kupfer empfiehlt sich säurefreies Lötfett, meist eine Lösung von Kolophonium in Glyzerin, mit dem die blankgemachten Metallflächen mit Hilfe eines kleinen Pinsels eingefettet werden.
Lötwasser, eine Lösung von 3 Teilen Zinnchlorid und 1 Teil Salmiak in 6 Teilen Wasser, eignet sich besonders für Stahl, erfordert aber wegen seines Säuregehaltes gutes Abspülen der gelöteten Stellen.

Lötkolben
Je größer die Lötstelle bzw. die Metallmasse der zu verlötenden Werkstücke ist, um so mehr Wärme entzieht sie dem Kolben beim Löten. Ist der Kolben zu klein, dann wird so viel Wärme abgeleitet, daß das Lot nicht mehr fließt und bestenfalls breiig wird. Wählen Sie daher lieber von vornherein einen größeren Kolben, damit Sie später keine Schwierigkeiten haben.

Verzinnen des Lötkolbens
Beim Erhitzen des Lötkolbens oxydiert die Kupferoberfläche, so daß das daran gehaltene Lötzinn nicht haften bleibt. Daher muß die erhitzte Kolbenspitze auf einem Salmiakstein von der Oxydschicht befreit, das heißt wieder blankgebeizt werden. Man reibt mit mäßigem Druck die

Kolbenspitze mit ihren Flächen auf dem Salmiakstein hin und her und drückt gleichzeitig etwas Lötzinn auf die Kolbenfläche. Zischt der Salmiak dabei unter schwacher Dampfentwicklung, dann war die Kolbentemperatur richtig, und das Zinn verteilt sich gleichmäßig auf den blanken Kupferflächen. Zischt der Salmiakgeist unter starker Dampfentwicklung auf, dann ist der Kolben zu heiß, und das angegebene Lötzinn „verbrennt". Es oxydiert zu grauschwarzer Asche, und der Kolben hält auch kein weiteres Lötzinn fest. Zischt der Salmiakstein auch bei längerem Andrücken des Kolbens nicht, dann ist dieser zuwenig warm. Er bleibt trotz Hin- und Herreibens schmutzig und nimmt kein Lötzinn an.

Zum Löten muß die Kolbenspitze immer gut verzinnt sein. Sie hält dann eine größere Menge Lötzinn fest, das so auf die Lötstelle gebracht werden kann. Sie können das Lötzinn aber auch an der Lötstelle durch Andrücken des gut verzinnten Kolbens zum Schmelzen bringen. Beim Löten mit Lötdraht oder Lötpaste müssen Sie dies tun, damit das darin enthaltene Flußmittel die Lötstelle reinhalten kann. Neue elektrische Lötkolbenspitzen sind heute meistens zunderfrei.

Welche Werkstoffe lassen sich löten?

Kupfer, Messing, Bronze, Gold, Silber, Platin, Nikkel, Zink und Stahl lassen sich gut löten. Als Flußmittel für Zink verwendet man verdünnte Salzsäure, für Stahl Lötwasser, für alle übrigen Werkstoffe Lötfett oder Lötwasser. Gehärteter Stahl läßt sich im allgemeinen nicht löten, wohl aber Stahlfedern, deren Oxydschicht blankgeputzt wurde (Flußmittel, Lötwasser). Aluminium erfordert Speziallote.

Zum Löten von Blei dient Stearin oder Rindertalg als Flußmittel, das sofort nach dem Blankmachen des Werkstückes geschmolzen aufgetragen wird. Beim Bleilöten ist Vorsicht nötig, damit wegen der niedrigen Schmelztemperatur des Bleis nicht Teile des Werkzeugs wegschmelzen.

Feine Risse und kleine Löcher an Metallgefäßen und Rohren lassen sich direkt verlöten, also ohne Aufsetzen eines „Flecks". Auf größere Löcher (etwa ab 2 mm Durchmesser) muß ein rundes Plättchen von wenigstens dreifachem Lochdurchmesser aufgelötet werden. Für Koch- und Eßgeschirre soll wegen der Gefahr einer Bleivergiftung möglichst bleiarmes Lötzinn verwendet werden. Lötarbeiten an Benzinkanistern und anderen Behältern, die feuergefährliche Flüssigkeiten enthalten haben, dürfen vom Laien nicht ausgeführt werden, da sich in den Behältern explosibles Gas bilden kann.

Verlöten von Blechen

Das vorherige Verzinnen der zu verlötenden Flächen erleichtert das Löten ganz wesentlich, weil das Lötzinn dann gut in die Fugen fließt. Dies gilt vor allem für das überlappte Verlöten von Blechen. Zum Verzinnen wird das an der Lötstelle gereinigte und mit Lötfett bestrichene Blech schräg gehalten, am oberen Ende ein Tropfen Zinn aufgebracht und dieser mit der Lötbahn des Kolbens nach unten gezogen. Infolge der Neigung fließt das Zinn dem Kolben nach und überzieht unter zischendem Verdampfen des Lötfetts die Blechoberfläche mit einer gleichmäßigen, dünnen Zinnschicht. Der Kolben darf dabei nur langsam dem Blech entlanggezogen werden, damit das Blech fortlaufend auf die notwendige Temperatur gebracht wird.

Dann legen Sie die Bleche auf einem ebenen Brett mit den verzinnten Flächen genau aufeinander und „heften" sie an den Enden der Lötnaht mit je einem Tropfen Lot aufeinander, damit sie sich beim anschließenden Löten nicht verschieben können. Im Anschluß daran folgt das eigentliche Verlöten. Sie geben reichlich Zinn auf die Lötbahn des Kolbens und ziehen diesen unter leichtem Druck ganz langsam die Lötnaht entlang, wobei Sie die Kolbenschneide an die Blechkante drücken und diese dann als Führung benutzen. Gleichzeitig drücken Sie mit der Spitze eines Holzstabes oder Schraubenziehers die überlappten Blechteile gut zusammen, damit die Wärmeleitung vom unteren Blech zum oberen nicht durch Luftspalten unterbrochen wird und das in die Fuge fließende Lötzinn beide Teile überall verbindet. Haben Sie keinen Helfer, müssen Sie schrittweise löten. Sie heben von Zeit zu Zeit den Lötkolben ab, warten, bis das Lötzinn erstarrt ist und löten dann erst weiter.

War die vorherige Verzinnung der Lötflächen genügend stark, dann ist zum Verlöten wenig oder gar kein Lötzinn nötig. Es genügt dann der oben geschilderte Lötvorgang, also das Erhitzen mit der Lötbahn und das Zusammendrücken der Bleche an der Lötnaht. Bei nur schwacher Verzinnung hingegen muß der Lötnaht fortlaufend neues Lötzinn zugeführt werden, indem Sie von Zeit

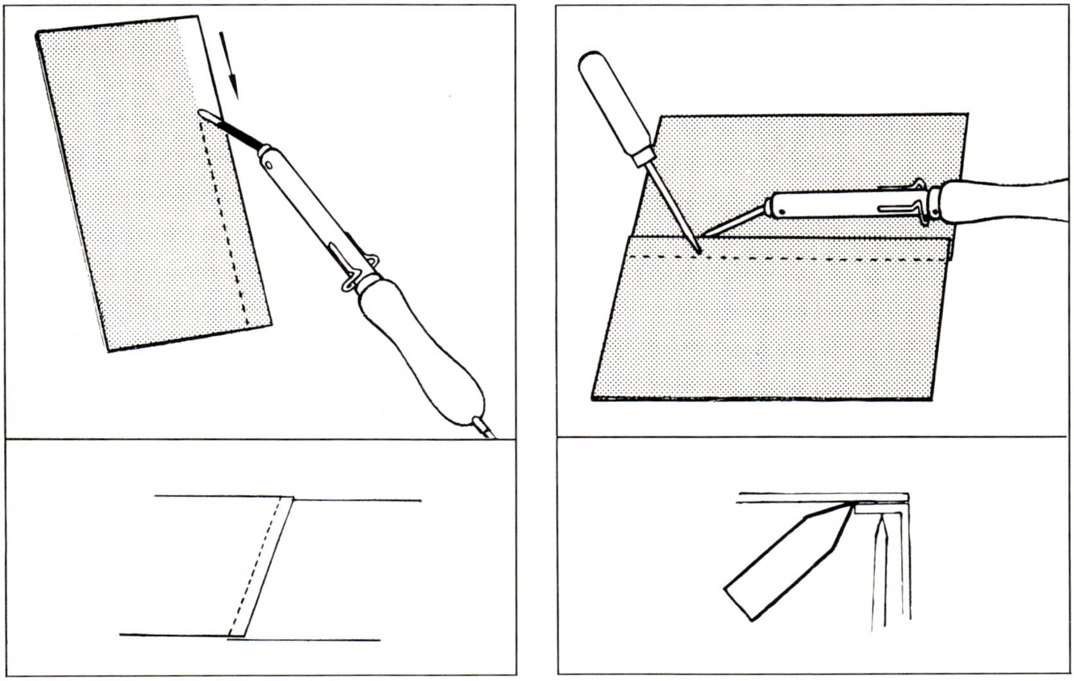

So werden Bleche richtig miteinander verlötet

zu Zeit die Lötzinnstange an die Kolbenschneide drücken. Damit das geschmolzene Lötzinn in die Fugen rinnt, geben Sie der Unterlage eine entsprechende Neigung.
Sollen zwei Bleche im Winkel verlötet werden, dann muß die Lötnaht zur Erzielung ausreichender Festigkeit durch Abkanten eines der beiden Bleche stark vergrößert werden. Das vorherige Verzinnen und das Verlöten geschieht wie bereits beschrieben. Auch beim Zusammenlöten von zwei Rohren würde das Verlöten bloß an der Stoßfuge wenig Festigkeit ergeben. Hier müssen Sie entweder außen eine Blechschelle auflöten oder innen einen genau passenden Blechstreifen einlöten.
Als Unterlage beim Löten soll Holz und nicht Metall dienen, weil letzteres die Wärme rasch ableitet. Muß man die Werkstücke im Schraubstock einspannen, dann soll dies aus dem gleichen Grund so geschehen, daß die Lötstelle möglichst weit von den Spannbacken entfernt liegt. Kleine Werkstücke spannt man in einen Feilkloben ein. Liegen zwei Lötstellen nahe beieinander, dann kühlen Sie beim Löten der zweiten Lötstelle die erste Lötnaht mit einem angedrückten, in kaltes Wasser getauchten Lappen, damit sie nicht „aufgeht".
Das Verlöten von Drähten zeigen die Abbildungen Seite 184 oben.

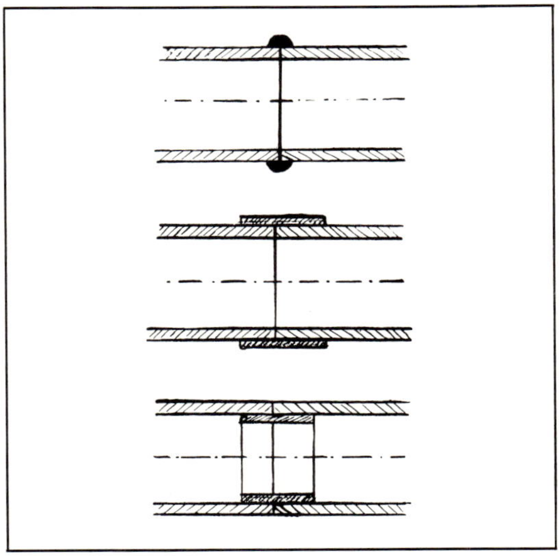

Lötnähte bei Rohren

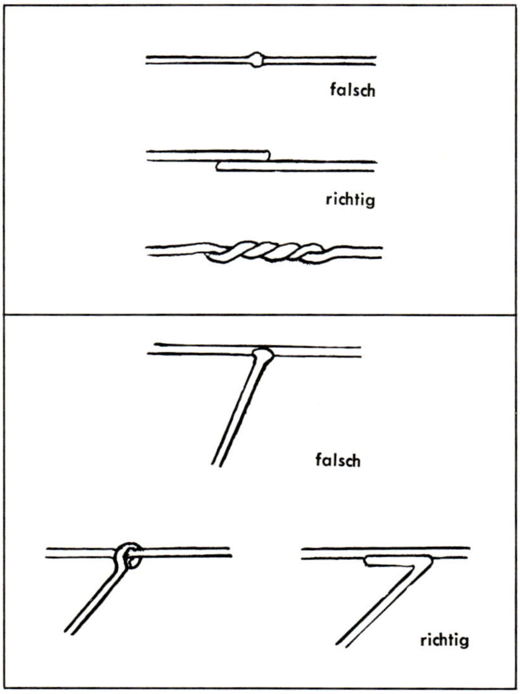

Drähte richtig verlöten

Hartlöten
Hartlöten ergibt eine wesentlich festere Verbindung als Weichlöten. Als Lot dienen käufliche Legierungen von Kupfer, Zink und Silber, deren Schmelztemperaturen zwischen 720° und 820° liegen. Wegen dieser hohen Schmelztemperaturen kommt Hartlöten für den Laien kaum in Frage. Kleine Hartlötverbindungen lassen sich jedoch mit der Lötlampe ausführen.
Als Flußmittel dient Borax, das mit Wasser zu einem dicken Brei angerührt wird oder eine Mischung von drei Teilen Borax mit einem Teil Borsäure. Das letztgenannte Flußmittel wird beim Erwärmen flüssig, bläht sich nicht so auf wie reines Borax und läßt sich von der erkalteten Lötstelle leichter entfernen.
Im Prinzip ist der Vorgang des Hartlötens der gleiche wie der des Weichlötens. Die beiden Werkstücke werden unverrückbar in die richtige Lage gebracht – zum Beispiel durch Zusammenbinden mit Draht –, nachdem die Lötstelle blankgeputzt und mit Flußmittel bestrichen wurde. Dann legt man einige Körner Lot auf die Lötnaht und erhitzt die Lötstelle mit der Lötflamme so lange, bis das Lot schmilzt und gut in die Lötnaht geflossen ist. Nach dem Erkalten schleift man den glasigen, vom Flußmittel herrührenden Überzug ab und feilt die Lötstelle eben.
Hartlöten lassen sich Kupfer, Messing, Bronze und Stahl. Für den Laien eignet sich am besten ein Silberlot mit etwa 45% Silber, das schon bei 720 °C schmilzt. Hartlote gibt es auch mit Flußmitteln gefüllt.

Nieten
Vernieten ergibt eine festere Verbindung als Löten und ist bei allen Metallen, also auch bei Aluminium, anwendbar.
Die erforderlichen Nieten sind in Eisenwarenhandlungen in verschiedenen Größen und Längen und meist aus Stahl, Kupfer und Aluminium erhältlich. Die Abbildung unten zeigt die gebräuchlichen Nietenformen (Halbrund-, Linsen-, Senk- und Flachkopf- oder Blechnieten).

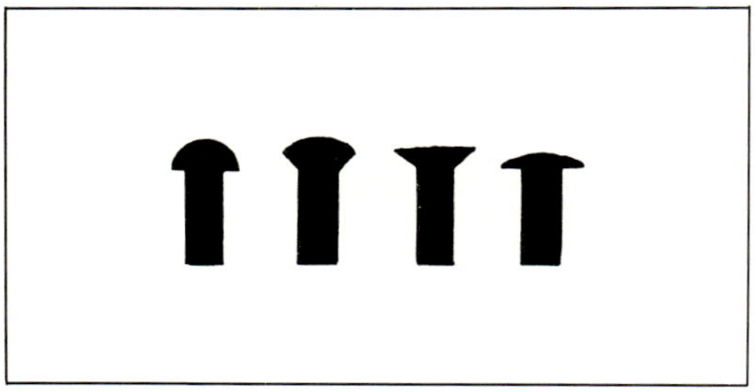

Verschiedene Nietenkopf-Formen

Werkzeug
Hammer, Bohrmaschine oder Locheisen; Nietenzieher, Schließeisen und Nietstock; letztere können durch Behelfe ersetzt werden.

Rundkopfnieten
Sie spannen die beiden Werkstücke mit Feilkloben oder im Schraubstock in der richtigen Lage zusammen und bohren die vorher angezeichneten Nietlöcher (Lochgröße = Nietenschaftdurchmesser) gemeinsam durch. Bei dünnen Blechen können Sie die Löcher auch mit einem Locheisen durchschlagen. Nach dem Durchschieben der Niete setzen Sie die Werkstücke mit dem Nietenkopf auf eine ebene Unterlage (dicke Blechplatte

oder größeres Flachstahlstück). Bei Rundkopfnieten soll die Unterlage eine dem Rundkopf entsprechende Vertiefung haben, in welche der Nietenkopf zu liegen kommt. Derartige „Nietstöcke", die man zum Beispiel in den Schraubstock spannt, sind käuflich. Sie können statt dessen aber auch ein Flachstahlstück benutzen, in das Sie mit einem abgerundeten Stahlstift die Vertiefung eingeschlagen haben.

Mit einem kräftigen Hammerschlag auf den aufgesetzten „Nietenzieher" treiben Sie jetzt die Niete vollkommen ein, wodurch gleichzeitig die Werkstücke gut aneinandergepreßt werden. Anstelle des käuflichen Nietenziehers läßt sich auch ein Stück starkwandiges Metallrohr verwenden, dessen lichte Weite nur wenig größer als der Nietendurchmesser ist. Hierauf wird der Nietenschaft mit einem kräftigen Hammerschlag zunächst gestaucht, damit er die Bohrung vollkommen ausfüllt, und mit weiteren Hammerschlägen abgerundet. Mit Hilfe des aufgesetzten „Schließeisens" läßt sich dann leicht der Kopf vollends rund schlagen, wobei sich beide Köpfe lückenlos an die Werkstückflächen pressen. Dies wird dem Anfänger nicht immer auf Anhieb gelingen; zuweilen wackeln die Werkstücke noch etwas weshalb sich ein Üben an Abfallstücken empfiehlt.

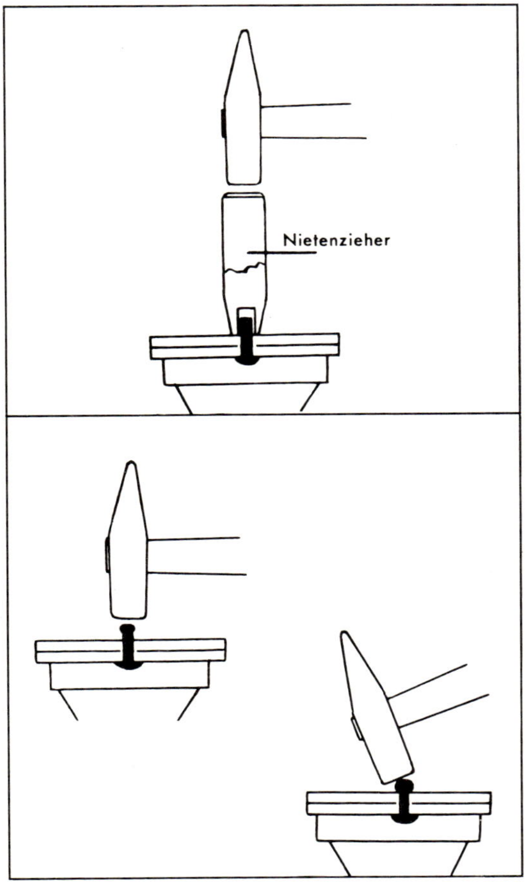

So wird richtig genietet

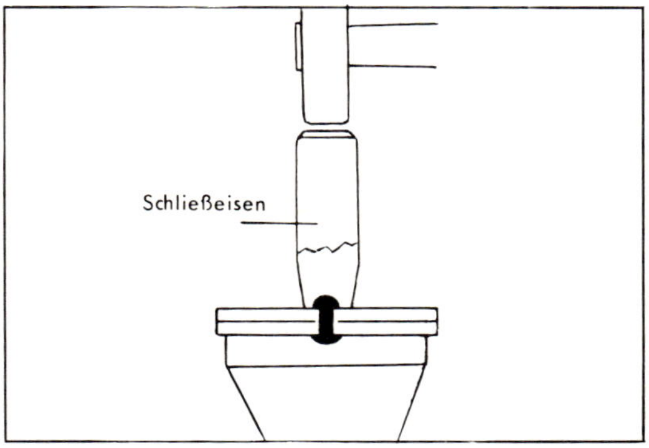

Das Schließeisen formt den Nietenkopf

Senk- und Blechnieten

Einfacher ist das Vernieten mit Senknieten, das aber Werkstücke von wenigstens 3 mm Stärke verlangt. Hier müssen die Nietlöcher außen in der Größe des Nietenkopfes ausgesenkt werden; das Nieten geschieht aber auf ebener Unterlage und das Schließeisen entfällt. Man schlägt ganz einfach den herausragenden Teil des Nietenschaftes zuerst mit der Finne und dann mit der Bahn des Hammers in die Senkung, bis er vollkommen bündig mit der Werkstückfläche abschließt.

Dünne Bleche vernietet man mit Blechnieten. Auch hier genügt eine flache Unterlage, und ein Schließeisen ist überflüssig. Der herausragende Nietenschaft wird allmählich mit der Finne des Hammers von verschiedenen Seiten her gestaucht und schließlich mit der Bahn plattgeschlagen.

Es ist übrigens nicht notwendig, die Nietenköpfe gleich zu machen. Man kann an einer Rundkopfniete den Schaft ebensogut in eine Senkung schlagen und umgekehrt den Schaft einer Senkniete halbrund schlagen.

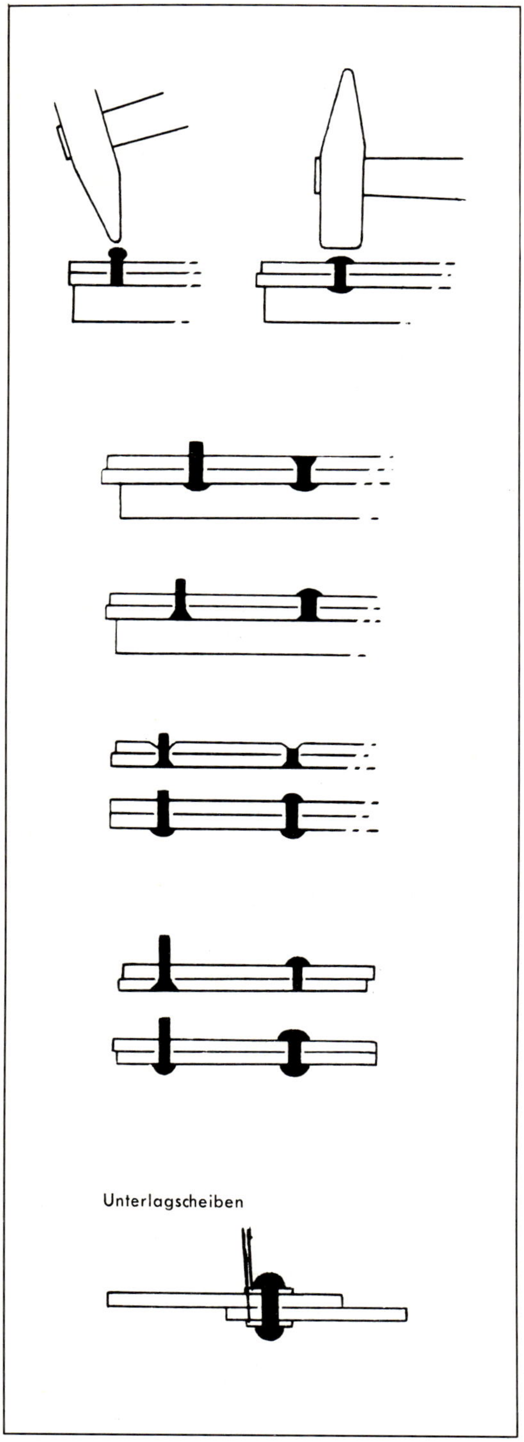

Senkkopf-Nieten richtig versenken

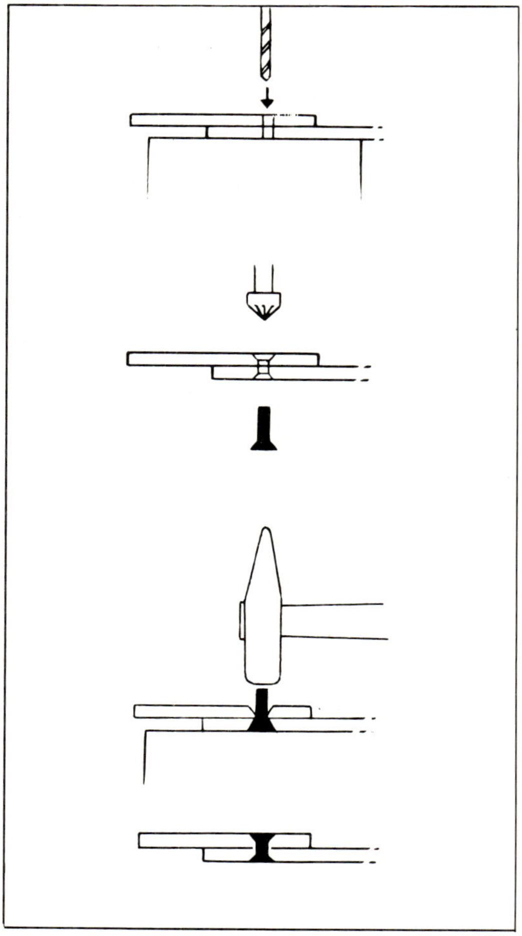

Praktische Winke

Wichtig ist die richtige Bemessung der Nietenlänge. Der über die Werkstückfläche hinausragende Teil des Nietenschaftes soll 1,2 bis 1,5mal so lang sein wie sein Durchmesser. Wird der Schaft zu kurz gewählt, dann wird der Nietenkopf zu klein bzw. bei der Senkniete die Senkung nicht ganz ausgefüllt. Umgekehrt ist es bei zu langer Niete. Zu lange Nieten zwickt man mit der Beißzange ab, aber erst nach dem Einsetzen der Niete.

In der Regel soll die Niete aus dem gleichen Material wie das Werkstück bestehen (für Stahl, Stahlnieten, für Kupfer Kupfernieten, für Aluminium Aluminiumnieten). Für den Anfäger ist allerdings das Nieten mit den weichen Aluminiumnieten am leichtesten.

Sollen die zu vernietenden Teile nach der Verbindung beweglich bleiben, die Nieten also als Gelenk dienen, müssen unter die Nietenköpfe (Rundkopfniete) Unterlagscheiben gelegt werden. Die Köpfe dürfen dann nicht so scharf angehämmert werden.

Wird ein Nietenkopf „verschlagen", oder muß eine Nietverbindung gelöst werden, schlagen Sie bei Rundkopfnieten mit einem Meißel einen der Köpfe weg und stoßen mit einem Durchschlag oder einem passenden Stahlstift die Niete heraus. Bei Senknieten bohren Sie den Kopf in der Senkung mit einem passenden Spiralbohrer aus, worauf sich die Niete gleichfalls mit einem Stift herausschlagen läßt.

Bei diesen arbeiten sollte natürlich die Oberfläche des Werkstücks nicht verlegt werden.

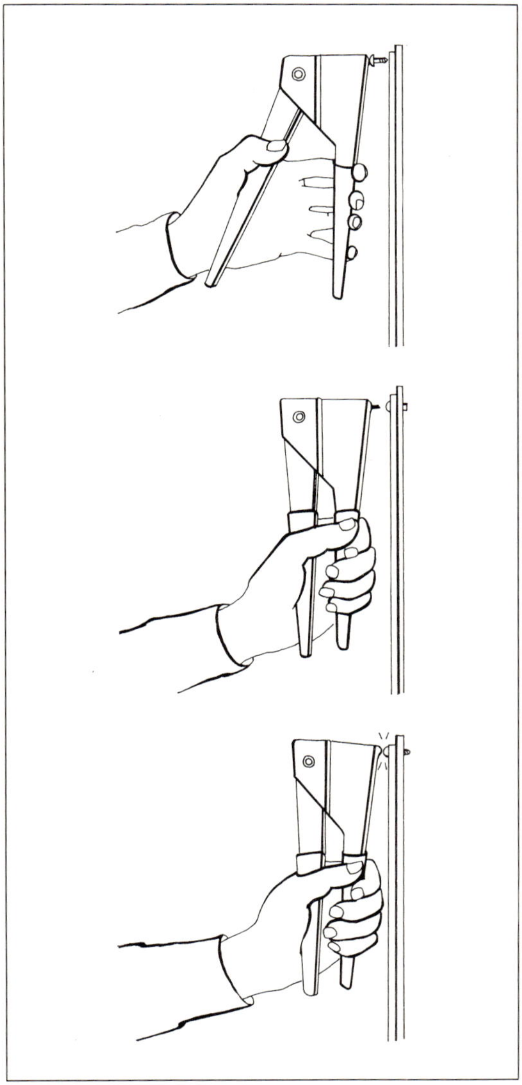

Eine solche Nietenzange setzt Nieten ein, formt die Köpfe und zwickt den überstehenden Nietschaft ab

Kleine Reparaturen

Kleine Löcher in Blechgegenständen lassen sich leicht durch eine Aluminiumniete abdichten. Das Loch wird mit einem Spiralbohrer so weit aufgebohrt, daß die Niete genau hineinpaßt. Sie wird von der Innenseite des Gegenstandes eingeschoben und der Kopf auf eine feste Unterlage gesetzt. Dazu dient am besten ein größeres Flachstahlstück, das in den Schraubstock gespannt wird. Der außen herausragende Nietenschaft wird entsprechend gekürzt und mit dem Hammer gleichmäßig plattgeschlagen. Für größere Löcher gibt es in Eisenwarenhandlungen entsprechende Dichtungsnieten mit Blechplättchen zu kaufen, die in der gleichen Weise verarbeitet werden.

Auch locker gewordene Henkel und Griffe aus Blech lassen sich leicht wieder festnieten. Meist genügt es, die vorhandenen Nieten durch einige Hammerschläge zu schließen. Wenn dies nichts hilft, entfernen Sie die alten Nieten und befestigen die Griffe mit etwas größeren Nieten.

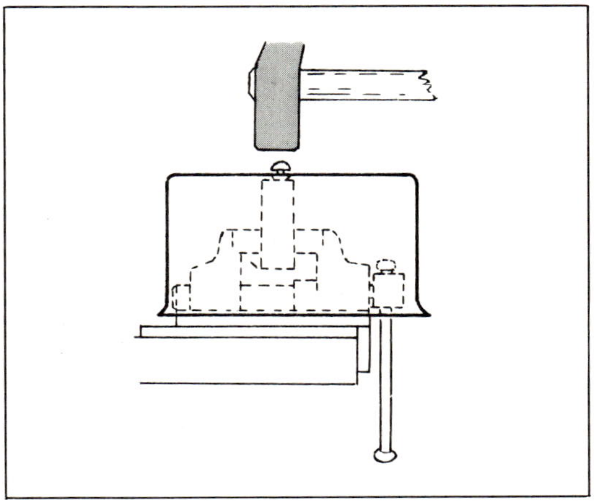

Niete in den Boden eines Topfes oder eines anderen Gefäßes einsetzen

Blech und seine Verarbeitung
Die benötigten Werkzeuge sind: Blechschere, Holz- oder Gummihammer, Schlosserhammer, etwa 300 g schwer, Flachzange und Rundzange. Das zum Umschlagen, Bördeln und Biegen nötige Werkzeug (Bördel-, Umschlageisen, Schweifstock) läßt sich durch Behelfe ersetzen.
Für unsere Blecharbeiten kommen in der Regel nur sogenannte Feinbleche in Stärken von 0,2–3 mm in Betracht, und zwar:

Aluminiumblech
Tafelgröße 1 × 2 m, weich, halbhart und hart in allen Stärken. Nicht lötbar, witterungsbeständig. Geeignet für Kochgeschirre, Verkleidungen, Gehäuse von Geräten, wo es auf geringes Gewicht ankommt (spezifisches Gewicht ca. ⅓ von Eisen). Sehr leicht zu verarbeiten; wegen der spiegelnden Oberfläche auch für Reflektoren von Lampen und Strahlöfen verwendbar.

Schwarzblech
Normale Tafelgröße 1 × 2 m, in fast allen Stärken erhältlich; für Ofenrohre, Ofenunter- oder -vorsatzbleche und Backbleche geeignet. Hartes Material läßt sich mit der Handblechschere bis zu einer Stärke von etwa 1 mm schneiden.

Verzinktes Stahlblech
Tafelgröße wie Schwarzblech, gebräuchliche Stärken 0,63 (5 kg/qm) und 0,75 mm; geeignet für Wasserbehälter, Blechdächer, Blechkübel. Nicht rostend.

Weißblech
(verzinntes Stahlblech), Tafelgröße 76 × 53 cm, bis 1 mm in vielen Stärken; läßt sich sehr gut löten. Nicht rostend.

Zinkblech
Tafelgröße 1 × 2 m, bis 1 mm in vielen Stärken; geeignet für Wasserbehälter aller Art, Dachrinnen, Blechdächer. Gut zu löten.

Messingblech
Tafelgrößen verschieden, in allen Stärken, weich, mittelhart und federhart. Gut zu löten. Weich besonders zum Treiben geeignet für Schalen, Teile von Beleuchtungskörpern u. ä.

Kupferblech
Tafelgrößen verschieden, weich, halbhart und hart in allen Stärken, auch gebeizt oder poliert; gut lötbar, guter Wärmeleiter; weich besonders geeignet für Treibarbeiten. Wegen Grünspanansatz nicht für Koch- und Eßgeschirre oder Obstschalen verwenden!

Blech schneiden
Die Schnittlinie wird mit Reißnadel (spitz zugeschliffener Stahlstift) und Lineal angerissen, weil sich Bleistiftstriche leicht verwischen. Bleche aus Weichmetall sägen Sie mit der AEG Stichsäge aus. Zu diesem Zweck können Sie diese mit der Hand den Riß entlang führen oder sie an die Werkbank spannen und das Blech über die Säge führen. Beim Schneiden mit der Blechschere müssen die Scherenflächen normal zur Blechebene stehen, sonst wird das Blech abgebogen und zwischen die Schermesser geklemmt, namentlich wenn die Schneiden schon etwas stumpf sind oder zuviel Spiel haben. Beim Zudrücken bleibt immer ein Finger zwischen den Scherengriffen, um die Schere wieder öffnen zu können. Sie muß zum Nachschieben des Blechs geöffnet werden, bevor sie ganz geschlossen ist. Sonst hinterläßt der Durchgang der Scherenspitzen eine Narbe.

Das links von der Schere befindliche Blech muß sich unter, das rechts befindliche Blech über die Scherengriffe schieben. (Es gibt auch Blechscheren, bei denen beide Blechteile flach durchlaufen und unterhalb der Hand bleiben.) Beim Zuschneiden eines größeren Blechteiles soll der schmale, abfallende Streifen immer rechts von der Schere liegen. Umgekehrt ist es bei runden Schnitten. Hier muß der Abfallstreifen links liegen, damit Sie beim Schneiden auf die Rißlinie sehen können.

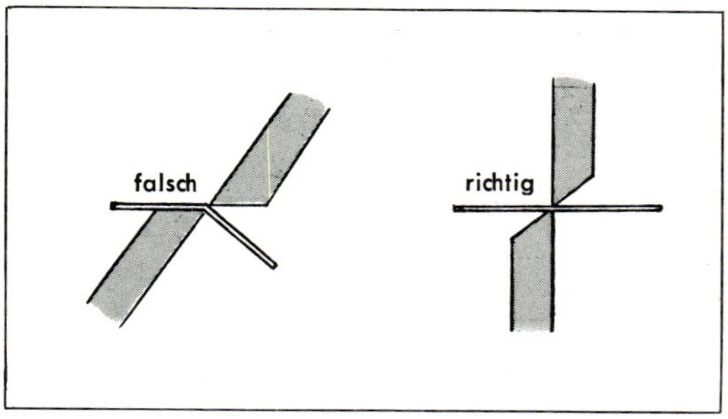

Mit der Blechschere richtig schneiden

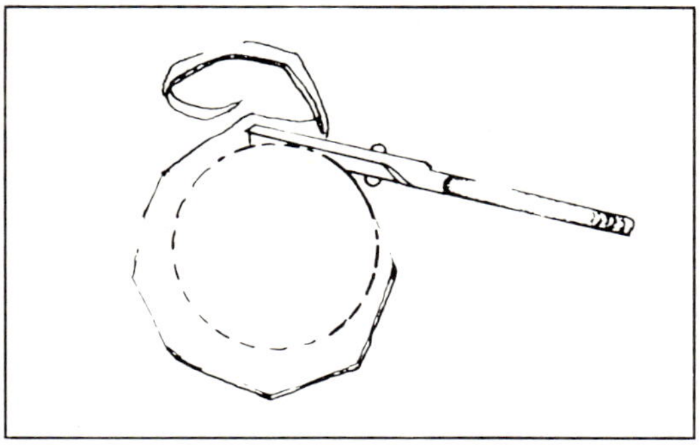

Der abfallende Streifen liegt rechts von der Schere

Zum Ausschneiden eines Lochs brauchen Sie eine Stichsäge. Innerhalb der Rißlinie wird ein kleineres Loch mit dem Meißel ausgestemmt und mit der Stichsäge die Öffnung entlang der Rißlinie aufgeschnitten. Auch zum Ausschneiden von Innenböden ist die Stichsäge notwendig.
Das Arbeiten mit Blech erfordert gewisse Vorsicht. Beim Blechschneiden entstehen infolge des oftmaligen Verschiebens und Ansetzens der Schneiden haarfeine, unsichtbare Späne an den Schnittkanten, die zu unangenehmen Verletzungen führen können. Um die Späne zu entfernen, fahren Sie mit einer Feile in beiden Richtungen einige Male über die Blechkanten. (Vorsicht auch beim Anfassen der spiralig gerollten Abfälle und sonstiger Blechschnitzel. Sie haben oft nadelfeine Spitzen!)
Bleche, die sich nicht mehr schneiden lassen, können Sie bei geraden Schnitten vom Schlosser auf der Hebelschere schneiden lassen, gebogene Schnitte mit den AEG-Stichsägen machen (Metallsägeblätter!) oder mit Meißel und Feile ausarbeiten.

Das Biegen von Blech

Kleine Blechstücke können Sie mit einer Flachzange biegen. Um größere Bleche am Rand geradlinig und scharfkantig abzubiegen, fertigen Sie sich eine Vorrichtung nach der Abbildung rechts oben an. An der Längskante eines etwa 50 cm langen, 20 cm breiten und 2,5 cm starken Holzbrettes sind mit zwei 50 mm langen 6-mm Gewindeschrauben zwei Winkelstähle (3 × 25 × 25 mm) befestigt, die mit je zwei Bohrungen im Schraubenabstand versehen sind. Mit zwei Flügelmuttern kann das abzubiegende Blech zwischen den beiden Winkelstücken eingespannt und der vorstehende Teil mit dem Holzhammer gleichmäßig abgekantet werden. Das Einspannen verhindert namentlich bei stärkeren Blechen ein Wölben und Federn des Blechs beim Umschlagen.
Eine andere Einspannvorrichtung, auch zum Abkanten sehr starker Bleche, zeigt die Abb. S. 190 oben. Sie besteht aus zwei starken Winkelstahlstücken, die durch ein angenietetes oder aufgelötetes Blechband aus hartem, etwa 1 mm starkem Messingblech in geringem Abstand voneinander gehalten werden. (Der Blechstreifen wird erst nach dem Löten oder Nieten gebogen!) In den Schraubstock gespannt, bilden die Winkel-

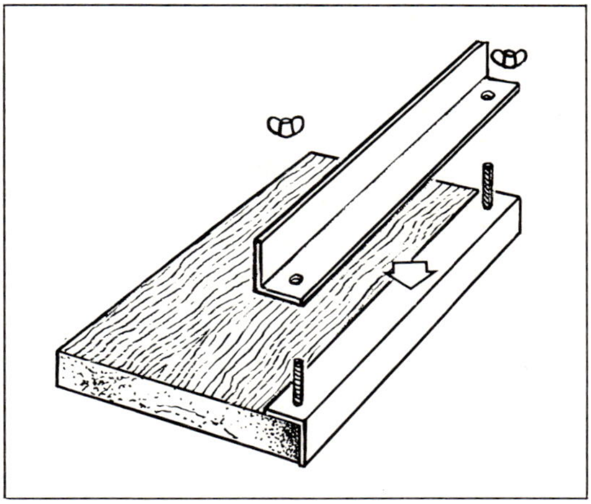

Spannvorrichtung fürs Blechabwinkeln

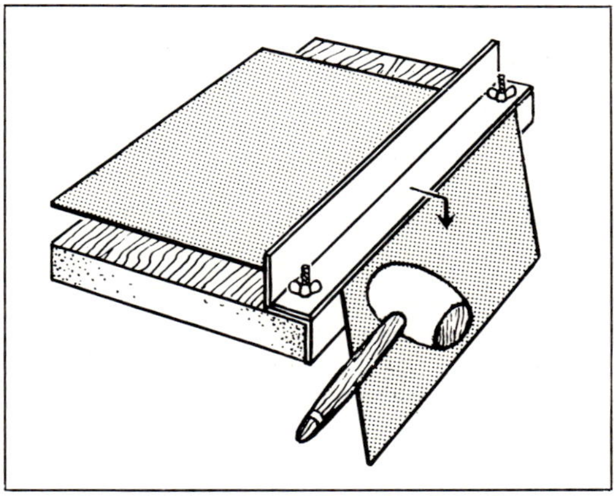

Ein Blech wird abgekantet

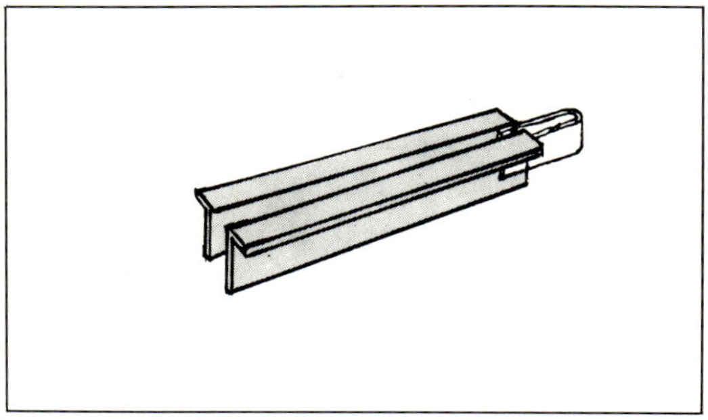

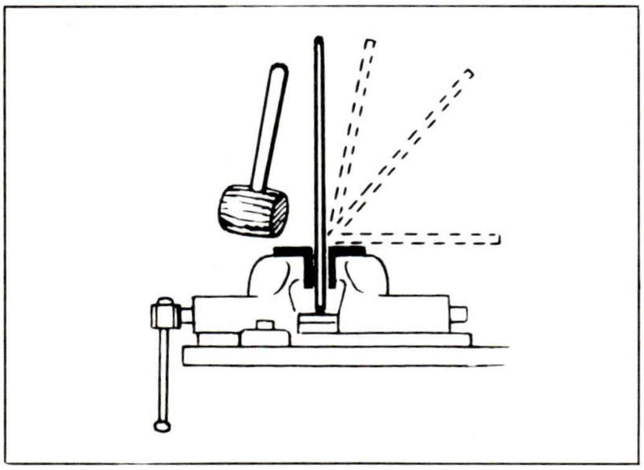

Einspannvorrichtung im Schraubstock

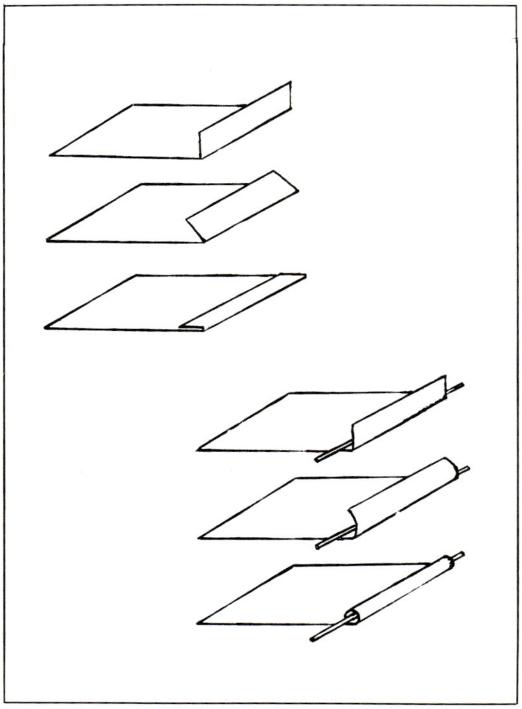

Umschlagen einer Blechkante

stücke ausreichend lange Klemmbacken, zwischen denen das Blech eingespannt und durch Hammerschläge allmählich abgebogen werden kann. Der abzubiegende Streifen liegt hier also zwischen den Backen. Der Hammer muß nahe der Einspannung aufschlagen, wobei die andere Hand das Blech in die Schlagrichtung zieht. Schlägt man höher, wird das Blech rund gebogen, statt an der Einspannstelle abzuknicken.

Bei starken Blechen muß die beabsichtigte Biegekante (Rißlinie) um die Blechstärke höher liegen als die Kante der Spannbacken, sonst bekommt man die Biegekante an die falsche Stelle. Stahlbleche sowie weiches Kupfer-, Messing- und Aluminiumblech lassen sich in jeden Winkel abbiegen. Man kann also unbesorgt mit dem Hammer eine scharfe Kante anhämmern, ohne daß das Blech bricht. Halbharte Kupfer-, Messing- und Zinkbleche erfordern einige Vorsicht beim Abkanten, weil scharfkantiges Biegen namentlich bei dickeren Blechen zum Brechen führen kann. Langsameres Umschlagen, leichte Schläge und Biegen gegen die Walzrichtung verringern die Bruchgefahr. (Biegekante nicht mit der Reißnadel, sondern mit Bleistift anzeichnen!) Die Walzrichtung des Blechs läßt sich mit einer Lupe an feinen Strichen erkennen. Besondere Bruchgefahr besteht bei Zinkblech, weshalb man hier die Kanten etwas abgerundet lassen soll. Harte Bleche müssen an der Biegestelle vorher ausgeglüht und, falls das erforderlich ist, nach dem Biegen wieder gehärtet werden (siehe dazu die Hinweise auf den folgenden Seiten).

Richten und Umschlagen

Um den Rand eines Blechstückes zu versteifen oder ihm seine Schärfe zu nehmen, kann man ihn umschlagen und dem Umschlag auch eine Drahteinlage geben. Für diese Arbeit ist eine harte, ebene Unterlage nötig (6–10 mm starke Blechplatte), auf der die Werkstücke auch „gerichtet" werden. Unter Richten versteht man das Ausbeulen von Blechen, das Geradehämmern von Ausbuchtungen, von Drähten, Nägeln usw. mit dem Hammer.

Bördeln und Schweifen

Schwieriger ist das Abkanten von Blech, wenn die Kante im Bogen verlaufen soll. Man nennt dies dann „bördeln" oder „schweifen", je nachdem, ob eine runde Blechscheibe oder ein Blechrohr am Rand abgewinkelt wird. Im ersten Fall muß das abgebogene Material gestaucht, im zweiten Fall gestreckt werden.

Zum Bördeln können Sie anstelle des käuflichen Bördeleisens ein in den Schraubstock gespanntes, starkwandiges Stahlrohr von wenigstens 30 mm Durchmesser gut verwenden. Der vorgezeichnete Rand der Blechscheibe wird schräg auf das Rohrende gesetzt und unter ständigem Drehen in der Pfeilrichtung mit leichten Hammerschlägen umgebogen. Wichtig ist hier, daß das Blech immer an der Rißlinie auf der Rohrkante aufliegt, sonst wird der Boden nicht rund und der abgebogene Rand ungleich.

Die Abbildung rechts zeigt das Schweifen eines Blechrohrs, das an der Kante einer ebenen Unterlage geschieht (Flachstahlstück, evtl. im Schraubstock eingespannt, oder kleiner Amboß). Da das Blech hier gegen den Rand zu gestreckt, das heißt gedehnt werden muß – der Umfang der „Halskrause" ist außen größer als innen –, müssen dementsprechend die Hammerschläge nach dem Rand zu stärker werden. Andernfalls reißt dort das Blech ein.

Anwendungsmöglichkeiten

Durch Bördeln können Sie Untersätze und Einsätze – zum Beispiel für einen Schirmständer oder Blumentopf –, einen Deckel für eine Büchse oder Sockel und Rosetten für Beleuchtungskörper herstellen. Geschweifte Ränder an Blechrohren und runden Blechgefäßen ergeben ebenso wie das Bördeln eine wesentliche Versteifung, oft auch bessere Befestigungsmöglichkeiten zum Löten, Nieten oder Schrauben.

Falzen

Bördeln und Schweifen ist ferner notwendig, um auf einen Blechmantel einen Boden aufzufalzen. Die Abb. S. 192 zeigt das Anbringen eines Bodens mit einfachem Falz. Der gebördelte Boden muß genau über den geschweiften Rand des Blechrohres passen und ruht auf einer flachen Unterlage. Mit der Finne des Hammers wird der

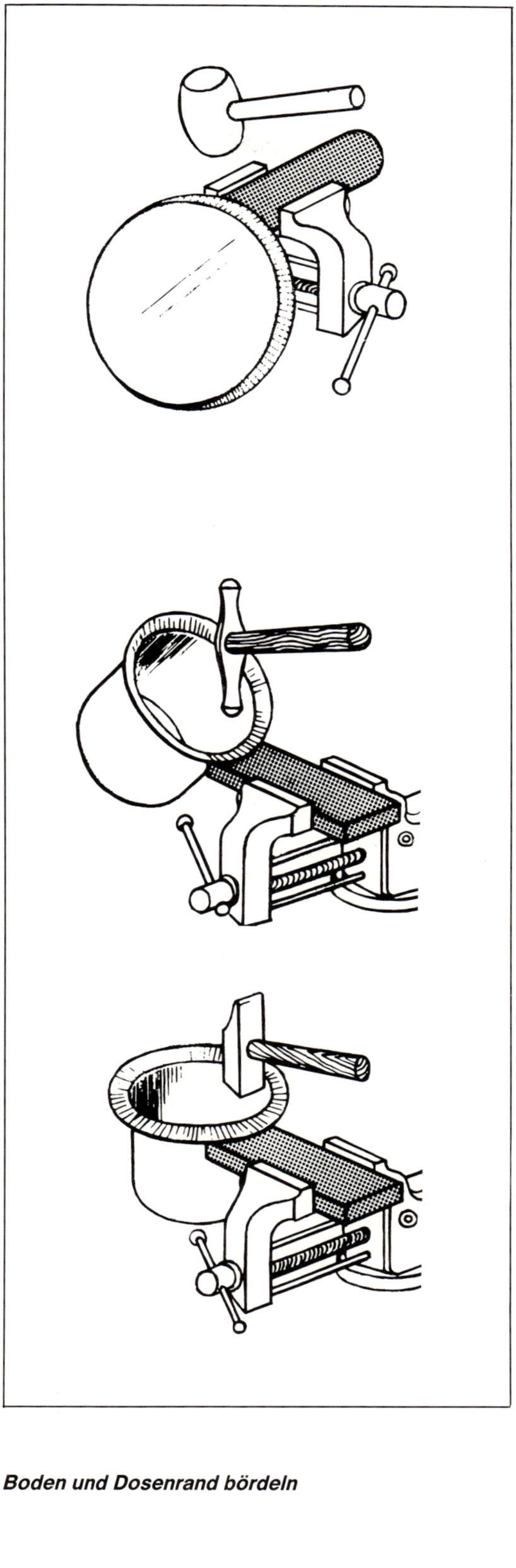

Boden und Dosenrand bördeln

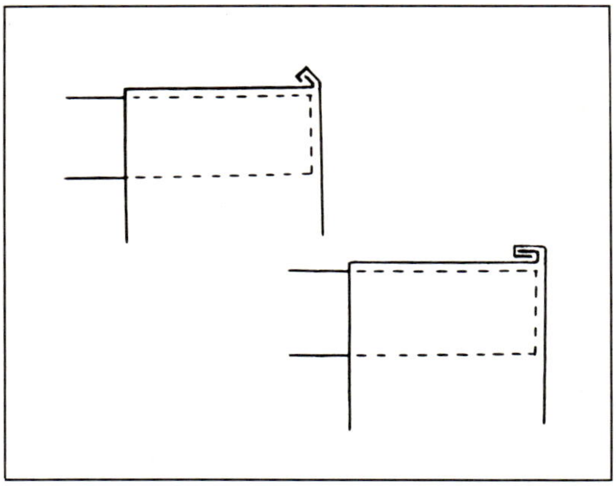

Boden und Dosenrand miteinander verbinden

Bodenrand umgeschlagen, wobei das Rohr fest auf die Unterlage gedrückt und fortlaufend gedreht wird. Noch dichter wird die Verbindung, wenn man den Falz nochmals herumschlägt. Einen solchen Doppelfalz finden Sie an den meisten Konservendosen.
Man kann den Rand eines Blechrohres auch nach innen umschlagen. Auch hier bildet die Auflage am besten ein senkrecht eingespanntes, starkwandiges Stahlrohr, wenn man sich ein käufliches Umschlageisen ersparen will.

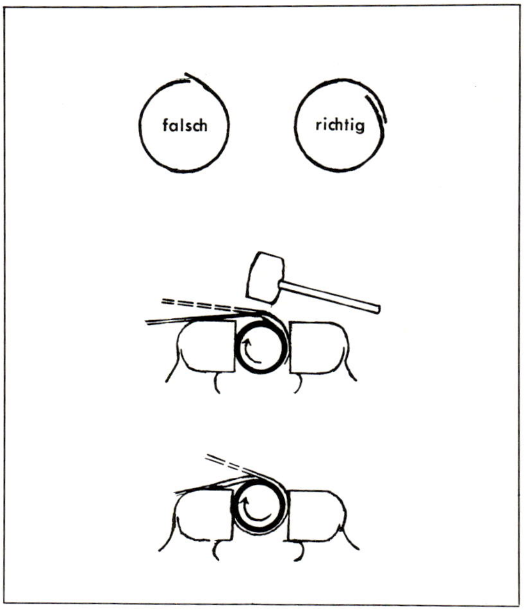

Blech mit großem Umschlag bemessen

Beim Zusammendrücken des Mantels können die Ränder aus dem Falz springen. Dies läßt sich verhindern, wenn man hart an der Kante eines eingespannten Flachstahlstückes den Falz niederschlägt.

Rundbiegen

Um einen Blechstreifen in zylindrische Form zu biegen – etwa zur Herstellung eines Blechrohres oder des Mantels eines Gefäßes – ist ein passender Kern notwendig, der ein Knicken des Blechs verhindert. Bei großen Durchmessern kann eine passende Blechdose als Kern dienen, bei kleinen Durchmessern ein Rundstahl oder Rohr.
Wichtig ist das Anrunden der Blechkante, sonst bleibt der Mantel an den Enden eben. Das Anrunden geschieht mit dem Holzhammer auf einer festen, zylindrischen Unterlage. Bei kleinem Krümmungsradius wird das Blech mit dem Kern eingespannt, gebogen und jeweils ein Stück weitergedreht, bis die beiden Blechkanten überlappend aufeinanderliegen. Sollen die Ränder nicht verlötet, sondern gefalzt werden, dann werden sie schon vor dem Biegen umgeschlagen, nach dem Biegen eingehängt und mit dem Holzhammer flachgeschlagen.

Härten und Weichmachen von Metallen

Härten läßt sich nur Hartstahl, sogenannter Werkzeugstahl, nicht aber gewöhnlicher Rund-, Flach- oder Winkelstahl, den man als Baustahl bezeichnet. Zum Härten von Werkzeugen wird lediglich der auf Stoß oder Verdrehung beanspruchte Teil (Schneide) auf hellrote Glühfarbe erhitzt und anschließend in kaltem Wasser oder in Öl abgekühlt. Dadurch wird der Stahl glashart und würde an der Schneide bald ausbrechen. Man muß ihm daher diese Überhärte durch „Anlassen“ wieder nehmen. Zu diesem Zweck wird die Schneide mit Schmirgelpapier blankgeputzt und in einer Gasflamme neuerlich erhitzt. Durch Oxydation erscheinen nun auf der Stahloberfläche der Reihe nach die Anlaßfarben hellgelb, gelbbraun, rotbraun, purpurrot, violett, dunkelblau, hellblau und grau. In der Tabelle rechts sind die für die verschiedenen Werkzeuge notwendigen Anlaßfarben angeführt.

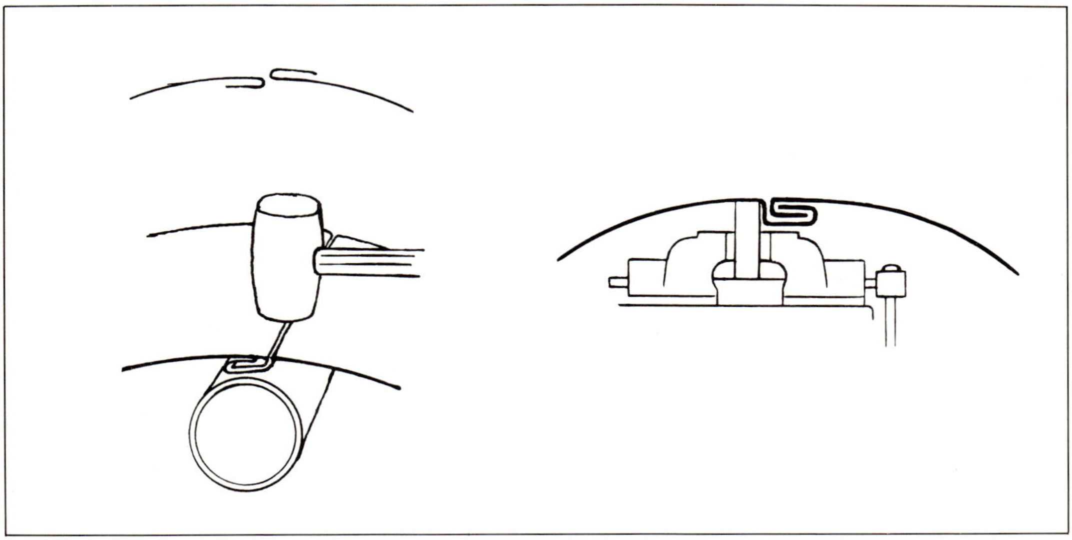

Die Naht einer Dose bzw. eines Rohres

Ist die Anlaßfarbe erreicht, wird das ganze Stahlstück in kaltem Wasser abgeschreckt. Umgekehrt wird gehärteter Stahl durch Ausglühen weich, so daß er sich schneiden, feilen und bohren läßt. Der glühend gemachte Stahl muß jedoch ganz langsam auskühlen. Aus abgebrochenen oder sonstwie unbrauchbar gewordenen Feilen kann man auf diese Weise noch allerhand brauchbare Werkzeuge herstellen. Man glüht sie aus, feilt und schleift sie auf die gewünschte Form zu und härtet sie wieder.

Temperatur in °C	Anlaßfarbe	Anzuwenden für
225°	hellgelb	Reißnadeln, Bohrer, Senker
250°	gelbbraun	Körner
265–275°	rotbraun–purpurrot	Werkzeuge für Holzbearbeitung, Schraubenzieher
285–295°	violett–dunkelblau	Meißel, Stahlfedern

Messing

Hartes oder halbhartes Messing wird durch starkes Erhitzen (auf etwa 500°) und anschließendes Abschrecken mit kaltem Wasser weich. Durch Ausglühen und sehr langsames Abkühlen oder durch Hämmern wird weiches Messing hart.
Hartes Aluminium wird durch Erhitzen auf 450° bis 500° weich. (Vorsicht, weil Aluminium schon bei 650° schmilzt!)

Kleben

Manchem Heimwerker mag es noch als unmöglich erscheinen, beim Verbinden von Metallteilen auf die „klassischen" Techniken des Schraubens, Schweißens, Lötens oder Nietens verzichten zu können. Dabei hat sich in der Industrie oder im Handwerk längst eine Technik etabliert, die auch dort angewandt wird, wo die Verbindung allerhärtesten Belastungen ausgesetzt werden wird. Gemeint ist das Kleben.
Es gibt Industriekleber, für bestimmte Zwecke also entwickelt, die weitaus einfacher anzuwenden sind als die herkömmlichen Verbindungsmaterialien – und die zudem viel haltbarer sind. Im Flugzeugbau wird zum Beispiel viel mehr geklebt als man sich im allgemeinen vorstellt. Bei der Heimwerkerei könnte auch mehr geklebt werden als man meint. Geeignete Klebstoffe gibt es dafür längst (z. B. „Pattex" oder „Pattex compact", „Stabilit Express" oder „Stabilit Ultra" oder „Stabilit Rasant" und manch anderen Klebstoff). Wenn man die jeweiligen Verarbeitungsvorschriften ge-

nau beachtet und die zu verbindenden Metallteile entsprechend präpariert, kommt man mit relativ wenig Aufwand zu mindestens gleichguten – wenn nicht besseren – Ergebnissen, als wenn man geschraubt oder gelötet, geschweißt oder genietet hätte. Die genannten Klebstoffe sind übrigens nicht nur Zweikomponentenkleber (das Zusammenmischen mag manchem Heimwerker kompliziert erscheinen): es gibt auch sofort gebrauchsfertige Kleber (z. B. „Pattex"), deren Anwendung denkbar leicht ist.

Rostschutzmittel

Rost ist der größte Feind aller Werkzeuge. Diese sollen daher immer mit einer hauchdünnen Schicht säurefreier Fette oder Öle überzogen werden und zumindest an den Schneiden nicht mit bloßen Händen angefaßt werden. Der geringste Schweiß an der Haut ruft Rost hervor.

Stark angerostete Eisen- und Stahlteile dürfen nicht mit der Feile gesäubert werden, weil Rost auch die Feile angreift. Man kratzt den Rost am besten mit einer Stahldrahtbürste ab (z. B. AEG Drahttopfbürste) und fettet die Flächen mit Petroleum oder rostlösendem Öl ein (z. B. Waffenöl). Nach einem Tag läßt sich der Rost mit einem Wollappen zum größten Teil abreiben. Der Rest kann mit feinem Schmirgelpapier abgeschliffen werden. Es gibt auch chemische Mittel zur Entrostung zu kaufen.

Polierte Metallteile, die nicht mechanisch beansprucht werden, können Sie durch einen Anstrich mit farblosem Lack vor Oxydation schützen.

Was Heimwerker selber bauen können

Eine selbstgebaute Werkbank: Klein – aber ausreichend

Bevor wir auf den folgenden Seiten viele Möbel und Einrichtungsgegenstände zum Selberbauen vorstellen, sei erst einmal die Konstruktion einer zünftigen Werkbank erklärt – die eigentlich erst Voraussetzung dafür ist, daß das eine oder andere Möbel gebaut werden kann. Nicht alles läßt sich auf dem Eßtisch oder einfach auf dem Boden anfertigen: Eine Arbeitsfläche in richtiger Höhe erleichtert das Werken. Die Konstruktion ist äußerst einfach: Man braucht zwei lange und zwei kurze Pfosten, die durch Querstege und schräg verlaufende Traversen so miteinander verbunden werden, daß sich ein stabiles – und nicht wackelndes! – Gestell ergibt. Auf dieses Gestell legt man dann eine 19 mm starke Spanplatte – und deckt sie schließlich noch mit einer dünnen Hartfaserplatte ab. Diese Hartfaserplatte stellt eine ebene Arbeitsfläche dar, die nicht so leicht ausbröckelt wie eine Spanplatte.

Zwischen die beiden langen Pfosten wird noch eine Spanplatte geschraubt, an der nun verschiedene Werkzeugablagen und ein Kleinteile-Regal befestigt werden können.

Das wird für die Werkbank benötigt:

2 Kanthölzer, 70 × 45 mm stark, 200 cm lang,
2 Kanthölzer, 70 × 45 mm stark, 90 cm lang – als Pfosten für das Tischgestell,
4 Latten, 70 × 22 mm stark, 70 cm lang – als Querzargen,
2 Latten, 70 × 22 mm stark, etwa 135 cm lang – als schräg laufende Traversen,
1 Spanplatte, 19 mm stark, 120 × 63 cm groß, und
1 Hartfaserplatte, 120 × 63 cm groß – als Arbeitsplatte,
1 Spanplatte, 120 × 110 cm groß – als Rückwand,
1 Spanplatte, 19 mm stark, 125 × 50 cm groß – als Ablage,
dazu Leisten und 12 mm starke Spanplatte für Werkzeugablagen und Kleinteile-Regal.

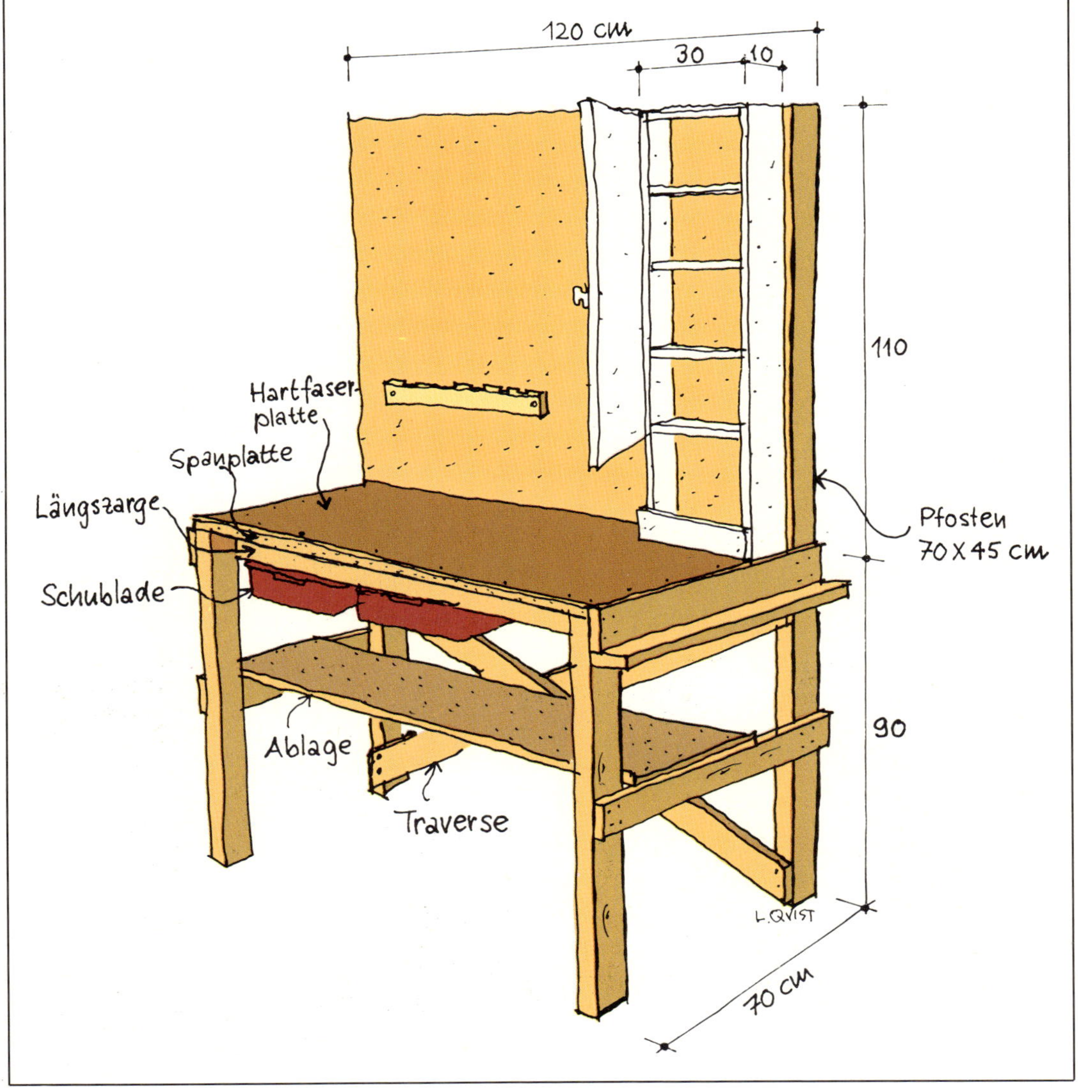

Kompletter Eßplatz im Eigenbau

Das Material für diese Möbelkombination besteht im wesentlichen aus 19 mm starker Spanplatte. Ergänzend kommen noch 6 mm starke Sperrholzplatten für die Türen der beiden Schränkchen, dazu 10 × 10 mm starke Griffleisten – und schließlich ein Tischbock.

Die ganze Kombination wird aus drei verschiedenen Baukörpern zusammengefügt: Da gibt es zunächst den 200 cm breiten und 100 cm hohen Unterbau, der aus zwei 98 cm hohen und 30 cm breiten Seitenteilen, einer 200 × 30 cm großen Deckplatte, einem 196,2 cm langen Zwischenboden, einer etwa 26 × 30 cm großen Zwischenwand und einer etwa 196,2 × 70 cm großen Rückwand besteht (die Maße für Zwischenwand und Rückwand hängen von der Höhe des verwendeten Tischbocks ab: sie sind dann so zu wählen, daß die Tischplatte unter den Zwischenboden geschoben und auf die Rückwand aufgelegt werden kann.

Das zweite Bauteil ist die Tischplatte, deren Grö-

ße von der vorhandenen Raumdimension und der Zahl der Familienmitglieder abhängt. Sie sollte aber wenigstens 80 cm tief sein und jeder Person einen Platz von 70 cm Breite gewähren. Für vier Personen müßte der Tisch (inklusive des Teils, der unter den Unterbau geschoben wird) also 170 × 80 cm groß sein.

Das dritte Teil wird in doppelter Ausführung gebaut: Die beiden Wandkästen sind jeweils 100 × 50 cm groß, werden stumpf gefügt und mit dünnen Schiebetüren versehen. Für diese Schiebetüren aus 6 mm starkem Sperrholz fräst man 7 mm breite Nuten in die Ober- und Unterseiten (dazu verwendet man die Handkreissäge mit Wanknut-Sägeblatt).

Die untere Nut wird 4 mm tief gefräst, die obere aber 8 mm tief. Die Türen sind 7 mm höher als die lichte Öffnung der Kästen zuzuschneiden – oder anders: wenigstens 1 mm kürzer als lichte Öffnung plus Tiefe der oberen Nut. Dann kann man sie ein- und aushängen.

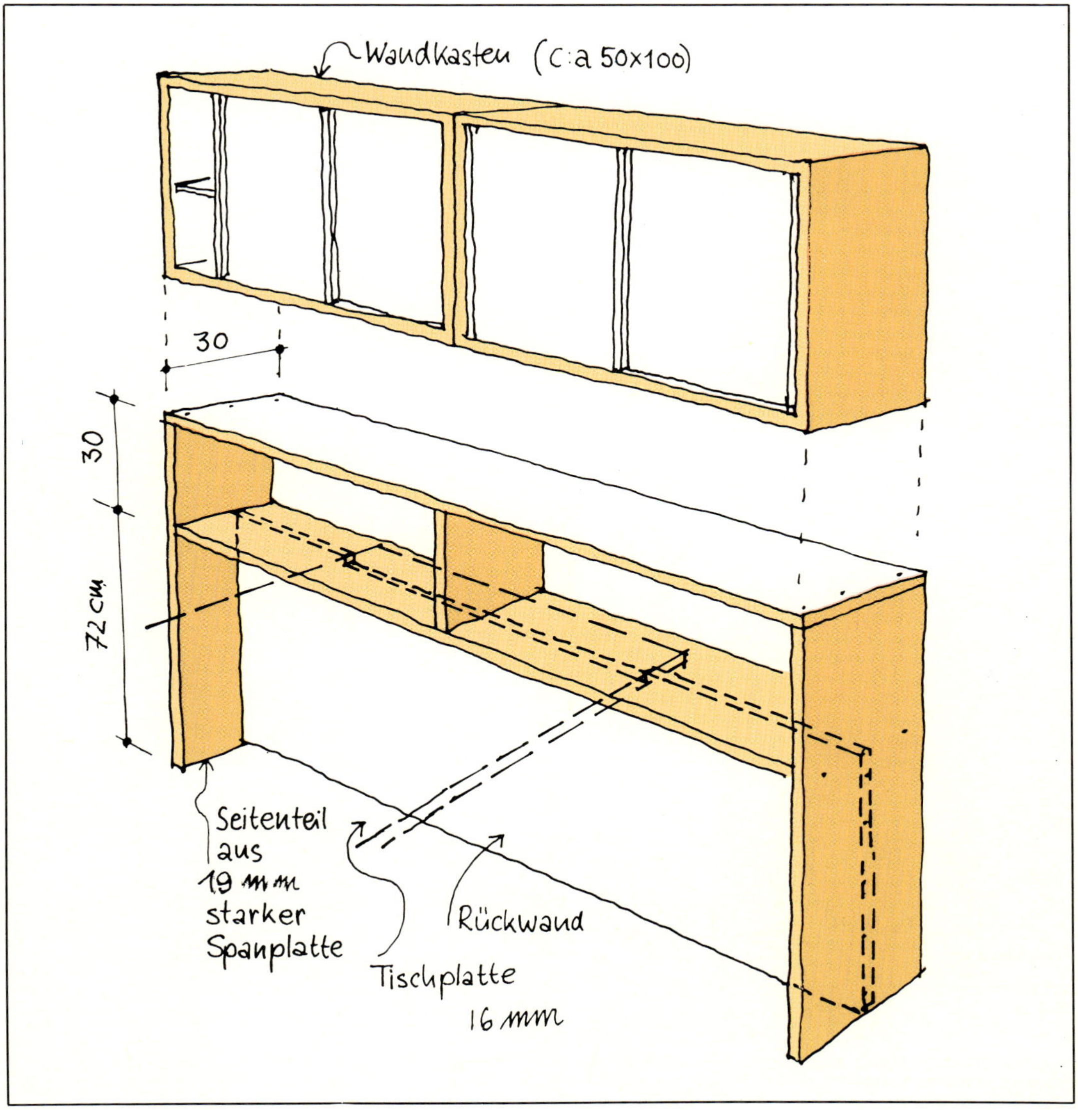

Servierwagen – oder Standort der Hausbar

Die hier gezeigte Konstruktion ist nicht besonders schwierig – aber sie erfordert äußerste Präzision beim Ablängen der einzelnen Teile. Es empfiehlt sich darum, alle parallel laufenden bzw. gleich langen Stücke zusammen abzulängen, und zwar am besten auf der Tischkreissäge: so kann man sicher sein, daß die geforderte Genauigkeit erreicht wird.

Die wichtigsten Bauteile sind 70 × 22 mm stark. Die genauen Längen sind der Zeichnung bzw. der Materialliste zu entnehmen.

Wie man in der „Explosiv-Zeichnung" sehen kann, werden 8 mm starke Dübelhölzer als wichtigste Verbindungselemente eingesetzt. Sie sind zum Teil versteckt, zum Teil sichtbar. Beim Bau geht man so vor, daß man zuerst die Seitenrahmen mit den versteckten Dübeln zusammenbaut. Diese beiden Rahmen müssen deckungsgleich übereinstimmen.

Danach fügt man die beiden Rahmen durch die vier Querstege zum Wagengestell zusammen:

Querstege und Rahmen werden sichtbar gedübelt (und geleimt, z.B. mit „Ponal Express").
Als nächstes wird die Griffleiste eingeleimt und durch schlanke Holzkeile gesichert (für die Keile die Stange vorher einsägen).
Die Achse ist eine verchromte Kleiderstange, die Räder werden aus 16 mm starker Spanplatte kreisrund gesägt und gefeilt und dann mit einem Gummiband „bereift". Zwei zur Kleiderstange passende Rosetten werden auf die Außenseiten der Räder geschraubt, dann kann man die Räder auf die Achse stecken und durch Splinte festhalten. Zwischen den Rädern und den „Rad-Beinen" des Wagens sind Beilegscheiben vorzusehen, damit sich die Achse fast ohne seitliches Spiel bewegen kann.
Letzte Arbeiten: Die beiden Ablageflächen und der Flaschenhalter werden eingebaut. Diese Teile und die Räder sollten mit weißem Kunststoff beschichtet sein. Alle anderen Teile bleiben naturfarben, werden mattiert oder gewachst.

Das wird für den Servierwagen benötigt:

- 2 Leisten, 70 × 22 mm stark, 60 cm lang
- 2 Leisten, 63 cm lang
- 2 Leisten, 81 cm lang – als obere Längszargen,
- 2 Leisten, 57 cm lang – als untere Längszargen
- 4 Leisten, 40 cm lang – als Querstege,
- 1 Rundstab, 35 mm Ø, 45 cm lang
- 2 Sperrholzplatten, 10 mm stark, 40 × 62 cm – als Ablageflächen,
- 8 Leisten, 9 × 16 mm stark, 40 cm lang,
- 12 Leisten, 9 × 16 mm stark, 19 cm lang – als Auflagen für die beiden Tablettflächen,
- 4 Viertelstäbe, 15 × 15 mm, 62 cm lang, und
- 4 Viertelstäbe, 40 cm lang – als Abdeckleisten über den Kanten der Tablettflächen,
- 1 Sperrholzplatte, 10 mm stark, 41 × 20 cm – als Flaschenhalter,
- 1 Kleiderstangen-Rohr, 20 mm Ø, 51 cm lang – als Achse,
- 2 Räder aus 16 mm starker Spanplatte, 18 cm Ø,
- 2 Rosetten für das Kleiderstangenrohr

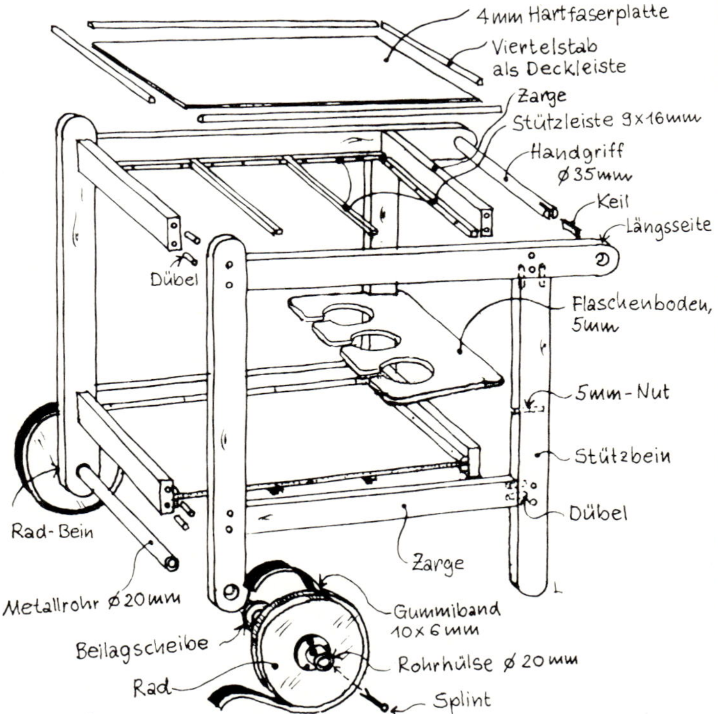

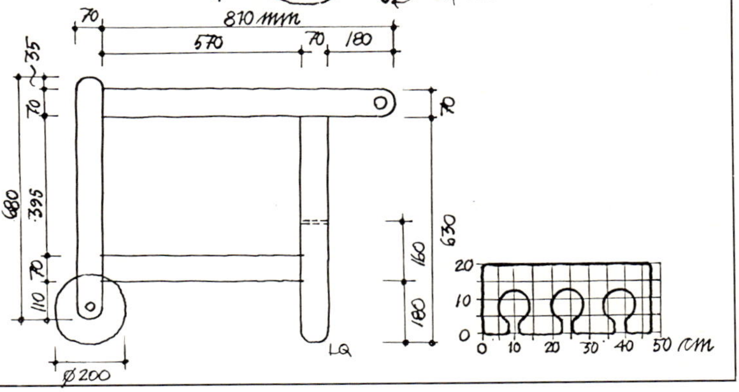

Geräumige – aber kompakte Flurgarderobe

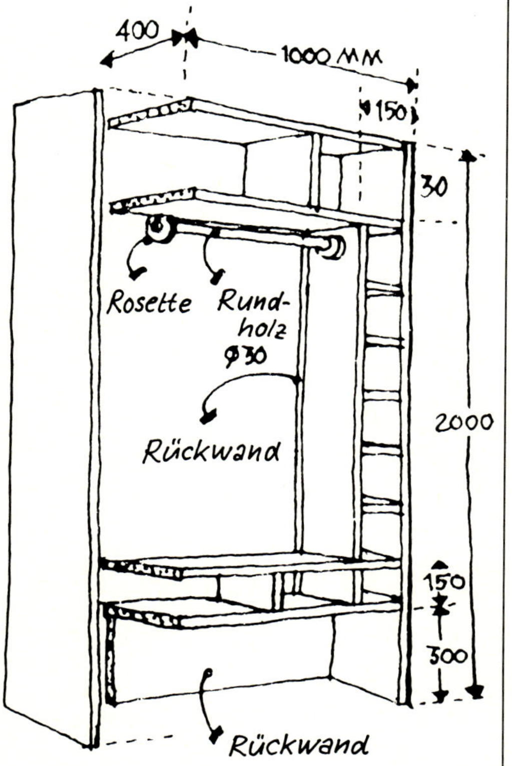

Ein solches Möbel ist vor allem für kleine Flure praktisch: Es faßt ebenso viele Gegenstände wie mehrere über den Raum verteilte Kleinmöbel – beansprucht selbst aber nur eine Grundfläche von etwa 100 × 40 cm (Variationen sind möglich). In diesem Möbel sind zusammengefaßt: die gut 80 cm breite Kleiderablage, zwei Schuhablagen (eine hohe für Stiefel, eine flache für normale Schuhe), sechs Fächer für Handschuhe, kleine Taschen und andere Dinge – und schließlich noch zwei große Fächer für größere Taschen. Und wenn man will, kann man auch die Deckplatte noch als Ablage nutzen. Das Möbel wird ausschließlich aus 19 mm starker Spanplatte gebaut. Ausnahme ist die Kleiderstange, die aus 30 mm starkem Rundholz besteht.

Alle Teile sind stumpf gefügt. Man beginnt am besten damit, jeweils zwei Zwischenböden mit den Zwischenwänden für die großen Taschenfächer und für das kleine Schuhfach zu verbinden. Diese Teile verbindet man mit den Seitenwänden und fügt dann die anderen Platten an.

Nach dem Zusammenbau sind alle Kanten zu säubern und zu verspachteln. Man kann sie aber auch mit 20 × 5 mm starken Umleimern versehen. Alle Kanten und Flächen sind zu spachteln, ehe man schleift – und zweimal zu lackieren, passend zur Tapete im Flur.

Für ein 100 × 40 × 200 cm großes Möbel werden die folgenden Teile benötigt:

2 Seitenwände, 200 × 40 cm groß,
4 Zwischenböden, 98 × 40 cm groß,
1 Trennwand, 125 × 40 cm groß,
1 Trennwand, 30 × 40 cm groß,
2 Trennwände, 15 × 40 cm groß,
5 Zwischenböden, 15 × 40 cm groß – und
1 Rückwand hinter dem untersten Stiefelfach, 98 × 30 cm groß.

Schließlich noch ein 85 cm langes Rundholz oder ein Stück Kleiderstangenrohr mit den passenden Rosetten zur Befestigung.

Einfache Möbel aus Brettern gebaut

Auf den folgenden Seiten sind Bauhinweise für einige ungewöhnliche Möbel zu sehen: Es sind Möbel, die nach fast „klassischer" Art aus einzelnen Brettern zusammengesetzt sind. Nicht aus Spanplatten, wie man heute die meisten Do-it-yourself-Möbel baut, sondern aus massivem Holz. Es handelt sich dabei um Nut-und-Feder-Bretter, die sich besonders leicht zu größeren Flächen zusammenfügen lassen – fast nahtlos sogar, wenn es sich um ausgesucht gute Bretter handelt und wenn man sorgfältig arbeitet.

Weil das Verfahren, nach dem diese Möbel gebaut werden, ungewöhnlich ist, mag es angebracht sein, zuvor einige Hinweise zu bringen, wie man denn bei diesen Arbeiten richtig verfährt.

Zunächst zum Holzeinkauf. Stephan Gip hat für diese seine Entwürfe zumeist Bretter in der Stärke 95 x 22 mm vorgesehen. In der Terminologie des Holzhandels wird dafür auch das Maß 4″ x 1″ – also vier mal ein Zoll – verwendet. Es ist nicht auszuschließen, daß solche Nut-und-Feder-Bretter nicht in jeder Holzhandlung vorrätig sind. Dann sollte man weitersuchen – und nicht etwa auf eine andere Holzstärke wechseln: Stephan Gip hat seine Entwürfe selbst angefertigt, dabei getestet – und festgestellt, daß die genannte Holzstärke für die gewählten bzw. in der Regel nun einmal notwendigen Dimensionen der Möbel richtig ist.

Wo es möglich ist, sollte man Holz auswählen, das möglichst wenige – oder jedenfalls nur kleine und fest eingewachsene Äste aufweist (daß es gut gelagert und damit trocken sein soll, versteht sich eigentlich von selbst). Kleine Äste stören nicht. Sie beleben eher die Oberfläche der Möbel und betonen deren herben, handwerklichen Charakter. Anders verhält es sich mit großen Ästen, die schon locker sitzen oder die in absehbarer Zeit (etwa nach der nächsten Heizperiode in einer zentralgeheizten Wohnung) aus dem Holz herausfallen würden. Solche Äste müßte man mit einem Astlochbohrer ausbohren und durch einen passenden Dübel ersetzen. Da man die Möbel naturfarben läßt und allenfalls mit einer Mattierung (oder auch einer Beize) versieht, würden diese Stellen doch sehr störend wirken.

In den Baubeschreibungen sind Materiallisten zu finden, die in der Regel die Dimensionen der einzelnen Teile angeben. Für den Einkauf sollte man natürlich diese Einzelmaße addieren: Man kauft also die Bretter in den handelsüblichen Abmessungen – und sägt dann erst zu Hause die Teile. Das ist billiger, als wenn man sich in der Holzhandlung die Einzelteile ablängen läßt (abgesehen davon, daß nicht jede Holzhandlung zu solchem Service bereit ist).

Es hat sich dabei als zweckmäßig erwiesen, daß man die Teile zunächst einmal mit einer Zugabe von ein, zwei Zentimetern zuschneidet und daß man sie erst nach dem Zusammenfügen zur großen Fläche auf das geforderte Maß ablängt. Auf diese Weise kann man beim Zusammenleimen der Bretter die Einzelteile immer noch ein wenig hin- und herschieben, um einen möglichst perfekten Zusammenschluß der Nut-und-Feder-Verbindung zu erzielen. Und man kann außerdem sicher sein, daß der Sägeschnitt zum Schluß alle Teile gleichmäßig erfaßt und daß dann nur noch leicht nachgeschliffen und geglättet werden muß.

Bevor man sich an die Arbeit macht, sollte man das benötigte Werkzeug bereitliegen haben. Und das wichtigste Werkzeug in diesem Fall sind ausreichend große Schraubzwingen oder andere, vergleichbare Spannwerkzeuge. Die dem Heimwerker normalerweise zugänglichen Schraubzwingen haben eine zu kleine Spannweite: Für einige der Möbel sind ja sechs oder acht Bretter zusammenzufügen.

Hierzu müßte man sich also entweder die passenden Schraubzwingen anschaffen (bei Flächen, die länger als 80 cm sind, bräuchte man wenigstens drei solcher Geräte!) oder ausleihen. Oder man fertigt sich aus Latten mit aufgeschraubten Widerlagern und schlanken Holzkeilen provisorische Spannvorrichtungen.

Zu den Schraubzwingen braucht man noch Richtlatten, die schnurgerade sein müssen. Diese Latten werden quer über die zusammengespannte Fläche gelegt und mit kürzeren Schraubzwingen an den Brettern befestigt: Sie müssen dafür sorgen, daß alle Bretter in einer Ebene liegen – und liegenbleiben. Es darf nicht passieren, daß sich die Bretter beim Verspannen verwerfen und daß nachher eine völlig verzogene und somit für den Möbelbau völlig unbrauchbare Fläche entsteht.

Bevor man aber spannen kann, muß man die Bretter zusammenfügen. Man trägt sorgfältig und gleichmäßig Leim auf. Es ist wichtig, daß die Fugen sich gleichmäßig mit Leim füllen. Dabei sollte man aber auch nicht zu viel Leim auftragen, der beim Spannen doch nur wieder aus den Fugen gepreßt würde. Man sollte die Bretter nach und nach zusammenfügen und mit leichten Hammerschlägen oder einer sanften Vor-Pressung schon einmal fest verbinden. Wenn man erst dann zusammenfügt, wenn auf alle vier oder sechs Bretter Leim aufgetragen ist, dann wird man kein sehr befriedigendes Ergebnis erzielen. Daß man beim Zusammenpressen oder beim Anklopfen mit dem Hammer darauf achtet, daß die äußeren Bretter nicht beschädigt werden, versteht sich von selbst: Man sorge also für kleine Zulagen aus Abfallstückchen.

Die Flächen müssen einige Stunden zusammengepreßt bleiben – am besten ist es, man läßt sie über Nacht liegen. Dann werden die Zwingen gelöst. Und nun ist als erstes aller aus den Fugen gequollene Leim mit einem scharfen Stemmeisen vorsichtig abzuziehen, ohne daß dabei das Holz verletzt wird (diese Arbeit kann zum Teil auch schon vorher gemacht werden, solange die Bretter noch eingespannt sind). Nun erst werden die Bretter auf den Millimeter genau abgelängt. Dabei sollte man die Flächen satt auflegen, damit die Leimfugen nicht gleich großer Belastung ausgesetzt sind. Rundungen, die bei einigen Möbeln erforderlich sind, werden am besten mit einer Stichsäge ausgesägt. Den Verlauf des Sägeschnitts zeichnet man mit Bleistift an: Es darf auf keinen Fall Kugelschreiber oder Tintenstift verwendet werden! Denn das Holz wird ja nicht wie eine Spanplatte lackiert, so daß solche Arbeitsspuren auch nicht getarnt werden können. Man verwendet einen weichen Bleistift, damit man nicht so fest aufdrücken muß.

Gleich danach werden alle Kanten gebrochen: Man fährt mit mittelfeinem Schleifpapier leicht über alle Kanten und rundet sie damit leicht ab. Alle Flächen werden geschliffen. Dazu bedient man sich am besten des Schwingschleifers. Man spannt ein mittelfeines bis feines Schleifpapier ein und bewegt den Schwingschleifer möglichst immer nur in Faserrichtung: Querbewegungen können Kratzer auslösen, die bei farblos behandelten Möbeln natürlich unangenehm auffallen. Man halte einen Besen oder ein Tuch bereit, um den Staub abzuwischen: so kann man gleich prüfen, ob beim Schleifen alle Arbeitsspuren oder Verunreinigungen entfernt worden sind oder ob man noch einmal nacharbeiten muß. Es lohnt sich, bei dieser Prozedur sehr sorgfältig vorzugehen. Später, wenn das Möbel fertiggebaut ist, lassen sich manche Dinge nicht mehr reparieren, die jetzt noch ohne große Komplikationen ausgebessert werden könnten.

Zu den Ausbesserungsarbeiten gehört auch, daß man prüft, ob das Holz irgendwelche Dellen aufweist: Solche Dellen können durch Stoß oder Druck hervorgerufen worden sein und bedeuten nichts anderes, als daß an diesen Stellen die Holzfasern zusammengedrückt worden sind. Man muß sie wieder aufquellen, damit wieder eine ebene Fläche entsteht. Das erreicht man einfach dadurch, daß man direkt auf die Delle warmes oder gar heißes Wasser auftropft. Nach ein paar Stunden kann man feststellen, ob dies schon genügt hat, die Holzoberfläche einzuebnen – oder ob man ein zweites oder gar drittes Mal wässern muß.

Erst nach diesen Ausbesserungen, abgeschlossen durch ein gründliches Abstauben, kann man dem Holz den letzten Schliff geben:

Dazu wird mit einem feuchten Schwamm oder Tuch die gesamte Oberfläche angefeuchtet. Das Holz soll nun einige Stunden trocknen. In dieser Zeit hat das Wasser die feinen Holzfasern an der Oberfläche zum Quellen gebracht. Angeschnittene Fasern (von den vorhergehenden Schleifgängen . . .) haben sich aufgerichtet – so daß nun die vorher so glatt erscheinende Fläche wieder rauh und borstig wirkt.

Nun schleift man noch einmal mit sehr feinem Schleifpapier behutsam in Faserrichtung, um die kurzen Fasern abzuschneiden. Dazu ist es notwendig, daß man mit Fingerspitzengefühl arbeitet: Jetzt wird also per Hand (und nicht mit dem Schwingschleifer) gearbeitet. Man braucht dazu frisches, scharfes Schleifpapier: Die Fasern sollen wirklich abgeschnitten – und nicht wieder heruntergedrückt werden.

Erst jetzt sind die einzelnen Teilstücke so weit vorbehandelt, daß sie zum Möbel zusammengefügt werden können. Daß man sie nun aber auch entsprechend umsichtig behandelt, damit nicht neuer Schmutz, neue Dellen auf die Oberflächen kommen – es ist eigentlich unnötig, darauf eigens hinzuweisen.

Die meisten Verbindungen werden durch 8 mm starke Dübelhölzer hergestellt. Diese Verdübelungen sind unsichtbar anzubringen – oder man dübelt von außen her, so daß nachher die Dübel sichtbar sind. Wie man diese Konstruktionen ausführt, ist an anderer Stelle dieses Buches nachzulesen. Zu beachten ist, daß beim Abschneiden der überstehenden Teile von sichtbaren Dübeln das Holz nicht beschädigt wird: Man arbeitet also sehr behutsam mit Feinsäge, Stemmeisen und Schleifpapier. Für das Nachschleifen verwendet man die gleiche Schleifpapierkörnung wie vorher beim Feinschliff, damit sich die Dübelstellen nicht von den übrigen Flächen abheben.

Schlußbehandlung für die Möbel

Nun sind die Möbel fertig, und es geht an die Endbehandlung. Das Holz muß einen leichten Schutzüberzug bekommen. Weil der besondere Reiz dieser Möbel ist, daß sie aus Massivholz gefertigt sind, sollte man den Möbeln keinen Lacküberzug verpassen: Die natürliche Schönheit des Holzes sollte sichtbar bleiben. Es stehen folgende Behandlungsarten zur Auswahl:

Man kann das Holz lediglich mattieren. Man kauft fertige Mattierung, verdünnt sie im angegebenen Verhältnis und trägt sie dann mit einem Trikotlappen satt auf. Man kann sich mit einem Auftrag begnügen, kann aber auch zwei oder mehr Schichten (mit entsprechenden Ruhepausen) auftragen, um so mehr Glanz wird das Holz bekommen. Unsere Empfehlung: Eine Schicht genügt. Sie macht die Oberfläche ganz matt und läßt das Holz am natürlichsten wirken. Eine zweite Möglichkeit: Man kann das Holz wachsen. Das Möbelwachs soll allerdings nicht in einer dicken Schicht, sondern nur als hauchfeiner Überzug aufgetragen werden. Das Holz darf nicht speckig glänzen und darf sich nicht fettig anfühlen, das Wachs soll lediglich die Poren füllen – und nicht auf der Oberfläche liegenbleiben. Es ist dabei wichtig, daß man nach dem Wachsauftragen die Oberflächen mehrmals mit immer wieder frischem Tuch (einem nicht fusselnden Tuch!) abwischt, um überschüssiges Wachs zu entfernen.

Eine andere Behandlungsart ist: Man beizt das Holz und mattiert es anschließend. Es stehen sehr viele Beiztöne zur Auswahl – sowohl natürliche Holzfarben als auch leuchtende Töne wie Gelb, Orange, Rot, Grün oder Blau.

Da die Beize das Holz lediglich färbt, aber nicht schützt, muß anschließend noch ein Schutzüberzug aufgetragen werden. Man muß das Holz also noch mattieren.

Variante: Man kann das gebeizte Holz auch farblos lackieren.

Und eine weitere Variante: Man kann das Holz auch farblos lackieren – ohne es vorher gebeizt zu haben. Diese Behandlung ist aber eigentlich „unnatürlich“, und deshalb sollte allen Verfahren, die lediglich einen Hauch von Mattierung oder Wachs auftragen, der Vorzug gegeben werden.

Schließlich sei auch noch auf Imprägnieranstriche verwiesen, wie man sie beispielsweise für Wandverkleidungen verwendet. Diese Anstriche gibt es farblos oder mit Farbpigmenten versetzt, so daß man bei Anwendung dieser Mittel das in einem Arbeitsgang erledigt, was beim Beizen und anschließenden Mattieren in zwei Prozessen passiert. Diese Imprägniermittel gibt es in sehr unterschiedlichen Ausführungen: lediglich für die Anwendung im Innern einer Wohnung oder auch für die Freiluftanwendung, mit schwacher, natürlicher Pigmentierung oder mit leuchtenden Farben (wie bei den erwähnten Beizen); mit starkem Einziehvermögen oder aber mit filmbildendem Effekt.

In der Regel stehen in den Holzhandlungen und Fachgeschäften Farbmuster zur Verfügung, so daß man sich von der Farbwirkung und von der Qualität der Holzoberfläche überzeugen kann, bevor man sich für dieses oder jenes Mittel entscheidet.

Der Schlafplatz für den Hund

Als erstes der aus Fichtenbrettern gebauten Möbel wird hier eine Kiste vorgestellt, die als Schlafplatz für einen Hund dienen kann. Diese Kiste wird im Prinzip genau so wie die Betten gebaut: Jeweils vier Bretter werden für die Schmal- und Längsseiten zusammengefügt (die Teile für die Längsseiten sind 60 cm lang, die Schmalseitenteile sind 43,6 cm lang). In eine Längsseite wird der Einstieg für den Hund eingesägt (aber erst, wenn der Leim trocken ist). Damit die vier Teile sich gut miteinander verbinden lassen, werden 25 cm lange und 22 x 45 mm starke Kanthölzer in die Ecken des Kastens genagelt. Der Boden der Kiste besteht aus 10 mm starker Spanplatte, die in allen vier Ecken mit Aussparungen versehen werden muß (wegen der Kanthölzer in den Ecken des Kastens). Der Boden liegt auf 22 x 22 mm starken Leisten, die an die Innenseiten der Kistenwände geschraubt werden. Alle Kanten sind rundzuschleifen, der Boden kann mit einer dünnen Schaumstoffauflage oder auch nur mit einem Stück Teppichboden oder einer Decke versehen werden – dann ist der Schlafplatz bezugsfertig. Die Zeichnung gibt eine Hilfe, wie der Frontausschnitt zu zeichnen und auszusägen ist. Das Foto zeigt, daß die Schlafkiste vier Bretter hoch wird.

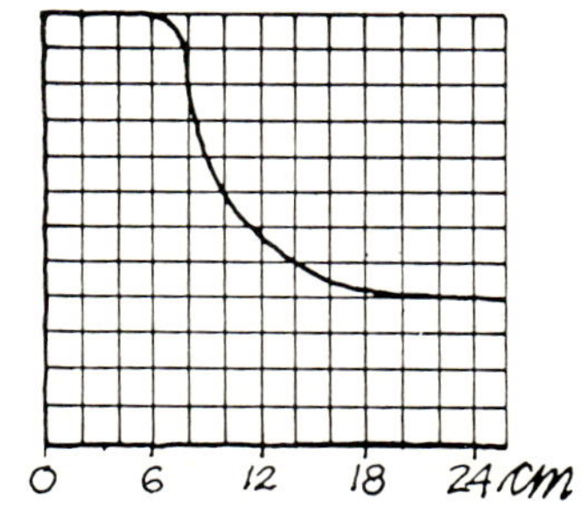

Wandkonsole

Eine solche Ablage kann an vielen Stellen in der Wohnung nützlich sein, weil es überall etwas abzulegen gibt. Sie kann natürlich auch nach Maß angefertigt werden: Man muß beileibe nicht die hier angegebenen Längenmaße einhalten, sondern kann das Bord auch kürzer oder länger machen. Die Abmessungen für die Konsolwinkel dagegen sollte man beibehalten – schon deswegen, damit man die in den Zeichnungen angegebenen Dimensionen nicht umrechnen muß.

Das Bord und die Tragwinkel werden aus 22 × 95 mm starken Brettern zusammengefügt, und zwar aus Nut-und-Feder-Brettern. Das Bord besteht aus drei Brettern – von denen eines (das hinterste nach dem Zusammenbau) schmäler gesägt wird (mit der Handkreissäge und einem Parallelanschlag). Die drei Bretter werden unter Zugabe von Leim zusammengefügt und mit Schraubzwingen zusammengepreßt.
Für die Konsolen fertigt man sich aus Papier eine Schablone, die sich aus der Zeichnung mit dem 2-cm-Raster ableiten läßt. Diese Schablone legt man dann so auf zwei zusammengeleimte Bret-

ter, wie es in der Zeichnung unten rechts zu sehen ist. Diese Teile sägt man am besten mit einer Stichsäge aus.
Die drei Konsolen werden durch eine Dachlatte miteinander verbunden. Jeweils drei von oben eingebohrte Dübel verbinden die Ablage mit den Konsolen.

Das wird für die Wandkonsole benötigt:
3 Bretter, 180 cm lang, 22 x 95 mm stark – für die Ablagefläche,
2 Bretter, ca. 90 cm lang, 22 x 95 mm stark – für drei Konsolen,
1 Dachlatte, gehobelt, ca. 140 cm lang – als Verbindung zwischen den Konsolen,
8 mm starkes Dübelholz,
Dübel und Schrauben zur Wandmontage.

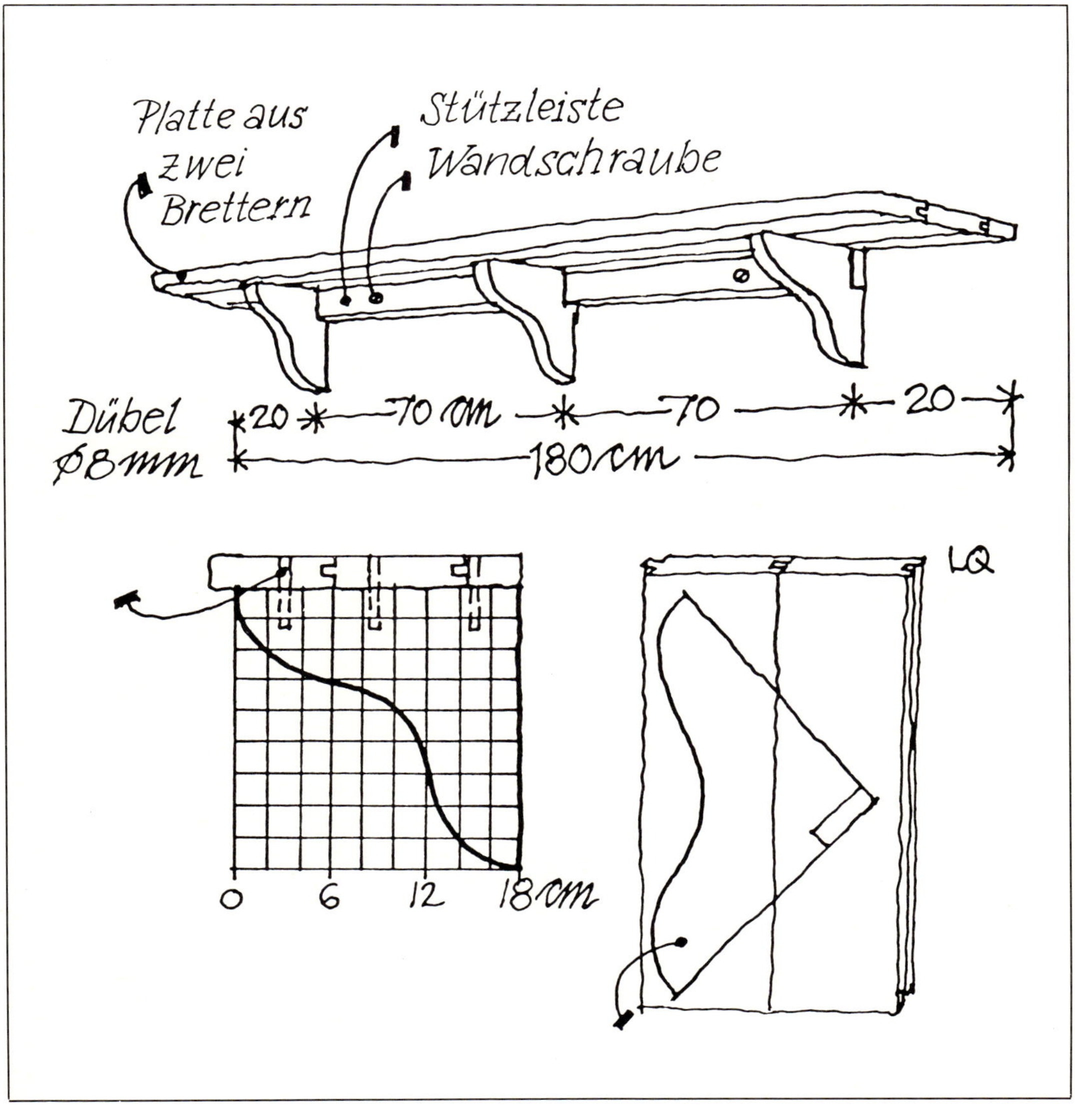

Kleines Wandbord, neben dem Bett zu befestigen

Das hier vorgestellte Bord ist von Stephan Gip zusammen mit dem auf Seite 216 gezeigten Bett entworfen worden: Es kann, wie man im Foto deutlich erkennen kann, auf die Seitenwand des Bettes aufgesteckt werden.

Man kann das Wandbord aber auch unabhängig vom Bett bauen und verwenden: Es läßt sich nämlich auch direkt an die Wand schrauben. Dazu muß aber die hier gezeigte Konstruktion ein wenig verändert werden.

Hier zunächst aber die Konstruktion, wie sie in den Zeichnungen dargestellt ist.

Drei 24 cm lange Brettstücke (22 × 95 mm stark) werden zu einer rechteckigen Fläche zusammengeleimt. Es ist dabei darauf zu achten, daß die Nut-und-Feder-Fugen sehr dicht schließen, so daß sich eine geschlossene Fläche ergibt. Man spannt die Bretter während der Abbindezeit des Leims mit großen Schraubzwingen zusammen. Nachdem die Leimverbindungen fest geworden sind, zeichnet man 10 cm von einer Längskante

und jeweils 12 cm von den Stirnkanten entfernt einen Punkt an und reißt um diesen Punkt einen Halbkreis mit 12 cm Radius an: Entlang dieser Linie wird nun mit einer Stichsäge die Vorderkante des Bordes halbrund ausgesägt.
An die (gerade) hintere Kante wird ein 7 cm breites Brett gedübelt (dieses Brett entsteht, wenn man von einem 95 mm breiten Nut-und-Feder-Brett die Feder absägt und auf der anderen Seite dann noch so viel abtrennt, daß auch die Nut wegfällt).
Die Konsole entsteht genauso wie bei der Wandablage, die auf den vorigen Seiten gezeigt wird: Zwei Nut-und-Feder-Bretter werden miteinander verleimt, dann wird eine Papierschablone aufgelegt, nachgezeichnet – so daß man die geschwungene Form mit einer Stichsäge nachzeichnen kann. Die Konsole wird mit drei 8 mm starken Dübeln unter die Ablageplatte geleimt – und zwar so, daß zwischen ihrer rückwärtigen (geraden) Kante und der Innenkante des Brettes, das man an die Hinterkante der Ablage geleimt hat, ein Zwischenraum von gut 22 mm bleibt, dann kann man die Konsole auf die 22 mm starke Seitenwand des Bettes von Seite 216 aufstecken. Wenn man – und dies ist die eingangs erwähnte Konstruktionsänderung – die Ablage aber an die Wand schrauben will, dann wird der Konsolwinkel so befestigt, daß er mit der hinteren Kante der Ablage abschließt. Zuvor muß in die senkrechte Kante der Konsole noch ein Ausschnitt eingesägt werden, in den man eine Dachlatte einlegen kann. Das heißt: In diesem Fall werden Ablageplatte, Konsole und Dachlatte wieder so verbunden, wie es auch bei dem Wandbord auf der vorigen Seite zu sehen ist.

Das braucht man für dieses Wandbord:
3 Bretter, 50 cm lang, 22 × 95 mm stark
8 mm starkes Dübelholz

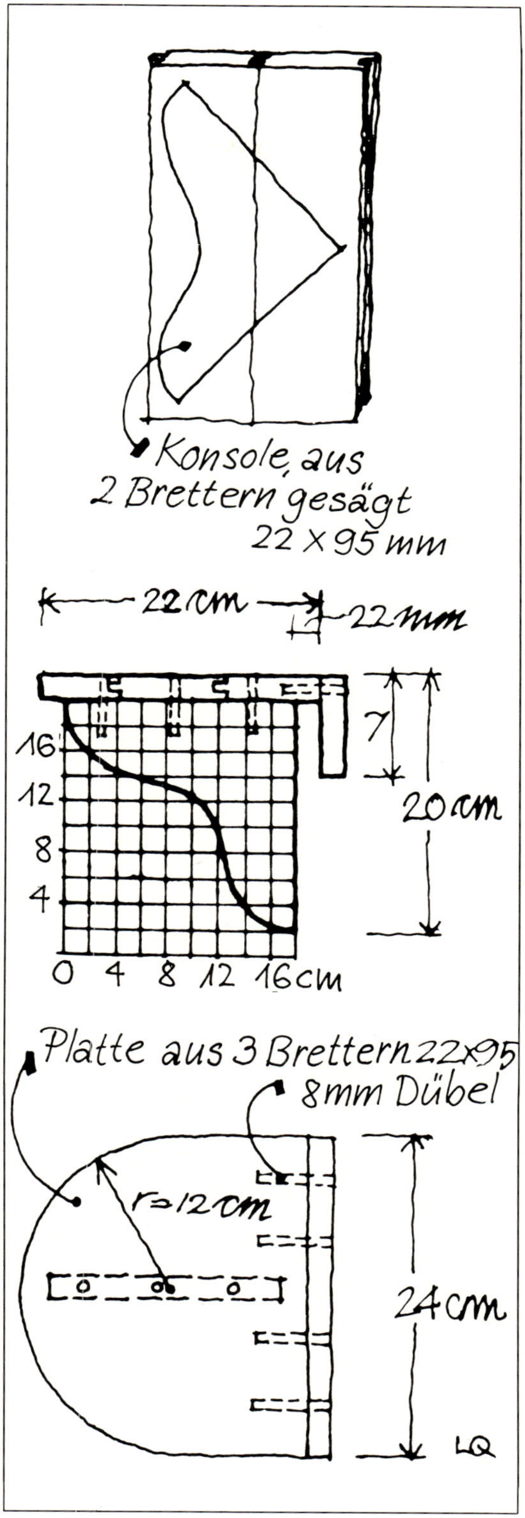

Die Konstruktion eines Etagenbettes

Etagenbetten sollten eigentlich überflüssig sein: Ausreichend große und ausreichend viele Zimmer in den Wohnungen sind die bessere bzw. richtige Lösung. Freilich sehen Kinder Etagenbetten oft gar nicht mal als Notlösung an, sondern akzeptieren dieses Mobiliar als unkonventionelles Turn- und Spiel„gerät“. Bei manchen Geschwistern gibt es Streit darüber, wer oben schlafen darf; nicht selten wird das Problem nur dadurch gelöst, daß die Belegung in regelmäßigen Abständen wechselt.

Nun aber zur Konstruktion.

Das untere Bett wird so gebaut wie das Doppelbett auf den Seiten 216 und 217. Freilich mit einigen Änderungen:

Die Längsseiten sind 206 cm lang, die Schmalseiten aber nur 91 cm. Als Matratzenauflage ist hier eine 19 mm starke Spanplatte vorgeschlagen. Ebensogut kann aber auch die beim Doppelbett vorgeschlagene Konstruktion übernommen werden. Hier sind nur 90 cm lange Latten

(22 × 45 mm stark) nötig; es wird in diesem Fall auch kein Mittelsteg benötigt.
Das obere Bett stimmt mit den vier Tafeln mit dem unteren Bett überein. Die vier Eckpfosten (bzw. aus Kanthölzern gebildeten Winkel) sind hier allerdings sehr viel länger. Wie lang genau, das kann hier nicht angegeben werden: Das exakte Maß hängt von der Höhe des Raumes ab, in dem das Bett aufgestellt werden soll. Das Bett soll nämlich bis an die Zimmerdecke stoßen. Und da es keine einheitlichen Maße im Wohnungsbau gibt, können die Pfosten mal 160 cm lang sein, mal 164 cm – oder auch länger (Raumhöhe 240 bzw. 244 minus 80 cm für die unteren Pfosten . . .).
Am oberen Ende der Pfosten für das obere Bett sind ebenfalls Fichtenbretter anzuschrauben – die sich nach dem Zusammenbau der Seitenteile zu einem Rahmen schließen: Dieser Rahmen verläuft dann dicht unter der Zimmerdecke. Er sorgt dafür, daß das Bett noch etwas stabiler wird und daß es nicht wackelt. An diesem Rahmen kann man auch zwei oder vier Eisenwinkel festschrauben, deren zweiter Schenkel mit Schrauben und Dübel an der Zimmerdecke befestigt ist: diese Verbindung gibt zusätzliche Sicherheit, daß das obere Bett sich nicht selbständig macht.

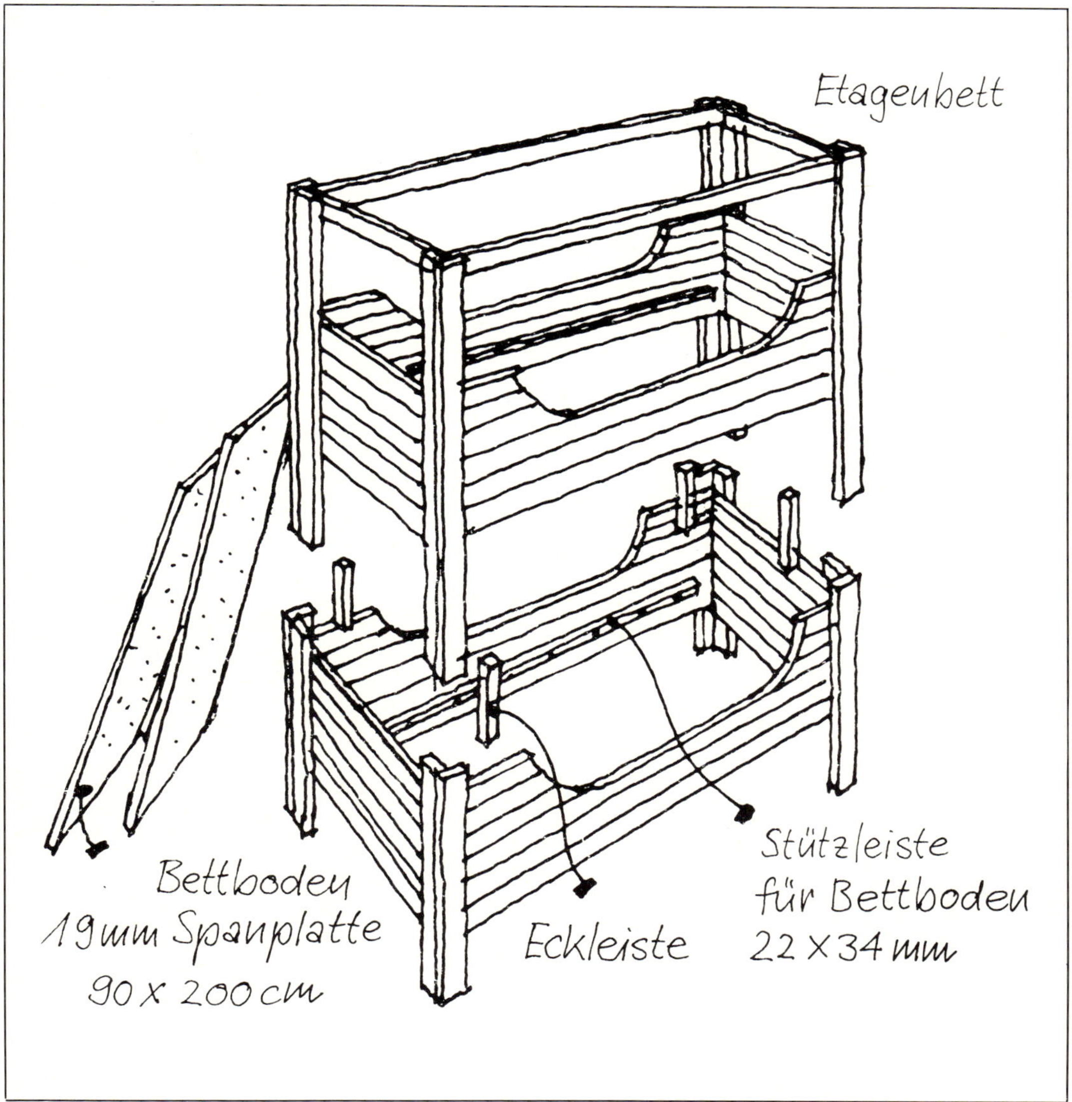

Die Verbindung zwischen den beiden Etagen ist höchst simpel:
Die Betten werden aufeinandergestellt (wobei es sich zeigt, ob man sauber konstruiert hat: Die Pfosten müssen exakt aufeinander passen); dann befestigt man in den vier Ecken vier Leisten (22 x 34 mm stark und jeweils 25 cm lang). Diese Leisten sorgen dafür, daß die Pfosten nicht mehr verrutschen können – und daß das obere Bett einen sicheren Stand auf dem unteren Bett hat. Die Detailzeichnung auf der rechten Seite zeigt übrigens, daß die Innenkanten dieser kurzen Leisten abgeschrägt werden müssen.

Bei diesem – wie auch bei dem auf den vorhergehenden Seiten gezeigten – Bett ist es außerordentlich wichtig, daß die Kanten aller Bauteile gut abgerundet bzw. abgeschrägt werden. Es lohnt sich in diesem Fall, die Brettkanten anzufeuchten und über Nacht trocknen zu lassen, ehe man schleift: Durch das Wässern werden, wie schon auf anderen Seiten in diesem Buch erklärt worden ist, die Holzfasern, die angeschnitten an der Oberfläche liegen, aufgerichtet; wenn man sie dann mit einem scharfen Schleifpapier abschneidet, wird sich eine wirklich glatte und splitterfreie Kante ergeben. Man sollte sich diese Mühe ma-

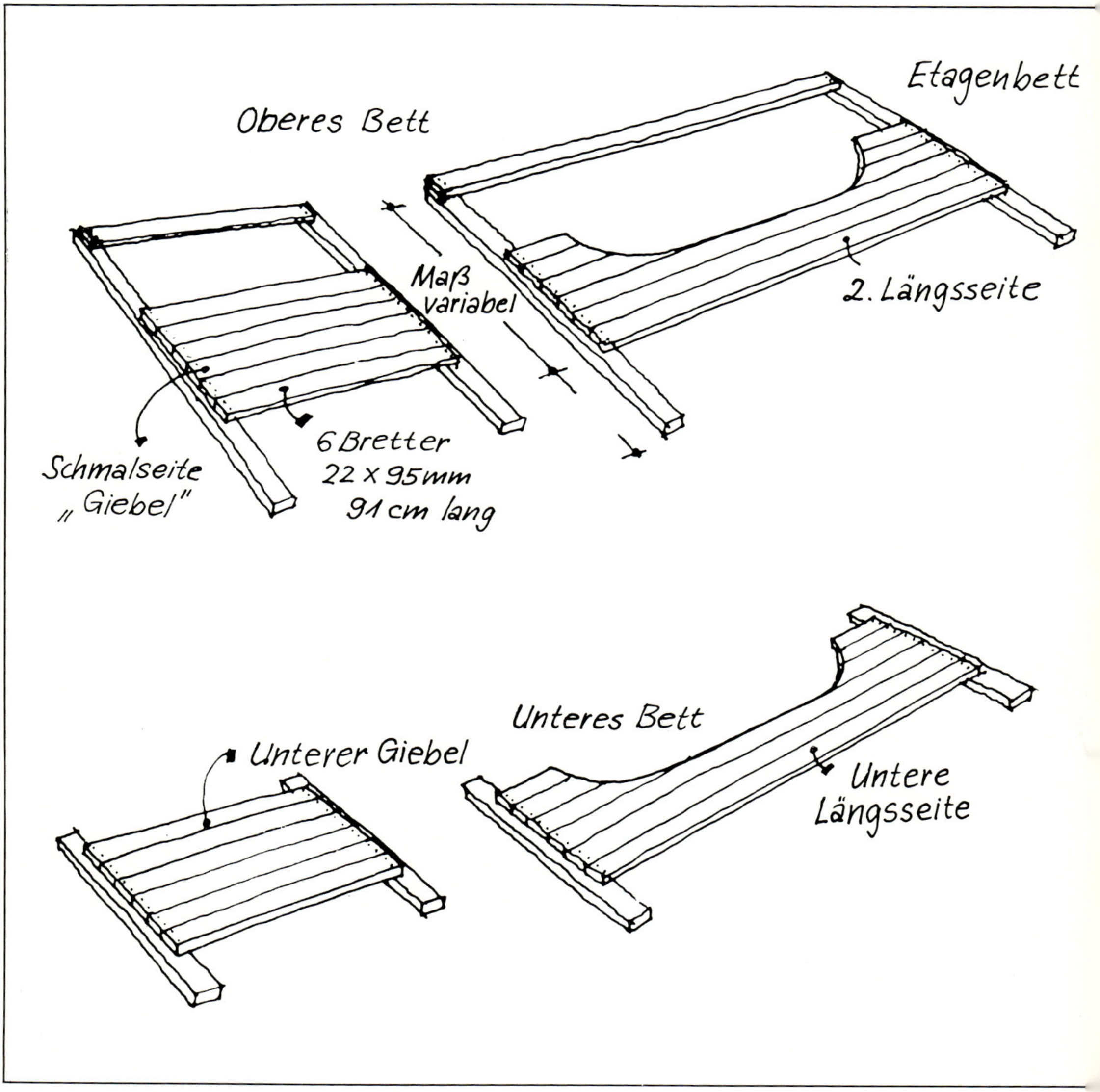

chen – und sollte sogar bereit sein, das Holz unter Umständen ein zweites Mal dieser Prozedur zu unterziehen: so schützt man sich dann wirklich vor Holzsplittern. Weil das Bett Abmessungen aufweist, die für Betten durchaus üblich sind, kann man handelsübliche Matratzen verwenden. Man kann aber auch die Matratze selber anfertigen. Dazu kauft man nicht nur eine 12 cm dicke Schaumstoffplatte und den Drell in ausreichender Menge: Wichtig ist, daß man die Schaumstoffplatte mit einer Polsterwatte abdeckt. Diese Polsterwatte gibt es in breiten Bahnen; das flauschige Material ist etwa 1 cm „dick" – und sorgt dafür, daß die Matratze etwas weicher wirkt. Es sorgt aber vor allem dafür, daß der Drellbezug nicht an der Schaumstoffplatte reibt. Die Watte wirkt als Ausgleich und verhindert so, daß der Drell Falten wirft (und wenn sich einmal Falten bilden, sind sie mit einem leichten Schlag mit der flachen Hand auf den Drellbezug wieder zu beseitigen). Legt man den Drell direkt auf den Schaumstoff, zeigt der Bezug ständig Falten; außerdem wandert er dann um den Schaumstoffkern herum.

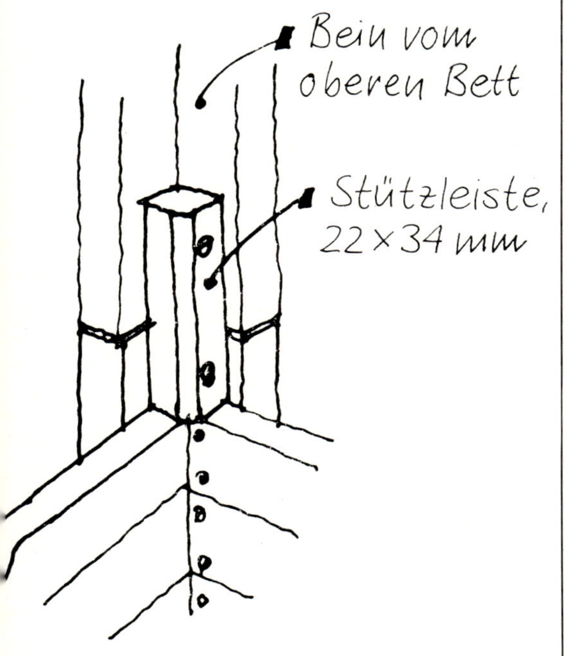

Dieses Material wird benötigt:

12 Bretter, 22 × 95 mm stark, 206 cm lang – für die Längsseiten,
12 Bretter, 22 × 95 mm stark, 91 cm lang – für die Seitenteile,
8 Bretter, 34 × 70 mm stark, 80 cm lang – für die Pfosten des unteren Bettes,
8 Bretter, 34 × 70 mm stark, etwa 160 bis 165 cm lang (je nach Raumhöhe) – für die Pfosten des oberen Bettes,
2 Bretter, 22 × 95 mm stark, 206 cm lang – für den Rahmen des oberen Bettes,
2 Bretter, 22 × 95 mm stark, 91 cm lang – die Schmalseiten des Rahmens am oberen Bett,
2 Spanplatten, 19 mm stark, 200 × 90 cm groß – als Böden in den Betten,
4 Leisten, 22 × 34 mm stark, 200 cm lang – als Auflage für die Bettböden,
4 Leisten, 22 × 34 mm stark, 25 cm lang – als Verbindung zwischen unterem und oberem Bett,

dazu Leim, Linsenkopfschrauben – und zwei Matratzen, 200 × 90 cm groß.

Französisches Bett aus nordischer Fichte

Für den Leser, der die vorhergehenden Seiten aufmerksam studiert hat, gibt die Konstruktion dieses Bettes kaum noch Rätsel auf: Bretter werden zu Flächen zusammengefügt – ehe diese Flächen dann zum Möbel miteinander verbunden werden.

Die Eckpfosten werden durch 34 × 70 mm starke und 80 cm lange Kanthölzer gebildet, die im Winkel zueinander stehen. Diese Pfosten werden aber nicht für sich gebaut, sondern sie entstehen nach dem Zusammenfügen der Längs- und Schmalseitentafeln, an die je zwei Kanthölzer geschraubt worden sind. Die Detailzeichnungen lassen erkennen, wie man die Kanthölzer an die Tafeln anfügen muß, damit sie sich nachher auch exakt zu Winkeln miteinander verbinden.

Den Boden des Bettes bilden Holzlatten, 22 × 45 mm stark, die an den Seiten auf 22 × 34 mm starken Stützleisten und in der Mitte zusätzlich auf einem ebenfalls 22 × 45 mm starken Steg aufliegen.

Man sollte sich bei der Befestigung dieser Latten den Luxus leisten, dünne Lederreste in schmale Streifen bzw. kleine Stücke zu zerschneiden und dort unter die Latten zu legen, wo sie seitlich und in der Mitte aufliegen.

Dieses Material wird benötigt:

12 Bretter, 182 cm lang – die Schmalseiten,
12 Bretter, 206 cm lang – die Längsseiten,
8 Kanthölzer, 34 x 70 mm stark, 80 cm lang – für die Eckpfosten,
2 Leisten, 22 x 34 mm stark, 200 cm lang – als seitliche Auflagen,
1 Leiste, 22 x 45 mm stark, 200 cm lang – als Mittelsteg,
20 Leisten, 22 x 45 mm stark, 182 cm lang – als Bettboden,
Leim, Linsenkopfschrauben, Lederreste.
Schließlich: eine 200 x 180 cm große Matratze.

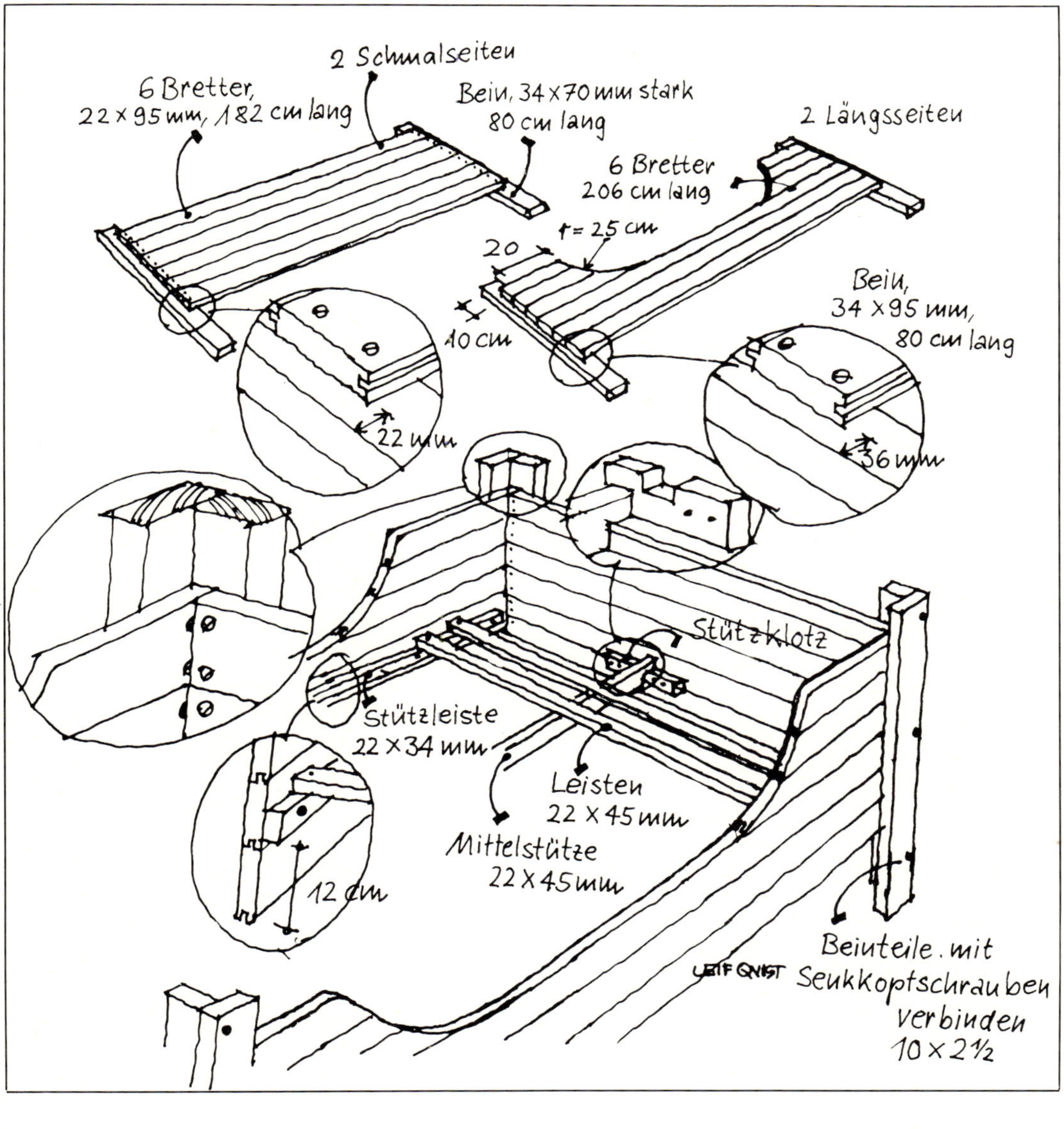

Ein Sofa aus lauter Brettern gefügt

Man braucht wieder 22 x 95 mm starke Nut-und-Feder-Bretter, die nach Möglichkeit weitgehend astfrei sein sollten. Zumindest sollten sie keine großen Äste aufweisen, die früher oder später aus dem immer trockener werdenden Holz herausfallen – und deshalb zweckmäßigerweise gleich jetzt ausgebohrt und durch Astlochdübel ersetzt werden. Kleine, fest eingewachsene Äste dagegen erfordern solche Behandlung nicht; sie wirken auch nicht störend – sofern man sich von vornherein darüber klar ist, daß dieses Möbel recht rustikal und derb wirkt.

Für die Arbeit sollte eine ausreichend große, d. h. wenigstens 70 cm breite Arbeitsfläche zur Verfügung stehen. Wenn sie über 2 m lang ist, wäre es gut. Aber es ist nicht erforderlich. Wichtig dagegen ist, daß die aus einzelnen Brettern gefügten Bauteile zumindest in ihrer ganzen Breite auf einer ebenen Unterlage liegen, während der Leim abbindet und Schraubzwingen die Leimverbindungen unter Druck halten. Denn nur dann ist ge-

währleistet, daß man völlig ebene – und nicht verzogene Bauteile herstellt.
Der großen Zeichnung ist zu entnehmen, daß die beiden Seiten aus je acht Nut-und-Feder-Brettern von 80 cm Länge bestehen (aus denen dann mit den angegebenen Radien die Armlehnen auszusägen sind), daß Vorder- und Rückteil aus je drei Brettern zusammengefügt sind und daß schließlich noch eine aus drei Brettern gefügte Rückenlehne eingebaut wird. Für die Verbindung zwischen Rückenlehne und den beiden Seitenteilen sorgen zwei 45 x 45 mm starke Kanthölzer, jeweils 25 cm lang, deren eine Kante abgeschrägt wird, wie es der Detailzeichnung zu entnehmen ist.
15 mm unter den Oberkanten von Vorder- und Rückteil werden Dachlatten befestigt. Weitere Dachlatten sind an den Schmalseiten und dann noch in Abständen von etwa 70 cm senkrecht unter die waagerecht verlaufende Latte zu leimen. Nachdem man alle Teile zusammengefügt hat (man verwendet dazu Leim und Schrauben), werden 70 x 15 mm starke Bretter – mit jeweils etwa 7 cm Zwischenraum – auf den nun entstehenden Bodenkasten aufgeschraubt. Damit ist dann das Sofa im Rohbau fertig. Alle Teile sind sauber zu schleifen, die Kanten sind gut abzurunden (und eventuell mit Holzkitt auszubessern, wenn die Nut-und-Feder-Verbindungen nicht ganz sauber schließen) – ehe die Polsterung aus dicken Schaumstoffplatten mit Watteabdeckung angefertigt wird.

Das wird für das Sofa benötigt:

16 Bretter, 22 x 95 mm stark, 80 cm lang – für die Seitenteile,
6 Bretter, 190 cm lang – für Vorder- und Rückteil,
3 Bretter, 190 cm lang – für die Rückenlehne,
2 Vierkanthölzer, 45 x 45 mm stark, 25 cm lang – für die Eckverbindungen zwischen Rücken- und Seitenlehnen,
2 Dachlatten, 190 cm lang – als Auflage für die Sitzfläche,
8 Dachlatten, jeweils etwa 20 cm lang – als Stützen für die langen Dachlatten,
15 Bretter, 70 x 15 mm stark, 75,6 cm lang – als Sitzfläche
dazu noch Polstermaterial.

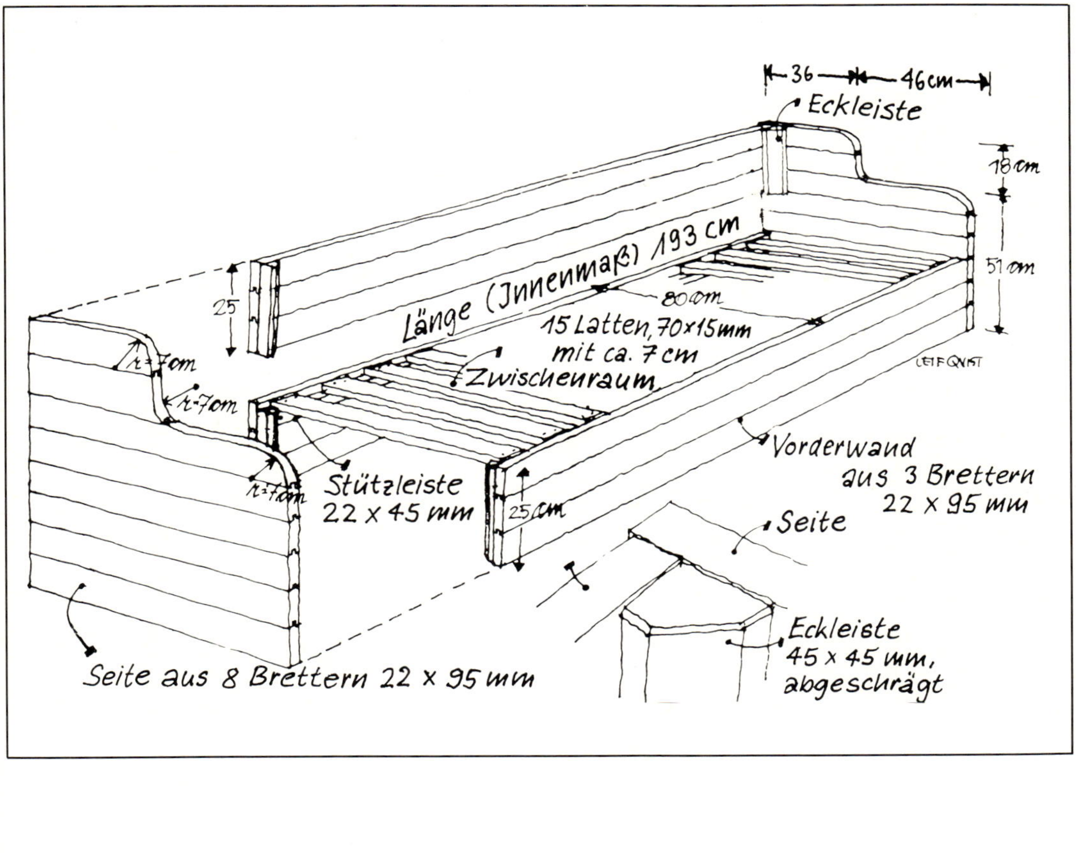

Ein schlankes Büffet beim Eßtisch

Heute gibt man der niedrigen, breiten Anrichte als Möbel zur Aufbewahrung des Eßgeschirrs den Vorzug – früher waren die Eßzimmer mit hohen und mehr oder weniger breiten Büffets möbliert. Ein später Nachzügler dieser Büffets ist das hier vorgestellte Möbel.

Die 155 cm hohen Seiten bestehen aus jeweils vier Brettern – von denen dann allerdings im oberen Teil nur noch jeweils zwei zu sehen sind: Die Seiten werden von 34 cm Breite im unteren Teil auf 17 cm Breite im oberen Teil verjüngt (die Radien der Übergänge betragen 7 cm – wie der Zeichnung zu entnehmen ist). Zwischen diese Seiten werden dann zwei Böden eingefügt, die ebenfalls aus vier Brettern zusammengesetzt sind – sowie drei Ablagen im oberen Teil.

Die großen Böden sind 60 cm lang und 34 cm breit: Wollte man in diesen unteren Teil noch einen Zwischenboden einfügen, dann dürfte er nur 29 cm breit sein, weil die Tür bündig mit den Vorderkanten des oberen und unteren Bodens abschließt.

Unter dem unteren Boden befestigt man noch eine 8 cm hohe Zarge. Eine weitere Zarge wird über der obersten Ablage montiert. Der Kasten wird auf der Rückseite mit einer Hartfaserplatte geschlossen.

Die Tür besteht aus einem Rahmen, der aus 22 x 95 mm starken – aber um Nut und Feder reduzierten, also nur noch 80 mm breiten – Brettern gefertigt wird. Hinter diesen Rahmen setzt man dann eine aus 5 Brettern gefügte Füllung, deren Ränder durch 15 x 15 mm starke Leisten verblendet werden.

Das braucht man für das Büffet:

8 Bretter, 22 x 95 mm stark, 155 cm lang – für die beiden Seiten,
8 Bretter, 60 cm lang – für die Böden des Kastens,
6 Bretter, 60 cm lang – für die drei offenen Ablagen,
2 Bretter, 22 x 80 mm stark, 60 cm lang – als Zargen,
2 Bretter, 60 cm lang, und
2 Bretter, 37 cm lang – als Rahmen für die Tür,
5 Bretter, 50 cm lang – als Füllung für die Tür,
1 Hartfaserplatte, 60 x 60 cm groß – als Rückwand,
2 Scharniere, ein Magnetverschluß, ein Möbelknopf, 5 cm lange Schrauben, 2 cm lange Schrauben, Leim.

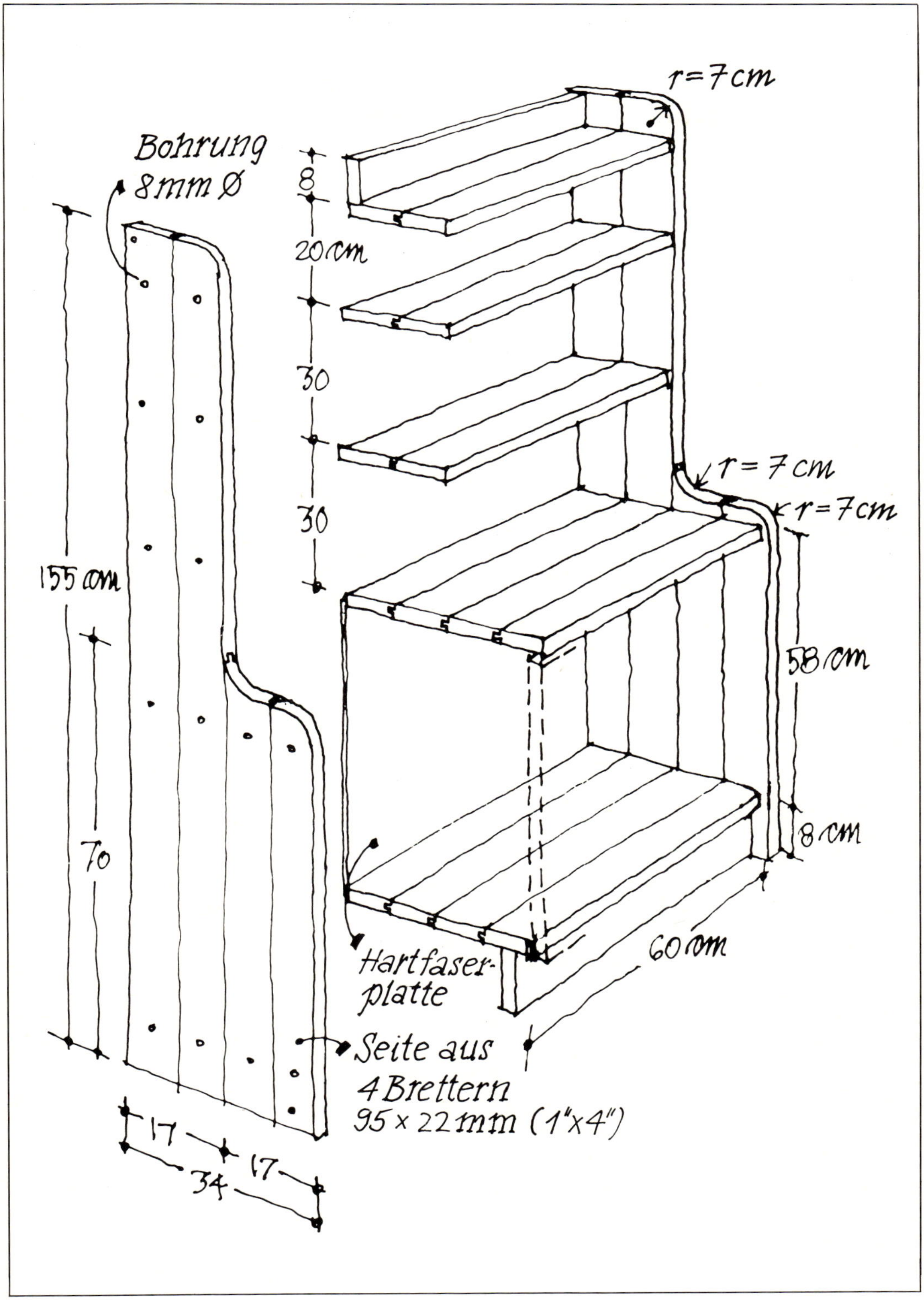
r=7cm
Bohrung
8mm Ø
8
20cm
30
30
155cm
70
r=7cm
r=7cm
58cm
8cm
60cm
Hartfaser-
platte
Seite aus
4 Brettern
95 x 22 mm (1"x4")
17
17
34

Noch ein Bett, aus Brettern gebaut

Auf den folgenden Seiten ist noch einmal das Bauprinzip des „Bretter-Bettes“ in vielen Zeichnungen dargestellt – nun aber mit einigen Variationen, die schon einige handwerkliche Erfahrung voraussetzen. So zum Beispiel schlägt Stephan Gip vor, daß an sämtliche Bretter Fasen angehobelt werden. Dadurch werden die Oberflächen der vier Bettseiten etwas lebendiger. Solche Fasen gleichmäßig zu hobeln, ist nicht leicht: Man sollte es lieber erst an Abfallbrettern üben, ehe man sich daran macht, das für dieses Bett eingekaufte Material zu bearbeiten. Außerdem sind die Seitenteile mit anders geformten Schweifungen versehen (auch hierzu ist wiederum eine Stichsäge erforderlich). Die Pfosten sind an den Oberkanten abgerundet. Und schließlich sieht der Bettboden anders aus: hier wird auf die Stützleisten eine 19 mm starke Spanplatte gelegt. Alle Bauteile sind in den Abmessungen identisch mit den Teilen, die für das Doppelbett auf Seite 216 benötigt werden. Ergänzend kommt hier

ein Halbrundstab hinzu, der an die Seitenwände des Bettes gedübelt wird. Nicht benötigt werden die Leisten, aus denen dort der Bettboden gebildet worden ist (natürlich kann man auch jene Konstruktion hier anwenden).

In der „Explosivzeichnung" ist zu sehen, daß hier zwei Matratzen vorgeschlagen sind. Man kann sich mit nur einer Matratze begnügen – man kann aber auch dieses (früher durchaus übliche) Verfahren wählen, auf die (härtere) Schaumstoffmatratze noch eine etwa 10 cm dicke Auflage aus weichem Material aufzulegen. Nichts für den, der Schwierigkeiten mit der Bandscheibe hat ...

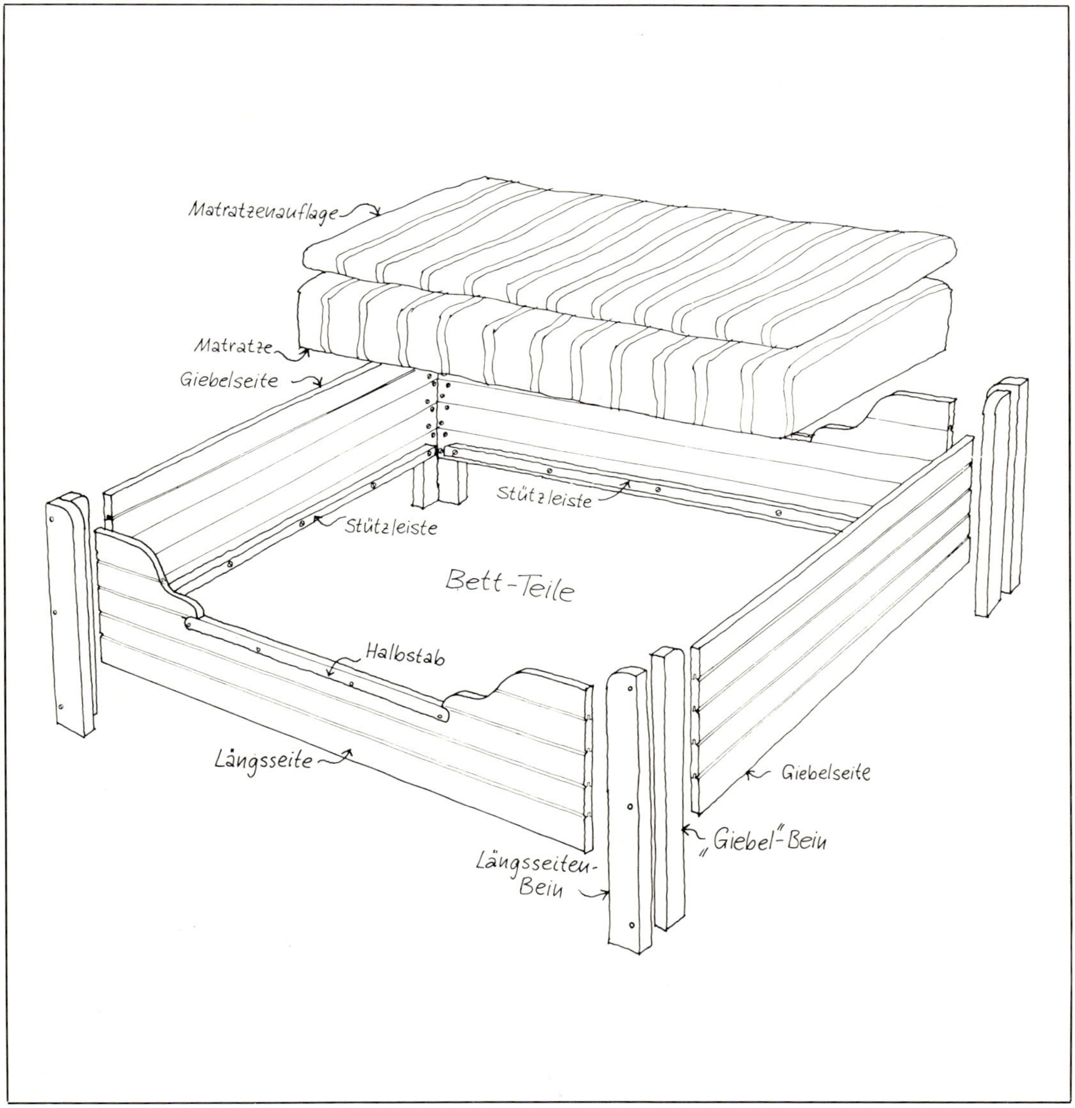

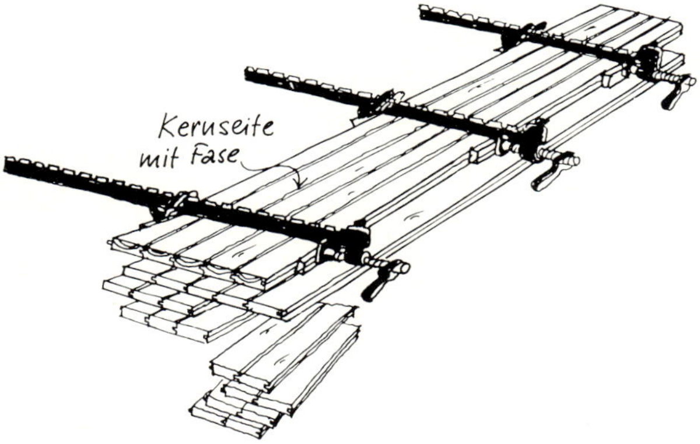
Kernseite
mit Fase

Spannvorrichtung

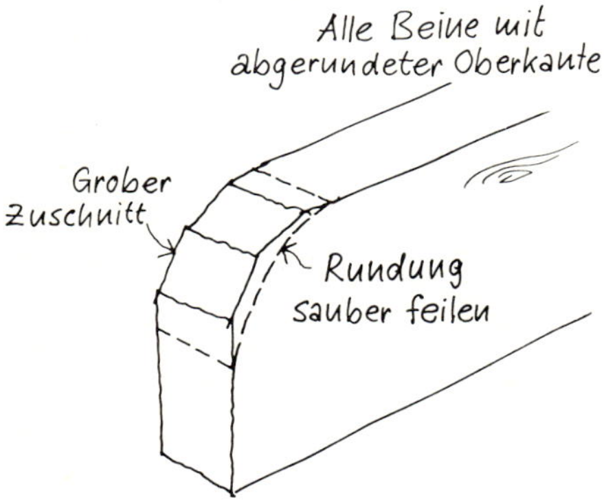
Alle Beine mit
abgerundeter Oberkante
Grober
Zuschnitt
Rundung
sauber feilen

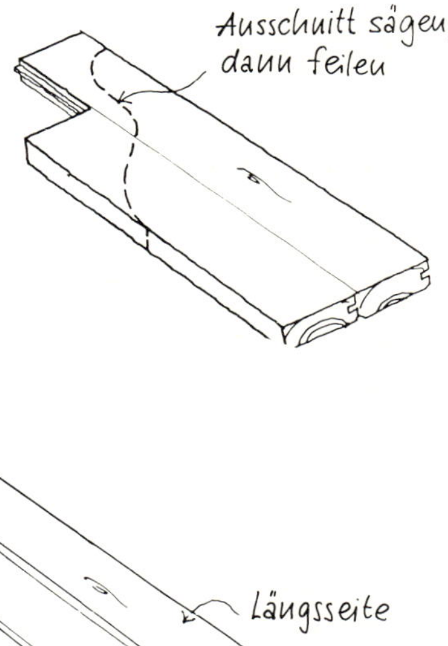
Ausschnitt sägen,
dann feilen

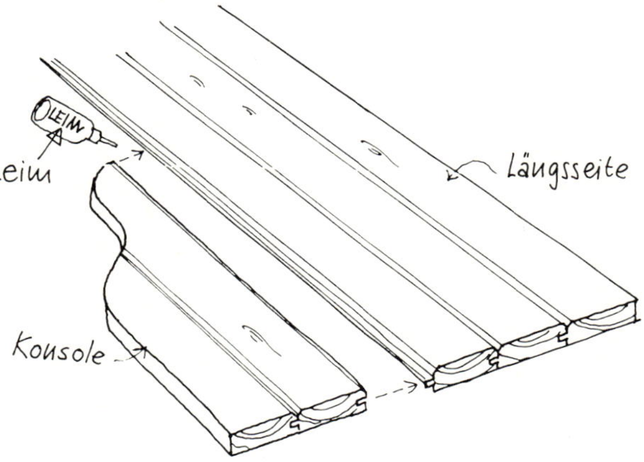
LEIM
Leim
Längsseite
Konsole

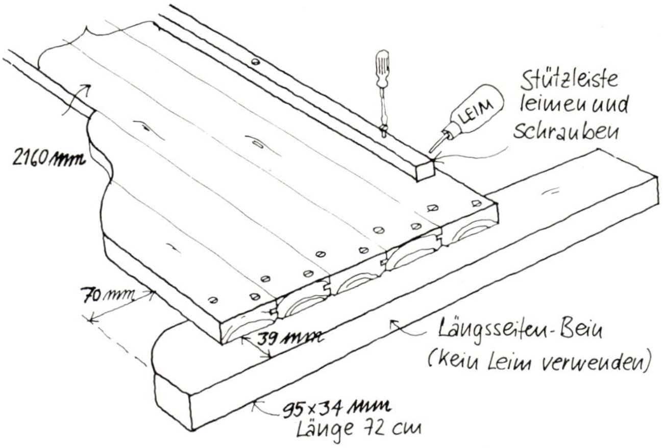
Stützleiste
leimen und
schrauben
LEIM
2160 mm
70 mm
39 mm
Längsseiten-Bein
(kein Leim verwenden)
95×34 mm
Länge 72 cm

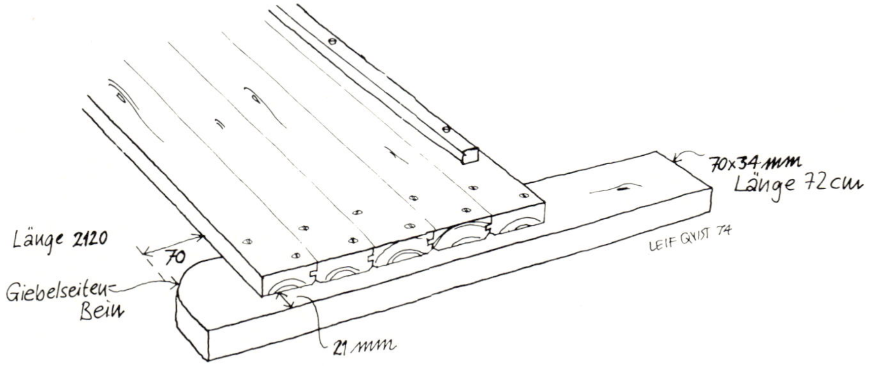
70×34 mm
Länge 72 cm
Länge 2120
70
Giebelseiten-
Bein
21 mm
LEIF QVIST 74

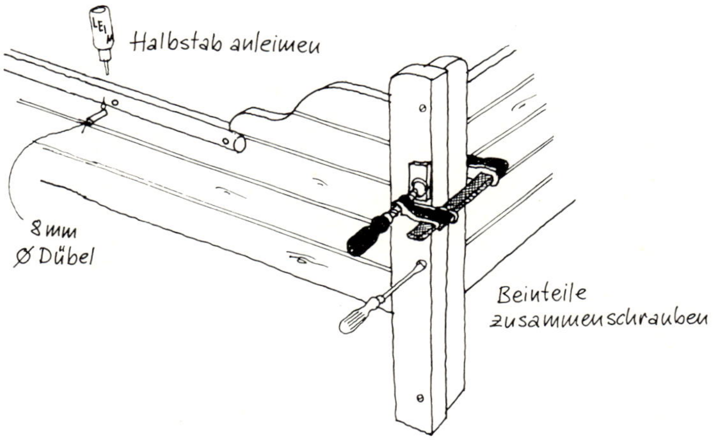
LEIM
Halbstab anleimen
8 mm
Ø Dübel
Beinteile
zusammenschrauben

Zweisitzer-Sofa, einfach konstruiert

Wer das Foto betrachtet, meint sicher, dies könnte auch ein serienmäßig oder von einem Handwerk-Spezialisten gebautes Mobiliar sein. Es handelt sich aber um Do-it-yourself-Möbel, deren Anfertigung sich ein Anfänger zwar nicht zumuten sollte, einem geübten Heimwerker aber nicht unüberwindliche Schwierigkeiten bereiten sollte.
Zunächst das Gestell. Es werden erst einmal zwei Rahmen für die Seitenlehnen gebaut – und zwar aus 22 x 70 mm starken Brettern. Für jeden Rahmen werden zwei 70 cm lange Stücke als Beine und zwei 75 cm lange Stücke als waagerechte Streben benötigt. Dazu zwei Hartfaserplatten. Sie sind 50 x 79,4 cm groß und werden auf beide Seiten des Rahmens genagelt (in der ersten Zeichnung unten ist nur jeweils eine zu sehen). Aus den Abmessungen dieser Platten ergibt sich, daß der untere Steg des Rahmens 20 cm vom Fußboden entfernt anzubringen ist. Ein dritter Rahmen ist zu bauen: er ergibt die Rückenlehne. Die Teile für diesen Rahmen sind

135 und 45,6 cm lang. Außerdem werden auch hier zwei Hartfaserplatten, diesmal in unterschiedlichen Größen, gebraucht. Die eine Platte ist 150 x 50 cm groß und wird an der Außenseite des fertigen Gestells befestigt, wenn die drei Rahmen zusammengefügt sind. Die andere Platte ist 135 x 50 cm groß und ist auf der Innenseite des Rahmens für die Rückenlehne zu befestigen. Die Rahmen sind mit langen Holzschrauben zu verbinden.

Als nächstes ist der Sitzrahmen anzufertigen. Er besteht aus zwei 135 cm und zwei 68 cm langen Stücken sowie einer 16 mm starken Spanplatte.

In den Zeichnungen und Fotos ist ein anderer Konstruktionsvorschlag zu sehen: dort wird der „Boden" des Rahmens aus Polstergurten gebildet. Dazu kauft man 10 m Polstergurt, 50 Millimeter breit. Dieser Gurt ist in zehn Stücke von je einem Meter Länge zu zerschneiden. Die zehn Gurte sind in gleichmäßigen Abständen an einem 130 cm langen Brett (22 x 70 mm stark) zu befestigen: sie sind dazu einmal um das Brett zu schlingen.

Danach kann das Brett im Rahmen befestigt werden – und auch ein zweites, gleich langes Brett an der gegenüberliegenden Längsseite des Rah-

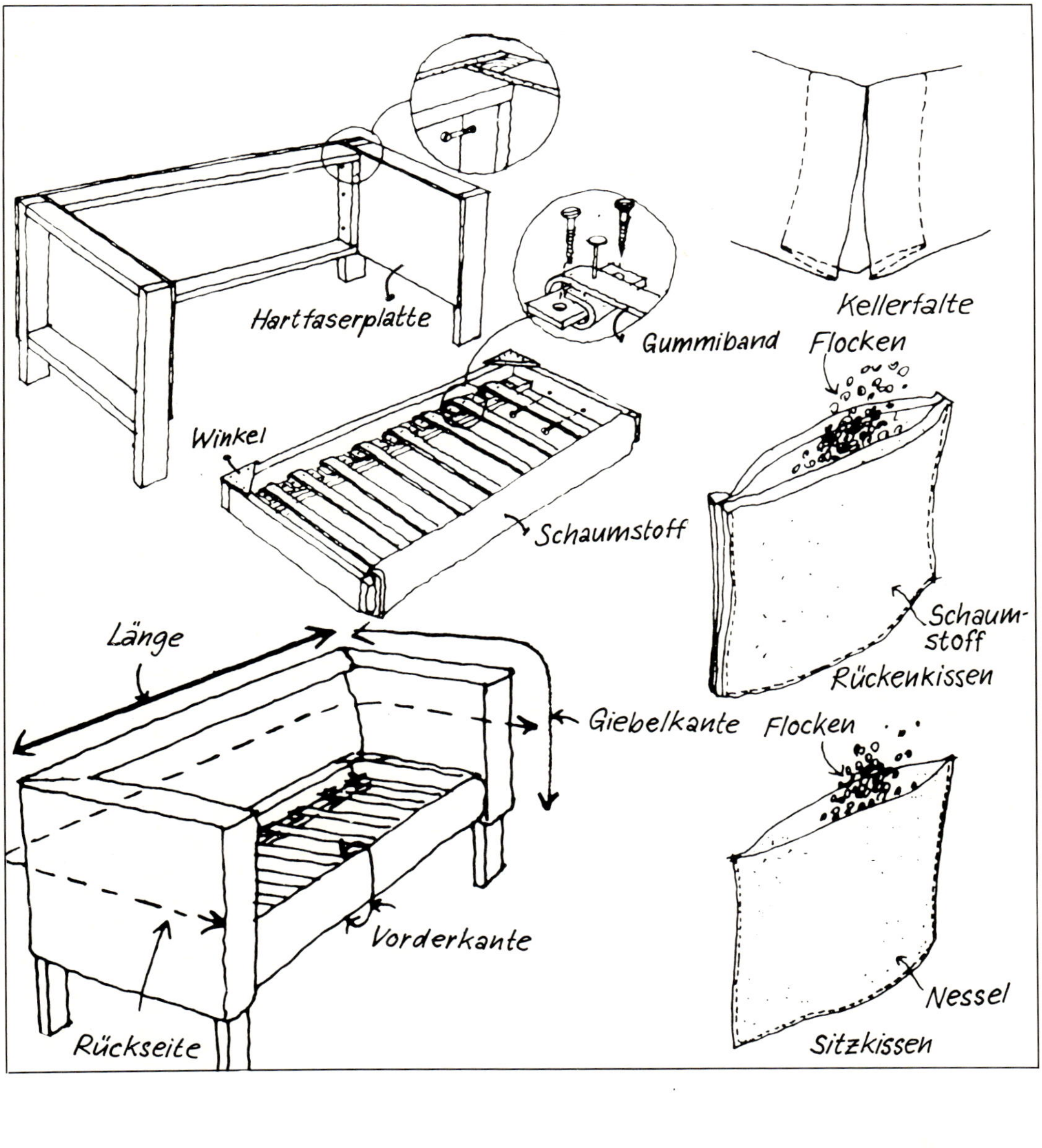

mens. Es liegt nicht am Rahmen an, sondern hält etwa einen Zentimeter Abstand: durch den entstehenden Spalt sind die Gurte zu ziehen, wenn sie nun einzeln gespannt und befestigt werden. Die Gurte müssen gleichmäßig gespannt werden. Es ist bei dieser Arbeit, die einige Anstren-

Die Rahmenteile werden aus 22 × 70 mm starken Brettern oder Latten konstruiert. Die Rahmenteile werden zunächst zugeschnitten, dann stumpf genagelt oder mit einer soliden Überplattung miteinander verbunden.

Jeder Rahmen wird mit zwei Hartfaserplatten geschlossen, eine auf der Innen-, eine auf der Außenseite des Sofagestells. Die Platten werden aufgeleimt und dann noch mit kleinen Blauköpfen befestigt.

Für ein dreisitziges Sofa muß in den Rahmen für die Rückenlehne mindestens noch ein Steg eingebaut werden, denn sonst biegt sich die Hartfaserplatte durch (im Foto ist der Rahmen für ein Zweisitzer-Sofa abgebildet).

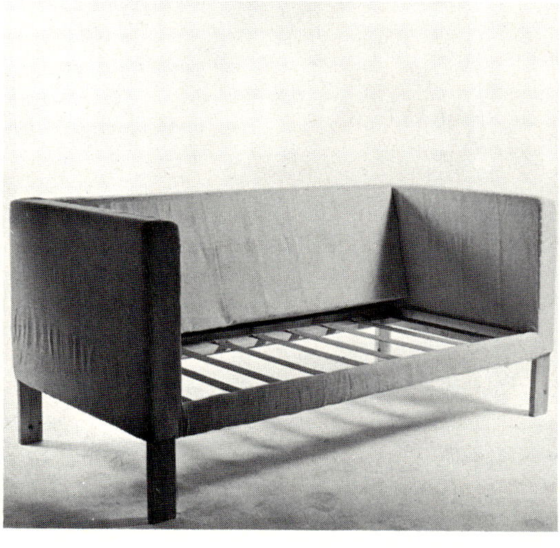

Die drei Rahmen für ein Sofa werden miteinander verschraubt. Dann überzieht man die Platten zunächst mit dünnem Schaumstoff und mit Polsterwatte. Darüber wird dann ein Nesselbezug gespannt. Im Foto enthält das Gestell schon den Sitzrahmen.

gung fordert, eine zweite Person erforderlich: Der eine spannt, der andere nagelt den gespannten Gurt fest. Wenn man sich diese Arbeit sparen will, kann man einfach eine 135 x 72 cm große und 16 mm starke Spanplatte auf dem Rahmen befestigen. Der Sitz wird dadurch härter.

Die Bezugteile werden am Gestell abgemessen, zugeschnitten und dann fadengerade am Weißpolster leicht angeheftet.

Ehe man den Stoff wendet sind alle Nähte zu bügeln, damit der Bezug nachher nicht beult und Falten wirft.

Bei einem Karomuster wie hier müssen die Streifen natürlich zusammenpassen – auch wenn das mehr Stoffverbrauch bedeutet.

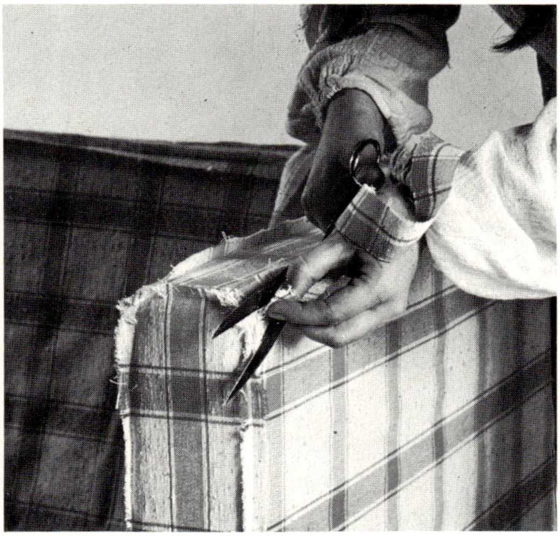

Die Teile werden auf dem Gestell zusammengenäht. Danach sind die Ränder so knapp wie möglich zu verputzen.

Selbstgebaute Trennwand in einem großen Kinderzimmer

Nicht alle Wände in der Wohnung müßten so massiv sein, wie es gemeinhin der Fall ist: Oft ist eine angedeutete Trennung, eine bloße Teilung eines großen Raumes auch schon ausreichend. So z. B. dann, wenn in einem großen Zimmer zwei Kinder unterzubringen sind, die nicht völlig voneinander abgekapselt werden sollen – die aber dennoch einen Bereich bekommen möchten, der ihnen allein gehört.

Für eine solche Situation (die sich z. B. dann ergeben kann, wenn das Elternschlafzimmer mit dem Kinderzimmer getauscht – und dann das größere Schlafzimmer in zwei Bereiche unterteilt wird) schlägt Stephan Gip eine ungewöhnliche Lösung vor: Er ordnet die beiden Betten in der Mitte des Raumes an (bzw. dort, wo der Raum unterteilt werden soll), und zwar entweder übereinander – wobei dann neben jedem Bett eine Trennwand angebracht wird, die aber in den beiden Bettetagen versetzt ist, oder aber nebenein-

ander mit einer Trennwand in der Mitte. Und über dieser Trennwand wird noch ein Regal angeordnet, das – ähnlich den Betten im erstgenannten Beispiel – wechselweise nach der einen und der anderen Seite offen ist. Beide Konstruktionen können von einem geschickten Heimwerker selbst gebaut werden. Verwendet wird 19 mm starke Spanplatte als wichtigstes Baumaterial. Dazu kommen 70 × 22 mm starke Leisten, die als Verstärkung oder an bestimmten, in den Zeichnungen erkennbaren Punkten als Auflage für die Betten oder das Regal, als Baumaterial für eine Leiter oder für eine Garderobenleiste dienen.

Auf die genauen Abmessungen der gezeigten Möbel müssen wir, verständlicherweise, verzichten – da die hier gewählten Maße nicht auf jeden Raum übertragen werden können. Es ist lediglich möglich, einige „Kern-Maße“ mitzuteilen:
Die Betten sollten 190 cm lang sein – sie müßten aber nicht unbedingt 90 cm breit sein: auch 75 cm genügen (das bedeutet, daß man die Matratzen selber aus Schaumstoffplatten und Abdeckmaterial plus Drell anfertigt).
Eine Schlafkoje sollte 90 cm hoch sein. Dann kann sich ein Kind darin auch aufsetzen – und dann bleibt noch Platz für rollende Kästen unter

dem unteren Bett und eventuell eine Ablage über dem oberen Bett.
Wenn man in die Konstruktion noch Schreibtische integrieren will, so wie es in den Fotos und in der Perspektivzeichnung rechts oben zu sehen ist, dann sollten diese Tischflächen wenigstens 60 cm tief und 120 cm breit sein, so daß das Arbeitsmaterial auch ausgebreitet – oder daß auch gebastelt werden kann.
Die Kästen unter den Betten sollten nicht zu groß dimensioniert werden (damit man nicht zu kräftiges Baumaterial verwenden muß, was die Kästen dann schier unbeweglich macht) – andererseits aber auch nicht so klein, daß sie kaum noch etwas aufnehmen können. Sie sollten jedenfalls so groß sein, daß sie das Bettzeug aufnehmen können – so daß sich die Betten tagsüber als Sitzflächen benutzen lassen.
Alle sichtbaren Kanten der 19 mm starken Spanplatten müssen mit Holzleisten umleimt werden. Ohne diese Umleimer wären die Plattenkanten bald unansehnlich.

Es ist außerordentlich wichtig, daß alle Teile fest miteinander verbunden werden (dabei berücksichtigen, daß Schrauben in Spanplatten keinen besonders guten Halt finden. Nach Möglichkeit also Schloßschrauben mit Muttern verwenden). Wichtig ist auch, daß die Konstruktionen mit den Wänden und/oder der Decke verbunden werden. Denn es ist zu erwarten, daß dieses Mobiliar nicht gerade schonend behandelt wird – und daß es deshalb auch ungestüme Turnübungen unbeschadet und ohne Gefahr für die Kinder überstehen muß.

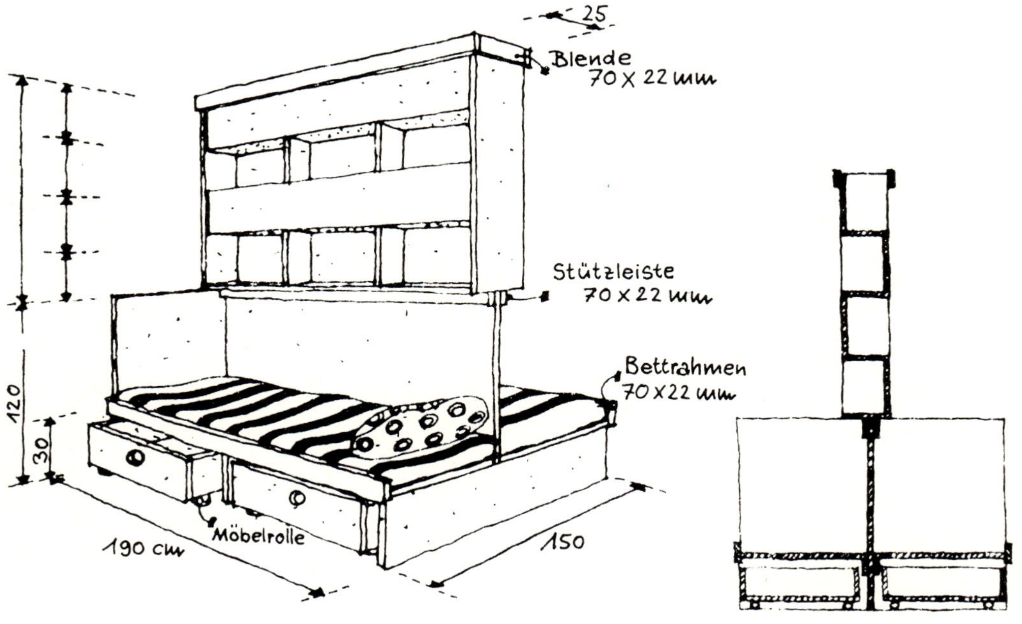

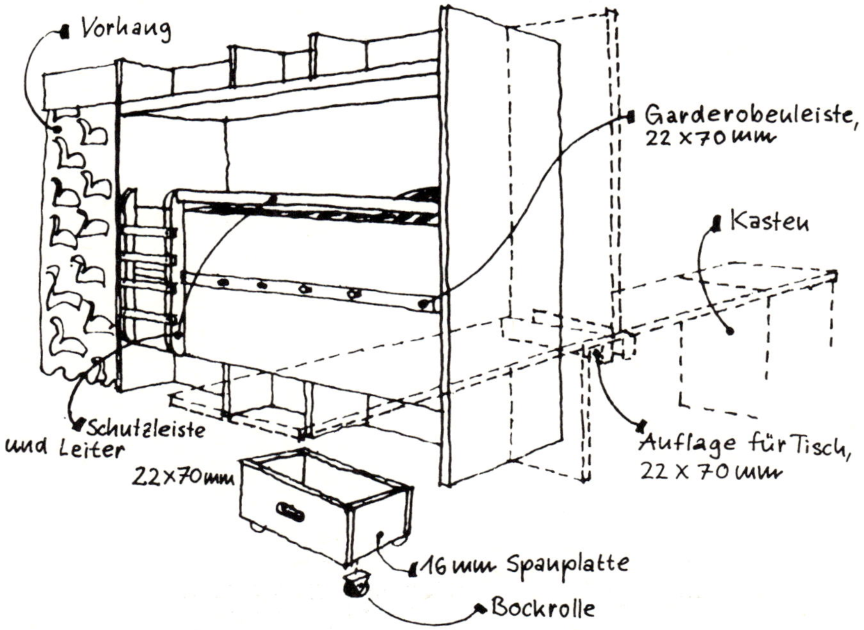
Vorhang
Garderobenleiste,
22 x 70 mm
Kasten
Schutzleiste
und Leiter
22x70mm
Auflage für Tisch,
22 x 70 mm
16 mm Spanplatte
Bockrolle

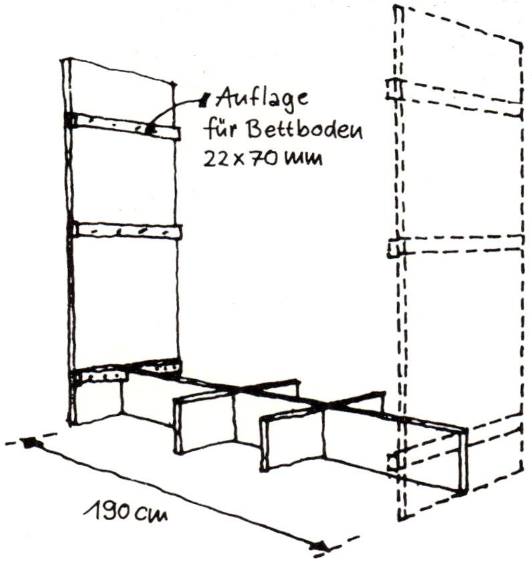
Auflage
für Bettboden
22x70 mm
190 cm

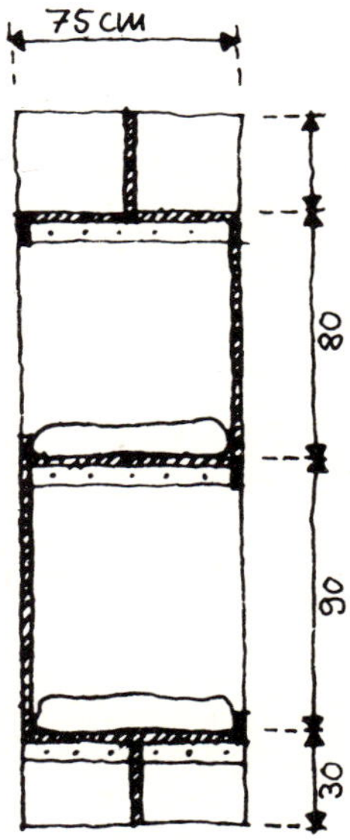
75 cm
80
90
30

Raumsparende Möbel fürs Kinderzimmer

Daß Kinderzimmer nicht eben üppig bemessen sind, wissen fast alle Eltern – und natürlich auch alle Kinder, die nur selten zufrieden sein können mit dem Platz, der ihnen zum Schlafen, Spielen, Basteln und Arbeiten zugewiesen wird.

Mit den Vorschlägen auf diesen Seiten wird eine Einrichtung gezeigt, die flexibel ist – so daß das kleine Kinderzimmer jeweils optimal genutzt werden kann. Stephan Gip schlägt nämlich vor, unter ein (möglichst hochbeiniges) Bett drei Rollkästen zu bauen, die sich bei Bedarf herausziehen und in bequeme Sitzmöbel verwandeln lassen. Mit einer solchen Einrichtung hat man also im Nu reichlich Sitzplätze (wenn das Kind Freunde eingeladen hat) und andererseits doch auch viel Spielfläche auf dem Boden (dann nämlich, wenn die Kästen unter dem Bett geparkt sind).

Die genauen Dimensionen solcher Kästen hängen natürlich von den Maßen des Bettes ab, unter die man sie stellen will, sofern man sie genau einpassen will. Man kann aber auch das Außen-

maß 60 × 60 cm annehmen – und kalkuliert dann eben ein, daß unter einem 190 cm langen Bett etwa 10 cm, unter einem 200 cm langen Bett aber etwa 20 cm seitlicher Abstand bis zu den Schmalseiten des Bettes verbleiben. Wenn man die Kästen 20 cm hoch macht, wird man sie unter jedes Bett schieben können. Aber man messe doch noch einmal nach, bevor man nach diesen Angaben baut:
Zu den 20 cm Höhe für die Kästen sind noch etwa 7,5 cm für die auf den Kästen liegenden Polster hinzuzurechnen, und außerdem ist die Bauhöhe der Rollen einzukalkulieren. Man braucht also schon eine lichte Höhe von etwa 35 cm zwischen Fußboden und Unterkante Bettrahmen.
Zum Bauprinzip:
Die vier Kastenteile werden stumpf gefügt. Man braucht daher für einen 60 × 60 cm großen Kasten je zwei 60 cm und zwei 56,2 cm lange Teile aus 19 mm starker Spanplatte. In die Vorderwand bohrt man vorher ein Loch mit 8 cm Durchmesser (mit einer entsprechend großen Lochsäge – oder mit der Stichsäge).
In die vorderen Ecken des Kastens werden zwei 16 cm lange Kanthölzer eingeleimt und genagelt, deren Oberkante abzuschrägen und abzurunden

ist, wie es in der Zeichnung unten rechts dargestellt ist. In den beiden hinteren Ecken sind ebenfalls Kanthölzer anzubringen, die in ganzer Länge zu verjüngen sind – wie es ebenfalls in der Zeichnung zu sehen ist. An den Seitenwänden sind außerdem zwei Dachlattenstücke anzubringen, die zu den schrägen Vorderkanten der keilförmigen Kanthölzer einen Abstand von 13 mm einhalten. In diese 13 mm breiten Spalten schiebt man nämlich nachher die Rückenlehnen.

Diese Rückenlehnen bestehen aus 10 mm starkem Sperrholz: Man braucht eine 55 × 55 cm große Platte und dazu eine 15 × 20 mm starke Leiste,

die in 16 cm Abstand zu einer Kante aufgeleimt und festgeschraubt wird. Man kann nun schon ausprobieren, wie die Rückenlehne funktioniert: Wenn der Kasten unter dem Bett geparkt wird, liegt die Platte im Kasten auf den Kanthölzern bzw. den beiden Dachlatten auf. Wenn man den Kasten in einen Sessel verwandeln will, steckt man die Platte in die schräg verlaufenden Spalten an der hinteren Kante des Rahmens ein. Die Stoppleiste weist nach außen. Sie bewirkt, daß die Rückenlehne nicht nach unten durchrutscht, sondern den Kasten um 35 cm überragt. Dieser Teil wird gepolstert: Eine 7,5 cm starke Schaumstoffplatte wird bezogen und auf einer Seite mit langen Klettverschluß-Bändern versehen – deren andere Hälfte auf die Rückenlehne zu kleben ist. Man kann den Bezug aber auch mit einer doppelten Platte nähen, so daß man das Kissen über die Rückenlehne stülpen kann (in diesem Fall sind die Kanten der Lehne besonders gut abzurunden, damit sie den Stoff nicht durchscheuern können).

Die Sitzplatte des Sesselchens ist verhältnismäßig einfach anzufertigen:

Man braucht eine 55 × 55 cm große Platte und zu dieser Platte wiederum eine 20 × 10 mm starke Leiste, die 2 cm von der Vorderkante eingerückt festgeleimt und geschraubt wird. Auf dieser Platte wird ein 55 × 55 cm großes, 7,5 cm dickes Polster mit Druckknöpfen oder Klettverschlüssen befestigt. Die Leiste liegt nachher auf den vorderen Kanthölzern auf und sorgt dafür, daß der Sitz leicht nach hinten geneigt ist.

Wenn man den Sessel parken will, wird die Rükkenlehne herausgezogen und mit dem Polster nach unten in den Kasten gelegt. Darauf kommt die Sitzplatte mit dem Polster nach oben. In diesem Zustand kann das Möbel natürlich auch als Hocker benutzt werden.

In den Fotos ist zu sehen, daß zwei der Kästen auf die beschriebene Weise gebaut sind, der dritte aber als Tisch konstruiert ist:

Hierzu braucht man lediglich den Kasten mit vier 18 cm langen Kanthölzern in den vier Ecken – und legt darauf dann eine Platte, deren Abmessungen dem Innenmaß des Kastens entsprechen. Diese Platte wird zweckmäßigerweise mit einer Schichtstoffplatte belegt.

Das wird für einen Kasten-Sessel benötigt:

2 Spanplatten, 60 × 20 cm groß, 19 mm stark, und
2 Spanplatten, 56,2 × 20 cm groß – für den Kasten,
2 Spanplatten, 55 × 55 cm groß – für den Sitz und die Rückenlehne,
4 Kanthölzer, 45 × 45 mm stark, 16 cm lang – in den vier Ecken des Kastens,
2 Dachlatten, ca. 18 cm lang – als Widerlager der Rückenlehne,
2 Stoppleisten, 20 × 10 mm stark, 55 cm lang – an den Sitz- und Rücken-Platten zu befestigen,
4 Lenkrollen

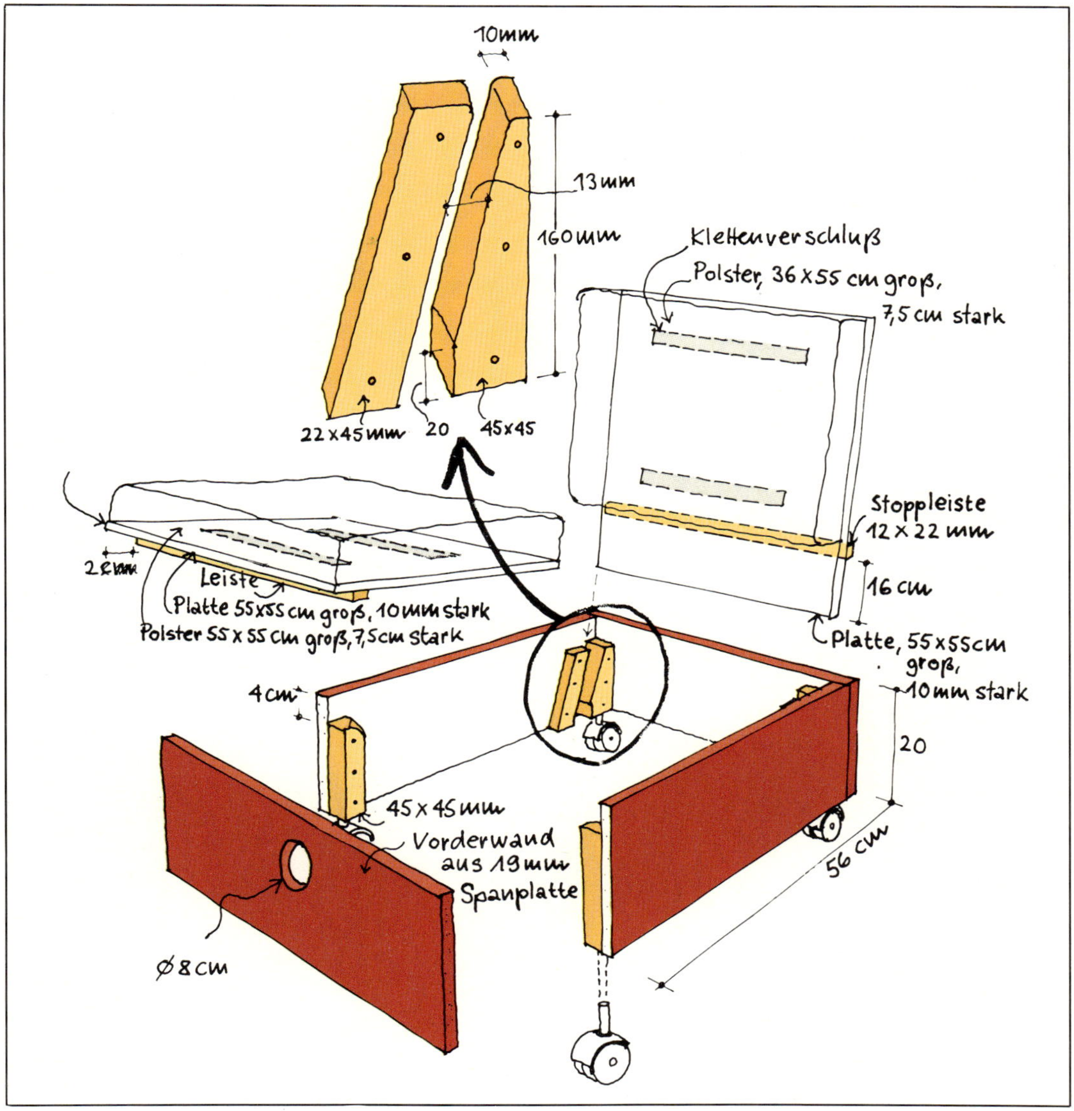

Anbauregal, das überall paßt

An serienmäßig hergestellten Regalsystemen ist wahrhaftig kein Mangel. Den passionierten Heimwerker wird es dennoch reizen, sein Bücherregal selbst zu bauen. Nicht zuletzt deshalb, weil dann das Regal ganz genau auf die vorgegebene Wandsituation abgestimmt werden kann – also als Regal nach Maß gebaut werden kann.
Für eine solche Absicht empfiehlt sich beispielsweise auch das hier dargestellte System. Stephan Gip hat dieses Regal nach Art eines Anbausystems entworfen: Die ganze Bücherwand (in der natürlich auch viele andere Dinge ihren Platz bekommen) besteht aus einzelnen Kästen, deren Breite so bemessen ist, daß sie nach dem Zusammenstellen die Wand vollkommen füllen. Das Maß dieser Einzelelemente liegt zweckmäßigerweise zwischen 40 und 60 cm: dann kommt man nämlich mit nur 16 mm starken Spanplatten als Baumaterial aus. Das Einzelmaß kann also auch 46,5 cm betragen – wenn die Addierung ein Maß ergibt, das genau der Wandbreite entspricht.

Die einzelnen Kästen werden nicht unmittelbar nebeneinander aufgestellt, sondern die Seiten werden durch eingefügte Latten getrennt – und optisch stärker betont.
Im unteren Teil des Regals können auch Türen vorgesehen werden. Ihre Konstruktion ist aus den Abb. auf der nächsten Seite ersichtlich: 95 x 22 mm starke Bretter werden stumpf zusammengedübelt und mit einer Füllung aus weiß beschichteter Hartfaserplatte versehen.
Für die Füllung kann man Nuten in die Rahmenteile fräsen (mit einer Wanknut-Kreissäge ist das kein Problem!); man kann an den Innenkanten des Rahmens aber auch dünne Leisten anbringen, zwischen denen dann die Füllplatte festgehalten wird.
In den Zeichnungen wird sogar vorgeschlagen, Nut-und-Feder-Bretter so zu nutzen, daß die Nut in einen Falz verwandelt wird (einen Nutsteg absägen), der als Außenkante des Rahmens zu sehen ist; die Feder dient als ein Anschlag für die Füllplatte.
Damit das Regal wirklich wandlungsfähig ist, werden in die Regalseiten – wie bei Serienmöbeln – Löcher zur Aufnahme der Bordträger vorgebohrt, und zwar in Abständen von jeweils 50 mm: so ist es möglich, die Böden in verschiedenen Höhen einzulegen. Damit diese Lochreihen auch wirklich exakt ausfallen (damit nachher die Böden nicht schief liegen), fertigt man sich eine Schablone, durch die hindurchgebohrt wird.
Der Entwurf sieht vor, daß das Regal auch um Fenster herum gebaut wird (sofern sie nicht allzu breit sind). In diesem Fall wird auch gleich eine Heizkörperverkleidung konstruiert: Sie besteht aus einem Rahmen (70 x 22 mm starke Latten), in den parallel verlaufende Rundstäbe (35 mm ∅) eingesetzt werden. Zu diesem Zweck werden die Enden der Rundstäbe abgeflacht. Die Stäbe sollten so angebracht werden, daß sie genau vor den Rippen des Heizkörpers verlaufen: So bieten sie die beste „Tarnung“ für den Heizkörper.

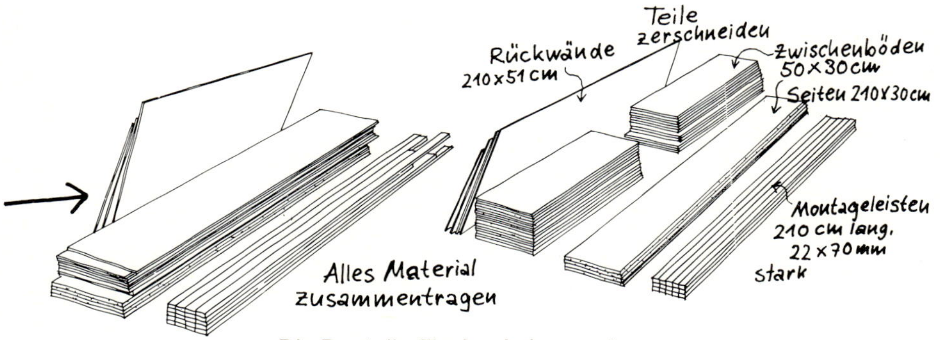

Die Bauteile für das Anbausystem

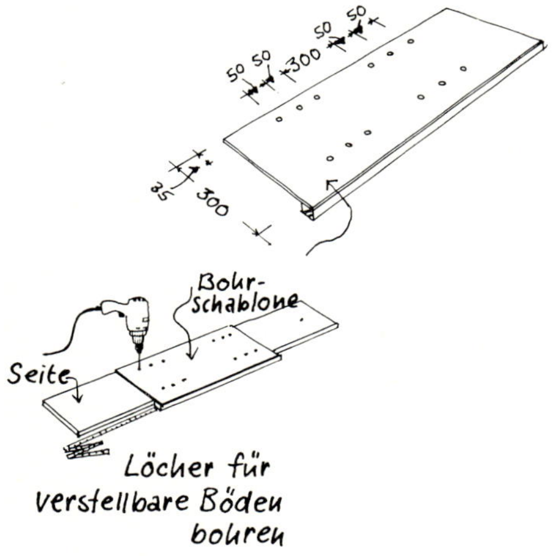

Löcher für Zwischenboden-Träger bohren

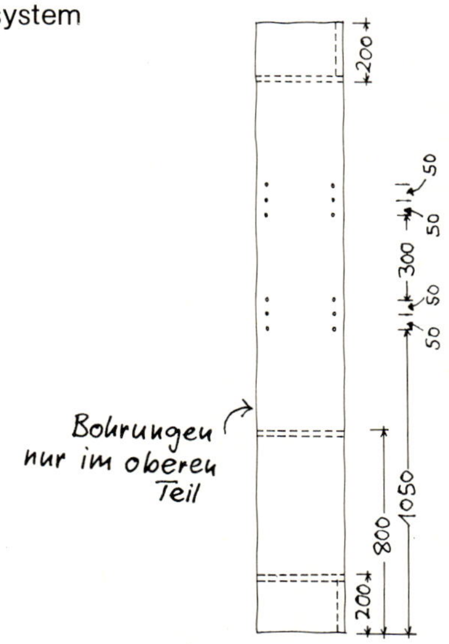

Seitenansicht eines Regalteils

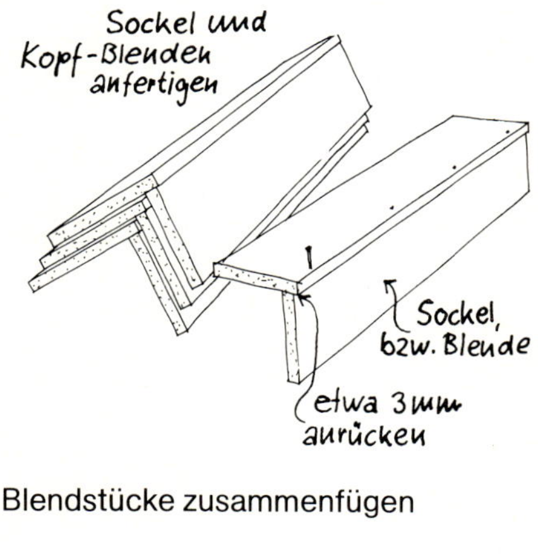

Blendstücke zusammenfügen

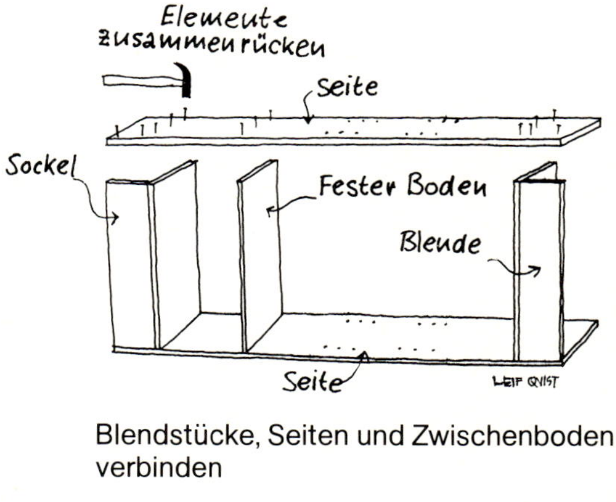

Blendstücke, Seiten und Zwischenboden verbinden

Detail Heizkörper-Verkleidung

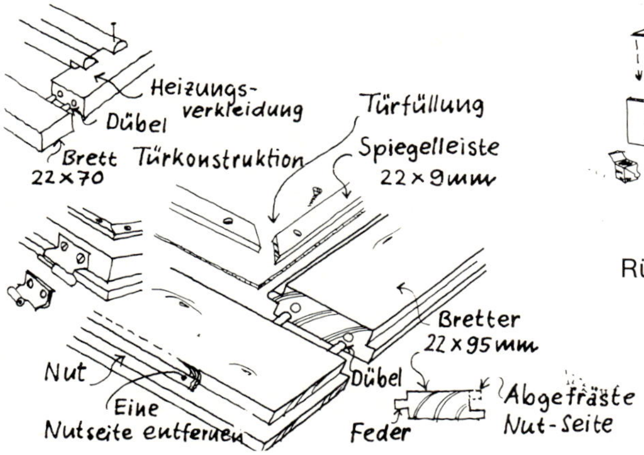

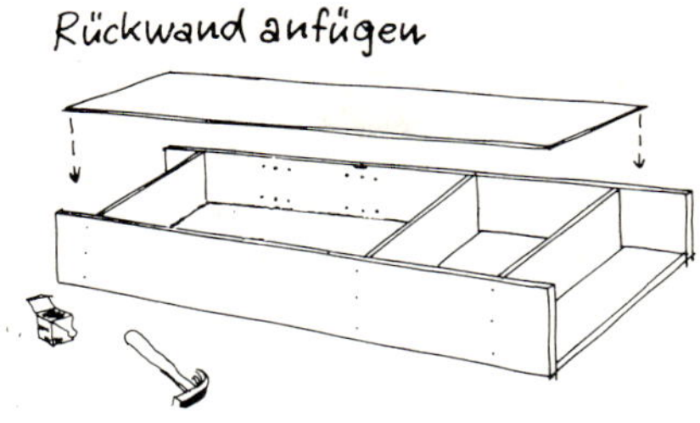

Rückwand anfügen

Detail Türkonstruktion

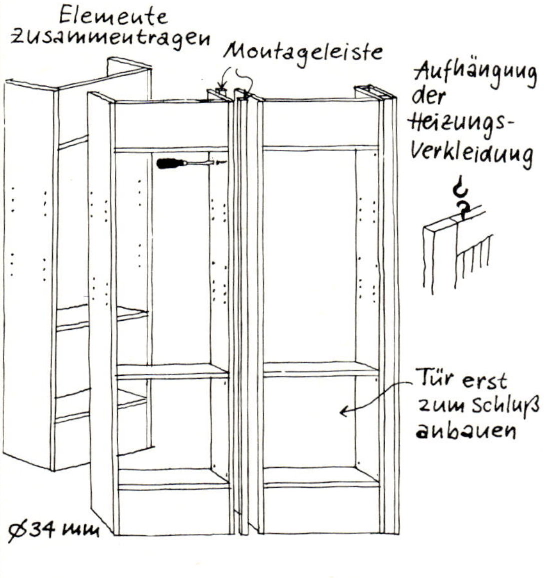

Schränke mit Zwischenleisten verbinden

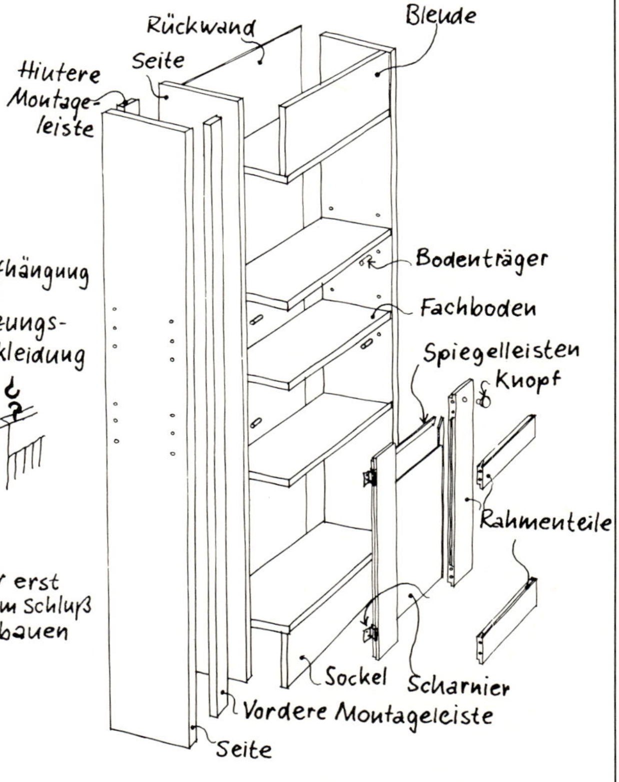

Die Einzelteile eines Regalelements

Eine Sitzbank – oder Stellplatz für die Zimmerpflanzen

Diese Sitzbank kann nicht nur im Zimmer verwendet werden, wie es mit dem Foto vorgeschlagen wird: Wenn man das Holz ausreichend imprägniert, kann die Bank auch im Freien, also auf dem Balkon oder auf der Terrasse, benutzt werden.

Das Baumaterial sind 70 × 22 mm starke Bretter aus Kiefer, die man in unterschiedlichen Längen benötigt:

Für die drei Rahmen des Untergestells braucht man jeweils zwei 48 und 24 cm lange Stücke, die stumpf miteinander verbunden werden, so daß sich 48 × 28 cm große Rechtecke ergeben. Beim Zusammenbau ist darauf zu achten, daß diese Rahmen auch rechtwinklig geraten – man mißt die Diagonalen. Wenn sie gleich lang sind, betragen alle vier Winkel eines Rahmens 90 Grad – und dann sind die Winkel richtig geraten.

Diese drei Rahmen werden danach durch drei unterschiedliche Zargen miteinander verbunden:

An der Vorderseite der Bank wird eine 2 m lange Zarge (ein ebenfalls 70 × 22 mm starkes Brett) mit je zwei Schrauben an den Rahmen befestigt. Hierbei werden die Abstände der Rahmen festgelegt: Sie betragen 80 cm (von Rahmenmitte zu Rahmenmitte); die beiden äußeren Rahmen sind 20 cm von den Enden der Zarge eingerückt.

Ebenfalls bündig mit der Oberseite der Rahmen ist die Zarge an der hinteren Kante der Bank: sie besteht allerdings aus zwei Brettern.

Eine dritte Zarge wird im Innern der Rahmen, und zwar an der unteren, hinteren Kante befestigt. Diese Zarge wird nur 167 cm lang zugeschnitten: sie schließt mit den Außenkanten der äußeren Rahmen ab.

Das Untergestell der Bank ist damit fertig. Nun beginnt der Bau der Sitz- oder Ablagefläche. Diese Fläche wird aus sieben Brettern gebildet, die mit etwa 5 mm Zwischenraum verlegt werden. Damit die sechs Fugen zwischen den sieben Brettern gleichmäßig breit werden, sollte man zunächst alle Bretter dicht aneinander auf das Gestell legen, bündig mit einer Längskante: Man mißt nun, wieviel Platz bis zur anderen Längskante der Rahmen bzw. zur Außenkante der Zarge verbleibt, teilt dieses Maß durch 6 – und fertigt nun eine kleine Schablone an, mit deren Hilfe die Abstände gleichmäßig breit ausfallen.

Wenn die Bank im Freien verwendet werden soll, muß sie gut imprägniert werden. Man streicht alle Bauteile einmal mit Imprägnierung, bevor man sie zusammenbaut (nachdem man sie auf richtige Länge zugeschnitten hat) – und dann noch einmal, wenn die Bank fertig ist. Der Anstrich vor dem Zusammenbau garantiert, daß auch die Flächen, die nach dem Zusammenbau nicht mehr sichtbar sind, mit einem Schutzanstrich versehen sind. Bei einer „Frei-Bank" sollten unter die Rahmen noch je zwei Gummi- oder Korkscheiben von etwa 1 cm Stärke geklebt werden: so wird die Bank bei einem Regen nicht direkt auf dem nassen Boden stehen.

Das wird für die Bank benötigt:

10 Bretter, 70 × 22 mm stark, 200 cm lang – für die Sitzfläche und die langen Zargen,
1 Brett, 167 cm lang – für die hintere untere Zarge,
6 Bretter, 48 cm lang – für die waagerechten Teile der Rahmen,
6 Bretter, 24 cm lang – für die senkrechten Teile der Rahmen,
Messingschrauben (verchromt) mit Linsenkopf, 5 cm lang, evtl. Imprägnierung.

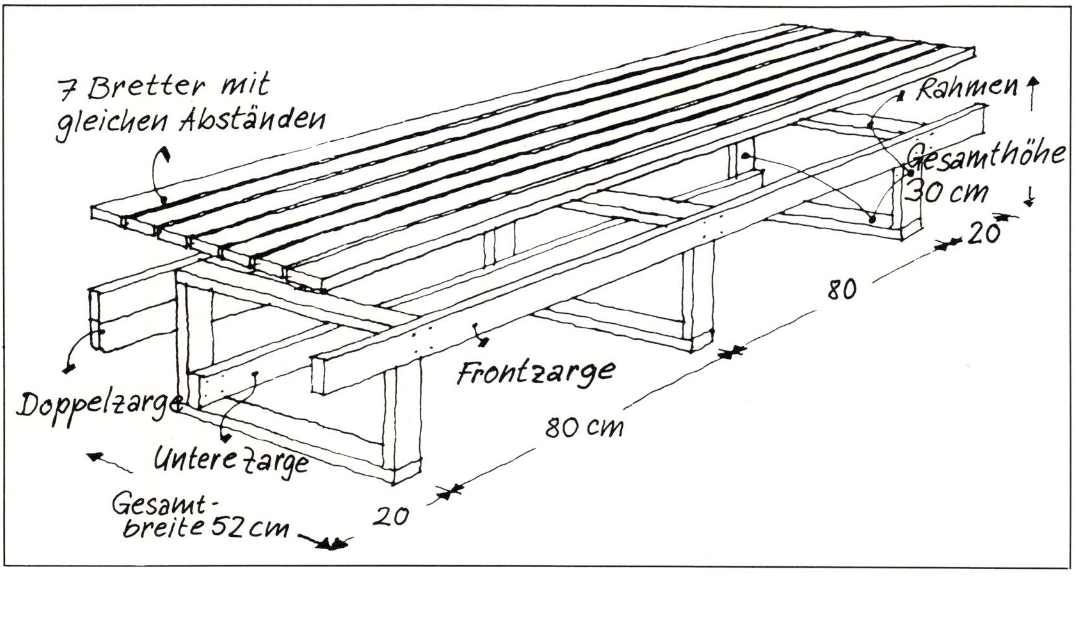

Gartenmöbel im alten Stil

An modernen, fließbandgefertigten Garten- und Balkonmöbeln ist heute kein Mangel – auch nicht an solchen Modellen, die außerordentlich billig sind. Möbel wie die unten abgebildeten indes sind sehr selten: Holz wird nur noch selten als Werkstoff für einfache, preiswerte Gartenmöbel verwendet.
Darum wollen wir dem Heimwerker die Gelegenheit bieten, solches – ein wenig romantisch anmutendes – Mobiliar selbst zu bauen.

Unser Vorschlag enthält die wichtigsten Bauhinweise für einen bequemen Stuhl, für eine Zweisitzerbank, für einen Tisch und schließlich für eine Bank ohne Lehnen, die ganz ähnlich wie der Tisch konstruiert wird. Wer diese Möbel bauen will, sollte über eine Heimwerkerausrüstung verfügen, die wenigstens eine Kreissäge, eine Stichsäge und einen Bohrständer enthält: Die Kreissäge braucht man zum Ablängen der Teile, die Stichsäge erleichtert das Aussägen der Kurven, und den Bohrständer braucht man, um die vielen Dübellöcher exakt bohren zu können. Das will auch heißen: Dieses Mobiliar ist nicht an einem

einzigen Wochenende zu bauen, sondern man hat einige Zeit zu tun. Wenn man die Möbel im Sommer nutzen will, muß man zeitig im Frühjahr beginnen ...
Alle wichtigen Maße sind den Zeichnungen zu entnehmen, so daß es genügt, wenn hier nur noch erklärt wird, in welcher Reihenfolge die einzelnen Teile zusammengefügt werden.
Beim Stuhl bzw. der Bank fügt man erst Rückenzarge, Rückenlehne und Sprossen zusammen; daneben entstehen die beiden Seitenteile (aus Vorderbein, geschwungenem Hinterbein, Seitenzarge und Armlehne). Diese drei vorgefertigten Teile werden zusammen mit einer Vorderzarge zum Stuhl- bzw. Bankgestell zusammengefügt. Erst zum Schluß werden die Sitzbretter aufgeschraubt (Schrauben von unten her durch die vorgebohrten Seitenzargen eindrehen).
Beim Tisch bzw. der einfachen Bank werden jeweils zwei Beine und eine Querzarge (wie sich die Maße für Tisch und Bank unterscheiden, ist der Zeichnung zu entnehmen) zusammengefügt. Dann kann man diese beiden Teile mit den Längszargen und einem weiteren Mittelsteg zum Gestell zusammensetzen. Auch hier wird alles versteckt gedübelt. Wichtig ist: Bei der Bank sind

die beiden Querzargen und der Quersteg mit einer leicht geschwungenen Oberkante zu versehen; beim Tisch dagegen braucht man natürlich gerade Oberkanten. Alle Teile sind wetterfest zu verleimen bzw. zu verkleben. Der normale weiße Holzleim (wie etwa Ponal) kann hier nicht verwendet werden. Man nimmt statt dessen einen Zweikomponentenkleber (wie etwa Stabilit-Expreß – der allerdings innerhalb von acht Minuten verarbeitet werden muß). Bis dieser Klebstoff seine Anfangsfestigkeit erreicht, muß man die einzelnen Bauteile mit Klammern oder Schnurknebeln zusammendrücken.

Nach dem Zusammenbau sind sämtliche Kanten zu brechen oder auch zu runden, alle Oberflächen sind sauber zu schleifen (unter Umständen sollte man die Flächen vorher wässern und trocknen lassen). Erst nachdem man den Schleifstaub entfernt hat, kann man die fertigen Möbel weiterbehandeln. Man kann sie lediglich mit einem offenporigen, farblosen oder farbigen Imprägnieranstrich versehen – man kann sie aber auch deckend lackieren. Der offenporige Anstrich hat Vorteile: er kann nicht abplatzen, wenn die Möbel einmal naß werden, und er läßt sich einfach erneuern. Lackierte Möbel lassen sich nach einem Regen leichter trockenwischen, sind aber mühseliger zu restaurieren.

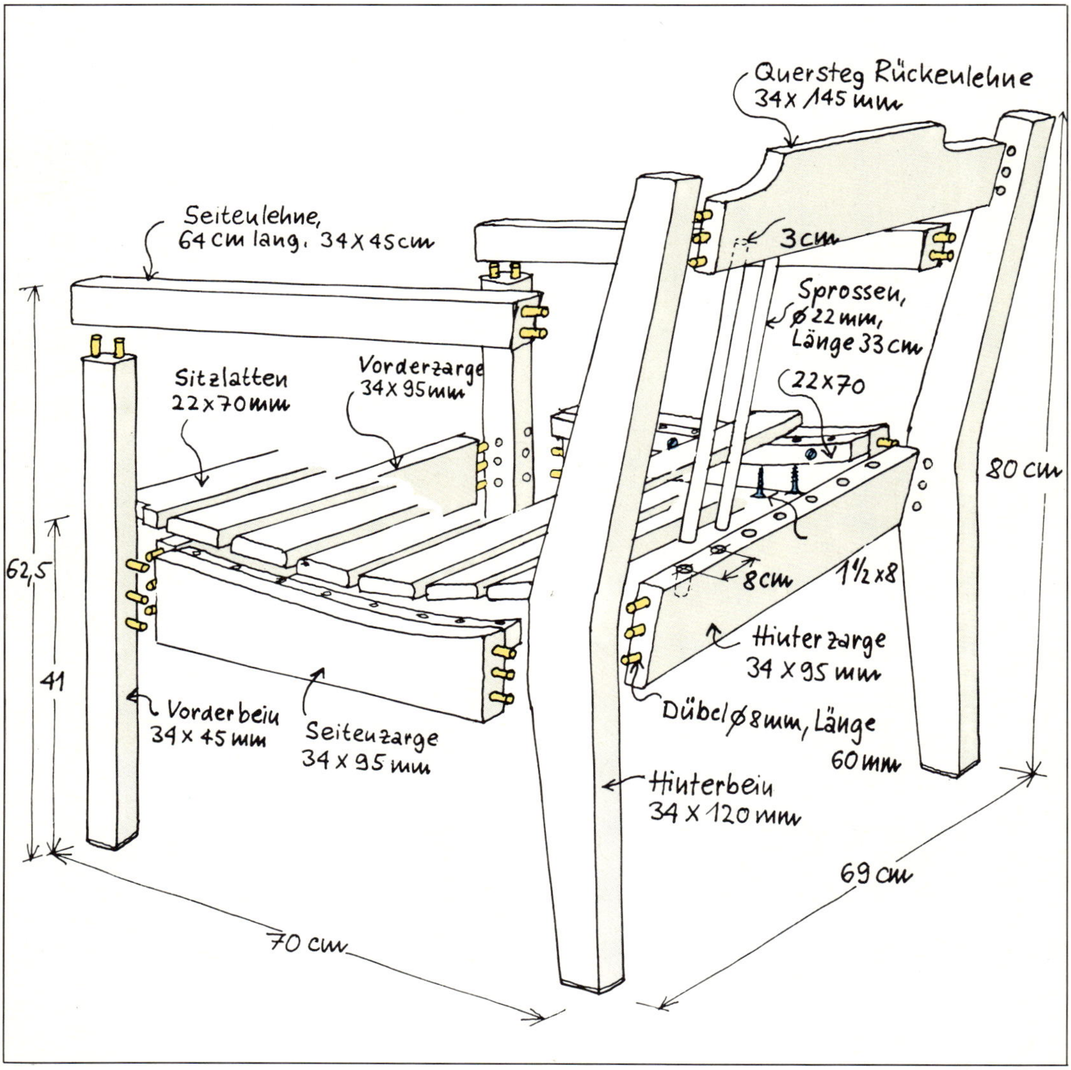

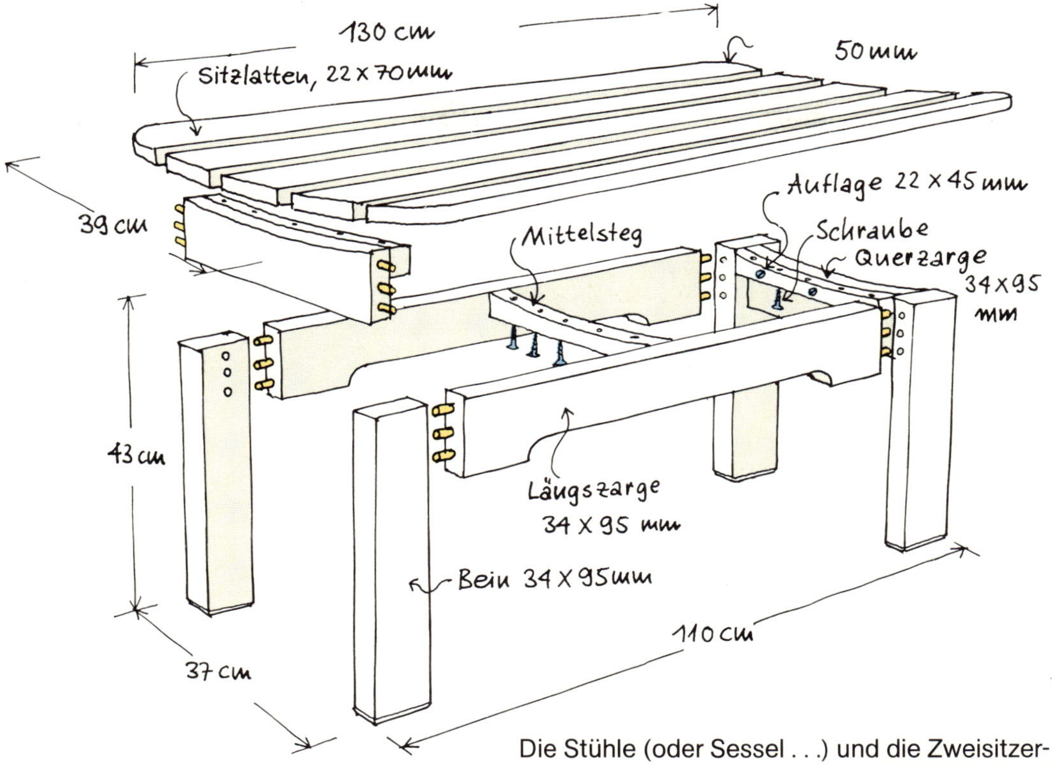

Die Stühle (oder Sessel . . .) und die Zweisitzer-Bank sind gleichartig konstruiert. Sie unterscheiden sich lediglich dadurch, daß die Rückenlehne und die Querzargen beim Stuhl 60 cm, bei der Bank 112 cm lang sind, daß entsprechend die Sitzbretter 75 und 125 cm lang sind – und daß für die Rückenlehne des Stuhls sieben, für die der Bank 14 Sprossen aus 22 mm starkem Rundholz benötigt werden.

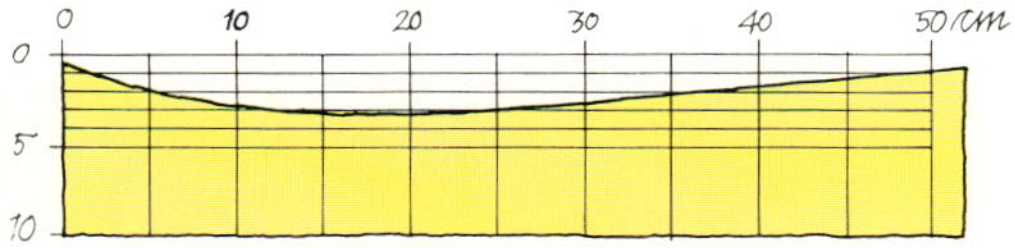

Seitenzarge Stuhl und Bank

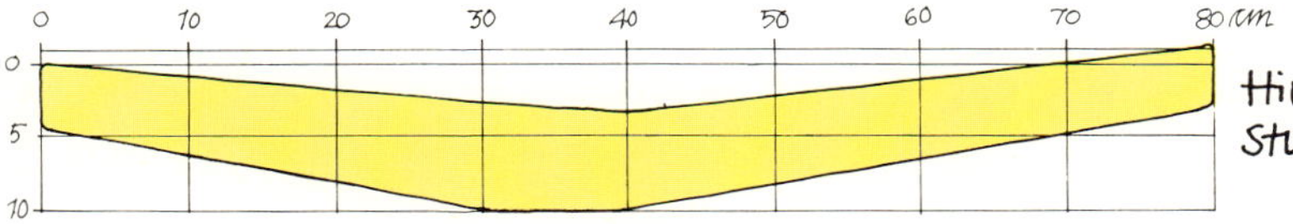

Hinterbein Stuhl und Bank

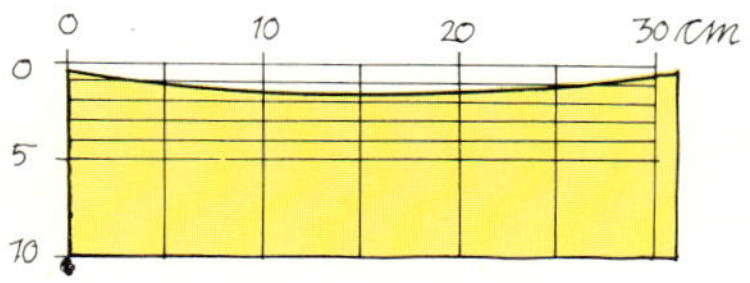

Querzarge Bank

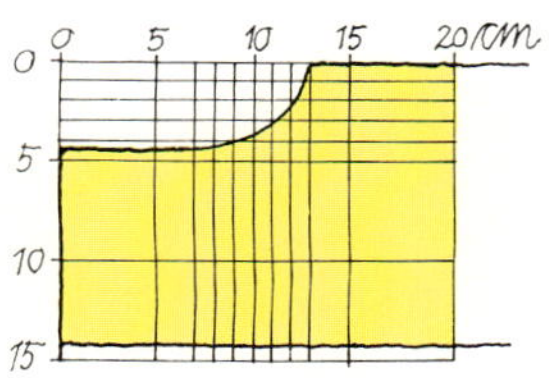

Quersteg für Rückenlehne

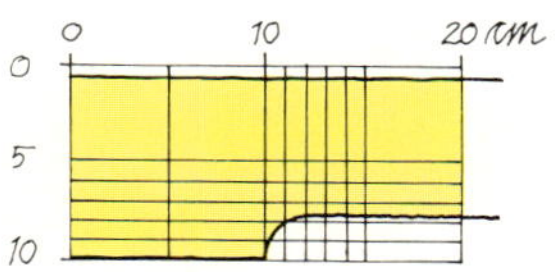

Längszarge für Bank

Ein überdachter Freisitz mit Geräteschuppen

Wo man keine Genehmigung für ein derartiges Bauwerk erhält, hat man aber dennoch die Chance, das eine oder andere Teil aus diesem Vorschlag zu übernehmen.
Man könnte sich ja auch damit begnügen, den Geräteschuppen nach dem in der Zeichnung erkennbaren Bauprinzip zu bauen (und ihn unter Umständen genauso groß anzulegen, als nach den Vorschriften gerade noch möglich ist). Daß dieser Schuppen dann variiert werden kann, versteht sich für den versierten Heimwerker von selbst: Die Tür kann auch in eine Schmalseite eingeschnitten werden; man kann in den Schuppen einen Boden einbauen (der hier nicht vorgesehen ist). Man kann in diesen Schuppen eine Sauna einbauen (wobei dann für den Innenausbau natürlich die Isolierungs- und Verkleidungs-Prinzipien für eine Sauna zu beachten sind). Man könnte auch nur den überdachten Freisitz (ohne Pergola und ohne Schuppen) bauen – und unter dem Dach die in der Zeichnung und den folgen-

Das Gartenhaus wird, wenn man die hier vorgeschlagenen Rastermaße von 250 × 200 cm übernimmt, insgesamt rund 10 × 2,5 m groß. Man kann sich aber auch damit begnügen, lediglich zwei Sektionen als Freisitz mit Dach zu bauen. Oder man baut nur den Schuppen. Oder man wendet das Bauprinzip lediglich für eine Pergola an, die nur aus Pfosten, Querstreben und Längsriegeln besteht. Wichtig ist, daß man das Holz ausreichend imprägniert, ehe man es verbaut.

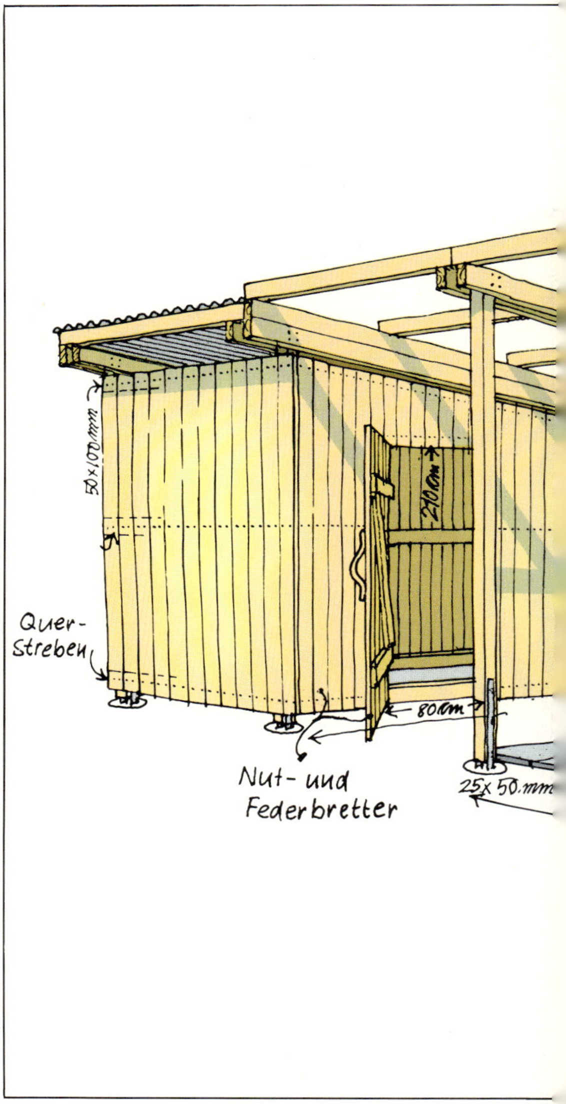

den Fotos dargestellten Möbel aufstellen oder die auf den vorhergehenden Seiten zum Eigenbau vorgeschlagenen Möbel verwenden.

Schließlich könnte man sich damit begnügen, lediglich die Möbel, also die Bank und den Tisch, zu bauen und als Garten- oder Balkonmöbel zu verwenden.

Nun aber zum Bauprinzip. Stephan Gip, der Entwerfer dieser Gartenanlage, hat ein Rastermaß von 2 × 2,5 m für die einzelnen Sektionen vorgesehen (gemessen von Mitte zu Mitte der Pfosten). Die Pfosten sind 75 × 75 mm starke Kanthölzer; für die Vorderseite des Freisitzes werden 270 cm lange Stücke, für die Hinterseite 230 cm lange Stücke verwendet.

Die paarweise angeordneten Querstreben, die bündig mit den Oberkanten der Pfosten angenagelt werden, sind 250 cm lang und 50 × 125 mm stark. Die in Längsrichtung verlaufenden Riegel sind 50 × 100 mm stark. Auch die Querriegel an den Ober- und Unterkanten der Wandverkleidungen sind 50 × 100 mm stark.

Alle diese Teile müssen zweimal imprägniert sein, ehe sie verbaut werden. Zu diesem Zweck baut man eine behelfsmäßige „Wanne“ aus Plastikfolie, in der die Hölzer liegen, wenn man sie

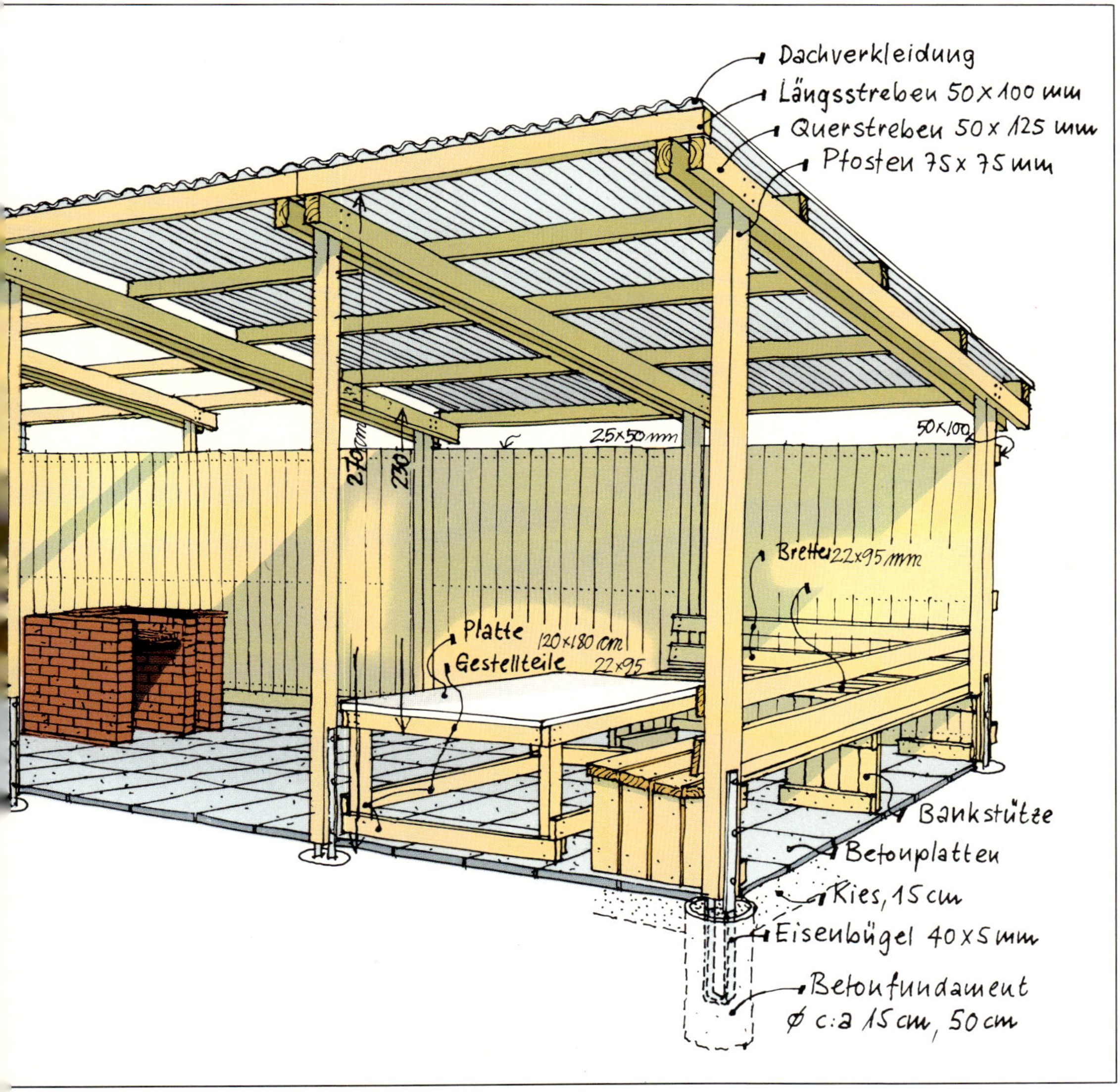

streicht; ebenso sollte der Platz, an dem die Hölzer trocknen, mit Folie unterlegt werden, damit das Imprägniermittel dem Rasen oder den anderen Pflanzen nicht schaden kann, falls etwas von den Hölzern tropft.
Ein wichtiger Hinweis zu den Fundamenten für die Pfosten:
Die Pfosten werden nicht in die Erde eingegraben, sondern an Flacheisen-Stützen geschraubt, die die Pfosten etwa 10 cm über den Boden anheben (damit sie nicht durch aufsteigende Feuchtigkeit verrotten). Diese Stützen müssen in kleine Betonfundamente eingegossen werden. Als Schalform für diese Fundamente kann man leere Waschpulvertrommeln nehmen: Wenn man in eine Trommel eine Plastikfolie glatt einklebt, kann man das Betonstück nach dem Aushärten aus der Trommel lösen. Und dann läßt sich die Trommel auch für die anderen Fundamente verwenden. Weil das Auslösen aber nicht immer klappt, sollte man für jedes Fundament eine Trommel bereithalten (also entsprechend lange vorher schon sammeln). Man nimmt die Trommeln dann als verlorene Schalung: sie werden gar nicht erst vom Beton gelöst, sondern mit dem Fundament eingegraben. Die beiden Flacheisen,

Eine Eckbank, die an einer Schmalseite und an der offenen Abschlußseite des Freisitzes vorgesehen ist. Sie besteht aus kräftigen Bohlen, von denen man drei oder vier jeweils für die Stützen braucht (durch hier nicht sichtbare Bretter quer miteinander verbunden). Die Oberkanten der Stützen sind mit einer Stichsäge mit einer leichten Schwingung versehen: Die Bohlen, die nachher als Sitz aufgeschraubt werden, ergeben also eine leicht gewölbte – nicht völlig ebene Sitzfläche.

Der Tisch für den Freisitz weist eine überaus einfache Konstruktion auf. Er besteht aus 22 × 95 mm starken Brettern, die auf die im Foto erkennbare Weise stumpf aneinandergeschraubt werden (Messingschrauben verwenden!). Dieses einfache Gestell, z.B. 170 × 110 cm groß, wird dann mit einer 180 × 120 cm großen beschichteten Spanplatte bedeckt. Rings um die Spanplatte werden noch 4 × 2 cm starke Leisten genagelt.

die in jedes Fundament eingegossen werden, müssen natürlich genau parallel laufen und exakt 75 mm Abstand haben. Um dies sicherzustellen, sollte man die Flacheisen an kurze Kantholzstükke schrauben, ehe man sie einbetoniert: nach Aushärten des Betons werden diese Abfallstükke gelöst und durch die richtigen Pfosten ersetzt. Als Dach über dem Freisitz verwendet man Wellplastikplatten, die es farblos, gelblich-lichtdurchlässig oder aber lichtundurchlässig gibt. Wenn man ein lichtundurchlässiges – also richtigen Schatten spendendes Dach haben will, kann man „Eternit"-Wellplatten verwenden.

Für alle Verbindungen benutzt man übrigens verzinkte Nägel – wie sie etwa beim Bau von Dachstühlen verwendet werden. Wo man Schrauben nehmen will und kann, dürfen nur Messingschrauben eingesetzt werden: Normale Eisenschrauben rosten und erzeugen häßliche Rostfahnen auf den Hölzern.

Das Foto zeigt sehr deutlich die Verbindung zwischen den Pfosten, den Querstreben und den Längsriegeln. Die 75 × 75 mm starken Pfosten werden von zwei 50 × 125 mm starken Querstreben eingefaßt (die schräg verlaufen, weil die hinteren Pfosten kürzer als die vorderen sind). Die Verbindung wird durch 12 cm lange Nägel hergestellt: Man nimmt verzinkte Nägel, wie sie beim Dachstuhlbau eingesetzt werden. Die Längsriegel sind 50 × 100 mm stark. Sie werden durch etwa 10 cm lange Nägel, die man schräg von der Seite her einschlägt, festgehalten. Die Dachabdeckung schließlich wird mit Messingschrauben befestigt. Man sieht übrigens deutlich, daß die Längsriegel immer genau über der Mitte der Pfosten gestoßen werden (wenn man nicht ausreichend lange, über alle Sektionen reichende Kanthölzer verwenden kann).

Ein zünftiger Grill für einen zünftigen Freisitz: auch er kann selbst gebaut werden. Und zwar aus Klinkersteinen. Man mauert, wie die Zeichnung auf Seite 249 erkennen läßt, eine hufeisenförmige Anlage von etwa einem Quadratmeter Grundfläche (genauer: eine Anlage, deren Grundriß einem E gleicht – mit unterschiedlich großen Abständen zwischen den drei Querstegen). Der Grill wird etwa einen Meter hoch. In etwa 70 cm Höhe mauert man einige Eisenstäbe mit ein, die über die ganze Breite reichen. Darauf kann man zwei Bleche legen: Das Blech im kleineren Fach dient als Ablage, das Blech im größeren Fach ist nachher der Boden der Feuerstelle. Dieses Blech darf einige Male angebohrt werden, damit es luftdurchlässig wird. Auf den Grill legt man dann einen nichtrostenden Rost, über das schmale Fach kann man eine dicke, glatt geschliffene Bohle zum Anrichten des Fleisches legen. Diese Bohle ist aber immer wieder zu reinigen und wird auch nur bei Bedarf mit in den Garten genommen!

Ein Haus, in fünf Tagen zu bauen

Natürlich ist das kein Haus fürs Leben, das in fünf Tagen gebaut werden kann: Es ist „nur" ein Wochenendhaus, eine komfortable Gartenlaube, ein Ferienhäuschen – je nach Anspruch. Aber immerhin: Der Entwerfer hat das Haus selbst gebaut und kann bestätigen, daß eine Woche Urlaub genügt, um alle Arbeiten zwischen dem ersten Spatenstich und dem Ausfegen von Sägespänen zu erledigen.

Dies, die kurze Bauzeit, ist die eine interessante Komponente des Entwurfs. Ein anderer, für manchen Leser sicher wichtiger Aspekt ist die Tatsache, daß das Häuschen kein übermäßig dickes Bankkonto voraussetzt. Denn da das Häuschen von vornherein nur als Sommerhäuschen deklariert wird, kann es entsprechend einfach gebaut werden – mit einfachen Baumaterialien, die in jeder Holzhandlung gekauft werden können. Zu den verhältnismäßig geringen Materialkosten kämen dann auch niedrige Transportkosten (falls die Holzhandlung in der Nähe überhaupt etwas für die Anlieferung der Bauteile verlangt).

Eine Frage bleibt offen (und kann hier nicht beantwortet werden): ob dieses Haus an dem Platz, an dem man es gern aufstellen möchte, überhaupt gebaut werden darf. Auf die unterschiedlichen Bauvorschriften in den einzelnen Bundesländern wurde bereits hingewiesen: Es sollte rechtzeitig bei den Baubehörden nachgefragt werden, ob der Bau eines solchen Häuschens von knapp 15 Quadratmetern Grundfläche erlaubt ist, welche Einschränkungen zu beachten sind – oder ob gar die Vorschriften den Bau dieses Häuschens verbieten.

Hier nun zunächst die benötigten Baumaterialien:

24 Sperrholzplatten, 12 mm stark, 240 x 120 cm groß (davon werden 19 für die Wände und 5 für den Fußboden benötigt),

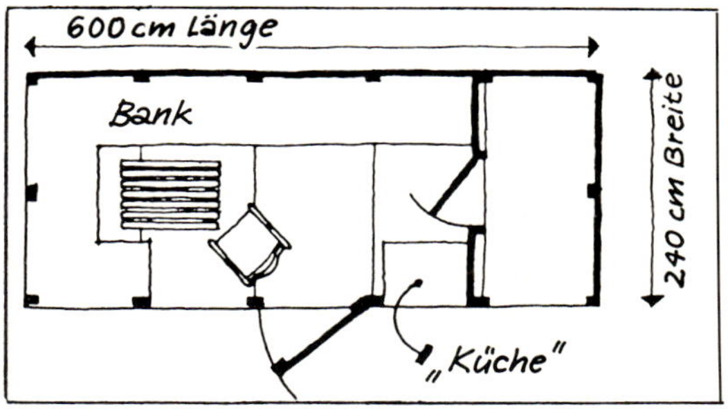

50 Isolierplatten, 5 cm stark, 60 x 100 cm groß (zur Isolierung des Fußbodens und des Daches),
100 Meter Kanthölzer, 50 x 100 mm stark, für Pfosten und Dachsparren,
60 Meter Kanthölzer, 50 x 50 mm stark,
25 Meter Leisten, 25 x 25 mm stark,
Butyl-Folie für eine 260 x 620 cm große Dachfläche,
6 Fensterscheiben, 60 x 114 cm groß und 3 mm stark,
25 Meter Profilleisten zum Abdichten der Fenster,
400 Messingnägel, 35 mm lang,
50 Nägel, 6" lang – dazu eine größere Zahl von 3"- und 1"-Nägeln,
Kitt, Glaserstifte, Türbänder, Türgriffe, ein Schloß – und etwa 2 Kubikmeter Sand.

Eine Besonderheit des Hauses: Da es aus verhältnismäßig leichten Materialien gebaut ist, kann man auf schwere, dazu teure und umständlich anzufertigende Fundamente verzichten. Der Entwerfer hat es buchstäblich auf Sand gesetzt. Das setzt natürlich einen Bauplatz voraus, der nicht in einer Senke und an einer besonders feuchten Stelle liegt. Wenn dies zuträfe, müßte man doch eine andere Konstruktion des Fußbodens wählen. D.h., man müßte das Haus auf Fundamentblöcke setzen, die es vom Boden anheben. Man müßte dann auch einen massiveren Bodenrahmen bauen. Die meisten Gründe indes sind für die hier vorgeschlagene Konstruktion geeignet. Nun aber zum Arbeitsablauf.

1. Tag

Zunächst einmal wird ein sogenanntes Schnurgerüst an der Stelle gespannt, an der das Haus stehen soll (nicht anders beginnen Maurer einen Hausbau). Das heißt: Man spannt vier Schnüre dicht über dem Boden so, daß sie genau das Rechteck markieren, innerhalb dessen zunächst die Grassoden auszuheben sind und eine 10 cm tiefe Grube anzulegen ist. Die Schnüre werden mit Hilfe von Pflöcken gespannt, die nun aber nicht genau in den Ecken des Rechtecks von 6,50 x 2,90 m Größe in den Boden geschlagen werden. Vielmehr sollten sie jeweils etwa einen halben Meter außerhalb des Rechtecks in die Erde geschlagen werden.

Und so kann man feststellen, daß ein Rechteck mit 90-Grad-Winkeln abgesteckt worden ist: Man braucht nur die Diagonalen zu messen. Sind sie gleich lang, stimmen die vier Winkel. Eine 10 cm tiefe Grube ist auszuheben und dann mit Sand zu füllen (nach den Angaben des Entwerfers sind bis dahin etwa sieben Stunden vergangen – der erste Tag des Hausbaus ist vorüber . . .).

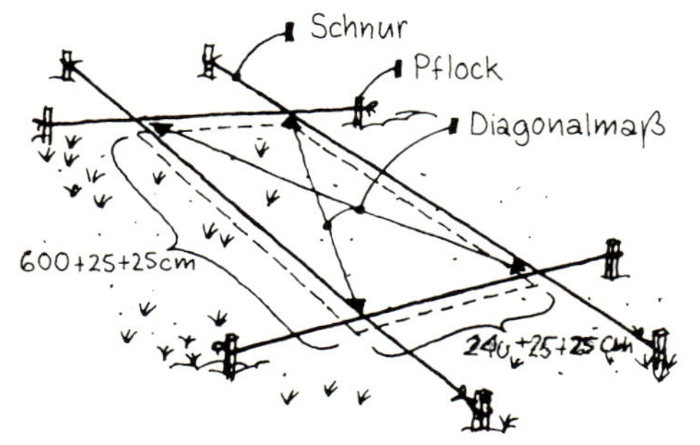

1 Ein „Schnurgerüst" markiert den Grundriß des Hauses

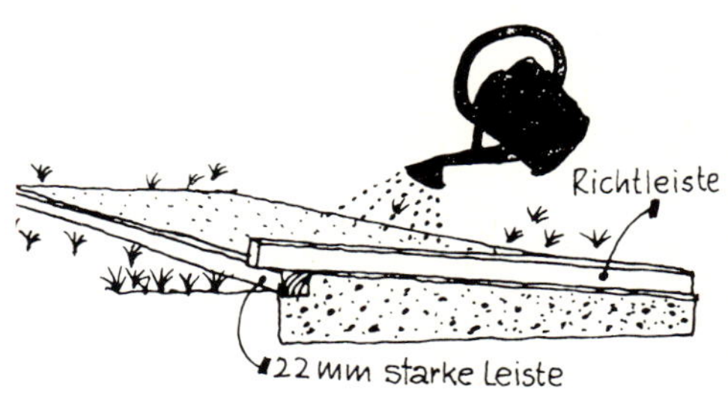

3 Die Grube mit Sand füllen. Oberkante mit leichter Neigung planieren

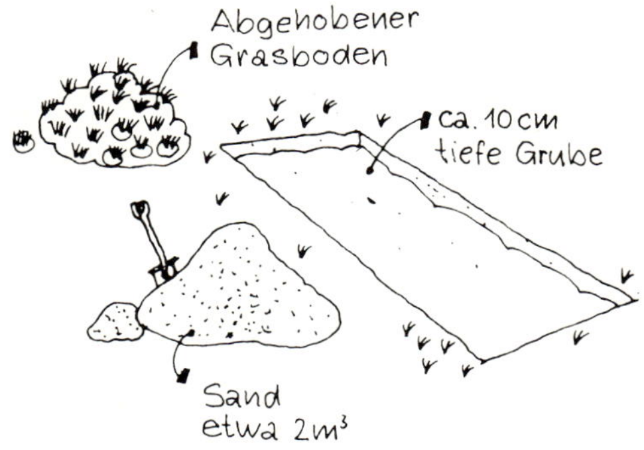

2 Den Rasen abstechen und eine 10 cm tiefe Grube ausheben

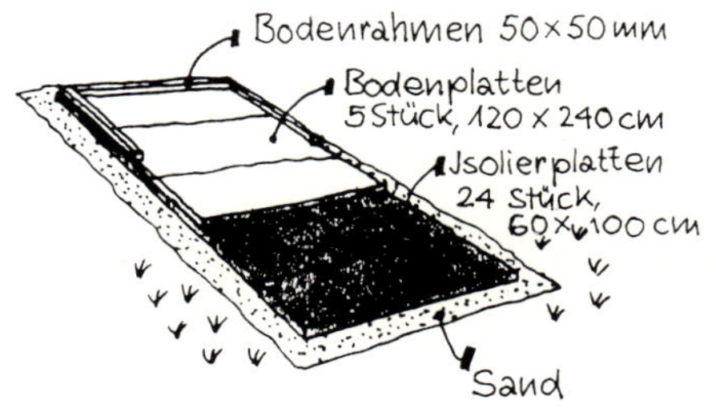

4 Isolierplatten und Bodenplatten verlegen. Darauf Kantholz-Rahmen

2. Tag

Der Sand soll dann gut gewässert und mit Hilfe einer Platte oder eines Brettes ausgerichtet werden. Dabei ist aber eine Kuriosität zu beachten: Das Dach hat keine Neigung. Weil Regenwasser aber vom Dach schneller ablaufen soll, braucht man ein leicht geneigtes Dach. Dies wird hier dadurch erreicht, daß – das ganze Haus leicht gekippt wird. So spart man sich langwierige Arbeiten an den Giebelseiten – und die schwache Neigung ist dem Haus nicht anzusehen und anzumerken. Um die gewünschte Neigung zu erzielen, muß das Fundament schon leicht schräg angelegt werden: An einer Längsseite der Sand„platte“ wird eine 22 mm starke Leiste ausgelegt. Ihre Oberkante gibt die Oberkante der Sandfläche an, die nun sehr sorgfältig ausgeglichen werden muß.

Man braucht eine völlig ebene Sandfläche, wenn man jetzt 24 Isolierplatten zu einer 600 × 240 cm großen Fläche auslegt. Darauf werden fünf Sperrholzplatten ausgelegt – und dann wird ein Rahmen aus 50 × 50 mm starken Kanthölzern um den so entstandenen Fußboden herumgelegt. Diese Arbeiten können am zweiten Tag abgeschlossen sein. Wenn man dem Wetter nicht traut, sollte

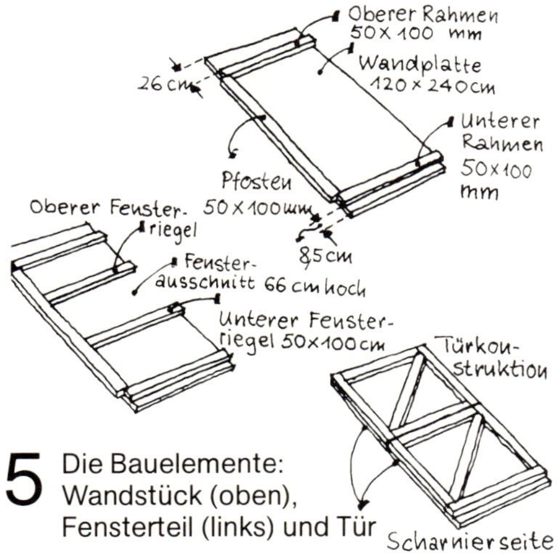

5 Die Bauelemente: Wandstück (oben), Fensterteil (links) und Tür

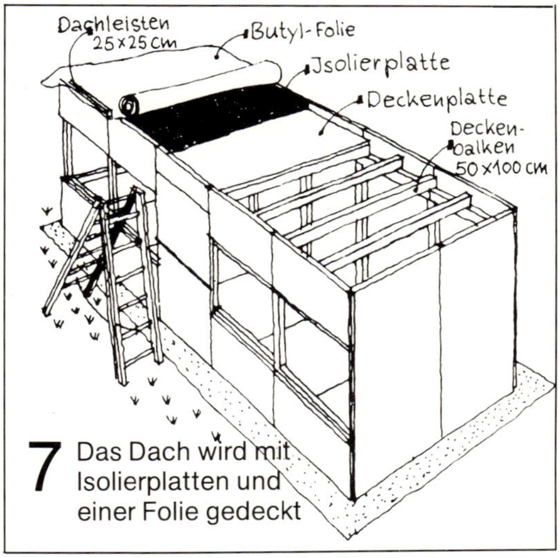

7 Das Dach wird mit Isolierplatten und einer Folie gedeckt

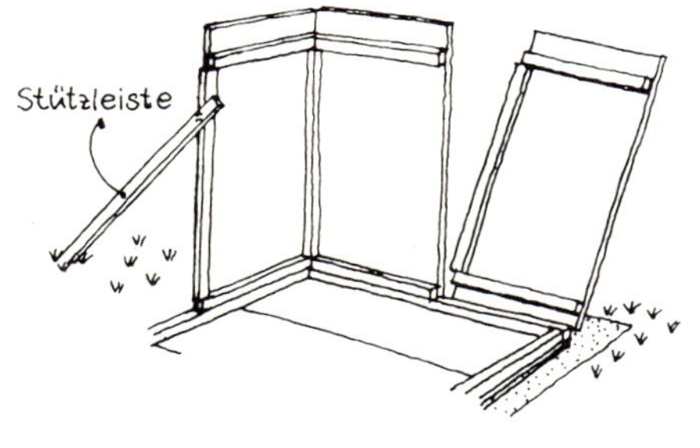

6 Die Wandstücke werden aufgestellt. Eine Stütze leistet gute Dienste

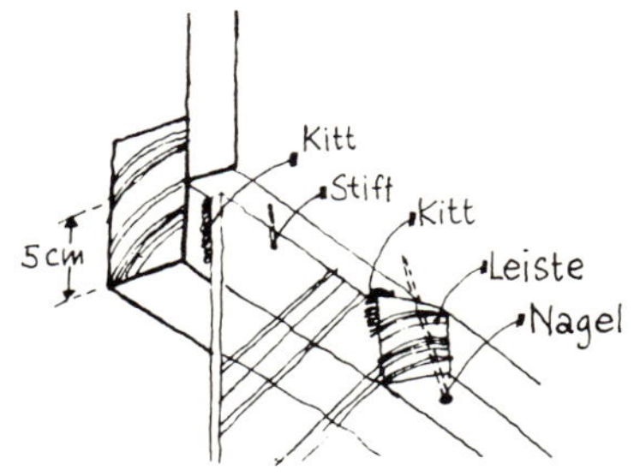

8 So einfach sind die Fenster konstruiert (Ansicht von innen)

man die ganze Fläche mit einer großen Kunststoffplane abdecken (desgleichen kann das noch nicht verbaute Holz so geschützt und trockengehalten werden).

3. Tag

Am dritten Tag beginnt man mit dem Bau der Wände.

Man bereitet sieben ganze Sperrholzplatten (120 cm breit, 240 cm hoch) so vor, daß man jeweils zwei 120 cm lange, 100 x 50 mm starke Kanthölzer an den Schmalseiten annagelt: Das eine Kantholz ist 26 cm, das andere 8,5 cm von der Kante eingerückt. Ferner wird ein 205,5 cm langes, ebenfalls 100 x 50 mm starkes Kantholz an einer Längsseite befestigt – aber so, daß es 50 mm über die Kante hinaussteht. Bei zwei Platten – es sind die in den hinteren Ecken aufzustellenden Wandplatten – werden 50 x 50 mm starke Kanthölzer bündig mit der Plattenkante befestigt.

Die sechs Wandteile, die nachher mit Fenstern versehen werden, bestehen aus zwei Teilen: einem unteren „Brüstungsteil" von 90 mm Höhe und einem oberen „Fenstersturzteil" von 84 cm Höhe. Die bei den geschlossenen Wandteilen erwähnten Kanthölzer an den Schmalseiten und einer Längsseite sind hier ebenfalls anzubringen. Zusätzlich sind die Fensterausschnitte mit 100 x 50 mm starken Hölzern einzufassen. Diese Hölzer ragen – wie das Holz an der Längskante – um 50 mm über die Kante des Fensterausschnitts hinaus, sind aber nur 110 cm lang.

Die Tür besteht aus einer dreigeteilten Platte (Teilung bei 90 und 209 cm Höhe). Die beiden großen Stücke werden mit Rahmen versehen; das kleine Stück wird nachher einfach an die überstehenden Kanthölzer der benachbarten Wandplatten genagelt.

Mit diesen Arbeiten wird wieder ein ganzer Tag vergehen.

4. Tag

Am vierten Tag beginnt das Aufstellen der Wände. Eine Wasserwaage kann man dabei nicht (oder nur an den Schmalseiten) benutzen: Die Wände sollen ja leicht gekippt stehen.

Man wird dabei einige Stützen aufstellen müssen. Dennoch braucht man eine Hilfsperson: Eine Person hält zwei benachbarte Platten zusammen, die andere Person nagelt sie von außen zusammen – indem Nägel in das verbindende Kantholz geschlagen werden (und zwar nichtrostende Nägel!).

Die Dachkonstruktion – ebenfalls am vierten Tag zu beginnen – besteht aus 100 x 50 cm starken Kanthölzern, die in 60 cm Abständen auf die an den Wänden befestigten Kanthölzer aufzulegen und festzunageln sind. Auf diese Hölzer legt man die restlichen fünf Sperrholzplatten: sie ergeben die Decke im Innenraum. Auf die Platten werden 24 Isolierplatten verlegt – so daß nun die Ober-

kante der Platten (die 5 cm stark sind) mit der Oberkante der Wände abschließt. Darüber wird die Butyl-Folie (also eine kräftige Kunststoffolie) ausgelegt – die natürlich ohne Verletzungen sein muß und aus einem etwa 260 × 620 cm großen Stück bestehen soll. Die Folie wird über die Wandkanten herumgezogen und dort dann – bündig mit dem Wandabschluß mit 25 × 25 mm starken Leisten – festgenagelt.

5. Tag

Die Fensterscheiben sind einzusetzen: Auf die Kanthölzer im Fensterausschnitt Kitt aufstreichen, die Glasscheibe dagegensetzen und mit Glaserstiften festhalten. Dann einen weiteren Kittstrang in den Ecken anbringen und schließlich von außen noch Profilleisten (Quadratleisten mit einer abgeschrägten Kante) annageln. Die Türen sind mit vier Scharnieren anzusetzen, ein Schloß ist zu befestigen – dann kann Richtfest des Hauses gefeiert werden. Dann beginnt der Innenausbau – für den die Möbelbeispiele auf den vorhergehenden Seiten viele Anregungen liefern.

Ein ganz einfacher Schrank

Dieser Schrank kann beispielsweise im Abstellraum stehen und Saison-Garderobe aufnehmen: im Sommer die Wintersachen und im Winter die Sommerkleider. Er kann auch fürs Kinderzimmer gebaut werden. Und selbst in der Garderobe würde er als Kleiderablage gute Figur machen.
Man baut aus 6 x 2,5 cm starken gehobelten Latten zwei Rahmen. Diese Rahmen sind 180 cm hoch und 80 cm breit; der Quersteg ist in 20 cm Höhe eingesetzt. Die Verbindungen werden aus den Abbildungen deutlich.
Danach werden die Wände angesetzt, die aus 8 mm starkem Sperrholz bestehen. Die Seitenwände sind 160 x 60 cm groß, die Rückwand ist 160 x 80 cm groß. Der Boden im Schrank ist 60 x 80 cm groß; er muß in den vier Ecken ausgeklinkt werden. Die Deckplatte, ebenfalls 80 x 60 cm groß, schließt dann den Schrank. Alle diese Platten werden aufgeleimt und festgeschraubt. Wenn sie rechtwinklig zugeschnitten sind, wird zwangsläufig auch der Schrank rechtwinklig ausfallen.

Für die Tür baut man einen 160 x 80 cm großen Rahmen aus den 6 x 2,5 cm starken Leisten (die Ecken werden überplattet). Auf die eine Seite dieses flachen Rahmens schraubt man dann eine Sperrholzplatte auf. Nun muß man nur noch die Tür mit zwei oder drei Scharnieren am rechten oder linken vorderen Rahmenholz anschlagen, muß an dem anderen Rahmenholz und an der vorderen Türkante einen Magnetschnäpper befestigen – dann ist der Schrank im Rohbau fertig. Er wird noch sauber geschliffen und dann lackiert. Eine Kleiderstange ist noch zwischen die Seitenwände einzusetzen.

Eine Schrankwand wird gebaut

Ein Schrank, der eine ganze Wand füllt, sieht besser aus als ein kleiner Kasten, der zuwenig Platz bietet. Eine Schrankwand verbirgt Kleidung und Wäsche, Koffer und Kleinkram hinter raumhohen Türen; man sieht nur ganz schmale Fugen zwischen den Türen: Der Raum sieht ordentlich und aufgeräumt aus.
Zudem ist in der Schrankwand gewöhnlich dann auch für Jahre im voraus noch Platz für künftige Anschaffungen. Vieles spricht also für eine Schrankwand – die auch ein Laie selber bauen kann.
Man kann eine Schrankwand einmal aus sogenannten Industrieregalen erstellen. Das sind Bauteile für Lagerregale, aus Eisen oder aus Holz, in vielerlei Abmessungen. Diese Regalsysteme enthalten in der Regel auch raumhohe Seitenwände, zwischen die man in beliebigen Abständen und Reihenfolgen die Böden einlegen kann. Bei einigen dieser Systeme werden auch Türen in verschiedenen Höhen angeboten. Eine Schrankwand sollte raumhohe Türen aufweisen und sollte auch tatsächlich die ganze Wandbreite füllen. Wenn die genormten Türen und die Breitenmaße der Regalteile diese Forderungen nicht erfüllen, muß man seitlich und über den Türen noch Blenden aus dünnen Spanplatten ansetzen.
Man kann eine Schrankwand aber auch aus solchen Industrieregalen bauen, zu denen es keine Türen gibt. Man kann sich die Türen aus Spanplatten zuschneiden, mit Umleimern versehen – und kann die Türen als Schiebetüren vor das Re-

gal setzen. Das heißt: Man unterteilt die Schrankbreite in drei oder vier Teile, läßt sich Spanplatten zuschneiden, die jeweils 5 cm breiter als die ermittelten Teilmaße sind, und befestigt nun an der Decke unmittelbar vor dem Regal bzw. Schrank zwei Schienen, montiert auf die Spanplatten die zu diesen Schiebetürschienen gehörenden Rollbeschläge – und hängt nun die Schiebetüren in die Schienen ein. Bei einer nicht zu breiten Wand kommt man auch mit nur zwei Schiebetüren aus – braucht aber dennoch zwei Schienen, damit sich die Schiebetüren auch öffnen und schließen lassen. Als untere Führung für die Schiebetüren dienen lediglich kleine Kunststoffnoppen, die auf dem Fußboden befestigt werden und die in einer Nut laufen, die man in die Unterkante der Schiebetüren einfräsen muß. Die Schiebetüren müssen noch mit Griffen versehen werden, sie müssen lackiert, mit Furnier beklebt oder mit Folie bespannt werden: dann kann man sich an die Vervollkommnung des Schrankinneren machen. Es gibt aber noch eine andere Methode, eine Schrankwand zu bauen: man kann sie aus Spanplatten erstellen und dabei die Teile zuschneiden, daß man eine auf den Zentimeter genau passende Wand bekommt. Die wichtigsten Bauphasen einer solchen Konstruktion sind in den Abbildungen dieser Seite zu sehen. Man beginnt zunächst mit einem Sockel aus 8 x 3 cm starken, hochkant eingesetzten Latten. Es ist also ein Rahmen, der so breit wie die Wand und 55 cm tief ist. Einige Querstege sorgen dafür, daß sich dann der aufgelegte Schrankboden nicht durchbiegen kann. Der Schrankboden besteht aus 19 mm starker Span- oder Tischlerplatte, die über die ganze Wandbreite reicht und 60 cm tief ist. An die Vorderkante leimt und nagelt man eine Umleimerleiste. Die Bodenplatte überragt den Sockel um 5 cm.

Auf dem Schrankboden sind nun in regelmäßigen Abständen Zwischenwände aufzustellen (ihre genaue Position hat man schon vorher ermittelt – und an diesen Stellen sollte man auch die Querstege im Sockelrahmen vorsehen). Damit

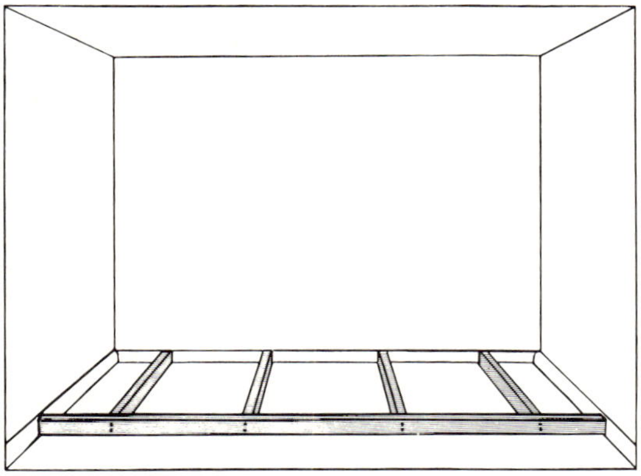

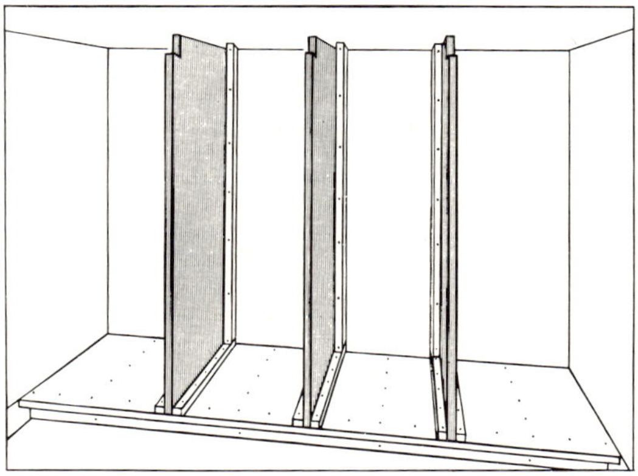

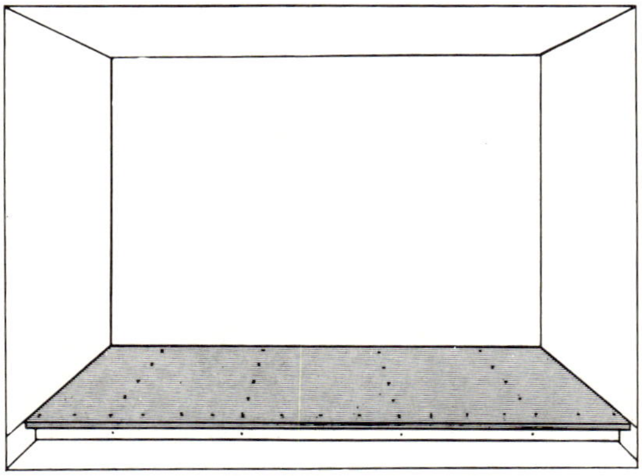

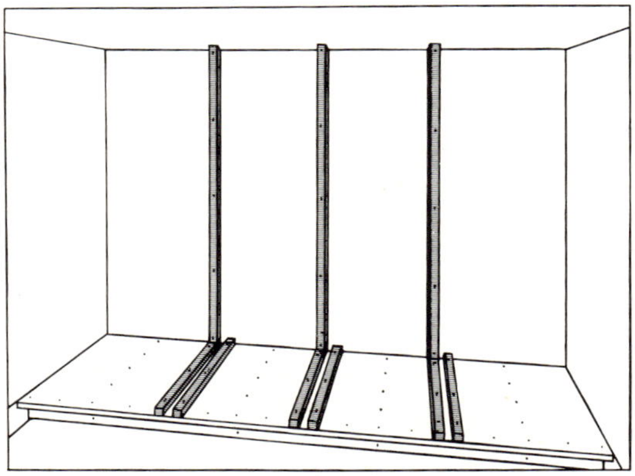

man die Wände überhaupt aufstellen und befestigen kann, werden auf der Bodenplatte für jede dieser Trennwände zwei 2 x 2 cm starke Leisten und an der Rückwand (es ist die normale Zimmerwand) jeweils eine Leiste befestigt. Die Bodenleisten befinden sich genau rechts und links der Trennwände – man kann nun von der Seite her kleine Nägel in die Trennwände einschlagen und diese Platten damit fixieren. Die Trennwände füllen den Raum zwischen Bodenplatte und Zimmerdecke. Sie sind ebenfalls 80 cm tief. An der Vorderkante muß man vorher oben eine 8 x 3 cm große Aussparung anbringen. Hier wird nämlich nun als nächstes eine 8 x 3 cm starke Latte hochkant eingeklinkt. Und auf der Rückseite dieser Latte hat man vorher auch noch einige 2 x 2 cm starke Leistenabschnitte angeschraubt. Die Länge der einzelnen Leisten entspricht den Abständen der Trennwände; zwischen den Leisten bleiben 19 mm breite Zwischenräume. So werden die Trennwände nun auch an der Vorderkante, zumindest oben – so festgehalten, daß sie sich nicht nach der Seite hin bewegen können.

Im Schrank kann man nun auch jeweils rechts oder links von den Trennwänden eine zweite Wandleiste befestigen (je nachdem, ob man vorher die erste Wandleiste links oder rechts von der Trennwand befestigt hat).

Innenausstattung der Schrankwand

Die Schrankwand ist damit so weit gediehen, daß man sich an die Innenausstattung machen kann. Das wichtigste Zubehör sind Lochschienen oder Zahnstangen, die man an den Trennwänden befestigt; zu den Lochschienen braucht man noch Träger, auf denen dann die Zwischenböden ruhen können. Eine Zahnstange trägt ohne weitere Hilfsmittel die Böden. Die für jedes Schrankfach benötigten vier Schienen oder Stangen müssen exakt auf gleicher Höhe sein, damit die Böden genau waagerecht liegen. An einigen der Zwischenböden werden Kleiderstangen befestigt.

Der Innenausbau einer Schrankwand ist sehr wichtig für den Nutzeffekt dieses Möbels. Es

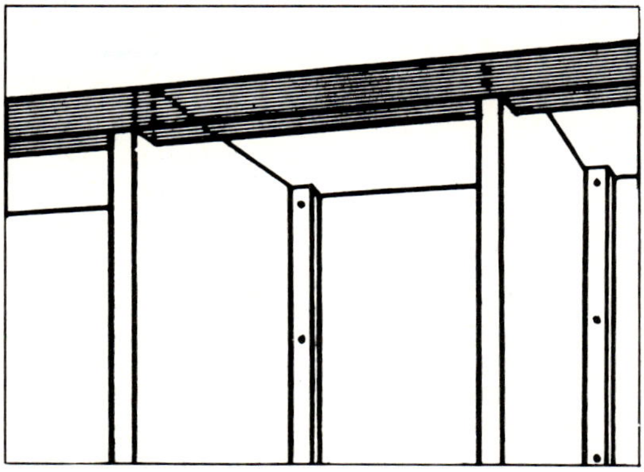

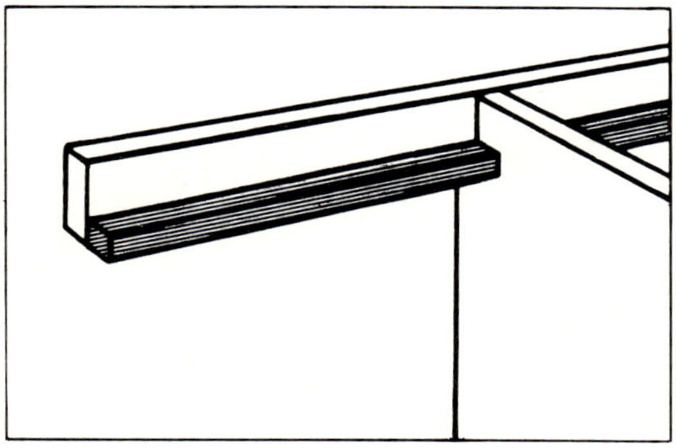

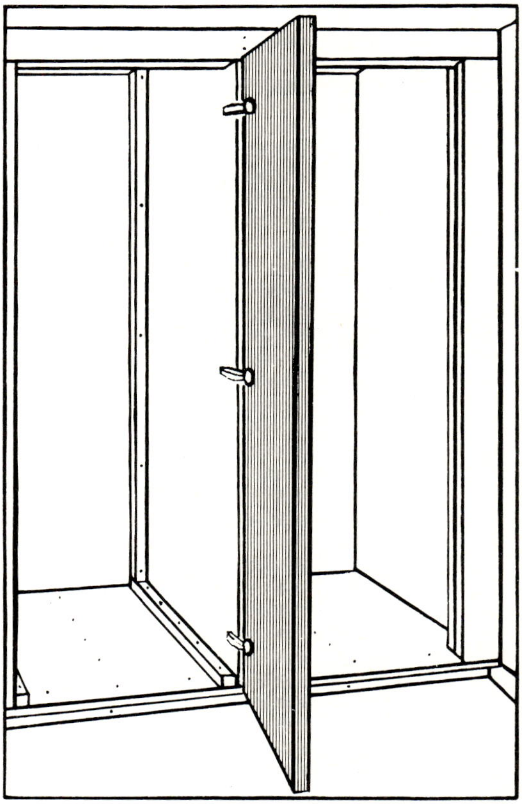

lohnt sich darum, in den Eisenwaren- und Haushaltgeschäften Ausschau zu halten nach weiteren Hilfsmitteln, die zu besserer Nutzung des Schrankinhaltes beitragen können.

Nützliche Einbauteile

So gibt es beispielsweise für den Küchenausbau Drahtkörbe in unterschiedlichen Abmessungen. Zu diesen Körben gibt es dann auch Schubladenbeschläge. Oder es gibt Kunststoffschubladen, ebenfalls mit seitlichen Führungsschienen. In solchen Körben oder Schubladen sind die kleineren Teile der Wäsche oder der immer wieder anfallende Krimskrams natürlich sehr viel besser als auf normalen Zwischenböden unterzubringen. Man sollte sich nach solchen Dingen rechtzeitig umsehen, damit man die Maße der Schrankwand auf die genormten Maße dieses Zubehörs abstimmen kann.
Ausziehbare Kleiderstangen kann man ebenfalls kaufen. Auf diesen Stangen hängen die Bügel nicht nebeneinander, sondern hintereinander. Mit solchen Kleiderstangen kann man auch Schrankwände mit weniger als 60 cm Tiefe bauen (die bei den üblichen Kleiderstangen und Kleiderbügelmaßen unerläßlich ist).

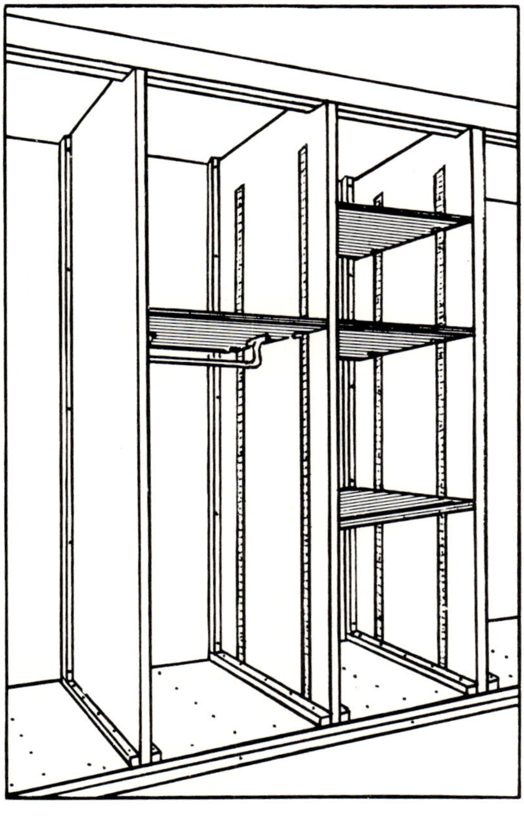

Es gibt Plexiglas-Stapelkästen, die man einfach auf einem Zwischenboden abstellt und aufeinandertürmt. Unter Umständen wäre dann ein Schrankfach schmäler oder breiter anzulegen, damit man zwei solcher Kästenstapel nebeneinander einstellen kann.
Ganz wichtig ist, daß man daran denkt, daß die Kleiderstange nicht immer nur ganz oben eingebaut werden muß. Sinnvoller ist es, die Stange niedriger einzubauen – damit man noch bequem nach den Bügeln greifen kann – und darüber noch einen oder zwei Zwischenböden einzusetzen, auf denen seltener benötigte Dinge liegen. Man kann auch zwei Kleiderstangen übereinander anordnen und so den Schrankraum noch besser nutzen. Es lohnt sich auch, die Kleidung so zu ordnen, daß beispielsweise Hosen und Kleider – die etwa gleich lang sind – zusammenhängen, daß Blusen, Sakkos und Hemden eine andere Gruppe bilden und daß dann schließlich Maxikleider oder Mäntel zusammenkommen. Man kann so den Abstand zwischen Kleiderstange und dem darunter befindlichen Zwischenboden so knapp wie möglich halten – und gewinnt auf diese Weise sehr viel Platz. Es lohnt sich, hier einmal die Prospekte von Serienmöbeln zu studieren: Die Prospekt- und Katalogfotos bieten oft Vorbilder dafür, wie man eine Schrankwand optimal ausnutzen kann.

Verschiedene Türlösungen

Nun braucht die Schrankwand noch Türen. Hier hat man nicht nur die Wahl zwischen Schiebetüren oder normalen Drehtüren.
Seit einiger Zeit werden nämlich auch Lamellentüren angeboten (aus denen man z.B. mit den dazugehörenden Schlägen Falttüren bauen kann). Die Lamellenteile werden in verschiedenen Maßen angeboten: sie sind raum- oder zimmertürhoch (es gibt auch niedrigere Maße für niedrige Schränke, z.B. Anrichten oder Küchenschränke), und sie werden in verschiedenen Breiten angeboten. Man kann diese Elemente nun wie normale Drehtüren einbauen (mit jeweils zwei oder vier Scharnieren, je nach Türhöhe). Man kann aber auch jeweils zwei Lamellentüren

mit Scharnieren verbinden und diese Flügelpaare mit Hilfe eines am Boden befestigten Zapfenlagers, einer Deckenschiene sowie Zapfen an den Oberkanten der Türflügel (die in Gleiter eingesetzt werden – die wiederum in der Deckenschiene gleiten). Auf diese Weise bekommt man also Lamellen-Falttüren, zu deren Konstruktion nur geringe handwerkliche Kenntnisse und außer einer Bohrmaschine, einem Hammer, einem Schraubenzieher höchstens noch eine Kreissäge erforderlich ist (wenn man die Türen etwas kürzen müßte). Und das Foto zeigt, daß diese Türen sich sehen lassen können: sie werden in Kiefer und in Mahagoni angeboten, sie können farblos behandelt oder aber farbig lasiert bzw. lackiert werden.

Daneben werden Bausätze für Schiebetüren angeboten, die ebenfalls sehr interessant sind. Zu den Schiebetüren gehören eine Boden- und eine Deckenschiene. Außerdem Leichtmetall-Profile, aus denen die Rahmen für die Schiebetüren zusammengesteckt werden. Als Füllung setzt man in diese Rahmen dünne Sperrholzplatten ein, die ganz individuell behandelt werden können. Man kann die Füllung lackieren oder tapezieren, mit Stoff bespannen oder mit einem Großfoto bekleben. Man kann sich diese Arbeiten sparen – und gleich furnierte Paneelplatten einsetzen.

Weil die beiden Türsysteme, die eben beschrieben worden sind, völlig unabhängig vom Schrankkorpus funktionieren – kann man auch darauf verzichten, die vorher beschriebene, ziemlich aufwendige Schrankkonstruktion zu bauen: Die Falt- oder Schiebetüren können auch ein schlichtes Regal oder irgendeine andere Ablagekonstruktion verbergen.

Es ist nicht notwendig, daß Zwischenwände gebaut werden (jedenfalls für die Türen müssen keine gebaut werden). Im einfachsten Fall könnte also ein Kleiderschrank aus einer der eben genannten Türkonstruktionen und einer dahinter zwischen die Wände gespannten Kleiderstange bestehen. Wäsche und andere Utensilien könnten in einer Kommode aufbewahrt werden – oder man könnte in den Schrank noch eine kleinere Ablage einbauen.

So einfach lassen sich heute Schränke bauen. Daß dies ein hierzulande noch wenig bekanntes System ist, spricht nicht gegen seine Qualifikation: In ganz Nordamerika werden so Schränke gebaut und verschlossen . . .

Wer den Schrank nach der vorhin erwähnten Konstruktion gebaut hat, kann, so wurde schon geschrieben, Schiebetüren oder normale Drehtüren anbringen. Es soll hier noch erklärt werden, wie man diese Türen konstruiert.

Schiebetüren hängen an Schienen, die direkt an der oberen Querlatte befestigt werden können – wenn man sie nicht an der Zimmerdecke festschrauben will. Die einzelnen Schiebetüren müssen sich jeweils etwa 5 bis 10 cm überlappen, damit ein besserer Staubabschluß erreicht wird. Außerdem muß man oben noch eine Blende anbringen, hinter der die Schienen verborgen werden. Und zwei Blenden (5 x 2 cm starke Leisten genügen) an den Seiten verwehren oder erschweren dem Staub ebenfalls den Eintritt in den Schrank. Die Türen selbst bestehen aus 16 mm starker Tischler- oder Spanplatte, an die man ringsum noch Umleimerleisten befestigt (so wie man auch an den Vorderkanten der Trennwände und Zwischenböden solche Umleimer anzubringen hat).
Normale Drehtüren bestehen aus 19 mm starker Span- oder Tischlerplatte (ringsum mit Umleimer versehen), die mit jeweils drei Scharnieren an den Zwischenwänden befestigt werden. Wenn man solche Türen staubdicht anschlagen will, dann kann man sich der Dichtungsleisten und Profile bedienen, wie sie als Fensterdichtungen bekannt und überall erhältlich sind. Als Verschlüsse für die Türen genügen Magnetschnäpper. Die Türgriffe werden in Eisenwarengeschäften sowie in den Do-it-yourself-Abteilungen der Warenhäuser in sehr großer Zahl angeboten. Während man für die Drehtüren praktisch jedes beliebige Modell verwenden kann, ist für Schiebetüren die Auswahl eingeschränkt: Hier kommen nur Muschelgriffe oder aber sogenannte Kajütenbeschläge in Frage – die beim Schieben der Türen nicht hinderlich sein dürfen.
Wenn man nun die Schrankwand mit Folie beklebt oder lackiert, dann muß man darauf achten, daß man die Trennwände und die Türen jeweils auf beiden Seiten gleichartig behandelt, damit sich diese verhältnismäßig großen Platten nicht verziehen können: Beide Flächen müssen unter gleicher Spannung stehen (auch ein Lack kann beim Trocknen eine gewisse Spannung hervorrufen).

Einfache Möbel aus Spanplatten

Spanplatten sind jedem Heimwerker als ein sehr wichtiger Werkstoff bekannt und vertraut. Einige der auf den vorhergehenden Seiten vorgeschlagenen Möbel bestehen aus diesem Material; viele der von Heimwerkern selbst entworfenen Einrichtungsstücke werden aus Spanplatten gebaut, und auch die meisten Serienmöbel verbergen unter dem schönen Furnier nichts anderes als diesen aus Holzspänen und Kunstharz bestehenden Werkstoff.
Ein ganz entscheidender Vorzug dieses Materials ist, daß es keine Arbeitsrichtung aufweist, wie etwa ein Brett oder die Tischlerplatte. Man kann also eine Spanplatte ganz willkürlich in einzelne Abschnitte unterteilen und kann diese Stücke auch in ganz unterschiedlichen Richtungen verwenden. Man muß dabei auf keine Faserrichtung achten. Man kann deshalb auch sicher sein, daß das entstehende Möbel sehr formstabil sein wird. Auch große Spanplatten verziehen sich nicht.
Auf den folgenden Seiten sind Entwürfe für eine Reihe von Möbeln zu finden, die aus Spanplatten gebaut werden. Diese Möbel hat der schwedische Designer Stephan Gip entworfen, von dem auch die Entwürfe auf den Seiten 196 bis 247 stammen. Stephan Gip hat bei den folgenden Möbeln die einzelnen Bauteile auf einer 122 x 250 cm großen Spanplatte untergebracht: das ist eine in seiner schwedischen Heimat übliche Plattengröße. Und die Entwürfe stammen noch aus einer Zeit, als man deutlich Geld sparen konnte, wenn man eine ganze Platte kaufte und sie zu Hause dann selbst zuschnitt. Heute gibt es in den Baumärkten und Holzhandlungen kaum noch einen Preisunterschied zwischen einer ganzen Platte und Zuschnitteilen aus einer Platte: Es lohnt sich also kaum noch (wie Stephan Gip es mit diesen Entwürfen empfohlen hatte), eine ganze Spanplatte auf dem Autodach nach Hause zu transportieren und dann selbst zu zerlegen, so wie es mit den Schnittmustern zu den einzelnen Möbelentwürfen auf den folgenden Seiten vorgeschlagen wird.
Das tut indes der Zweckmäßigkeit dieser Möbel keinen Abbruch. Denn es sind allesamt nützliche Möbel für unterschiedliche Funktionen in der Wohnung.

Für alle Möbel wird 16 mm starke Spanplatte verwendet. Wo man – zum Beispiel in einer sehr großen Holzhandlung – die Auswahl hat, nehme man eine Spanplattenqualität mit sehr feiner Oberfläche. Um so weniger Arbeit hat man nachher mit dem Spachteln und Lackieren.
Natürlich kann man für die meisten dieser Entwürfe auch kunststoffbeschichtete Spanplatten verwenden, sei es eine weiße oder holzgemaserte Beschichtung. Allerdings muß man bei den Entwürfen dann noch jeweils nachprüfen, ob man noch Umleimer für wie viele Meter sichtbare Kanten braucht. Wenn man dabei die schon an anderer Stelle erwähnten Kunststoff-Umleimer mit Schmelzkleber verwendet (die mit Hilfe eines Bügeleisens aufgezogen werden), braucht man an den vorgeschlagenen Abmessungen nichts zu ändern. Man kann aber auch 5 mm starke Holzleisten als Umleimer wählen; in diesem Fall kann es gelegentlich erforderlich werden, die Maße der Spanplatten um diese 5 mm zu verändern, damit die Teile noch richtig zusammenpassen.
Für den, der die Spanplatten nun wirklich selbst zuschneiden will, hier noch ein paar Tips.
Jede Trennlinie wird als Doppellinie aufgezeichnet. Zwischen den beiden Linien bleibt ein Zwischenraum von exakt 2 mm. Und zwischen diesen beiden Linien muß nachher die Kreissäge angesetzt werden: Der Zwischenraum entspricht dem von den Zähnen des Sägeblatts in das Material geschnittenen Spalt. Alle auf den Schnittmustern angegebenen Maße sind „Netto-Maße“.
Es empfiehlt sich auch, die einzelnen Teile genauso zu kennzeichnen, wie sie in den Schnittmustern mit Buchstaben gekennzeichnet sind. Wenn die große Platte zersägt ist, weiß man dann immer noch, welches Teil wohin gehört – ohne daß man erst nachmessen muß, was umständlich ist und außerdem Zeit raubt. Durchgehende Trennlinien werden natürlich zuerst gesägt. Man achte darauf, daß die Säge genau die vorgezeichneten Linien einhält und daß sie nicht nach rechts oder links ausweicht. Das Beste ist daher, man befestigt neben jeder Trennlinie einen Anschlag: Mit zwei Schraubzwingen wird eine gerade Latte auf der Spanplatte befestigt, und an dieser Latte kann die Säge ganz genau und geradlinig entlanggeführt werden.
In die Kreissäge wird ein feinzahniges Sägeblatt eingespannt – und die Säge soll auch nur langsam vorwärts bewegt werden, dann splittert die Spanplatte nicht aus, und man bekommt ganz glatte Kanten.

Ein Tisch und ein Hocker

Mit 122 x 122 cm weist dieser insgesamt 46,6 cm hohe Tisch eine respektable Größe auf. Er ist also für eine sehr geräumige Sitzgruppe gedacht – die hier vorerst nur aus einem Hocker besteht. Aber man kann sich ja noch weitere Hocker dazubauen. Für jeden Hocker braucht man nur einen 122 x 38 cm großen Splanplattenstreifen, den man in die fünf Teile C und D zu unterteilen hat.

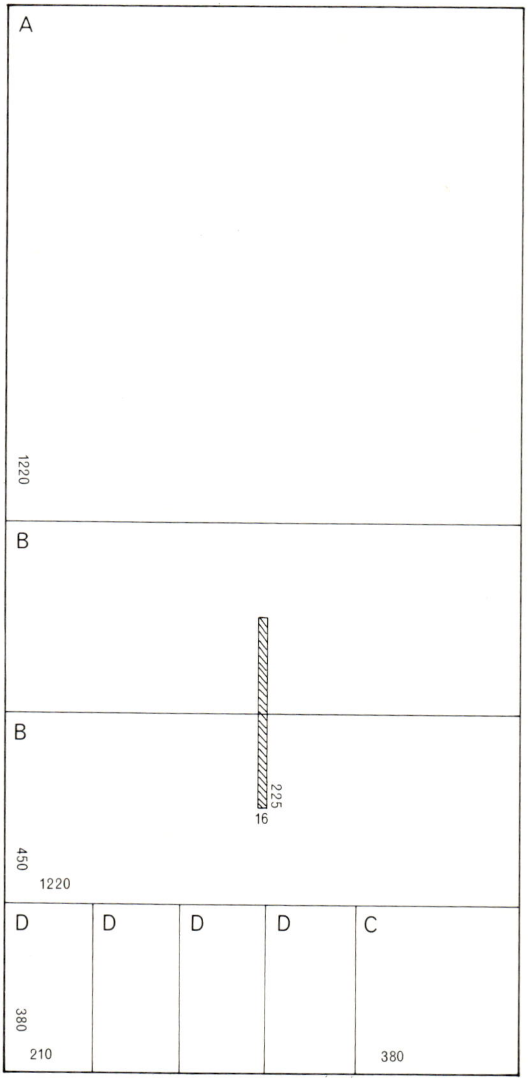

Die beiden Teile B werden in der Mittelachse mit jeweils einem 22,5 cm tiefen und 16 mm breiten Schlitz versehen. Die Teile werden dann zusammengesteckt, so daß sich ein kreuzförmiger Tischfuß ergibt. Auf beide Seiten der quadratischen Tischplatte zeichnet man die Diagonalen. Das eine Diagonalenkreuz hilft, die Tischplatte genau zentrisch auf das Kreuzgestell aufzulegen; das Kreuz auf der anderen Seite hilft, die Befestigungsnägel genau in die Mitte der senkrecht darunter stehenden Spanplatten einzuschlagen.

Es empfiehlt sich, rings um die Tischplatte noch 20 x 5 mm starke Leisten zu leimen (bündig mit der Oberkante der Tischplatte). So bekommt man glatte und auch feste, strapazierfähige Tischkanten.

Die vier Stücke D, aus denen der Hocker gebaut wird, werden jeweils im Uhrzeigersinn stumpf aneinandergefügt. So ergibt sich ein 39,6 x 39,6 cm großer Rahmen, auf dem die 38 x 38 cm große Platte liegt. Und darauf muß dann noch ein Polster gelegt werden. Man kann dafür eine 10 cm starke Schaumstoffplatte nehmen, die auf der Oberseite und den Seitenkanten noch mit ein paar Lagen Polyestervlies bedeckt und somit weicher gemacht wird.

Der Bezug für das Polster ist einfach zu nähen. Man kann ihn als ein kreuzförmiges Stück zuschneiden: Das Zentrum ist 39 x 39 cm groß, die Balken des Kreuzes sind jeweils 39 cm breit und 20 cm lang. Auf die Unterseite dieses Kissens kann man eine 35 x 35 cm große Platte des gleichen Stoffes aufnähen; man könnte aber auch billigeren Stoff verwenden – und dadurch noch ein wenig Geld sparen ... Man könnte den Bezug aus einzelnen Stücken zusammensetzen (wodurch eine noch rationellere Ausnutzung des verwendeten Bezugsstoffes erreicht wird ...). Man braucht dann eine mit Nahtzugabe 43 x 43 cm große Oberplatte, vier 43 x 24 cm große Seitenstücke und dann wieder die 35 x 35 cm große Platte für die Unterseite (die auch hier wieder aus dem einfacheren und billigeren Stoff zugeschnitten werden kann).

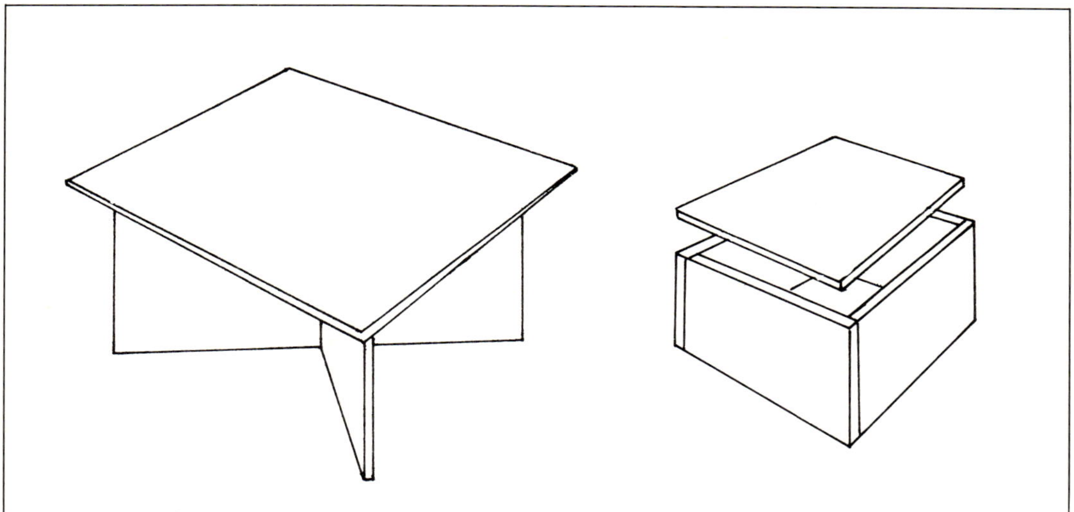

Ein Regal für Bücher und andere Dinge

Das Schnittmuster zeigt, daß dieses interessante Regal nur aus zwei verschiedenen Bauteilen angefertigt wird: aus zehn Teilen in der Größe 125 × 20,3 cm und aus zwölf Teilen in der Größe 20,8 × 20,3 cm. Ein verblüffend einfaches Schnittmuster also! Man baut dieses Regal zweckmäßigerweise in zwei Etappen. Zuerst baut man aus je zwei langen und sechs kurzen Teilen die Facheinsätze. Die lichte Weite jedes Faches beträgt 16,5 cm. Erst wenn diese beiden Bauteile fertig sind, setzt man die beiden Seitenwände an. Zwischen dem oberen und dem unteren Facheinsatz wird hochkant ein langes Bauteil als Rückwand zwischen die Seitenwände eingefügt (die beiden Einsätze haben also genau 20,3 cm Abstand voneinander); ebenso wird zwischen unterem Facheinsatz und dem unteren Zwischenboden sowie unter diesem Boden ein 125 cm langes Stück als Rückwand eingefügt.

Bei diesem Regal gibt es sehr viel zu nageln, und deshalb empfiehlt es sich gerade hier, die genauen Positionen für die Nagelreihen deutlich anzuzeichnen. Man hat dann die Gewähr, daß alle Nägel auch richtig sitzen und daß somit die Verbindungen auch wirklich haltbar werden; man vermeidet zugleich, daß die Spanplatte repariert werden muß: Jeder Nagel, der aus einer Spanplatte seitlich herauswandert, reißt Holzspäne mit und zerstört die Plattenoberfläche.

Bei diesem Regal kann man übrigens einen Beschlag verwenden, der in Baumärkten und Eisenwarenhandlungen angeboten wird: Das sind Blechwinkel, die auf die Kreuzungen zwischen waagerechten und senkrechten Bauteilen aufgesetzt werden und durch die hindurch Nägel in die Spanplatten eingeschlagen werden. Diese Blechwinkel sorgen dafür, daß die Bauteile genau im rechten Winkel zusammengefügt werden und daß sie kaum in diesem Winkel wackeln können.

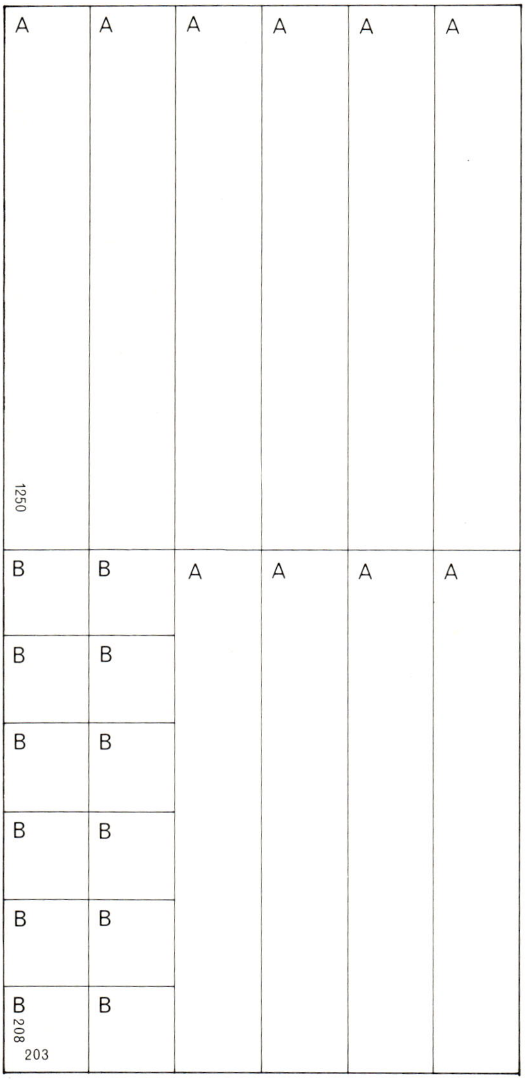

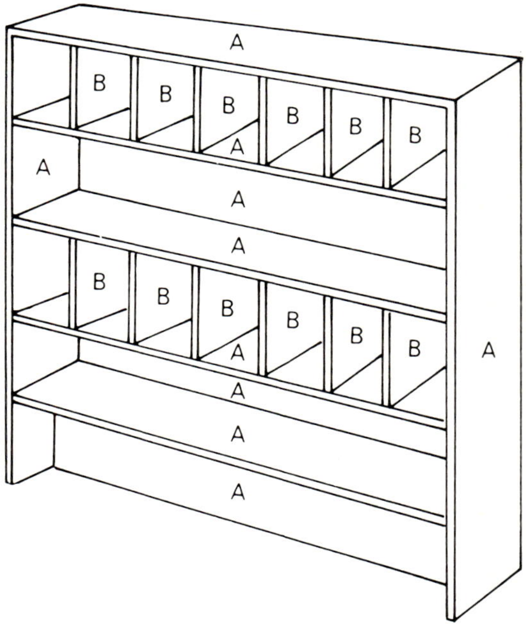

Eine große Sitzbank mit Schubladen

Die Sitzbank kann auch als Kinder-Sofa-Bett benutzt werden. Sie ist immerhin 143 cm lang und 60 cm tief. Das ergibt also schon eine stattliche Sitz- bzw. Liegefläche, die allerdings mit einer 7,5 oder auch 10 cm dicken Schaumstoffmatratze gepolstert werden muß.
Die Konstruktion wird aus der Zeichnung ersichtlich. Die beiden schmalen Streifen D werden jeweils an der Unterkante der beiden Teile C (= Rückwand) und E (= Vorderwand) befestigt. Auf ihnen liegt die Sitzplatte A auf.
Auch die Konstruktion der drei Schubladen ist in der Zeichnung deutlich dargestellt. Alle Teile werden stumpf zusammengefügt, geleimt und zusätzlich genagelt. Die Nägel werden mit einem Senkstift tiefer in die Spanplatte eingetrieben, und dann überdeckt man die Vertiefungen mit Holzkitt, ehe man die ganze Oberfläche grundiert, spachtelt und lackiert.
Während man übrigens bei allen anderen Möbeln mit einer Kreissäge als wichtigstem Werkzeug auskommt, braucht man bei dieser Bank eine Stichsäge. Mit diesem Gerät werden die Vorderkanten der Seitenwände abgerundet. Man legt dazu die beiden Platten B aufeinander, setzt zwei Schraubzwingen so an, daß die Platten nicht mehr verrutschen können, zeichnet auf die obere Platte einen Viertelkreis mit dem Radius 5 cm und sägt dann mit einer Stichsäge diesen Bogen aus. Auch die Grifflöcher für die Schubladenfronten kann man mit der Stichsäge ausführen. Man bohrt erst ein Loch vor, damit die Säge eingesetzt werden kann, und sägt dann ein Loch mit dem Durchmesser von 4 oder 5 cm – auch wieder in alle drei Fronten zugleich. – Die Schubladen laufen übrigens auf jeweils vier einfachen Möbelrollen.
Zum Schaumstoffpolster noch die Anmerkung: Man sollte keine zu weiche Qualität wählen, weil man sonst gleich auf der harten Spanplatte sitzt – und weil man dann auch zu oft an die Vorderkante des Möbels stößt. Die Platte E überragt ja die Sitzplatte um ein paar Zentimeter, ihre Oberkante liegt somit dicht unter der Oberfläche der Schaumstoffmatratze.

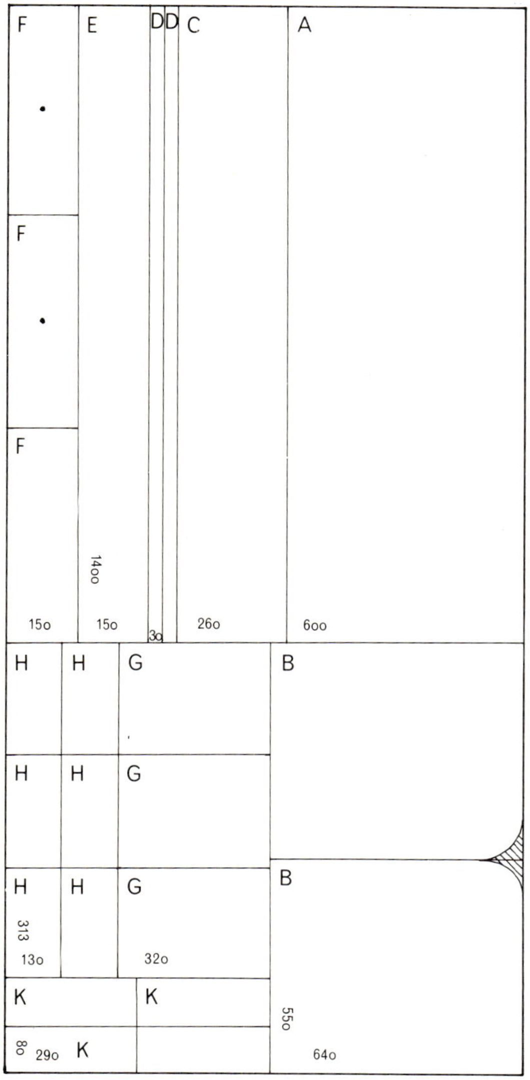

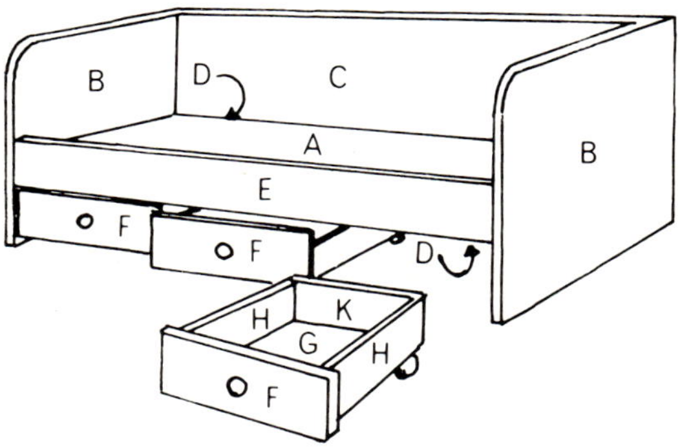

Ein Bett mit Nachttischchen

Dieses Bett für ein Kinder- oder Teenager-Zimmer, aber auch für Erwachsene, weist ein Matratzenmaß von 80 × 195 cm auf. Das ist kein Standardmaß; man muß sich also eine Schaumstoffplatte kaufen und mit Drell beziehen.
Die Einzelteile werden mit Bleistift auf die große Platte aufgezeichnet. Es ist zweckmäßig, mit einem Anschlag zu arbeiten, wenn man mit der Kreissäge arbeitet. Das heißt: man klemmt auf die Spanplatte eine absolut gerade Latte – und zwar so, daß die Sägeschnitte genau auf der Mitte der angezeichneten Linien verlaufen. Man muß aber zuvor den Abstand zwischen Sägeblatt und linker Kante der Grundplatte an der Kreissäge abmessen und danach den Abstand zwischen Linie und Anschlag einstellen.
Die Teile A und D werden zum Grundgestell des Bettes miteinander verbunden – und zwar mit Leim und Schraubnägeln (oder aber mit normalen Nägeln). Die beiden Längsteile A sind 8 cm von den Außenkanten der Kopf- und Fußteile E eingerückt.
Darauf wird dann die große Platte B aufgeleimt und genagelt. Damit die Nägel auch genau in die Seitenteile A treffen, zeichnet man sich vor dem Nageln die Mittellinie dieser Seitenteile an: sie ist genau 8,8 cm von den Außenkanten entfernt. Die Nägel werden abwechselnd zum Fuß- und zum Kopfende des Bettes geneigt eingeschlagen; so halten sie besser, als wenn sie alle genau senkrecht eingesetzt werden. Für das Nachttischchen setzt man die Teile C stumpf gegen die Teile D – man könnte aber ebensogut anders verfahren und bekommt dann ein eher quadratisches Kästchen, das man zweckmäßigerweise noch mit einer Rückwand aus dünner Hartfaserplatte ausstatten sollte.

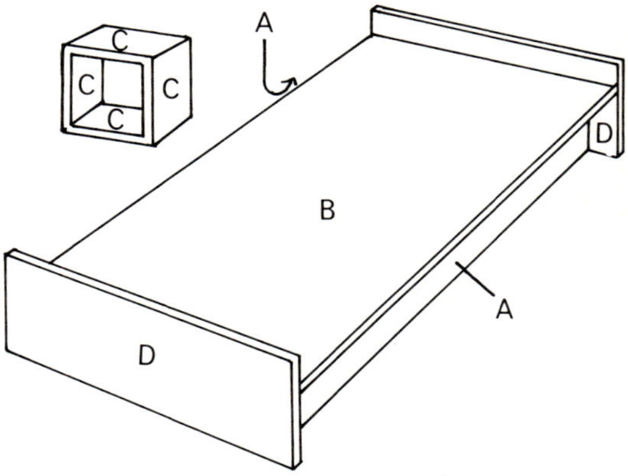

Schreibpult mit Bank fürs Kinderzimmer

Dieser Kinderschreibtisch – es wäre ein Wunder, wenn er nicht mit Begeisterung in das Kinderzimmer aufgenommen würde – ist 80 cm hoch, 61 cm tief und 93 cm breit. Man beginnt damit, daß man die Rückwand und die beiden Seiten miteinander verbindet und daß man dann noch die Ablage A einsetzt, ehe man die Schreibplatte C in 68 cm Höhe einbaut.

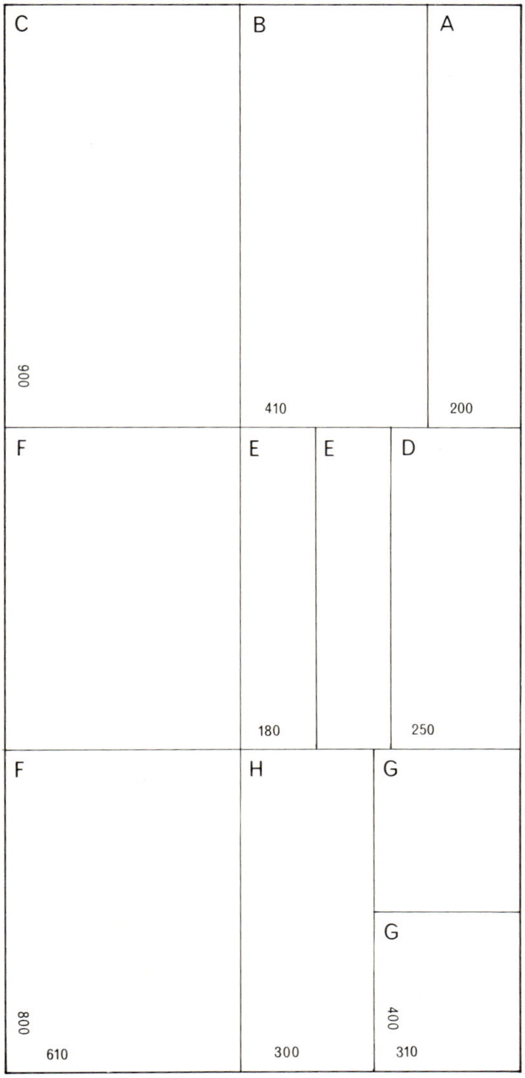

Die Sitzbreite der Bank beträgt 80 cm (Gesamtbreite 83,2 cm), die Höhe beträgt 40 cm (die eigentliche Sitzhöhe ist etwas höher, weil man noch ein Schaumstoffpolster auflegt). Man baut zunächst aus den Teilen D und E eine U-förmige „Rinne" und verbindet dieses Teil mit den beiden Seitenwangen G. Die Sitzfläche H wird mit Klavierband auf dem Kasten befestigt: Unter der Bank befindet sich dann eine verschlossene Ablage für Schulbücher, für Zeichenzeug – oder auch für Spielsachen.

Die Schreibplatte C könnte, wie auch die Platte des auf Seite 273 gezeigten Tisches, mit Kunststoff belegt werden. Man könnte in einem Fachgeschäft für Zeichen- und Bürobedarf aber auch eine einige Millimeter dicke Zeichentischauflage kaufen und aufziehen. Es wird sicher auch sehr nützlich sein, sämtliche Kanten mit Umleimern in Form von Holzleisten zu versehen; nur zu schnell würden nämlich die ungeschützten Spanplattenkanten von nervösen Kinderhänden bearbeitet und allmählich zerstört werden.

Noch ein paar Hinweise für den fortgeschrittenen und perfekter ausgerüsteten Heimwerker: Wenn man damit rechnet, daß der Schreibtisch über viele Jahre hinweg im Kinderzimmer steht und benutzt wird, dann sollte die Schreibplatte in der Höhe verstellbar sein. Man würde dann in die Seitenkanten der Schreibplatte je zwei Rampa-Muffen einsetzen – und dann kann man durch die Seitenwände des Möbels hindurch Gewindeschrauben in diese Muffen eindrehen. Die Schrauben lassen sich lösen und wieder eindrehen: es wird in jedem Fall immer eine feste Verbindung hergestellt. Man verwendet dazu nicht gewöhnliche Schrauben, sondern sogenannte Spiegelschrauben.

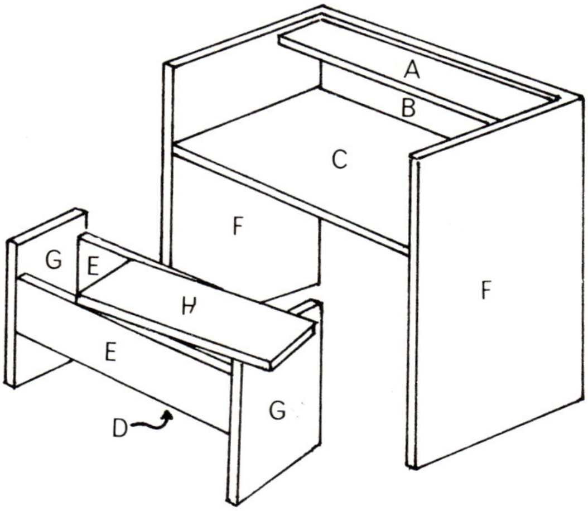

Telefonplatz für den Flur

Dieses Möbel verbindet das Angenehme mit dem Nützlichen: Es dient als Abstellplatz für das Telefon und es nimmt das Telefonbuch, dazu Handtaschen oder auch Schuhe auf. Zugleich aber läßt es sich bei langen Telefonaten als Sitzplatz benutzen! Es ist 70 cm hoch, 115 cm lang und gut 42 cm tief. Man verbindet zunächst die Rückwand B mit den Seitenwänden A, der gleich großen Mittelwand und fügt den Zwischenboden (ebenfalls als Teil A gekennzeichnet) ein, nachdem man an einer Längskante dieses Bodens Teil D als Sockel (etwa 5 cm eingerückt) befestigt hat. Es ergibt sich somit, daß die Sitzfläche genau 70 cm breit ist und das Ablagefach 40 cm. Hier muß ein Boden und eine Deckplatte C eingesetzt werden (zum Boden gehört wiederum ein Sockel, nämlich Teil E), außerdem ein Zwischenboden F. Im Sitzteil muß eine Vorderwand G (33,1 cm hoch) eingesetzt werden; an der Rückwand wird ein schmaler Streifen D so befestigt, daß seine Oberkante in gleicher Höhe mit der Oberkante der Vorderwand liegt. Jetzt kann die Sitzplatte befestigt werden. An ihrer hinteren Kante wird ein Klavierband angeschraubt, dessen anderes Band an die Rückwand des ganzen Möbels zu schrauben ist. So kann man den Sitz, den man nachher noch mit einem schön bezogenen Kissen polstert, hochklappen – und kann dann den Raum unter dem Sitz als weitere Ablage ausnutzen. Es steht einem übrigens frei, die Ablageplatte für das Telefon mehr oder weniger tief unter die Oberkante des ganzen Möbels zu versenken. Man kann sie auch mit 15 cm Abstand zur Oberkante einbauen, so daß dann das Telefon im – und nicht auf dem Möbel steht. Und man kann dann entsprechend auch den Zwischenboden tiefer setzen, so daß er mit der Sitzplatte in gleicher Höhe liegt. Oder man kann ihn noch höher einbauen, so daß in das entstehende flache Fach nur noch das Telefonbuch paßt, unten aber eine sehr hohe Ablage entsteht, in der auch hohe Einkaufstaschen – oder gar die Regenstiefel abgestellt werden können.

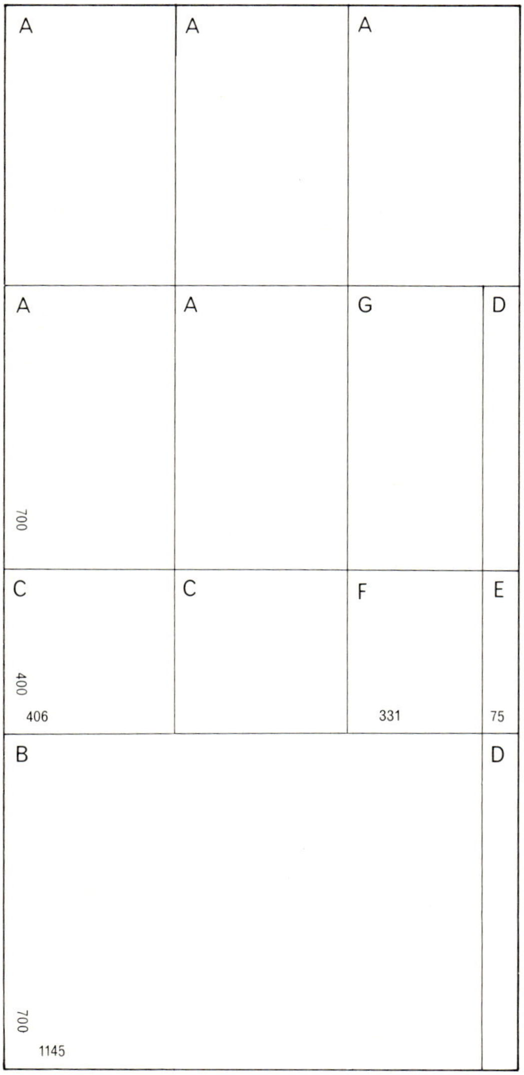

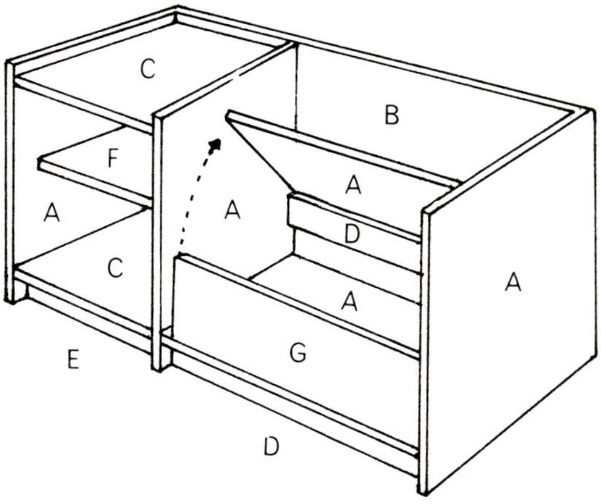

Ein Rolltischchen und Bücherborde

Der Rolltisch – oder Servierwagen – ist 70 × 70 cm groß und mit den Rollen auch knapp 70 cm hoch. Er besteht aus vier Teilen. Boden- und Deckplatte sind jeweils 70 × 70 cm groß, die „Rückwand" ist 70 cm breit und 56,6 cm hoch – und die Zwischenwand ist 70 × 53,4 cm groß. Aus den Maßen ergibt sich, daß die Rückwand stumpf gegen die waagerechten Platten gesetzt wird, daß die Zwischenwand dagegen zwischen die Boden- und Deckplatte eingeleimt wird.

Alle Verbindungen müssen besonders sorgfältig ausgeführt werden, weil das Rollen eine zusätzliche Belastung für alle Leimfugen darstellt: Während das Möbel (noch dazu unter Belastung) fährt, werden die Fugen ja leicht erschüttert. Sie können aufplatzen, wenn man nicht gut geleimt und viele Schraubnägel als zusätzliche Sicherung eingesetzt hat. Die vier Kugel- oder Lenkrollen können unter die Bodenplatte geschraubt werden. Es gibt aber auch Klebstoffe, die zwischen Holz und Metall feste Verbindungen herstellen: man kann die Rollen also auch ankleben. Aus dem Rest der 122 × 250 cm großen Spanplatte können noch insgesamt acht Stücke mit den Abmessungen 62,5 × 26 cm gesägt werden. Dazu kauft man noch zwei etwa 2 cm lange Schienen und die dazu erforderlichen Bodenträger, die für einfache Wandregale in jeder Eisenwarenhandlung angeboten werden – und bekommt ein schnell montiertes Bücher- oder Souvenirregal für das Wohnzimmer, anstelle eines Nachttischchens neben dem Bett oder im Kinderzimmer. Die Borde können lackiert werden. Man kann sich aber auch einmal daran machen, selbstklebendes Furnier von der Rolle zu versuchen.

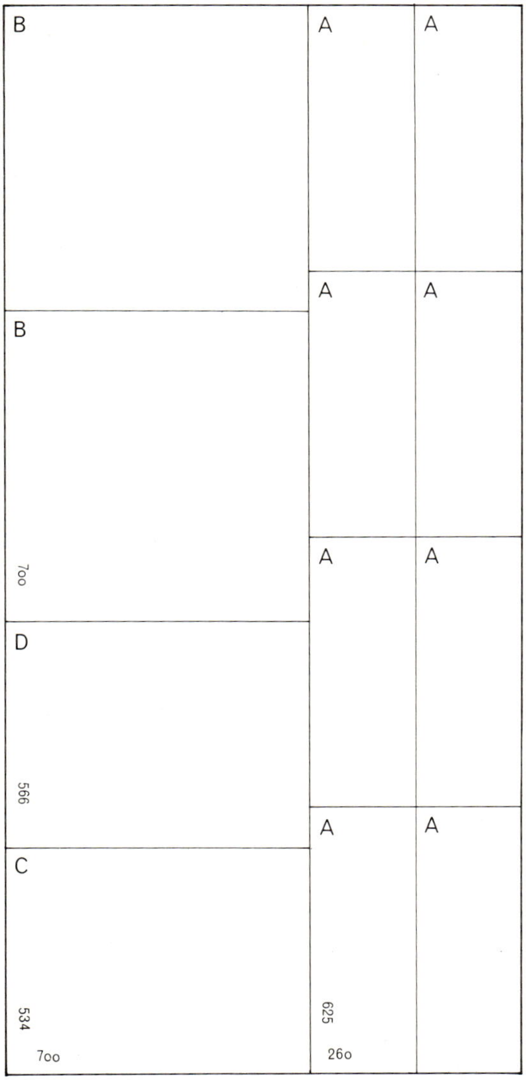

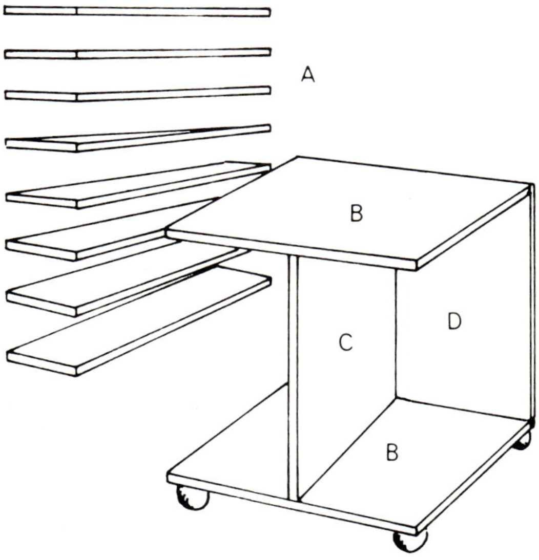

Schreibtische für zwei Kinder

Für zwei Kinder eine insgesamt 360 cm lange Schreib-, Bastel- und Spielfläche: wohl dem, dessen Kinderzimmer genügend Platz für ein so verschwenderisch großzügiges und dabei ungemein praktisches Möbel hat. Hier werden zwei Spanplatten von 250 × 122 cm Größe benötigt. Aus der einen Platte werden die beiden 180 × 61 cm großen Tischplatten und außerdem zwei Seitenwände für die insgesamt drei Unterschränkchen gesägt. Die restlichen Bauteile für die 70 cm hohen und 36 cm breiten Kästchen, auf denen die beiden Schreibplatten ruhen, sind auf der zweiten Spanplatte versammelt.

Die beiden Arbeitsflächen sind deshalb so groß gewählt worden, damit die beiden Benutzer gleichzeitig an den Tischen arbeiten und alle Bücher und Hefte ausbreiten können, ohne sich gegenseitig ins Gehege zu kommen. Wenn der Platz im Kinderzimmer nicht reicht oder wenn man erreichen kann, daß die Kinder nicht gegenseitige Störungen provozieren, dann kommt man

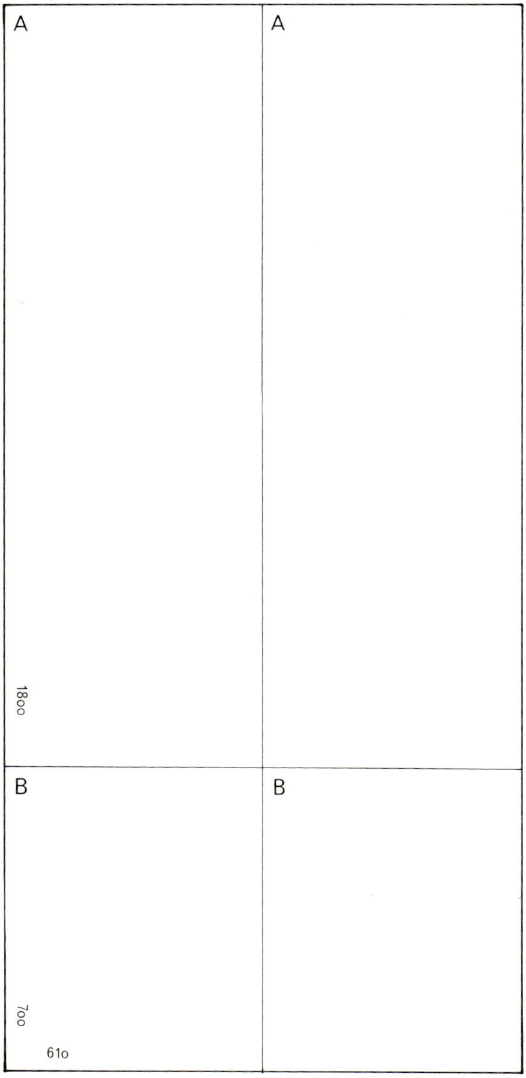

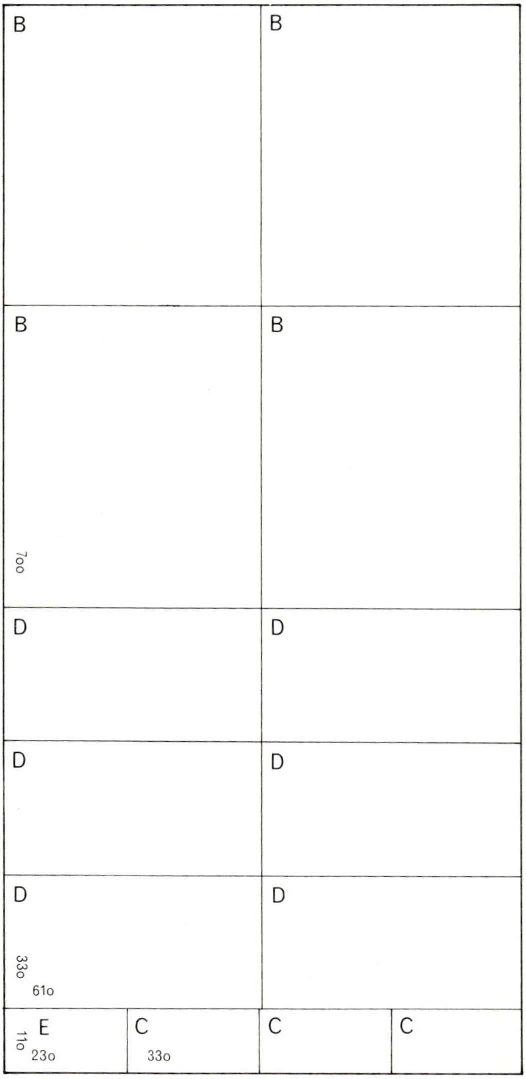

auch mit etwas schmaleren Platten aus. Doch sollte das Maß nicht wesentlich verringert werden: 150 cm sollte das Mindestmaß sein. Man kann die beiden Platten auch übereck anordnen, beispielsweise in T-Form. Oder man kann die Platten trennen und einzeln aufstellen. In diesen Fällen fehlt dann aber für eine Platte eine Stütze. Man baut entweder ein weiteres Schränkchen – oder verwendet Wandkonsolen.
Die Platten können lediglich lackiert werden. Günstiger ist es aber, für einen strapazierfähigeren Belag zu sorgen: eine Kunststoffplatte, eine weichere, dickere Folie, wie sie für Zeichenbretter verwendet wird – oder auch einen PVC-Belag, wie er eigentlich nur für Fußbodenbeläge verwendet wird. Solche PVC-Beläge gibt es auch einfarbig ohne jegliche Maserung. Man sollte eher ein dunkles Grün als ein strahlendes Weiß verwenden, damit die Augen beim Schreiben oder Spielen nicht von dem von der Tischplatte reflektierten Licht geblendet werden.

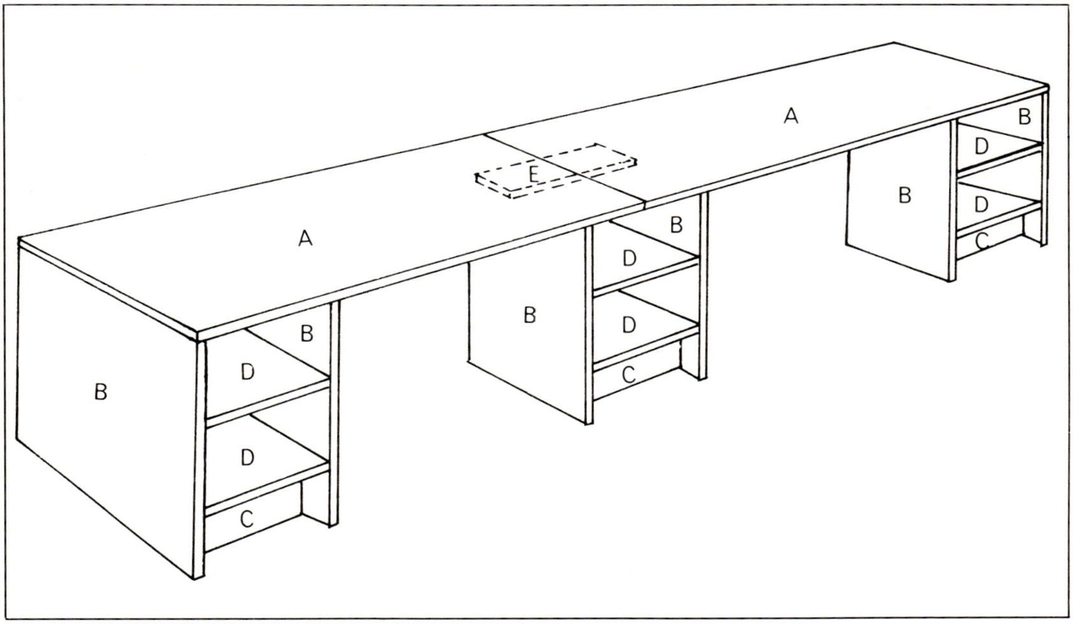

Eßtisch und ein Fußschemel

Mit 180 × 75 cm Länge und Breite hat dieser 71,6 cm hohe Eßtisch beachtliche Maße: er bietet für wenigstens 6 Personen Platz. Die beiden Wangenteile F werden durch die Mittelstrebe B und die beiden Zargen E miteinander verbunden. Man muß dabei natürlich ganz genau darauf achten, daß alle Teile im rechten Winkel miteinander verbunden werden. Die Tischplatte A wird zunächst mit einem Umleimer versehen. Zu der Spanplatte kauft man also noch etwa 6 m einer etwa 3 × 1 cm starken Leiste. Diese Leiste wird bündig mit der Oberfläche des Tisches angeleimt und mit kurzen Nägeln zusätzlich befestigt. Dieser Umleimer schützt die Tischkanten und täuscht eine viel dickere Tischplatte vor. Das gibt dem ganzen Möbel ein besseres Aussehen. Die Leisten werden in den vier Ecken auf Gehrung gefügt, also im Winkel von 45 Grad abgeschnitten. Die Nägelchen, die man alle 30 cm in die Leiste einschlägt, werden mit einem Senkstift tiefer eingeschlagen und dann durch Holzkitt abgedeckt. Dann kann man den Umleimer farbig beizen oder lackieren.

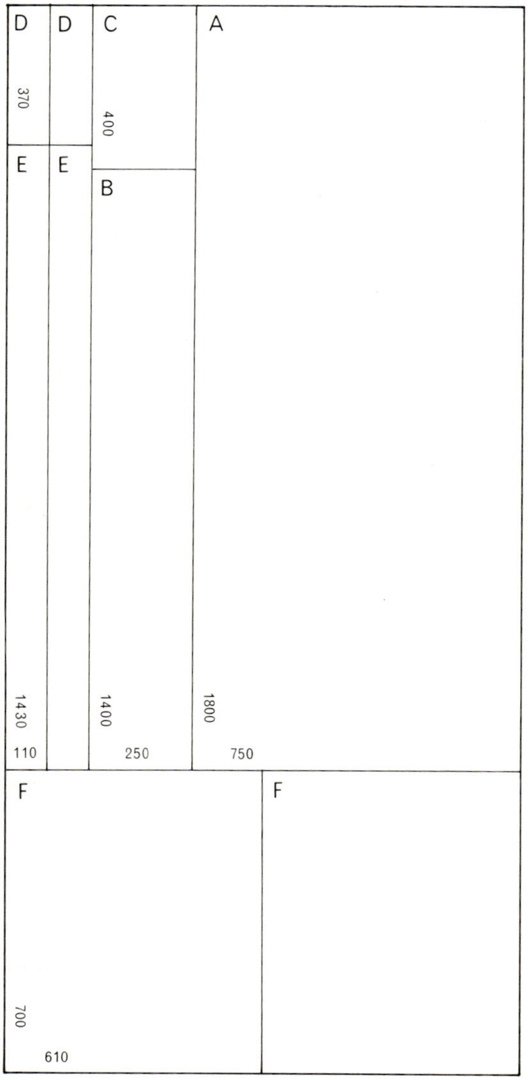

Die Tischplatte wird mit Leim und Schraubnägeln oder auch von außen eingesetzten Holzdübeln von 6 mm Stärke auf dem Untergestell befestigt. Man kann sie dann lackieren. Wenn man aber noch etwas investieren – und wenn man ein wirklich schönes und gebrauchstüchtiges Möbel bekommen will, dann belegt man den Tisch mit einer Kunststoffplatte (eine Anleitung für diese Arbeit ist auf den Seiten 159 ff. zu finden). Eine solche Schichtstoffplatte ist natürlich wesentlich strapazierfähiger als eine Lackierung, sie sieht schöner aus – und sie läßt sich viel leichter sauberhalten.

Es gibt übrigens nicht nur weiße Kunststoffplatten. Man sollte sich in der Holzhandlung einmal die Farbmuster der verschiedenen Hersteller zeigen lassen. Möglicherweise ist es etwas schwierig, kleinere Partien einer ausgefallenen Farbe zu bestellen; aber vielleicht überlegt man es sich, auch noch andere Möbel aus diesem Buch anzufertigen und dann ebenfalls mit Kunststoff zu belegen, dann kommt ganz schnell eine ganze Platte zusammen – und die wird jede Holzhandlung bestellen.

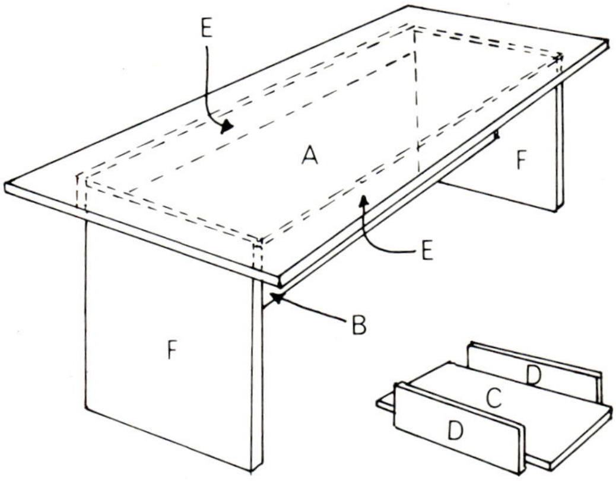

Ein rollender Tisch und ein schlankes Regal

Hier sind wieder zwei verschiedene Möbel in einem Schnittmuster vereint. Man kann das Muster übernehmen und beide Möbel bauen (sie müssen ja nicht im gleichen Zimmer stehen) – man kann aber auch nur einen Teil anfertigen. Wie man sieht, sind die Teile A und B für das Regal bestimmt: Es ergibt sich daraus, daß dieses Möbel 150 cm hoch, 28,2 cm breit und 29,7 cm tief wird. Alle Teile C und D sind für den insgesamt rund 66 x 66 cm großen und etwa 70 cm hohen Rolltisch oder Servierwagen gedacht.

Beim Regal wird jeweils unter dem untersten und dem obersten Boden ein kleines Bauteil A wieder als hochkant montierte Traverse eingesetzt. Diese Querverbindungen sind gerade bei einem so schlanken und hohen Möbel sehr wichtig und müssen darum besonders sorgfältig festgeleimt und durch Nägel zusätzlich befestigt werden. Man muß diese Traversen nicht unbedingt an der Rückkante befestigen: sie können genausogut auch eingedrückt werden, so daß sich beispielsweise nur 20 cm tiefe Fächer ergeben.

Die Konstruktion des Tisches ergibt sich ganz eindeutig aus der Ansichtszeichnung. Auf exakt rechtwinkliges Zusammenfügen ist zu achten, sonst steht der Tisch schief da. Damit er wirklich mobil wird, werden noch vier Möbelrollen gekauft und zum Schluß unter die unterste Platte geschraubt.

Daß man die Rollen auch kleben kann, weiß der fortgeschrittene Heimwerker ... Das Ankleben ist sogar günstiger, weil man in den nur 16 mm starken Spanplatten ja sehr wenig Futter für die Schrauben hat. Klebstoffe, die Holz und Metall miteinander verbinden, gibt es. Man muß nur die Kontaktflächen sehr gründlich reinigen: An der Spanplatte könnten noch Wachsreste aus der Form haften, und die Schraubplatten der Möbelrollen könnten mit Öl und Maschinenfett behaftet sein.

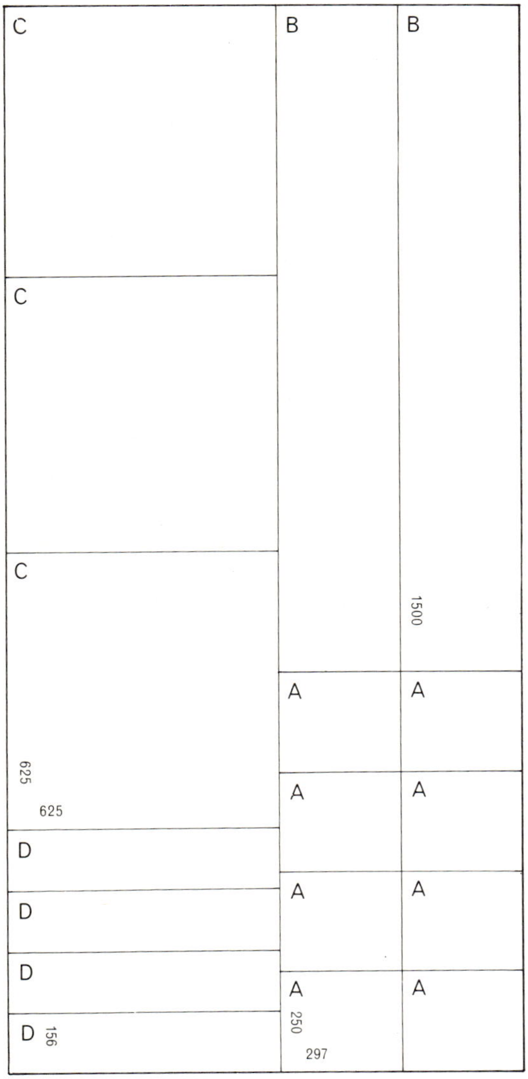

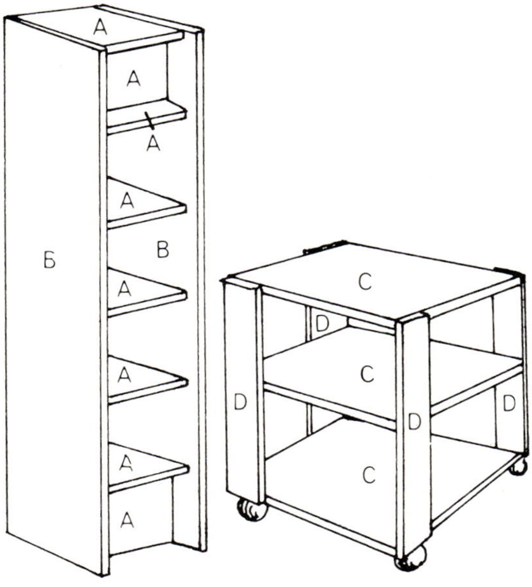

Zwei Bänke zum großen Eßtisch

Diese beiden Bänke, jeweils 160 cm lang und 43 cm breit, sind natürlich nicht nur an dem auf der Seite 274 gezeigten Eßtisch zu verwenden. Sie können ebensogut für das Kinderzimmer gebaut werden, sie können auch auf dem Balkon oder auf der Terrasse verwendet werden, wenn man die Spanplatte ringsum sehr sorgfältig lackiert – oder wenn man hier eine wasserfest verleimte Qualität auswählt.

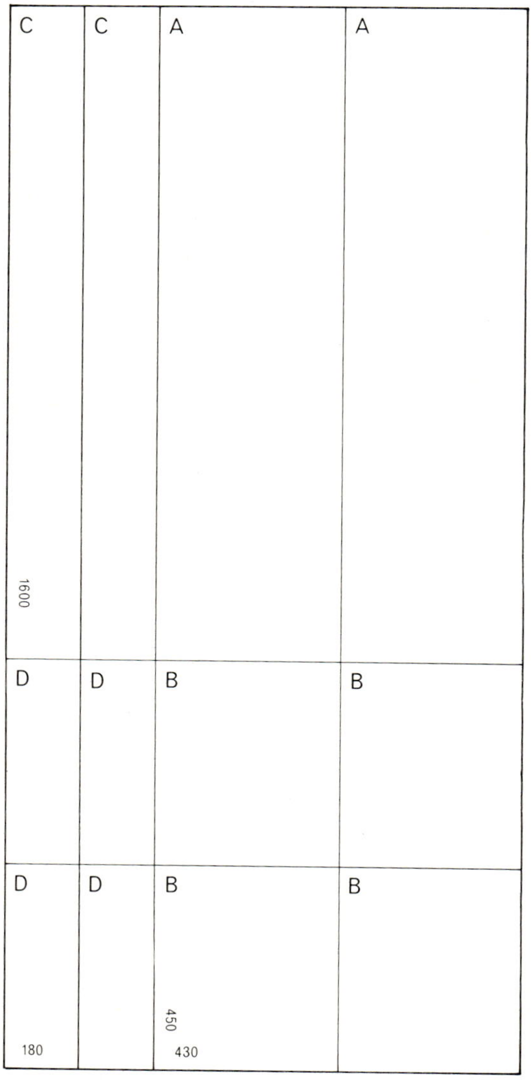

Die Seitenwangen B sind 45 cm hoch, die Sitzfläche selbst (die Teile A) sollte aber nur 42 cm hoch sein. D.h., daß die Wangen die Sitzfläche um 3 cm überragen: So wird dann das etwa 7 cm dikke Schaumstoffpolster, das man nachher auflegt, besser festgehalten. Es kann dann nicht so leicht herunterrutschen.

Man leimt und nagelt übrigens am besten die Teile C zuerst unter die Sitzplatten A, ehe man die Wangen anfügt.

Im Schnittmuster sind noch vier gleich große Teile D enthalten. Aus diesen Stücken kann man ein quadratisches Wandregal anfertigen (zu dem man sich noch eine dünne Hartfaserplatte als Rückwand besorgen sollte). Dieses Regal wird am besten direkt beim Eßtisch an der Wand befestigt: Dann hat man in Reichweite einen Abstellplatz für die Pfeffermühle und den Salzstreuer, für Gewürz- und Soßenflaschen oder für die Bierkrüge ... Man kann das Regal dadurch aufhängen, daß man durch die Rückwand zwei Löcher bohrt und genau dahinter dann zwei Dübel in die Wand einsetzt und dann das Regal mit zwei Schrauben direkt an die Wand schraubt. Man kann aber auch zwei Aufhänger kaufen, die ans obere Ende der beiden Seitenwände geschraubt und dann in zwei Wandschrauben eingehängt werden. Das Regal sollte jedenfalls nicht zu hoch hängen, damit man seinen Inhalt unter Umständen auch im Sitzen noch erreichen kann.

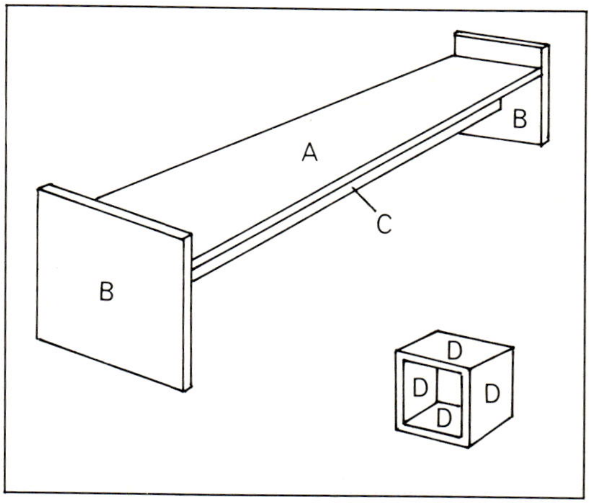

Eine kleine Sitzgruppe für das Kinderzimmer

Insgesamt vier Möbel sind in diesem Schnittmuster vereint: ein 50 cm hoher und 74 × 74 cm großer Tisch, zwei 48 cm hohe, 43 cm breite und 30 cm tiefe Stühlchen sowie ein 48 × 48 cm großer und rund 34 cm hoher Kasten auf Rollen (die natürlich gekauft werden müssen).
Das Untergestell für den Tisch gleicht dem auf Seite 264 beschriebenen: Die beiden Platten werden geschlitzt und dann zu einem Kreuz zusammengesteckt. Bei den beiden Stühlchen sollten die vorderen Ecken der Armlehnen abgerundet werden, damit hier einerseits das Holz nicht so leicht aussplittert und andererseits die Kinderhände sich nicht so leicht verletzen können. Die Sitzfläche befindet sich nicht genau in der Mitte, sondern wird 21 cm von der Oberkante entfernt eingefügt. Je nachdem wie man den Stuhl aufstellt, hat man dann eine 22,6 oder 36 cm hohe Sitzfläche (deshalb sollten beide vorderen Ecken der Seitenbretter abgerundet werden).
Beim Kasten werden die Teile F zunächst auf den Boden E montiert, und dann werden seitlich noch die Teile D angeleimt und festgenagelt. Auch hier sollten alle Kanten gut abgerundet werden, weil dieses Möbel ja als Behälter und Fahrzeug für kleine Kinder gedacht ist, die sich leicht stoßen können.
Und gerade bei diesen Möbeln sollte die Lackierung mit aller Sorgfalt vorgenommen werden. Denn sie werden stark beansprucht werden. Die Möbel werden herumgestoßen, es wird auf ihnen allerlei gebaut und vielleicht auch gemalt. Man tut gut daran, einmal mehr als notwendig zu lackieren, damit die Spanplatte vollständig und ausreichend abgedeckt ist, so daß man dann auch einmal mit nassem Tuch und Seifenlauge die Möbel abwaschen kann – ohne daß Wasser an das Holz gelangen kann. Wenn das passiert, dann können die Holzspäne aufquellen, können schließlich den Lack abplatzen lassen – und dann müßte man doch wieder neu lackieren. Es kann auch ganz nützlich sein, unter die Unterkanten des Sessels und des Tisches einige Filzplättchen zu kleben oder Stuhlnägel zu befestigen: So kann der Bodenbelag nicht beschädigt werden, wenn die Möbel hin- und hergeschoben werden (und die Spanplatte selbst leidet unter solchen Prozeduren nicht).

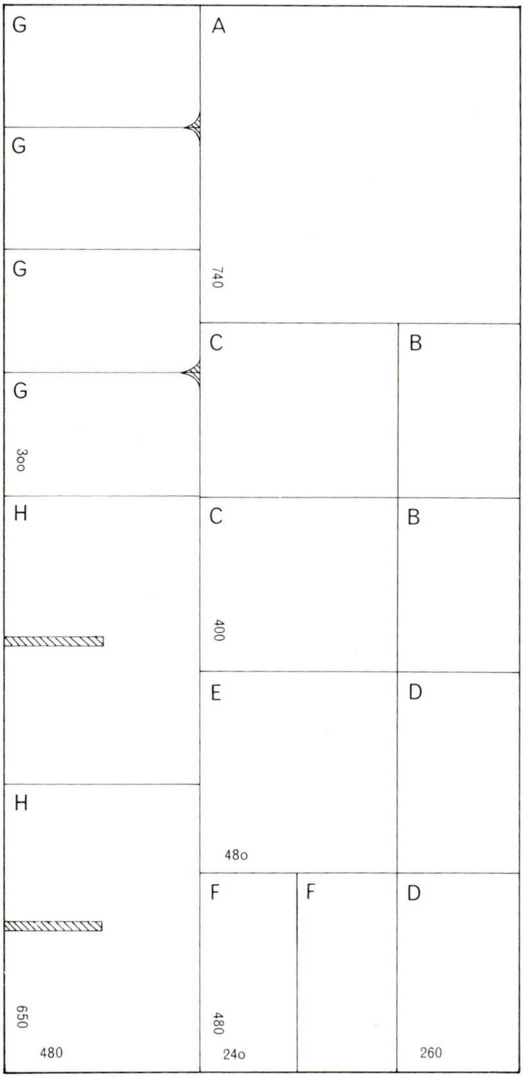

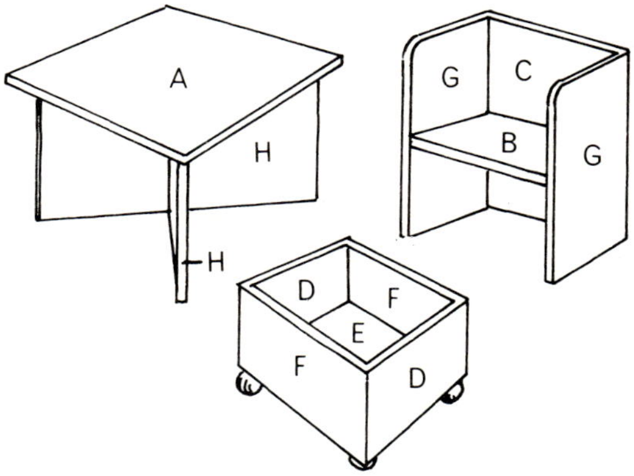

Ein Paravent

Mit einer solchen Spanischen Wand kann man in einem Zimmer kleinere Bereiche abtrennen. Man kann das Babybett im Schlafzimmer hinter einem solchen Paravent abstellen; größere Kinder können mit der Trennwand in ihrem Zimmer spielen. In einem großen Wohnzimmer kann ein Schreibplatz ein wenig versteckt werden. Kurzum: Es gibt zahlreiche Gelegenheiten, bei denen ein Paravent nützlich und praktisch ist.

Die Konstruktion ist äußerst einfach. Man braucht lediglich vier Spanplatten, die jeweils 122 x 62,5 cm groß sind. Auch andere Maße sind natürlich möglich. Man kann die einzelnen Flügel des Paravents auch 150 x 50 cm groß machen oder 160 x 60 cm. Man sollte die genaue Größe davon abhängig machen, welche Plattengrößen in der Holzhandlung vorrätig sind, damit man ohne Verschnitt und zu möglichst niedrigem Preis die benötigten Stücke zuschneiden (lassen) kann.

Jeweils etwa 10 bis 15 cm von den Ober- und Unterkanten entfernt werden große Löcher in die Plattenstücke gebohrt. Und dann werden die Flügel einfach durch kräftige Schnüre miteinander verbunden. Man kommt so auf denkbar billige und praktische Weise zu den Scharnieren. Man kann natürlich auch echte Paraventscharniere kaufen. Aber die sind dann gleich wieder teurer. Ehe man allerdings die Verbindungsschnüre anbringt, muß man die einzelnen Flügel noch verschönern. Man kann sie einfach weiß lackieren. Man kann auf diesen weißen Grund dann aber auch selbstentworfene große Ornamente aufmalen. Man kann Tapeten oder Großfotos auf die Spanplatten kleben. Auch Stoffbespannung ist denkbar. Die Stoffkanten werden auf den Plattenkanten sauber festgenagelt. Und darüber nagelt man dann noch dünne Leisten, um die Nagelreihen zu verdecken und zugleich den Stoff zu schonen.

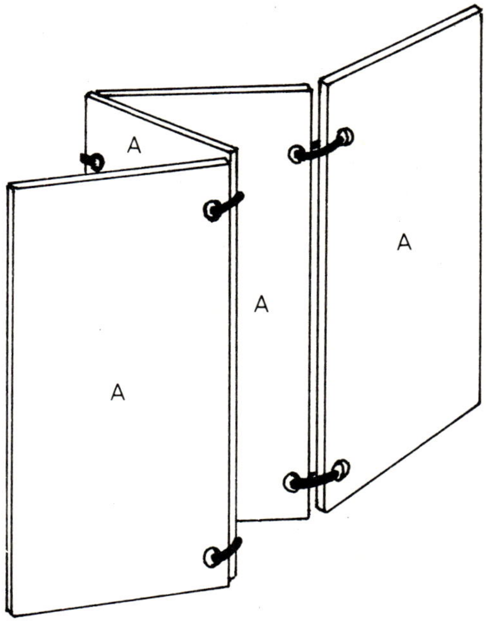

Die Schnüre sollte man so ansetzen: Man stellt zwei Platten im rechten Winkel nebeneinander auf (die Seitenkanten stoßen stumpf zusammen), und dann knotet man die Schnüre. Die Gelenke zwischen den Platten werden dann gerade so locker, daß man den Paravent auch einmal ganz flach zusammenklappen und wegräumen kann; andererseits sind die Schnurgelenke aber auch nicht zu locker. Beim Aufstellen des Paravents muß man übrigens darauf achten, daß die Winkel zwischen den Platten nicht zu flach werden – dann kippt der Sichtschutz nämlich sehr leicht um. Und er hat ein beträchtliches Gewicht . . .

Anregungen für weitere Möbel

Auf den vorhergehenden Seiten haben wir für 13 Möbel die genauen Schnittmuster vorgelegt – wobei die Schnittmuster wörtlich zu verstehen sind. Diese Möbel lassen sich aus 16 oder 19 mm starker Spanplatte verwirklichen. Aber mit diesem Material kann man, wie auch die davorliegenden Seiten deutlich gemacht haben, noch weit mehr Möbel und Einrichtungsgegenstände konstruieren. Viele Dinge werden sich aus der Notwendigkeit heraus ergeben, diesen oder jenen Platz in der Wohnung zu möblieren oder für eine ganz bestimmte Funktion der Einrichtung eine Lösung zu finden. Oft kommt man zu einem selbstgebauten Möbel, weil man irgendwo ein ansprechendes Möbel gesehen hat oder weil eine Form gefallen hat, die man nun auch gern besitzen möchte.
Eine Reihe solcher Formen – von denen wir denken, daß sie gefallen – werden wir auf den beiden nächsten Seiten vorstellen. Die Zeichnungen stellen Gegenstände vor, zu denen wir die Schnittmuster schuldig bleiben. Wir wollen dazu keine detaillierte Erklärung und Anleitung bringen. Es sind also Beispiele, die nicht zu konkreter Nachahmung „verpflichten", sondern lediglich die Phantasie des Lesers beflügeln wollen. Die Phantasie wird auf zweierlei Weise beschäftigt sein: Einmal wird es darum gehen, die für diese Möbel benötigten Bauteile ebenso rationell wie bei den vorhergehenden Vorschlägen auf einem

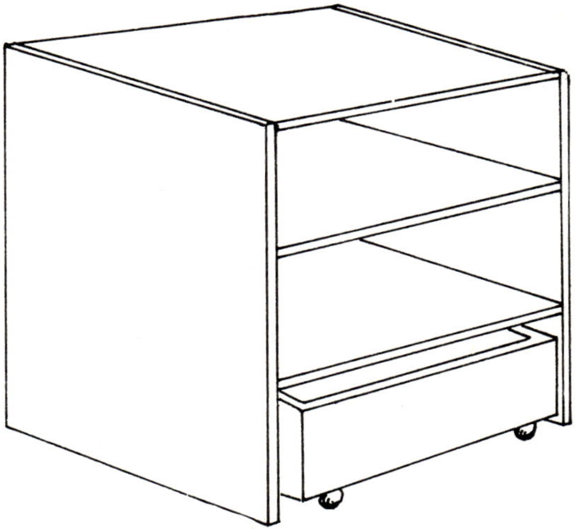

möglichst kleinen Stück Spanplatte unterzubringen – ohne die naturgegebenen Maße für bestimmte Möbel zu verändern. Zum andern werden diese Vorschläge dazu ermuntern, die eigene Wohnung einmal kritisch zu prüfen – und festzustellen, wo nicht noch ein Möbel fehlt, das man nun selber anfertigen kann.
Wenn man daran gehen will, das eine oder andere der in den Skizzen gezeigten Möbel nachzubauen, dann muß man erst einmal ermitteln, welche Größe es insgesamt bekommen soll – und wie dann die einzelnen Bauteile aussehen sollen. Es ist hier bewußt darauf verzichtet worden, exakte Abmessungen anzugeben: wer ein echter Heimwerker sein (oder werden) will, muß mit einer groben Skizze auch schon etwas anfangen können. Es ist ja schließlich auch eine ganz spannende und förmlich aufregende Sache, es dem schwedischen Entwerfer der vorher gezeigten Möbel nachzumachen und auf ebenso raffinierte Weise die Bauteile auf der Spanplatte zu verteilen. Man tut gut daran, bei diesem Planungsvorgang die einzelnen Bauteile (die man sich vorher ausgerechnet hat) im Maßstab 1:10 aus Zeitungspapier auszuschneiden und dann auf einem anderen Zeitungsbogen (der die Span-

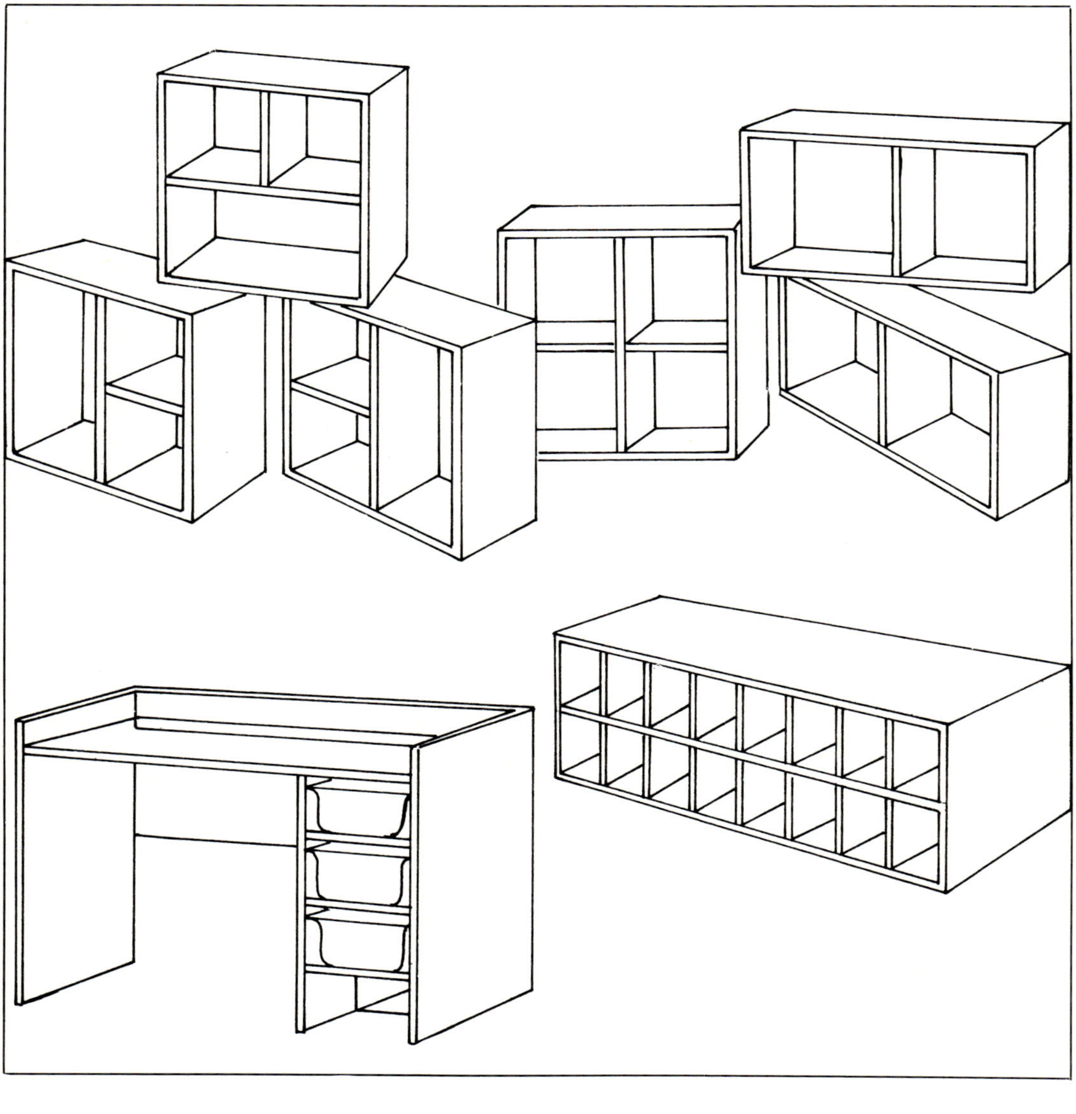

platte darstellen soll) hin- und herzuschieben, bis man ein ganz rationell angelegtes Schnittmuster ohne großen Abfall ermittelt hat. Eine genaue Beschriftung der einzelnen Teile sowie die Maßangaben auf den Papierstücken erleichtern die Arbeit ganz beträchtlich – und machen es auch möglich, in diesem Stadium Maße abzuändern und diese Maße dann sinngemäß auch bei anderen Teilen zu korrigieren. Es sei hier aber noch einmal angemerkt, daß die Spanplatten-Abmessungen hierzulande nur ausnahmsweise das Maß von 250 x 122 cm, das für die Schnittmuster auf den vorhergehenden Seiten verbindlich war, aufweisen. Man kann ja auch quadratische Schnittmuster zusammenstellen oder kann von einer 4,50 m langen Spanplatte sich einen nur 70 cm breiten Streifen absägen lassen, den man dann zu Hause in die benötigten Stücke unterteilt.

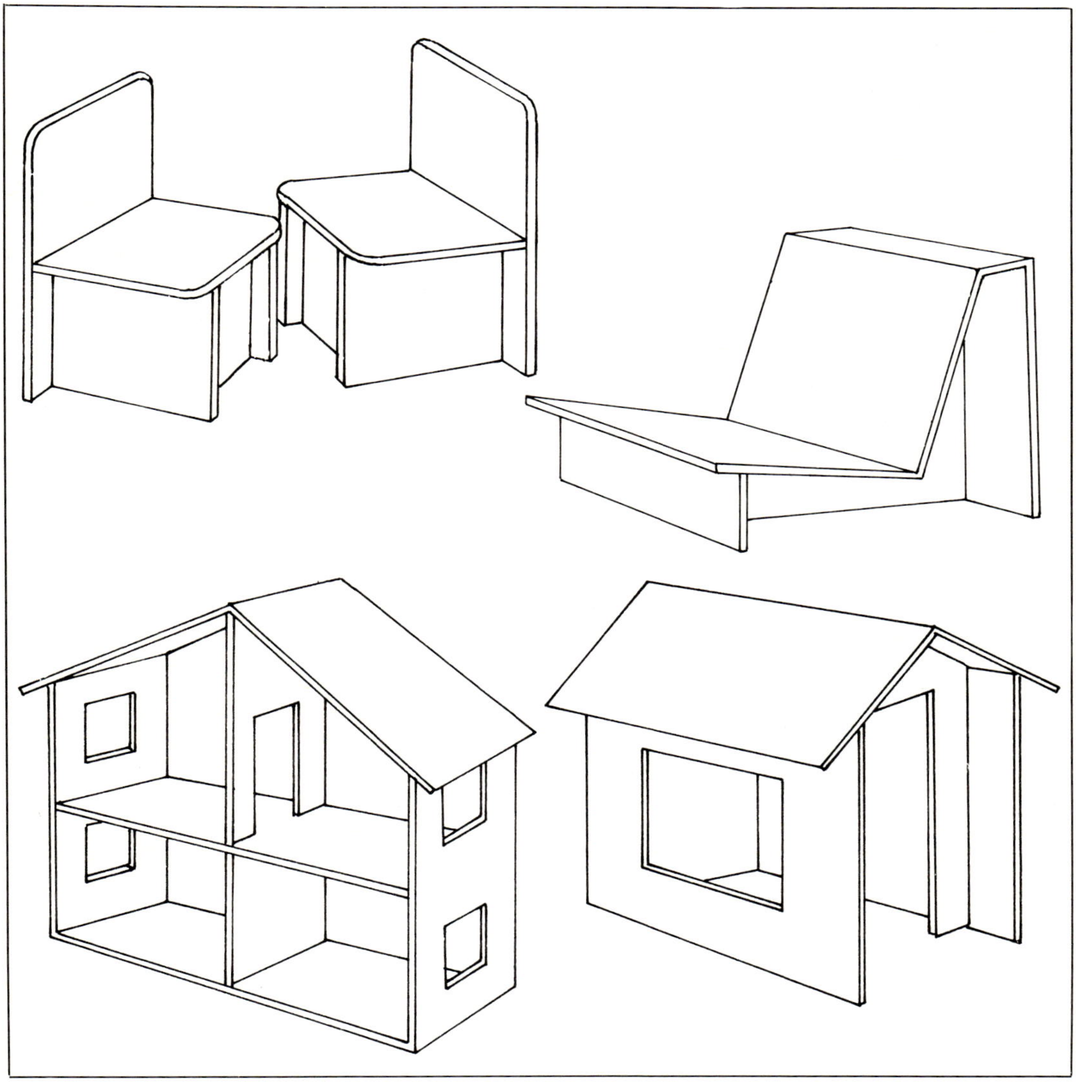

Maltafel für das Kinderzimmer

Eine solche Tafel zum Zeichnen und Malen kann, da sie sich zusammenklappen läßt, in jedem Zimmer untergebracht werden: Nach Gebrauch macht sie sich ganz klein und schlank und beansprucht dann keinen Platz mehr. Sie besteht aus dem eigentlichen Tafelblatt in der Größe von 60 x 80 cm, das man aus 16 mm starker Span- oder Tischlerplatte und einer großen Dose schwarzem oder grünem Tafellack anfertigt, sowie aus der Staffelei. Für diese Staffelei braucht man 2 x 6 cm starke gehobelte Latten: Zwei 1,50 m lange Stücke, zwei 1,20 m lange Stücke sowie insgesamt vier 50 cm lange Verbindungsstücke. Je zwei dieser Verbindungsstücke und die kurzen bzw. langen Latten werden durch Schlitz und Zapfen zu Rahmen zusammengefügt: zu einem Tragerahmen aus den langen Latten und einem Stützrahmen aus den kürzeren Latten. Beide Rahmen werden durch zwei Scharniere miteinander verbunden. Um ein Auseinanderfallen der Rahmen zu verhindern, bringt man rechts und links noch zwei Kettchen von je etwa 50 cm Länge an.

In den vorderen Tragerahmen muß man nun einige 8 mm starke Löcher bohren, in jeweils gleichen Abständen von 5 cm. In diese Löcher steckt man dann 8 mm starke Dübelhölzer – und darauf kann man die Tafel abstellen.

Die Tafel kann also in der Höhe verstellt werden: Je älter das Kind wird, um so höher steckt man die Dübelhölzchen ein.

Es ist übrigens ganz wichtig, daß man an die untere Kante der Tafelplatte noch eine 6 x 2 cm starke Latte schraubt. Diese Latte dient als Ablage für die Kreide – und außerdem fängt sie den Kreidestaub auf, der beim Zeichnen und Malen entsteht. Es wird so verhindert, daß der Staub auf den Boden fällt und den Bodenbelag beschmutzt.

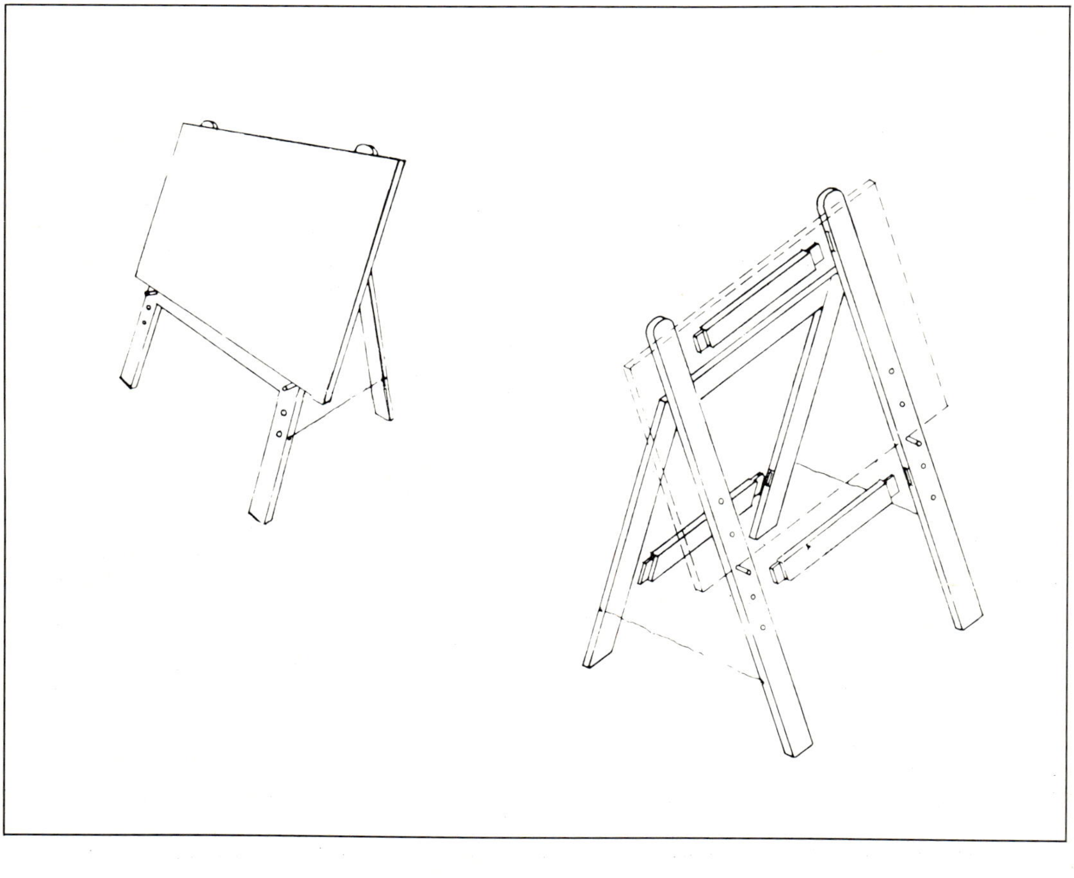

Ein kleiner Sofatisch

Wenn man sich nun, wie es beschrieben worden ist, die Polstermöbel selbst gebaut hat, dann müßte man auch den dazu passenden Sofatisch selber machen. Oder: Man baut gleich mehrere kleine Tische, die neben den Sesseln oder dem Sofa aufgestellt werden.
Ein Modell ist in den Abbildungen unten zu sehen. Dieser Tisch wird aus 19 mm starker Tischlerplatte gebaut. Man braucht ein 75 x 75 cm großes Stück für die Tischplatte, sowie ein 100 x 120 cm großes Stück, aus dem man die vier Zargen aussägt. Diese Zargen sind jeweils 73 cm lang und 40 cm hoch. Der fertige Tisch wird dann also 75 x 75 cm groß und 42 cm hoch. Man kann auch andere Maße wählen, wenn der Tisch zu einem vorhandenen Sessel passen soll. In jedem Fall sollte Sesseltiefe mit Breite und Länge des Tisches übereinstimmen.
Die Zargen werden mit Hilfe der AEG Stichsäge aus der Tischlerplatte herausgeschnitten. Für das Sägen der geraden Kanten befestigt man einen Anschlag auf der Platte, damit die Säge ganz exakt geführt wird. Die Rundungen haben einen Radius von 10 cm.
Die fertigen Teile werden dann durch Stuhlwinkel und Schrauben miteinander verbunden; man braucht insgesamt 12 solcher Winkel – und 48 Schrauben. Wenn die Tischplatte aufgeschraubt ist, werden alle Kanten stark abgerundet. Man muß vor allem die Unterkanten der Beine abrunden, d.h. „brechen". Das ist wichtig, damit das Deckfurnier nicht absplittert, wenn man den Tisch auf dem Fußboden schiebt. Auch bei Massivholz muß man übrigens Stuhl- und Tischbeine oder alle auf dem Fußboden stehenden Kanten brechen, damit keine Holzsplitter ausbrechen können.

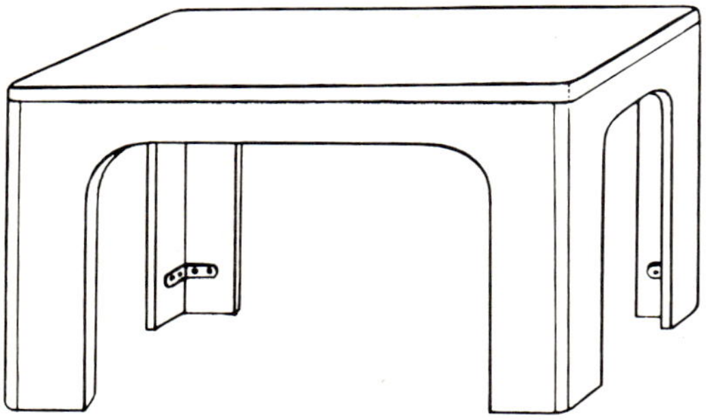

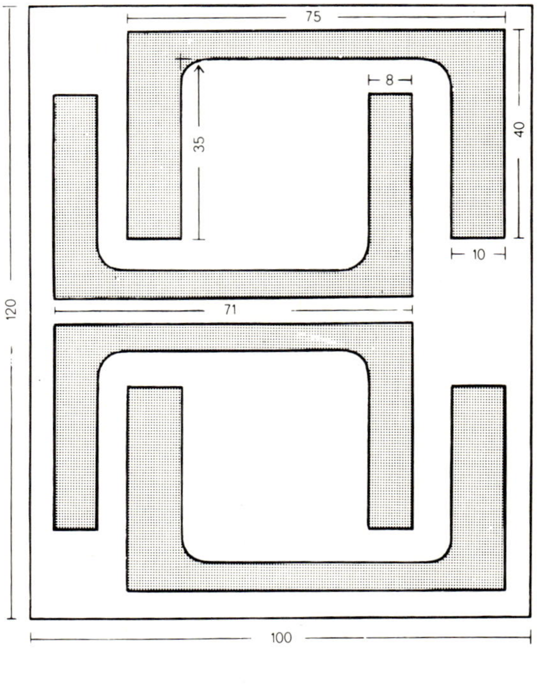

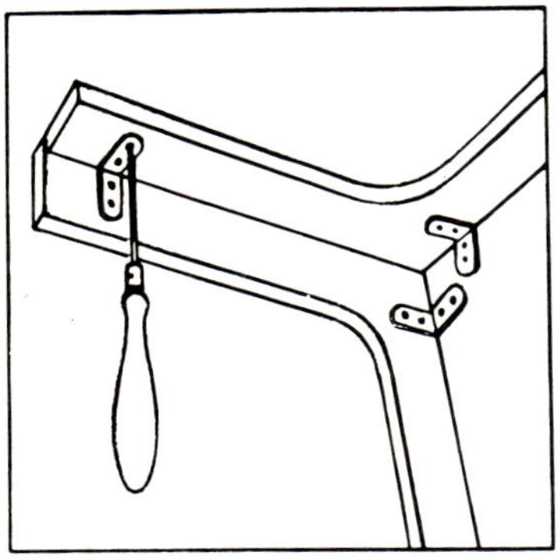

Eine ganz einfache Bettkonstruktion

Man fertigt zunächst aus 8 × 2,5 oder 8 × 3 cm starken Kanthölzern einen Rahmen. Dazu werden zwei 1,90 m lange und insgesamt fünf 90 cm lange Stücke benötigt (oder: zwei 2,00 m und fünf 1,00 m lange Stücke). (Die genaue Konstruktion dieses Bettes ist aus den Abbildungen auf der nächsten Seite zu ersehen.) Dieser Rahmen wird abgedeckt mit einer starken Lochplatte oder mit einer 10 mm starken Sperrholzplatte, in die man in regelmäßigen Abständen Löcher bohrt.

Um diesen Rahmen baut man nun das eigentliche Bettgestell aus 19 mm starker Tischler- oder Spanplatte. Man braucht dafür eine 204 cm lange und 40 cm breite Platte, zwei 100 cm lange und 40 cm breite Stücke sowie ein 204 cm langes und 35 cm breites Stück. Außerdem einige Dreieckstücke, die man aus Abfallstücken der Rahmen-Kanthölzer sägt. Diese Dreiecke versteifen die Eckverbindungen. Die vier Platten werden gleich an den Bettrost geschraubt; man baut also nicht erst einen Kasten, der dann mit dem Bettrost zu verbinden wäre. Die Oberkante des Rostes liegt in 35 cm Höhe.

In das Bett kann eine fertig gekaufte Matratze gelegt werden – deswegen wurden die Innenmaße mit 190 × 90 bzw. 200 × 100 cm angegeben. Man kann auch eine Matratze selber anfertigen. Und wenn man von vornherein die Absicht hat, die Matratze selber zu machen, dann kann man dem Bett auch andere Maße geben – beispielsweise um es besser in einen Raum einzupassen. Die Matratze wird 12 bis 15 cm stark sein; sie überragt also den Bettrahmen um 7 bis 10 cm. Dennoch muß man die Oberkanten des Bettgestells gut abrunden, damit man sich nicht stoßen oder gar verletzen kann.

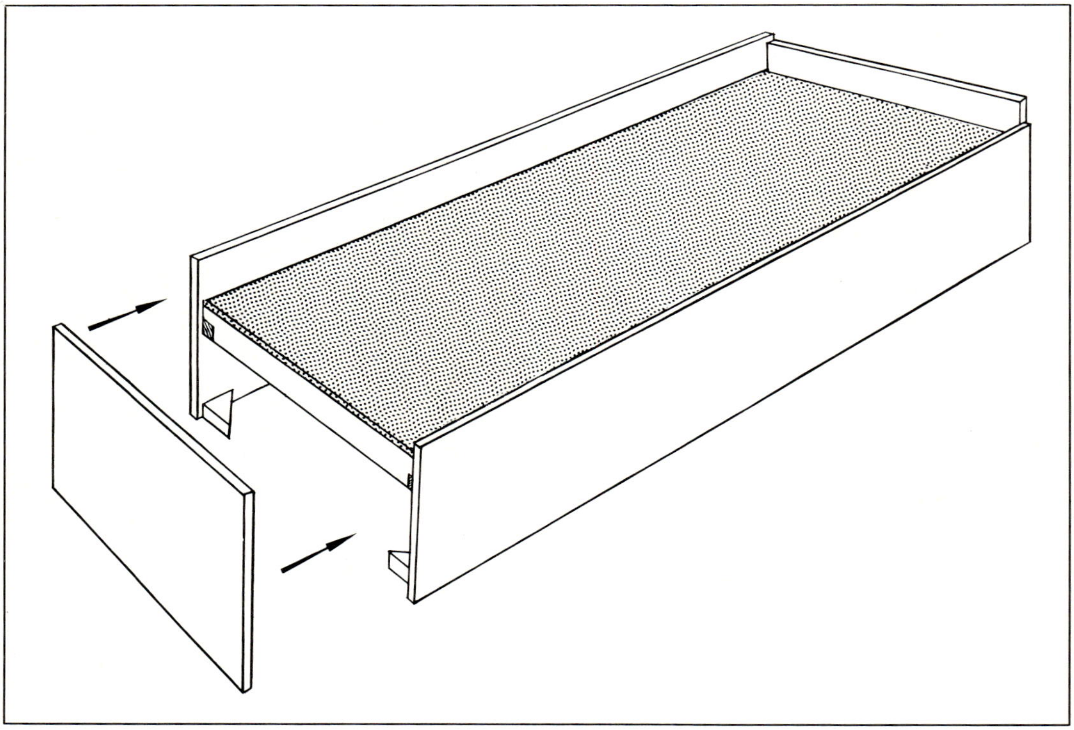

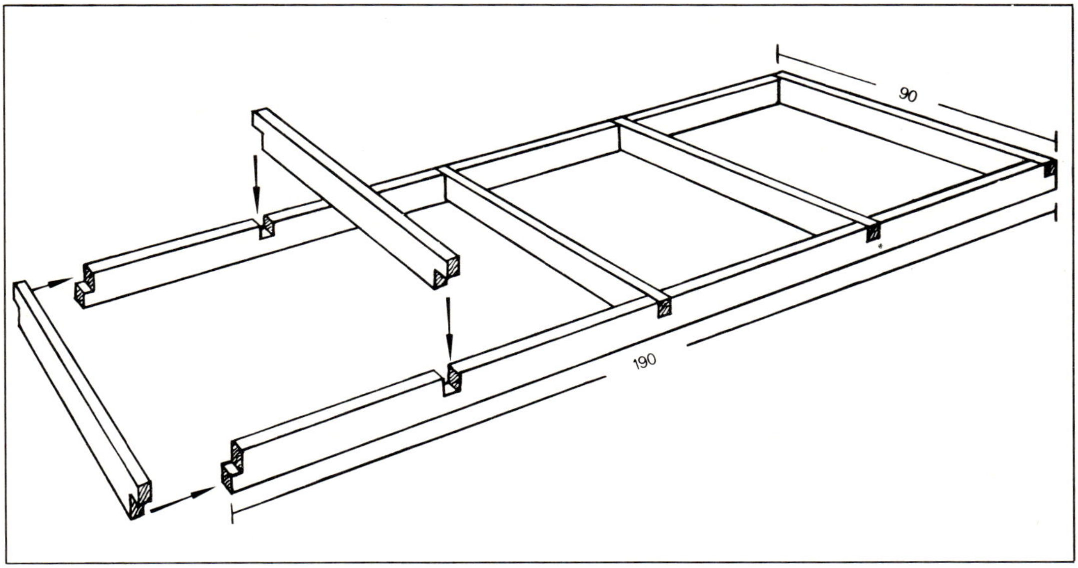
90
190

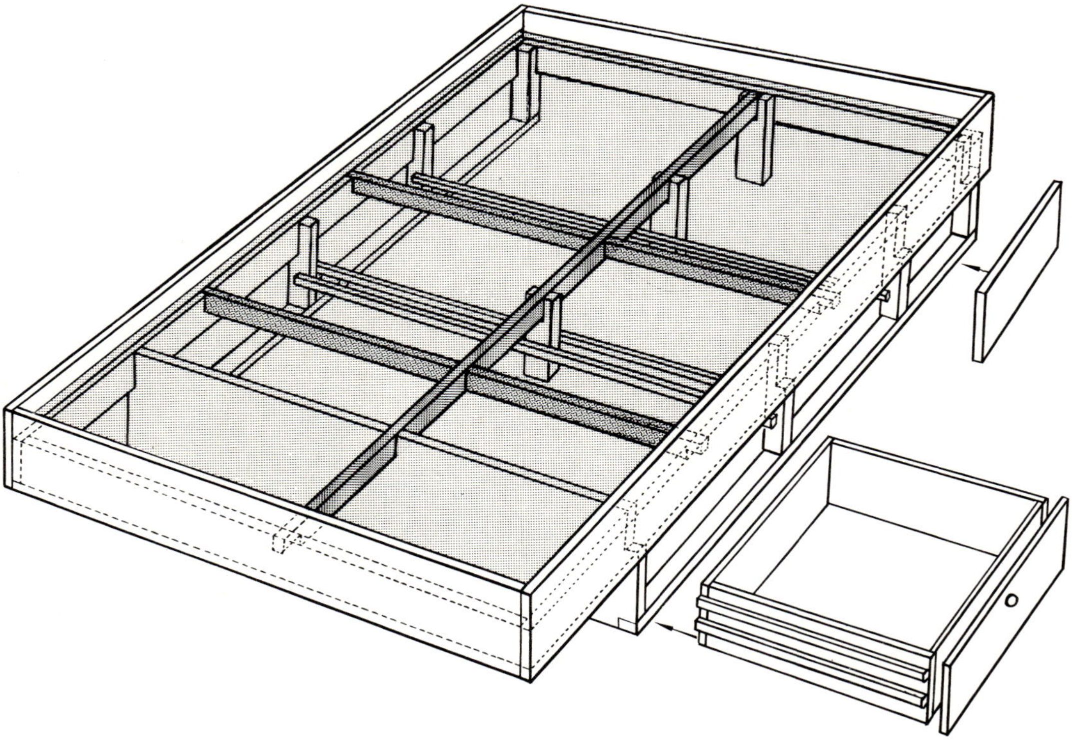

Ein Sofa für zwei Personen

Eine Variante zu dem Vorschlag auf den Seiten 226 bis 229:
Man braucht dafür vier 6 × 3 cm starke Kanthölzer von je 70 cm Länge, vier 10 × 3 cm starke Kanthölzer von ebenfalls 70 cm Länge und drei 1,40 m lange Kanthölzer (10 × 3 cm stark). Man braucht außerdem eine 146 × 73 cm große, 19 mm starke Tischlerplatte.
Alle Rahmenteile werden durch Schlitz und Zapfen miteinander verbunden. In die Zapfen können kleine Hartholzkeile eingesetzt werden, ehe man die Teile unter Zugabe von Leim zusammenpreßt: dann werden die Verbindungen noch haltbarer.
Auf das fertige Gestell wird die Tischlerplatte aufgeschraubt, deren vier Ecken ausgeklinkt werden müssen. Man kann nun zusätzlich die Seitenteile mit sogenannten „Panelaire“-Platten, das sind dekorative Lochplatten, verkleiden. Man kann aber auch darauf verzichten und lediglich ein großes Sitzpolster auflegen und noch eine Rückenlehne anbringen. Beide Polster sind 10 cm stark, sie bestehen aus Schaumstoff, den man zweimal mit Polsterwatte umwickelt hat.
Wichtig ist, daß alle Gestellkanten gut abgerundet werden, damit hier kein Holz aussplittern kann und das Holz sich angenehm anfühlt. Das Gestell wird danach wieder gebeizt und mattiert oder gebeizt und farblos lackiert oder nach sorgfältig ausgeführter Grundierung farbig lackiert.

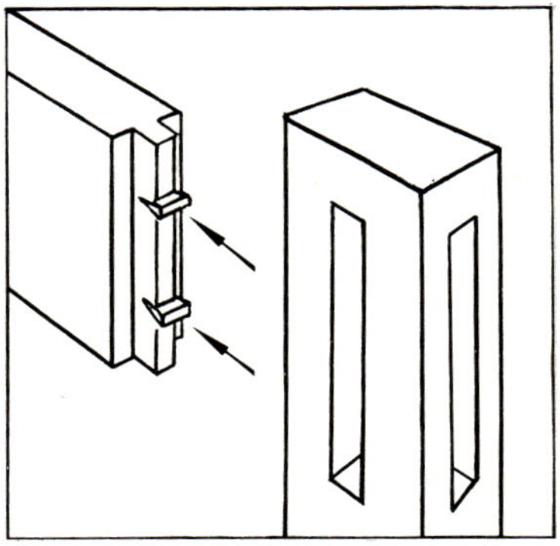

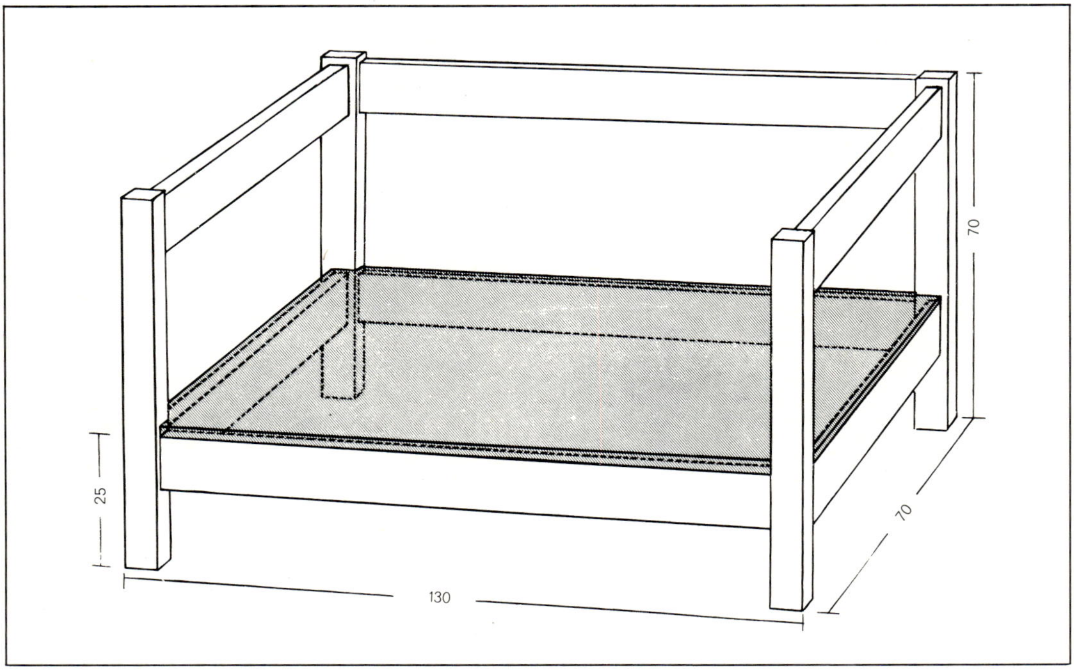

Servierwagen aus Sperrholzplatten

Man braucht dafür zwei 65 × 45 cm große Sperrholzplatten, 12 mm stark, zwei 65 × 45 cm große Stücke, dazu eine 55 × 45 cm große Mittelwand und zwei 29,4 × 45 cm große Zwischenböden. Man braucht zwei 40 cm lange und 5 × 5 cm starke Kanthölzer sowie vier Kugel- oder Lenkrollen. Man braucht zwei 60 cm lange und 5 × 1 cm starke Leisten, dazu vier 30 cm lange Stücke der gleichen Leistenstärke. Außerdem etliche Meter 1 × 1 cm starke Leisten. Schließlich noch das Baumaterial für die zwei oder drei Tablettkästen, die man einsetzt: Jeweils eine 43 × 27,4 cm große Platte, um die man zwei 45 cm und zwei 29,4 cm lange, 5 × 1 cm starke Leisten mit Fingerzapfenverbindungen fügt.
Seitenwände, Böden und Mittelwand werden stumpf gefügt und durch Leim sowie versteckte Dübel miteinander verbunden. Alle Böden bekommen einen Rand aus der 5 × 1 cm starken Leiste. Deshalb muß man den oberen Boden 6 cm unter der Oberkante der Seitenwände ansetzen – damit die aufgesetzte Leiste bündig an diesen Seiten verläuft. Der unterste Boden ist 5 cm einzurücken, damit nachher das untergedübelte Kantholz bündig mit der Unterkante der Seitenwände verläuft. Unter das Kantholz werden die vier Lenkrollen geschraubt. Die Mittelwand und die eine Seitenwand werden in gleichmäßigen Abständen (von jeweils 10 oder 12 cm) mit den 1 × 1 cm starken Leisten versehen. Auf diese Leisten kann man dann die zwei oder drei Tabletts auflegen, die sich leicht zum Servieren herausnehmen lassen.
Solche Tabletts mit hohem Rand kann man in guten Haushaltsgeschäften fertig kaufen. Man kann dann die genauen Maße des Servierwagens auf solche Tabletts abstimmen – und kann sich so die Arbeit der Tablettkonstruktion sparen. Die Mittelwand muß auch durchaus nicht exakt in der Mitte des Servierwagens sitzen: man kann sie – je nach den Maßen der fertigen Tabletts – nach rechts oder links versetzen, damit der Wagen nicht zu groß oder zu klein gerät. Alle Teile werden nach dem Zusammenbau sauber geschliffen, unter Umständen noch ausgespachtelt und dann grundiert und zweimal lackiert.

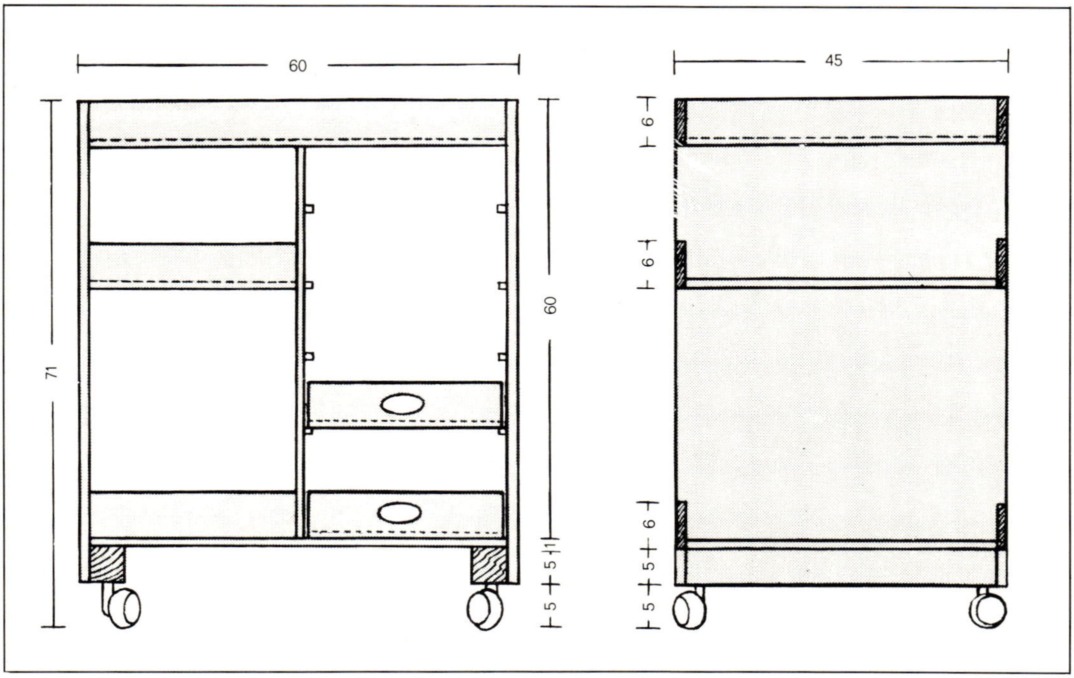

Blumensäule

Für die Möbel auf den folgenden Seiten wird ein ungewöhnliches Möbel-Baumaterial verwendet:
Das Baumaterial sind 22 x 34 mm starke Leisten: 16 Stück 115 cm lang, 16 Stück 24 cm lang; dazu vier 16 mm starke Spanplatten (oder besser: Tischlerplatte), 40 x 40 cm groß – und schließlich vier Möbelrollen.
Und es wird damit auch eine ungewöhnliche Bauweise vorgeschlagen:
Zunächst die kurzen Leisten an die Kanten der Span- oder Tischlerplatte nageln – und zwar so, daß sie gleichmäßig übersteht. Danach werden an jeder Kante vier Leisten befestigt. Damit die Zwischenräume gleichmäßig ausfallen, benutzt man ein 15 mm starkes Klötzchen: genau 15 mm Abstand ist nämlich von Leiste zu Leiste. Es empfiehlt sich, die Leisten leicht abzuschleifen, bevor sie befestigt werden. Vor allem die außen liegenden Längskanten sollten schon vorher leicht gebrochen werden (weil es da noch leichter zu machen ist).

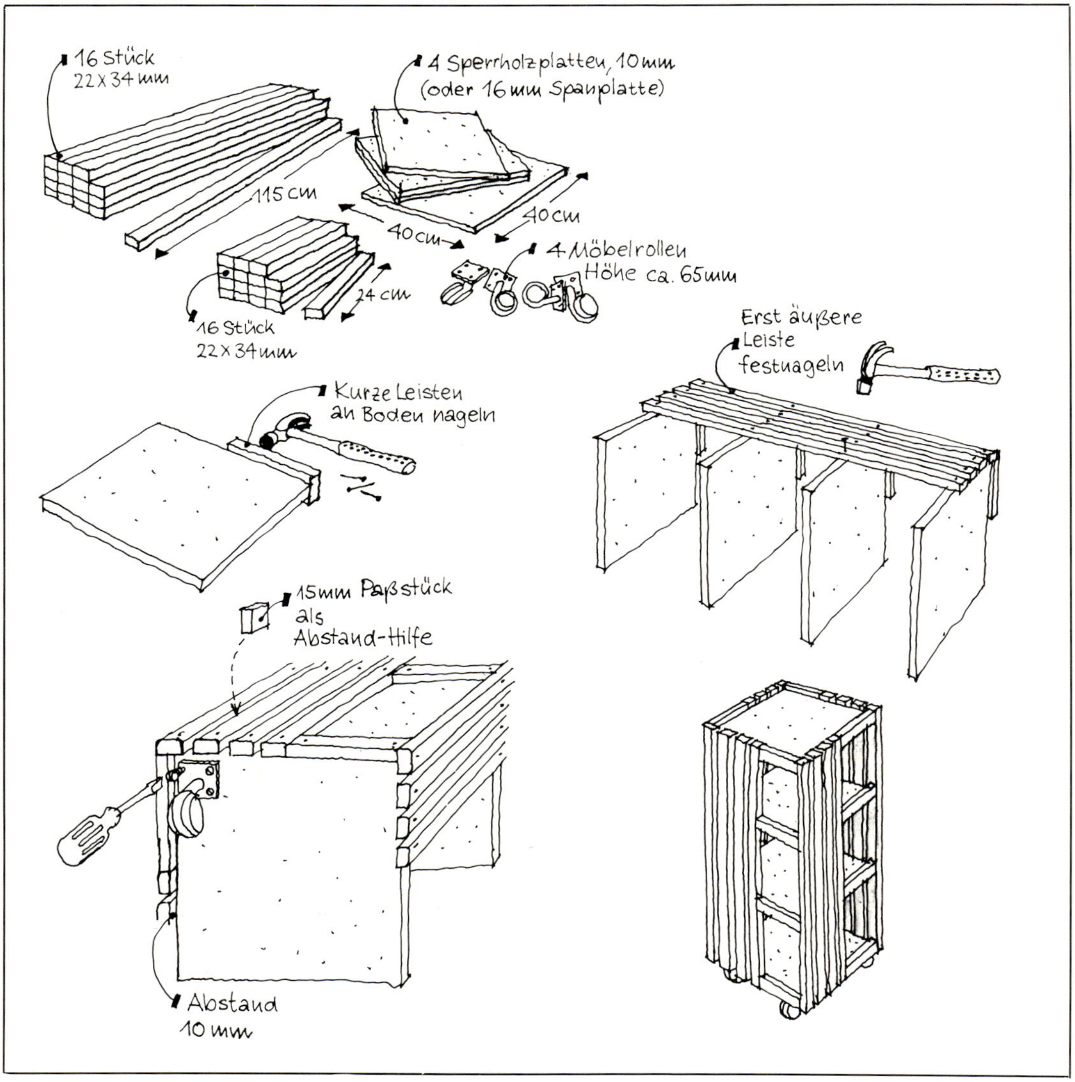

Hausbar

Für dieses Möbel braucht man 22 × 70 mm starke Bretter und 22 × 34 mm starke Leisten. Von den Brettern: 3 Stück 42 cm lang, 3 Stück 121 cm lang, 51 Stück 105 cm lang, 2 Stück 160 cm lang. Von den Leisten: 2 Stück 116 cm, 2mal 100 cm, 5mal 38 cm, 2mal 105 cm, 3mal 113 cm und 3mal 63 cm. Die Bretter bilden senkrechte Verkleidung, waagerechte Zargen und Schrägstreben von einer 121 × 105 cm, einer 105 × 105 cm und einer 42 × 105 cm großen Fläche; außerdem dienen sie als innere Stützen für die Deckflächen und die Zwischenböden (aus zwei 120 × 120 cm großen 9-mm-Sperrholz-Platten). Die Leisten braucht man als Auflagen für diese waagerechten Platten im Innern der aus Brettern gebildeten Außenwände der Bar.

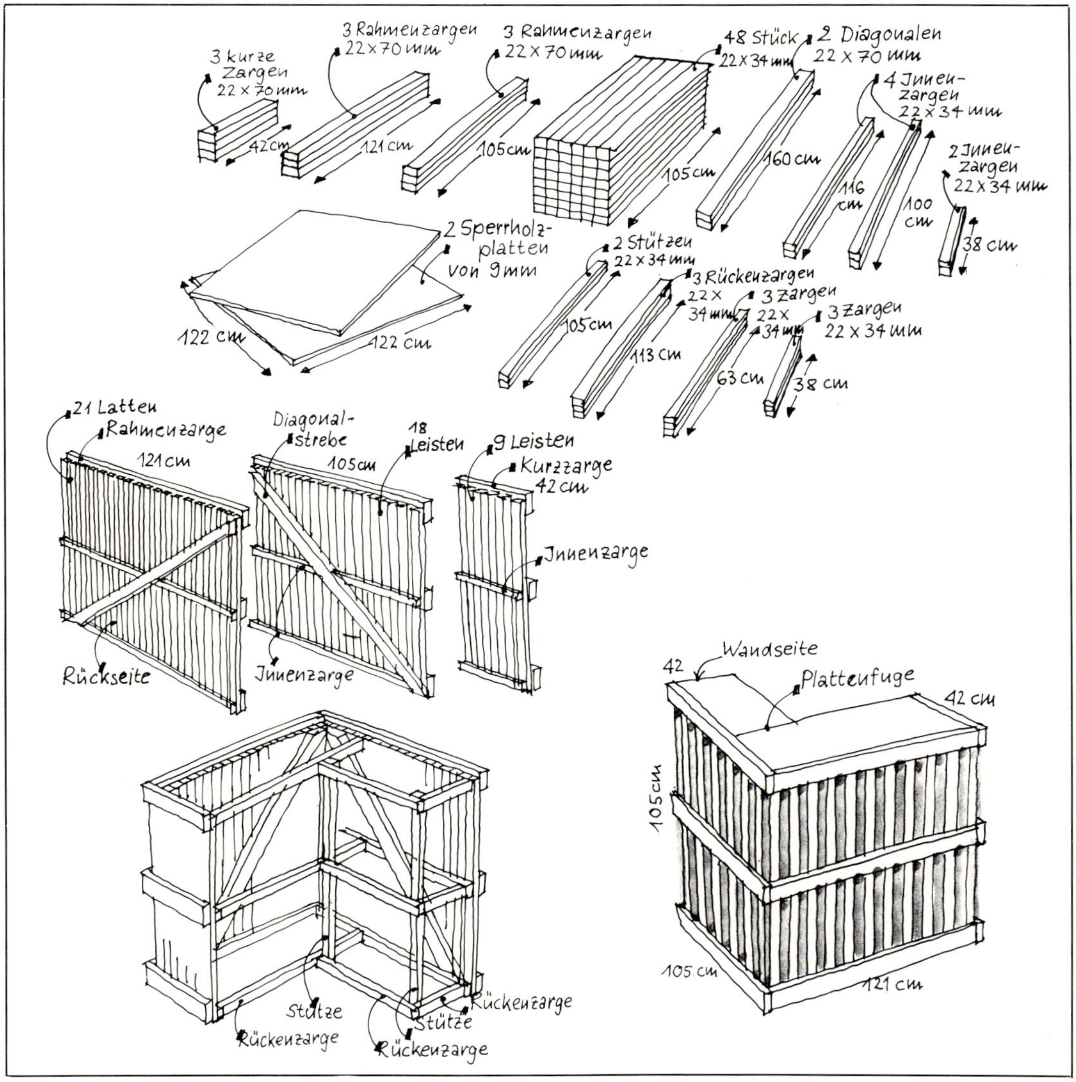

Sofatisch

Für dieses Möbel braucht man zwei 9 mm starke Sperrholzplatten, 120 × 120 cm groß, die in die angegebenen Stücke geteilt werden. Dazu zwei 138 cm lange Stücke eines 45 × 70 mm starken Kantholzes und mehrere Längen 22 × 34 mm starker Leisten: zwei 100 cm, zwei 67 cm, zwei 55 cm und vier 15 cm lange Stücke.

Der Tisch wird aus drei Elementen zusammengesetzt: Aus den beiden Kästen an den Schmalseiten und der Deckplatte, die wiederum aus einer 60 × 100 cm großen Sperrholzplatte, den beiden Kanthölzern mit zwei Auflageleisten vorgefertigt wird, ehe sie mit den Kästen verbunden wird.

Alle Teile werden geleimt und genagelt, nachher gut gespachtelt und geschliffen, ehe man den Lack in zwei Schichten aufträgt.

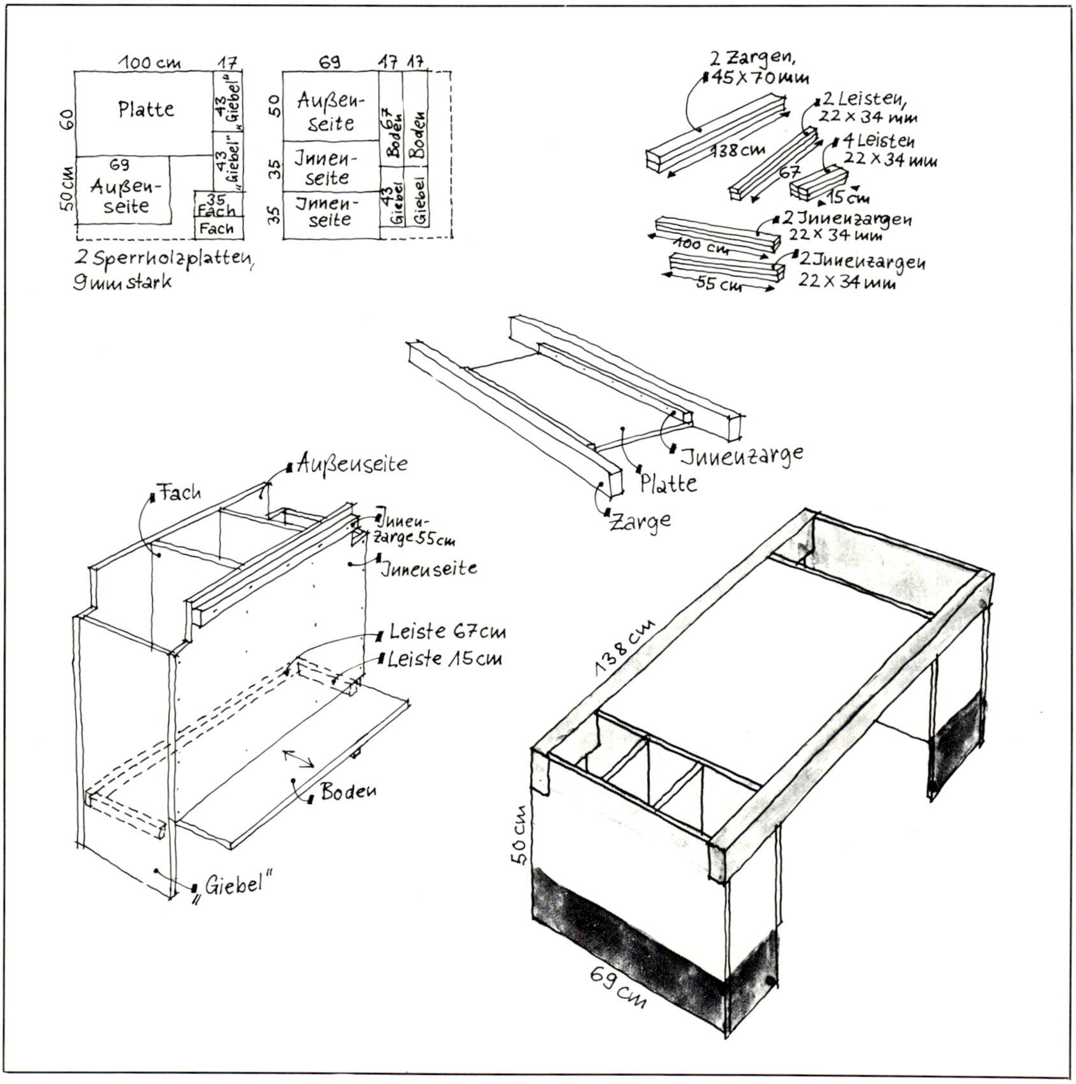

Servierwagen

Ein weiteres Möbel in dieser Serie ist ein überall nützlicher Servierwagen, der ebenfalls aus 9 mm starkem Sperrholz (eine 150 × 150 cm große Platte ist einzukaufen) gebaut wird. Außerdem sind drei 44 cm lange Klavierbänder sowie zwei Möbelschnäpper (oder Magnetverschlüsse) zu besorgen, ehe man sich an die Konstruktion macht.

Auch hier werden alle Teile stumpf verbunden (geleimt und genagelt). Drei Teile sind beweglich: Eine Hälfte der Deckplatte kann aufgeschlagen werden; die beiden Schmalseiten sind als Türen ausgebildet – von denen eine die aufgeschlagene Deckplatte zu stützen hat. In diese Klappe und Türen werden große Löcher eingeschnitten, die als „Griffe“ dienen.

Vier Möbelrollen machen das Möbel beweglich.

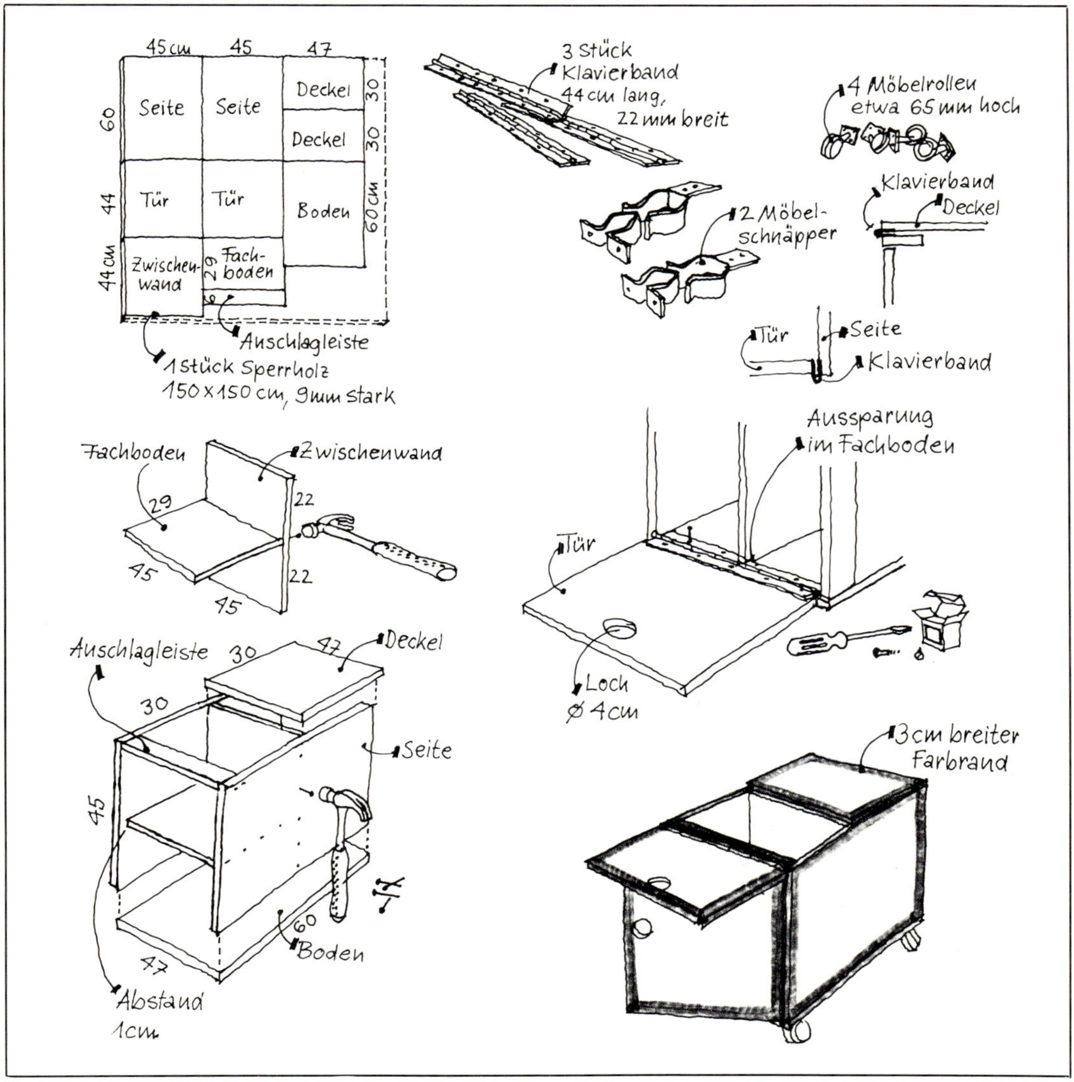

Sofa

Dieses sehr rustikal wirkende Möbel wird gebaut aus 45 x 70 mm starken Kanthölzern, 9 mm starken Tischlerplatten, 22 x 34 mm starken Leisten, einem 45 mm starken Rundholz, vier Möbelrollen sowie den Polstern. Von den Kanthölzern braucht man diese Teile:

Zwei 40 cm lange Vorderbeine; sechs 75 cm lange Stücke (zwei Hinterbeine, zwei Armlehnen, zwei Zargen); zwei 174 cm lange Längszargen.

Die Tischlerplatten sind 70 x 150 cm und 26 x 61 cm groß (davon drei Stück). Von der 22 x 34 mm starken Leiste braucht man zwei 150 cm lange Stücke.

Die Länge des Rundholzes: 165 cm.

Den Zeichnungen rechts ist zu entnehmen, daß die Vorderbeine oben abgeschrägt und ausgeklinkt werden, daß die Hinterbeine abgeschrägt und mit einem 20 x 45 cm starken Schlitz versehen werden: in diesen Schlitz greift ein 70 x 20 cm starker Zapfen, der in beide Enden des Rundholzes zu schneiden ist.

Der Bau des Sofas dürfte dann keine Probleme mehr geben: Man baut zunächst die Seitenteile, verbindet sie mit den Längszargen und hat so das Gestell. An die hintere Längszarge ist eine Leiste bündig mit der Unterkante, eine zweite nachher bündig mit der Oberkante zu nageln: Beide Leisten fassen die Sperrholz-Platte, die den Sitz bildet. An die obere Leiste sind zudem die drei Platten zu nageln, die als Rückenstütze dienen.

Als Polster kauft man fertige Kissen (wenn man sie nicht selber anfertigen will). Als Seitenpolster verwendet man dicke Rollen, die mit kräftigen Gurten an die Seitenlehnen geschnallt werden.

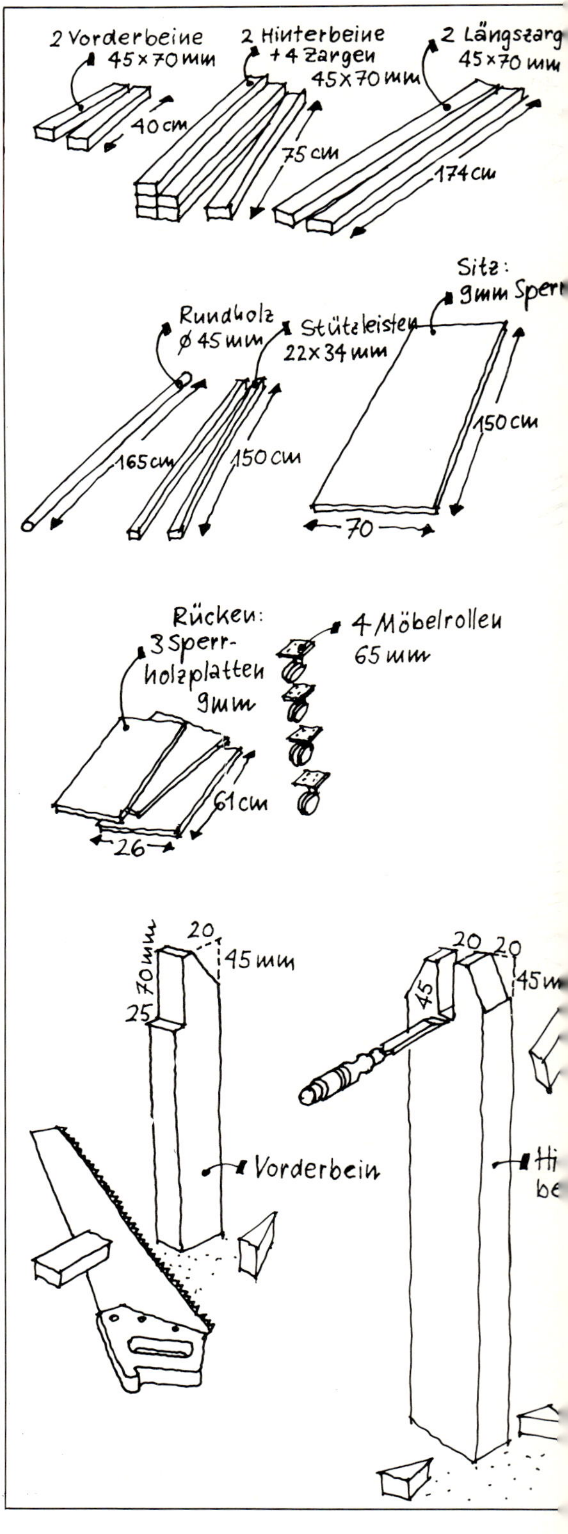

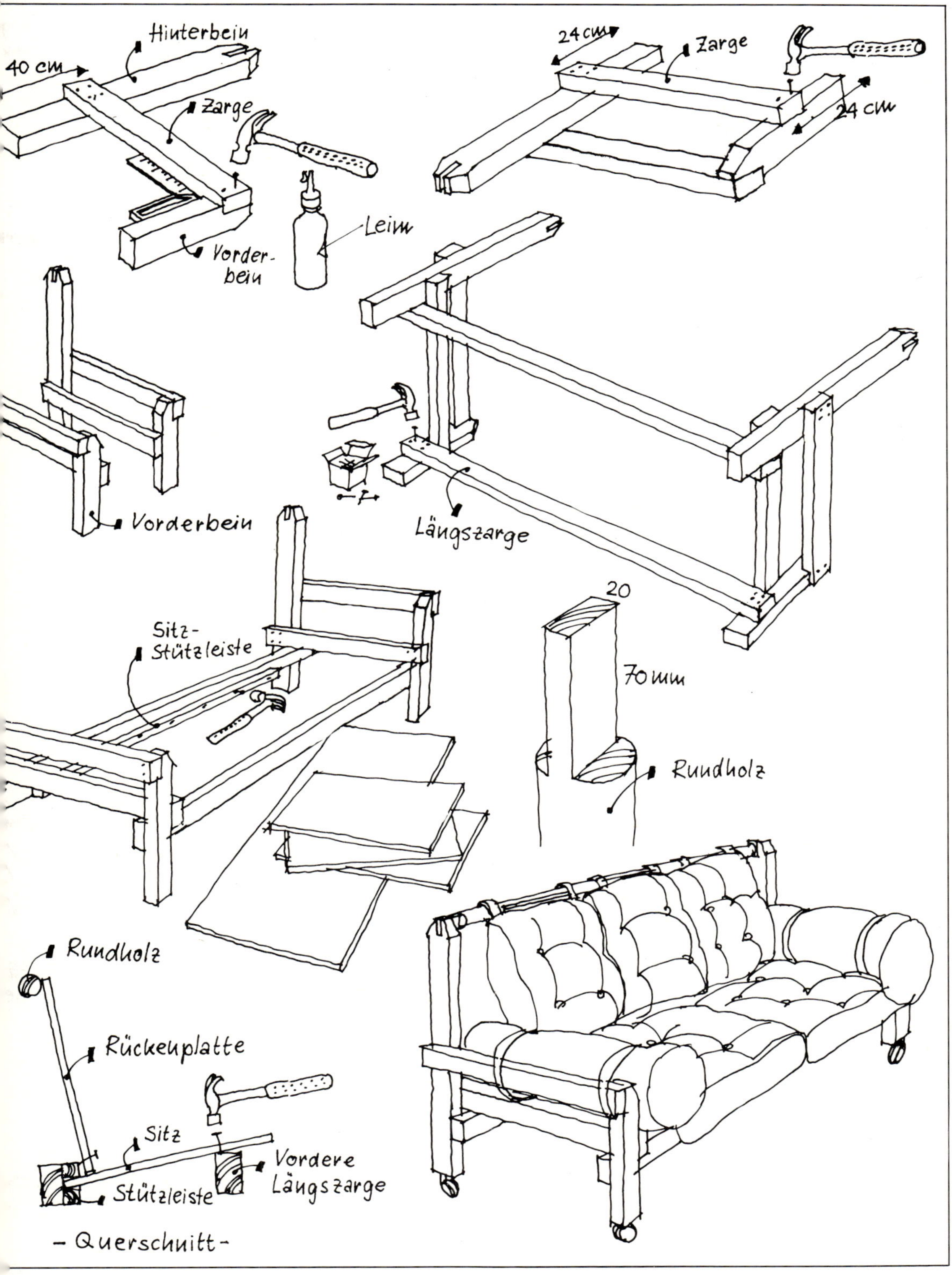
Hinterbein
40 cm
Zarge
Vorderbein
Leim
24 cm
Zarge
24 cm
Vorderbein
Längszarge
Sitz-Stützleiste
20
70 mm
Rundholz
Rundholz
Rückenplatte
Sitz
Vordere Längszarge
Stützleiste
- Querschnitt -

Elektro-Heimwerkergeräte – und wie man damit arbeitet

Seit der ersten Ausgabe dieses Werkbuchs ist die Zeit nicht spurlos am Hobby Heimwerken vorbeigegangen, prägt zeitgemäßer Fortschritt auch und gerade die Technik der dafür angebotenen Elektrowerkzeuge. Wo vor wenigen Jahren noch eine Bohrmaschine mit wenigen Vorsatzgeräten der Stolz einer Heimwerkstatt war, wird heute überwiegend mit Motorgeräten wie Kreissäge, Hobel, Oberfräse oder Bandschleifer fast schon professionelle Arbeit geleistet.

Das reichhaltige Angebot an vielseitigen Elektrowerkzeugen macht die Auswahl nicht gerade einfach; neue Geräte, die bis vor kurzem bei Heimwerkern noch gar nicht bekannt waren, sind hinzugekommen. Deshalb möchte das folgende Kapitel einen Überblick über das aktuelle Angebot an Elektrowerkzeugen für Heimwerker bieten, Auswahlkriterien nennen und Tips für die fachgerechte Handhabung vermitteln.

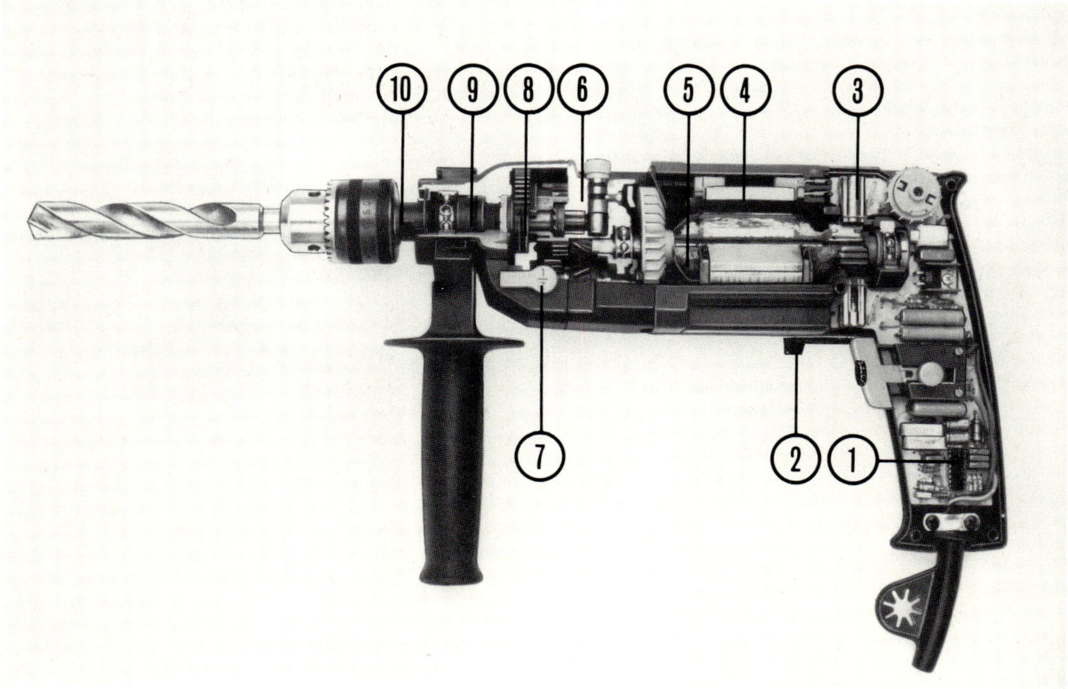

Das Bild zeigt den Schnitt durch einen AEG Zweigang-Schlagbohrschrauber 1000 Watt Powermatic SB 2E-1001 RL.
Die Ziffern weisen auf markante Ausstattungsmerkmale dieser Maschine hin:
1 Die Elektronik ist auf einer Leiterplatte untergebracht. Sie bietet bei dieser AEG Bolermaschine: Sanftanlauf und Anbohrstufen, stufenlose Drehzahlregelung, Drehzahlkonstanthaltung, Drehmomentvorwahl, Überlastschutz und Leerlauf-Drehzahlbegrenzung
2 Der Schalter für Rechts-Links-Lauf
3 Kohlebürsten mit automatischer Abschaltung, wenn Austausch fällig
4 Der 1000 Watt-Motor mit einem Wirkungsgrad von 60 Prozent
5 Mechanisch und thermisch hochbelastbare Ankerwicklungen
6 Vollisolierter Metall-Getriebekasten
7 Synchronisiertes Zweiganggetriebe, das im Leerlauf und im Stillstand umgeschaltet werden kann
8 Die Sicherheitskupplung, verhütet Unfälle, wenn sich der Bohrer mal festfrißt
9 Schlagwerk mit 60 000 Schlägen pro Minute
10 Direktaufnahme für Schrauberklingen in der Bohrspindel
Für sicheres und punktgenaues Bohren ist am „Hals“ ein Zusatzhandgriff nützlich und sinnvoll.

Schlagbohrmaschinen, Schlagbohr-Schrauber, Bohrhämmer

Wenn Sie noch eine „Nur-Bohrmaschine“ in Ihrem Werkzeugschrank haben, sollten Sie sorgfältig mit ihr umgehen – sie hat gute Chancen, demnächst als Antiquität gehandelt zu werden! Denn heute können fast alle Bohrmaschinen auch schlagbohren und – wenn sie auf der Höhe der Zeit sind – sogar schrauben und Gewinde schneiden.

Damit wurden die Anwendungsmöglichkeiten dieser universellen Elektrowerkzeuge, die unentbehrlich sind für alle Arbeiten im Haus und ums Haus herum, wesentlich erweitert. Aber andererseits ist natürlich auch die Auswahl schwieriger geworden. Auf welche Kriterien sollte der Heimwerker beim Kauf also achten?

Diese Frage können letztlich nur Sie selbst beantworten, denn Sie wissen am besten, wie oft und zu welchen Arbeiten Sie Ihren neuen Schlagbohrer gebrauchen wollen. Danach richten sich dann die Leistung und die eingebauten Extras, die technische Ausstattung im Sinne vielseitigerer Anwendungsmöglichkeiten. Ein weiterer wichtiger Aspekt beim Kauf eines Schlagbohrers ist natürlich auch, ob die neue Maschine eine defekte oder antiquierte ersetzen oder als Zweitmaschine genutzt werden soll.

Unabhängig davon lohnt es sich, bei der Wahl auf folgende Punkte besonders zu achten:

Die Leistung. In der Spitzenklasse weisen moderne Schlagbohrer heute eine Leistungsaufnahme von bis zu 1 000 Watt auf. Das entspricht einer Leistungsabgabe von deutlich über 1 PS – noch vor wenigen Jahren wäre es undenkbar gewesen, soviel Kraft so kompakt unterzubringen! Versteht sich von selbst, daß sich mit dieser hohen Leistung die meisten Bohrarbeiten spielend ausführen lassen und auch der Antrieb von Vorsatzgeräten wie z. B. Hobel, Drechseleinrichtung oder Winkelschleifer keine Probleme aufwirft.

Auf der anderen Seite bedeutet höhere Leistung natürlich auch mehr Gewicht. Deshalb sind Sie, wenn es vorwiegend um normale Bohrarbeiten wie z. B. das Bohren und Verschrauben einer Holzdecke geht, mit einer leichteren Maschine zwischen 400 und 600 Watt besser beraten – besonders dann, wenn Sie bereits über eine starke Erstmaschine verfügen.

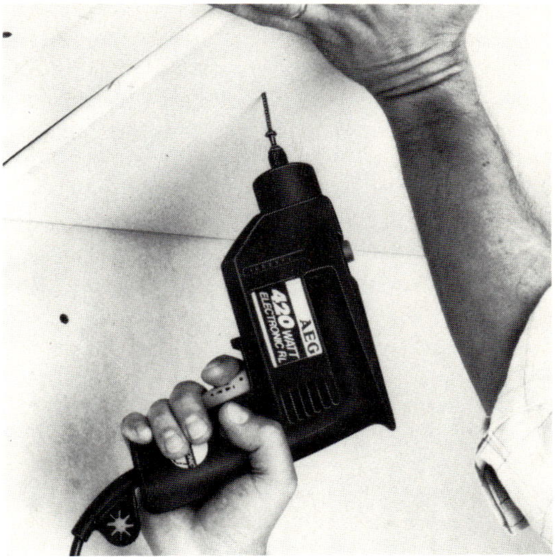

Problemlos schrauben über Kopf

Die Elektronik. Wie in vielen Bereichen des menschlichen Lebens hat die Elektronik auch in der Arbeit des Heimwerkers für Erleichterung und neue Anwendungsmöglichkeiten gesorgt. So gibt es heute keine AEG Schlagbohrmaschine mehr, in die nicht ein elektronischer Baustein eingebaut wäre. In der perfektesten Ausführung heißt er *Powermatic* und ist ein Mikroprozessor, der alle nur denkbaren Funktionen regelt und überwacht. Zunächst einmal sorgt diese Elektronik dafür, daß Sie die Drehzahl stufenlos und damit immer materialgerecht regeln können. Und das bei weitgehend konstanter Kraft. Ein Tachogenerator vergleicht nämlich laufend die eingestellte mit der tatsächlichen Drehzahl und gibt automatisch „Gas“, wenn sie abzufallen droht.

ELECTRONIC

Dieses Zeichen steht für Vielseitigkeit

Außerdem profitieren Sie von einem elektronisch geregelten Sanftanlauf, der das freihändige, punktgenaue Anbohren ohne Ankörnen ermöglicht. Und der Lebenserwartung der Maschine kommt zugute, daß die Leerlaufdrehzahl automatisch begrenzt wird, was ganz nebenbei auch den Geräuschpegel senkt und Ihre Ohren schont.

Schließlich läßt sich bei Zweigang-Schlagbohr-Schraubern der Powermatic-Klasse das Drehmoment vorwählen: Wenn der eingestellte Wert erreicht ist, bleibt die Maschine automatisch stehen. Das ist besonders vorteilhaft beim Schraubeneindrehen, weil es gleichmäßig bündig erfolgen kann, und beim Gewindeschneiden, weil bei Sacklöchern und unerwarteten Materialhärten der Bohrer nicht mehr abreißt.

Außer dieser sogenannten elektronischen Vollwellenregelung finden sich in Schlagbohrmaschinen noch Halbwellenregelungen oder Drehzahlsteuerungen. Sie sind technisch weniger aufwendig und unterscheiden sich von der „mitdenkenden" Powermatic dadurch, daß sie die Drehzahl nahezu konstant halten (Halbwellenregelung) oder daß bei stärkerer Belastung die Drehzahl nachgeregelt werden muß (Steuerelektronik).

Die einfachste Art der Elektronik hat den Effekt eines Getriebes: Sie reduziert die Drehzahl in einer Stufe, wodurch praktisch zwei Gangbereiche zur Verfügung stehen.

Die Bohrtechnik. Wer überwiegend Holz und Metall bearbeiten und nur gelegentlich in Mauerwerk dübeln will, ist mit einer modernen Schlagbohrmaschine hervorragend bedient. Wer jedoch öfters mit harten Sachen wie Beton oder Granit zu tun hat, sollte über die Anschaffung eines Bohrhammers nachdenken. Die Profis auf dem Bau arbeiten mit diesen speziellen Elektrowerkzeu-

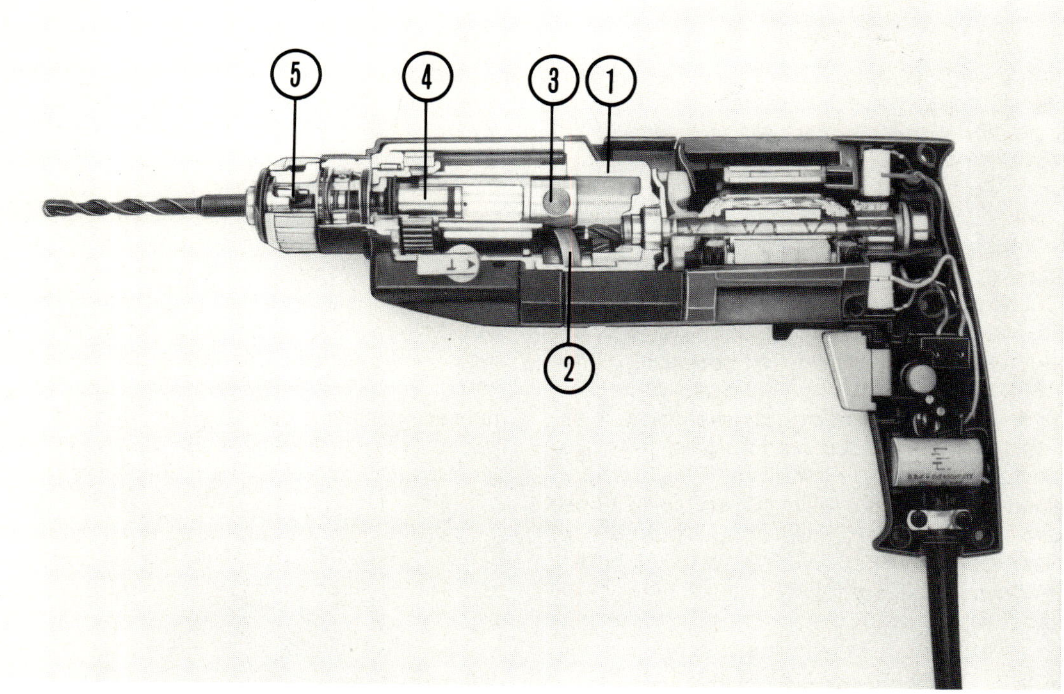

Schnitt durch den AEG Bohrhammer pneumatic 2000. Auch hier sind durch die Ziffern wichtige Merkmale angezeigt:

1 Metall-Getriebekasten mit Kunststoff-Ummantelung, mechanisch fest und elektrisch sicher

2 Bewegungswandler: er setzt die Drehbewegung in eine Hubbewegung um

3 Der Bewegungswandler des pneumatischen Schlagwerks treibt einen Leichtkolben in einem Zylinder an.

4 Der Schlagkörper vor dem Leichtkolben wird durch den Überdruck gegen den Döpper geschlagen. Durch die Kompression entsteht eine hohe Schlagenergie.

5 Werkzeugaufnahme mit dreifacher Staubsicherung.

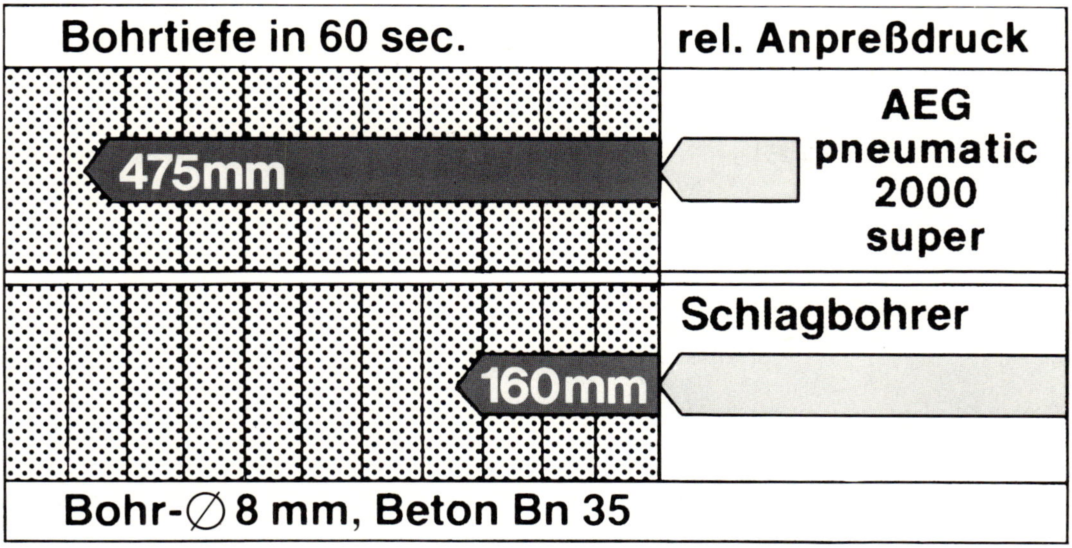

Bohrtiefenvergleich Schlagbohrer/Bohrhammer

gen schon seit langer Zeit. In der Heimwerker-Preisklasse werden sie erst seit kürzerem angeboten.

Um die unterschiedlichen Arbeitsweisen zu erläutern, hier eine kleine Exkursion in die Technik, denn rein äußerlich unterscheiden sich Bohrhämmer und Schlagbohrmaschinen nur unwesentlich.

Die normale *Bohrmaschine* arbeitet in Materialien wie Holz oder Metall, die sich zerspanen lassen, optimal: Durch die Drehbewegung schält die Bohrerschneide am Grund des Bohrlochs Späne ab, die durch die Bohrerwendel nach außen befördert werden. Härtere Materialien wie Stein, Keramik oder Klinker spanen jedoch nicht, sondern lassen sich unter hohem Anpreßdruck und mit speziellen Steinbohrern allenfalls zu Staub zerreiben. Für das Anbohren z.B. in Fliesen ist diese Wirkungsweise ausreichend, für einen raschen Bohrfortschritt indes nicht.

Deshalb lassen sich heute die meisten Bohrmaschinen auf *„Schlagbohren"* umschalten. Dabei wird die Drehbewegung durch zwei aufeinander abgleitende, gehärtete Zahnscheiben in eine gleichzeitig schlagende Bewegung umgewandelt: Bei einer Umdrehung der Bohrspindel meißelt der spezielle Bohrer mit ca. 20 Schlägen ins Material, löst entsprechend mehr und fördert es über die Bohrerspirale nach außen. Kennzeichen dieser Schlagbohrtechnik sind hohe Schlagzahlen bis 60000/Minute bei einem geringen Hub unter 1 mm. Das erfordert einen sehr hohen Anpreßdruck und findet seine physikalisch bedingten Grenzen dort, wo's härter zugeht: in Beton und Granit.

In diesen Materialien zeigt ein *Bohrhammer* seine überlegene Kraft und entsprechend verblüffende Bohrergebnisse. Mit herkömmlichen Bohrmaschinen und Schlagbohrern hat er letztlich nur die Form und den Elektromotor als Antrieb gemeinsam. Hier treibt der Motor ein pneumatisches Hammerwerk an, das über einen sogenannten Schläger und Döpper Schläge von hoher Intensität auf spezielle Hammerbohrer und damit auf den Beton oder auf hartes Gestein ausübt.

Der direkte Bohrvergleich macht die Vorteile der neuen Technik deutlich: In derselben Zeit bohrt z.B. der Bohrhammer AEG pneumatic 2000 nahezu dreimal tiefer in Beton als ein Schlagbohrer. Und das mit nur ⅓ Anpreßdruck und weitgehend vibrationsfrei!

Die Vielseitigkeit. Bohrhämmer wie der AEG pneumatic 2000 super sind ein Beispiel dafür, wie weit es die alte Bohrmaschine durch moderne Technik gebracht hat. Außer mit dem betonknakkenden, pneumatischen Hammerwerk können sie mit eingeschaltetem Schlagstop wie eine ganz normale Bohrmaschine auch Metall, Kunststoff oder Holz bohren, und zwar mit immer mate-

Bärenstarke Hammertechnik, 2,3 kg leicht

rialgerechter Drehzahl dank eingebauter Elektronik. Diese stufenlose Drehzahlsteuerung ist auch wichtig, wenn man eine Schraube ein- oder, bei Linkslaufstellung, ausdrehen will.

Ein weiteres verblüffendes Detail an diesem Bohrhammer ist das Multifunktions-Bohrfutter, in das ohne Umrüstung oder Zubehör sowohl Hammer- wie auch normale Zylinderbohrer und Schrauberklingen passen!

Nun wird niemand, der Sachverstand hat, einen Bohrhammer als erstes und einziges Bohrelektrowerkzeug für die Hobbywerkstatt empfehlen. Dazu ist seine spezielle Stärke viel zu sehr auf Bohrarbeiten in harten Materialien ausgelegt – eine moderne Schlagbohrmaschine will und kann er nicht ersetzen. Aber wer sich schon einmal, beispielsweise beim Ausbau eines Kellerraums, beim Dübeln gequält hat, wird es zu schätzen wissen, daß er mit einem Bohrhammer jetzt nicht nur zügig und fast mühelos Beton bohren, sondern anschließend auch die Rahmenschenkel der Unterkonstruktion bohren, ansenken und schließlich festschrauben kann!

Mehrfachnutzen und Extras dieses Stils weisen heute auch viele Schlagbohrmaschinen auf, und das ohne nennenswerte Mehrkosten. Die Vorteile einer elektronischen Drehzahlregelung haben Sie bereits kennengelernt; sie sollte bei keiner Neuanschaffung fehlen. Auch in ihrer perfektesten Form kann die Elektronik ein Getriebe allerdings nicht ersetzen. Das reduziert nämlich nicht nur die Drehzahl, sondern es erhöht auch das Drehmoment entsprechend, was sich vorteilhaft beim Bohren großer Durchmesser und beim Schrauben auswirkt.

Obwohl Sie im Grunde mit jeder elektronisch gesteuerten Bohrmaschine Schrauben eindrehen können, gibt es auch auf diesem Gebiet feine, aber wichtige Unterschiede. Da ist zum Beispiel der Rechts-Links-Lauf, der es erlaubt, selbst festsitzende Schrauben mühelos wieder auszudrehen. Oder die direkte Schrauberklingenaufnahme in der Bohrspindel, die eine Gewichtseinsparung und eine bessere Sicht auf die Schraube bringt. Es sei auch an die Drehmomentvorwahl erinnert, die das Schrauben und Gewindeschneiden perfekt macht.

Die Sicherheit. Je mehr Kraft eine Schlagbohrmaschine auf die Spindel bringt, desto mehr Sicherheitseinrichtungen sollte sie haben. Deshalb ist in alle AEG Schlagbohrer über 600 Watt eine verschleißfreie Sicherheitskupplung eingebaut, die zuverlässig auch dann vor Unfällen schützt, wenn der Bohrer einmal blockiert: Die Maschine kann nicht aus der Hand geschlagen werden, der Motor läuft weiter, seine Kühlung bleibt erhalten!

Während diese mechanische Ratschenkupplung sehr lautstark anspricht, wirkt eine weitere Sicherheitseinrichtung in den AEG Powermatic Schlagbohrmaschinen nahezu lautlos, weil elektronisch: Ein Überlastschutz reduziert automatisch Stromaufnahme und Drehzahl, wenn Schäden durch Überlastung drohen. Nach Entlastung laufen die Maschinen dann sofort wieder auf die vorher eingestellte Drehzahl hoch (der sogenannte „Foldback-Effekt").

Daß moderne Schlagbohrmaschinen allen einschlägigen Sicherheitsvorschriften entsprechen, können Sie zu Recht erwarten. Weniger selbstverständlich ist ein vollisolierter Metallgetriebekasten, der durch präzise Lagerung der mechanischen Teile Langlebigkeit für die Maschine und durch die Kunststoffummantelung elektrische Sicherheit für den Benutzer garantiert. Alle AEG Schlagbohrer ab 500 Watt weisen diesen einzigartigen Vorteil auf.

Die Wartungsfreundlichkeit einer Bohrmaschine können Sie natürlich beim Kauf nur schwer beurteilen. Aber es lohnt sich allemal, danach zu fragen, ob sie selbstabschaltende Kohlebürsten hat. Diese sinnvolle Einrichtung verhindert nämlich eine Beschädigung des Motors selbst dann, wenn nach vielen Betriebsstunden die Kohlen abgenutzt sind und erneuert werden müssen.

Hier eine Aufstellung, aus der die Drehzahlen für verschiedene Materialien und Bohrerdurchmesser ersichtlich sind:

Lastdrehzahlen pro Minute / Bohrdurchmesser	400 bis 700	490 bis 860	630 bis 1100	800 bis 1400	1100 bis 1850	1500 bis 2000	2000 bis 2500	2500 bis 2800
Bohren in Stahl								
4 mm Ø						×	×	×
6 mm Ø					×	×		
8 mm Ø				×				
10 mm Ø			×					
13 mm Ø		×						
16 mm Ø	×							
Bohren in Messing, Kupfer, Aluminium								
4 mm Ø								×
6 mm Ø							×	
8 mm Ø						×		
10 mm Ø					×			
13 mm Ø				×				
16 mm Ø			×	×				
Bohren in Holz								
4 mm Ø								×
6 mm Ø							×	×
8 mm Ø							×	×
10 mm Ø						×	×	×
13 mm Ø						×	×	
16 mm Ø					×	×	×	
30 mm Ø					×	×	×	
Bohren in Kunststoff								
4 mm Ø					×	×		
6 mm Ø				×	×			
8 mm Ø			×	×				
10 mm Ø		×	×					
13 mm Ø	×	×						
16 mm Ø	×							
Schlagbohren in Beton und Gestein								
4 mm Ø							×	
6 mm Ø							×	
8 mm Ø					×	×		
10 mm Ø				×				
13 mm Ø		×	×					
16 mm Ø	×	×						

Auch Bohren will gelernt sein.
Um ein sauberes, präzises Loch zu bohren, braucht es verschiedene Voraussetzungen. Zunächst einmal sollte das Bohrfutter in Ordnung sein, d.h. zentrisch laufen. Dieses Präzisionsteil ist einem natürlichen Verschleiß unterworfen, besonders dann, wenn es öfters zum Schlagbohren verwendet wird oder wenn Bohrer wiederholt nicht richtig eingespannt wurden und durchdrehten.

Dann lohnt es sich durchaus, für Feinarbeiten ein neues Bohrfutter zu kaufen und das alte nur noch für Grobarbeiten zu verwenden. Das Bohrfutter läßt sich leicht von der Bohrspindel schrauben, indem man diese mit einem entsprechenden Maulschlüssel festhält, den Bohrfutterschlüssel ins Futter steckt und diesem einen Schlag mit einem Plastik- oder Gummihammer in Drehrichtung der Maschine gibt. Bei Maschinen mit Linkslauf wird das Bohrfutter auf die gleiche Art, aber mit einem Schlag in entgegengesetzte Richtung, fixiert.

Ausschlaggebend für ein gutes Bohrergebnis ist weiterhin die Wahl der richtigen Drehzahl, die sich nach Bohrerdurchmesser und zu bohrendem Material richtet. Dazu stellt man erst einmal am Getriebe (falls vorhanden) die erforderliche Gangstufe ein und nimmt dann die Feinregulierung mit der Elektronik vor.

Bei Schlagbohrmaschinen wie der 1000 Watt Powermatic von AEG erfolgt das über ein separates Stellrad, auf dem mit Buchstaben die Drehzahleinstellungen gekennzeichnet sind. Auf einer auf dem Maschinengehäuse angebrachten Tabelle ist zu ersehen, welche Drehzahl welchem Buchstaben entspricht.

Andere Schlagbohrer, deren Elektronik über das verschieden tiefe Eindrücken des Schaltgriffs beeinflußt wird, verfügen hier über ein integriertes Stellrad, mit dem die gewünschte Drehzahl fixiert werden kann. Ein direktes Ablesen ist in diesem Fall nicht möglich, es braucht schon etwas Erfahrung, um aus dem Maschinengeräusch auf die eingestellte Drehzahl zu schließen. Durch Versuche läßt sich ein optimaler Wert aber leicht finden und dann beliebig oft wiederholen.

Bohrer

Welche Bohrer gibt es, für welche Zwecke sind sie bestimmt, und welche sollte man besitzen?

Beginnen wir mit den *Spiralbohrern.* Schon in dieser Gruppe müssen wir auch als Heimwerker verschiedene Arten unterscheiden (und zum Teil auch besitzen). Hier sind sie:

1. Gruppe: Hochleistungs-Schnellschnitt-Spiralbohrer für Stahl, Aluminium, Messing, Kupfer, Grauguß;
2. Gruppe: Steinbohrer für Naturstein, Mauerwerk;
3. Gruppe: Betonbohrer;
4. Gruppe: Hammerbohrer für Bohrhämmer zum Betonknacken;
5. Gruppe: Holzspiralbohrer mit Zentrierspitze.

Diese fünf Gruppen unterscheiden sich wesentlich in dem Bohrerwinkel, den die beiden Schneiden bilden, und der Steigung der Spiralnut, von der die Späne nach außen gefördert werden.

Sie müssen nun natürlich nicht alle Typen in kompletten Sätzen besitzen. Denn wenn Sie nur gelegentlich andere Werkstoffe als Stahl oder Holz bohren, können Sie dabei auch die Spiralbohrer für Stahl verwenden. Eine Ausnahme gilt allerdings: Wenn Sie Stein, Naturstein oder Beton damit bohren wollen, können Sie den besten Stahlbohrer nach dem ersten derartigen Versuch zum alten Eisen werfen. Für diese Werkstoffe gelten andere Gesetze, und deshalb sind auch spezielle Spiralbohrer, nämlich Steinbohrer, erforderlich. Bei diesen Bohrern bestehen zwar der Schaft und die Spiralnuten aus dem gleichen Material, aus dem auch die Stahlbohrer gefertigt werden. Die Schneide aber ist meißelförmig ausgebildet und besteht aus einem Hartmetallblättchen, das in den Bohrer hart eingelötet ist.

Spiralbohrer werden in drei Werkstoffqualitäten gefertigt: WS gleich Werkzeugstahl, SS gleich Schnellschnittstahl und HSS gleich Hochleistungs-Schnellschnittstahl.

Für kleine Bohrdurchmesser in Weich- und Hartholz würde normalerweise die WS-Qualität reichen. Aber schon bei harten Importhölzern, und erst recht bei Stahl, genügen diese „Gießkannenstahl-Bohrer" nicht mehr. Sie werden dann schnell stumpf. Nehmen Sie also gleich HSS-Bohrer. Bei denen können Sie sicher sein, daß sie allen Belastungen gewachsen sind, daß sie auch bei hohen Schnittgeschwindigkeiten nicht ausglühen und deshalb lange scharf bleiben. Außerdem erhalten Sie HSS-Bohrer bei jedem Händler, während mancher die WS-Qualität gar nicht mehr führt.

Bohrungen ansenken – zum Beispiel um den Kopf von Linsensenk- oder Senkschrauben unterzubringen – kann man zwar auch mit einem größeren Spiralbohrer, aber dann stimmt der Bohrerwinkel nicht mit dem Winkel des Senkkopfs überein. Das ist bei Holz und ähnlich nachgiebigen Werkstoffen nicht weiter schlimm, denn da preßt sich der Senkkopf in das Material ein. Aber Stahl und andere Metalle geben nicht so weit nach, und das ist dann nicht nur unschön, darunter leidet vor allem auch die Festigkeit der Verbindung. Deshalb schaffen Sie sich besser einen HSS-Senker – auch Krauskopf genannt – an. Dessen Bohrerwinkel stimmt mit dem Senkkopf überein.

Sie brauchen im übrigen nur einen von dieser Sorte, denn man kann ihn für verschiedene Durchmesser verwenden. Außerdem dient er auch zum Entgraten von Bohrungen.

Kleine Durchmesser bohrt man in Holz mit Spiralbohrern, wie sie für Stahl verwendet werden. Allerdings sollten Sie darauf achten, daß der Bohrer vorher gründlich von Metallspänen und Öl gereinigt ist. Denn sonst gibt's bei sichtbaren Holzflächen häßliche Öl- oder später sogar Rostflecken.

Bei größeren Bohrdurchmessern reicht allerdings der Querschnitt der Spiralnut von Stahlbohrern insbesondere bei tieferen Bohrungen nicht mehr aus, um die Späne nach außen zu fördern. Sie verklemmen sich zwischen Bohrer und Bohrung. Dadurch wird der Bohrer überhitzt und die Bohrung unsauber. Deshalb gibt es spezielle Holzbohrer, zum Teil mit größeren Spiralnut-Querschnitten, aber auch mit besonderen Formen, die auf eine Förderschnecke ganz verzichten. Die bekanntesten sind folgende:

- Holzspiralbohrer
- Flachfräsbohrer
- Beschlagbohrer
- verstellbare Zentrumbohrer

Alle diese Bohrer haben eine Zentrierspitze. Damit kann man den Bohrer exakt auf dem angerissenen Punkt ansetzen, ohne befürchten zu müssen, daß er wegläuft.

Irgendwann wird aber auch der beste Bohrer stumpf oder bricht eine seiner Schneiden aus. Und dann erhebt sich die Frage, was zu tun sei. Nun fehlt es nicht an gutgemeinten Anleitungen, mit denen dem geduldigen Leser plausibel gemacht werden soll, daß und wie Bohrer von Hand nachgeschliffen werden können. Aber so einfach, wie sich das dann liest, ist es auch wieder nicht. Denn auch Fachleute sind kaum in der Lage, einen Bohrer so zu schleifen, wie er neu vom Hersteller geliefert wird. Und auch die angebotenen einfachen Bohrerschleifvorrichtungen für Heimwerker sind kaum besser geeignet. Steinbohrer nachzuschleifen, ist auch nicht einfacher. Denn die beiden Schneiden bilden nicht nur gemeinsam einen Bohrerwinkel, jede für sich muß auch meißelförmig geschliffen sein. Dazu kommt, daß die Kanten zu den Flanken leicht gebrochen sein müssen, weil sonst das spröde Hartmetall an diesen Stellen leicht ausbricht. Außerdem muß der eigentliche Bohrerschaft gegen die Hartmetallschneiden noch zurückgesetzt sein. Bei so vielen Forderungen winken auch die Hersteller der Bohrerschleifeinrichtungen ab. Deshalb gleich einen neuen kaufen.

Einige Tips für das Bohren

Ob eine Bohrung sauber ausfällt, hängt nicht zuletzt davon ab, daß Sie einen scharfen und einwandfrei geschliffenen Bohrer verwenden. Stumpfe oder nicht fachgerecht nachgeschliffene Bohrer sollten Sie nur dort verwenden, wo es nichts ausmacht, daß die Bohrung unrund ist, etwas größer ausfällt oder verläuft.

Bohrungen für Schrauben oder Dübel können freihändig hinreichend genau senkrecht zum Werkstück oder zur Wand gebohrt werden. Sie müssen nur die Maschine mit beiden Händen führen. Schwieriger wird es, wenn Holzteile zusammengedübelt werden sollen. Am einfachsten ist es dann, mit dem Bohrständer zu arbeiten. Die Werkstückabmessungen sind dann allerdings durch die Maße des Bohrständers begrenzt. Größere Teile wird man so nicht bohren können.

In dem Fall arbeitet man am besten mit einer Bohrlehre. Die wird aus einem starken Stück Hartholz hergestellt. Im Bohrständer werden mit dem vorgesehenen Bohrer im gewünschten Abstand die Führungsbohrungen gebohrt. Jetzt brauchen Sie die Bohrlehre nur noch auf das Werkstück zu spannen und durch die Löcher hindurchzubohren, dann haben Sie nicht nur exakt winkelrechte Bohrungen, sondern einen auch auf dem Gegenstück genau reproduzierbaren Abstand zwischen den Dübellöchern.

Eine solche Bohrlehre können Sie auch universell verwendbar machen. Sie brauchen nur in ein Stück Hartholz in einer Linie fünf Bohrungen in dem bei Ihnen gängigen Dübeldurchmesser mit den Abständen 20, 25, 30 und 35 mm zu bohren, dann haben Sie neben diesen auch noch die Abstandsmaße 45, 55, 65, 75, 90 und 110 mm „vor-

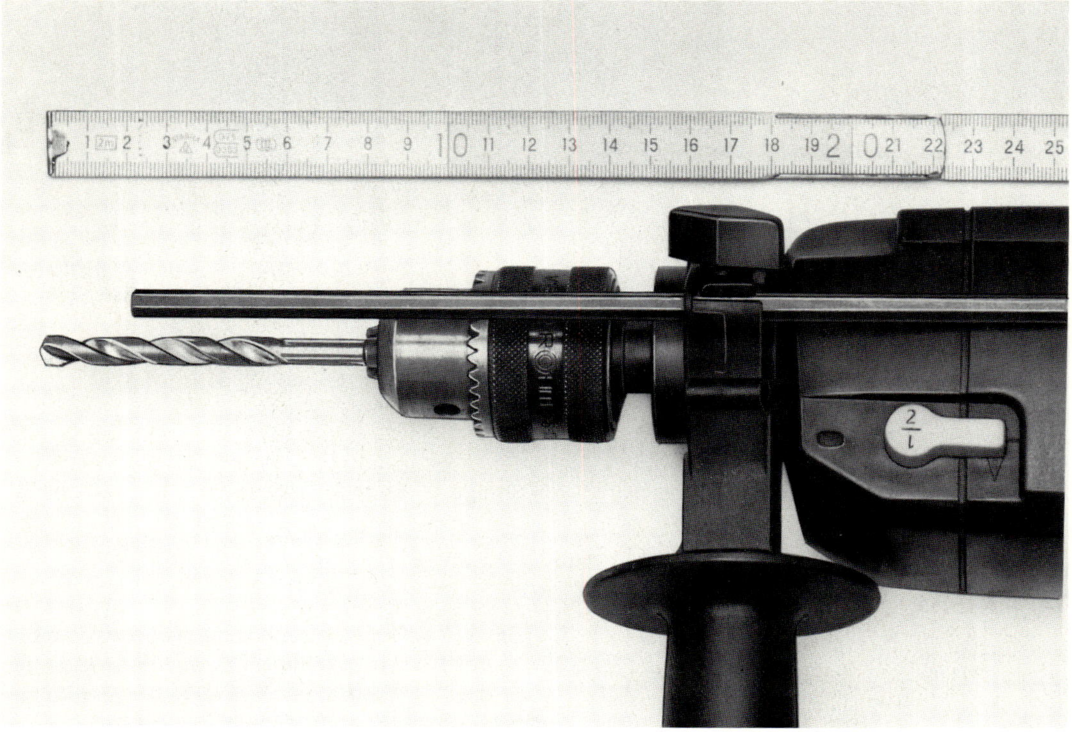

Einstellen des Tiefenanschlags: So können Dübellöcher millimetergenau gebohrt werden

programmiert". Und damit lassen sich dann praktisch alle vorkommenden Dübelverbindungen einfach und genau bohren.

Beim Bohren mit der Lehre ist nur darauf zu achten, daß die Maschine erst eingeschaltet werden darf, wenn der Bohrer auf dem Werkstück aufsitzt.

Schrauben- und Dübellöcher müssen meist mit einer genau vorgegebenen Tiefe gebohrt werden. Deshalb sind z.B. die AEG Heimwerkermaschinen der Mittel- und Spitzenklasse gleich mit einem abnehmbaren seitlichen Handgriff mit einstellbarem Tiefenanschlag ausgerüstet. Der Bohrer wird ins Bohrfutter gespannt, und, wie die Abb. oben zeigt, auf das Werkstück gesetzt. Dann wird der Tiefenanschlag auf das gewünschte Maß eingestellt und die Flügelschraube gut festgezogen.

Wenn ein Tiefenanschlag nicht greifbar ist, hilft ein durchbohrter Kork oder ein Stück Holz, die auf den Bohrer geschoben und auf die verlangte Tiefe gekürzt werden.

Wenn Sie in tapezierte oder gestrichene Wände Dübellöcher bohren müssen, sollten Sie eine Schachtel mit einem Klebestreifen dicht unter die Bohrung kleben oder mit Reißzwecken befestigen. Dann brauchen Sie hinterher nicht den Bohrstaub vom Boden zu saugen.

Ähnliche Probleme können beim Bohren in Dekken auftreten. Außerdem fällt ein erheblicher Teil des Bohrmehls auf und in das Bohrfutter. Und wenn Sie dieses dann nicht rechtzeitig reinigen, wird es schwergängig. Hier hilft der Staubfangteller aus dem AEG Zubehör-Programm.

Bohrständer

Aus der Metallbearbeitung ist ein Bohrständer nicht wegzudenken, und auch für die Holzbearbeitung ist er ein sehr nützliches Gerät.

Im Idealfall sollte der Bohrständer einen festen Platz auf einer Werkbank haben und auf dieser mit vier kräftigen Sechskant-Holzschrauben befestigt sein. Noch besser ist es, durchzubolzen, das heißt, ihn mit durchgehenden Sechskant-

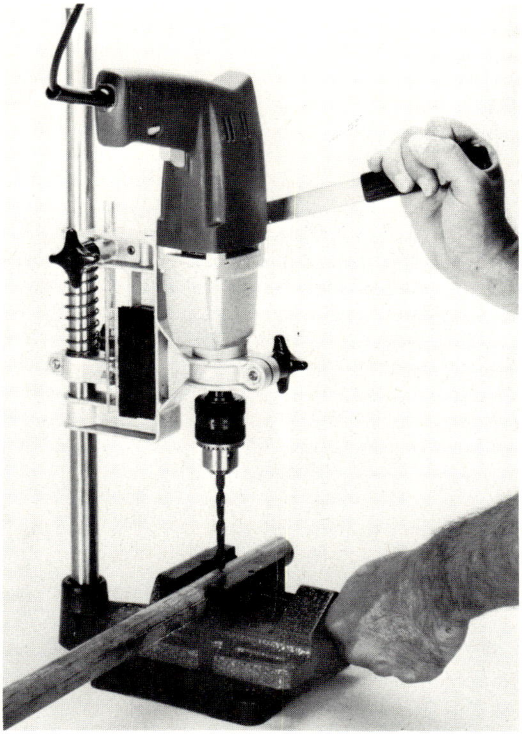

AEG Bohrhämmer passen in Bohrständer

Sicheres Arbeiten im Bohrständer

Maschinenschrauben, die unter der Werkbank mit Unterlegscheiben und Sechskantmuttern gehalten sind, zu montieren. Denken Sie bei der Wahl des Standorts daran, daß links und rechts genügend Bewegungsfreiheit für längere Werkstücke bleibt.

Die Bohrmaschine oder auch der Bohrhammer wird so in die Maschinenaufnahme des Bohrständers gesetzt, daß der Handgriff unter etwa 45 Grad links nach hinten zeigt. So können Sie sicher sein, daß der Handgriff oder die Zuleitung bei der Arbeit nicht stören. Stecken Sie die Maschine bis zum Anschlag in die Halterung und ziehen Sie die Knebelschraube kräftig an. Denn die Hebelwirkung des Vorschubhebels vervielfacht den Bohrdruck. Und achten Sie darauf, daß bei Schlagbohrmaschinen und beim Bohrhammer das Schlagwerk abgeschaltet ist.

Ein Bohrständer ohne Maschinenschraubstock ist nur eine halbe Sache. Denn den Ständer werden Sie ja immer dann einsetzen, wenn entweder kleine Teile zu bohren sind oder wenn in größeren Werkstücken die Bohrungen ganz exakt sitzen müssen. Ein Maschinenschraubstock gibt die erforderliche Sicherheit. Er sollte so befestigt werden, daß er auf dem Tisch des Bohrständers verschoben werden kann.

Halten Sie aber beim Bohren den Maschinenschraubstock gut fest. Denn wenn der Bohrer durchbricht, das heißt, seine Spitze auf der Rückseite des Werkstücks austritt, kann es passieren, daß er festhakt – das gibt einen beachtlichen Ruck. Und der Bohrer wird der Urgewalt eines rotierenden Maschinenschraubstocks nicht lange gewachsen sein!

Wenn Sie an einem Werkstück eine Reihe von Bohrungen in einer Linie haben wollen oder mehrere Werkstücke an der gleichen Stelle gebohrt werden müssen, empfiehlt es sich ohnehin, den Maschinenschraubstock auf dem Bohrständer festzuschrauben. Bohrtisch und Schraubstock haben dafür Langlöcher, so daß durch die Verschiebbarkeit des Schraubstocks und den drehbaren Ausleger des Bohrständers jeder Punkt am Werkstück erreichbar wird.

Der Maschinenschraubstock wird von zwei Schloßschrauben gehalten, deren Kopf durch die beiden Bohrungen im Bohrtisch nach unten durchgeführt werden kann. Achten Sie darauf, daß der Vierkant der Schraube in der Längsnut des Tisches liegt. Und ziehen Sie die beiden Sechskantmuttern kräftig an.

Des öfteren werden Sie vor dem Problem stehen, mit dem Bohrständer eine oder mehrere Bohrun-

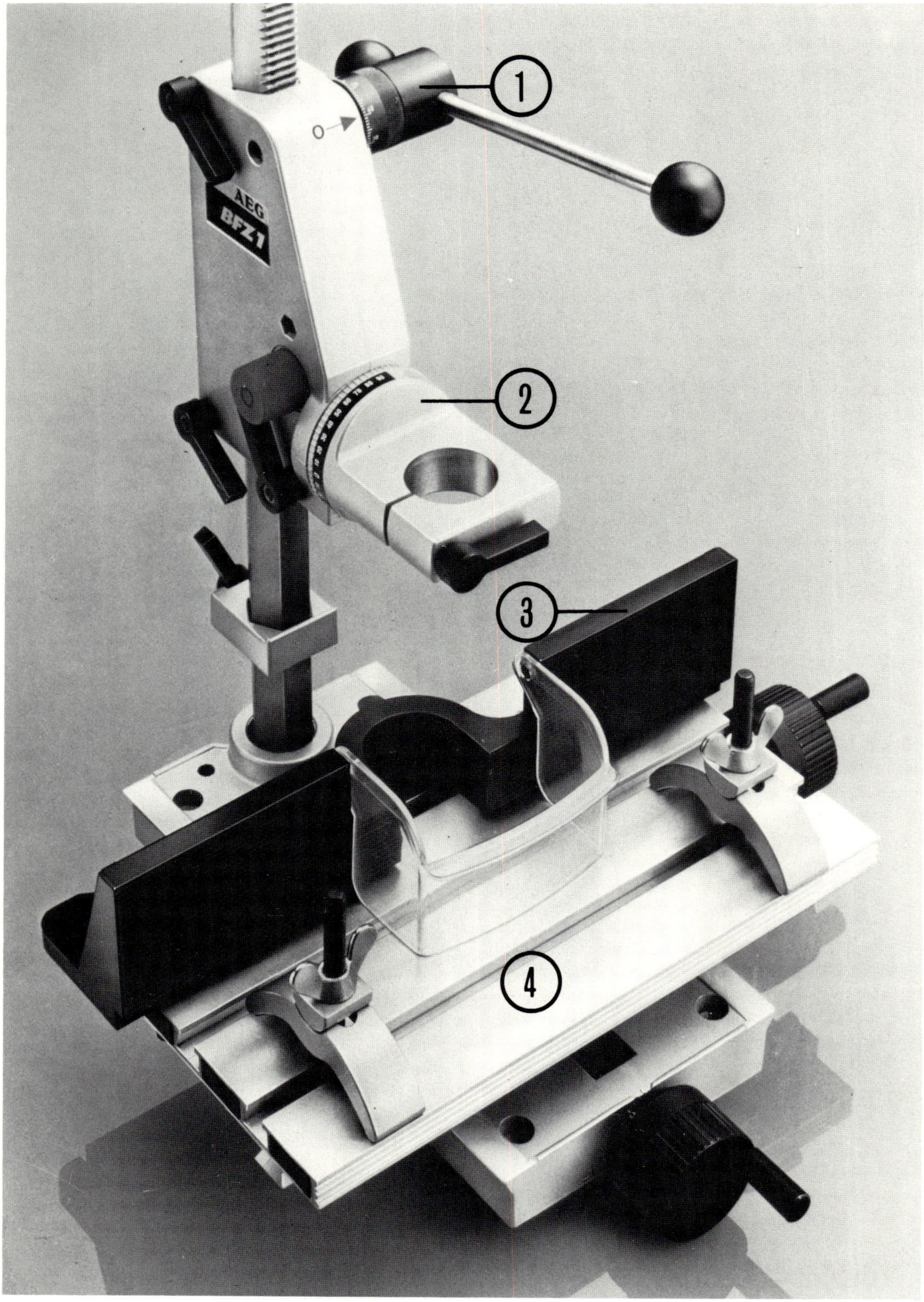
AEG
BFZ1
1
2
3
4

Einlassen eines Scharniers

gen gleicher Tiefe herstellen zu müssen. Dafür besitzt der AEG Bohrständer BST 717 gleich zwei Einrichtungen, die unabhängig voneinander arbeiten.
Da ist einmal die verstellbare Bohrtiefenskala. Setzen Sie den Bohrer auf das Werkstück auf, stellen Sie die Skala auf Null. Sie ist zu diesem Zweck in der Schiene verschiebbar. Jetzt können Sie beim Bohren die Tiefe an der Skala ablesen. Wenn eine ganze Reihe von Bohrungen gleicher Tiefe gemacht werden muß, verwenden Sie besser den einstellbaren Tiefenanschlag. Und das geht so: Lösen Sie die linke Knebelschraube, mit der der Tiefenanschlag fixiert wird, und bohren Sie das erste Loch mit der Bohrtiefenskala, wie vorstehend beschrieben, genau auf die gewünschte Tiefe. Dann wird die Knebelschraube festgezogen und damit der Anschlag auf die Bohrtiefe fixiert. Alle Bohrungen sind exakt gleich tief. Nachher brauchen Sie die Knebelschraube nur wieder zu lösen.

◁
Das Bohr- und Fräszentrum mit seinen wesentlichen Merkmalen:
1 Der millimetergenau verstellbare Tiefenanschlag
2 Die um 360 Grad drehbare Maschinenhalterung
3 Der stabile Anschlag mit Klarsichtschutz
4 Der Kreuzfrästisch mit Spannpratzen und zwei Kurbeln zum Verfahren des Tisches in zwei Richtungen

In der Holzverarbeitung brauchen wir für Konstruktionen immer wieder Langlöcher, die Zapfen aufnehmen müssen. Man kann sie mit dem Stecheisen herstellen. Einfacher aber ist es, mit einem Holzspiral- oder Flachfräsbohrer vorzubohren und dann nur noch das restliche Material wegzustechen. Sauber wird das Ganze aber nur, wenn alle Bohrungen genau in einer Flucht liegen. Und das geht am besten mit dem Bohrständer. Das Werkstück wird im Maschinenschraubstock gehalten. Damit das Holz von den Stahlbacken nicht beschädigt wird, werden Zwischenlagen aus Sperrholz verwendet.
Noch einfacher geht es mit einem Hilfsanschlag, der von Schloßschrauben auf dem Bohrständer gehalten wird. An ihm kann das Werkstück exakt geführt werden. Und wenn Sie dann anstelle des Holzbohrers einen Langlochfräsbohrer einspannen, können Sie sich sogar das Nacharbeiten mit dem Stechbeitel sparen.
Auf diese etwas improvisierte Art haben Sie eine Methode der Holzbearbeitung kennengelernt, für die sich eine moderne Schlagbohrmaschine ebenfalls bestens eignet: das Fräsen.
Wenn Sie es in dieser interessanten Kunst weiterbringen wollen, sollten Sie sich einmal das Bohr- und Fräszentrum BFZ 1 von AEG genauer ansehen. Das ist auf den ersten Blick ein hochwertiger Bohrständer, der sich durch fast schon professionelle Schikanen hervorragend zum Fräsen verwenden läßt: Das Werkstück wird auf dem

Sicheres Bohren mit Spannpratzen

Maschinenaufnahme um 360° schwenkbar

Ablängen mit Hilfsanschlag

Kreuzfrästisch mit Schwalbenschwanzführung exakt fixiert und kann dann mit Handkurbeln in zwei Richtungen präzise verfahren werden. Oder es wird frei am Fräsanschlag mit Klarsichtschutz entlanggeführt.

Mit den entsprechenden Fräswerkzeugen aus dem AEG Zubehör entstehen so die verschiedenartigsten Profile z.B. für Eckverbindungen. Und natürlich ist das BFZ 1 auch ein vollwertiger Bohrständer, der dadurch, daß sich die Maschinenaufnahme um 360° schwenken läßt, auch zum Schärfen von Werkzeugen, zum stationären Polieren oder beim Anschluß einer biegsamen Welle verwenden läßt.

Kreissägen

Ein Heimwerker, der sich nicht nur auf Bohr-, Dübel- und die kleinen Reparaturarbeiten im Haushalt beschränken will, braucht eine Kreissäge. Neben der Schlagbohrmaschine sind Kreissägen heute die meistgebrauchten Elektrowerkzeuge bei Heimwerkern. Früher wurden sie häufig als Vorsatzgerät zur Bohrmaschine verwendet, heute überwiegen sogenannte Motorgeräte mit eigenem Antrieb.

Und das aus guten Gründen: Zum einen sind die echten Handkreissägen wesentlich billiger geworden, der Preisunterschied zu einem Vorsatzgerät ist heute relativ gering. Zum andern bieten sie anwendungsgerechte Technik ohne Kompromisse. Das bedeutet: hohe Drehzahl für beste Schnittqualität, hohe Leistung für zügiges Sägen auch härterer Hölzer oder das Trennen von Stahl, NE-Metallen, Stein und Keramik sowie praxisgerechte Formgebung mit optimaler Schwerpunktlage.

Wie schon bei Schlagbohrmaschinen sollten Sie sich befragen, welche Projekte Sie im Auge haben. Beschränken Sie sich auf den Bau kleinerer Möbel oder den normalen Innenausbau mit Nut- und Feder-Brettern, so genügt eine kleinere Handkreissäge. Stehen größere Projekte wie ein Dachausbau oder ein Hausumbau an, so sollten Sie zu einem stärkeren Gerät greifen.

Das erkennen Sie an der höheren Motorleistung, dem größeren Sägeblatt-Durchmesser und der entsprechend größeren Schnittiefe. Weitere Entscheidungskriterien sind dann z.B. ein Metallgetriebekasten für die exakte, langlebige Lagerung des Getriebes, eine stabile Bodenplatte und eine Anschlußmöglichkeit für die Spanabsaugung. Letzteres ist besonders beim Arbeiten in geschlossenen Räumen vorteilhaft, weil es Putzarbeit spart.

Eine weitere wichtige Frage ist, ob sich eine Handkreissäge problemlos in eine Tischkreissäge verwandeln läßt, denn stationär ist sie vielseitiger und vor allem präziser einzusetzen. Bei allen fünf AEG Kreissägen ist diese Möglichkeit gege-

ben. Außerdem sind sie ausnahmslos – auch das ist wichtig – mit hartmetallbestückten und mit Teflon beschichteten Sägeblättern ausgestattet. Damit sägen Sie zügig durch kunstharzverleimte Spanplatten, harte Importhölzer, kunststoffbeschichtete Werkstoffe und Kunststoffe. Für feinere Schnitte und spezielle Arbeiten bietet das AEG Zubehör-Programm eine breite Auswahl geeigneter Sägeblätter und Trennscheiben.
Um also die Frage nach der richtigen Wahl einer Handkreissäge endgültig zu beantworten: Auch hier ist es empfehlenswert, lieber eine Nummer größer zu kaufen! Dann können Sie später auch anspruchsvollere Arbeiten angehen, fortgesetzter Ärger über einen Gelegenheitskauf mit ungenügender Leistung kommt nicht auf – Sie sind für alle Fälle gerüstet!
Ähnliche Maßstäbe gilt es übrigens auch bei der Anschaffung eines Sägetischs anzulegen, der aus einer Handkreissäge ein Präzisionssägewerk macht. Diese Ausgabe lohnt sich auf lange Sicht nur dann, wenn alle Qualitätsmerkmale und Ausbaumöglichkeiten gegeben sind.
Was damit gemeint ist, erkennen Sie sehr schnell, wenn Sie sich einmal den Zusatztisch ZT-HKS ansehen, der zu allen AEG Handkreissägen paßt: Da ist zunächst einmal die massive, verwindungsfreie Tischplatte aus Aluminium-Druckguß mit Schwalbenschwanzführung für den Parallel- und Winkelanschlag erste Voraussetzung

Handkreissäge im Zusatztisch ZT-HKS

	Verwendungszweck
	**Großzahn, hartmetallbestückt** für kunstharzverleimte Hölzer, harte Importhölzer, Resopal-beschichtete Werkstoffe ab 10 mm Dicke, Hart- und Weichholz, beschichtet mit Teflon. Schnittgüte: grob.
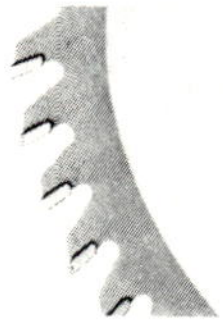	**Feinzahn, hartmetallbestückt** für kunstharzverleimte Hölzer, harte Importhölzer, Resopal-beschichtete Werkstoffe, glasfaserverstärkte und besonders harte Kunststoffe. NE-Metalle, Präzisions-Sägeblatt, plangeschliffener Blattkörper. Schnittgüte: feiner Schnitt.
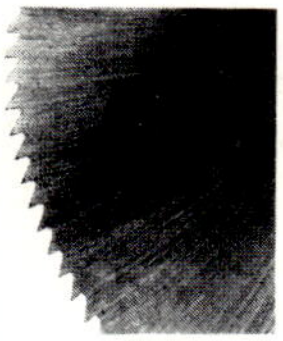	**Bogenzahn, hohlgeschliffen** für Kunststoffe, z. B. Novotex, Resitex, Resopal, Pertinax, Hostalit, Ultramid, Durethan, Bakelite, Vulkanfiber.
	**Spitzzahn** für Weichholz, Hartholz, Sperrholz, Hartfaser- und Spanplatten, beschichtet mit Teflon, Schnittgüte: sehr feiner Schnitt.
	**Wolfszahn** für Weichholz, Hartholz, Sperrholz, Hartfaser- und Spanplatten, beschichtet mit Teflon, Schnittgüte: mittel.
	**Wanknutsägeblatt** hartmetallbestückt, rückschlagsicher, speziell zum Zinken- und Nutenfräsen geeignet, beschichtet mit Teflon **nur in Verbindung mit Wanknuteinrichtung einsetzbar**
	**Trennscheiben für Stahl und Stein** dafür Trennflansche erforderlich

Welches Sägeblatt für welche Arbeit?
Die Tabelle gibt Auskunft

Klebestreifen verhindern Aussplittern von beschichteten Platten

zung für einen präzisen Schnitt. Dann sind die stabilen Stahlrohrbeine beachtenswert, weil sie sich schnell abbauen lassen, wenn das Sägewerk platzsparend transportiert oder verstaut werden soll.

Der Zusatztisch ZT-HKS läßt sich mit einer weiteren Tischplatte und entsprechenden Befestigungsteilen ausbauen. Dadurch verdoppelt sich die Tischfläche, was das Sägen großer Werkstücke erleichtert, und es kann ein zweites Elektrowerkzeug wie z. B. eine Oberfräse parallel eingebaut und verwendet werden. Auf diese Art erhalten Sie ein richtiges Holzbearbeitungs-Center!

Eine größere Arbeitsfläche entsteht übrigens auch dadurch, daß Sie links und rechts des Sägetischs den dafür vorgesehenen Auflagerahmen aus dem AEG Zubehör montieren. Dadurch wird vor allen Dingen das Bearbeiten größerer Platten sicherer, weil sie nicht mehr so leicht verkanten können.

Gehrungsschnitt mit Parallelanschlag

Apropos Sicherheit: Der Sägetisch ZT-HKS von AEG hat, wie auch der Zusatztisch ZT-HKL, eine transparente Sicherheits-Schutzhaube. Und ein Unterspannungsrelais UR, mit dem Sie Ihre Kreissäge nicht nur per Knopfdruck ein- und ausschalten können, sondern das auch verhindert, daß nach einem Stromausfall die Säge unbeabsichtigt wieder anläuft.

Zum Thema Sicherheit sollten Sie dann noch folgendes wissen:

Handkreissägen und Tischkreissägen können ein gefährliches Instrument sein, wenn der Hersteller aus Gründen einer billigeren Fertigung wesentliche Sicherheitsvorkehrungen wegläßt. Bis vor kurzem brauchten bei Kreissägen für Heimwerker die strengen Sicherheitsvorschriften, wie sie die Berufsgenossenschaft Holz für gewerbliche Geräte vorschreibt, nicht beachtet zu werden. Erst das Maschinenschutzgesetz hat die Anwendung dieser Vorschriften auch auf den privaten Bereich ausgedehnt. Allerdings wird eine Nachrüstung auf den heute geforderten Sicherheitsstandard durch den Hersteller nicht verlangt, und so werden weiterhin von Heimwerkern bereits früher erworbene, nicht einwandfreie Geräte verwendet.

Wer allerdings früher eine AEG Hand- oder Tischkreissäge angeschafft hat, darf beruhigt sein. Denn von Anfang an und vor Einführung des Maschinenschutzgesetzes hat AEG auch bei Heimwerkergeräten – und das nicht nur bei den Sägen – die Vorschriften der Berufsgenossenschaften grundsätzlich berücksichtigt. Und jedes neue Heimwerkergerät der AEG wurde und wird als Typ der zuständigen Stelle zur Begutachtung und Freigabe vorgelegt.

Die besten Sicherheitsvorkehrungen seitens des Herstellers nützen allerdings wenig, wenn der Verwender diese nicht oder nicht ausreichend beachtet oder gar Schutzvorrichtungen aus Bequemlichkeit ganz oder teilweise wegläßt. Daß der ständige Umgang mit der Gefahr leichtsinnig machen kann, können Sie an den Händen mancher Schreiner ablesen ... Sie sollten deshalb die vorgeschriebenen Schutzvorrichtungen nie entfernen und die besonderen Hinweise beachten, die den Funktionsbeschreibungen der Maschinen beiliegen.

Wesentlichster Teil aller Sicherheitsvorkehrungen bei Kreissägen ist eine einwandfreie und verläßliche Abdeckung des Sägeblatts. In dem Bereich, in dem mit dem Sägeblatt nicht gearbeitet wird (also außerhalb des Schnittbereichs des Sägeblatts), ist das ein leicht zu lösendes konstruktives Problem, vorausgesetzt, es werden bestimmte Materialqualitäten und -stärken bei der Abdeckung eingehalten.

Kritisch wird es in dem Bereich, in dem das Sägeblatt schneidet. Hier muß eine Schutzvorrichtung vorhanden sein, die das Sägeblatt zuverlässig abdeckt, wenn nicht gearbeitet wird, also auch dann, wenn das (noch) laufende Gerät abgelegt wird. Die Schutzvorrichtung darf sich also auch nicht ungewollt öffnen, wenn die Handkreissäge auf ihr abgestellt wird.

Um diese Sicherheit zu erreichen, sind Handkreissägen mit einer Pendelschutzhaube ausgerüstet. Sie heißt so, weil sie mittig zur Sägeblattachse aufgehängt ist, um diese Achse pendeln kann, aber – durch eine Feder gehalten – das Sägeblatt im Ruhebetrieb fast völlig abdeckt. Beim Sägen wird die Pendelschutzhaube durch das Werkstück um die Achse gedreht, dann gibt sie das Sägeblatt in der Schnittiefe frei.

Damit auch im Eintauchverfahren geschnitten werden kann, besitzt die Pendelschutzhaube einen Bedienungshebel. Mit seiner Hilfe kann das Sägeblatt von Hand freigegeben werden.

Jede Kreissäge – Handkreissägen und Tischkreissägen – müssen einen Spaltkeil besitzen. Er erleichtert einerseits das fluchtgerechte Führen des Werkstücks am Anriß, dient im wesentlichen aber dazu, ein Schließen des Schnitts hinter dem Sägeblatt zu verhindern. Dies würde zum Klemmen zwischen Werkstück und Sägeblatt führen. Als Folge davon würde das Werkstück hochgeschleudert, der Bedienende dadurch gefährdet. Der Spaltkeil muß in seiner Breite der Schnittstärke des Sägeblatts entsprechen.

Die Spaltkeile von Hand- und Tischkreissägen müssen nachstellbar sein. Die Einstellung hat nach den Vorschriften so zu erfolgen, daß der Abstand zwischen dem Innenbogen des Spaltkeils und den Zahnspitzen des Sägeblatts maximal 5 mm beträgt und daß der Radius des Sägeblatts nicht mehr als ca. 3 mm über den Spaltkeil vorsteht. Der Spaltkeil muß so weit nachstellbar sein, daß den vorstehenden Forderungen auch noch entsprochen werden kann, wenn das Sägeblatt um 20% seines ursprünglichen Durchmessers nachgeschärft wurde.

Bei Tischkreissägen ist darüber hinaus ein sogenannter Handschutz vorgeschrieben. Er verlängert den Schutz durch den Spaltkeil über das Sägeblatt. Der Abstand zwischen Sägeblatt und Handschutz soll nicht größer als 5 mm sein. Beim Nuten und Zinken muß der Spaltkeil und Handschutz nach hinten weggeklappt werden. Beim Nuten übernimmt das Werkstück die Schutzfunktion, beim Zinken der Schutztunnel der Zinkenfräseinrichtung.

Tischkreissägen müssen ferner eine Tischeinlage haben, die beidseitig das Sägeblatt möglichst nahe abdeckt. Dies wird verlangt, damit zum Beispiel beim Besäumen keine Splitter oder schmalen Abschnitte zwischen Sägeblatt und Aussparung geraten und durch das Sägeblatt weggeschleudert werden können.

Die Tischeinlage mit schmalem Schlitz muß beim Nuten und Zinken durch eine Wanknut-Tischeinlage mit breiterem Schlitz ersetzt werden.

Und hier noch einige Tips zur Sicherheit bei Hand- und Tischkreissägen:

- Verwenden Sie keine Sägeblätter mit Rissen oder gar solche, die ihre Form verändert haben.
- Entfernen Sie nie den Spaltkeil, ausgenommen beim Sägen nach dem Eintauchprinzip (darauf kommen wir später noch zurück).
- Wenn Sie mit der Tischkreissäge Werkstücke schneiden, die schmäler als 80 mm sind, ist grundsätzlich ein Schiebestock zu verwenden.

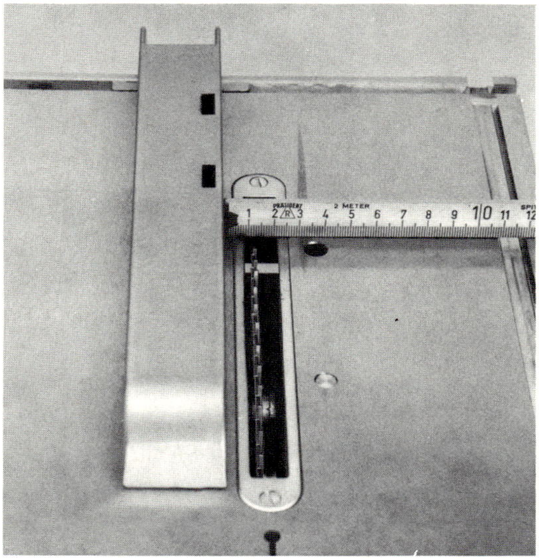

Wanknuten nur mit breitem Tischschlitz

- Rundholz muß beiderseits des Sägeblatts gegen Verdrehen gesichert werden.
- Bremsen Sie das Sägeblatt nach dem Ausschalten nie durch seitliches Gegendrücken mit irgendwelchen Gegenständen ab.
- Klemmen Sie die Pendelhauben nie mit irgendwelchen Hilfsmitteln fest. Achten Sie außerdem darauf, daß Sägespäne regelmäßig entfernt werden, damit die Schutzhauben nicht klemmen können.

Sägen will gelernt sein!

Das gilt in erster Linie, wenn Sie mit irgendeiner Handsäge arbeiten. Denn dabei müssen Sie nicht nur Kraft aufbringen, sondern die Säge auch richtig und mit Gefühl führen.

Bei einer motorgetriebenen Hand- oder Tischkreissäge wird es da schon wesentlich leichter. Die erforderliche Leistung bringt der Antriebsmotor, Sie müssen nur noch möglichst genau führen. Dafür einige Hinweise:

Stellen Sie die Schnittiefe so ein, daß das Sägeblatt nur mit den Zahnspitzen über das Werkstück hinausragt. Das sind maximal 3 mm. Das beeinflußt die Schnittqualität wesentlich, insbesondere an der Oberfläche des Werkstücks. Die Handkreissägen besitzen zur Einstellung der Schnittiefe eine Flügelschraube. Sie wird gelöst, die Tiefe am Werkstück eingestellt und die Flügelschraube wieder festgezogen.

Wenn Sie Schichtstoffplatten oder mit Kunststoff beschichtete Platten sägen, brechen diese an den Kanten leicht aus. Auch wenn das richtige und gut geschärfte Sägeblatt verwendet wird. Achten Sie deshalb darauf, daß – im Gegensatz zur sonstigen Handhabung – die größtmögliche Schnittiefe eingestellt ist. Die glatte Oberseite der Schichtstoffplatte muß nach oben liegen. Und überkleben Sie die Schnittlinie mit Tesafilm.

Ablängen und Kürzen

Ablängen heißt: von einem größeren Stück Material ein Werkstück mit einer bestimmten Länge oder Breite abtrennen. Dieses Verfahren wird also nicht nur angewendet, um ein Stück Brett, Riemen, Diele oder dergleichen mit einer bestimmten Länge herzustellen, mit der gleichen Technik schneidet man auch aus breiteren Materialien Leisten oder Streifen.

Kürzen wiederum bedeutet, daß ein Werkstück auf ein bestimmtes Maß gekürzt wird. In gleicher Weise geht man vor, wenn ein breiteres Werkstück, zum Beispiel aus Sperrholz, Tischlerplatte oder dergleichen, auf eine bestimmte Breite geschnitten werden soll.

Wenn es beim Ablängen oder Kürzen nicht auf hundertprozentige Genauigkeit ankommt, genügt es, die gewünschte Schnittlinie anzureißen und ohne Anschlag, also freihändig zu sägen. In vielen anderen Fällen wird aber eine genaue Länge oder Breite des Werkstücks gefordert. Vielleicht müssen sogar mehrere oder viele Teile exakt gleicher Länge oder Breite hergestellt werden. Oder: Der Schnitt soll absolut gerade und parallel zur Kante sein. In einem solchen Fall hilft dann nur ein Parallelanschlag. Er dient dazu, die Maschine oder das Werkstück genau parallel zu einer Kante zu führen.

Einen Parallelanschlag besitzen sowohl die Handkreissägen als auch die Tischkreissägen des AEG Heimwerkerprogramms. Wichtig bei einem solchen Anschlag ist, daß er genau parallel zum Sägeblatt liegt. Denn sonst klemmt das Werkstück zwischen Anschlag und Sägeblatt. Die deshalb erforderliche Genauigkeit kann aber nur mit einer hohen Fertigungsqualität erreicht werden.

Der Parallelanschlag wird so in die Führung am Sägetisch der Handkreissäge eingesetzt, daß die Anschlagschiene nach unten zeigt. Nachdem man die gewünschte Schnittbreite eingestellt hat, wird der Anschlag festgezogen. Bei AEG Handkreissägen geschieht dies mit Flügelschrauben. Man braucht also kein Werkzeug.

Beim Einstellen der Schnittbreite muß man nun zwischen Ablängen und Kürzen unterscheiden. AEG Handkreissägen besitzen einen Schnittanzeiger, das ist ein Einschnitt an der Vorderkante des Sägetischs. Beim Sägen nach Anriß fährt man mit dem Schnittanzeiger entlang der angezeichneten Linie, wobei man darauf achten muß, daß der Sägeschnitt auf der richtigen Seite der Anrißlinie liegt. Gleiches gilt auch für das Sägen mit dem Parallelanschlag.

Beim Ablängen wird das gewünschte Maß zwischen Parallelanschlag und der rechten Kante des Schnittanzeigers eingestellt.

Bei den Handkreissägen ist die Führungsstange des Parallelanschlags mit einer Skala versehen, an der die Einstellung abgelesen werden kann.

Bei den Tischkreissägen wird das gewünschte Maß mit dem Meterstab eingestellt. Beim Ablängen oder Schneiden von Streifen mißt man zwischen Sägeblatt und Parallelanschlag. Beim Kürzen, das eigentlich kaum vorkommen wird, wäre dann von Parallelanschlag bis einschließlich Sägeblatt zu messen.

Bei den AEG Zusatztischen wird zum Parallelanschlag eine Anschlagleiste mitgeliefert. Sie ist eine Sicherheitseinrichtung und wird beim Ablängen mehrerer gleicher Teile verwendet. Normalerweise geht man dabei so vor, daß man ein Teil nach dem anderen ablängt, ohne diese zwischendurch vom Sägetisch zu entfernen. Es wäre ja auch zu gefährlich, zwischen Parallelanschlag und dem laufenden Sägeblatt das Werkstück herauszufingern. Und die Säge jedesmal auszuschalten und auslaufen zu lassen, kostet zu viel Zeit. Deshalb schiebt man die abgelängten Stükke einfach zwischen Sägeblatt und Anschlag weiter. Dabei besteht dann allerdings die Gefahr, daß sie vom Sägeblatt weggeschleudert werden. Dies verhindert die Anschlagleiste. Was aber tun, wenn die am Parallelanschlag einstellbare Breite nicht ausreicht?

Spannen Sie eine Leiste oder ein Brett mit einer geraden Kante mit Hilfe von zwei Schraubzwingen auf dem Werkstück fest und führen Sie die Handkreissäge mit dem Sägetisch entlang der Brettkante.

Beim Ablängen muß dabei der Abstand der Führungskante des Bretts von der Werkstückkante so gewählt werden, daß er der gewünschten Länge des Werkstücks abzüglich des Abstands von der Kante des Sägetischs bis zum Sägeblatt entspricht. Beim Kürzen muß die Führungsleiste um die Stärke des Sägeschnitts in Richtung Werkstückkante verschoben werden.

Am Rande sei noch darauf hingewiesen, daß es bei diesem Vorgehen einfacher und sicherer ist, abzulängen. Denn dabei ist auf jeden Fall eine genaue Führung parallel zur Werkstückkante gewährleistet; vorausgesetzt, daß die Führungsleiste exakt parallel festgespannt wurde. Sollte die Säge durch Unachtsamkeit dabei doch einmal von der Führungskante weglaufen, dann wird der Schnitt nicht ins Werkstück, sondern in das abfallende Material laufen. Beim Kürzen dagegen kann bei ungenauer Führung das Werkstück beschädigt oder sogar unbrauchbar werden.

Gehrungen

Sie zählten früher zu den gebräuchlichsten Eckverbindungen. Die Handwerker setzten ihren Ehrgeiz darein, haltbare und schöne Gehrungen insbesondere dann zu schaffen, wenn Naturholz verwendet wurde. Seit der Einführung von Deckfurnieren begnügt man sich meistens mit einfacheren Eckverbindungen und ahmt die nicht vorhandene Gehrung wenigstens im Furnier nach. Dabei können handwerklich einwandfreie Gehrungen mit Maschinen einfach hergestellt wer-

Bei längeren Schnitten Hilfsanschlag verwenden

Kontrolle eines Gehrungsschnittes

Genagelte Gehrung

den, auch mit Heimwerkergeräten. Wie das geht, wollen wir in diesem Kapitel behandeln. Wir beginnen dabei mit der einfachsten Form: einer stumpfen Gehrung. Bei Hirnholz ist diese Art auch bei Verwendung hochwertiger Leime nur bedingt belastbar. Man wird sie deshalb in den meisten Fällen noch versenkt nageln.

Mit der geringen Belastbarkeit wurde man auch schon früher konfrontiert und hat deshalb verschiedene Varianten mit größerer Haltbarkeit entwickelt: die Gehrung mit eingeleimter Feder für Kästen und den Rahmen mit eingeleimter Feder.

Als Kasten bezeichnet man übrigens eine Eckverbindung, deren Tiefe relativ groß ist; als Rahmen eine relativ flache Verbindung.

Gehrungen für Kästen werden wir normalerweise mit der Handkreissäge schneiden.

Alle AEG Handkreissägen besitzen sämtlich eine Schrägschnitteinrichtung, die bis zu einem Winkel von 45° einstellbar ist.

Ehe Sie die Gehrungen schneiden, sollten Sie auf jeden Fall einen Probeschnitt machen. Verwenden Sie dazu ein Stück Abfallmaterial, das etwa so stark und so breit wie das eigentliche Werkstück ist. Stoßen Sie die beiden Abschnitte um 180° gedreht gegeneinander. Jetzt können Sie kontrollieren, ob die beiden Schnittflächen satt aneinander liegen – dann stimmt der Gehrungswinkel, und ob die Kanten fluchten – dann ist die Parallelführung einwandfrei.

Wenn irgend möglich, sollten Sie die Kastenober- und -unterteile bzw. -seiten immer paarweise beidseitig auf Gehrung schneiden. Dazu werden die Stücke entweder zusammengeheftet, oder eine breitere Platte wird geteilt, nachdem sie auf Gehrung abgelängt ist. Nach dem letzteren Verfahren können Sie sogar dann mehrere, maßlich identische Kästen bauen.

Achten Sie auf jeden Fall darauf, daß der Parallelanschlag an der Werkstückkante fest anliegt und daß diese Kante genau lotrecht zur Vorderkante ist, sonst wird der Gehrungswinkel nicht stimmen. Eine verkorkste Gehrung ist weder durch Hobeln oder Schleifen zu korrigieren. Diese Rettungsversuche machen es meist nur noch schlimmer. Deshalb sollte sorgfältig eingestellt und gesägt werden.

Fachgerechter ist eine solche Kastenverbindung mit einer eingeleimten Feder aus Buchensperrholz von ca. 4 bis 5 mm Stärke. Die Breite der Feder soll ungefähr der Stärke der Kastenwände entsprechen. Und: Die Feder wird in die Mitte der Gehrung eingesetzt.

Die erforderliche Nut in der Gehrung – genau senkrecht zu dieser – wird mit dem Wanknutsägeblatt hergestellt.

Gefederte Gehrung

Nut für Gehrungsfeder sägen

Präzises Gehrungsnuten mit Hilfs- und Parallelanschlag

Gehrung an einem Rahmen sägen

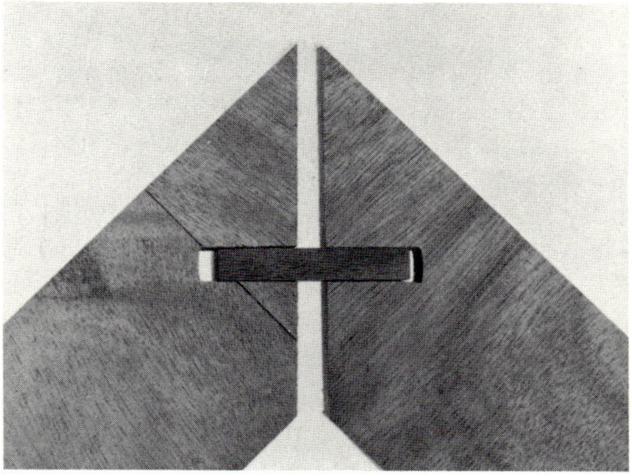

So muß die Feder passen

Bei größeren Kastenabmessungen werden Sie wegen der einfacheren Handhabung die Nut mit der Handkreissäge herstellen. Dazu werden die zusammengehörenden Gehrungsteile fluchtgerecht nebeneinander gelegt und miteinander verspannt. Die Führung der Handkreissäge übernimmt ein Richtscheit. Stellen Sie es genau parallel zur scharfen Kante der Gehrung ein. Die Schnittiefe wird auf halbe Materialstärke eingestellt. Achten Sie darauf, daß die Säge exakt am Richtscheit geführt wird.
Verwenden Sie auf jeden Fall einen Stützklotz, der mit einem Winkel von 45° gesägt und auf den Kreissägetisch gespannt ist. Dann kann das Werkstück nicht nach unten kippen, und so ist dann auch gewährleistet, daß die Nut senkrecht zur Gehrung steht.
Gehrungen für Rahmen werden mit der Tischkreissäge hergestellt. Dazu wird am Winkelanschlag ein Winkel von exakt 45° eingestellt.

Vier Nuten werden auf einmal gesägt

Überprüfen Sie die Einstellung durch einen Probeschnitt und das früher beschriebene Kontrollverfahren.
Auch hier sollten Sie jeweils Ober- und Unterteil bzw. die beiden Seitenteile zusammen schneiden.
Auch im Rahmenbau ist es üblich, die Verbindung des Rahmens durch eine eingeleimte Feder zu verbessern, die ebenfalls aus 4 bis 5 mm starkem Buchensperrholz besteht.
Beim Fräsen der Nut mit der Wanknuteinrichtung müssen Sie auf jeden Fall darauf achten, daß immer die gleiche Seite der Rahmenteile am Parallelanschlag anliegt – also entweder die Vorder- oder die Rückseite. Nur dann erzielen Sie beim Zusammenleimen plane Rahmenflächen.

Nuten und Falzen

Beide Verfahren sind aus der Holzbearbeitung nicht wegzudenken. Lange Zeit schien es, als würden diese alten Techniken durch die Großserienfertigung völlig verdrängt werden. Doch sie erleben eine Renaissance. Ein geübter Fachmann ist heute noch durchaus in der Lage, mit Handwerkzeugen Nuten oder Falze auszuführen, dem Heimwerker können diese Techniken jedoch nur mit der entsprechenden Maschineneinrichtung einwandfrei gelingen.
Als Nut bezeichnet man einen rinnenförmigen Einschnitt; ein Falz ist an der Kante eines Werkstücks angeordnet und bildet dort gewissermaßen eine Treppenstufe. Eine gängige und handwerklich schöne Rahmenverbindung für Kästen,

Schubladen und ähnliches entsteht aus der Verbindung von Nut und Falz. In diesem Fall bezeichnet man den Falz als „Feder" und die Eckverbindung als „stumpf zusammengefedert". Aber über Holzverbindungen an anderer Stelle mehr.

Wanknuten auf der Tischkreissäge

Nut ablängen: ein Falz entsteht

Die Werkzeuge zum Nuten und Falzen

Zum Nuten und Falzen stehen aus dem AEG Heimwerkerprogramm die verschiedensten Werkzeuge zur Verfügung.

So sieht eine Wanknuteinrichtung aus: Die Spannflansche des Sägeblatts sind auf der Außenseite schräg zur Innenseite geneigt. Die Innenflächen der Gegenflansche weisen die gleiche Schräge auf. Flansch und Gegenflansch können gegeneinander verdreht und dann arretiert werden. Je nach Stellung addieren sich die Neigungen oder heben sich auf. In ersterem Fall läuft das Sägeblatt nicht eben, es wankt.

Damit die gewünschte Nutbreite eingestellt werden kann, muß zuerst die Wanknuteinrichtung gelöst werden.

Jetzt stellen Sie die gewünschte Nutbreite ein, indem Sie die äußere Spannscheibe verdrehen. Die Wanknuteinrichtungen der AEG Motorkreissägen haben 10 Teilstriche zu je etwa 1 mm; die maximale Nutbreite ist ca. 10 mm. Fachgerecht wählt man bei einer stumpf gefederten Verbindung die Nutbreite gleich der halben Materialstärke.

Spezialsägeblatt mit Spantiefenbegrenzung und Wanknuteinrichtung

Achten Sie darauf, daß die Wanknuteinrichtung in die Mitnehmer einrastet, und ziehen Sie gut fest. Nun muß die Wanknut-Tischeinlage auf dem Sägetisch montiert werden. Dann ist die Nuttiefe einzustellen. Sie soll bei einer stumpf gefederten Verbindung gleich der Nutbreite sein, also der halben Materialstärke entsprechen.

Achten Sie bei der Nutbreite und -tiefe auf die Einhaltung dieser Regel, denn nur so kommt eine einwandfreie Verbindung zustande.

Wenn eine stumpf gefederte Eckverbindung hergestellt werden soll, stellen Sie den Parallelanschlag so ein, daß der Abstand zum Sägeblatt 0,5 bis 1 mm größer ist als die halbe Materialstärke. Den Überstand schleifen Sie dann nach dem Verleimen und Trocknen ab. Das ist besser, als wenn Sie hinterher feststellen, daß das Material etwas zurücksteht, denn das zu korrigieren, ist fast unmöglich.

Stumpf genutete Verbindung

So sieht die Fingerzapfen-Verbindung aus

Machen Sie einen Probeschnitt mit einem Stück Abfallholz gleicher Stärke wie das Werkstück. Kontrollieren Sie daran die Nutbreite und -tiefe sowie deren Abstand von der Werkstückkante. Korrigieren Sie erforderlichenfalls die Einstellung sorgfältig; nur so können Sie hinterher mit einem zufriedenstellenden Ergebnis rechnen. Jetzt können Sie die Werkstücke nuten. Gemeint sind hier die Seitenteile des Kastens oder Rahmens. Das Gegenstück zur Nut, der Falz bzw. die Feder, wird in die oberen und unteren Rahmenteile gesägt.

Beim Ablängen dieser Teile müssen Sie darauf achten, daß sie um eine Materialstärke länger als das Innenmaß des Kastens oder Rahmens sind. Wenn alle Teile genutet sind, stellen Sie die Wanknuteinrichtung wieder auf die Stellung 0 und setzen Sie die schmale Tischeinlage ein.

Nun werden die Schnittiefe auf die volle Materialstärke und der Parallelanschlag so eingestellt, daß das Maß von Außenkante Sägeblatt bis zum Anschlag der halben Materialstärke entspricht. Überprüfen Sie die Einstellung durch einen Probeschnitt. Dann können Ober- und Unterteil gekürzt werden: Die Nut wird zur Feder.

So sieht die fertige Verbindung dann aus: stumpf gefedert. Nun brauchen Sie den Überstand der Seitenteile nur noch zu verschleifen.

Obwohl das Nuten und Falzen vorstehend mit der Tischkreissäge dargestellt wurde, kann es genausogut mit der Handkreissäge ausgeführt werden. Man wird die Tischkreissäge dann einsetzen, wenn die Abmessungen des Werkstücks es zulassen.

Bei größeren Abmessungen aber ist es einfacher, die Handkreissäge zu verwenden. Was vorstehend zum richtigen Einsatz der Tischkreissäge gesagt wurde, ist sinngemäß auch auf die Bedienung der Handkreissäge zu übertragen.

Fingerzapfen

Eine Eckverbindung mit besonders großer Haltbarkeit und gutem, handwerklichem Aussehen ist die mit Fingerzapfen, auch Zinken genannt. Früher wurde diese Verbindung vor allem für Schubladen angewandt.

Fingerzapfen lassen sich zwar auch mit Handwerkzeugen herstellen, das erfordert jedoch außergewöhnliches handwerkliches Können. Einfacher geht es mit der Zinkenfräsvorrichtung zu den AEG-Tischkreissägen.

Bauen Sie also die Tischkreissäge auf. Der Parallelanschlag wird weggelassen. Auf den Winkelanschlag, der auf 0 Grad einzustellen ist, wird die Zinkeinrichtung aufgesetzt. Diese besitzt einen Schutztunnel, der das Sägeblatt abdeckt. Und ei-

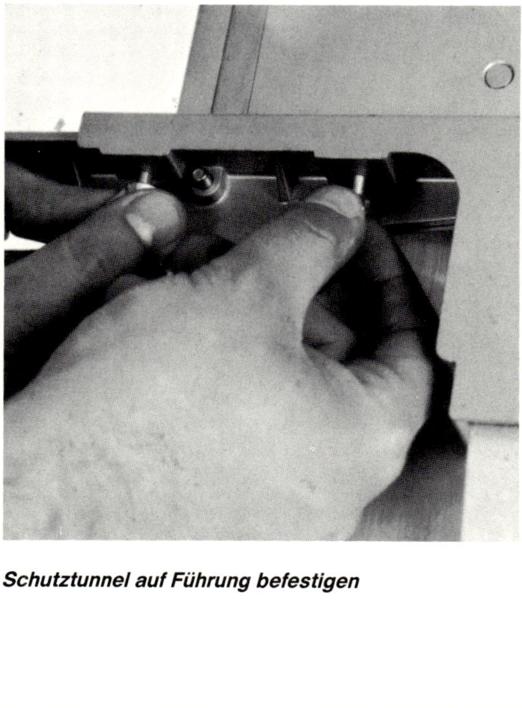

Schutztunnel auf Führung befestigen

ne Klappe, die in den Sägetisch einhakt und so verhindert, daß die Zinkeinrichtung zu weit vorgeschoben wird und deshalb das Sägeblatt freigibt.

Stellen Sie jetzt die Nutbreite an der Wanknuteinrichtung so ein, daß gleich breite Zapfen entstehen, und nicht an einer Kante des Werkstücks ein schmälerer Zapfen übrigbleibt. Wenn Sie also die

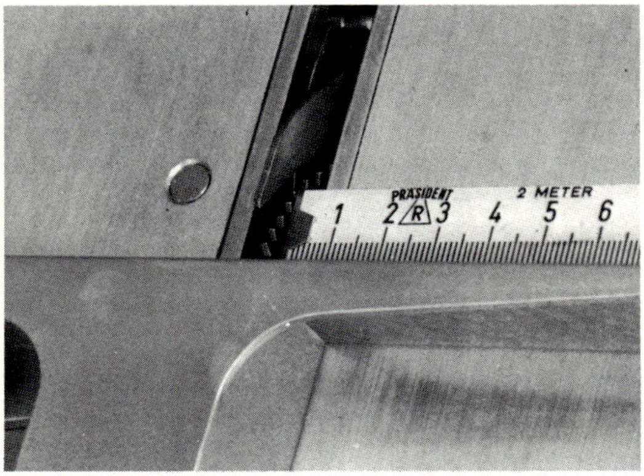

Schutztunnel über dem Sägeblatt einstellen

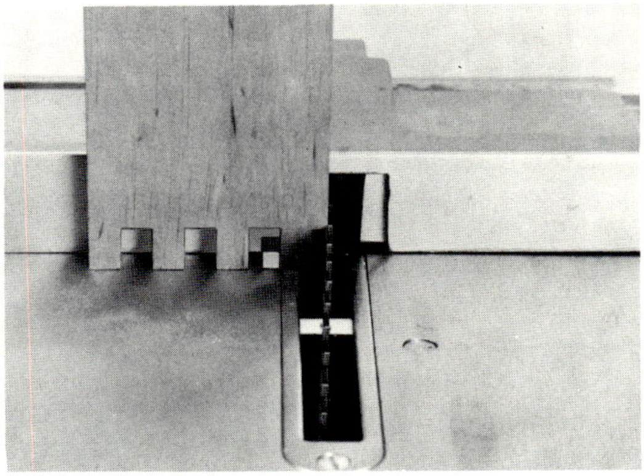

Die letzte Nut am ersten Werkstück

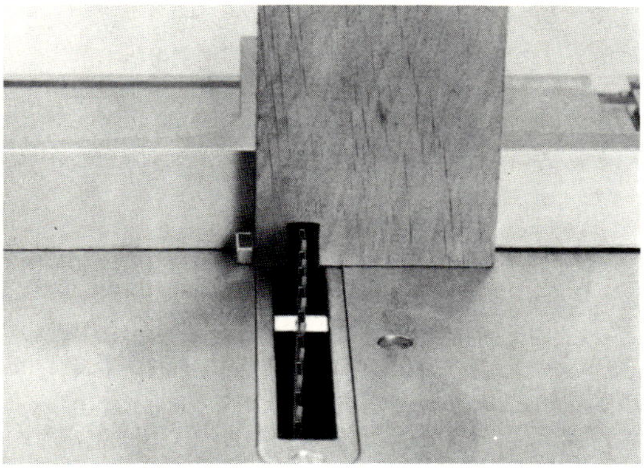

So beginnt das Fingerzapfen-Zinken

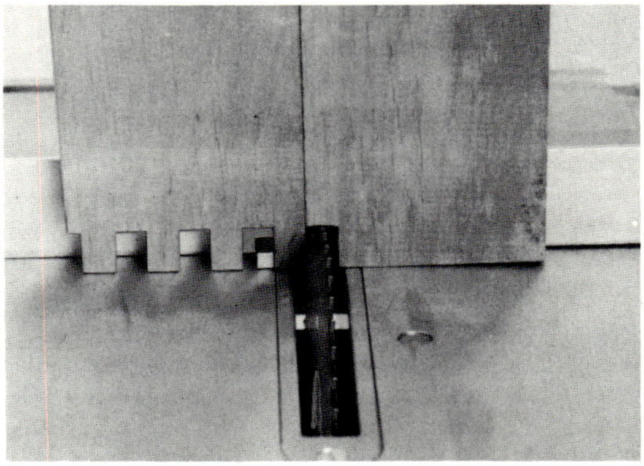

Die erste Nut am zweiten Werkstück

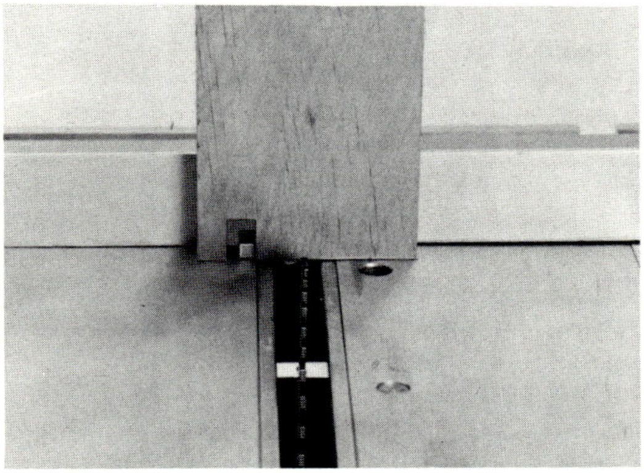

Die zweite Nut wird gefräst

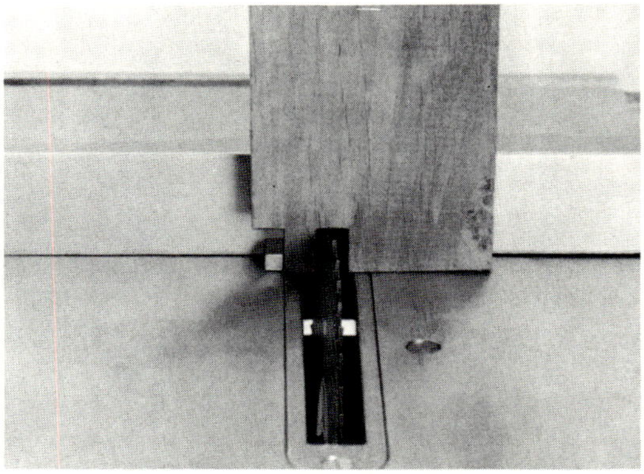

Das zweite Werkstück wird genutet

Fingerzapfenverbindung besonders fachmännisch ausführen wollen, dann stellen Sie die Nut- und Zapfenbreite so ein, daß sich eine ungeradzahlige, aber ganze Teilung der Werkstückbreite ergibt. Das ist zwar etwas komplizierter, andererseits aber auch handwerksgerechter.
Und nun wird die Zinkeinrichtung so eingestellt, daß der Abstand vom Sägeblatt zur linken Flanke der Zinknase der Nutbreite entspricht. Ziehen Sie beide Flügelschrauben der Zinkeinrichtung gut fest.
Kontrollieren Sie mit einem Abfallstück gleicher Stärke die Einstellung und korrigieren Sie sorgfältig die Breite und Tiefe der Nut und die Breite der Zapfen.
Das Werkstück wird dann mit einer Kante an die Zinknase angelegt und die erste Nut geschnitten. Schieben Sie das Werkstück zügig, aber nicht zu schnell durch. Das Wanknutsägeblatt sollte außerdem gut geschliffen sein. Dann erzielen Sie auch ein einwandfreies Ergebnis, dann splittert das Holz nicht an den Kanten der Zapfen bzw. Nuten.
Jetzt wird die Flanke der ersten Nut an die Zinknase angelegt und die zweite Nut geschnitten usw., bis das Werkstück auf die ganze Breite genutet ist.
Drehen Sie das fertig gezinkte Werkstück um die senkrechte Achse und legen Sie die Innenflanke des ersten Zapfens gegen die Zinknase.
Nun wird das Gegenstück dicht an das erste Werkstück angestoßen und in dieser Stellung die erste Nut geschnitten.
Jetzt können Sie das fertig gezinkte Werkstück auf die Seite legen, denn nun wird das zweite Stück weitergezinkt.
Legen Sie die Flanke des ersten Zapfens an die Zinknase an und schneiden Sie die zweite Nut. Und so weiter, bis das Gegenstück fertig gezinkt ist.
Kennzeichnen Sie auf jeden Fall die Teile nach Zusammengehörigkeit. Sonst erleben Sie beim Montieren unangenehme Überraschungen!

Stichsägen

Solange es beim Sägen strikt geradeaus geht, ist eine Kreissäge das Elektrowerkzeug der Wahl. Was aber, wenn's um Ecken und Kurven zu sägen gilt oder gar ein Ausschnitt hergestellt werden soll? Dieses Problem hat vor ungefähr

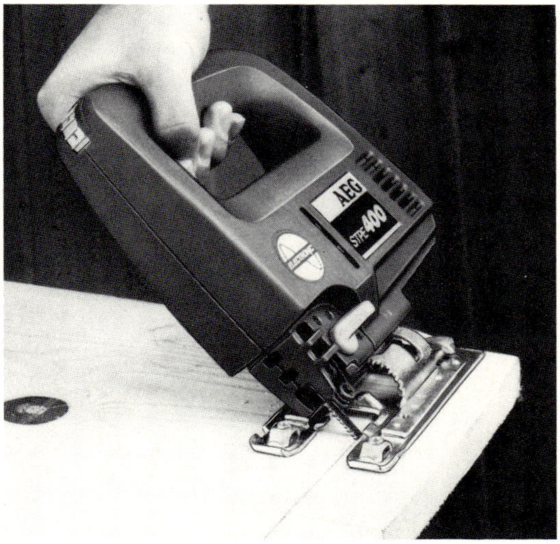

Gehrungsschnitt mit einer Stichsäge

30 Jahren ein findiger Kopf gelöst, der ein Sägeblatt in eine Nähmaschine einspannte und damit den Prototyp einer Stichsäge schuf.
Seit dieser Pioniertat ist viel Fortschritt ins Land gegangen, Stichsägen haben sich zu modernen und insbesondere von Heimwerkern hochgeschätzten Elektrowerkzeugen gemausert. Dank eines umfangreichen Angebots spezieller Sägeblätter können mit Stichsägen nicht nur die verschiedensten Holzarten, sondern auch NE-Metalle, Stahl, Kunststoff, Keramik und Textilien gesägt bzw. geschnitten werden. Und sogar zum Feilen und Raspeln eignen sie sich.
Für die technischen Varianten, die heute angeboten werden, ist das AEG Stichsägen-Programm weitgehend repräsentativ. Mit vier Modellen umfaßt es eine Ein-Gang-Stichsäge ebenso wie Elektronic-Stichsägen, deren Hubzahl über einen extrabreiten Bereich stufenlos zu regeln ist. Allen gemeinsam ist die beidseitig um bis zu 45° schwenkbare und verschiebbare, stabile Bodenplatte, eine nadelgelagerte, nachstellbare Stützrolle, die das Sägeblatt exakt und sicher führt, und die Spanblasvorrichtung für freie Sicht auf die Sägestelle.
Aufbauend auf diesen Standards, haben Sie die Wahl zwischen Stichsägen mit Anschluß für Staubabsaugung, triaxiale Sägeblattaufnahme und Schnittstellenbeleuchtung und leistungsstärkeren Modellen mit Elektronik und dreistufig verstellbarem Pendelhub.

Stichsäge mit Spanabsaugung

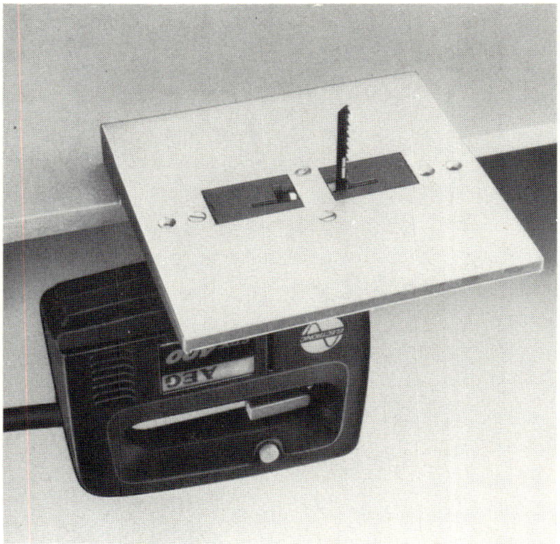

Zusatztisch erlaubt beidhändiges Sägen

Eine Anschlußmöglichkeit für Staubsauger ist Ihnen dann von Nutzen, wenn Sie öfters in Wohnräumen sägen oder sich generell Putzarbeit sparen wollen.
Mit der triaxialen Sägeblattaufnahme können Sie auch quer zur Maschine sägen, also z. B. durch Wellenmaterial. Die Schnittstellenbeleuchtung erklärt sich wohl von selbst!
Eine leistungsfähige Elektronik brauchen Sie, wenn Sie nicht nur Holz, sondern auch andere, härtere Materialien sägen wollen.
Und der Pendelhub ist schließlich eine feine Sache, wenn Sie mühelos und zügig durch Dickes und Dünnes vorwärtskommen wollen.

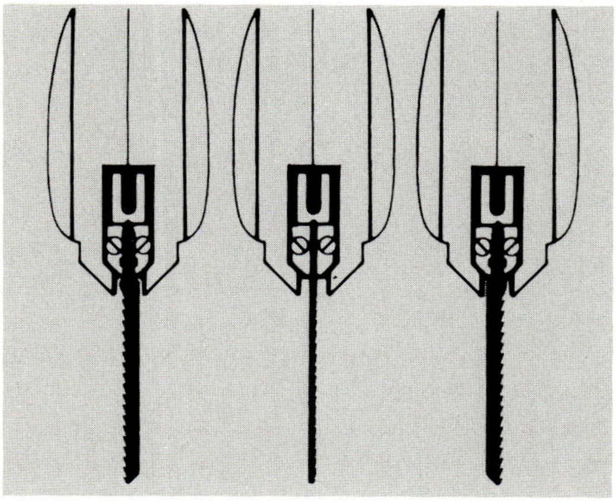

Tri-axiale Sägeblattaufnahme (STSE 250, STS 250)

Die Erklärung für die um bis zu 100% höhere Schnittleistung ist die Tatsache, daß Stichsägen nur bei der Aufwärtsbewegung ins Material eingreifen. Wird der in drei Stufen regulierbare Pendelhub eingeschaltet, so schwingt das Sägeblatt bei der Abwärtsbewegung zurück, was die Reibung herabsetzt, das Sägeblatt schont und das Sägen wesentlich beschleunigt.
Der kombinierte Parallelanschlag und Kreisschneider ist bei Kreis- oder längeren Geradeausschnitten von Vorteil, denn es braucht schon viel Fingerspitzengefühl und Übung, um mit einer Stichsäge nicht von der vorgezeichneten Linie abzukommen. Wo die Maße des Parallelanschlags nicht ausreichen, sollte man deshalb auch immer einen Hilfsanschlag verwenden.
Ein weiteres hilfreiches Zubehör ist der Stichsägen-Zusatztisch, in dem AEG Stichsägen stationär eingesetzt werden können. Dadurch haben Sie beide Hände frei und können entsprechend exakter arbeiten.
Für einen sauberen Schnitt unerläßlich ist die Wahl des richtigen Sägeblatts. Auf zwei Kriterien sollten Sie dabei besonders achten: auf die Zahnteilung und auf die Verzahnungsart.
Die Zahnteilung richtet sich nach der Dicke des zu sägenden Materials – mindestens drei Zähne sollten im Eingriff sein, besagt eine Faustformel. Eine Zahnteilung zwischen 0,7 und 2 mm ergibt feine, eine solche zwischen 2,5 und 4 mm grobe Schnitte.

Stichsägeblätter/Verwendungszweck mit maximalen Schnittiefenangaben

	Abmessung		Ausführung	Holz		Metall					Sonstiges, Materialien				Charakteristik
	Verzahnte Länge mm	Zahnteilung mm		Hart- und Weichholz	Sperrholz, Holzfaserpl.	Weichstahl	Rostfreie Stahlbleche	Aluminium	Buntmetalle	Blei, Zinn	Kunststoffe	armierte Kunststoffe	Plexiglas	Preßstoffe Hartgewebe Isolat'mat.	
						○		○□	○	○	△	△	△		
	75	4 – 1,2	geschränkt u. geschliffen Rücken-verzahnt	▬ bis 55 mm	▬ bis 55 mm										Kurven-sägeblatt (1)
	75	4	geschränkt u. geschliffen	▬ bis 55 mm	▬ bis 55 mm										
	75	4	konisch geschliffen	▬ bis 55 mm	▬ bis 55 mm						▬ 5-50 mm				sehr sauberer Schnitt
	75	3	geschränkt u. geschliffen	▬ bis 30 mm	▬ bis 30 mm			▬ 4-10 mm			▬ 5-30 mm		▬ 5-20 mm	▬ 5-30 mm	Universal-Sägeblatt
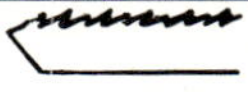	75	2,5	konisch geschliffen	▬ bis 30 mm							▬ bis 10 mm			▬ bis 10 mm	sehr sauberer Schnitt
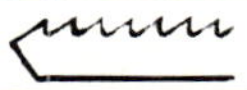	50	2	gewellt		▬ bis 30 mm								▬ bis 20 mm	▬ bis 20 mm	
	50	2	gewellt		▬ bis 20 mm						▬ bis 15 mm				Kurven-sägeblatt (2)
	50	1,2	gewellt		▬ bis 15 mm								▬ bis 8 mm	▬ bis 8 mm	sehr sauberer Schnitt
	75	3	geschränkt u. geschliffen HSS			▬ 3-6 mm		▬ 3-15 mm	▬ 5-10 mm	▬ bis 20 mm	▬ bis 30 mm	▬ bis 20 mm			
	75	2	konisch geschliffen HSS					▬ 3-10 mm	▬ 3-10 mm	▬ bis 8 mm		▬ bis 10 mm		▬ bis 10 mm	sehr sauberer Schnitt
	50	2	gewellt Schnellstahl HSS					▬ 3-10 mm	▬ 3-10 mm	▬ bis 8 mm		▬ bis 10 mm		▬ bis 10 mm	
	100	2	geschränkt Schnellstahl HSS			▬		▬	▬						Speziell f. Metall-profile
	100	1,2	gewellt Schnellstahl HSS			▬		▬	▬						Speziell f. Metall-profile
	50	1,2	gewellt Schnellstahl HSS			▬ bis 5 mm	▬	▬ 1,5-4 mm		▬ bis 5 mm		▬ bis 10 mm			sehr sauberer Schnitt
	50	0,7	gewellt Schnellstahl HSS			▬ bis 2 mm		▬ bis 2 mm				▬ bis 5 mm			(3)
	75		**Messer**	für Weichgummi bis 25 mm, Stoff, Styropor, Teppichböden, Kork, Karton, Linoleum, Schaumstoffe											
	50	Korn 30 grob	**Riffblatt** Hartmetall beschichtet	für glasfaserverstärkte Kunststoffe, Holz mit Nägeln, Keramik, Glas											Schnitt-fläche grob
	50	Korn 50 fein	**Riffblatt** Hartmetall beschichtet	für glasfaserverstärkte Kunststoffe, Keramik, Kohleplatten, Ziegel u. ä., Glas											Schnitt-fläche fein
	70		**Raspel** halbrund	Holzbearbeitung											
	70		**Raspel** flach	Holzbearbeitung											
	70		**Raspel** dreikant	Holzbearbeitung											

Anmerkungen:

Kühlmittelempfehlung:
△ mit Wasser kühlen
○ mit Schneidöl oder Schneidöl-emulsion kühlen
□ mit Terpentin oder Terpentin-Petroleumgemisch kühlen

(1) Kurvensägeblatt rückenverzahnt für besonders enge Kurvenschnitte
(2) Sägeblatt besonders schmal, für enge Kurven
(3) beim Sägen von Blechen unter 1 mm Holzunterlage mitsägen

Für Parallelschnitte in Verbindung mit dem kombinierten Parallelanschlag und Kreisschneider empfehlen wir die Verwendung von **geschränkten Stichsägeblättern.** Mit diesen, sich auch seitlich den Weg freischneidenden Stichsägeblättern wird ein unerwünschtes Verlaufen des Sägeschnitts vermieden.

Gleichzeitig ist auch die Verzahnungsart maßgebend für die Schnittqualität: konisch geschliffene Sägeblätter ergeben einen sauberen, geschränkte und gewellte einen rauheren Schnitt bei allerdings besserer Kurvengängigkeit. Und für sehr enge Kurvenschnitte in Holz oder Kunststoff empfehlen sich besonders Sägeblätter mit zusätzlicher Rückenverzahnung.
Die Tabelle S. 321 gibt Ihnen einen Überblick des aktuellen Sägeblattangebots, sagt Ihnen, für welche Materialien sie gedacht sind, und durch welches Kühlmittel – auch das ist wichtig – sich die Lebensdauer des Sägeblatts steigern und der entsprechende Werkstoff schonen läßt:

Kettensäge

Wollen oder müssen Sie Bäume fällen, entasten, in handliche Stücke für den Kamin zerkleinern? Echte Zimmermannsarbeit leisten: Balken, Ständer, Pfetten oder Sparren auf die richtige Länge sägen? Dann sollten Sie überlegen, ob Sie sich eine AEG Kettensäge anschaffen wollen. Die nimmt Ihnen alle körperliche Mühsal ab, Sie brauchen das Gerät nur noch zu halten und richtig zu führen. Sie hat eine Schnittlänge von 35 cm, und da man gemeinhin Bäume beim Fällen von beiden Seiten anschneidet, könnte man damit auch Urwaldriesen erfolgreich zu Leibe rücken.
Die Kette bekommen Sie auf jeden Fall komplett montiert und richtig geschärft vom Hersteller. Was aber, wenn es ums Nachschärfen geht? Hierfür gibt es Kettenschärf-Einrichtungen, die in manchen Kettensägen schon eingebaut sind.
Wichtig ist die richtige Spannung der Kette. Sie muß so sein, daß die Kette einwandfrei und ohne zu kanten in der Schienennut geführt ist, darf aber nicht zu straff gespannt werden, da sonst die Kette in der Nut klemmt und heißläuft. Und so können Sie die richtige Spannung kontrollieren: Heben Sie die Schiene am Kopf an und spannen Sie die Kettenspannvorrichtung so weit, daß die Kette an der Schienenunterseite anliegt.
Die Lebensdauer der Kette hängt entscheidend von der richtigen Schmierung ab. Und diese läßt sich einmal am Schauglas kontrollieren, zum andern daran, ob sich bei laufender Maschine an der Schienenaußenkante eine Ölspur bildet. Achten Sie bitte auch während des Betriebs darauf. Moderne Kettensägen haben automatische Kettenschmierung.

Brennholz sägen mit der Kettensäge

Kettenöl können Sie bei Ihrer Tankstelle beziehen. Verlangen Sie offenes Motorenöl der Viskosität 30. Aber verwenden Sie kein HD-Öl und kein Ablaß- oder Altöl!
Beim Einsatz der Kettensäge verschmutzen zwangsläufig die Schiene, Kette und die Kettengelenke. Sägespäne, Kettenöl und Harz können bei längerem Stillstand der Maschine die Nut in der Schiene und die Kettengelenke verkleben. Dann kann kein Öl zutreten, die Kette läuft heiß und wird beschädigt. Um das zu verhindern, müssen Sie die Kette nach jedem Einsatz mit einer Bürste reinigen. Und dann wird sie bis zum nächsten Einsatz in ein Petroleumbad gelegt. Vor der Montage die Kette aufhängen und abtropfen lassen.

Und das sollten Sie beim Sägen noch beachten:
- Schalten Sie erst die Maschine ein. Dann wird der Krallenanschlag am Holz angesetzt und die Kette mit einer Drehbewegung um den Krallenanschlag auf das Holz gebracht.
- Führen Sie die Kettensäge immer mit beiden Händen.
- Drücken Sie nur so stark, daß die Maschine nicht zum Stehen kommt.
- Benützen Sie Ihre Kettensäge nicht, um Kurven zu sägen. Das bekommt der Schiene überhaupt nicht. Halten Sie also die einmal eingeschlagene Schnittrichtung ein oder setzen Sie noch mal neu an.

– Die Kettensäge darf im Sägeschnitt nicht klemmen. Deshalb müssen Sie den Schnitt bei geneigten Stämmen auf die Gegenseite der Neigung legen. Liegendes Holz ist beim Ablängen oder Zuschneiden so zu unterlegen, daß der Schnitt nicht klemmt.

Oberfräse

Dieses Elektrowerkzeug ist aus einer Schreinerwerkstatt heute nicht mehr wegzudenken. Und auch dem Heimwerker, der sich öfter an größere Arbeiten im Bereich der Holzbearbeitung heranwagt, kann nur empfohlen werden, seinen Maschinenbestand um eine Oberfräse zu ergänzen. Gibt es doch heute eine Reihe von Materialien und Verfahren, die praktisch nur mit einem solchen Gerät einwandfrei bearbeitet bzw. angewandt werden können.
Mit der Oberfräse aus dem AEG Heimwerkerprogramm bekommen Sie ein Gerät, das absolut handwerksgerecht ist. Das gilt nicht nur hinsichtlich der Einhaltung von Sicherheitsvorschriften, sondern auch für die Leistung und Qualität des Produkts. Die Fräse besitzt einen soliden Zweisäulenfräskorb mit 50 mm Hub, das heißt, daß dieser an zwei Säulen geführt ist und deshalb Maschinen- und Fräskorbachse absolut übereinstimmen. Zwei seitliche Haltegriffe machen es leicht, die Maschine exakt zu führen; einer davon ist als Feststellgriff ausgeführt. Damit kann die Oberfräse auf eine bestimmte Frästiefe fixiert werden; das ist bei bestimmten Arbeiten wichtig. AEG Oberfräsen haben nicht nur einen einfachen Tiefen-, sondern einen Revolver-Tiefenanschlag. Daran können Sie die drei gängigsten Frästiefen fest einstellen. Und selbstverständlich hat das Gerät einen Parallelanschlag, der mit einer Feineinstellung ausgerüstet ist. Der Einstellbereich geht bis 200 mm.
Ein Kreisschneider, der auf einen Radius zwischen 85 und 400 mm eingestellt werden kann, verschiedene Spannzangen, Führungshülsen, eine Biegewelle und ein Programm an gängigen Fräserformen und -durchmessern ergänzen das Angebot.
Das Einsatzgebiet der Oberfräse ist breiter, als man auf den ersten Blick vielleicht glaubt. Es beginnt beim Fräsen von Profilen an Außenkanten von Werkstücken. Hierfür stehen diese Fräser zur Verfügung:

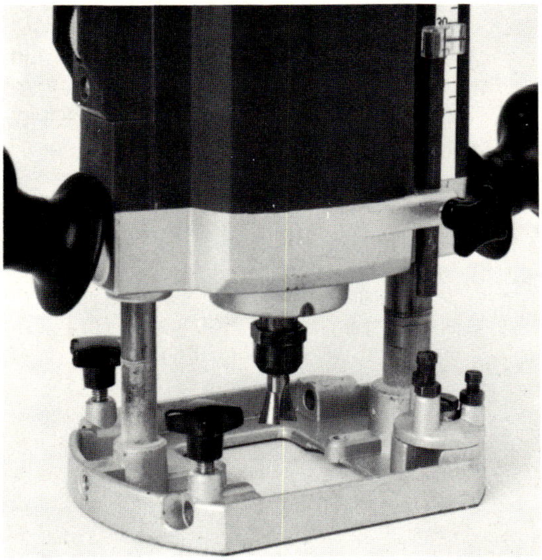

Oberfräse mit präzise geführtem Fräskorb

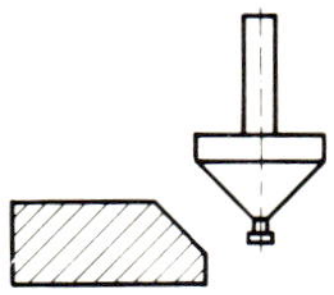

Faserfräser zweischneidig mit Anlaufzapfen

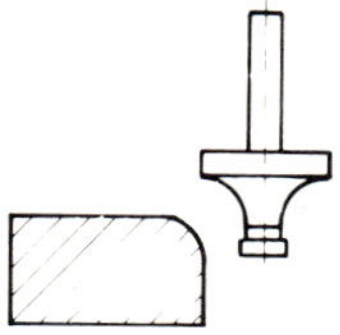

Abrundfräser zweischneidig mit Anlaufzapfen

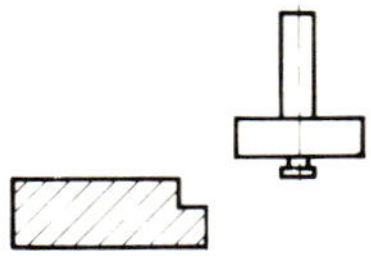

Falzfräser zweischneidig mit Anlaufzapfen

Daneben gibt es dann noch Kantenfräser und Umleimerfräser.

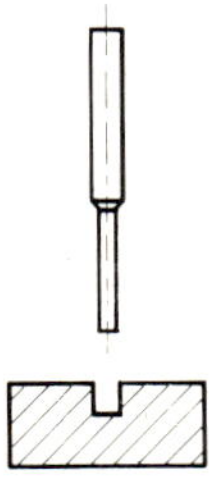

Nutfräser zweischneidig mit Grundschneide

Nutfräser zweischneidig mit Grundschneide

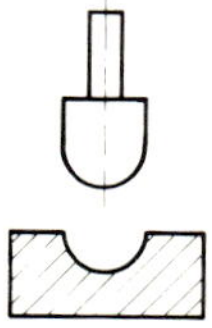

Hohlkehlenfräser einschneidig

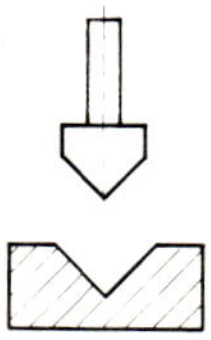

V-Nutenfräser zweischneidig

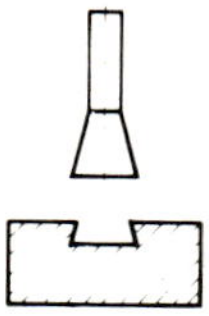

Gratfräser zweischneidig

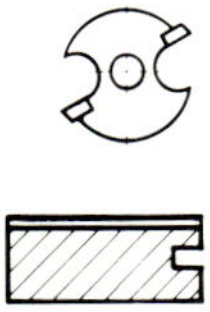

Scheibennutmesser zweischneidig mit Spindel

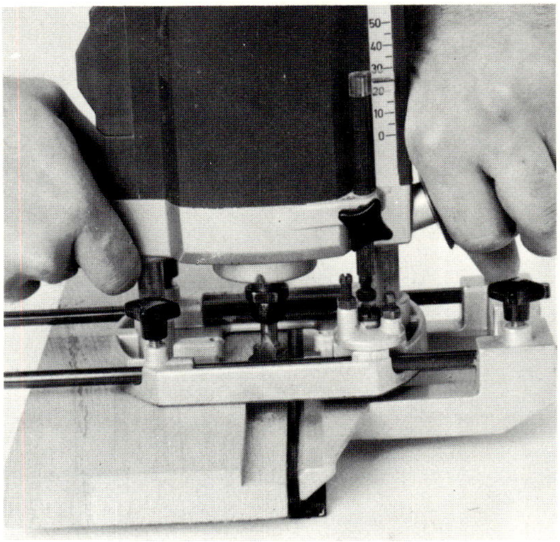

Falz fräsen

So wird gefräst

Die erforderliche Genauigkeit beim Fräsen kann nur erreicht werden, wenn der passende Anschlag verwendet wird.

Am häufigsten wird der Parallelanschlag benötigt. Er wird in die seitlichen Bohrungen des Fräskorbs gesteckt. Mit Hilfe der Feineinstellschraube kann der Abstand fein eingestellt werden. Für die Herstellung gleichmäßig gekrümmter Ausfräsungen, also Kreisen oder Kreisausschnitten, steht ein Kreisschneider zur Verfügung. Er wird in eine der beiden Bohrungen des Fräskorbs eingesetzt, die sonst die Führungsstangen des Parallelanschlags aufnehmen. Der Kreisradius wird zwischen Fräserspitze und Spitze des Kreisschneiders eingestellt und durch Festziehen der Klemmschraube fixiert.

Die Spitze des Kreisschneiders kann auf die Höhe des Werkstücks eingestellt werden.

Ein weiteres Verfahren, um kreisförmige, aber auch beliebig gekrümmte oder geformte Ausfräsungen herzustellen, ist das Fräsen nach Schablone. Man wird es anwenden, wenn Außenkonturen in bestimmte, vor allem auch stets wiederkehrende Konturen bearbeitet werden müssen, so zum Beispiel beim Abrunden von Ecken an Tischen, Sitzmöbeln, Regalen, Schränken usw.

Die Oberfräse wird dabei mit einer Führungshülse entlang der Schablone geführt. Es stehen vier Führungshülsen mit verschiedenen Durchmes-

sern zur Verfügung. Sie werden mit zwei Schrauben zentrisch zur Fräserachse im Fräskorb befestigt.
Beim Herstellen der Schablone ist zu beachten, daß die Radien um die Differenz zwischen den Radien der Führungshülse und des Fräsers korrigiert werden müssen. Dieses Maß ist abzuziehen, wenn der Bogen der Schablone nach außen, und zu addieren, wenn die Kontur nach innen gekrümmt ist. Achten Sie also darauf, daß eine Schablone deshalb auch nur mit einem ganz bestimmten Fräser- und Führungshülsendurchmesser verwendet werden kann.
Und hier noch ein wichtiger Hinweis: Der Vorschub der Oberfräse muß im Gegenlauf erfolgen: Das Fräswerkzeug arbeitet aus dem Werkstück heraus.
In der Holzbearbeitung werden Ihnen häufig zwei Fräsarbeiten begegnen: das Fräsen von Kanten, also das Anschrägen oder Brechen.
Für das erstere steht ein zweischneidiger Kantenfräser von 24 mm Durchmesser und mit einem Winkel von 45°, für zweiteres ein zweischneidiger Umleimerfräser von ebenfalls 24 mm Durchmesser zur Verfügung.
In beiden Fällen wird der Parallelanschlag gebraucht, und zwar mit umgedrehten Kunststoffgleitwinkeln.
Die AEG Oberfräse kann auch als Antriebsmotor für eine biegsame Welle verwendet werden. Die Oberfräse wird dazu mit der Schraubzwinge, die in eine der Bohrungen am Fräskorb gesteckt

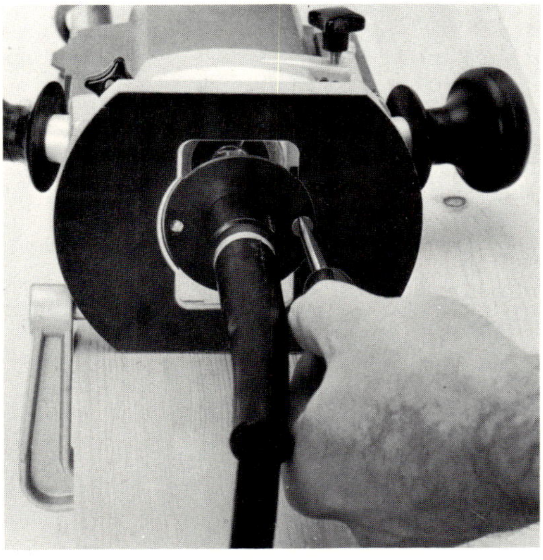

Biegsame Welle anschließen

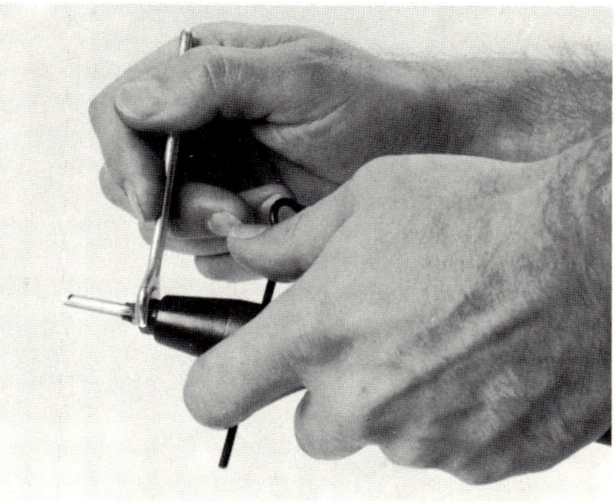

Bohrfutter der biegsamen Welle

wird, am Tisch festgespannt. Die Antriebswelle wird in die Spannzange der Oberfräse eingespannt und die Führungsscheibe der biegsamen Welle mit beiden Schrauben in der Aussparung des Fräskorbs befestigt.
Die Biegewelle wird mit dem Haltestift arretiert, der gewünschte Fräser eingesetzt und die Spannzange festgezogen – so wie es die beiden Abbildungen auf dieser Seite zeigen.

Nuten und Falzen mit der Oberfräse

Wanknuten kann man nicht nur mit der Hand- oder Tischkreissäge, sondern auch mit der AEG Oberfräse. Allerdings mit dem Unterschied, daß die Nutbreite nicht beliebig gewählt werden kann, sondern von den verfügbaren Fräserdurchmessern abhängig ist. Man wird eine Nutbreite wählen, die wenigstens angenähert der halben Materialstärke entspricht.
Es sind folgende zylindrische Durchmesser verfügbar: 5, 6, 8, 9, 14, 20 und 24 mm.
Zum Nuten und Falzen wird auf jeden Fall der Parallelanschlag benötigt. Er wird mit seinen beiden Führungsstangen in die Bohrungen des Fräskorbs eingeschoben. Der Abstand der Nut von der Materialkante wird grob eingestellt.
Der exakte Fräsabstand kann jetzt mit der Feineinstellung justiert werden. Dazu wird die Gewindespindel in das Gewinde des Fräskorbs eingedreht und mit der Sechskantmutter gekontert. Jetzt können Sie einstellen. Ziehen Sie beide Klemmschrauben fest.

Jetzt muß die richtige Frästiefe eingestellt werden. Sie soll auf jeden Fall der halben Materialstärke entsprechen.
Setzen Sie die Oberfräse auf das Werkstück. Der Feststellknauf wird gelöst und die Maschine nach unten gedrückt, bis der Fräser auf dem Material aufliegt. Dann ziehen Sie den Feststellknauf wieder zu.
Die Klemmschraube des Stellstifts wird so weit gelöst, daß dieser auf die Tiefenanschlagschraube des Revolvertiefenanschlags herabfällt. Lesen Sie am Markierungsstrich des Stellstifts das angezeigte Maß ab. Diesem wird die gewünschte Frästiefe addiert, der Markierungsstrich auf dieses Maß eingestellt und die Klemmschraube wieder festgezogen.
Spätestens jetzt müssen Sie sich für eine sichtbare oder eine verdeckte Nut entscheiden.
Wollen Sie eine sichtbare Nut fräsen, wird der Fräskorb so aufgesetzt, daß der Fräser vor der Werkstückkante eintauchen kann. Der Feststellknauf wird gelöst, der Fräsmotor nach unten gedrückt, bis der Stellstift auf der Tiefenanschlagschraube aufliegt und das Ganze dann in dieser Stellung arretiert. Wenn Sie nun noch darauf achten, daß der Parallelanschlag einwandfrei an der Kante anliegt, kann die Nut gefräst werden. Eine verdeckte Nut können Sie nur mit der Oberfräse, nicht aber mit der Kreissäge herstellen.
Dabei wird die Oberfräse so weit zurückgesetzt, daß der Fräser den gewünschten Abstand von der Vorderkante des Werkstücks hat. Achten Sie

Ein Fräser wird eingespannt

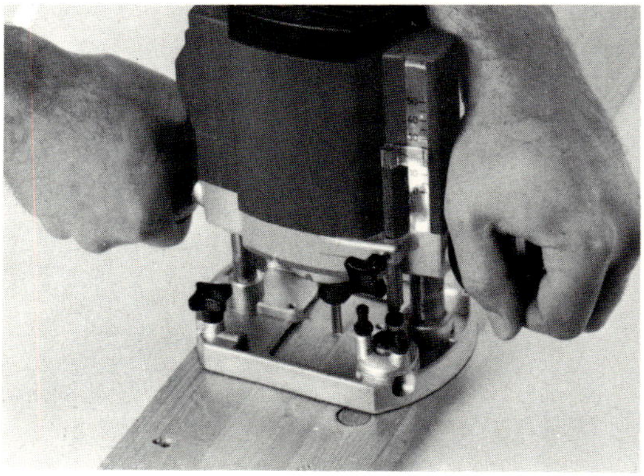

Ansetzen der Fräse punktgenau auf die Markierung

Eine Kante wird angefast

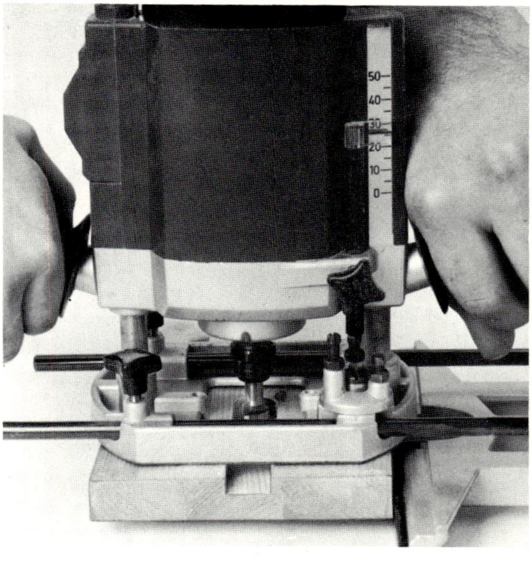

Nut fräsen mit Parallelanschlag

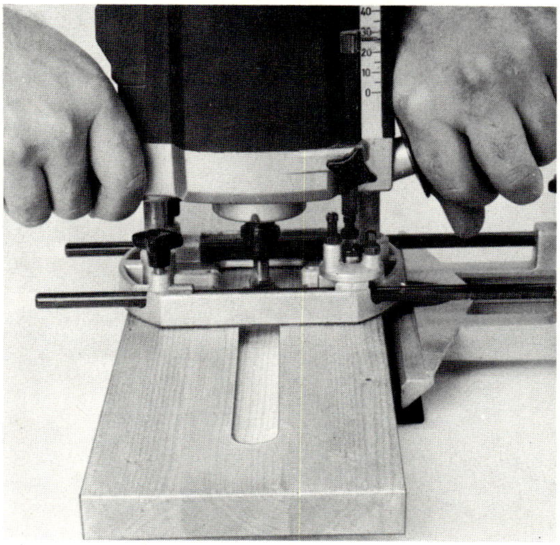

Unsichtbare Nut fräsen

Grat-Nut im ersten Durchgang

darauf, daß der Parallelanschlag gut anliegt. Lösen Sie jetzt den Feststellknauf und drücken Sie die Oberfräse so weit nach unten, daß der Stellstift auf der Tiefenanschlagschraube anliegt. Dann wird der Feststellknauf angezogen und die Nut gefräst.
Die Nut läßt sich übrigens auch beidseitig verdeckt herstellen. Sie brauchen nur den Feststellknauf vor Erreichen der Werkstückkante öffnen und die Druckfeder der Oberfräse freigeben, sobald die Markierung erreicht ist.

Um die zur Nut passende Feder am anderen Werkstück herzustellen, muß die Oberfräse neu eingestellt werden. Die Frästiefe so, daß die Federstärke der Fräserstärke bzw. Nutbreite entspricht. Und die Breite der Feder muß mit dem Parallelanschlag der Nuttiefe angepaßt werden.

Gratleiste und Gratnut

Insbesondere, wenn Massivhölzer in oder zu größeren Flächen verarbeitet werden, findet man Querverbindungen oder Versteifungen, die als zweiseitiger Grat bezeichnet werden und aus Gratnut und Gratleiste bestehen. Der zweiseitige Grat besitzt gegenüber allen anderen Holzverbindungen den Vorteil, daß die Gratleiste erhebliche Zugbeanspruchungen aufzunehmen vermag, besonders dann, wenn beide Werkstücke Langholz sind. So alt diese Technik schon ist, begegnen wir ihr auch heute noch bei der Verarbeitung von Massivholz, vor allem bei Tischplatten, Türen, Schranktüren, Fensterläden und so weiter.
Für die Herstellung einer Gratnut bzw. einer Gratleiste benötigt der Heimwerker eine Oberfräse. Diese wird mit einem speziellen Fräser, einem „Gratfräser", bestückt, der einen Durchmesser von 14 mm hat und einen Winkel von 15°. Die Gratnut wird an ihrer breitesten Stelle gleich der Stärke der Gratleiste. Man wird also die richtige Breite der Gratnut üblicherweise in zwei Arbeitsgängen herstellen müssen. Das macht jedoch keine Schwierigkeiten, da die Breite mit dem Parallelanschlag eingestellt werden kann.
Die Tiefe der Gratnut wird mit etwa einem Drittel der Materialstärke gewählt. Die Einstellung der Frästiefe wird auch für die Herstellung der Grat-

Zweiter Durchgang: Nut in richtiger Breite

Grat-Leiste passend in Grat-Nut

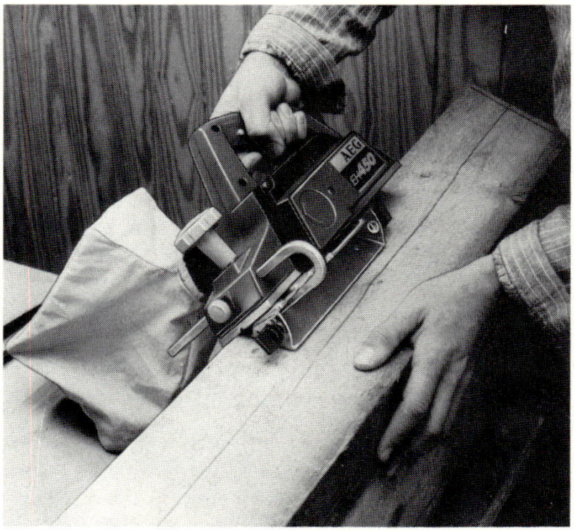

Sauber hobeln mit Spänesack

leiste beibehalten. Es muß dann lediglich der Parallelanschlag so eingestellt werden, daß an der breitesten Stelle des Grats die Materialstärke erhalten bleibt.
Im vorliegenden Fall handelt es sich um einen Grat, der sichtbar ist. Es gibt aber auch noch den abgesetzten (verdeckten) Grat. Der wird mit dem gleichen Werkzeug hergestellt, wobei man vorgeht wie bei einer verdeckten Nut. Man kann übrigens – wenn eine Platte aus einzelnen Teilen zusammengesetzt wird – auch einen beidseitig verdeckten Grat wählen. Dann müssen allerdings die Einzelteile einer solchen Platte auf die Gratleiste aufgeschoben und erst dann zusammengefügt werden.

Hobel

Sie mögen beim Sägen noch so vorsichtig vorgegangen sein, die Schnittiefe richtig eingestellt und ein einwandfrei geschärftes und geschränktes Sägeblatt verwendet haben: die Schnittkante zeigt trotzdem noch Bearbeitungsspuren. Wenn ein Umleimer oder ähnliches draufkommt, ist das nicht weiter schlimm, aber wenn die Kante sichtbar bleibt? Eine solche Kante genau winkelrecht von Hand, mit dem Bandschleifer oder Schwingschleifer zu schleifen, hat so seine Tükken. Gar zu leicht geht dabei ein ursprünglich winkelrechter Schnitt verloren oder wird die Fläche ballig. Deshalb sollten Sie – wenn solche Arbeit öfter ins Haus steht – einen Hobel verfügbar haben.
Im AEG Heimwerker-Programm gibt es zwei Einhandhobel mit 82 mm Hobelbreite und hochtourigem Lauf, der wichtig für ein sauberes Hobelbild ist.
Die Spantiefeneinstellung erfolgt stufenlos, mit einem Modell kann sogar bis 22,5 mm tief gefalzt werden. Die eingesetzten Hartmetall-Wendemesser werden auch mit Hartholz oder kunststoffbeschichteten Spanplatten fertig.
Beiden Einhandhobeln gemeinsam ist die Möglichkeit, einen Staubsauger oder Spänesack anzuschließen, damit der Werkraum sauber bleibt; beide können mit entsprechenden Zubehörteilen auch stationär als kleine Abrichtmaschinen eingesetzt werden. Zu dieser sogenannten stationären Einrichtung gehört auch eine automatisch ausschwenkende Messerwellenabdeckung. Zu Ihrer Sicherheit sollten Sie nie vergessen, diese Schutzvorrichtung zu verwenden!
Wer nicht nur rechtwinklig hobeln und falzen will, ist mit einem kombinierten Parallel- und Winkelanschlag gut bedient, den es als Zubehör zu den AEG Einhandhobeln gibt. An ihm können Arbeitsbreiten und -winkel besonders exakt eingestellt und eingehalten werden.
Nun zur Praxis: Ein besonderes Kapitel ist das Hobeln von Hirnholz. Dabei besteht nämlich die Gefahr, daß das Holz am Ende ausreißt. Sie können sich helfen, indem Sie zuerst von der einen

Exakt hobeln und abrichten mit stationärer Einrichtung

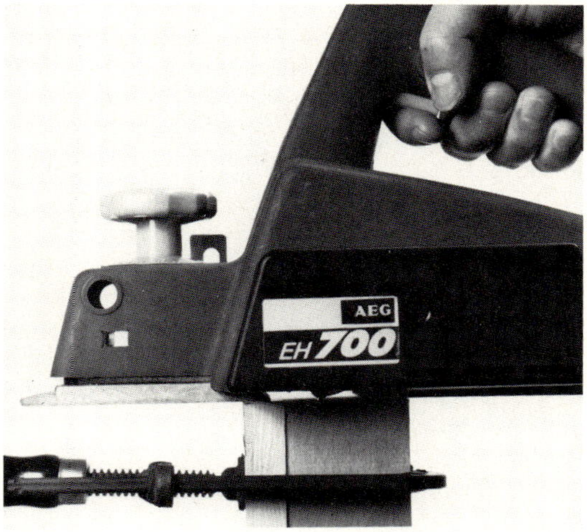

So schützt man Kanten gegen Aussplittern

Seite etwa bis zur Mitte hobeln und dann von der anderen Seite den Rest. Es ist allerdings schwierig, den Hobel exakt in der Ebene zu führen. Durch die schmale und kurze Auflage wird er leicht verkantet, die Fläche wird schief oder ballig gehobelt, und sieht nachher unter Umständen noch schlimmer aus als vorher.
Deshalb ist es besser, eine andere Methode anzuwenden. Spannen Sie an die hintere Längskante mit einer Schraubzwinge ein Stück Leiste oder Abfallholz. Achten Sie darauf, daß diese Hilfsvorrichtung nicht über die Stirnseite des Werkstücks vorsteht und mit der Fläche bündig ist, an der der Parallelanschlag geführt wird. Jetzt

Sicherheit durch Pendelschutzhaube

haben Sie eine größere Auflage für die Maschine und können saubere Ergebnisse bringen.
Beim Falzen wird in mehreren Durchgängen gehobelt. Mit dem Parallelanschlag wird die gewünschte Falzbreite eingestellt.
Die AEG Hobel besitzen einen Falztiefenanschlag, mit dem das gewünschte Maß eingestellt wird. Achten Sie unbedingt darauf, daß nach dem Falzen der Falztiefenanschlag wieder gelöst wird und damit die Messerwelle seitlich abgedeckt ist.
Denken Sie daran: Eine sauber gehobelte Fläche läßt sich nur mit einwandfrei geschliffenen und richtig justierten Hobelmessern erzielen. Bei den heute üblichen Hartmetallhobelmessern entfällt das schwierige Nachschleifen.

Schleifgeräte

Bandschleifer

Bandschleifmaschinen sind insbesondere aus der Holzbearbeitung nicht wegzudenken. Allerdings sind heute oft an die Stelle der großen, stationären Maschinen – wie sie früher in jeder größeren Schreinerwerkstatt standen – die leichter zu handhabenden Handbandschleifer getreten.
Wenn es darum geht, größere Flächen schnell und sauber ebenzuschleifen, Kanten zu brechen oder zu verrunden oder Teile zu entgraten, dann kann auf einen Bandschleifer nicht verzichtet werden. Seine Schleifleistung ist ein Mehrfaches

der eines Schwingschleifers, was sich einfach aus der hohen Bandgeschwindigkeit erklärt. Er hat außerdem den Vorzug, daß die Schleiffläche sich immer nur in einer Richtung bewegt, also keine kreisförmigen Schleifspuren auf dem Werkstück hinterläßt. Bei einem Bandschleifer läuft das endlose Schleifband über zwei Rollen, von denen eine die Antriebsrolle ist, und dazwischen über eine ebene Fläche, die als Arbeitsfläche dient.
Andererseits kann aber der Bandschleifer einen Schwingschleifer beim Schleifen von gespachtelten Flächen, Grundierungen und Farbschichten nicht ersetzen. Für solche Zwecke ist seine Schleifgeschwindigkeit dann wiederum zu hoch.
Neben altbewährten Bandschleifer-Vorsatzgeräten, die von kräftigen Schlagbohrmaschinen mit maximaler Drehzahl angetrieben werden müssen, gibt es im AEG Heimwerker-Programm zwei Breitbandschleifer mit extragroßen Schleifflächen von 100 x 140 mm. Das bringt für den Benutzer zwei Vorteile: Zum einen geht die Arbeit um über 30 % schneller vonstatten, zum anderen kann durch die größere Schleiffläche ein Verkanten vermieden werden, was besonders beim Schleifen empfindlicher Furniere wichtig ist.
Beide AEG Breitbandschleifer werden selbst hohen, professionellen Ansprüchen gerecht. Sie haben einen 1010-Watt-Motor, der stets sicher durchzieht, und eine integrierte Staubabsaugung mit besonders wirksamer Turbine und Staubsack. Über diese umweltfreundliche Einrichtung wird sich nicht zuletzt auch die Hausfrau freuen, wenn Sie im Haus Türen oder eine Treppe abschleifen – schließlich ist der feine Schleifstaub nur äußerst mühselig und zeitraubend wieder zu entfernen. Aber Sie profitieren auch direkt davon, denn durch die Staubabsaugung setzt sich das Schleifband nicht so schnell zu und hält entsprechend länger.
Sehr gut gelungen ist die kompakte Form der AEG Breitbandschleifer. Sie macht das randbündige Schleifen in Ecken und Winkeln möglich, wie es zum Beispiel auf Treppen und in Türfüllungen vorkommt.
Im AEG Zubehör-Programm finden Sie Schleifbänder in sechs verschiedenen Körnungen, die sich sowohl für Holz- als auch für Metallarbeiten eignen. Sie brauchen sich nun beileibe nicht alle Körnungen anzuschaffen, denn im Normalfall genügt je eine grobe (z.B. 40), eine mittlere (z.B. 100) und eine feine Körnung (z.B. 240). Aber Sie sollten sich davon immer einen ausreichenden Vorrat halten, denn bei einer Unachtsamkeit ist ein Schleifband schnell zerrissen, mit Leim- oder Farbresten zugesetzt oder ganz einfach stumpf.
Die Qualität des Schliffs und die Stärke des Materialabtrags hängt nicht nur von der Körnung des Schleifbands ab, sondern auch von dessen Geschwindigkeit. Bei dem Breitbandschleifer HBSE 100 kann die Bandgeschwindigkeit mit einer Vollwellen-Elektronik bei konstanter Kraft stu-

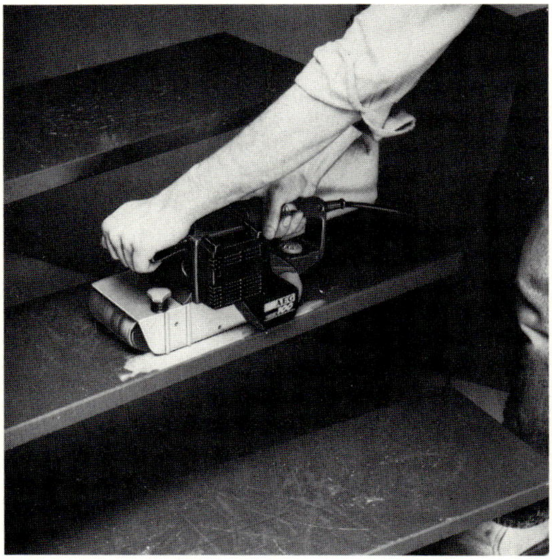

Bandschleifer: ideal für großflächiges Schleifen

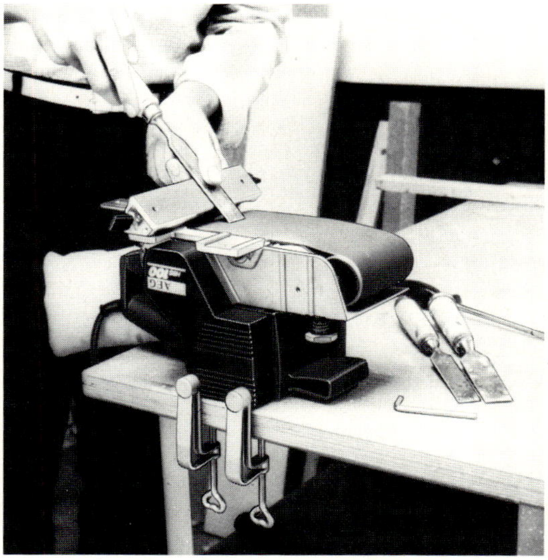

Schärfen von Werkzeugen am Queranschlag

fenlos zwischen 230 und 350 m/min geregelt werden. Diese sinnvolle Einrichtung ermöglicht daher ein immer material- und aufgabengerechtes Schleifen und schont das Schleifband.

Hier noch einige Tips für den richtigen Umgang mit Bandschleifern:

- Führen Sie das Gerät nur längs, also in Bandlaufrichtung, denn bei Querbewegungen könnten unerwünschte Schleifspuren auftreten oder das Schleifband abspringen.
- Bei mobilem Einsatz sorgt das Gerätegewicht für ausreichenden Schleifdruck – mehr wäre von Übel!
- Wenn Sie kleine oder schmale Werkstücke unter 100 mm Breite schleifen wollen, sollten Sie den Bandschleifer mit den entsprechenden Schraubzwingen stationär einsetzen. Das ist sicherer und bringt bessere Ergebnisse.
- Für exakte Winkelschliffe finden Sie im AEG Zubehör einen kombinierten Parallel- und Winkelanschlag. Bei stationärem Betrieb kann er auch als Queranschlag z. B. zum Schärfen von Werkzeugen verwendet werden.
- Achten Sie beim Schleifbandwechsel auf die aufgedruckte Bewegungsrichtung, und regulieren Sie mit der Justierschraube den Geradeauslauf, also die Parallelität der beiden Rollen, sorgfältig ein.
- Verwenden Sie beim Schleifen von Metall keinen Staubbeutel und auch keinen Staubsauger, denn durch Funkenflug könnte es leicht zu einem Brand kommen!

Schwingschleifer

Bei diesen Schleifgeräten wird eine ebene, nachgiebige Platte, auf die ein Schleifblatt aufgespannt ist, durch einen Elektromotor in schwingende, rotierende Bewegung versetzt. Wie bei allen Schleifgeräten sind der Materialabtrag und die Qualität des Schliffs abhängig von der Schleifmittelkörnung und von der Schleifgeschwindigkeit: Je höher die Schwingzahl eines Schwingschleifers und je kleiner sein Schwingkreis-Durchmesser, desto feiner das Schleifergebnis. Oder umgekehrt: Je geringer die Schwingzahl und je größer der Schwingkreis-Durchmesser, desto größer der Materialabtrag bei geringerer Oberflächengüte.

Bei den Bandschleifern hatten wir bereits erwähnt, daß deren Bandgeschwindigkeit und damit die Schleifleistung höher ist als bei den Schwingschleifern. Nun sollte man die kleinere Schleifgeschwindigkeit nicht als Nachteil betrachten. Man muß bei der Beurteilung vielmehr den verschiedenen Bestimmungszweck dieser beiden Gerätegruppen berücksichtigen. Wenn Sie Deckfurniere, Spachtelungen, Grundierungen, Farbaufträge schleifen wollen, ohne diese dünnen Schichten zu zerstören, oder wenn Sie bei Lackierungen eine seidenmatte Oberfläche erzielen wollen, dann ist ein Schwingschleifer unerläßlich.

Wenn Sie schon öfter Malerarbeiten selbst ausgeführt haben, werden Sie sicher um die Erfahrung reicher sein, daß einer der größten Feinde einer einwandfreien Oberfläche der Staub ist. Und gerade dieser wird beim Schleifen in beachtlichen Mengen erzeugt und durch den Abluftstrom der Maschinen in die Luft gewirbelt. Dagegen helfen Schwingschleifer mit einer wirkungsvollen Staubabsaugung durch die Bodenplatte und gelochtes Schleifpapier, wie der kleine, handliche VS 130, der sich auch über Kopf leicht führen läßt. Oder ein Schwingschleifer wie der VSS 260, dessen eingebaute Turbine den Schleifstaub über eine spezielle Haube mit Bürstenabdichtung in den Staubsack absaugt. Dieses sinnvolle Extra schafft nicht nur saubere Verhältnisse, sondern verlängert auch die Lebensdauer des Schleifpapiers, das sich nicht so schnell zusetzt.

Staubabsaugung durch die Bodenplatte

Ganz unterschiedliche Einsatzbereiche haben die beiden übrigen Schwingschleifer im AEG Programm: Der VS 260 ist mit einer hohen Schwingzahl von 25000/min für extrem feine Schliffe sowie für Zwischen- und Feinschliffe, z. B. von Furnieren und Massivhölzern, geeignet. Und der VS 360 trägt mit starkem Motor und großem Schwingkreis-Durchmesser schnell alte Lacke und Anstriche ab, ist ideal zum Schleifen von Metall und Spachtel, z. B. bei Karosseriearbeiten.
Nach welchen Gesichtspunkten wählt man nun das Schleifpapier aus? Hierzu diese Übersicht:

Verwendungszweck, Materialien	*Klassifizierung*	*Körnung*
Vorschliff von Hartholz, Grobschliffe zur Entfernung von Lackschichten	grob	50
Vorschliff von Weichholz, Nachschliff von gehobelten oder von bearbeiteten Oberflächen	mittel	60, 80, 100
Nachschliff von Hart- und Weichholz, Feinschliff von Furnieren und Spachtel, für besondere Hervorhebung der Holzmaserung	fein	120, 150, 180, 240
Zum Schleifen von Lack, Spachtel, Kunststoffen und Edelfurnieren	sehr fein	320, 400, 600

Die Arbeit mit einem Schwingschleifer ist einfach und problemlos, wenn man auf folgende Punkte achtet:

- Fahren Sie nicht kreuz und quer über die Werkstückfläche, damit läßt sich kein gleichmäßiger Abtrag erzielen. Bearbeiten Sie die Fläche möglichst so, daß sie in parallel verlaufenden Streifen geschliffen wird.
- Achten Sie auf die Kanten. Vermeiden Sie, den Schwingschleifer über die Kante hinauszuführen. Sonst kippt er über die Kante ab, und das gibt häßliche Fasen, die sich kaum ausbessern lassen.
- Sehr schmale Flächen – Kanten von Türen, Schränken, Regalen und so weiter – sind schwierig zu bearbeiten, insbesondere, wenn dünne Deckfurniere oder Farb- und Lackschichten geschliffen werden sollen. Hier gilt das vorher Gesagte, der Schleifer wird leicht verkantet. Verwenden Sie in solchen Fällen lieber den guten alten Schleifklotz.
- Eine besonders feine Oberfläche läßt sich mit dem Naßschleifverfahren erzielen: Dabei wird bei den letzten, feinen Schleifgängen die Oberfläche des Werkstücks angefeuchtet. Zum Schleifen benötigt man spezielles Naßschleifpapier mit extrem feingekörntem Schleifbelag auf wasserfestem Trägermaterial. Weisen Sie darauf beim Einkauf besonders hin. Und verwenden Sie beim Naßschleifen einen Trenntransformator, Ihrer Sicherheit zuliebe!

Doppelschleifmaschinen

Sie werden oft auch heute noch Schleifböcke genannt, obwohl sie mit den alten Maschinen äußerlich nur noch wenig gemeinsam haben. Die standen in den Werkhallen auf Säulen oder Böken, hatten gewaltige Abmessungen und dienten vor allem dem Schleifen von Werkzeugen. Und was ein gelernter Dreher, Hobler oder ähnliches war, der setzte seinen Ehrgeiz darein, seine Stähle selbst zu schleifen. Inzwischen sind die Schleifböcke kleiner, leichter und handlicher geworden. Aber eines ist ihnen geblieben: sie dienen bevorzugt zum Schleifen von Werkzeugen. Ob es sich um Beile, Äxte, Stecheisen, Schraubendreher und Vorstecher, Meißel oder Drechseleisen handelt: stumpf werden sie alle auf jeden Fall. Und dann können Sie's zum Nachschleifen weggeben. Oder aber Sie schleifen Ihre Werkzeuge selber, das geht dann schneller. Und durch die Ersparnisse ist eine AEG Doppelschleifmaschine schnell amortisiert.
Kommen Sie aber nicht auf die Idee, auch Bohrer und Hobelmesser oder gar den häuslichen Bestand an Tisch- und Küchenmessern selbst zu schleifen. Denn einen Stahl- oder erst recht einen Hartmetallbohrer nachzuschleifen, heißt ganz bestimmte Winkel einzuhalten. Fachleute machen das auf speziellen Bohrerschleifeinrichtungen. Und solche gibt's in Werkzeugschleifereien. Also handeln Sie fachmännisch – geben Sie solche Werkzeuge zum Schleifen weg.

Wichtig: die vorgeschriebenen Sicherheitseinrichtungen

Denken Sie nun nicht, ein Schleifbock oder eine Doppelschleifmaschine sei für einen Heimwerker die überflüssigste Sache der Welt; auch wenn wir – in Ihrem ureigensten Interesse – die Anwendung für bestimmte Spezialfälle nicht empfohlen haben. Wenn Sie erst mal solch ein Gerät besitzen, werden Sie feststellen, daß Sie es doch öfter brauchen, als Sie angenommen hatten.
Im AEG Heimwerker-Programm finden Sie zwei Doppelschleifmaschinen, die, der Name sagt es, mit zwei Normal-Korundschleifscheiben unterschiedlicher Körnung (36 und 60) ausgestattet sind. Beide unterscheiden sich im Durchmesser der Schleifscheiben (150 oder 175 mm), beiden gemeinsam ist die praxisgerechte, allen Sicherheitsvorschriften entsprechende Ausführung und der nahezu vibrationsfreie Lauf für höchste Präzision.
Besonders wichtig bei der Arbeit an einer Doppelschleifmaschine ist zunächst einmal, daß die Schutzkappen über den Schleifscheiben, die Funkenschutzgläser und die Tischvorlagen richtig eingestellt sind. Die Tischvorlage soll nämlich in der Ebene der horizontalen Schleifscheibenachse liegen und zur Schleifscheibe höchstens einen Abstand von 1 mm haben.
Dann ist beim Nachschleifen von Hobel-, Stech- und Stemmeisen die richtige Stellung zur Schleifscheibe zu beachten: Die Schneide (auch Fase genannt) muß gegen die Drehrichtung der Schleifscheibe liegen, da andernfalls das Werkzeug zwischen Scheibe und Tischvorlage eingeklemmt werden könnte. Und es ist unbedingt der günstigste Fasenwinkel von 25° einzuhalten, in dem die Schneide in linearer Bewegung quer zur Schleifscheibe geführt wird.
Die endgültige Schärfe erhält die Schneide dann anschließend auf dem Abziehstein aus Siliziumkarbid, der mit Wasser oder besser mit einer Mischung aus Öl und Petroleum angefeuchtet wird. Mit kreisenden Bewegungen, zunächst auf der groben, dann auf der feinen Seite des Abziehsteins, entfernen Sie dabei den Grat, der sich auch bei richtiger Stellung des Werkzeugs zur Schleifscheibe bildet.

Winkelschleifer

Es ist kaum vorstellbar, daß metall- und steinverarbeitende Handwerker heute noch ohne Winkelschleifer auskommen sollten. Und für den Heimwerker gilt ähnliches. Metallprofile können Sie zur Not noch mit der Handmetallsäge schneiden und mit der Feile verputzen. Aber versuchen Sie mal, keramische Materialien, Natur- und

Winkelgerechtes Trennen mit Trenn-Set

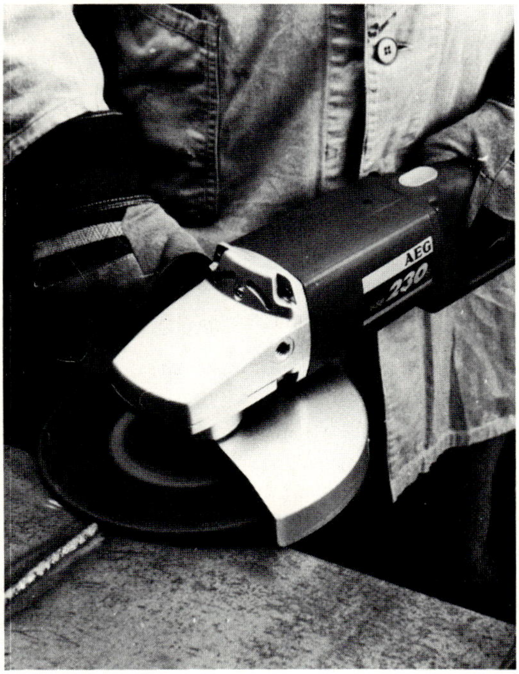

Müheloses Glätten einer Schweißnaht

Kunststeinplatten oder hartgebrannte Klinker mit Handwerkzeugen fachgerecht zu bearbeiten. Das wird kaum in befriedigender Weise gelingen. Und dann hilft nur noch der Winkelschleifer.

Davon gibt es im AEG Heimwerker-Programm gleich vier. Und alle können zum Schruppen und Trennen von Stein, Nichteisenmetallen und Stahl verwendet werden. Als Schruppen bezeichnet man einen Schleifvorgang, bei dem es auf einen möglichst starken Materialabtrag ankommt, so zum Beispiel beim Verputzen von Schweißnähten und Schnittflächen. Sinngemäß werden die erforderlichen Schleifscheiben als Schruppscheiben bezeichnet. Das Trennen, also das Sägen von Stein und Metall, geschieht ebenfalls mit Schleifscheiben, die allerdings nur etwa 2,5 mm stark sind und als Trennscheiben bezeichnet werden. Bei der Beschaffung von Schrupp- und Trennscheiben ist nicht nur auf die richtigen Abmessungen von Durchmesser, Stärke und Bohrung zu achten, sie müssen vor allem auch vom DSA (Deutscher Schleifscheiben-Ausschuß) für eine Umfangsgeschwindigkeit von 80 m pro Sekunde zugelassen sein – das muß auf der Scheibe vermerkt sein. Und das für die Scheibe verarbeitete Korn muß zur Bearbeitung des Materials geeignet sein. Auch das ist auf die Scheibe aufgedruckt.

Der Materialabtrag eines Schleifkörpers hängt im wesentlichen von zwei Faktoren ab: der Größe und Dichte des Schleifkorns und von der Schleif-, also der Umfangsgeschwindigkeit der Scheibe. Bei Winkelschleifern arbeitet man mit Umfangsgeschwindigkeiten, die im Extremfall bis zur zulässigen Geschwindigkeit des Schleifkörpers gehen. Im übrigen werden Sie in der Praxis dann selbst feststellen, daß ein hoher Anpreßdruck keine höhere, sondern viel eher eine niedrigere Schleifleistung bringt: Bei höherem Anpreßdruck fällt die Maschinendrehzahl stark ab. Und da die Schleifleistung der Drehzahl proportional ist, geht sie zwangsläufig auch zurück. Deshalb: Arbeiten Sie mit Gefühl!

Und achten Sie auf den richtigen Arbeitswinkel (also den Anstellwinkel zwischen Scheibe und Fläche). Er beträgt beim Trennen 90°, beim Schleifen und Schruppen 15 bis 30° und bei der Arbeit mit dem Schleifteller ca. 10°.

Auch bei Winkelschleifern läßt Ihnen das AEG Heimwerker-Programm die Wahl zwischen mehreren, nämlich vier Geräten. Sie unterscheiden sich nach der Motorleistung, nach Gewicht und nach den Schleifscheiben-Durchmessern, den Sie aus der Zahl in der Typenbezeichnung ablesen können. So arbeitet z.B. der Einhandwinkelschleifer WS 115 mit Trenn- bzw. Schruppscheiben von 115 mm Durchmesser. Dieser besonders handliche, universell einsetzbare Winkelschleifer hat übrigens ein um 180° drehbares Motorgehäuse, so daß der Sicherheitsschalter auch für Linkshänder an der richtigen Stelle sitzt. Und mit seinem superflachen Metallgetriebekopf ist das Arbeiten selbst an schwer zugänglichen Stellen möglich.

Der nächststärkere Winkelschleifer WS 180 ist mit 1200 Watt Leistungsaufnahme bereits ein Gerät, wie es auch die Profis in der Metallverarbeitung und auf dem Bau benutzen. Nur wenn vorwiegend Terrassen- und Wegbeläge, Natur- oder Kunststeinbeläge, Fliesen und starke Metallprofile getrennt werden sollen, empfiehlt es sich, zu den Winkelschleifern WSB 180 S oder WSB 230 S zu greifen: Mit einer Leistungsaufnahme von 1800 Watt verfügen diese Kraftprotze, die trotzdem die leichtesten Geräte ihrer Klasse sind, über ausreichende Reserven, um auch Waschbeton relativ leicht zu schneiden. Dazu sollten Sie allerdings das Trennset aus dem Zubehör verwenden. Einmal, weil es die Schnittiefe begrenzt (was Vorschrift ist!) und dadurch das Trennen sicherer macht, zum andern, weil der Schnitt winkelgerecht gelingt. Und weil wir schon bei der Sicherheit und bei Vorschriften sind: Berufsgenossenschaften schreiben für Arbeiten mit Winkelschleifern das Tragen einer Schutzbrille vor. Kaufen Sie sich also auch eine und benutzen Sie diese Brille auch!

Trotz ihrer Kraft können Winkelschleifer auch für feinere Arbeiten eingesetzt werden. So in Verbindung mit einem Kunststoff-Schleifteller und einem Schleifblatt entsprechender Körnung bei Karosseriearbeiten oder sogar bei der Holzbearbeitung dort, wo die runden Schleifspuren nicht stören oder später mit einem anderen Gerät beseitigt werden.

Spritzpistole

Nicht jeder, der gelegentlich zu Farbe, Quaste oder Pinsel greift, um Wohnung oder Haus zu verschönern, wird Anspruch auf die Bezeichnung Heimwerker erheben. Aber die meisten Heimwerker sind so anspruchsvoll, daß die Oberflächenqualität, die mit Walze oder Pinsel zu erzielen ist, sie auf Dauer nicht mehr befriedigen wird. In diesem Fall, aber auch bei größeren Flächen oder besonders schwierig zu beschichtenden

Spritzlackieren bis in den letzten Winkel

Gegenständen wie Fensterläden oder Zäunen, sollte man sich mit dem Spritzlackieren vertraut machen!

Vor dem Kauf einer Spritzausrüstung ist allerdings auch zu bedenken, daß die Arbeit damit Sorgfalt und einen erheblichen Zeitaufwand für die Vorbereitung und Reinigung erfordert. Wo diese Einwände weniger zählen als die einwandfreien, nur mit einer Spritzpistole zu erzielenden Ergebnisse, ist man mit einer Elektrospritzausrüstung von AEG gut beraten: Erstens kostet sie wesentlich weniger als eine Kompressorspritzanlage, zweitens ist sie ausgereift und enthält alle zum Spritzlackieren erforderlichen Teile. Und drittens bietet das sogenannte Airless-Spritzen mit der Hochleistungs-Spritzpistole wichtige spezifische Vorteile.

Wie der Name besagt, werden dabei spritzbare Flüssigkeiten unter hohem Druck luftlos zerstäubt. Das bedeutet weit weniger Farbnebel und eine bessere Materialausnutzung als bei herkömmlichen Druckluft-Spritzpistolen! Die Technik des Airless-Verfahrens ist schnell erklärt: Eine elektromagnetisch betätigte Pumpe saugt über ein Vakuum das Spritzmaterial an, setzt es unter extremen Druck (bis ca. 140 bar) und stößt es durch eine Düse mikrofein zerstäubt aus.

Nach der Theorie nun zur Praxis. Sie beginnt mit der wirklich gründlichen Vorbereitung des Werkstücks durch wiederholtes Schleifen und Spachteln, wo nötig Entrosten, Entfetten und Abkleben nicht zu beschichtender Stellen. Dann sollte das Werkstück mit einem Staubpinsel, dem Staubsauger oder feucht sorgfältig entstaubt werden, denn selbst das feinste Korn führt später zu einer Beeinträchtigung der Oberflächenqualität. Denken Sie auch daran, wichtige Utensilien wie Verdünner, Schutzmaske, Auflageleisten, Papiertücher, Siebe etc. griffbereit zurechtzulegen. Schützen Sie die Umgebung des Spritzplatzes z. B. mit Folie, denn auch beim Airless-Verfahren bekommt sie etwas Lack ab. Und sorgen Sie für eine sichere, wenn möglich waagerechte und drehbare Auflage des Werkstücks.

Dann kommt ein sehr wichtiges, für einwandfreie Ergebnisse entscheidendes Kapitel: das Vorbereiten des Spritzguts. Die meisten im Handel erhältlichen Farben und Lacke sind nämlich zum Streichen gedacht und zum Spritzen zu dickflüssig. Deshalb müssen sie verdünnt oder, wie der Fachmann sagt, auf den erforderlichen Viskositätsgrad eingestellt werden. Das geschieht am besten mit dem in der AEG Spritzausrüstung enthaltenen Viskositätsmeßbecher, und zwar wie folgt: Rühren Sie die Farbe zunächst gut auf (z. B. mit Bohrmaschine und Quirl), tauchen Sie dann den Meßbecher ein, damit er sich bis zum Rand füllt. Ziehen Sie den Meßbecher heraus und stoppen Sie die Zeit, bis er leergelaufen ist. Diese Auslaufzeit in Sekunden ist das Maß für die Viskosität in sogenannten DIN-Sekunden. Falls vom Farbhersteller keine Angaben über die zum Spritzen erforderliche Viskosität vorliegen, sollten Sie die Richtwerte der folgenden Tabelle beachten:

Spritzmaterial	*Viskosität in DIN-Sekunden* (bei Raumtemperatur)
Nitrolacke	35–40
Öl- und Kunstharzlacke	50
Hammerschlag-Effektlacke	40–45
Chlorkautschuklacke	25–30
Polyurethanlacke	45
Alufarben	30–35
Holzimprägnierung	30
Inertol	80

Die richtige Viskosität erhalten Sie schließlich, indem Sie den geeigneten Verdünner (am besten vom gleichen Hersteller) zugeben, und zwar nur in geringen Mengen, denn weiter verdünnen können Sie immer noch, nicht aber eindicken! Bei einer letzten Überprüfung mit dem Meßbecher sollte die Viskosität dann stimmen.

Ist diese Arbeit getan (sie liest sich hier komplizierter, als sie nach einiger Übung ist), so füllen Sie das Spritzgut durch ein Feinsieb oder einen Nylonstrumpf in den Spritzbehälter. Selbst fabrikfrische Lacke können nämlich Verunreinigungen enthalten, welche die Funktion der Spritzpistole beeinträchtigen.

Nun zur Wahl der richtigen Düse, denn die AEG Spritzausrüstung enthält gleich zwei: eine Standard-Rundstrahldüse 0,8 mm, die sich für alle Farben und Lacke bis zu einer Viskosität von ca. 50 DIN-Sekunden eignet, und eine Flachstrahldüse, die beim Spritzen großer Flächen vorteilhaft ist. Beide Düsen können auf die ebenfalls mitgelieferte flexible Düsenverlängerung geschraubt werden, die sich nach allen Seiten biegen läßt und sich deshalb beim Spritzen von Decken, Heizkörpern oder an schwer zugänglichen Stellen als sehr praktisch erweist.

Das schon deshalb, weil die Spritzpistole immer weitgehend waagerecht gehalten werden sollte, damit nicht Luft angesaugt wird, wodurch Farbkleckse entstehen. Aus dem gleichen Grund sollte der Farbbehälter auch nie ganz leergespritzt werden.

Die Fördermenge der Spritzpistole kann durch Drehen an der Regulierschraube stufenlos eingestellt werden: Linksdrehung bedeutet hohe Fördermenge und vollen, breiten Strahl, Rechtsdrehung kleine Fördermenge und schmalen Strahl. Um den Spritzkegel richtig einzustellen, drehen Sie die Regulierschraube zunächst nach links (volle Fördermenge), schalten dann das Gerät ein und drehen die Regulierschraube so lange nach rechts, bis Sie eine gute, gleichmäßige Zerstäubung ohne sichtbare Farbtröpfchen erreichen. Natürlich werden Sie beim Einstellen die Spritzpistole nicht auf das Werkstück, sondern gegen Karton oder Papier halten!

Ehe Sie nun Ernst machen und eine erste Probe im Spritzlackieren ablegen, hier noch einige wichtige Tips zur richtigen Spritztechnik:

- Führen Sie die Spritzpistole gleichmäßig und in immer gleichem Abstand (je nach Düse und Spritzgut 30–50 cm) parallel zur Fläche. Bewegungen aus dem Handgelenk führen zu ungleichmäßigem Farbauftrag!
- Spritzen Sie eher dünn und dafür in mehreren Schichten, aber auch wiederum dick genug, damit die Farbe gut verläuft.
- Schalten Sie die Spritzpistole nie über der zu spritzenden Fläche ein oder aus, sondern beginnen Sie mit dem Spritzen außerhalb der Fläche.
- Spritzen Sie größere Flächen im sogenannten „Kreuzgang". Die mäanderförmig verlaufenden Spritzbahnen sollten sich dabei um ca. 4–5 cm überlappen, damit eine einheitlich verlaufende Oberfläche entsteht.
- Auf vorgenebelten Flächen, die man kurz anziehen läßt, haftet die erste Farbschicht besser. Das ist besonders bei schrägen oder senkrechten Flächen wichtig.
- Spritzen Sie waagerechte Flächen in Richtung vom Körper weg. Der Farbnebel wird dadurch vom nachfolgenden Farbstrahl sauber überdeckt.

Nachdem der Spritzvorgang beendet ist, bleibt Ihnen wenig Zeit, das fertige Werk zu bewundern. Je eher Sie nämlich die Spritzpistole und die verwendeten Utensilien reinigen, desto leichter geht es. Zum Reinigen der Spritzpistole schrauben Sie den Farbbehälter ab, halten das Saugrohr in Verdünner der beim Einstellen der Viskosität verwendeten Sorte und spritzen so lange durch, bis der Spritzstrahl klar und sauber ist. Dann reinigen Sie den Behälter und das Äußere der Pistole ebenfalls mit Verdünner und einem Pinsel. Wenn Sie dann noch abschließend etwas dünnes Maschinenöl durchspritzen, ist Ihre Spritzpistole bestens gegen Rost geschützt und auch nach längerer Pause wieder einsatzbereit!

Wie Sie mittlerweile bemerkt haben werden, ist Spritzlackieren, wenn annähernd professionelle Ergebnisse erzielt werden sollen, eine nicht ganz einfache, zeitaufwendige Angelegenheit. Andere Spritzgüter wie Holzschutzmittel, Lasuren, Fassadenfarben, Desinfektions- oder Pflanzenschutzmittel, Kaltreiniger oder Unterbodenschutz sind sicher leichter zu verarbeiten. Das AEG Zubehör-Programm bietet dazu, falls erforderlich, die speziellen Düsen und Zubehörteile.

Das Drechseln

Das Drechseln bietet die Möglichkeit, Holz (und bis zu einem gewissen Grad auch andere Werkstoffe) zu Formstücken mit kreisrundem Querschnitt zu verarbeiten – als Schachfiguren, Möbelbeine, Leuchter –, aber auch Schalen und Teller anzufertigen.

Als Antrieb der Drechseleinrichtung können alle AEG Schlagbohrer mit Elektronik dienen: Die Arbeit gelingt besser, wenn man verschiede-

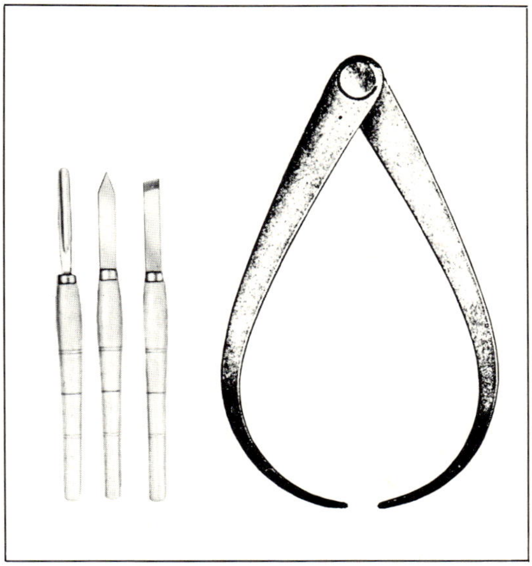

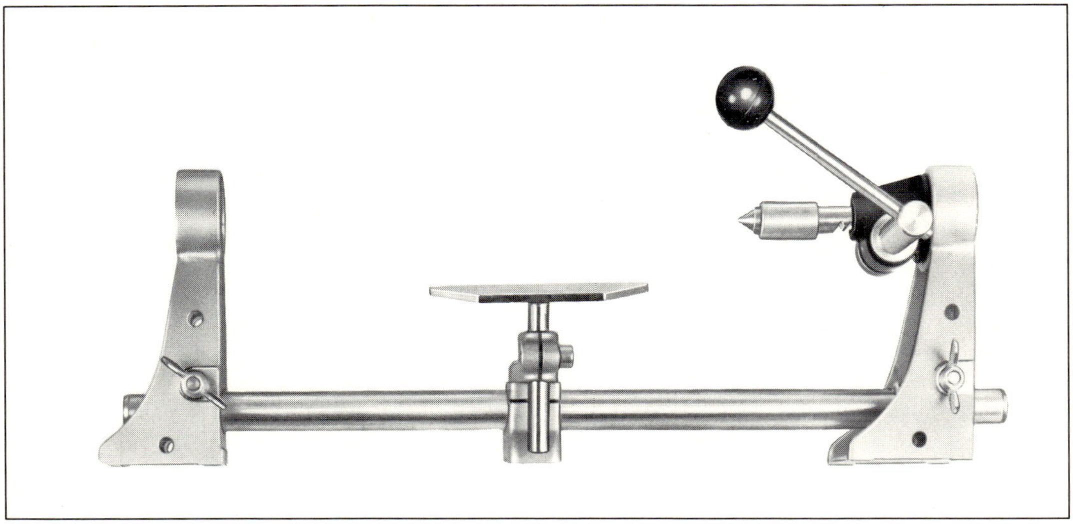

Drechseleinrichtung für den Antrieb durch Bohrmaschinen

ne Laufgeschwindigkeiten ausnutzen kann. Für die Drechselarbeit selbst werden verschiedene Drechselstähle benötigt, wie sie in den Abbildungen zu sehen sind. Es handelt sich um die Formröhre, den Drehmeißel und den Abstech- oder Plattenstahl. Es empfiehlt sich, auch eine größere Röhre zum Schruppen, eine Schublehre zum genaueren Messen sowie einen Greifzirkel, einen Taster, anzuschaffen. Außerdem werden Schleifpapiere verschiedener Körnungen zwischen 120 und 400 benötigt. Und wenn man mehrere gleichartige Stücke zu drechseln hat, dann fertigt man sich nach der maßstabsgetreuen Zeichnung noch eine Papierschablone an.

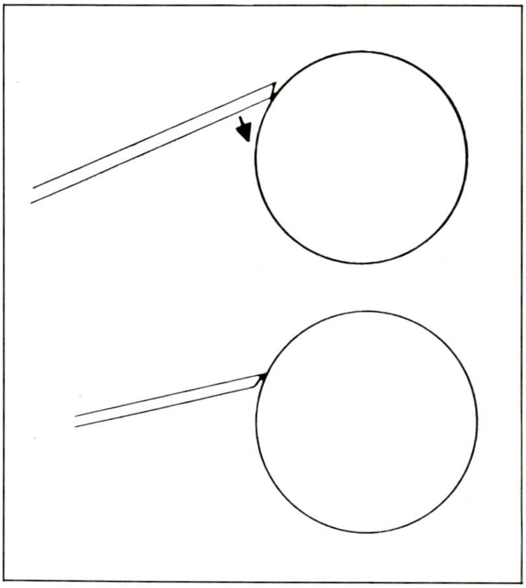

Das Material zum Drechseln
Grundsätzlich eignet sich jede Holzart. Allerdings splittern die weichen Nadelhölzer sehr leicht aus. Allenfalls Lärche bietet durchweg so viel Festigkeit, daß sie verwendet werden kann. Sie bietet durch ihre Maserung ein sehr schönes, interessantes Bild.

Besser geeignet sind die Laubhölzer. Und hier schätzt man besonders:

Ahorn, Birke, Esche – weil sie sehr ruhige Hölzer mit heller Farbe sind;

Kirsche, Pflaume, Eiche, Rüster und Zebrano – weil sie sehr lebhaft gezeichnet sind;

Ebenholz, Nußbaum, Palisander sowie Teak – weil sie die wichtigsten dunklen Hölzer mit großer Festigkeit sind.

Alle Hölzer müssen trocken und gut abgelagert sein. Gut abgelagert heißt auch: Das Holz darf keine Risse haben.

Die Arbeitsweise beim Langholzdrechseln
Wenn man ein Stück Holz bearbeitet, das länger als dick ist – wenn man also eine Spielfigur, ein Möbelbein oder einen Leuchter drechselt –, dann hat man es mit Langholz zu tun.

An dem Stück Holz muß zunächst der Mittelpunkt an beiden Stirnseiten festgestellt werden. Weil man es in der Regel mit einem Kantholz zu tun hat, geht das sehr leicht: Man zeichnet die Diagonalen an – der Schnittpunkt ist die Mitte.

Die beiden Haltevorrichtungen rechts und links (Dreizack und mitlaufende Körnerspitze) werden jeweils genau in den ermittelten Mittelpunkt eingesetzt. An der Motorseite sollte man mit einer Feinsäge einen Schlitz in das Holz einritzen, damit der Dreizack besseren Halt findet. Der Spannhebel rechts wird mit der linken Hand so kräftig wie möglich gegen das Werkstück gedrückt; dann zieht man mit der rechten Hand die Flügelmutter kräftig (!) an – so daß nun das Holz fest eingespannt ist.

Die Werkzeugauflage wird so hoch eingestellt, daß sie eben über der Mittelachse des Werkstücks, d.h. über der Drehachse der Drechseleinrichtung liegt. Sie wird so nahe an das Werkstück herangeführt, daß das vierkantige Rohholz gerade noch frei läuft. Auch hier muß man beide Flügelmuttern sehr fest anziehen, damit sich die Auflage während der Arbeit durch die Maschinenvibrationen nicht von selber verstellen kann.

Die rechte Hand faßt das Drechselwerkzeug (in der Regel zunächst die Formröhre) am Heft, – nachdem die Maschine eingeschaltet worden ist. Die linke Hand wird auf die Formröhre gelegt, und mit dieser Hand wird die Formröhre auch auf die Werkzeugauflage aufgelegt. Man hält den Drechselstahl ziemlich steil, nähert sich damit dem nun schon rotierenden Holz, bis die ersten Späne sich abheben. Die linke Hand muß auf diesen Moment gefaßt sein, sie darf nicht durch eine Schreckreaktion den Stahl zu weit an das Holz heranführen. Man neigt den Stahl bis fast zur Waagerechten, d.h. hebt den Werkzeuggriff mit

der rechten Hand an. Und nun muß man erst einmal versuchen, aus dem Kantholz einen sauberen zylindrischen Körper herzustellen, weil das die Ausgangsform für alle weiteren Formen ist.
Man schiebt also den Drechselstahl auf der Werkzeugauflage hin und her, wobei man den Neigungswinkel zur Drehachse beibehält. Wenn man den Rand der Werkzeugauflage erreicht hat und das Holz noch nicht in seiner ganzen Länge abgedrechselt ist, stellt man den Motor ab, verstellt die Auflage (zieht dabei wieder die Flügelmutter ganz fest an), läßt das Holz wieder rotieren und bearbeitet nun auch den restlichen Teil. Wenn sich dabei der Durchmesser des Werkstücks wesentlich verringert, sollte die Werkzeugauflage ein weiteres Mal verstellt werden, so daß sie wieder ganz nahe am Werkstück einen sicheren Halt für den Drechselstahl bietet. Der Drechselstahl sollte nicht genau senkrecht zur Drehachse gehalten, sondern ein wenig zur Seite abgelenkt werden. Man darf außerdem den Stahl nicht zu waagerecht halten, weil sonst das Holz eine rauhe, splittrige Oberfläche bekommt.
Erst wenn das Kantholz ein sauberer Zylinder geworden ist, kann man darangehen, die gewünschten Profile zu drechseln.

Kerbstich
Um den Kerbstich auszuführen, braucht man den Drehmeißel. Man legt ihn mit der längeren Schmalseite auf die Auflage – die Spitze befindet sich also unten. Und nun sticht man ganz kurz in das rotierende Holz. Aber nur kurz, damit der Stahl nicht zu heiß wird und gar ausglüht. Dieser erste Stich kennzeichnet die Mitte der Kerbe. Man muß nun den Meißel etwas verkanten und von rechts und links mit zunehmendem Druck auf diese Mittellinie zulaufen lassen. Die beiden Seiten der Kerbe müssen gleich sein.
Mehrere Kerben dicht aneinandergereiht, ergeben die sogenannten Spitzstäbe. Wenn sie ganz regelmäßig werden sollen, muß man die Abstände der Kerben natürlich vorher auf das Holz aufzeichnen.

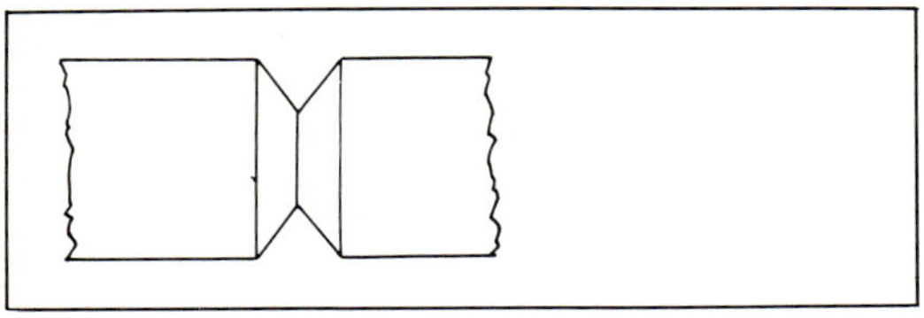

Die Platte
Wenn man den Platten- oder Abstechstahl nimmt und mit ihm – ähnlich wie mit der Formröhre – in Längsrichtung auf dem Holz hin- und herfährt, dabei aber einen erhabenen, scharf begrenzten Steg stehen läßt, dann hat man eine Platte gedrechselt. Umgekehrt: Sticht man mit dem gleichen Werkzeug nur an einer Stelle in das Holz, dann bekommt man eine Nut.

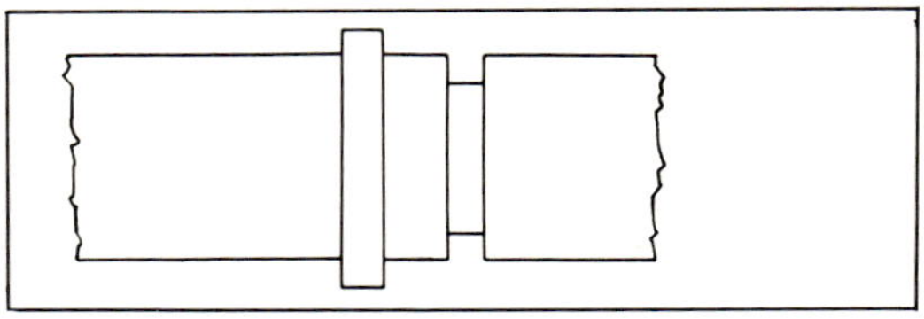

Die Hohlkehle
Man sticht zunächst mit dem Drehmeißel vor, so, als wollte man eine Kerbe ausführen. Dann aber wird mit der Röhre weitergearbeitet.
Man führt die Röhre stets vom Rand her – der vorher anzuzeichnen ist – zur Mitte der Hohlkehle vor. Dabei liegt der Drechselstahl, von der linken Hand gehalten, sicher auf der Werkzeugauflage. Lediglich durch die rechte Hand wird das Werkzeug geführt und im Viertelkreis bewegt. Es muß eine sehr gleichmäßige Rundung im Holz entstehen. Das wird nicht auf Anhieb ganz exakt gelingen, und darum muß man es erst einmal üben.
Wenn man mehrere Hohlkehlen nebeneinanderreihen will, muß man stets eine Platte dazwischen vorsehen. Die Ränder der Hohlkehle verlaufen ja sehr steil, es entstehen also sehr spitze, dünne Stege, die im Nu ausbrechen. Eine schmale Platte verhindert das.

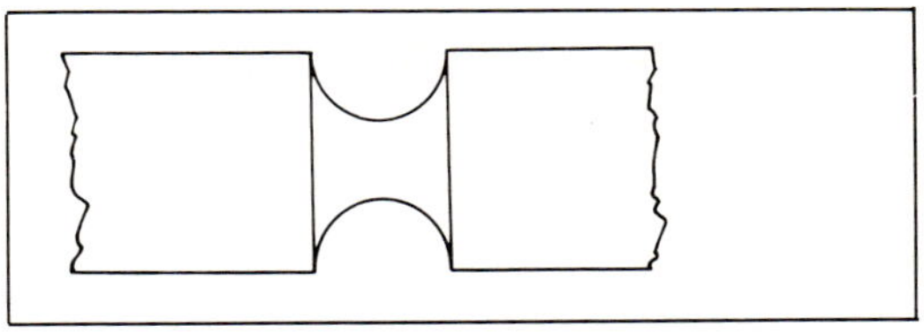

Die Rundform
Um eine Rundform zu erzielen, braucht man wieder den Meißel. Zunächst wird mit der langen Spitze rechts und links – je nachdem, wie breit die Rundform werden soll – das Holz eingekerbt.

Dann dreht man den Meißel um, so daß nun die stumpfe, kurze Spitze arbeitet: Mit dieser Spitze wird von der Mitte aus die gewünschte Rundung erzeugt, indem man das Werkzeug wieder in einem sehr sicher geführten Viertelkreis nach rechts und nach links bewegt.
Die Rundform kann beliebig oft aneinandergereiht werden – es entsteht dann ein Rundstab. Würde man vom Scheitelpunkt aus den Drehmeißel nicht in einer Drehbewegung, sondern geradlinig ins Holz führen, bekäme man einen Spitzstab. Dazu muß man rechts und links vom Scheitelpunkt zunächst Nuten ins Holz arbeiten und dann die inneren Flanken abschrägen.

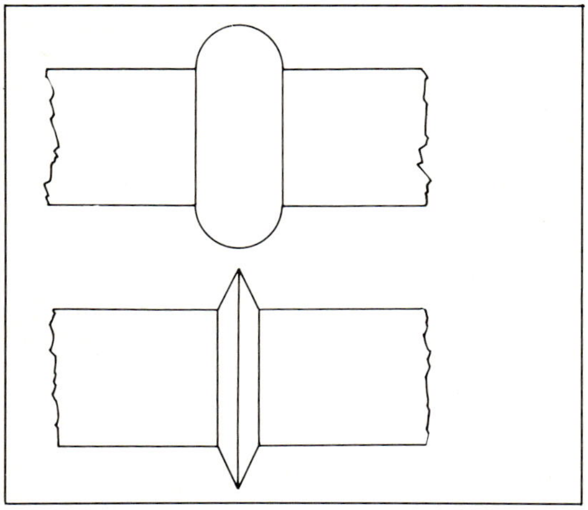

Geschwungene Linie

Diese Form entsteht, wenn Rundform und Hohlkehle ineinander übergehen. Man arbeitet dabei nur mit der Formröhre, damit man einen sehr sauberen, absatzlosen Übergang von der einen zur anderen Form erzielt.
Alle diese Profile kehren in allen Drechselarbeiten immer wieder. Man kann sie beliebig aneinanderreihen, man kann (oder muß) bei der Aneinanderreihung aber auch eine geordnete Folge anlegen, damit ein sinnvolles und schönes Ornament entsteht, so wie es in der Abbildung oben angedeutet ist.

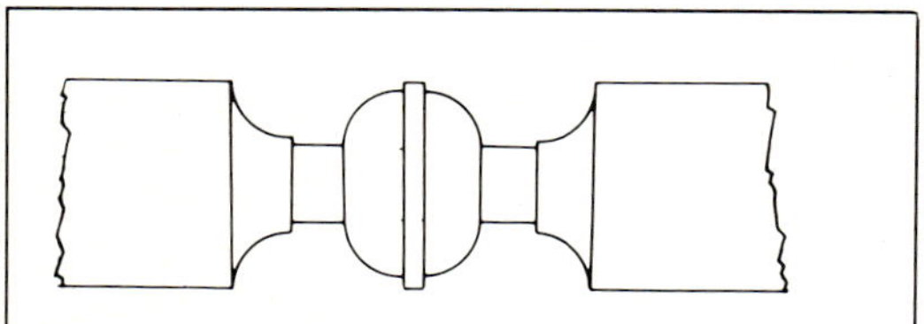

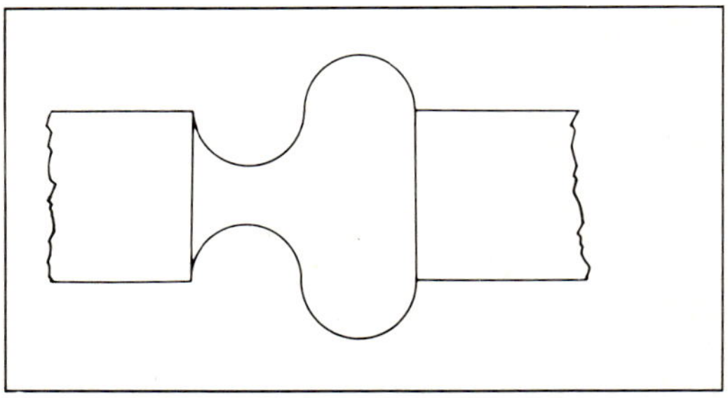

Das Abstechen

Beim Langholzdrechseln muß das Werkstück oft in der Länge oben einen sauberen Abschluß erhalten. Dazu ist es erforderlich, das Werkstück nach dem Abstechen der unteren Fläche (mit dem Meißel oder dem Abstechstahl) ein zweites Mal einzuspannen – nun aber einseitig, d.h. nur auf der Antriebseite. Dazu benutzt man die Stiftschraube, die in die Unterseite des Werkstücks eingeschraubt wird. Da das Schraubengewinde sich beim Rotieren des Holzes überdreht, wird eine Sicherungsschraube zusätzlich in die dafür vorgesehene Bohrung eingesetzt und ins Holz eingedreht. Beim ersten Abstechen muß man aber aufpassen: Man darf das Holz nicht ganz abstechen, weil es sonst plötzlich durch die Gegend fliegt. Die letzten Millimeter besorgt man mit der Feinsäge, nachdem die Maschine abgestellt und das Werkstück aus der Drechselbank genommen worden ist.
Zusätzlich muß dann natürlich noch mit Schleifpapier nachgearbeitet werden, weil beim Sägen keine saubere Fläche entsteht.

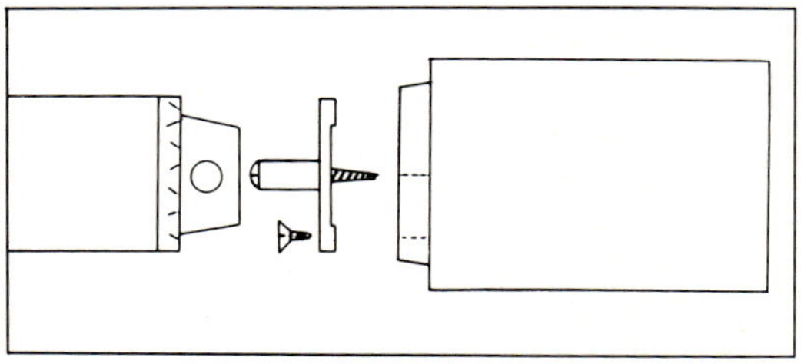

Das Querholzdrechseln

Man sägt das Werkstück – für eine Schale oder einen Teller – zunächst grob in eine achteckige Form; oder man sägt mit der Stichsäge schon gleich einen runden Rohling aus, hält sich dabei aber noch knapp außerhalb des angezeichneten Umfangs. Dann wird diese Rohform mit 10 mm langen Holzschrauben auf die Planscheibe geschraubt. Körnerspitze, Dreizack und Bohrfutter werden von der Drechseleinrichtung entfernt und dafür die Planscheibe auf die Antriebsmaschine geschraubt. Die Werkzeugauflage wird nun quer eingestellt – und zwar so hoch, daß das Werkzeug links im oberen Drittel angreift. Nun wird mit dem Abstechstahl der Umriß der Form abgedreht. Man drechselt eine runde Kante, damit das Holz nicht ausreißt und absplittert.

Dann arbeitet man zweckmäßigerweise zunächst die äußere Form, also die Unterseite des Werkstücks, aus. Stellt man erst die Innenseite her, kann man nachher das Werkstück nicht mehr einspannen.

Also wird zuerst die flache Unterseite hergestellt. Dazu wird die Werkzeugauflage wieder verstellt, und zwar etwa 5 mm unter den Mittelpunkt. Der Drehmeißel wird flach auf die Werkzeugauflage gelegt und mit voller Schneidbreite gleichmäßig hin- und hergeführt.

Es ist zweckmäßig, das Werkstück an der Unterseite nach innen leicht auszuhöhlen. Schon 1 bis 2 mm genügen. Danach formt man die Außenseite des Werkstücks. Dazu wird die Werkzeugauflage wieder höher eingestellt, so daß man nun wieder im linken oberen Drittel des Werkstücks arbeiten kann. Die Form wird mit der Formröhre herausgearbeitet. Man arbeitet von innen nach außen. Wenn allerdings scharfe Absätze beabsichtigt sind, muß man den Drehmeißel einsetzen.

Je härter das Holz ist, um so glatter wird die gedrechselte Form. Dennoch kann es vorkommen, daß sich – nach Abschalten der Maschine – das gedrechselte Profil an einigen Stellen rauh und faserig anfühlt. Das kommt vom unregelmäßigen Wachstum des Holzes. Man kann versuchen, diese rauhen Partien mit Hilfe von Schleifpapier zu glätten. Dabei muß man natürlich sehr vorsichtig arbeiten, weil das Papier und der Schleifbelag sehr schnell heiß werden und weil dann die Finger schmerzen, und das Holz leicht angebrannt werden kann. Es gibt dabei natürlich keine Flammen – aber dunkle Stellen im Holz! Oft wird man die rauhen Holzpartien erst nachher in Handarbeit mit einer Ziehklinge oder mit feinem Schleifpapier beseitigen können.

Wenn nun die Unterseite zur Zufriedenheit ausgefallen und die Form als vollkommen anzusehen ist, dann schaltet man die Maschine ab, trennt Werkstück und Planscheibe, spannt die Planscheibe aus der Maschine, setzt wieder das Bohrfutter in die Antriebsmaschine – und befestigt nun das Werkstück mit Hilfe der Stiftschraube im Bohrfutter. Man muß also die Stiftschraube genau in die Mitte der eben hergestellten Werkstückunterseite eindrehen, die Sicherungsschraube ebenfalls eindrehen und dann den Stift ins Bohrfutter einspannen. Jetzt wird die Innenseite ausgeformt. Zunächst muß man aber noch kontrollieren, ob das Werkstück mit seiner Unterseite wirklich ganz dicht an der kleinen Planscheibe der Stiftschraube anliegt; wenn nicht, wird das Werkstück bzw. dessen oberer Rand schief verlaufen.

Man muß nun zunächst einmal die Oberseite des Werkstücks plan drechseln. Dann wird mit der Formröhre die gewünschte Vertiefung hergestellt. Man sollte sich angewöhnen, stets von innen nach außen zu arbeiten – dabei aber in der Mitte einen kleinen Rest stehen zu lassen. Dieser Zapfen gibt dem Werkstück beim Drechseln mehr Festigkeit; man vermeidet so vor allem bei größeren und dünneren Stücken Vibrationen, die zur Zerstörung des Werkstücks führen können.

Ist die gewünschte Form erreicht, wird man mit der Formröhre die Oberfläche ganz leicht bearbeiten, um eine glatte Fläche zu erzielen. Und dann entfernt man auch den Zapfen, den man in der Mitte stehen ließ. Hierbei ist aber darauf zu achten, daß in der Mitte des Werkstücks eine Schraube eingedreht ist! Man darf also das Holz nicht zu stark ausdrechseln. Wenn man nun aber dünne Formen herstellen will, dann muß man schon bei der Herstellung der Außenfläche anders vorgehen:

Dann muß man nämlich in den Boden eine etwa 4 bis 5 mm tiefe Vertiefung mit senkrechter Wandung drechseln, muß ferner einen Spund drechseln, der genau in diese Vertiefung paßt. Dann wird der Spund auf die Stiftschraube gespannt und das Werkstück fest auf ihn aufgepreßt. Hier ist mit Vorsicht zu arbeiten. Zwar stört nun keine Schraube im Holz mehr, dafür ist aber die Bruchgefahr größer geworden. Es empfiehlt sich daher, das Holz in mehreren Etappen auszuarbeiten, d.h. zwischendurch einige Zeit austrocknen zu lassen, damit es nicht reißen kann. Andererseits muß man mit den Drechselstählen behutsam arbeiten, damit das Holz nicht zerdrückt wird.

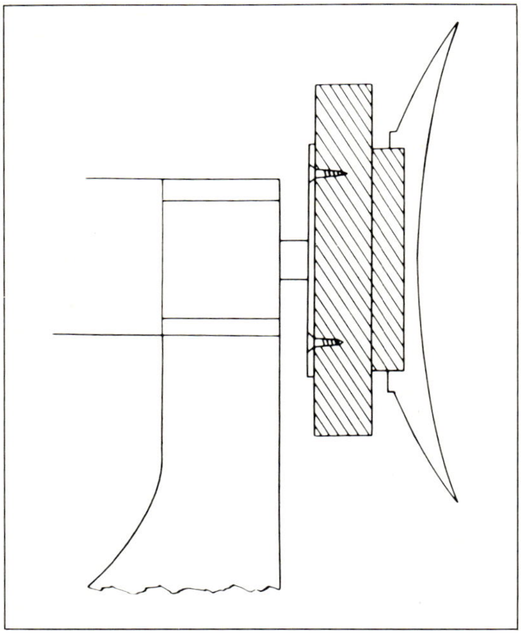

Noch einige Tips zum Drechseln
Das Holz, aus dem man etwas drechseln will, soll gut und gleichmäßig durchgetrocknet sein. Es soll keine Risse aufweisen – aber zuweilen kann man auch gerissenes Holz verwenden: Man muß es dann so einspannen und abdrechseln, daß der Riß im wegfallenden Holz liegt und daß für die Form das gesunde Holz übrigbleibt. Hierbei muß aber wiederum sehr feinfühlig gedrechselt werden, weil am Riß große Splitter aus dem Holz herausgerissen werden können und so das ganze Werkstück verdorben wird.
Wer das Drechseln „erlernt", wird meist ohne jede Zeichnung arbeiten und die Form mehr oder weniger dem Zufall überlassen, also erst während der Arbeit frei entwickeln. Mit einiger Übung kann man auch nach Zeichnung arbeiten oder, anders gesagt, man kann Formen so aufzeichnen, wie sie sich auch wirklich drechseln lassen. Dennoch sollte man die Form nicht sklavisch nach der Zeichnung herstellen. Es läßt sich ja immer erst an der Form ablesen, ob sie gut ist oder ob sie noch abgeändert werden soll.
Will man mehrere Stücke nach einer solchen Zeichnung herstellen, dann braucht man eine Schablone, um die Gleichheit aller Stücke zu garantieren. Man zeichnet den Umriß der Form auf einen starken Karton auf und kontrolliert nun mit Hilfe des dann ausgeschnittenen Kartons, ob die gedrechselte Form mit der Zeichnung übereinstimmt.
Die Schablone wird selbstverständlich immer erst am stillstehenden Werkstück angelegt. Eine rotierende Form kann nämlich die Kartonschablone verderben und die gewünschte Kontur ungenau machen.
Um einem Werkstück den letzten Schliff zu geben, d.h. um der Oberfläche einen feinen Glanz zu verleihen, benutzen viele Drechsler ganz einfach die zuvor abgedrechselten Holzspäne. Man nimmt also eine Handvoll Späne vom Tisch oder Fußboden und „poliert" damit das Holz aus. Allerdings darf man nur leicht aufdrücken, weil sich sonst das Holz zu stark erwärmt und wiederum Brandspuren auftreten können.
Brandspuren können allerdings zuweilen auch erwünscht sein: Man kann sie auch als Oberflächenverzierung auffassen. Wenn man beispielsweise ein Langholzstück drechselt und diese Form mit feinen Rillen versehen will, dann nimmt man einfach ein Stück Draht zur Hand, spannt es zwischen den beiden Händen und hält nun den Draht auf das Holz. Der Draht brennt nun förmlich eine mehr oder weniger tiefe Rille ins Holz.
Wenn man die einzelnen Grundarbeitsgänge beherrscht, ist es nicht mehr schwer, vielerlei Arbeiten selbst auszuführen. So kann man Eierbecher, Schachfiguren, Leuchter, Lampensäulen, Stuhlbeine, Puppenköpfe oder -körper längsdrechseln, Teller, Schalen, Lampenfüße, Schmuckdosen, Aschenbecher oder Serviettenringe querdrechseln.

Elektronik-Tacker

Nageln ist wohl eine der ältesten Verbindungstechniken überhaupt. Mit dem Hammer wird sie heute jedoch immer seltener praktiziert, der technische Fortschritt hat auch hier schnelleres, leichteres Arbeiten gebracht. Wer schon einmal zugeschaut hat, wie Zimmerleute auf dem Bau oder bei der Vormontage von Fertighäusern mit maschinenpistolenähnlichen Pneumatik-Naglern Stahlklammern und Nägel serienweise einschießen, weiß, wovon die Rede ist!

Perfekter Innenausbau mit Electronic-Tacker

Bescheidene Vorläufer in dieser modernen Nageltechnik waren sogenannte Tacker mit Federzugmechanik, wie sie zum Teil auch heute noch von Dekorateuren verwendet werden. Eine zeitgemäße Entsprechung sind dagegen Elektronik-Tacker, die sich bei Handwerkern wie Heimwerkern wachsender Beliebtheit erfreuen. Die Gründe dafür sind offensichtlich: Sie werden nur mit einer Hand bedient, heften, klammern und nageln wesentlich schneller und präziser, und sie sind durch ein großes Angebot von Heftmitteln äußerst rationell und vielseitig einzusetzen.

Das AEG Heimwerker-Programm stellt zwei Geräte zur Wahl. Beiden gemeinsam ist die elektromagnetische Funktionsweise und die elektronisch stufenlos einstellbare, daher immer materialgerechte Schlagstärke. Unterschiede ergeben sich in technischen Details und zum Teil in den Anwendungsbereichen. So verfügt der powertac 30 über eine höhere maximale Schlagstärke und kann deshalb Klammern und Nägel bis 30 mm Länge eintreiben. Seine 15 mm lange Nase (Klammernaustritt) ist ideal beim Festschießen von Nut-und-Feder-Brettern, Paneelen etc., weil es nahezu unsichtbar in der Nut erfolgen kann. Eine technische Besonderheit ist die manuelle Mehrschlagauslösung: Bei sehr hartem Material oder falscher Einstellung der Elektronik können Klammern auch im zweiten Anlauf eingetrieben werden.

Der Tacker powertac 19 ist ein besonders handliches, universell einzusetzendes Gerät, das Klammern und Nägel bis 19 mm Länge verarbeitet. Sein Klammernaustritt an der auswechselbaren Stirnplatte ermöglicht extrem rand- und ecknahes Tackern. Mit beiden Geräten geht die Arbeit, dank einer hohen Schlagfolge von 30/min, zügig von der Hand, beide machen durch Aufsetzsicherung bzw. Einschaltsperre ein unbeabsichtigtes Auslösen unmöglich.

Mit Hilfe eines solchen Tackers kann sich der Heimwerker das Montieren von Wärmedämmrollen oder Wandverkleidungen ganz beträchtlich erleichtern, und selbst bei den Polsterarbeiten, die im Kapitel „Techniken, die man kennen sollte“ beschrieben sind, macht es sich vorteilhaft bemerkbar, daß man nur eine Hand für das Nageln braucht.

Register

L

M

N

S

T

U

V

W

Die großen Ravensburger® Bücher

Walter Diem/Erwin Glonnegger
Das große Ravensburger Spielbuch
Spielvorschläge und Unterhaltung für drinnen und draußen.
356 Seiten mit 413 zweifarbigen und 69 s/w Abbildungen von Hermann Wernhard.
Format 17,5 x 24 cm. Pappband.
ISBN 3-473-**42361**-0

Jutta Lammèr
Das große Ravensburger Lexikon der Handarbeiten
359 Seiten, 643 zweifarbigen Zeichnungen von Walter Emmrich und Heike Diem. 20 vierfarbige, 242 s/w Fotos.
Format 17,5 x 24 cm. Ln. mit Schutzumschlag.
ISBN 3-473-**42363**-7

Jackson/Day
Das große Ravensburger Modellbau-Handbuch
Tips und Tricks für den Bau von Auto-, Flug- und Schiffsmodellen, von Modelleisenbahn-Anlagen und Landschaften. Aus dem Englischen von Heinz Johnen.
320 Seiten, 1300 meist 2farbigen Abbildungen.
Format 17,5 x 24 cm. Pappband.
ISBN 3-473-**42358**-0

Jutta Lammèr
Das große Ravensburger Handarbeitsbuch
Sticken, Häkeln, Knüpfen, Weben, Stricken, Applikation, Patchwork.
291 Seiten, 395 s/w und 12 farbige Fotos sowie 282 Zeichnungen.
Format 17,5 x 24 cm. Pappband.
ISBN 3-473-**42347**-5

Ursula Kaiser
Das große Ravensburger Buch für Hobbymaler
Farbe, Linie, Fläche, Raum.
Mit Lexikon für Material, Technik und Fachbegriffe.
360 Seiten, 278 s/w und 35 farbige Abbildungen.
Format 17,5 x 24 cm. Pappband.
ISBN 3-473-**42362**-9

Jutta Lammèr (Hrsg.)
Das große Ravensburger Hobbybuch
Basteln – Werken – Handarbeiten
412 Seiten mit 188 Farbfotos, zahlreichen s/w Fotos und Zeichnungen.
Format 17,5 x 24 cm. Pappband.
ISBN 3-473-**42353**-X

Die großen Ravensburger® Bücher

Jutta Lammèr
Das große Ravensburger Werkkunstbuch
Historisches und Traditionelles, Modernes und Experimentelles.
425 Seiten mit 578 s/w Fotos, 146 Zeichnungen und 46 farbigen Abbildungen. Format 17,5 x 24 cm. Pappband.
ISBN 3-473-**42348**-3

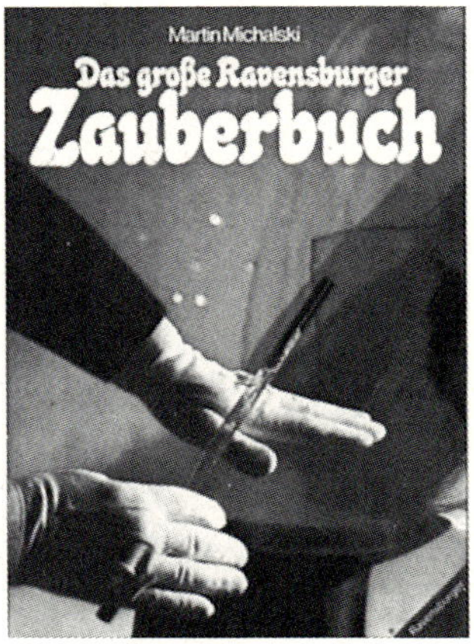

Martin Michalski
Das große Ravensburger Zauberbuch
287 Seiten mit 28 Farbfotos, 22 s/w Fotos, 350 Zeichnungen.
Format 17,5 x 24 cm. Pappband.
ISBN 3-473-**42351**-3

Schachenmayr
Das große Strick- und Häkelbuch
Ein vollständiger Lehrgang mit Musterbeispielen.
360 Seiten mit 592 s/w-Fotos und 324 Zeichnungen.
Format 17,5 x 24 cm. Pappband.
ISBN 3-473-**42360**-2

Miriam Stoppard
Das große Ravensburger Babybuch
Ein Handbuch für junge Eltern.
Aus dem Englischen von L. Hattery-Beyer, H. Leiska.
360 Seiten mit 475 2farbigen Abbildungen von E. Keene, u. a.
116 s/w Fotos.
Format 17,5 x 24 cm. Pappband.
ISBN 3-473-**42366**-1

Sybil Gräfin Schönfeldt
Das große Ravensburger Buch der Feste und Bräuche
Durch das Jahr und den Lebenslauf.
432 Seiten mit 341 Fotos und Zeichnungen und 20 farbigen Abbildungen.
Format 17,5 x 24 cm. Pappband.
ISBN 3-473-**42349**-1

Rudolf Wollmann
Werkbuch für Jungen
Das Bastelbuch mit Einführung in die Grundlagen der Technik.
Neu bearbeitet von Josef Glagla, Günter Kretzschmar, Herbert Wirkner, Dr. Helmut K. Ziegler. 395 Seiten mit 698 Zeichnungen, 117 Fotos und 2 Bauplänen. Format 17,5 x 24 cm. Pappband.
ISBN 3-473-**42352**-1

Die großen Ravensburger® Bücher

John Seymour hat sein drittes großes Buch geschrieben. Nach „Leben auf dem Lande" und „Selbstversorgung aus dem Garten" nun „Vergessene Künste".
Ein Buch über die traditionsreichen — fast schon vergessenen — bäuerlichen Handwerkskünste. Auf einer nostalgischen Reise führt uns John Seymour zu Arbeitsplätzen und Werkstätten.
Er beschreibt die Materialien und Werkzeuge. Er lehrt die traditionsreichen Fertigkeiten, so wie er sie von den Handwerkern selbst gelernt hat.

John Seymour
Vergessene Künste
Bilder vom alten Handwerk.
Aus dem Englischen von Nadja Kneissler und Karl H. Schneider.
192 Seiten, über 500 teils farbige Abbildungen.
Format 22 x 28,5 cm. Pappband.
ISBN 3-473-**42603**-2

Jetzt völlig neu bearbeitet und mit ‚festlichem' Äußeren:
Neue Impulse aus alten Traditionen — das Hausbuch für die Weihnachtszeit.

- Zum Wiederentdecken längst vergessener Weihnachtssitten,
- zum Kennenlernen weihnachtlicher Bräuche anderer Länder,
- zum Ausprobieren von Back- und Kochrezepten aus Großmutters und unserer Zeit,
- zum Basteln, Werken, Handarbeiten.

Sybil Gräfin Schönfeldt/
Marie-Luise Lemke-Pricken/
Stefan Lemke
Das große Ravensburger Weihnachtsbuch
Basteln, Backen, Kochen, Feiern
288 Seiten mit ca. 200 farbigen und ca. 100 s/w Abbildungen vom Lemke-Pricken Team.
Format 17,5 x 24 cm. Pappband.
ISBN 3-473-**42359**-9

Für Hobby und Freizeit
Ravensburger® Hobbykurse

Heike Harms
Weihnachtsschmuck selber basteln
64 Seiten mit 17 farbigen Fotos, 29 s/w Zeichnungen und 21 s/w Fotos von Heike Harms, Barbara Bräuning und Walter Diem.
Format 15 x 20,5 cm. Broschur.
ISBN 3-473-**45660**-8

Ursula Dübel
Batik für Anfänger
64 Seiten mit 17 farbigen und 67 s/w Abbildungen.
Format 15 x 20,5 cm. Broschur.
ISBN 3-473-**45664**-0

Walter Sack
Model- und Reliefschnitzen
Negativ- und Positivschnitzen
96 Seiten mit ca. 74 s/w Illustrationen und 105 s/w Strichzeichnungen.
Format 15 x 20,5 cm. Broschur.
ISBN 3-473-**45658**-6

A. Herzog/E. Smoothy
Blütenbilder aus gepreßten Blumen und Blättern
64 Seiten, 57 s/w und 23 farbige Abbildungen.
Format 15 x 20,5 cm. Broschur.
ISBN 3-473-**45655**-1

Ursula Dübel
Seide bemalen
Einführung in die Seidenmalerei
64 Seiten, 3 s/w Abbildungen, 28 Farbabbildungen, 14 Strichzeichnungen.
Format 15 x 20,5 cm. Broschur.
ISBN 3-473-**45650**-0

Computer-Bücher

Nach diesem Buch entsteht ein Selbstbau-Computer zum Lernen, Spielen, Messen, Regeln, der mehr leistet als ein Home-Computer. Die Nachbausicherheit wurde an Hamburger Schulen getestet, die Programm-Listings bei Phillips/Hamburg entwickelt, die das Projekt auch unterstützen.

Joseph Glagla
Mein Homecomputer selbstgebaut
zum Lernen, Spielen, Messen, Steuern, Regeln ... Ca. 256 Seiten mit ca. 100 s/w Abbildungen.
Format 14 x 21 cm. Broschur.
ISBN 3-473-44005-1

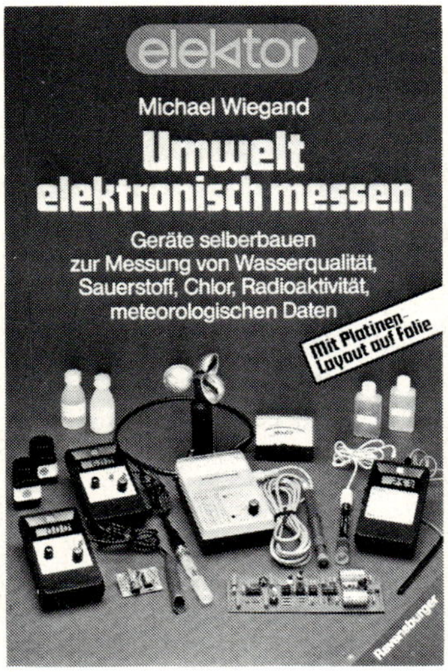

Sechs hochwertige, präzise Meßgeräte lassen sich nach diesen Anleitungen preiswert selberbauen: Ph-Meßgerät ● Leitwert-Meßgerät mit Redox-Meßbereich ● Sauerstoff-Meßgerät ● Geiger-Müller-Zähler ● Schallpegelmesser ● und eine komplette Wetterstation.

Michael Wiegand
Umwelt elektronisch messen
Ca. 160 Seiten mit 80 s/w Zeichnungen und 40 s/w Fotos mit Platinenlayout.
Format 14 x 21 cm. Broschur.
ISBN 3-473-44004-3

Jetzt in einer preiswerten broschierten Ausgabe: Ein Einstieg in die Elektronik — über 60 praktische Anwendungsvorschläge und Schaltungen verhelfen zu einem grundlegenden Verständnis der Zusammenhänge.

Joseph Gagla/Gert Lindner
Wege in die Elektronik
Ein Lern- und Werkbuch für Selbststudium und Unterricht.
284 Seiten mit 651 s/w Abbildungen.
Format 17,2 x 23,5 cm. Broschur.
ISBN 3-473-42626-1